Regulierung des Lobbyismus

Europäische Hochschulschriften

European University Studies

Publications Universitaires Européennes

Reihe II **Rechtswissenschaft**

Series II Law

Série II Droit

Band/ Volume **6028**

Marcel Michaelis

Regulierung des Lobbyismus

Eine verfassungsrechtliche und rechtspolitische Analyse im Hinblick auf den Gesetzgebungsprozess unter rechtsvergleichender Betrachtung des Rechtsrahmens in den USA und der EU

PETER LANG

Bibliografische Information der Deutschen Nationalbibliothek
Die Deutsche Nationalbibliothek verzeichnet diese Publikation in der Deutschen Nationalbibliografie; detaillierte bibliografische Daten sind im Internet über http://dnb.d-nb.de abrufbar.

Zugl.: Hamburg, Bucerius Law School, Diss., 2017

H 360
ISSN 0531-7312
ISBN 978-3-631-76148-9 (Print)
E-ISBN 978-3-631-76537-1 (E-PDF)
E-ISBN 978-3-631-76538-8 (EPUB)
E-ISBN 978-3-631-76539-5 (MOBI)
DOI 10.3726/b14558

Peter Lang – Berlin · Bern · Bruxelles · New York · Oxford · Warszawa · Wien

Diese Publikation wurde begutachtet.

www.peterlang.com

Vorwort

Als ich im Jahr 2013 mit der Ausarbeitung der vorliegenden Untersuchung begann, wurde die Regulierung des Lobbyismus zu einem lebendigen Thema im Bundestagswahlkampf. Der im Jahr 2018 nach Fertigstellung der Arbeit zwischen SPD und CDU ausgehandelte Koalitionsvertrag enthielt zunächst die Zielvorgabe: „*Wir wollen mit einem verpflichtenden Lobbyregister Transparenz schaffen, ohne wirksames Regierungshandeln oder die freie Ausübung des parlamentarischen Mandats einzuschränken.*" Kurz vor der Unterzeichnung verschwand die Passage wieder aus dem Entwurf. Das Thema Lobbyismusregulierung war und ist somit weiterhin politisch brisant, was für mich stets einen Ansporn für die vorliegende Arbeit darstellte. Sollte sich die Politik in Zukunft doch für die Einführung von Instrumenten zur Regulierung des Lobbyismus entscheiden, hoffe ich, mit der vorliegenden Untersuchung hierzu hilfreiche Vorarbeiten geleistet zu haben. Die Arbeit wurde im Sommer 2017 als Dissertation an der Bucerius Law School angenommen, die mündliche Prüfung fand am 1. November 2017 statt.

Dank gebührt zunächst all denjenigen meiner Freunde, die durch ihren kritischen Input einen Beitrag zum Gelingen dieser Arbeit leisteten. Hervorheben möchte ich hierunter Stefan Rieken, der mir als verlässlicher Diskussionspartner in allen Phasen dieses Forschungsvorhabens zur Verfügung stand.

Mein besonderer Dank gilt Herrn Professor Dr. Hermann Pünder, der diese Arbeit betreut und begleitet hat. Seine hilfreiche Unterstützung und seine stets offene Tür waren wertvoller Wegbereiter für die Fertigstellung dieser Untersuchung. Dank gebührt ebenfalls Herrn Professor Dr. Christian Bumke für die Erstellung des Zweitgutachtens.

Mein größter Dank gilt meinen Eltern Karola und Matthias Michaelis. Ihre liebevolle Unterstützung und Bestärkung haben nicht nur diese Untersuchung möglich gemacht, sondern mir den Raum für meine persönliche und akademische Entwicklung gegeben. Ihnen ist diese Arbeit gewidmet.

Berlin, März 2018

Marcel Michaelis

Inhaltsverzeichnis

1. Teil: Grundlagen 19

1. Abschnitt: Problemaufriss 19

2. Abschnitt: Einordnung in die politische Ideengeschichte 22

I. Das liberale Demokratieverständnis 23

II. Das republikanische Modell 25

III. Das pluralistische Modell 27

3. Abschnitt: Ziel und Gang der Untersuchung; Methodik 31

2. Teil: Das Phänomen des Lobbyismus im Gesetzgebungsverfahren 33

1. Abschnitt: Historische Entwicklung 33

A. Entstehung und Wachsen der Interessenvertretung 33

B. Wandel der Interessenvertretung seit Ende des zweiten Weltkriegs 36

2. Abschnitt: Arbeitsweise von Lobbyisten im Gesetzgebungsverfahren 39

A. Das Gesetzgebungsverfahren im Überblick 39

I. Formaler Gang 39

II. Informationsgewinnung und -verarbeitung im Gesetzgebungsprozess 40

B. Methoden der Einflussnahme 42

C. Ansatzpunkte der Einflussnahme 44

I. Ministerialbürokratie 44

II. Bundestag 46

3. Abschnitt: Nutzen und Gefahren des Lobbyismus 46

A. Positive Effekte 46

I. Informativer Nutzen 47

II. Partizipativer Nutzen 49

III. Integrativer Nutzen 50

B. Vom Lobbyismus ausgehende Gefahren ... 53
I. Intransparenz ... 53
II. Näheverhältnis zu politischen Entscheidungsträgern ... 56
III. Machtungleichgewicht ... 57
1. Strukturell-organisatorische Unterschiede ... 59
2. Finanzkraft ... 60
3. Verfestigte Netzwerkstrukturen ... 60
4. Abschnitt: Ergebnis ... 61
3. Teil: Lobbyismusregulierung in den USA und der Europäischen Union ... 63
1. Abschnitt: Grundlagen ... 63
A. USA ... 63
I. Entwicklung der Lobbyismusregulierung ... 63
II. Der erste Verfassungszusatz als Grundlage des Lobbyismus ... 66
III. Besonderheiten der politischen Kultur ... 67
B. Europäische Union ... 71
I. Entwicklung der Lobbyismusregulierung ... 71
II. Art. 11 Grundrechtecharta und Art. 11 AEUV als Grundlage der Einflussnahme ... 74
III. Besonderheiten der politischen Kultur ... 74
2. Abschnitt: Herstellung von Transparenz ... 75
A. Transparenzregister in den USA und der EU ... 76
I. Amerikanisches Transparenzregister ... 76
1. Definitionen ... 77
2. Inhalt der Registrierungs- und Publizitätspflicht ... 78
3. Überwachung und Sanktionsnormen ... 79
4. Bewertung des Lobbying Disclosure Act ... 79
II. Europäisches Transparenzregister ... 85
1. Definitionen ... 86
2. Inhalt der Registrierungs- und Publizitätspflicht / Verhaltenskodex ... 87

3. Überwachung und Sanktionsnormen 88
4. Bewertung des Transparenzregisters 90
B. Offenlegungspflichten für Empfänger staatlicher Finanzmittel in den USA 94
I. Verbot der Finanzierung durch staatliche Mittel und Offenlegungspflicht 95
II. Bewertung des Byrd Amendments 96
C. Wahlkampffinanzierung in den USA 96
I. Definitionen 97
II. Entwicklung der Rechtsprechung zur Wahlkampffinanzierung 98
1. Enges Korruptionsverständnis in Buckley v. Valeo 98
2. Antidistortion rationale und Wahlwerbung als funktionales Äquivalent 100
3. Rückkehr zum engen Korruptionsverständnis 102
4. Bewertung 105
III. Registrierungs- und Offenlegungspflichten 107
1. Berichtspflichten der political committees 107
2. Berichtspflichten für independent expenditures 108
3. Berichtspflichten für die Finanzierung von electioneering communications 109
IV. Bewertung 110
D. Online-Konsultation der EU 110
E. Ergebnis 114
3. Abschnitt: Ausgestaltung des Näheverhältnisses 115
A. Verhaltensregeln in den USA und der EU 117
I. USA 117
1. Nebeneinkünfte 118
2. Geschenke 121
3. Reisen 128
4. Bewertung 130
II. Europäische Union 132
1. Nebeneinkünfte 133
2. Geschenke 136

3. Reisen 138
4. Bewertung 139
B. Strafrechtliche Vorschriften in den USA 141
I. Bribery 142
II. Illegal Gratuity 143
III. Bewertung 144
C. Wahlkampffinanzierung in den USA 146
4. Abschnitt: Abbau von Machtungleichgewichten 149
A. Karenzzeiten in den USA und der EU 149
I. USA 149
1. Karenzzeiten für Mitglieder der Exekutive 150
2. Karenzzeiten für Mitglieder der Legislative 153
3. Befreiungsmöglichkeiten und Strafrahmen 156
4. Bewertung 157
II. Europäische Union 160
B. Wahlkampffinanzierung in den USA 163
C. Online-Konsultation der EU 163
5. Abschnitt: Ergebnis 165
4. Teil: Rechtliche Grundlagen der Interessenvertretung in Deutschland 169
1. Abschnitt: Verfassungsrechtliche Vorgaben 169
A. Verfassungsrechtliche Grundlagen 170
I. Verfassungsverständnis 170
1. Verfassungsrechtssätze als Rahmennormen 170
2. Verfassungsprinzipien als Optimierungsgebote 171
3. Auswirkungen auf die Lobbyismusregulierung 174
II. Willensbildung in der parlamentarischen Demokratie 174
B. Verfassungsrechtliche Vorgaben zur Herstellung von Transparenz 177
I. Verfassungsrechtliche Anknüpfungspunkte 177
II. Rechtsprechung des Bundesverfassungsgerichts 179
III. Reichweite des Transparenzgebots 181

C. Verfassungsrechtliche Vorgaben zur Ausgestaltung des Näheverhältnisses 184
I. Legitimation 184
II. Das öffentliche Amt 186
1. Die Verpflichtung auf das Gemeinwohl 187
2. Distanzgebot und Verbot der Verfolgung persönlicher Motive 189
3. Vermeidung des bösen Scheins 190
4. Das Amt des Abgeordneten 192
D. Verfassungsrechtliche Vorgaben zum Abbau von Machtungleichgewichten 195
I. Gebot zum Abbau von Machtungleichgewichten? 196
II. Pflicht zur Anhörung aller Betroffenen 198
1. Ansätze zur Begründung einer Tatsachenermittlungspflicht 199
2. Rechtsprechung des Bundesverfassungsgerichts 201
3. Argumente gegen eine verfassungsrechtliche Tatsachenermittlungspflicht 204
E. Ergebnis 206
2. Abschnitt: Verfassungspolitische Erwägungen 207
A. Gelingensbedingungen repräsentativer Demokratie 208
I. Responsivität und politische Führung 208
II. Politische Teilhabe und Akzeptanz 210
B. Verfassungspolitischer Maßstab guter Gesetzgebung 212
3. Abschnitt: Einfachgesetzliche Regelungen 215
A. Herstellung von Transparenz 216
I. Die Verbändeliste des Bundestags 216
II. Veröffentlichung der Nebentätigkeiten und Nebeneinkünfte 218
III. Parteispenden und Spenden an Abgeordnete 219
IV. Ergebnis 224
B. Regelungen zum Näheverhältnis 225
I. Nebentätigkeiten und Zuwendungen 225
1. Beamtenrechtliche Regelungen 226
2. Beschränkungen für Abgeordnete und Parteien 227

3. Strafrechtliche Regelungen 230
a. Vorteilsgewährung und Bestechung 231
b. Abgeordnetenbestechung 234
c. Bewertung 235
II. Karenzzeiten 239
1. Karenzzeit für Beamte 239
2. Karenzzeit für Regierungsmitglieder und parlamentarische Staatssekretäre 240
III. Ergebnis 244
C. Abbau von Machtungleichgewichten 245
4. Abschnitt: Ergebnis 247

5. Teil: Darstellung und Analyse möglicher Regelungsinstrumente 251

1. Abschnitt: Herstellung von Transparenz 251
A. Regulierung durch ein Lobbyregister 253
I. Rechtspolitische Zweckmäßigkeit 253
II. Rechtliche Ausgestaltung 255
1. Anwendungsbereich 256
a. Interessenvertreter 256
b. Erfasste staatliche Stellen 258
2. Registrierungspflicht 262
a. Berufsfreiheit 262
b. Koalitionsfreiheit 264
3. Inhaltliche Ausgestaltung 266
a. Recht auf informationelle Selbstbestimmung und Geschäftsgeheimnisse 267
b. Koalitionsfreiheit 269
c. Umgang mit der anwaltlichen Schweigepflicht 270
4. Art und Weise der Veröffentlichung 273
5. Überwachung und Sanktionsnormen 273
6. Ergebnis 276

B. Legislativer Fußabdruck 277
I. Rechtspolitische Zweckmäßigkeit 277
II. Rechtliche Ausgestaltung 280
1. Formell-gesetzlichen Regelung 280
a. Beeinträchtigung der Statusrechte der Abgeordneten 281
b. Beeinträchtigung der Grundrechte der Abgeordneten 281
c. Beeinträchtigung der Grundrechte der Interessenvertreter 283
d. Anforderungen des Gesetzesvorbehalts 283
e. Ausnahme zum Gesetzesvorbehalt 284
f. Zulässigkeit einer formell-gesetzlichen Regelung 285
2. Verfassungsrechtliche Grenzen 286
3. Überwachung und Sanktionsnormen 287
4. Ergebnis 288
C. Spenden 288
I. Absenkung der Obergrenzen für Parteispenden 288
II. Absenkung der Obergrenzen für Abgeordnetenspenden 290
III. Veröffentlichungspflicht für Parteiensponsoring 291
IV. Überwachung durch den Interessenvertretungsbeauftragten 294
2. Abschnitt: Instrumente zur Regelung des Näheverhältnisses 295
A. Verhaltensregeln für Interessenvertreter 296
I. Rechtspolitische Zweckmäßigkeit 296
II. Rechtliche Ausgestaltung 297
1. Inhalt der Verhaltensvorschriften 298
2. Verfassungsrechtliche Erwägungen 299
B. Verhaltensregeln für Mandatsträger 300
I. Rechtspolitische Zweckmäßigkeit 301
1. Einschränkung zulässiger Nebentätigkeiten 302
2. Geschenk- und Reisebegrenzung 304
II. Rechtliche Ausgestaltung 306
1. Einschränkung zulässiger Nebentätigkeiten 306

a. Notwendigkeit einer Grundgesetzänderung ... 307
b. Bestimmtheitsgebot ... 307
c. Formalisierte Gleichheit der Abgeordneten ... 308
d. Freies Mandat ... 309
e. Passives Wahlrecht ... 310
f. Berufsfreiheit ... 311
2. Geschenk- und Reisebegrenzung ... 312
a. Inhalt der Verhaltensvorschriften ... 312
b. Verfassungsrechtliche Erwägungen ... 314
c. Überwachung und Sanktionsnormen ... 315
C. Feinjustierung des § 108e StGB ... 315
I. Rechtspolitische Zweckmäßigkeit ... 315
II. Verfassungsrechtliche Erwägungen ... 318
D. Einbindung Privater zur Durchsetzung des Regulierungsrahmens ... 320
I. Rechtspolitische Zweckmäßigkeit ... 321
II. Rechtliche Ausgestaltung ... 323
3. Abschnitt: Ansätze zum Ausgleich von Machtungleichgewichten ... 324
A. Karenzzeiten ... 325
I. Rechtspolitische Zweckmäßigkeit ... 326
1. Karenzzeiten für Regierungsmitglieder ... 326
2. Karenzzeiten für Bundestagsabgeordnete ... 327
II. Rechtliche Ausgestaltung ... 329
1. Karenzzeiten für Regierungsmitglieder ... 329
a. Ermessensspielraum ... 329
b. Verfassungsrechtliche Grenzen ... 331
c. Entscheidungsbefugte Stelle ... 335
2. Karenzzeiten für Bundestagsabgeordnete ... 335
a. Normative Grundlage ... 336
b. Verfassungsrechtliche Zulässigkeit ... 336

B. Spenden 337
I. Verbot von Großspenden 338
II. Spendenverbot für juristische Personen 341
C. Förmliche Einbindung der gesamten Öffentlichkeit in das Gesetzgebungsverfahren 342
I. Rechtspolitische Zweckmäßigkeit 343
II. Rechtliche Ausgestaltung 346
1. Verfassungsrechtliche Zulässigkeit 346
a. Eingriff in den Kernbereich exekutiver Eigenverantwortung 347
b. Selektive Auswahl der Anzuhörenden 348
2. Normativer Anknüpfungspunkt 352
3. Inhaltliche Ausgestaltung 353
D. Finanzielle Förderung schwacher Interessen 354
4. Abschnitt: Ergebnis 357

6. Teil: Zusammenfassung in Thesen 359

Literaturverzeichnis 365

„Lobbyismus ist im Prinzip nichts Schlechtes. Jede Institution darf sich an einen Abgeordneten wenden – wenn das Anliegen berechtigt ist, folgt man dem, wenn nicht, lässt man es sein. Also ich sehe keinen Regelungsbedarf.“

Volker Kauder[1]

---

1 *Volker Kauder* im Interview mit Nana Brink, Deutschlandradio Kultur vom 10. August 2012. Eine Abschrift des Interviews findet sich auf http://www.deutschlandradiokultur.de/lobbyismus-ist-im-prinzip-nichts-schlechtes.1008.de.html?dram:article_id=217294 (zuletzt abgerufen am 21. Januar 2016).

1. Teil: Grundlagen

1. Abschnitt: Problemaufriss

In Berlin buhlen derzeit etwa 5.000[2] Lobbyisten[3] um die Gunst politischer Entscheidungsträger[4]. Somit kommen auf einen Bundestagsabgeordneten etwa acht Interessenvertreter. Allein dieses Verhältnis lässt erahnen, in welchem Maße politische Entscheidungsträger mit den Einflussnahmeversuchen von Lobbyisten konfrontiert werden. Unbestritten ist, dass Interessenvertretung essenzieller Teil der Demokratie ist.[5] Jedem Bürger steht es zu, den Versuch zu unternehmen, staatliche Entscheidungen und Entscheidungsträger zu beeinflussen. Interessenvertreter sind dem Staat nützlich, denn sie informieren die Politik über Wünsche und Interessen ihrer Auftraggeber. Lobbyisten haben zumeist Zugriff auf verlässliche Informationsquellen und bereiten Daten und Fakten in Positionspapieren und Studien auf. Nach *Kleinfeld/Willems/Zimmer* bezeichnet Lobbyismus *„die direkten und in der Regel informellen Versuche von Vertretern gesellschaftlicher Interessen, auf die Akteure des politischen Entscheidungsprozesses konkret einzuwirken, um Politikergebnisse in ihrem Sinne zu verändern“*.[6] Ziel des Lobbyismus ist also die Durchsetzung von Partikularinteresse gegenüber der politischen Klasse. Zur Verfolgung dieses Zwecks tauschen Lobbyisten Informationen gegen Einfluss.

---

2 *Lösche*, Verbände und Lobbyismus in Deutschland, S. 114 f.

3 Die Begriffe *„Interessenvertreter“* und *„Lobbyist“* werden in der vorliegenden Arbeit synonym gebraucht, während der Begriff *„Interessenverband“* nur für größere Interessengruppen verwendet wird.

4 Der Begriff *„politische Entscheidungsträger“* wird im Folgenden als Oberbegriff für Mitglieder der Legislative und Exekutive verwendet, die potenzielle Ziele der Einflussnahmeversuche von Interessenvertretern sind.

5 So etwa *Horn*, Verbände in: HStR III, § 41 Rn. 34; *Pünder*, Wahlrecht und Parlamentsrecht als Gelingensbedingungen repräsentativer Demokratie, VVDStRL 72, S. 193, 235; *Patzelt*, Politikwissenschaft S. 335; *Hohmann-Dennhardt*, Hausverbot für Lobbyisten?, FJ SB 2009, S. 23, 24f. oder *Kolbe/Hönigsberger/Osterberg*, Marktordnung für Lobbyisten, S. 17. Schon 1956 führte das BVerfG im Verbots-Urteil der KPD zur privaten Einflussnahme aus: *„Es läßt sich nicht bezweifeln, daß außerparlamentarische Aktionen vielfältiger Art denkbar sind, die einer legitimen Einwirkung auf das Parlament dienen können, vor allem soweit sie dazu bestimmt sind, die Abgeordneten über die bei den Wählern zu bestimmten politischen Fragen vorhandenen Meinungen zu unterrichten. An sich ist es daher verfassungsrechtlich nicht zu beanstanden, daß „Interessentengruppen“ auf die Mitglieder des Parlaments einzuwirken suchen“*, BVerfGE 5, 85 (232).

6 *Kleinfeld/Willems/Zimmer*, Lobbyismus und Verbändeforschung, S. 7, 10. *Ähnlich* Mielke, Forschungsdefizite, Nr.-Werkstatt Nr. 12, S. 28, 29; *Humborg*, Transparente Interessenvertretung, FJ SB, S. 82 sowie *Kolbe/Hönigsberger/Osterberg*, Marktordnung für Lobbyisten, S. 10.

Bei einer solchen Betrachtung des Verhältnisses der Politik zu Interessenvertretern, könnte *Volker Kauder* in seiner Analyse zugestimmt werden. Liefert der Interessenvertreter brauchbare Informationen, berücksichtigt der politische Entscheidungsträger diese in seiner Entscheidung. Doch entscheidet in der öffentlichen Wahrnehmung nicht allein die Kraft der Argumente den Kampf um Einfluss auf politische Entscheidungsträger. Der Begriff Lobbyismus ist in Deutschland negativ konnotiert und wird mit Korruption, Elitenherrschaft und Bevorzugung assoziiert. Direkte Wechsel von der Politik in die Wirtschaft, Politikerreisen auf Kosten von Wirtschaftsunternehmen oder hoch dotierte Vortragshonorare rücken die Verbindungen von politischen Entscheidungsträgern und Interessenvertretern in ein schlechtes Licht. Schlagzeilen hat in jüngster Vergangenheit auch die Vergabe von Bundestagshausausweisen an Lobbyisten gemacht. Interessenvertreter benötigten zum Erhalt des Hausausweises lediglich die Unterschrift eines parlamentarischen Geschäftsführers einer der im Bundestag vertretenen Fraktionen. Weder waren die entsprechenden Rechtsgrundlagen öffentlich, noch konnte die Öffentlichkeit einsehen, welche Interessenvertreter einen Hausausweis erhielten.[7] Solche geheimen Praktiken nähren die Zweifel an der Integrität des Verhältnisses zwischen Interessenvertretern und politischen Entscheidungsträgern.

So verwundert es nicht, dass nicht alle Politiker die Einschätzung *Volker Kauders* teilen. Vorstöße zum Erlass eines gesetzlichen Rahmens für die Tätigkeit von Lobbyisten sind Gegenstand aktueller politischer Debatten. Jüngst wurden zwei Gesetzesinitiativen zur Einführung eines verpflichtenden Lobbyregisters erneut in den Bundestag eingebracht[8]. Bereits in der 17. Legislaturperiode beschäftigten den Bundestag drei Gesetzesinitiativen zur Einführung eines Lobbyregisters[9]. Sie kamen jedoch nicht über die Beratungen in den Ausschüssen hinaus und sind damit wie ein Antrag der Bundestagsfraktion DIE LINKE[10] aus der 16. Legislaturperiode dem Diskontinuitätsgrundsatz zum Opfer gefallen. Das gleiche Schicksal hat die Gesetzesinitiative der SPD-Fraktion zur Einführung eines legislativen Fußabdrucks[11] sowie die Initiativen mehrerer Fraktionen zur Umsetzung der UN-Konvention gegen Korruption[12] ereilt. Ebenfalls abgelehnt wurden Vorschläge der Bundestagsfraktionen

---

7 Vgl. hierzu *Reyher*, Bundestag hält Zugangsregeln für Lobbyisten unter Verschluss, abrufbar unter: www.abgeordnetenwatch.de/blog/2014-06-11/bundestag-halt-zugangsregeln-fur-lobbyisten-unter-verschluss (zuletzt abgerufen am 21. Januar 2016).

8 Anträge zur Einführung eines Lobbyregisters der Bundestagsfraktion DIE LINKE, BT-Drs. 18/3842 und der Fraktion BÜNDNIS 90/DIE GRÜNEN, BT-Drs. 18/3920.

9 Anträge zur Einführung eines Lobbyregisters der Bundestagsfraktion DIE LINKE, BT-Drs. 17/2096, der Fraktion BÜNDNIS 90/DIE GRÜNEN, BT-Drs. 17/2486 sowie der Bundestagsfraktion der SPD, BT-Drs. 17/6442.

10 Antrag der Bundestagsfraktion DIE LINKE, BT-Drs. 16/8453 zur Einführung eines verpflichtenden Lobbyregisters.

11 Antrag der SPD-Fraktion, BT-Drs. 17/5230.

12 Anträge zur Umsetzung der UN-Konvention gegen Korruption der Fraktion DIE LINKE, BT-Drs. 17/1412, der Fraktion BÜNDNIS 90/DIE GRÜNEN, BT-Drs. 17/5933

BÜNDNIS 90/DIE GRÜNEN und der SPD zur Einführung von Karenzzeiten für ausgeschiedene Regierungsmitglieder.[13] Trotz wiederkehrender Vorstöße innerhalb der vergangenen drei Legislaturperioden existierte in Deutschland lange Zeit kein regulativer Rahmen, der den täglichen Umgang zwischen Interessenvertretern und politischen Entscheidungsträgern näher ausgestaltete oder Offenlegungspflichten unterwarf.

Auch bei der Einführung von Regelungen zur Transparenz der Nebeneinkünfte von Bundestagsabgeordneten mahlten die Mühlen des Bundestags nicht besonders schnell. Es bedurfte mehrerer öffentlicher Empörungen in den Jahren 2004 und 2005, bis sich der Bundestag überhaupt auf Veröffentlichungspflichten einließ. Die höchste Stufe der Veröffentlichungswerte begann bei Einkünften von EUR 7.001. Bereits bei der Einführung war erkennbar, dass aus diesen Angaben keine allzu differenzierte Bewertung abgeleitet werden kann. Es bedurfte eines weiteren Jahrzehnts sowie der öffentlichen Debatte um die Vortragshonorare *Peer Steinbrücks*, bis eine weitere Ausdifferenzierung beschlossen wurde.[14] Mit dem unmittelbaren Wechsel des ehemaligen Kanzleramtsministers *Roland Pofalla* aus der Regierung in die Wirtschaft entbrannte auch die Debatte um verpflichtende Karenzzeiten neu. Die öffentliche Diskussion gipfelte im Juli 2015 in der Einführung von Karenzzeiten für ehemalige Regierungsmitglieder.[15] Auch für die Umsetzung der UN-Konvention gegen Korruption, die mit einer Verschärfung des Paragraphen § 108e StGB (Bestechung von Abgeordneten) verbunden war, benötigte der Bundestag mehr als 10 Jahre.[16]

Bei näherer Betrachtung der Historie der Gesetzesentwürfe fällt auf, dass zwischen den verschiedenen Parteien eine unterschiedliche Haltung zum Regulierungsbedarf der Einflussnahme durch Interessenvertreter ausgemacht werden kann. Während SPD, BÜDNIS 90/DIE GRÜNEN sowie DIE LINKE regelmäßig Gesetzesentwürfe zu der Thematik einbringen, stechen weder CDU/CSU noch FDP

---

und der SPD-Fraktion, BT-Drs, 17/8613. Bereits in der vorangegangen Legislaturperiode sind die Anträge der Bundesregierung, BT-Drs. 16/6558 und der Fraktion DIE LINKE BT-Drs. 16/8979 nicht beschlossen worden und haben sich damit erledigt.

13 Anträge zur Einführung von Karenzzeiten der Fraktion BÜNDNIS 90/DIE GRÜNEN BT-Drs. 17/11204 und der Fraktion der SPD, BT-Drs. 17/11318.

14 Die Verhaltensregeln sind in der Anlage 1 zur Geschäftsordnung des Bundestags niedergelegt. Nach § 1 Abs. 4 Anlage 1 zur GOBT ist der Präsident des Bundestags zum Erlass von Ausführungsbestimmungen berechtigt. Das Zehnstufensystem zur Angabe der Nebeneinkünfte in § 3 der Anlage 1 zur GOBT wurde durch eine Änderung der Geschäftsordnung (BT-Drs. 17/12670) am 18. Juni 2013 gemeinsam mit den neuen Ausführungsbestimmungen zu den Verhaltensregeln bekanntgemacht, BGBl. I S. 1644 f.

15 Geregelt sind die Karenzzeiten, die neben ehemaligen Regierungsmitgliedern auch ehemalige parlamentarische Staatssekretäre erfasst, in den §§ 6b ff. Bundesministergesetz (BMinG).

16 Unterzeichnet hat Deutschland das Übereinkommen am 9. Dezember 2003. Erst im Februar 2014 kam es zu einer Verschärfung des § 108e StGB. Die Ratifizierung der UN-Konvention erfolgte zum Ende des Jahres 2014, BT-Drs. 18/2138.

mit entsprechenden Gesetzesinitiativen hervor. Innerhalb der Parteienlandschaft besteht somit offensichtlich Uneinigkeit über die Regulierungsnotwendigkeit des Lobbyismus.[17]

2. Abschnitt: Einordnung in die politische Ideengeschichte

Ein Blick in die politische Ideengeschichte soll eine theoretische Grundlage für die unterschiedlichen Auffassungen zum Verhältnis zwischen Politik und Interessenvertretung bieten. Innerhalb der politischen Ideengeschichte ist die Vertretung von Partikularinteressen stets kontrovers betrachtet worden. Einerseits werden Interessenvertreter als Gefahr für die staatliche Erreichung des Gemeinwohls beschrieben während andererseits auf ihre Daseinsberechtigung im politischen Prozess hingewiesen und ihre für die Demokratie nützliche Funktion betont wird. Die jeweilige Positionierung hängt insbesondere vom Verständnis des Staatsbürgers und des Prozesses der Willensbildung in der Demokratie ab. Hierzu existieren vielfältige demokratietheoretische Modelle. Allerdings wurden in den vergangenen Jahrhunderten derart zahlreiche Demokratietheorien entworfen, dass im Dschungel der Ordnungsmodelle leicht der Überblick verloren gehen kann.

Eine Möglichkeit, die verschiedenen Demokratietheorien zu kategorisieren, ist die Unterscheidung zwischen empirischen und normativen Theorien. Vereinfacht ausgedrückt ist das Ziel empirischer Theorien eine Erklärung der Wirklichkeit, während normativen Theorien den Idealzustand einer Demokratie zum Gegenstand haben.[18] Um die Extrema der divergierenden Bewertung von Lobbyismus zu erklären, bieten sich die normativen Demokratietheorien an. Sie werden nicht begrenzt durch das politisch Umsetzbare, sondern stellen die Frage nach der bestmöglichen Demokratie. Ohne die Notwendigkeit, angesichts politischer Realitäten Kompromisse einzugehen, lassen sich durch die normativen Theorien die gegensätzlichen Positionen prägnant gegenüberstellen.

---

17 So auch *Piechaczek*, Lobbyismus im Deutschen Bundestag, S. 166. Bemerkenswert ist darüber hinaus, dass die Selbstregelungen der Abgeordneten zumeist erst zum Ende einer Legislaturperiode vom Bundestag verabschiedet werden. So wurden die ersten Verhaltensregeln 1972 in der letzten Sitzung vor Ende der Legislaturperiode beschlossen. Auch die Geschäftsordnungsreform 1980, die unter anderem die Vorgaben des *„Diäten-Urteils"* des BVerfG (BVerfGE 30, 296) umsetzte, und die Verhaltensregeln, die 1986 der *„Flick-Affäre"* folgten, wurden erst zum Ende der jeweiligen Legislaturperiode beschlossen. Ebenso wurden die Veröffentlichungspflichten der Nebeneinkünfte 2005 in der letzten Sitzung der Legislaturperiode verabschiedet. Deutlich wird hieran, dass auch die Parlamentarier, die schärferen Verhaltensregeln grundsätzlich positiv gegenüberstehen, die Freiheitsbeschränken vorzugsweise nicht für die eigene Legislaturperiode regeln. Zur historischen Entwicklung siehe *Kühn*, Verhaltensregeln für Bundestagsabgeordnete, S. 29 ff.

18 Statt vieler siehe: *Kreiner* Normative und empirische Demokratietheorie in: FS Grunenberg, S. 419.

Es sollen im Folgenden nicht alle normativen Demokratiemodelle vorgestellt werden. Stattdessen werden zunächst die Antipoden der normativen Demokratietheorien des 18. und 19. Jahrhunderts, die liberale und die republikanische Strömung, dargestellt. Gegenstand der Theorien ist insbesondere der politische Prozess, durch den aus den Gesellschaftsinteressen die Einheit staatlicher Willensbildung folgt.[19]

Anschließend wird das Konzept der pluralistischen Demokratie näher erläutert, das insbesondere die Vielfalt gesellschaftlicher Interessen und Gruppen zum Gegenstand hat. Im Gegensatz zum republikanischen und liberalen Modell, deren Blick primär auf das Staat-Bürger-Verhältnis gerichtet ist, erörtern die pluralistischen Theorien auch das Verhältnis der Staatsbürger und Interessengruppen untereinander.

I. Das liberale Demokratieverständnis

Im Zentrum des Liberalismus steht die Freiheit des Einzelnen. Sie zu schützen, ist zentrale Staatsaufgabe.[20] Im Konzept der Liberalisten basiert das gesellschaftliche Zusammenleben auf den Prinzipien des Markts.[21] Der Status des Bürgers gegenüber dem Staat und anderen Bürgern wird definiert durch seine subjektiven Rechte. Die subjektiven Rechte werden als negative Rechte verstanden, die dem Einzelnen einen

19 *Meyer*, Was ist Demokratie?, S. 74.

20 So beispielsweise *Locke*, Zwei Abhandlungen über die Regierung, S. 286: „*Mit ihrem Eintritt in die Gesellschaft verzichten nun zwar die Menschen auf die Gleichheit, Freiheit und exekutive Gewalt, die sie im Naturzustand hatten, zugunsten der Gesellschaft, die durch die Legislative soweit darüber zu verfügen hat, als das Wohl der Gesellschaft es erfordert. Da es aber von jedem mit der Absicht geschieht, sich selbst, seine Freiheit und sein Eigentum umso besser zu erhalten, [...] so kann doch nie angenommen werden, daß die Gewalt der Gesellschaft oder der durch sie eingesetzten Legislative sich weiter erstrecke als auf das gemeinsame Wohl; sondern sie ist verpflichtet, das Eigentum eines jeden dadurch sicherzustellen, daß sie gegen die drei erwähnten Mängel, die den Naturzustand so unsicher und unbehaglich machten, Vorsorge trifft.*“ Nach dem britischen Philosophen *John Stuart Mill* ist die Absicherung der Freiheit des Einzelnen der einzige Rechtfertigungsgrund für staatliche Eingriffe. Hierzu schrieb *Mill*, Über die Freiheit, S. 16: „*Dies Prinzip lautet: daß der einzige Grund, aus dem die Menschheit, einzeln oder vereint, sich in die Handlungsfreiheit eines ihrer Mitglieder einzumengen befugt ist, der ist: sich selbst zu schützen. Daß der einzige Zweck, um dessentwillen man Zwang gegen den Willen eines Mitglieds einer zivilisierten Gemeinschaft rechtmäßig ausüben darf, der ist: die Schädigung anderer zu verhüten.*“, Ebenfalls zur Freiheit als Zentrum des Liberalismus: *Oldfield*, Citizenship: An unnatural practice, Political Quarterly, S. 177, 179; *Hartmann/Offe*, Politische Theorie und politische Philosophie, S. 40.

21 *Habermas*, Die Einbeziehung des Anderen, S. 277; *Abowitz/Harnish*, Contemporary Discourses of Citizenship, Review of Educational Research, S. 653, 662; *Saage*, Demokratietheorien, S. 286 f.; *Ottmann*, Liberale, republikanische, deliberative Demokratie, Synthesis Philosophica 2006, S. 315, 318.

Freiraum gegenüber Staat und Mitbürgern verschaffen.[22] Der Freiraum berechtigt und ermächtigt den Bürger, innerhalb der durch die Rechtsordnung gesetzten Grenzen seinen Partikularinteressen nachzugehen. Die heterogenen Partikularinteressen sind nicht nur ökonomischen Inhalts, sondern können ebenso von kulturellen, sozialen, moralischen und ethischen Bedürfnissen geprägt sein.[23] Im demokratischen Prozess bringen die Bürger ihre Partikularinteressen ein und tragen sie als Anforderung an staatliches Handeln an die Politik heran. Das liberale Demokratiemodell sieht es als in der Natur des Menschen liegend an, als egoistischer Nutzenmaximierer[24] zu versuchen, Partikularinteressen gegenüber den staatlichen Entscheidungsträgern möglichst vollständig durchzusetzen.[25] Die Interessen werden durch den Bürger dergestalt in den politischen Raum eingebracht, dass sie über Wahlen, das Parlament und die Regierungsbildung gemeinsam mit anderen Interessen zu einem auf die Administration einwirkenden politischen Willen zusammengefasst werden können.[26]

Aufgabe des politischen Prozesses ist es nach der liberalen Demokratievorstellung, den verschiedenen Interessen den notwendigen Raum zur Selbstentfaltung zu bieten und Institutionen bereitzustellen, in denen die Interessen vermittelt werden können. Nach der liberalen Vorstellung wird kein *a priori* bestehendes Gemeinwohl vorgefunden, sondern es werden innerhalb des Willensbildungsprozess die Einzelinteressen geordnet.[27] Politik wird als Konkurrenz und Kampf um administrative Machtpositionen verstanden.

Die Legitimität der Interessenvertretung ist dem liberalen Demokratiemodell daher immanent. Das Eintreten für die eigenen Wünsche und Bedürfnisse ist anerkannt und kennzeichnet den Staatsbürger. Für den demokratischen Prozess wird der Interessenwettkampf zudem als förderlich erachtet, da das liberale Modell die

---

22 *„Wo es kein Gesetz gibt, da gibt es auch keine Freiheit. Freiheit nämlich heißt frei sein von dem Zwang und der Gewalttätigkeit anderer, was da nicht möglich ist, wo es kein Gesetz gibt.“*, *Locke*, Zwei Abhandlungen über die Regierung, S. 237. Zur Verständnis der subjektiven Rechte als negative Freiheitsrechte siehe ebenfalls *Habermas*, Die Einbeziehung des Anderen, S. 278 f.; *Saage*, Demokratietheorien, S. 286; *Ottmann*, Liberale, republikanische, deliberative Demokratie, Synthesis Philosophica 2006, S. 315, 318.

23 *Oldfield*, Citizenship: An unnatural practice, Political Quarterly, S. 177, 179; *Meyer*, Was ist Demokratie?, S. 75.

24 *„Gott, der die Welt den Menschen gemeinschaftlich gegeben hat, hat ihnen auch Vernunft verliehen, sie zum größten Vorteil und zur Annehmlichkeit des Lebens zu benutzen.“*, *Locke*, Zwei Abhandlungen über die Regierung, S. 217. Noch deutlicher ist *Hobbes*: *„So halte ich an erster Stelle ein fortwährendes und rastloses Verlangen nach immer neuer Macht für einen allgemeinen Trieb, der nur mit dem Tod endet.“*, *Hobbes*, Leviathan, S. 75. Macht wird bei *Hobbes* definiert als *„gegenwärtige*[n] *Mittel*[n] *zur Erlangung eines zukünftigen anscheinenden Guts* [...]*.“*,*Hobbes*, Leviathan, S. 66.

25 *Saage*, Demokratietheorien, S. 286; *Meyer*, Was ist Demokratie?, S. 75.

26 *Habermas*, Die Einbeziehung des Anderen, S. 279; *Saage*, Demokratietheorien, S. 286.

27 *Smith*, Konfliktlösung im demokratischen Bundesstaat, S. 51; *Meyer*, Was ist Demokratie?, S. 75.

Prinzipien des freien Markts auf den politischen Prozess überträgt. Das individuelle Vorteilsstreben trägt im System der natürlichen Freiheiten zum Wohl der Gemeinschaft bei, da nach liberaler Vorstellung auch im Interessenwettkampf – ebenso wie auf dem ökonomischen Markt – die „unsichtbare Hand"[28] zur Optimierung des politischen Prozesses führt.

II. Das republikanische Modell

Dem liberalen Modell steht das unter anderem auf *Jean-Jacques Rousseaus* Gesellschaftsvertrag[29] zurückgehende republikanische Modell gegenüber. Es ist geprägt von der antiken griechischen Polis-Demokratie,[30] die sich durch ein hohes Maß an bürgerlicher Beteiligung auszeichnet.[31]

Der Status des Staatsbürgers ist in der republikanischen Vorstellung nicht geprägt vom durch negative Rechte geschaffenen Freiraum, sondern durch positive Teilnahme- und Kommunikationsrechte.[32] Während im liberalen Modell die negativen Freiheiten den Einzelnen vor äußerem Zwang schützen, wird der Bürger nach republikanischer Vorstellung durch die positiven Rechte zur Teilnahme am politischen Prozess befähigt.[33] Die Teilnahme am politischen Prozess ist Recht und Pflicht zugleich.[34] Die „Vergemeinschaftung" des Bürgers durch den Gesellschaftsvertrag und die damit einhergehende Unterordnung unter die *volonté générale* macht Politik – verstanden als Handeln im Interesse der Gemeinschaft – möglich und gewährt dem Einzelnen nach republikanischer Auffassung ein größtmögliches Maß

---

28 Die Metapher der unsichtbaren Hand, die eine Selbstregulierung eines Marktes beschreibt, wurde bekannt durch den schottischen Ökonomen *Adam Smith*. Kern der Metapher ist der Glaube, dass das egoistische Streben aller insgesamt zum volkswirtschaftlichen Optimum führt, vgl. *Smith*, An inquirier into the nature and cause of the Wealth of Nations, S. 423.

29 *Rousseau*, Vom Gesellschaftsvertrag, S. 59 ff.

30 *Saage*, Demokratietheorien, S. 287; *Meyer*, Was ist Demokratie?, S. 77.

31 *„In einem wirklich freien Staat machen die Bürger alles eigenhändig und nicht mit Geld: Statt sich von ihren Pflichten freizukaufen, würden sie bezahlen, um sie selbst zu machen.*", *Rousseau*, Vom Gesellschaftsvertrag, S. 59, 157; *Abowitz/Harnish*, Contemporary Discourses of Citizenship, Review of Educational Research, S. 653, 660.

32 *Habermas*, Die Einbeziehung des Anderen, S. 279; *Oldfield*, Citizenship: An unnatural practice, Political Quarterly, S. 177, 181.

33 *Habermas*, Die Einbeziehung des Anderen, S. 279; *Ottmann*, Liberale, republikanische, deliberative Demokratie, Synthesis Philosophica 2006, S. 315, 318.

34 Die Teilnahme am politischen Prozess sah bereits *Aristoteles*, Politik, S. 140, als bürgerliche Pflicht an: *„Ebenso ist nun auch die Aufgabe der Bürger, wie ungleich sie übrigens sein mögen, das Wohl ihrer Gemeinschaft.*"

an Freiheit.[35] Der Dienst am Staat wird zur Hauptaufgabe des Bürgers.[36] In einem solchen Modell, dass die Bürger zur gemeinsamen Förderung der staatlichen Ziele verpflichten will,[37] wird die Verfolgung eigener Interessen naturgemäß kritisch betrachtet.

Nach republikanischer Vorstellung verfolgt der Bürger im öffentlichen Raum, sofern seine politischen Tugenden hinreichend ausgebildet sind, keine Partikularinteressen, sondern zielt auf das, worin er mit den anderen Staatsbürgern übereinstimmt: Das Gemeinwohl. Ein solches Gemeinwohl ergibt sich im republikanischen Modell nicht erst im Kampf der Partikularinteressen, sondern existiert *a priori* und bildet die gemeinsame Grundlage aller Staatsbürger.[38] Die Gemeinwohlorientierung des Staatsbürgers, die im republikanischen Modell als Solidarität bezeichnet wird,[39] bestimmt seine Rolle im Staat. Vom Bürger wird in einem republikanischen Demokratiemodell somit mehr erwartet als die Verfolgung eigener Interessen. Der Einzelne konkurriert nicht mit den übrigen Staatsbürgern, sondern soll durch gemeinsame Kommunikation dem Erreichen des Gemeinwohls dienen.

Auch der politische Prozess ist im republikanischen Modell von der Gemeinwohlorientierung bestimmt. Durch den politischen Prozess soll nicht allein die Ausübung der Staatsgewalt kontrolliert, sondern ein inklusiver Meinungs- und Willensbildungsprozess gewährleistet werden[40], in dem sich die Staatsbürger darüber verständigen welche Ziele und Normen gemeinsam anerkannt sind und damit der Erfüllung des Gemeinwohls dienen. Erreicht wird das Ziel nicht durch die Prinzipen des Markts, sondern durch das Gespräch.[41]

Interessenpluralismus ist für das *Rousseau*'sche Verständnis ein unnatürliches Gegenstück zum Kollektivwillen.[42] Egoismen und Uneinigkeit innerhalb der Gesellschaft weisen nach republikanischer Auffassung auf Probleme der *politischen*

---

35 *„Der beständige Wille aller Mitglieder des Staates ist der Gemeinwille, durch ihn sind sie erst Bürger und frei.“*, *Rousseau*, Vom Gesellschaftsvertrag, S. 59, 171.

36 *„Sobald der öffentliche Dienst aufhört, die Hauptsorge der Bürger zu sein und sie lieber mit ihrer Geldbörse als mit ihrer Person dienen, steht der Staat bereits vor dem Ruin.“*, *Rousseau*, Vom Gesellschaftsvertrag, S. 59 157. *Meyer*, Was ist Demokratie?, S. 76.

37 Untertan und Souverän sind nach *Rousseau* *„identische Wechselbegriffe, deren Idee im Wort Bürger zusammenfällt.“*, *Rousseau*, Vom Gesellschaftsvertrag, S. 59, 155.

38 Das Gemeinwohl ist im republikanischen Verständnis mehr als die Addition der Partikularinteresse: *„Oft bestehet ein großer Unterschied zwischen dem Gesamtwillen und dem Gemeinwillen. Er zielt nur auf das Gemeininteresse, der andere auf das Einzelinteresse und ist nur die Summe der Einzelinteressen.“*, *Rousseau*, Vom Gesellschaftsvertrag, S. 59, 88.

39 *Ottmann*, Liberale, republikanische, deliberative Demokratie, Synthesis Philosophica 2006, S. 315, 318; *Saage*, Demokratietheorien, S. 287.

40 *Habermas*, Die Einbeziehung des Anderen, S. 280.

41 *Habermas*, Die Einbeziehung des Anderen, S. 282; *Ottmann*, Liberale, republikanische, deliberative Demokratie, Synthesis Philosophica 2006, S. 315, S. 318.

42 *„Der Mensch verliert durch den Gesellschaftsvertrag seine natürliche Freiheit und ein unbegrenztes Recht auf alles, was ihn reizt und er erreichen kann. Er gewinnt die*

Gesundheit hin.[43] Die Vorstellung von einer pluralen Gesellschaft auch im öffentlichen Raum widerspricht der These vom präexistenten Allgemeinwillen.[44] Die dem republikanischen Extrem angenäherten Positionen betrachten daher alles, was die Einheit des Volkswillens stören könnte, als gefährlich.[45] Interessenvertretung gefährdet somit nach dem republikanischen Verständnis das Erreichen des Gemeinwohls. Es widerspricht den herauszubildenden politischen Tugenden und ist möglichst aus dem politischen Prozess zu entfernen.

Die divergierenden Vorstellungen vom Staatsbürger, seinen Aufgaben und Tugenden im liberalen und republikanischen Demokratiemodell liefern einen Hinweis darauf, warum Interessenvertreter so unterschiedlich bewertet werden. Wer den Staatsbürger als tugendhaften Teilnehmer am Projekt des Gemeinwohlerreichens ansieht, muss die egoistische Maximierung eigener Vorteile als kritisch empfinden. Das Konzept des ausschließlich am Gemeinwohl interessierten Bürgers ist allerdings eine Utopie geblieben. Der Republikanismus hat insbesondere deshalb Kritik erfahren, weil er für den Staatsbürger notwendigerweise das Vorhandensein von Partikularinteressen leugnet. Der Liberalismus verdrängte daher auch zum Ende des 18. Jahrhunderts den Republikanismus.[46] Als Gegenentwurf zum Liberalismus ist der Republikanismus allerdings bis heute hilfreich, weil er aufzeigt, dass das unbedingte Freiheitsstreben sich nicht zwangsläufig positiv auf den politischen Prozess auswirkt.

III. Das pluralistische Modell

Akzeptiert man im Anschluss an die liberale Position die Legitimität von Partikularinteressen im politischen Prozess und das Recht des Bürgers, für die eigenen Wünsche einzustehen, stellt sich die Frage nach dem Verhältnis der verschiedenen bürgerlichen Interessen untereinander. Während sich Liberalismus und Republikanismus primär mit dem Verhältnis von Staat und Bürger beschäftigen, haben die Theorien um den Pluralismus verstärkt das Verhältnis der einzelnen

---

bürgerliche Freiheit und das Eigentumsrecht auf alles, was er besitzt.", *Rousseau*, Vom Gesellschaftsvertrag, S. 59, 79.

43 „*Je größer die Eintracht in den Volksversammlungen ist, d.h. je mehr sich die Ansichten der Einstimmigkeit nähern, um so beherrschender ist der Gemeinwille. Lange Debatten dagegen, Streitigkeiten und Tumulte weisen auf das Anwachsen der Privatinteressen und den Verfall des Staates hin.*", *Rousseau*, Vom Gesellschaftsvertrag, S. 59, 169 f.; *Schwaabe*, Politische Theorie 2, S. 27.

44 *Smith*, Konfliktlösung im demokratischen Bundesstaat, S. 55.

45 *Smith*, Konfliktlösung im demokratischen Bundesstaat, S. 55 f.

46 *Hartmann/Offe*, Politische Theorie und politische Philosophie, S. 110. Allerdings flammte der Streit zwischen den beiden Positionen erneut vor allem in den USA in den 1980er Jahren auf. Dort standen sich jedoch nicht mehr Liberalismus und Republikanismus, sondern Liberalismus und Kommunitarismus (der in der Tradition des Republikanismus steht) gegenüber.

Partikularinteressen untereinander im Blick. Mit der voranschreitenden Ausdifferenzierung der westlichen Gesellschaften seit der ersten Hälfte des letzten Jahrhunderts, ist die Pluralismustheorie zur maßgeblichen Grundlage der Diskussion um die Wesensmerkmale der westlichen Demokratien aufgestiegen.

Gemeinhin wird der Pluralismus als politische Theorie des 20. Jahrhunderts auf *Harold Laski* zurückgeführt, der dem Begriff in diesem Zusammenhang als Erster im Jahr 1915 zu Bekanntheit verhalf. Der Pluralismus als normatives Konzept setzt zunächst an der empirisch feststellbaren Vielfalt von unterschiedlichen, regelmäßig in gesellschaftlichen Gruppen verkörperten, nicht zwangsläufig miteinander zu vereinbarenden Wertvorstellungen an.[47] *Laski* überführt dieses Faktum in seiner politischen Theorie in den politischen Prozess, in dem er feststellt, dass ein pluralistischer Staatsbegriff, der die Legitimität der Vielfalt der Interessen anerkennt, verlange, *„nicht davon auszugehen, dass der Staat die fundamentalere Einheit als seine Teile darstellt, und deshalb vom Staat zu den Teilen des Staats fortzuschreiten, sondern – im Gegenteil – zuzugestehen, dass die Teile ebenso wirklich und selbstständig sind wie das Ganze.“*[48] Der Staat wird nicht als übergeordnete Instanz verstanden, sondern als einer unter vielen sozialen Akteuren. Somit lehnen die Vertreter des Pluralismus auch die Einheit zwischen Staat und Gesellschaft – eines der Wesensmerkmale der *Rousseau*'schen Identitätstheorie – ab.[49]

Allerdings ist das pluralistische Modell seinerseits mittlerweile derart ausdifferenziert, dass auch in ihm unterschiedliche Strömungen auszumachen sind. Gemeinsam ist allen Pluralismustheorien, dass sie im Gegensatz zum Republikanismus nicht von einem bereits bestehendem Gemeinwohl ausgehen.[50] Im pluralistischen Modell ist anerkannt, dass die vielfältigen Perspektiven und Werte nicht zwangsläufig miteinander vereinbar sind.[51] Unterschiede bestehen über die Vorstellung vom Erreichen des Gemeinwohls. Auch die Pluralismusdebatte soll im Rahmen dieser Arbeit

---

47 *„Politische Bildung muß gleicherweise in Rechnung stellen, daß der Mensch in seinem politischen Denken zwar für die Vorstellung einer gerechten Gesellschaftsordnung empfänglich, in seinem politischen Handeln jedoch weitgehend von dem Bestreben motiviert ist, seinen Interessen bestmöglich zu dienen und seine Bedürfnisse bestmöglich zu befriedigen.“*, *Fraenkel*, Möglichkeiten und Grenzen politischer Mitarbeit, S. 283, 291 f.

48 *Laski*, Studies in the Problem of Sovereignty, S. 9; Im Original: *„Applying this to politics, I mean that we do not proceed from the State to the parts of the State on the ground that the State is more fundamentally unified than its parts, but we, on the contrary, admit that the parts are as real and selfsufficient as the whole.“*

49 *Fraenkel*, Möglichkeiten und Grenzen politischer Mitarbeit, S. 283, 293 f.; *Hartmann/Offe*, Politische Theorie und politische Philosophie, S. 278.

50 *Fraenkel*, Möglichkeiten und Grenzen politischer Mitarbeit, S. 283, 286 f. und insbesondere S. 293; *„Ich wiederhole, daß mit der für den demokratischen Staat kennzeichnenden Vorstellung der Autonomie politischer Willensbildung der Gedanke eines a priori-Gemeinwohls in Form eines politischen Aktionsprogramms nicht in Einklang zu bringen ist.“*

51 *Buchstein/Göhler*, Ernst Fraenkel, S. 151, 159 f.; *Hartmann/Offe*, Politische Theorie und politische Philosophie, S. 279; *Steffani*, Pluralistische Demokratie, S. 15.

nicht vollständig nachgezeichnet werden. Zum Verständnis der verschiedenen Positionen werden nachfolgend die zwei Hauptströmungen[52] der Debatte dargestellt.

Vertreter des *Laissez-faire*-Pluralismus[53] fordern als Grundlage des politischen Prozesses lediglich den freien Wettstreit der gesellschaftlichen Gruppen und sehen hierin den Weg zum Gemeinwohl.[54] Ein solches Verständnis des Pluralismus knüpft eng an das zuvor beschriebene liberale Modell an und überträgt dessen marktzentrierte Grundannahmen auf den politischen Wettbewerb gesellschaftlicher Gruppen. Die Vertreter dieser Strömung nehmen an, dass die Marktprinzipien sowohl auf Ebene der Parteien und Kandidaten für öffentliche Ämter als auch im innergesellschaftlichen Willensbildungsprozess gelten und zu guten Ergebnissen führen. Kennzeichnend für die Anhänger des *Laissez-faire*-Pluralismus ist das Vertrauen in die ausgleichende Kraft des Marktes.[55] Das Gemeinwohl ist für sie eine „*Metapher für die Resultante im Kräfteparallelogramm der Gruppen*"[56]. In ihrer Vorstellung ist die staatliche Rolle daher von Zurückhaltung geprägt. Der Staat hat lediglich die notwendigen Freiräume der Individuen und Gruppen zu sichern sowie die Institutionen bereitzustellen, in denen der Meinungskampf ausgefochten werden kann. Die Vertreter dieser Theorie gehen davon aus, dass grundsätzlich die Marktprinzipien in der Lage sind, zum Gemeinwohl zu führen. Staatliche Eingriffe in den Meinungskampf erachten Vertreter des *Laissez-faire*-Pluralismus lediglich in Ausnahmesituationen als notwendig.[57] Darüber hinaus sieht diese Strömung im Meinungskampf auch eine integrative Kraft. *Laski* formuliert zum Ende seines ersten Kapitels über den Pluralismus: „*Wir sollten die Zustimmung zur Nichtübereinstimmung zur Grundlage unseres Staates machen. Dadurch sichern wir seine vollste Harmonie.*"[58]

---

52 In der amerikanischen Pluralismusdiskussion wird in Anlehnung an *Kelso*, American Democratic Theory, S. 13 ff., zwischen drei Strömungen des Pluralismus unterschieden. Neben den Gegensätzen *Laissez-faire*-Pluralismus und korporativer Pluralismus, entwickelte *Kelso* ein vermittelndes Modell des öffentlichen Pluralismus („*public pluralism*", *Kelso*, American Democratic Theory, S. 27 ff.). Nachfolgend wird lediglich eine Zweiteilung, die sich an der amerikanischen und europäischen Pluralismusvariante orientiert, vorgenommen. Vgl. zu der Dreiteilung in der amerikanischen Pluralismusdebatte bei *Steffani*, Pluralistische Demokratie, S. 24 ff.

53 Der *Laissez-faire*-Pluralismus hat vor allem die amerikanische Debatte geprägt und war bis in die 1970er Jahre dort vorherrschende Strömung, *Steffani*, Pluralistische Demokratie, S. 27.

54 *Brugger*, Liberalismus, Pluralismus, Kommunitarismus, S. 204.

55 *Hartmann/Offe*, Politische Theorie und politische Philosophie, S. 279; *Brugger*, Liberalismus, Pluralismus, Kommunitarismus, S. 202 ff.

56 So über die harmonisierenden Gleichgewichtstheorien *Beyme*, Interessengruppen in der Demokratie, S. 16.

57 *Steffani*, Vom Pluralismus zum Neopluralismus, S. 37, 47 f.

58 *Laski*, Studies in the Problem of Sovereignty, S. 25.

Im Gegensatz dazu positioniert sich der Neopluralismus.[59] Seine Vertreter bezweifeln die allumfassende Kraft des Marktgleichgewichts.[60] Der Zweifel wird vor allem dadurch begründet, dass das Gemeinwohl aus ihrer Sicht nicht nur als Summe des Kampfes der Einzelinteressen verstanden werden kann. Zwar liegt auch im neopluralistischen Modell der Fokus des politischen Prozesses auf der Konkurrenz zwischen den verschiedenen Akteuren, zu den Einzelinteressen gesellen sich aber auch Kollektivinteressen, die durch das kulturelle Profil einer Gesellschaft bestimmt werden.[61] Der Neopluralismus geht davon aus, dass nicht alle Interessen gleich effektiv organisiert sind bzw. sich organisieren können.[62] Daher ist es auch Aufgabe des Staates, den Prozess der Willensbildung so zu reglementieren, dass eine Waffengleichheit zwischen den gesellschaftlichen Gruppen herrscht.[63] Notwendige Voraussetzung für eine kontroverse Willensbildung ist ein Basiskonsens, der Anarchie verhindert.[64] Der Staat hat das Spielfeld zu bestimmen, in dem sich die Interessenvertretung bewegt. Ernst Fraenkel formulierte hierzu: *„Der Pluralismus beruht vielmehr auf der Hypothese, in einer differenzierten Gesellschaft könne im Bereich der Politik das Gemeinwohl a posteriori als das Ergebnis eines delikaten Prozesses der divergierenden Ideen und Interessen der Gruppen und Parteien erreicht werden, stets vorausgesetzt,* [...] *daß bei deren Zusammen- und Widerspiel die generell akzeptierten, mehr oder weniger abstrakten regulativen Ideen sozialen Verhaltens respektiert und die rechtlich normierten Verfahrensvorschriften und die gesellschaftlich sanktionierten Regeln eines fair play ausreichend beachtet werden.“*[65]

Interessenvertretung ist in beiden Varianten des Pluralismus legitim. Im Gegensatz zum *Laissez-faire*-Pluralismus vertraut der Neopluralismus jedoch nicht allein auf die unsichtbare Hand des Markts. Hierin liegt die demokratietheoretische Grundlage für die unterschiedlichen Ansichten über die Frage, ob es einer Reglementierung der Einflussnahmeversuche durch private Interessenvertreter bedarf.

---

59 Diese Strömung geht vor allem auf *Ernst Fraenkel* zurück und hat die Pluralismusdebatte in Deutschland wesentlich bestimmt.

60 So formuliert beispielsweise *Schattenschneider*: *„The flaw in the pluralist heaven is that the heavenly chorus sings with a strong upper-class accent.“*, *Schattenschneider*, The semisovereign People, S. 34 f. Ähnlich auch *Steffani*, Vom Pluralismus zum Neopluralismus, S. 37, 48 f.; *ders.*, Pluralistische Demokratie, S. 21 f. *Hartmann/Offe*, Politische Theorie und politische Philosophie, S. 279.

61 *Brugger*, Liberalismus, Pluralismus, Kommunitarismus, S. 216 f.; *Buchstein/Göhler*, Ernst Fraenkel, S. 151, 159 f.

62 *Brugger*, Liberalismus, Pluralismus, Kommunitarismus, S. 210.

63 *Fraenkel* schreibt dazu: *„Ein jeder Versuch, die soziale Frage einer Lösung näherzubringen, muß das Bemühen einschließen auf kollektiver Ebene zwischen den Gesellschaftsgruppen eine Waffengleichheit zu begründen, deren Fehlen maßgeblich zum Scheitern des liberalen Rechtsstaats des 19. Jahrhunderts beigetragen hat.“*, vgl. das Zitat bei *Steffani*, Pluralistische Demokratie, S. 50.

64 *Fraenkel*, Gesammelte Schriften, Bd. 5, S. 259; *Steffani*, Pluralistische Demokratie, S. 43.

65 *Buchstein/Göhler*, Ernst Fraenkel, S. 151, 160.

Ergibt sich das Gemeinwohl direkt aus dem Kräfteparallelogramm der gesellschaftlichen Gruppen, beschränkt sich die staatliche Rolle auf die Absicherung der freien Entfaltung aller Gruppen und Interessen. Wird stattdessen zwischen den Akteuren ein Machtungleichgewicht ausgemacht, das zu unterschiedlichem Einfluss auf die staatliche Willensbildung führt, stellt sich die Frage, wie der Staat auf diesen Befund zu reagieren hat.

3. Abschnitt: Ziel und Gang der Untersuchung; Methodik

Die Arbeit untersucht Möglichkeiten, den Gefahren des Lobbyismus wirksam entgegen zu treten, ohne den Nutzen der Interessenvertretung über Gebühr zu beschränken. Trotz der wiederkehrenden Forderung nach einem Rechtsrahmen für die Interessenvertretung besteht ein erhebliches Forschungsdefizit im Bereich der Lobbyismusregulierung.[66] Aus dieser Diskrepanz ergibt sich das Forschungsziel: Entschließt sich die Politik zum Handeln, soll diese Arbeit bereits das Forschungsdefizit verringert und notwendige Vorarbeiten geleistet haben.

Die Breite der zu untersuchenden Thematik erfordert eine Eingrenzung. Im Zentrum der vorliegenden Arbeit steht der Gesetzgebungsprozess auf Bundesebene. Untersucht werden soll die von den Interessenvertretern ausgehende Einflussnahme auf diesen Prozess. Nicht Gegenstand der Untersuchung sind hingegen Problemkreise, in denen der Staat externen (neutralen) Sachverstand in seine Arbeitsorganisation einbindet, weshalb insbesondere die Themen Leihbeamte und Gesetzgebungsoutsourcing[67] nicht behandelt werden. Anhörungsverfahren, die auch auf die Einbindung privaten Wissens abzielen, werden hingegen näher untersucht, da in diesen Fällen die Beteiligten teilweise offen als Interessenvertreter auftreten. Ebenso werden gesteuerte Public Relations (etwa veranlasste Medienberichte) nicht näher untersucht, da das Problemfeld bereits im Vorfeld des Gesetzgebungsverfahrens angesiedelt ist. Zudem soll Ziel der Arbeit nicht sein, ausgearbeitete Rechtsnormen vorzulegen. Vielmehr werden einzelne Umsetzungsprobleme aufgegriffen und

---

66 In der Rechtswissenschaft erfährt die Thematik erst seit kurzem Beachtung. Zwar schrieb bereits *Eschenburg*, Herrschaft der Verbände?, im Jahr 1956 über die Frage der Einflussmöglichkeiten von Interessenvertretern. Kern der Debatte war jedoch allein die grundsätzliche Zulässigkeit der Einflussnahme Privater. Rechtswissenschaftliche Auseinandersetzungen zur Frage der gesetzlichen Regelung dieses Bereichs sind eher jüngeren Datums wie etwa *Hoppe*, Transparenz per Gesetz?, ZRP 2009, S. 39; *Schmedes*, Mehr Transparenz wagen?, ZParl 2009, S. 543; *Arnaud*, Mitwirkung Privater; *Pünder*, Wahlrecht und Parlamentsrecht als Gelingensbedingungen repräsentativer Demokratie, VVDStRL 72, S. 193, 235 ff.; *Sodan*, Lobbyregister als Verfassungsproblem, LKV 2012, S. 193; *Olberding*, Steuerung von Interessenpolitik; *Piechaczek*, Lobbyismus im Deutschen Bundestag.

67 Zum Gesetzgebungsoutsourcing siehe etwa *Risse*, Grenzen des Gesetzgebungsoutsourcing, S. 109; *Meßerschmidt*, Private Gesetzgebungshelfer, S. 387 und *Kloepfer*, Gesetzgebungsoutsourcing, NJW 2011, S. 131.

diskutiert, um aufzuzeigen, inwieweit rechtspolitisch begrüßenswerte Regelungen rechtlich zulässig sind.

Nach der Einführung im ersten Teil der Arbeit werden im zweiten Schritt die beiden Forschungsgegenstände näher betrachtet. An einen kurzen Überblick zum Gang der Gesetzgebung sowie dessen Schwierigkeiten schließt sich eine Auswertung der sozial- und politikwissenschaftlichen Literatur zum Lobbyismus an. Dargestellt wird die Arbeitsweise der Lobbyisten sowie die sich aus dem Lobbyismus ergebenden Nutzen und Gefahren. Im dritten Teil soll der Rechtsrahmen in der Europäischen Union und den USA dargestellt werden. Gegliedert nach den zuvor aufgezeigten Problemkreisen der Intransparenz, des Näheverhältnisses zwischen politischen Entscheidungsträgern und Interessenvertretern und des Machtungleichgewichts, soll untersucht werden, wie die jeweiligen Rechtssysteme mit den Gefahren des Lobbyismus umgehen. Im vierten Teil wird das derzeitige rechtliche Spielfeld des Lobbyismus in Deutschland abgesteckt. Dazu wird zunächst die Verfassung im Hinblick auf die durch den Lobbyismus hervorgerufenen Problematiken sowie auf die Vorgaben für das Gesetzgebungsverfahren untersucht. Anschließend wird der bestehende Rechtsrahmen analysiert. Die im dritten und vierten Teil gewonnenen Erkenntnisse werden die Grundlage für den fünften Teil bilden, in dem verschiedene Regulierungsinstrumente vorgestellt werden.

Methodisch verfolgt die Arbeit drei Ansätze. Erstens sollen im Wege Rechtsvergleichung Erfahrungen genutzt und Erkenntnisse gewonnen werden, die die USA sowie die Europäische Union bereits im gesetzlichen Umgang mit Lobbyisten gemacht haben.[68] Die Referenz, anhand derer der Vergleich stattfindet (sog. *tertium comparationis*)[69], stellen hier die noch aufzuzeigenden Gefahren des Lobbyismus dar.

Zweitens sollen im letzten Abschnitt der Arbeit mögliche Regelungsinstrumente mit einem doppelten Ansatz untersucht werden. Einerseits wird aus rechtspolitischer Perspektive auf Basis eines theoretisch-deskriptiven Ansatzes die Zweckmäßigkeit der Instrumente begutachtet. Rechtspolitik hat die Ordnung unseres sozialen Zusammenlebens durch das Recht zum Gegenstand. Wer aber mit dem Recht ordnen möchte, muss sich seiner Zielrichtung bewusst sein. Daher wird es zuvor notwendig sein, Maßstäbe für die Anforderungen an die Regulierungsinstrumentarien zu formulieren. Andererseits ist bei allen Regulierungsansätzen aus staatsrechtlicher Sicht stets im Blick zu behalten, welche Grenzen die Verfassung einer solchen Regulierung setzt. Zur Bestimmung dieser Grenzen wird die Einschränkbarkeit der von der Regelung betroffenen Grundrechte anhand des juristischen Auslegungskanons untersucht.

---

68 Ganz grundlegend zur Methode der Rechtsvergleichung: *Reimann*, Zimmermann, Handbook of Comparative Law.

69 Der Duden definiert den Vergleich als sprachlichen Ausdruck, *„bei dem etw. mit etw. aus einem anderen Bereich im Hinblick auf ein beiden Gemeinsames in Beziehung gesetzt u. dadurch eindringlich veranschaulicht wird*", vgl. Duden, 3. Auflage 1999, Band. 9.

2. Teil: Das Phänomen des Lobbyismus im Gesetzgebungsverfahren

Das Gesetzgebungsverfahren und der Lobbyismus sind die Hauptgegenstände der vorliegenden Untersuchung. Vor einer Analyse und Bewertung des Regulierungsrahmens werden die Forschungsgegenstände einer vertieften Betrachtung unterzogen. Interessenvertretung ist nicht allein Gegenstand rechtswissenschaftlicher Schriften, sondern wird unter dem Oberbegriff Verbändeforschung bereits seit einigen Jahrzehnten aus politik- und sozialwissenschaftlicher Perspektive untersucht. Die Erkenntnisse der Nachbarwissenschaften sollen die Grundlage für die im vierten Teil folgende Analyse des derzeitigen Rechtsrahmens und die Reformvorschläge im fünften Teil der Arbeit bilden.

1. Abschnitt: Historische Entwicklung

Die Entwicklung der Interessenvertretung in Deutschland war und ist kein stringenter Prozess. Sie ist eng verbunden mit den jeweiligen politischen Rahmenbedingungen und hat in ihrer Geschichte mehr als einmal einen Richtungswechsel genommen. Nachfolgend werden zunächst die wichtigsten Stationen der historischen Entwicklung nachgezeichnet und anschließend die Entwicklung in der Bundesrepublik Deutschland vertieft betrachtet.

A. Entstehung und Wachsen der Interessenvertretung

Vor dem Entstehen der Verbände gaben Zunft- und Standeszwang der Interessenvertretung einen starren Organisationsrahmen.[70] Zünfte und Gilden unterschiedenen sich von heutigen Verbänden insbesondere dadurch, dass die Zugehörigkeit in der mittelalterlichen Ständegesellschaft an Geburt, Beruf und Stand anknüpfte.[71] Ein- und Austritt waren strikt reglementiert. Im Gegensatz zu heutigen Verbänden nahmen sie nicht die Rolle eines Intermediärs zwischen Staat und Gesellschaft ein, sondern waren selbst Teil der Ständegesellschaft.[72]

---

70 Vgl. *Weber*, Interessengruppen S. 62 ff.; *Rudzio*, Politisches System der BRD, S. 65; *Sebaldt/Straßner*, Verbände in der BRD, S. 73 ff.

71 *Kleinfeld*, Historische Entwicklung der Interessenverbände, S. 51, S. 52. Im Gegensatz zur Mitgliedschaft in heutigen Verbänden war die Mitgliedschaft in den Zünften und Ständen auch nur quasi-freiwillig, da bei einem Austritt regelmäßig der Verlust bürgerlicher Rechte drohte.

72 *Sebaldt/Straßner*, Verbände in der BRD, S. 73 f.

Mit dem Aufkommen der Gewerbefreiheit, die im Zuge der preußischen Wirtschaftsliberalisierung durch die *Stein-Hardenbergschen Reformen*[73] erstmals in Deutschland eingeführt wurde, konnte sich das Handwerk langsam aus dem engen Korsett befreien. Die neu entstandenen Verbände und Vereine besaßen eine eigene Rechtspersönlichkeit und konnten zudem frei über Ein- und Austritt entscheiden.[74] Auf verfassungsrechtlicher Ebene sollte die Vereinigungsfreiheit erstmals in der Paulskirchenverfassung verankert werden.[75] Die in dieser Zeit beschleunigte Vereins- und Verbandsgründung hatte zur Folge, dass viele Berufsverbände versuchten, mit Eingaben und Petitionen auf die Abgeordneten der Nationalversammlung in Frankfurt Einfluss zu nehmen.[76] Zwar scheiterte die Märzrevolution, und die Paulskirchenverfassung trat nie in Kraft, jedoch blieb anschließend das Prinzip der Vereinigungsfreiheit in Deutschland erhalten.[77] Der nächste Entwicklungsschritt vollzog sich im Norddeutschen Bund. Die dort errichtete Gewerbe- und Koalitionsfreiheit stellte die Interessenvertretung erstmals auf rechtliche Grundlagen.[78]

Im deutschen Kaiserreich nahm der Einfluss der Verbände weiter zu. Die Industrialisierung führte zu einer Stärkung der ökonomischen Interessen und zur Spezialisierung der Interessenvertretungen.[79] Zudem verfestigten sich die Organisationsstrukturen,

---

73 Die Gewerbefreiheit wurde mit dem Gewerbesteueredikt vom 2. November 1810 (Gesetzsammlung für die Königlich-Preußischen Staaten 1810, S. 79 ff.) und dem Gewerbepolizeigesetz vom 7. September 1811 (Gesetzsammlung für die Königlich-Preußischen Staaten 1811, S. 263 ff.) geschaffen. Der § 1 des Gewerbesteueredikts beinhaltete unter anderem die Formulierung: „*Im Allgemeinen darf niemanden der Gewerbeschein versagt werden.*" Die Gewerbefreiheit machte nur einen kleinen Teil der *Stein-Hardenbergschen Reformen* aus. Die Reformen umfassten daneben insbesondere Staats- und Verwaltungsreformen, Agrarreformen, eine Bildungsreform sowie eine Militärreform. Siehe zum Inhalt der Reformen *Hubatsch*, Die Stein-Hardenbergschen Reformen, S. 131 ff. und speziell zur Gewerbefreiheit *Vogel*, Allgemeine Gewerbefreiheit, S. 135 ff.

74 *Kleinfeld*, Historische Entwicklung der Interessenverbände, S. 51, S. 52.

75 Nach § 162 der Verfassung des deutschen Reiches vom 28. März 1849 sollten alle Deutschen das Recht haben, Vereine zu bilden.

76 *Kleinfeld*, Historische Entwicklung der Interessenverbände, S. 51, S. 54 f.; *Sebaldt/Straßner*, Verbände in der BRD, S. 75.

77 *Hueber*, Vereinsrecht im Deutschland des 19. Jahrhunderts, S. 115, 121 f.

78 Gesetz zur Gewerbefreiheit und Koalitionsfreiheit vom 21. Juni 1869; vgl. auch *Rudzio*, Politisches System der BRD, S. 65; *Kleinfeld*, Historische Entwicklung der Interessenverbände, S. 51, 55, der allerdings darauf hinweist, dass die Koalitionsfreiheit in der Realität bis ins 20. Jahrhundert häufig durch die Unternehmer eingeschränkt wurde. Ebenso *Sebaldt/Straßner*, Verbände in der BRD, S. 75, der die beginnende Verbandsentwicklung im Wesentlichen auf den Übergang von der Stände- zur Bürgergesellschaft zurückführt.

79 *Lösche*, Verbände und Lobbyismus in Deutschland, S. 24; *Kleinfeld*, Historische Entwicklung der Interessenverbände, S. 51, 56, 79; *Rudzio*, Politisches System der BRD, S. 65.

insbesondere durch die Schaffung überlokaler Vereine.[80] Mit der Zunahme an wirtschaftlichen Krisen stieg auch die Zahl der Verbandsgründungen an. Die Betroffenen versuchten, über Interessenvertretungen auf die staatliche Wirtschaftspolitik Einfluss zu nehmen.[81] Im Kaiserreich wurde die Entstehungsphase der deutschen Verbändelandschaft vollendet. Doch erlebte diese Entwicklung bereits mit dem ersten Weltkrieges eine Zäsur. Die Interessenverbände wurden gezwungen, sich den Bedürfnissen der Kriegsproduktion anzupassen.[82]

In der Weimarer Republik kam es anschließend in Art. 124 und Art. 159 der Reichsverfassung zur konstitutionellen Verankerung der Verbände.[83] Aufgrund der Massenarbeitslosigkeit und wiederkehrenden Wirtschaftskrisen sowie wegen der Grundsatzstreitigkeiten zwischen den Kommunisten und Sozialdemokraten innerhalb der internationalen Arbeiterbewegung nahm die Bedeutung der Arbeitnehmerverbände nach einem ersten Höhenflug wieder ab, während die Unternehmerverbände[84] ihre Kräfte in Dachverbänden bündelten.[85] Zur selben Zeit näherten sich die Verbände verschiedenen politischen Parteien an. Bereits in der Weimarer Republik wurden Verbände im Rahmen von Gesetzgebungsprozessen durch die Ministerialbürokratie angehört.[86] Während der anschließenden nationalsozialistischen Diktatur verschwanden die erlangten Freiheiten aufgrund der vollständigen Fokussierung der gesamten Wirtschaft auf die nationalsozialistische Ideologie.[87] Es wurden Einheitsverbände geschaffen, die dem Führerprinzip unterlagen und für die eine Zwangsmitgliedschaft bestand.[88]

---

80 *Sebaldt/Straßner*, Verbände in der BRD, S. 75; *Kleinfeld*, Historische Entwicklung der Interessenverbände, S. 51, 57.

81 *Weber*, Interessengruppen, S. 67; *Sebaldt/Straßner*, Verbände in der BRD, S. 78.

82 *Kleinfeld*, Historische Entwicklung der Interessenverbände, S. 51, 62.

83 *Sebaldt/Straßner*, Verbände in der BRD, S. 79.

84 Die stärksten Dachverbände zur Zeit der Weimarer Republik waren der Reichsverband der Deutschen Industrie und die Vereinigung Deutscher Arbeitgeberverbände.

85 *Sebaldt/Straßner*, Verbände in der BRD, S. 79 f.; *Kleinfeld*, Historische Entwicklung der Interessenverbände, S. 51, 64 f.

86 *Lösche*, Verbände und Lobbyismus in Deutschland, S. 30, der darauf verweist, dass das Anhörungsrecht in der Geschäftsordnung der Reichsregierung und der Reichsministerien festgeschrieben wurde. So lautete der § 27 Abs. 1 S. 1 GGO der Reichsministerien (Fassung vom 1. Mai 1924): „*Bei der Vorbereitung von Gesetzen und wichtigen Verordnungen sind möglichst die Vertretungen der Fachkreise rechtzeitig heranzuziehen.*“ Siehe hierzu und vertiefend zur Interessenvertretung in der Weimarer Republik, *Böhret*, Institutionalisierte Einflußwege der Verbände, S. 216, 218.

87 *Kleinfeld*, Historische Entwicklung der Interessenverbände, S. 51, 69 ff.; *Sebaldt/Straßner*, Verbände in der BRD, S. 81 f.

88 *Lösche*, Verbände und Lobbyismus in Deutschland, S. 32 f. So wurden etwa der Reichsverband der Deutschen Industrie und die Vereinigung Deutscher Arbeitgeberverbände in den Reichsstand der deutschen Industrie überführt, der nach dem Führerprinzip organisiert war.

B. Wandel der Interessenvertretung seit Ende des zweiten Weltkriegs

Die Zulassungspolitik der Besatzungsmächte nach Ende des Zweiten Weltkriegs führte in Westdeutschland zur Demokratisierung und Dezentralisierung des Verbandswesens, während in der sowjetischen Besatzungszone Massenorganisationen nach sowjetischem Muster geschaffen wurden.[89]

Die erste Phase der Wiedereinrichtung der Verbände war in Westdeutschland geprägt durch ein Wiederauflebenlassen der Verbandsstrukturen aus der Weimarer Republik. Zwar werden im Grundgesetz der Bundesrepublik Deutschland die Verbände und Interessenvertreter nicht ausdrücklich erwähnt, doch garantiert die in Art. 9 GG verankerte Vereinigungs- und Koalitionsfreiheit das Recht, sich gemeinschaftlich zusammenzuschließen. Geprägt wurde die Verbandslandschaft ab den 1950er Jahren durch mitgliederstarke Großverbände.[90]

Das Entstehen der Großverbände führte erstmals Ende der 1960er Jahre zu einer wechselseitigen Indienstnahme von Staat und Verbänden. Der aufkommende „Neokorporatismus"[91] stellte eine neue Ebene der Einflussnahme dar. Die Meinung der Spitzenverbände wurde derart geschätzt, dass Verbandsvertreter in die staatliche Entscheidungsfindung eingebunden wurden.[92] Mit dem Gesetz zur Förderung

---

89 *Kleinfeld*, Historische Entwicklung der Interessenverbände, S. 51, 76. Formal garantierte auch die Verfassung der DDR die Koalitionsfreiheit: „*Die Bürger der Deutschen Demokratischen Republik haben das Recht auf Vereinigung, um durch gemeinsames Handeln in politischen Parteien, gesellschaftlichen Organisationen, Vereinigungen und Kollektiven ihre Interessen in Übereinstimmung mit den Grundsätzen und Zielen der Verfassung zu verwirklichen.*", Art. 29 der Verfassung der Deutschen Demokratischen Republik vom 6. April 1968 in der Fassung vom 7. Oktober 1974. Die Übereinstimmung mit den Grundsätzen und Zielen der Verfassung setzte jedoch die Anerkennung der führenden Rolle der SED voraus, da nach Art. 1 der Verfassung die Deutsche Demokratische Republik „*unter der Führung der Arbeiterklasse und ihrer marxistisch-leninistischen Partei*" stand.

90 *Kleinfeld*, Historische Entwicklung der Interessenverbände, S. 51, 79.

91 Ursprünglich beschrieb der Begriff Korporatismus ein „*System der Interessenvermittlung, dessen wesentliche Bestandteile organisiert sind in einer begrenzten Anzahl singulärer Zwangsverbände, die nicht miteinander in Wettbewerb stehen, über eine hierarchische Struktur verfügen und nach funktionalen Aspekten voneinander abgegrenzt sind.*" (*Schmitter*, Interessenverbände und Regierbarkeit, S. 92, 94 f.) Im Gegensatz dazu wird der Begriff Neokorporatismus oder liberaler Korporatismus für ein System verwendet, in dem es zwar ebenfalls Interessenvertreter institutionalisiert eingebunden werden, die Bildung der Interessenvertretung aber auf der Grundlage von Vereinigungsfreiheit, Koalitionsfreiheit und Verbandsautonomie erfolgt, vgl. *Lehmbruch*, Wandlung der Interessenpolitik im liberalen Korporatismus, S. 50, 53. Siehe instruktiv und grundlegend zur rechtswissenschaftlichen Einordnung des (Neo-) Korporatismus in die Staatsrechtslehre: *Dederer*, Korporative Staatsgewalt, S. 25 ff.

92 *Lösche*, Verbände und Lobbyismus in Deutschland, S. 107 ff.

der Stabilität und des Wachstums der Wirtschaft aus dem Jahr 1967 sollte ein gesamtwirtschaftliches Gleichgewicht geschaffen werden. Zur Erreichung dieses Ziels sollte das Verhalten von Gebietskörperschaften, Gewerkschaften und Arbeitgeberverbänden aufeinander abgestimmt werden (*konzertierte Aktion*[93]). Die Verhaltensabstimmung fand in wiederkehrenden Gesprächsrunden statt. Die enge Zusammenarbeit mit den staatlichen Entscheidungsträgern ließ die Verbandsvertreter teilweise sehr nah an die Ausübung von Staatsgewalt heranrücken. Kritisiert wird die Entwicklung einerseits aufgrund ihrer Tendenz zur Bevorzugung starker Interessengruppen.[94] Andererseits wird innerhalb der Verbände ein gemeinsamer Kompromiss der versammelten Interessen vorgeformt. Dem korporatistischen Model liegt die These zugrunde, dass die Willensbildung und staatliche Entscheidungsfindung durch Zusammenarbeit des Staats mit Interessengruppen effizienter gestaltet wird.

Seit den 1970er Jahren haben sich die Rahmenbedingungen der Interessenvertretung erneut fundamental gewandelt. Insbesondere die fortschreitende Pluralisierung und Individualisierung der Gesellschaft hat die deutsche Interessenvertretungsbranche geprägt.[95] Entsprechend dem pluralistischen Gesellschaftsmodell kann eine Ausdifferenzierung des Spektrum der vertretenen Interessen ausgemacht werden.[96] Während zuvor vor allem ökonomische Interessen in Verbänden organisiert waren, finden sich nun auch Interessenvertretungen in den Bereichen soziales Leben und Gesundheit, Freizeit und Erholung, Kultur, Bildung, Wissenschaft und Religion sowie Politik und Umwelt.[97] In diesen Bereichen sind in den letzten Jahrzehnten die sogenannten neuen sozialen Bewegungen hinzugekommen. Deren thematische Schwerpunkte waren zunächst vor allem die Gleichberechtigung der Frau, die Ökologie und der Frieden. Im Anschluss daran nahm die Gründung von Bürgerinitiativen stark zu. Im Gegensatz zu den klassischen Interessenverbänden wurde den neuen sozialen Bewegungen zunächst ein geringerer Institutionalisierungsgrad zugeschrieben. Vor dem Hintergrund von Nichtregierungsorganisationen (NGOs) wie *attac* oder *Greenpeace*, die sich mittlerweile zu global agierenden Organisationen entwickelt haben, kann die Differenzierung in einer solchen Abstraktheit jedoch nicht aufrechterhalten werden. Auch abseits von Wirtschaftsverbänden finden sich mittlerweile gut organisierte Interessenverbände.

Mit der Individualisierung und Ausdifferenzierung der Gesellschaft kam es auch zu einem Bedeutungsverlust der Großverbände. Alle Großorganisationen wie

---

93 Siehe vertiefend zur *konzertierten Aktion*, *Kaiser*, Korporatismus in der Bundesrepublik Deutschland, S. 190 ff.

94 Zur Korporatismuskritik: *Horn*, Verbände in: HStR III, § 41 Rn. 38.

95 *Speth*, Interessenpolitik, S. 38, 43 f.

96 *Lösche*, Verbände und Lobbyismus in Deutschland, S. 36 f.; *Lahner*, Boombranche kommerzielles Lobbying?, S. 89 f., 119 ff.; 314 f.; *Sebaldt/Straßner*, Verbände in der BRD, S. 95 ff.

97 *Sebaldt/Straßner*, Verbände in der BRD, S. 97; *Willems/Winter*, Interessenverbände als intermediäre Organisationen, S. 13, 27.

Kirchen, Parteien, Gewerkschaften und Verbände leiden unter einem Mitgliederschwund.[98] Hinsichtlich der Interessenvertretung ist ein Trend zur Eigenvertretung erkennbar: Größere Unternehmen haben in den vergangenen Jahren häufig eigene Repräsentanzen in Berlin aufgebaut. Hierdurch sollen ihre Anliegen gezielter gegenüber den politischen Entscheidungsträgern vorgetragen werden.[99] In den vergangenen zwei Jahrzehnten ist eine Branche der professionelle Drittinteressenvertreter entstanden, die nicht als genuine Interessenvertreter spezifischer Branchen handeln, sondern die politische Einflussnahme als Dienstleistung anbieten.[100] Solche Lobbying-Dienstleister sind vor allem Public Affairs-Agenturen und Anwälte.[101] Als Kunden kommen insbesondere kleinere und mittelgroße Unternehmen in Betracht, die keine eigene dauerhafte Repräsentanz in Berlin unterhalten.[102] Die klassischen Großverbände wie Gewerkschaften oder Arbeitgebervertretungen haben durch diese Entwicklung an Einfluss verloren.[103] Auch wenn die Unternehmen neben der eigenen Interessenvertretung häufig die Mitgliedschaft in den Großverbänden beibehalten, nimmt ihre Bindung zu den Verbänden ab. Dadurch wird auch die Verfolgung eines korporatistischen Modells erschwert, da immer weniger adäquate Verhandlungsgruppen zur Verfügung stehen, die einen ausreichend großen Teil der Bevölkerung vertreten. Folge der Entwicklung war auch das Scheitern des Versuchs der Regierung unter Bundeskanzler *Gerhard Schröder* mit dem „*Bündnis für Arbeit, Ausbildung und Wettbewerbsfähigkeit*“[104] die Kooperation von Kapital, Arbeit und Staat wiederaufleben zu lassen.[105]

Für den Fortgang dieser Arbeit sind diese jüngeren Entwicklungen der Interessenverbände von besonderer Bedeutung. Erkennbar ist ein Trend zur ausdifferenzierteren Vertretung von Partikularinteressen.[106] Hinzu kommt eine spürbare

98 *Speth*, Interessenpolitik, S. 38, 44.

99 *Lösche*, Verbände und Lobbyismus in Deutschland, S. 64; *Ismayr*, Der deutsche Bundestag, S. 271, demzufolge mittlerweile allein dreihundert Unternehmen eigene Repräsentanzen unterhalten. Ebenso *Wehrmann*, Lobbying in Deutschland, S. 36, 41 f.

100 *Speth*, Interessenpolitik, S. 38, 46 f.; *Wehrmann*, Lobbying in Deutschland, S. 36, 42 f.

101 *Speth*, Interessenpolitik, S. 38, 47 f.

102 *Sebaldt/Straßner*, Verbände in der BRD, S. 274, mit Verweis darauf, dass zu diesem Phänomen noch keine umfassenden Untersuchungen vorliegen. *Willems/Winter*, Interessenverbände als intermediäre Organisationen, S. 13, 33 f.

103 *Schmidt*, Das politische System Deutschlands, S. 119 ff.

104 Das *Bündnis für Arbeit, Ausbildung und Wettbewerbsfähigkeit* wurde im Jahr 1998 von der damaligen Bundesregierung initiiert. Bereits das zweite Spitzengespräch verlief jedoch ergebnislos. Im Frühjahr 2003 erklärte Bundeskanzler Schröder das Bündnis für gescheitert. Siehe zum *Bündnis für Arbeit, Ausbildung und Wettbewerbsfähigkeit* bei *Kaiser*, Korporatismus in der Bundesrepublik Deutschland, S. 384 ff.

105 *Lösche*, Verbände und Lobbyismus in Deutschland, S. 107 f.

106 *Lahner*, Boombranche kommerzielles Lobbying?, S. 314 f.

Professionalisierung der Branche. Auch nimmt die Methodenvielfalt in der Branche weiter zu. Für die politischen Entscheidungsträger bedeutet die Entwicklung, dass sie vielzähligen Einflussnahmeversuchen aus unterschiedlichsten Richtungen ausgesetzt sind. Sie erfahren eine gesteigerte Aufmerksamkeit, werden zum Teil aber nicht einmal von den Betroffenen selbst, sondern von beauftragten Dienstleistern angesprochen. Gleichzeitig ist der Politik mit dem Niedergang der Großverbände ein Verhandlungspartner abhanden gekommen, mit dem ein aushandeln der Politikausrichtung im Sinne eines neokorporatistischen Arrangements möglich wäre.

2. Abschnitt: Arbeitsweise von Lobbyisten im Gesetzgebungsverfahren

Private Interessenvertreter nehmen an unterschiedlichen Stellen Einfluss auf das Gesetzgebungsverfahren. Nachfolgend wird ein kurzer Überblick zum Gang des Gesetzgebungsverfahrens sowie den Methoden der Einflussnahme gegeben.

A. Das Gesetzgebungsverfahren im Überblick

I. Formaler Gang

Bundesgesetze werden von Bundestag beschlossen (Art. 77 Abs. 1 GG). Das Grundgesetz gibt hierfür nur einen groben Rahmen vor, vgl. Art. 76, 77 GG. Eine weitere Ausgestaltung des Verfahrens erfolgt durch die Geschäftsordnung des Bundestages (GOBT)[107] sowie teilweise durch die Gemeinsame Geschäftsordnung der Bundesministerien (GGO)[108]. Initiativen zur Gesetzgebung können von der Bundesregierung, dem Bundesrat sowie aus der Mitte des Bundestages erfolgen, vgl. Art. 76 Abs. 1 GG. Die Entwürfe werden allerdings schon zuvor in den administrativen Unterbauten der Bundesministerien, der Landesregierungen und der Parteien erarbeitet. Der Gesetzgebungsprozess beginnt somit bereits vor der parlamentarischen Ebene.

Gemäß § 77 GOBT werden die eingebrachten Vorlagen an die Abgeordneten, den Bundesrat und an die Ministerien verteilt. Daran schließen sich gemäß § 78 Abs. 1 S. 1 GOBT drei Lesungen im Bundestag an. Nach der ersten Beratung, in der keine Sachanträge gestellt werden können und nur die Eckpunkte der Vorlage erläutert werden, erfolgt nach § 80 Abs. 1 S. 1 GOBT regelmäßig die Überweisung an die jeweiligen Fachausschüsse. Spiegelbildlich zu den Ausschüssen finden sich

107 Gemäß Art. 40 Abs. 1 S. 2 GG gibt sich der Bundestag selbst eine Geschäftsordnung. Die GOBT in der Fassung der Bekanntmachung vom 2. Juli 1980 (BGBl. I S. 1237), wurde zuletzt geändert laut Bekanntmachung vom 23. April 2014 (BGBl. I S. 534).

108 Die Gemeinsame Geschäftsordnung der Bundesministerien vom 26. Juli 2000 (GMBl S. 526), zuletzt geändert durch Beschluss vom 17.8.2011 (GMBl S. 576), regelt die Verfahren und Organisation innerhalb der Ministerien, der Ministerien untereinander als auch ihr Zusammenwirken mit anderen Verfassungsorganen.

in den Fraktionen Arbeitsgruppen und Arbeitskreise, in denen eine interne Vorabstimmung erfolgt. Versehen mit einer Beschlussempfehlung und einem Bericht des Fachausschusses kommt die Gesetzesvorlage zur zweiten Lesung zurück in den Bundestag. Nach einer Beteiligung des Bundesrates kommt es im Anschluss an die dritte Lesung zur abschließenden Abstimmung. Sofern das Gesetz die erforderliche Mehrheit (in der Regel genügt die Mehrheit der abgegebenen Stimmen, Art. 42 Abs. 2 S. 1 GG) erreicht, wird es von der Bundesregierung gegengezeichnet und durch den Bundespräsidenten ausgefertigt, vgl. Art. 82 Abs. 1 S. 1 GG.

Die Initiative zur Gesetzesarbeit geht in der Praxis entgegen Art. 76 Abs. 1 GG keineswegs ausschließlich von Regierung, Bundesrat oder Bundestag aus. Die Gesetzesentwürfe zur Nachjustierung und Präzisierung bereits gültiger Gesetze werden teils in Eigeninitiative der Ministerialbeamten auf den Weg gebracht.[109] Die Mitarbeiter der Ministerialbürokratie können darüber hinaus *agenda-setting* betreiben. Sie können eigenständig Themen auf die politische Tagesordnung bringen.[110] Die Referenten verfügen meist über einen gewissen Wertungsspielraum im Rahmen der Erarbeitung von Gesetzesentwürfen.[111] Dies gilt auch für den Fall, dass der Impuls zur Gesetzgebung von der Regierung kommt: Den Ministerialbeamten wird regelmäßig nur ein politisches Ziel vorgegeben, während der Weg zur Erreichung des Ziels in ihrem Ermessen liegt.

Selbst wenn das Gesetzesvorhaben das förmliche parlamentarische Verfahren erreicht hat, bleibt die Ministerialbürokratie involviert. Nachträgliche Änderungen durch die Fachausschüsse werden nicht direkt von diesen selbst eingefügt. Stattdessen wenden sich die Ausschüsse wieder an die Verwaltung und geben erneut nur das Änderungsziel vor.[112]

II. Informationsgewinnung und -verarbeitung im Gesetzgebungsprozess

In der modernen, technisierten Informations- und Wissensgesellschaft stehen den Abgeordneten und Ministerialbeamten derart zahlreiche Kanäle zur Akquirierung

---

109 *Niederhafner/Speth*, Ministerialbürokratie in Deutschland, FJ NSB Heft 3/2004, S. 23, 26, die in diesem Zusammenhang von *administrativer Gesetzgebung* sprechen. Es bleibt selbstredend beim förmlichen Gesetzgebungsprozess unter Beteiligung des Bundestags. Doch unterbleibt im Bundestag bei solchen Entwürfen regelmäßig eine tiefergehende Diskussion. Auch in der Öffentlichkeit werden solche Maßnahmen selten wahrgenommen.

110 *Schnapp*, Graue Eminenzen oder loyale Diener?, FJ NSB Heft 3/2004, S. 36, 37 f., der allerdings auch darauf hinweist, dass das *agenda-setting* für die Bürokratie in vielen anderen Industrienationen aufgrund struktureller Gegebenheiten leichter ist als in Deutschland. Das *agenda-setting* ebenfalls ansprechend: *Niederhafner/Speth*, Ministerialbürokratie in Deutschland, FJ NSB Heft 3/2004, S. 23, 26 f.; *Speth*, Die Ministerialbürokratie, S. 99, 101.

111 *Speth*, Die Ministerialbürokratie, S. 99, 101, 104.

112 *Niederhafner/Speth*, Ministerialbürokratie in Deutschland, FJ NSB Heft 3/2004, S. 23, 27 f.

der entsprechenden Informationen zur Verfügung, dass eine Überforderung der Entscheidungsträger droht.[113] Die Beurteilung politischer Sachfragen kann der jeweilige Entscheidungsträger häufig nicht mehr allein leisten.[114] Zur weiteren Rationalisierung der Gesetzgebungsvorbereitung wird daher auf das Wissen Privater zurückgegriffen.[115] Dies geschieht auf mehreren Wegen: Es existieren Beiräte, Enquete-Kommissionen können eingesetzt werden (§ 56 GOBT), Ausschüsse sind berechtigt Anhörungen durchzuführen (§ 70 GOBT), darüber hinaus werden Gutachten eingeholt und Forschungsaufträge vergeben. Auch auf Ebene der Ministerialbürokratie werden Verbände eingebunden und es können Anhörungen durchgeführt werden (§ 47 GGO). Zudem findet ein regelmäßiger informeller Austausch statt. Im Rahmen der Einbindung Privater werden häufig Interessenvertreter beteiligt, da sie zumeist über vertieftes Wissen zum jeweiligen Regelungsgegenstand verfügen.

Der begrenzte Informationshorizont des Staats ist auch der Grund für die Verlagerung der Hauptarbeit vom Plenum auf die Ausschüsse.[116] Die Verlagerung bewirkt eine Rationalisierung durch Arbeitsteilung. Die Ausschüsse sind besetzt mit Fachexperten. Die Wissensverarbeitung kann in kleineren Arbeitsbereichen deutlich tiefgehender geschehen als dies möglich wäre, wenn sich alle Abgeordneten mit den Detailfragen jeglicher Gesetze auseinanderzusetzen hätten.

Ausschüsse werden jedoch gemeinsam mit dem Bundestag alle vier Jahre neu besetzt. Durch die personelle Diskontinuität geht wiederkehrend Fachwissen verloren. Daher spielt der ministeriale Unterbau der Regierung eine entscheidende Rolle im Gesetzgebungsprozess.[117] Die meisten Gesetzesentwürfe werden nicht aus der Mitte des Bundestages oder vom Bundesrat, sondern von der Bundesregierung eingebracht.[118] Die Bundesregierung kann sich zur Schaffung einer Informationsgrundlage

---

113 *Böckenförde*, Demokratische Willensbildung in: HStR III, § 34 Rn. 37; *Klein*, Gesetzgebungsverfahren, S. 81, 82 f.

114 *Böckenförde*, Demokratie als Verfassungsprinzip in: HStR II, § 24 Rn. 71; *Becker*, Kooperative und konsensuale Strukturen in der Normsetzung, S. 96 f.

115 *Schulze-Fielitz*, Theorie und Praxis parlamentarischer Gesetzgebung, S. 483 ff.; *Voßkuhle*, Sachverständige Beratung des Staates in: HStR III, § 43 Rn. 6; *Schliesky*, A-Drs. 18 – G – 20, S. 1 f.; *Klein*, Gesetzgebungsverfahren, S. 81, 82.

116 *Hoffmann*, Rationalität im Gesetzgebungsverfahren ZG 1990, S. 97, 102; *Voßkuhle*, Sachverständige Beratung des Staates in: HStR III, § 43 Rn. 3; *Klein*, Gesetzgebungsverfahren, S. 81, 82.

117 *Niederhafner/Speth*, Ministerialbürokratie in Deutschland, FJ NSB Heft 3/2004, S. 23, 28.

118 Im Schnitt wurden zwischen der 8. und 16. Wahlperiode knapp 55 % der beim Bundestag eingebrachten Initiativen von der jeweiligen Regierung und rund 34 % aus der Mitte des Bundestags initiiert. Dabei ist zu bedenken, dass teilweise aus politischen Erwägungen Regierungsvorlagen über die sie tragenden Fraktionen durch die Mitte des Bundestages eingebracht werden. In diesem Fall müssen die Entwürfe nicht vor der ersten Lesung dem Bundesrat zugeleitet werden, vgl. Art. 76 Abs. 2 S. 1 GG. Diese Feststellung traf auch bereits zu Beginn der 1980er Jahre *Pestalozza*, Gesetzgebung im Rechtsstaat, NJW 1981, 2081, 2084. Ebenso die Bedeutung des

der Ministerialbürokratie bedienen.[119] Diese ist mit der Unterteilung in verschiedene Ministerien, Abteilungen, Unterabteilungen und Referate hochspezialisiert und verfügt im Vergleich zum Parlament und den Parteizentralen über den stärksten Apparat zur Informationsbeschaffung. Im Gegensatz zur periodischen Diskontinuität des Bundestages ist das Sachwissen der Ministerien weitestgehend unabhängig von der wechselnden parteipolitischen Leitung.[120] Regierungsvorlagen werden daher regelmäßig zunächst in den jeweiligen Ministerien erarbeitet.

Die aufgezeigte strukturelle Wissensüberlegenheit der Ministerialbürokratie kann im Rahmen der Gesetzgebung dazu führen, dass *„im Parlament eher eine politisch-moralische Prüfung auf ihre gesamtgesellschaftliche Zumutbarkeit als eine tatsächliche objektive Revision"*[121] stattfindet. Die Beamten der Ministerialbürokratie stellen die ersten Weichen der jeweiligen Gesetzesvorhaben.[122] Allerdings darf die Macht der Ministerialbeamten auch nicht überschätzt werden. Ihnen ist zwar regelmäßig die konkrete Umsetzung eines Gesetzesvorhabens anvertraut. Die Zielrichtung der Gesetze wird jedoch von der politischen Leitungsebene vorgegeben und überprüft. Dennoch ist die Vorstellung von der unpolitischen Verwaltung, die nur Anweisungen der Vorgesetzten befolgt, verfehlt. Letztlich trifft der das Gesetz ausarbeitende Ministerialbeamte Entscheidungen auf der Detailebene, während die Leitlinien des Vorhabens durch übergeordnete Instanzen vorgegeben werden.

B. Methoden der Einflussnahme

Ziel der Interessenvertretung ist es, im jeweils relevanten Politikfeld über einen längeren Zeitraum Einfluss auf die politische Willensbildung zu erlangen.[123] Die hierzu eingesetzten Methoden sind so vielfältig wie die Branche der Interessenvertretung selbst, so dass eine Verallgemeinerung der Arbeitsweise nur ein grobes Bild zeichnen kann.[124]

Initiativrechts der Regierung hervorhebend: *Badura*, Staatsrecht, F. Gesetzgebung Rn. 41; *Kloepfer*, Verfassungsrecht I, § 21 Rn. 180. In der 17. Wahlperiode wurden 434 von 553 verabschiedeten Gesetzen (78,5 %) von der Bundesregierung eingebracht, vgl. *Transparency International*, A-Drs. 18 – G – 21a, S. 2.

119 *Schneider*, Gesetzgebung, S. 62; *Kloepfer*, Verfassungsrecht I, § 21 Rn. 180.

120 *Badura*, Staatsrecht, E. Rn. 107.

121 *Niederhafner/Speth*, Ministerialbürokratie in Deutschland, FJ NSB Heft 3/2004, S. 23, 28. *Voßkuhle*, Sachverständige Beratung des Staates in: HStR III, § 43 Rn. 52 spricht in diesem Zusammenhang neutraler vom Parlament als einer *„Instanz der Kontrolle"*. Ähnlich *Trittin*, Starke Lobby, schwache Lobby, S. 17, 19.

122 *Kloepfer*, Verfassungsrecht I, § 21 Rn. 168 und Rn. 180 in der *Kloepfer* ausführt, dass *„das demokratisch legitimierte Parlament bisweilen praktisch auf eine Mitwirkungsrolle"* reduziert wird.

123 *Lösche*, Verbände und Lobbyismus in Deutschland, S. 72.

124 Ähnlich *LobbyControl*, A-Drs. 18 – G – 22, S. 13 f; *Richter*, Lobbyismus und Abgeordnetenbestechung, S. 25 f.

Die Methoden lassen sich in die drei Kategorien präventive, proaktive und reaktive Interessenvertretung unterteilen.[125] Während präventive Interessenvertretung auf die Verhinderung gesetzgeberischer Tätigkeiten abzielt, hat proaktive Interessenvertretung das Platzieren spezifischer Themen auf der Agenda des Gesetzgebers zum Gegenstand. Reaktive Interessenvertretung betrifft die Beeinflussung bereits angestoßener Gesetzgebungsprozesse.

Primäres Instrument ist der direkte Kontakt zu staatlichen Entscheidungsträgern.[126] Das persönliche Netzwerk der Kontakte ist maßgeblich für den langfristigen Erfolg der Interessenvertreter. Ziel ist es regelmäßig, nicht allein einen kurzfristigen Erfolg in Form einer untergebrachten Gesetzesformulierung zu erlangen, sondern eine dauerhafte Beziehung zu den Entscheidungsträgern zu etablieren. Derartige Beziehungen versprechen auf lange Sicht über Gesetzgebungsverfahren informiert und innerhalb des Gesetzgebungsprozesses berücksichtigt zu werden. Der persönliche Kontakt vermittelt zudem die beste Chance, Einladungen zu Anhörungen zu erhalten. Zur Etablierung langfristiger Beziehungen sind Glaubwürdigkeit und Zuverlässigkeit unerlässlich.[127]

Innerhalb der persönlichen Beziehung setzt die Arbeit des Lobbyisten am begrenzten Informationshorizont der politischen Entscheidungsträger an. Die Interessenvertreter als Vertreter der vom Gesetzgebungsgegenstand Betroffenen bieten den jeweiligen staatlichen Entscheidungsträgern das benötigte Wissen an und statten die Entscheidungsträger mit Argumenten etwa in Form von Grundsatzpapieren, statistischen Zahlenmaterial, technischen Expertisen zu möglichen Auswirkungen oder gleich ganzen Gesetzesformulierungen zu den jeweiligen Themengebieten aus.[128]

Neben dem persönlichen Gespräch nutzen die Interessenvertreter zur Beeinflussung schriftliche Kommunikation, verschiedene Veranstaltungsformate, die formalisierte Einbindung im Gesetzgebungsverfahren, finanzielle Instrumente sowie öffentlichkeitswirksame Maßnahmen. Interessenvertretungen richten beispielsweise parlamentarische Abende[129], Essen, Empfänge, Seminare oder Sommerfeste aus. Um der Veranstaltung einen besonderen Reiz zu verleihen, ist die Wahl exklusiver Ausrichtungsorte beliebt.[130] Freilich verbieten die §§ 331, 333 StGB und § 108e StGB den Tausch von Amts- bzw. Mandatsausübung gegen eine Gegenleistung. Gleichwohl ist davon auszugehen, dass die Interessenvertreter staatliche Entscheidungsträger nicht aus reinem Altruismus hofieren. Vielmehr erhoffen sie sich durch

125 Siehe zu der Kategorisierung *Schuster/Üster*, Lobbying in der Praxis, S. 86 ff.

126 *Wehrmann*, Lobbying in Deutschland, S. 36, 46; *Rudzio*, Politisches System der BRD, S. 83 f.; *Lösche*, Verbände und Lobbyismus in Deutschland, S. 72 f.; *Speth*, Die Ministerialbürokratie, S. 99, 100 f.; *Rossi*, Nichtstaatliche Einflüsse auf die Gesetzgebung, S. 25, 64 ff.

127 *Lösche*, Verbände und Lobbyismus in Deutschland, S. 72 f.

128 *Leif/Speth*, Die fünfte Gewalt, S. 10, 24.

129 Parlamentarische Abende sind geschlossene Veranstaltungen, die sich direkt an die Mitglieder des Bundestags und der Landtage richten.

130 *Schuster/Üster*, Lobbying in der Praxis, S. 109.

die Gewährung solcher Vorteile einen privilegierten Zugang.[131] Im Rahmen der formalisierten Einbindung in das Gesetzgebungsverfahren[132] genießen insbesondere von Ministerien durchgeführten Anhörungen einen besonderen Stellenwert, während Anhörungen im Plenum und den Ausschüssen des Bundestags nur eine untergeordnete Bedeutung zugeschrieben wird.[133] Mangels standardisierter Kriterien zur Einbeziehung der Betroffenen, hängt die Teilnahme an solch formalisierten Verfahren jedoch wiederum vom persönlichen Kontaktnetzwerk ab. Als finanzielle Instrumente kommen vor allem Spenden, Geschenke und (Vortrags-)honorare in Betracht. Unter öffentlichkeitswirksame Maßnahmen werden Pressemitteilungen und -konferenzen, Interviews, Fachartikel sowie Studien und Gutachten zum Gegenstand des jeweiligen Gesetzgebungsverfahrens verstanden.[134]

C. Ansatzpunkte der Einflussnahme

Die Einflussnahme erfolgt in der wissenschaftlichen Forschung, auf Ebene der Ministerialbürokratie und im Bundestag. Die Mitwirkung in der wissenschaftlichen Forschung stellt den frühest möglichen Zeitpunkt der Einflussnahme im Gesetzgebungsverfahren dar. Durch neutrale Gutachten, mediale Kampagnen und *Graswurzelbewegungen*[135] treiben Interessenvertreter die Meinungsbildung zu für sie bedeutsamen Problemkreisen voran. Dieser Ansatzpunkt bleibt jedoch in der vorliegenden Arbeit mangels direkten Bezugs zum Gesetzgebungsprozess außen vor.

I. Ministerialbürokratie

Die Ministerialbürokratie wird von Lobbyisten als erste und wichtigste Anlaufstelle genannt.[136] Durch die Formulierung der Gesetze, die Einbindung Externer in den

---

131 *Lösche*, Verbände und Lobbyismus in Deutschland, S. 73 f.

132 Siehe hierzu soeben auf S. 41.

133 Vgl. Tabelle 8 bei *Sebaldt/Straßner*, Verbände in der BRD, S. 158.

134 *Schuster/Üster*, Lobbying in der Praxis, S. 118 ff.

135 Graswurzelbewegungen bzw. *grassroot lobbying* bezeichnet eine Strategie, bei der Interessenvertreter nicht die politischen Entscheidungsträger direkt kontaktieren, sondern versuchen, die öffentliche Meinung für ihre Zwecke zu gewinnen, siehe hierzu näher *Schuster/Üster*, Lobbying in der Praxis, S. 123 ff. sowie *Merkle*, Lobbying, S. 146 f.

136 Instruktiv hierzu: *Speth*, Die Ministerialbürokratie, S. 99; Zur herausgehobenen Bedeutung der Ministerialbürokratie im Gesetzgebungsprozess *Ismayr*, Der deutsche Bundestag, S. 228 f., speziell die Einflussnahme der Interessenvertreter betreffend: S. 270 ff.; *Rossi*, Nichtstaatliche Einflüsse auf die Gesetzgebung, S. 25, 46f. und *Reutter*, Deutschland – Verbände zwischen Pluralismus, Korporatismus und Lobbyismus, S. 129, 150 f.; Siehe auch die Tabelle bei *Sebaldt/Straßner*, Verbände in der BRD, S. 153, wonach die Bundesministerien die wichtigsten Kontaktpartner von Interessenvertretern sind; ebenso *Beyme*, Politisches System der BRD, S. 225; *Hitschold/Reiners*, Der Staat, S. 324; *Wehrmann*, Lobbying in Deutschland, S. 36, 43.

Gesetzgebungsprozess und die Informationsfilterung und -aufarbeitung kommt ihr in der Praxis auch eine gestalterische Aufgabe zu. Die Interessenvertreter versuchen während der Erarbeitung von Gesetzesentwürfen den Entscheidungsspielraum der jeweiligen Mitarbeiter zu ihren Gunsten zu nutzen. Informationsaufbereitung und -weitergabe sind wegen des aufgezeigten informatorischen Defizits die wirkungsvollsten Ansatzpunkte zur Einflussnahme.[137] Die Ministerialbeamten sind zumeist vertieft in die jeweiligen Fachbereiche eingearbeitet. Um ihr Fachwissen zu ergänzen, werden im Rahmen der Gesetzgebungsvorlagenerarbeitung dennoch nach § 47 Abs. 1, 3, 5 GGO Spitzenverbände beteiligt und informelle Gespräche geführt. Zeitpunkt, Umfang und Auswahl der Beteiligung stehen im freien Ermessen der Ministerialbeamten.[138]

Etymologisch stammt der Begriff Lobbyismus vom englischen Wort *Lobby* und meinte in der ursprünglichen Bedeutung den Vorraum des Parlaments, in dem die Interessenvertreter auf Parlamentarier trafen. Aufgrund der aufgezeigten, sich wandelnden Struktur und Arbeitsweise muss heute eher von *Administratismus* gesprochen werden. Die Ministerialbürokratie ist der neue Vorraum der Gesetzgebung. Interessenvertreter können an dieser Stelle frühzeitig den Gesetzgebungsprozess beeinflussen. Statt mühsam auf die Abänderung einer unliebsamen Gesetzesformulierung hinzuwirken, ist es dem Interessenvertreter in diesem Stadium möglich, Einfluss auf die Ausarbeitung der jeweiligen Passagen zu nehmen.[139] Grund für die größere Wirkkraft in diesem Stadium der Gesetzgebung ist unter anderem der sogenannte Ankereffekt, eine Fallgruppe der Urteilsheuristik. Der Begriff entstammt der Kognitionspsychologie und beschreibt die unbewusste Orientierung an zur Verfügung stehenden Informationen. Der menschliche Gedankengang wird durch die zur Verfügung stehenden Informationen unbewusst in Richtung des Ankers verzerrt. Ursprünglich wurde der Effekt im Zusammenhang mit numerischen Urteilen entdeckt. Der aktuelle Forschungsstand legt nahe, dass auch semantische Anker existieren.[140] Der erste Entwurf eines Gesetzes ist somit wegweisend für die darauffolgende weitere Ausarbeitung. Daher nimmt der erste Formulierungsvorschlag eines Gesetzes eine besonders wichtige Stellung ein.

Die Gespräche zwischen Lobbyisten und Ministerialbeamten nehmen häufig den Charakter von Verhandlungen über Informationen gegen Einfluss an.[141] Dabei entsteht zuweilen ein gegenseitiges Abhängigkeitsverhältnis. Die enge Beziehung

---

137 *Speth*, Die Ministerialbürokratie, S. 99, 104; *König*, Die Lobbyisten, S. 268; ebenso *Ismayr*, Der deutsche Bundestag, S. 255.

138 *Ismayr*, Der deutsche Bundestag, S. 272.

139 *Lösche*, Verbände und Lobbyismus in Deutschland, S. 66 f.; *Wehrmann*, Lobbying in Deutschland, S. 36, 43.

140 Vgl. *Englich/Mussweiler*, Sentencing under uncertainty, 31 Journal of applied social psychology, S. 1535. Im Zusammenhang mit dem Gesetzgebungsoutsourcing thematisieren diesen Ankereffekt auch *Krüper*, Lawfirm – legibus solutus?, JZ 2010, S. 655 und *Meßerschmidt*, Private Gesetzgebungshelfer, S. 387, 406.

141 *Ismayr*, Der deutsche Bundestag, S. 272.

zwischen den Mitarbeitern der Ministerialbürokratie und Interessenvertretern wird daher schon lange argwöhnisch betrachtet.[142]

II. Bundestag

Darüber hinaus sind Lobbyisten selbstverständlich auch im Bundestag aktiv. Teils nehmen sie Einfluss auf Abgeordnete, teils sind die Abgeordneten aber auch selbst Interessenverbandsmitglieder. Zudem werden Interessenvertreter im Rahmen von Anhörungen (§ 70 GOBT) als Sachverständige tätig. Vor dem Hintergrund der Arbeitsaufteilung im Bundestag liegt es auf der Hand, dass die Arbeit im Plenum des Bundestags für Lobbyisten weit weniger relevant ist als die der verschiedenen Ausschüsse, Arbeitskreise und Arbeitsgruppen.[143] Auf den Unterebenen erfolgt die Willensbildung des Parlaments, während im Plenum die jeweiligen Abgeordneten zumeist der schon besprochenen Parteilinie treu bleiben.[144] Doch auch auf der Ausschussebene haben sich die Fraktionen bzw. die zuständigen Gremien auf Argumentations- und Verhandlungslinien festgelegt, so dass eine Einflussnahme in diesem Stadium deutlich geringere Erfolgschancen als auf Ebene der Ministerialbürokratie hat.[145] Die parteipolitischen Linien sind zumeist in dieser Phase bereits ausgearbeitet. Dementsprechend weniger offen ist der politische Prozess für Änderungsanregungen an Gesetzesentwürfen.

3. Abschnitt: Nutzen und Gefahren des Lobbyismus

A. Positive Effekte

Ihren Auftraggebern bieten Interessenvertreter im Wesentlichen zwei Vorteile: Zum einen beobachten sie die aktuelle politische Lage und können frühzeitig ihre Auftraggeber über anstehende Gesetzesänderungen informieren, die deren Interessen betreffen (*Monitoring*).[146] So können sich Unternehmen rechtzeitig auf die Veränderung rechtlicher Rahmenbedingungen einstellen. Innerhalb des Änderungsprozesses versuchen die Lobbyisten zum anderen eben diese Rahmenbedingungen zum Vorteil der Auftraggeber zu beeinflussen.

Interessenvertreter können aber durchaus auch dem Staat nützen. Die positiven Effekte lassen sich in die drei Kategorien informativer, integrativer und partizipativer Nutzen einteilen und werden nachfolgend kurz erläutert.

142 Siehe nur *Steinberg*, Parlament und organisierte Interessen, S. 217, 235 sowie *Kißler*, Parlament und Gesellschaft, S. 311, 336 f.
143 *Wehrmann*, Lobbying in Deutschland, S. 36, 43; *Lösche*, Verbände und Lobbyismus in Deutschland, S. 71; *Sebaldt/Straßner*, Verbände in der BRD, S. 154; *Ismayr*, Der deutsche Bundestag, S. 240, 273.
144 *Rudzio*, Politisches System der BRD, S. 84.
145 *Ismayr*, Der deutsche Bundestag, S. 241.
146 Vgl. etwa *Wehrmann*, Lobbying in Deutschland, S. 36, 46.

I. *Informativer Nutzen*

Der Staat ist aufgrund zunehmender Komplexität der Regelungsmaterien im Gesetzgebungsprozess auf die Einbindung externen Wissens angewiesen.[147] Interessenvertreter vermitteln der Politik, wenn auch interessengeleitet, Informationen.[148] Im Gesetzgebungsprozess nützen diese Informationen dem Staat insbesondere bei der Gesetzesfolgenabschätzung[149]. Als „Informationsintermediäre" bündeln Interessenvertreter Forderungen der Bürger, tragen diese an politische Entscheidungsträger weiter und beeinflussen damit die politische Willensbildung.[150]

Während diese Aufgaben vor 20 Jahren noch überwiegend von mitgliederstarken Großverbänden übernommen wurden, befindet sich die Branche derzeit in einem gewaltigen Wandel.[151] Die Eigenvertretung durch In-House-Lobbyisten hat ebenso wie PR-Agenturen und Anwaltskanzleien die gesamte Branche professionalisiert.[152] Lobbyisten vertreten im Zuge dieses Wandels immer kleinere Interessenbereiche. Hierdurch nimmt auch die Qualität der den Interessenvertreter zur Verfügung stehenden Informationen zu, während die Komplexität der zu beschließenden Regelungsmaterien ebenfalls ansteigt.

Der informative Nutzen der Interessenvertretung kommt nicht nur während des Gesetzgebungsverfahrens zum Tragen. Die Politik erhält über Interessenvertreter auch eine Rückmeldung zu den Auswirkungen bereits erlassener Gesetze. So können unerwartete und unerwünschte Effekte schneller bemerkt und gegebenenfalls korrigiert werden.[153]

---

147 Siehe zur Informationsgewinnung und -verarbeitung im Gesetzgebungsprozess bereits zuvor auf S. 40 f.

148 *Lösche*, Demokratie braucht Lobbying, S. 53, 54 f.; *Allard*, Lobbying is an honorable profession, 19 Stan. L. & Pol'y Rev. S. 23, 43; *Trittin*, Starke Lobby, schwache Lobby, S. 17, 25 f.

149 Näher beschrieben wird der Begriff der Gesetzesfolgen in § 44 GGO. Nach § 43 Abs. 1 Nr. 5 GGO sind die Gesetzesfolgen bei Gesetzesentwürfen der Bundesregierung in der Entwurfsbegründung darzustellen.

150 Diesen Nutzen benennen etwa *Lösche*, Verbände und Lobbyismus in Deutschland, S. 14 f., 48; *Haacke*, Wirtschaftsverbände als klassische Lobbyisten, S. 164 sowie *Speth*, Interessenpolitik, S. 38, 39.

151 Siehe zur Professionalisierung der Branche der Interessenvertreter S. 37 f. Dieser Wandel wird der Individualisierung zugeschrieben und betrifft nicht nur Interessenverbände, sondern auch andere Großorganisationen wie Kirchen oder Parteien, *Speth*, Interessenpolitik, S. 38, 43f.

152 *Lianos/Kahler*, Public-Affairs-Agenturen, S. 290; *Leif*, Von der Symbiose zur Systemkrise, APuZ 19/2010, S. 3, 4.

153 *Lösche*, Demokratie braucht Lobbying, S. 53, 54 f.

Jürgen Weber unterteilte den informativen Nutzen der Verbänden Anfang der 1980er Jahre in drei Funktionen: Interessenaggregation, Interessenselektion und Interessenartikulation.[154]

Mit dem Begriff der Interessenaggregation wird die *„Bündelung einer Vielzahl von Forderungen und Wünschen zu unterscheidbaren verbandspolitischen Zielen und programmatischen Aussagen"*[155] beschrieben. Die Interessenvertreter vereinen die häufig sehr heterogenen Einzelinteressen zu durchsetzbaren politischen Positionen. Diese Funktion übernehmen neben den Interessenverbänden auch Parteien und Bürgerinitiativen.[156] Durch die Aggregation der Interessen sichern vor allem größere Interessenverbände ihre interne Handlungsfähigkeit.[157]

Während sich die Interessenaggregation im inneren der Interessengruppen vollzieht, beschreibt Interessenselektion *„die aus der Aggregation resultierenden Wirkungen der Verbände auf das politische System."*[158] Die Interessengruppen übernehmen eine Filterfunktion für die staatlichen Entscheidungsträger. Sie wählen aus den aggregierten Interessen diejenigen aus, denen sie ein besonderes Gewicht zumessen oder die sie für besonders durchsetzungsfähig halten. Innerhalb der Interessengruppen entsteht so anhand intern gewählter Kriterien eine Hierarchie der Interessen.[159]

Interessenartikulation beschreibt die nach der Aggregation erfolgende selektive Einwirkung von Interessenvertretern auf politische Entscheidungsträger.[160] Im gesamten Prozess, in dem die Interessenvertreter als Informationsintermediäre größerer Gruppen auftreten, werden somit die Einzelinteressen erörtert, gebündelt, geschärft, hierarchisch gegliedert, auf ihre Durchsetzbarkeit geprüft und letztlich den staatlichen Entscheidungsträgern übermittelt.

Auch heute noch gelten die von *Weber* aufgestellten Funktionen für Verbände. Sie können jedoch nicht gleichermaßen auf Drittinteressenvertreter und In-House-Lobbyisten übertragen werden. Zwar informieren auch sie die politischen Entscheidungsträger über spezifische Forderungen und Vorstellungen zur jeweiligen Sachmaterie. Allerdings übernehmen sie nicht im gleichen Maße eine filternde Funktion, da sie sehr spezifische Interessen vertreten. Dementsprechend fehlt solchen Interessenvertretern auch die bündelnde Wirkung. Eine Interessenaggregation oder -selektion findet bei ihnen somit nicht in der Form statt wie sie durch größere Interessenverbände geleistet wird. Als Informationsintermediäre leisten die Vertreter spezifischer Partikularinteressen aus staatlicher Perspektive weniger als die klassischen Großverbände.

---

154 *Weber*, Interessengruppen, S. 386 ff. Dem folgend: *Straßner*, Funktionen von Verbänden, APuZ 15–16/2006, S. 10, 11 ff.; *Lösche*, Verbände und Lobbyismus in Deutschland, S. 15 f.; *Sebaldt/Straßner*, Verbände in der BRD, S. 59 ff.

155 *Weber*, Interessengruppen, S. 388.

156 *Sebaldt/Straßner*, Verbände in der BRD, S. 59 f.

157 *Straßner*, Funktionen von Verbänden, APuZ 15–16/2006, S. 10, 11 f.

158 *Straßner*, Funktionen von Verbänden, APuZ 15–16/2006, S. 10, 12.

159 *Weber*, Interessengruppen, S. 390.

160 *Weber*, Interessengruppen, S. 386.

II. Partizipativer Nutzen

Teilhabe am politischen Prozess ist ein konstitutives Element der Demokratie.[161] Die Bereitschaft der Bürger, lediglich als Entscheidungsadressat wahrgenommen zu werden, sinkt seit Jahren.[162] Hingegen steigt das Bedürfnis, den Staat aktiv über den Wahlakt hinaus mitzugestalten.[163] Nach Art. 21 Abs. 1 S. 1 GG ist es vornehmlich die Aufgabe der politischen Parteien als Mittler zwischen Gesellschaft und Politik zu fungieren. Doch wenden sich die Bürger trotz steigenden Willes zur Partizipation entsprechend dem beschriebenen Wandel der Interessenvertretung[164] von den klassischen institutionellen Massenorganisationen ab. Politische Partizipation ist in den vergangenen Jahren variantenreicher geworden.[165] Insbesondere über Interessenvertreter können die Bürger auch außerhalb von Parteien zwischen den Wahlen Einfluss auf die Politik nehmen.[166] Zwar finden Lobbyisten im Grundgesetz keine Erwähnung. Interessenvertretung ist aber der pluralistischen Demokratie inhärent.[167]

Auch aus demokratietheoretischer Perspektive ist Partizipation grundsätzlich positiv zu bewerten. Wiederkehrend findet sich daher in der entsprechenden Literatur

---

161 *Dahl*, Polyarchy, S. 1 ff.; *Gabriel*, Bürgerbeteiligung in Deutschland, S. 27; *Winkler/Makswitat*, Digitale Demokratie als neue Machtform des Bürgers?, S. 31, 33. Grundsätzlich zu Partizipation im Lichter unterschiedlicher Demokratietheorien siehe *Heberstreit/Korte*, Partizipation und politisches Entscheiden, S. 20, 24 ff.

162 *Alcántara/Bach/Kuhn/Ullrich*, Demokratietheorie und Partizipationspraxis, S. 9 f. verorten den Wechsel hinsichtlich der politischen Partizipation weg von der Beschränkung auf den Urnengang hin zu vielfältigen Beteiligungsformen bereits in den 1960er Jahren. Speziell mit Bezug auf das Verwaltungsverfahren *Pünder*, „Open Government leads to Better Government“, NuR 2005, S. 71, 78 f.; *Janda*, Open Government, S. 11, 12.

163 Siehe zur Entwicklung der Beteiligungsrechte in der BRD *Fisahn*, Demokratie und Öffentlichkeitsbeteiligung, insbesondere S. 117 ff. und S. 175 ff. Bereits 1996 formuliert das BVerfGE: *„Das Volk bringt jedoch seinen politischen Willen nicht nur durch Wahlen und Abstimmungen zum Ausdruck. Das Recht des Bürgers auf Teilhabe an der politischen Willensbildung äußert sich nicht nur in der Stimmabgabe bei Wahlen, sondern auch in der Einflußnahme auf den ständigen Prozeß der politischen Meinungsbildung, der Bildung der „öffentlichen Meinung“*, BVerfGE 20, 51 (98) mit Verweis auf BVerfGE 8, 51 (68), wo das Gericht im Hinblick auf die Teilhabe am politischen Willensbildungsprozess feststellte: *„Dieses Recht äußert sich in der lebendigen Demokratie nicht nur in der Stimmabgabe bei den Wahlen, sondern auch in der Einflußnahme auf den ständigen Prozeß der politischen Meinungsbildung.“*

164 Vgl. zum Wandel der Interessenvertretung zuvor auf S. 36 ff.

165 *Janda*, Open Government, S. 11, 29; *Hadjar/Becker* Unkonventionelle politische Partizipation, KZfSS 2007, 410 ff.; vgl. hierzu auch die Tabelle 1 bei *Gabriel*, Bürgerbeteiligung in Deutschland, S. 27, 35.

166 *Arnim*, Gemeinwohl und Gruppeninteressen, S. 131 f.; *Lösche*, Verbände und Lobbyismus in Deutschland, S. 15 f.; *Sebaldt/Straßner*, Verbände in der BRD, S. 65 ff.; *Alemann*, Organisierte Interessen, S. 189.

167 Vgl. Fn. 5.

die These, *„dass sich die Qualität einer konkreten Demokratie unter anderem an dem Ausmaß der Beteiligung ihrer Bürger an den politischen Prozessen festmachen lässt.“*[168] Durch politische Teilhabe wird die kommunikative Rückkopplung zwischen Regierenden und Regierten und somit letztlich die informelle Legitimation[169] gestärkt.[170] Die politische Teilhabe der Bürger ist einer der entscheidenden Faktoren für das Gelingen der repräsentativen Demokratie.[171]

Die politische Teilhabe wird insbesondere über neuere Formen der Einflussnahme (Eigenvertretung, professionelle Drittinteressenvertreter) erreicht. Über die spezifischeren Kanäle der Einflussnahme kann die politische Teilhabe sogar noch verstärkt werden. Der Einzelne kann durch eigene Interessenvertreter seine Partikularinteressen weitaus direkter in den politischen Betrieb einbringen als über Großverbände. Die mangelnde Interessenaggregation und –selektion wird zum Vorteil des Auftraggebers. Er muss sich nicht mit anderen Interessen auseinandersetzen, die innerverbandlich womöglich prioritär behandelt würden. Während aus staatlicher Perspektive der informative Nutzen neuer Formen der Interessenvertretung abnimmt, steigt der partizipative Nutzen aus Sicht der Auftraggeber.

III. Integrativer Nutzen

Interessenvertretern wird zudem eine integrative Funktion zugeschrieben.[172] Unter dem Begriff der politischen Integration wird die Entwicklung der bürgerlichen Loyalitätsbeziehung zum Staat verstanden.[173] Nach *Weber* ist in Ländern, *„in denen wichtige gesellschaftliche Gruppen und ihre Verbandsorganisationen das bestehende politische System ablehnen, […] eine demokratische Regierung auf Dauer nur schwer möglich“* und sind dort *„politische Krisen mit häufigen Regierungswechseln an der Tagesordnung und autoritäre Herrschaftspraktiken wahrscheinlich.“*[174]

---

168 *Fuchs*, Demokratie und Beteiligung in der modernen Gesellschaft in: FS Kaase, S. 250. Ebenso *Alcántara/Bach/Kuhn/Ullrich*, Demokratietheorie und Partizipationspraxis, S. 12.

169 Als formelle Legitimation wird die Rückführbarkeit staatlicher Gewalt auf das Volk durch den Wahlakt verstanden, siehe zum grundgesetzlichen Legitimationskonzept noch später auf S. 184 ff. Informelle Legitimation beschreibt den darüber hinausgehenden, dauerhaften Einfluss des Staatsvolks auf die Staatsgewalt, *Lederer*, Open Data, S. 332.

170 *Lederer*, Open Data, S. 344 f.

171 Siehe zur politischen Teilhabe und Akzeptanz als Gelingensbedingungen der repräsentativen Demokratie *Pünder*, Wahlrecht und Parlamentsrecht als Gelingensbedingungen repräsentativer Demokratie, VVDStRL 72, S. 193, 202 ff. und im Folgenden S. 210 ff.

172 *Weber*, Interessengruppen, S. 391; *Rudzio*, Politisches System der BRD, S. 67; *Lösche*, Demokratie braucht Lobbying, S. 53, 55 f.; *Sebaldt/Straßner*, Verbände in der BRD, S. 64 f.

173 *Sebaldt/Straßner*, Verbände in der BRD, S. 64 f.

174 *Weber*, Interessengruppen, S. 391.

Der Stellenwert von Integration für den Staat steht in Abhängigkeit zum Verständnis des Staatsbegriffs. Nach dem bis heute das völkerrechtliche Verständnis prägenden Staatsbegriff *Jellineks* sind die Kernelemente eines Staates die drei Komponenten Staatsgewalt, Staatsgebiet und Staatsvolk.[175] Hingegen steht im Zentrum der Staatslehre[176] *Rudolf Smends* die Integration. Die Integrationslehre wurde in den 1920er Jahren entwickelt und bildete einen Gegenentwurf zum damals dominierenden Formalismus und Positivismus.[177] *Smends* Lehre ist mit guten Gründen immer wieder attackiert worden. So beruhe sie maßgeblich auf intuitiven Erkenntnissen und Phänomenologie. Der Theorie wird vorgeworfen, dass ihr juristischer Aussagewert begrenzt ist, da *Smend* auf eine rechtlich prägnante Definition des Staatsbegriffs verzichtet.[178] Der Begriff der Integration sei die „*allgemeinste soziale Kategorie überhaupt.*"[179] Trotz der harschen Kritik hatte *Smends* Theorie starken Einfluss auf die Grundrechtsinterpretation des Grundgesetzes[180] und ebenso auf die Rechtsprechung des Bundesverfassungsgerichts[181]. Zudem bildete sie die Grundlage für die Entwicklung der Werteordnung im Grundgesetz.[182] Insbesondere weil *Smend* das Politische in seine Theorie einbezog,[183] bietet es sich an, den Grundgedanken der Integrationslehre zu entfalten und ihn in Beziehung zum staatlichen Umgang mit Interessenvertretern zu setzen.[184] Die Bedeutung des integrativen Nutzens der

---

175 „*Der Staat ist die mit ursprünglicher Herrschermacht ausgerüstete Verbandseinheit seßhafter Menschen.*", *Jellinek*, Allgemeine Staatslehre, S. 180 f.

176 Die Integrationslehre ist eine Theorie der Staatslehre, die sich an juristischen, soziologischen und staatstheoretischen Kategorien bedient, vgl. *Badura*, Staat, Recht und Verfassung in der Integrationslehre, Der Staat 32, S. 305, 310 f.

177 *Smend*, Art. Integration, Spalte 1025.

178 *Korioth*, Integration und Bundesstaat, S. 163.

179 *Kelsen*, Der Staat als Integration, S. 46. *Kelsen* geht noch weiter, indem er *Smends* Integrationsbegriff jeglichen Inhalt abspricht: „*Nur das Fremdwort verdeckt die nichtssagende Trivialität der Phrase.*", ebenfalls S. 46.

180 *Hennis*, Regieren im modernen Staat, S. 356.

181 Siehe hierzu *Badura*, Staat, Recht und Verfassung in der Integrationslehre, Der Staat 32, S. 305 f.

182 *Llanque*, Die politische Theorie der Integration, S. 317, 337.

183 Zur Einbeziehung des Politischen in die Integrationslehre siehe *Lhotta*, Integrationslehre und die institutionelle Rückgewinnung des Politischen im modernen Staat, S. 37, 44 ff.

184 Ähnlich auch *Llanque*, Die politische Theorie der Integration, S. 317, 339: „*Begreift man Smends Integrationstheorie nicht als dogmatisches Lehrgebäude,* [...] *sondern als letztlich unabgeschlossenes Unternehmen, das Verhältnis von Recht und Politik, von Dauer und Wandel zu klären, wird sie als eine weiterhin anregende Theorie genutzt werden können, die der konstruktiven und systematischen Aktualisierung weiterhin harrt.*"

Interessenvertreter wird in einem im *Smend'*schen Sinne geprägten Staatsverständnis besonders deutlich.[185]

Smends Theorie widmet sich insbesondere dem „*Teil der geistigen Wirklichkeit*"[186] des Staats. Demnach ist der Staat kein ruhendes Gebilde, sondern bedarf einer beständigen Erneuerung, des wiederkehrenden Neuerlebtwerdens durch den Bürger.[187] *„Der Staat ist nur, weil und sofern er sich dauernd integriert, in und aus den Einzelnen aufbaut – dieser dauernde Vorgang ist sein Wesen als geistig-soziale Wirklichkeit"*[188]. In der Integrationslehre ist der Staat somit ein lebendiger Prozess, die geforderte Integration der Kernvorgang. Die Integration ist jedoch kein Alleinstellungsmerkmal des Staates, sie ist ein grundlegender Vorgang aller gesellschaftlichen Gebilde.[189] Im Gegensatz zu weiteren gesellschaftlichen Zusammenschlüssen wird der Staat jedoch nicht durch eine äußere Macht zusammengehalten.[190] Die tatsächliche Verwirklichung des Staats erfolgt nur durch die stets wiederkehrende Integration. Für den *Smend'*schen Ansatz stellt somit die geistige Verbundenheit der Bürger zum Staat das Kernelement des Staates dar.

Die Integration kann nach *Smend* auf drei Wegen[191] stattfinden. Persönliche Integration wird durch staatliche Amtsträger geleistet, wobei neben Regierungsfunktionären hierzu auch die Verwaltung berufen ist.[192] Den zweiten Typus sieht *Smend* in der funktionelle Integration durch Verfahren und kollektive Lebensformen.[193] Erfasst sind hiervon insbesondere staatliche Formen der Willensbildung wie Wahlen, Abstimmungen, aber auch parlamentarische Verhandlungen und das Mehrheitsprinzip.

---

185 So kann auch die im weiteren Verlauf der Arbeit zu besprechende Volks- und Staatswillensbildung (S. 174 ff.) als funktionale Integration ihren Beitrag zur wiederkehrenden Zustimmung der Bürger für die Koordinationsleistung des Staates leisten. Ähnlich auch das Bundesverfassungsgericht, wenn es vom „*Integrationsprozeß*" spricht, „*der zur öffentlichen Meinung und politischen Willensbildung des Volkes führt*", BVerfGE 8, 104 (113). So auch *Günther*, Denken vom Staat her, S. 190 und *Smeddinck*, Integrierte Gesetzesproduktion, S. 26.

186 *Smend*, Verfassung und Verfassungsrecht, S. 18. *Smend* selbst schreibt über den Staatsbegriff *Jellineks*: „*... als Grundlegung der Staatslehre führt sie aber von vornherein in die Irrwege räumlich-statischen Denkens.*", *Smend*, Verfassung und Verfassungsrecht, S. 9.

187 *Smend*, Verfassung und Verfassungsrecht, S. 18.

188 *Smend*, Verfassung und Verfassungsrecht, S. 20.

189 *Otto*, Verfassungslehre in der Weimarer Republik, S. 73; *Korioth*, Integration und Bundesstaat, S. 132.

190 *Smend*, Verfassung und Verfassungsrecht, S. 84 f.

191 *Smend* Verfassung und Verfassungsrecht, S. 25 ff.

192 *Smend* Verfassung und Verfassungsrecht, S. 29 ff., wobei *Smend* bezüglich der Verwaltung die Einschränkung macht, dass deren Integrationsfunktion hinter ihre primäre Aufgabe der „*sachlichen Leistung technischer Staatstätigkeit zurücktritt.*", S. 31.

193 *Smend* Verfassung und Verfassungsrecht, S. 32 ff.

Die sachliche Integration[194] durch politische Symbole gibt der Staatsgemeinschaft einen gemeinsamen Fundus zur Bildung der politischen Homogenität.[195] Die drei Integrationsformen stellen nach *Smend* jedoch lediglich eine Typisierung dar, die nicht abschließend ist: „*Die* [...] *Übersicht über die drei Integrationstypen ist nur ein erster und vorläufiger Versuch* [...] *Die unter den einzelnen Typen aufgeführten Erscheinungen erschöpfen den dahin gehörenden Stoff nicht, sondern sind nur als Beispiele gemeint.*“[196]

Interessenvertreter ermöglichen dem Bürger die Teilnahme am Integrationsprozess. Sie unterhalten im Auftrag ihrer Klienten mit dem Staat eine ständige Kommunikationsbeziehung. Der Staat trifft unter Berücksichtigung des Kommunikationsprozesses eine für die Gesellschaft verbindliche Entscheidung. Die Beteiligung der Bürger an staatlichen Entscheidungsprozessen über Interessenvertreter und die Erläuterung staatlichen Handelns seitens der Interessengruppen gegenüber ihren Mitgliedern und Auftraggebern kann die Loyalitätsbeziehung zum Staat langfristig stärken[197] und hierdurch einen Beitrag zur Integration leisten. In den Kategorien *Smends* ist der integrative Nutzen der Interessenvertreter funktionelle Integration durch Teilnahme am staatlichen Willensbildungsprozess.

Mit Blick auf den Wandel der Branche der Interessenvertretung ist zu konstatieren, dass der integrative Nutzen ebenso wie der informative Effekt, durch neue, spezifischere Formen der Interessenvertretung gemindert wird. Moderne Interessenvertreter repräsentieren kleinere Gruppen oder Einzelpersonen und leisten somit einen integrativen Beitrag gegenüber weniger Personen als klassische Großverbände.

B. Vom Lobbyismus ausgehende Gefahren

Auf der anderen Seite steht ein nicht zu unterschätzendes Gefahrenpotenzial. Die Gefahren liegen in der Intransparenz der Einflussnahme, dem Näheverhältnis zwischen den Interessenvertretern und politischen Entscheidungsträgern sowie dem Machtungleichgewicht zwischen den verschiedenen Interessengruppen.

I. Intransparenz

Lobbyisten sind Vertreter von Partikularinteressen, die den Prozess der Gemeinwohlfindung – nichts anderes ist Gesetzgebung im Kern – zu beeinflussen versuchen. Lassen sich politische Entscheidungsträger auf eine nähere Verbindung zu Interessenvertretern ein, haben sie eine mediale Skandalisierung dieses Verhältnisses zu befürchten, wenn nicht sogar zu erwarten. Daher findet unregulierter

194 *Smend* Verfassung und Verfassungsrecht, S. 45 ff.
195 *Otto*, Verfassungslehre in der Weimarer Republik, S. 77.
196 *Smend* Verfassung und Verfassungsrecht, S. 25.
197 *Weber*, Interessengruppen, S. 391 f.

Lobbyismus weitgehend unter Ausschluss der Öffentlichkeit statt.[198] Die auf persönlichem Kontakt beruhende Arbeitsweise der Lobbyisten eignet sich gut, wenig nachvollziehbare Strukturen zu schaffen. Ein noch besseres Umfeld bietet hierfür der relativ ungeregelte, medial wenig berücksichtigte vorparlamentarische Bereich.[199]

Zum Problem für die Demokratie wird Intransparenz, weil der Prozess der staatlichen Entscheidungsfindung für den Bürger undurchsichtig wird. Dadurch wird ein Klima des Misstrauens gegenüber der staatlichen Orientierung am Gemeinwohl gefördert.[200] Aus demokratietheoretischer Perspektive führt Intransparenz zu einem Kontrolldefizit des Souveräns. Zwar ist es eines der Strukturelement der repräsentativen Demokratie, dass der Souverän die Mehrheit der Entscheidungen nicht selbst fällt. Doch bedarf es zur Beurteilung der Arbeit der Repräsentanten und zur darauf gründenden Wahlentscheidung ein Mindestmaß an Nachvollziehbarkeit der Entscheidungsabläufe.[201] Im Kontext der Interessenvertretung haben *Schmedes/Kretschmer*[202] zwischen Struktur-, Prozess- und Inhaltstransparenz unterschieden.[203] Die Strukturtransparenz deckt vertragliche Verflechtungen, Mitgliedschaften, Anstellungsverhältnisse, ökonomische Abhängigkeiten und vergleichbare Dependenzen auf. Strukturtransparenz ermöglicht die Einordnung von Verhalten in den Gesamtkontext. Prozesstransparenz betrifft die Interaktionen zwischen den Beteiligten. Durch sie wird die Einflussnahme auf den Willensbildungs- und Entscheidungsprozess näher beleuchtet. Während die Strukturtransparenz lediglich grundsätzliche Verbindungen zwischen einzelnen Akteuren aufdeckt, sind von der Prozesstransparenz konkrete Abläufe und Handlungen erfasst. Inhaltstransparenz stellt die dritte Transparenzebene dar. Ihrem Namen entsprechend soll durch die Inhaltstransparenz nicht nur die einzelne Interaktionen, sondern auch deren Gegenstand nachvollziehbar gestaltet werden. Die Möglichkeit zur Kontrolle staatlicher Entscheidungen durch den Souverän und das Vertrauen in die Gemeinwohlorientierung des Staats setzen ein Minimum an Strukturtransparenz voraus, wobei das gebotene Maß an Transparenz im Fortgang der Arbeit noch zu bestimmen sein wird.

---

198 Ähnlich *Lösche*, Verbände und Lobbyismus in Deutschland, S. 82; *Leif*, Lobbyismus als Vertrauensvernichtung, FJ SB 2009, S. 13, 15, 20f.; *Humborg*, Transparente Interessenvertretung, FJ SB, S. 82, 83; *Trittin*, Starke Lobby, schwache Lobby, S. 17, 29 f.; *LobbyControl*, A-Drs. 18 – G – 22, S. 2 f.; *Schliesky*, A-Drs. 18 – G – 20, S. 3.

199 *Ismayr*, Der deutsche Bundestag, S. 272.

200 So auch *Schmedes/Ruhose*, Vertrauen, Teilhabe und Transparenz, S. 169, 171; *LobbyControl*, A-Drs. 18 – G – 22, S. 3.

201 Ähnlich *Brenner*, Inneres Gesetzgebungsverfahren, ZG 2011, S. 394, 399 ff; ähnlich auch *Transparency International*, A-Drs. 18 – G – 21a, S. 2. Wie sich die Forderungen nach Transparenz verfassungsrechtlich begründen lassen, ist Gegenstand des vierten Teils der Arbeit, siehe hierzu S. 177 ff.

202 *Schmedes/Kretschmer*, Interessen, Transparenz, Vertrauen – und die Legitimität von Politik, S. 311, 322 ff.

203 Die Differenzierung greift auch *degepol*, A-Drs. 18 – G – 23, S. 3 auf.

Das Vertrauen in die Integrität staatlicher Entscheidungsprozesse ist darüber hinaus relevant für die Akzeptanz staatlicher Entscheidungen.[204] Staatliche Entscheidungen werden umso mehr akzeptiert, je transparenter und ausgewogener das Entscheidungsverfahren abläuft. Daher sollte der Staat auch ohne eine verfassungsrechtliche Pflicht zur Transparenz im Sinne einer „guten Gesetzgebung"[205] ein Eigeninteresse an der Nachvollziehbarkeit staatlicher Entscheidungsprozesse haben.

In jüngerer Vergangenheit wird allerdings vermehrt bezweifelt, dass der Weg über transparenzfördernde Instrumente überhaupt zu einer Vertrauenssteigerung führen kann.[206] Argumentiert wird, dass Transparenz und Vertrauen sich gegenseitig ausschließen. Stehe ein vollständiger Informationsrahmen zur Verfügung, sei kein Platz mehr für Vertrauen.[207] Das mag stimmen, wenn die Forderung nach Transparenz auf die Spitze getrieben wird. Vertrauen wird überflüssig, wenn permanente Kontrolle herrscht. Totale Transparenz birgt die Gefahr der Informationsüberflutung[208] und des Entstehens von Datenfriedhöfen in sich.[209] Ausufernde Transparenzvorschriften können nicht nur zu Ineffizienzen führen, sondern im schlechtesten Fall die relevanten Informationen verbergen und damit ihren Zweck konterkarieren.[210] Maßvoll eingesetzte Offenlegungs- und Dokumentationspflichten sind hingegen geeignet, das Misstrauen gegenüber der Gemeinwohlorientierung durch den Nachweis des korrekten Verhaltens abzubauen. Es wird für den Fortgang der Analyse davon ausgegangen, dass transparenzfördernde Maßnahmen Misstrauen bekämpfen und somit das Vertrauen in die Integrität des politischen Prozesses steigern können.[211]

Auch für den Gesetzgebungsprozess ist die Intransparenz nachteilig. Sie verstärkt das zwischen dem politischen Entscheidungsträger und dem Interessenvertreter bestehende Informationsgefälle. Der Interessenvertreter kann beispielsweise seinen

---

204 So auch *Schmedes/Ruhose*, Vertrauen, Teilhabe und Transparenz, S. 169, 175; *Lederer*, Open Data, S. 357 f.; *Dölling*, Grundlagen der Korruptionsprävention, S. 1, 28; zur Akzeptanz als Gelingensbedingung in der repräsentativen Demokratie noch später auf S. 211 f.

205 Siehe zu den verfassungspolitischen Maßstäben guter Gesetzgebung noch auf S. 213 f.

206 So etwa *Baumann*, Die schöne Transparenz-Norm und das Biest des Politischen, Leviathan 2014, S. 398, 399 und *Kleindiek*, Volksgesetzgebung und Transparenz in: FS Bryde, S. 175, 197.

207 *Kleindiek*, Volksgesetzgebung und Transparenz in: FS Bryde, S. 175, 197.

208 *Baumann*, Die schöne Transparenz-Norm und das Biest des Politischen, Leviathan 2014, S. 398, 413.

209 Die Gefahr sah das Bundesverfassungsgericht im Kontext der Offenlegungspflicht für Nebeneinkünfte, vgl. BVerfGE 118, 277 (371).

210 *Schliesky*, A-Drs. 18 – G – 20, S. 3 f.; *Wewer*, Form und Inhalt, S. 87, 101.

211 Ebenso *Aaken*, Regulierung durch Transparenz, Der Staat 2010, S. 369, 403; *Wewer*, Form und Inhalt, S. 87, 89; *Lederer*, Open Data, S. 357 f. und *degepol*, A-Drs. 18 – G – 23, S. 2: „*Verlorenes Vertrauen kann durch größere Transparenz ausgeglichen werden, solange nicht eine schiere, unstrukturierte Menge an Informationen statt Transparenz in Vertrauen zu wandeln das Interesse in Frustration kippen lässt.*"

Auftraggeber verschleiern oder Sachverhalte verzerrt darstellen. Weiß der Staatsbedienstete nicht um die Ziele und Auftraggeber des Interessenvertreters, wird ihm eine Einordnung der gelieferten Informationen zusätzlich erschwert. Umgekehrt verbietet der Gesetzgebungsprozess totale Transparenz: Politik benötigt geschlossene Räume. Im politischen Prozess muss für die Beteiligten die Möglichkeit zum vertraulichen Gespräch bestehen,[212] denn in der Öffentlichkeit verkommt der politische Austausch aus Sorge vor der medialen Skandalisierung regelmäßig zum Scheingefecht.

II. Näheverhältnis zu politischen Entscheidungsträgern

Eine weitere Gefahr entsteht durch das Näheverhältnis der Interessenvertreter zu den politischen Entscheidungsträgern. Staatliche Entscheidungen haben sich am Gemeinwohl zu orientieren.[213] Während das Gemeinwohl regelmäßig über den Ausgleich aller widerstreitenden Interessen erreicht wird, zielt das Wirken von Interessenvertreter auf die möglichst umfassende Durchsetzung von Partikularinteressen. Interessenvertretung und Gemeinwohlerreichung stehen sich in der Zielrichtung daher regelmäßig konträr gegenüber. Ein enges Verhältnis zwischen Interessenvertretern und politischen Entscheidungsträgern schürt ebenso wie Intransparenz Zweifel an der staatlichen Gemeinwohlorientierung.

Der Austausch von Wissen, Zugang und Annehmlichkeiten bewegt das Verhältnis der Interessenvertreter zu den Entscheidungsträgern regelmäßig an die Grenze zwischen legitimer Interessenartikulation einerseits sowie möglicher Korruption und illegitimer Beeinflussung andererseits.[214] Durch Bestechungen sowie Ausübung unzulässigen Drucks können Lobbyisten das Gesetzgebungsverfahren in rechtswidriger Weise zu ihren Gunsten beeinflussen. Die Kontrolle der Einhaltung vereinbarter Regeln – durch die Staatsanwaltschaft und Gerichte ebenso wie durch die Medien – wird durch die Intransparenz der Branche noch erschwert. Offene Korruption wird im Bereich der Interessenvertretung allerdings für ein relativ geringes Problem gehalten.[215] Als Begründung wird angeführt, dass Interessenvertreter in der Regel eine langfristige Strategie verfolgen, für die das Abgleiten in den kriminellen Bereich abträglich ist.[216] Sofern der Interessenvertreter einmal straffällig wird, ist seine Reputation ernsthaft beschädigt. Er hat zu befürchten, dass nach einer strafrechtlichen Verurteilung die mühsam erworbenen Kontakte auf Distanz

212 *Schliesky*, Parlamentsfunktionen, in: Parlamentsrecht, § 5 Rn. 41; *Dreier* in: Dreier, GG-Kommentar, Art. 20 GG Rn. 83.

213 Siehe zur Gemeinwohlverpflichtung von Amtsträgern später auf S. 187 f.

214 *Schmedes*, Mehr Transparenz wagen?, ZParl 2009, S. 543.

215 *Alemann*, Eckert, Lobbyismus als Schattenpolitik, APuZ 15–16/2006, S. 3, 6f. Ähnlich *Lösche*, Verbände und Lobbyismus in Deutschland, S. 76. Für die USA ebenso *Hasen*, Lobbying, 64 Stan. L. Rev. S. 191, 225; *Baumgartner*, Lobbying and policy change, S. 124 und *Allard*, Lobbying is an honorable profession, 19 Stan. L. & Pol'y Rev. S. 23, 28.

216 *Lösche*, Verbände und Lobbyismus in Deutschland, S. 73.

gehen. Der Interessenvertreter hat daher ein besonderes Eigeninteresse an seiner Glaubwürdigkeit.

Doch ist das Näheverhältnis zwischen den politischen Entscheidungsträgern und den Partikularinteressenvertretern auch innerhalb des strafrechtlich Erlaubten nicht unproblematisch. Interessenvertreter beschenken staatliche Bedienstete, laden sie auf Reisen ein oder entlohnen Vorträge und Auftritte großzügig, um in deren Gunst zu steigen.[217] Der Versuch der Einflussnahme durch die Gewährung materieller Vorzüge bewegt sich in einem moralisch-ethischen Graubereich. Solche Beeinflussungsmethoden können zwar rechtlich zulässig sein[218], aber dennoch von der Öffentlichkeit kritisch gesehen werden.[219]

Für das Vertrauen in die Integrität der Demokratie sind Korruption und Kumpanei gleichermaßen schädlich. Beide Formen der Einflussnahme sähen Zweifel an der objektiven Betrachtungsweise des staatlichen Entscheidungsträgers.

III. Machtungleichgewicht

Bestünde Interessenvertretung allein aus dem Tausch von Informationen gegen Einfluss, läge die Theorie nahe, dass sich grundsätzlich alle beteiligten Interessen in einem Gleichgewicht befinden und im gesetzgeberischen Abwägungsprozess marktähnlich in einen Ausgleich kommen. Mittlerweise ist weitgehend anerkannt, dass diese verkürzte, sich am politischen Modell des radikalen Liberalismus bzw. *Laissez-faire*-Pluralismus orientierende Ansicht ein Irrglaube ist.[220] Vielmehr divergiert der

---

217 *Schumacher*, Die ewig netten Herren, S. 78; *Lösche*, Verbände und Lobbyismus in Deutschland, S. 73 f.

218 Siehe zur derzeitigen Rechtslage hinsichtlich Geschenken und Reiseeinladungen an Staatsbedienstete S. 225 ff.

219 *Alemann/Eckert*, Lobbyismus als Schattenpolitik, APuZ 15–16/2006, S. 3, 7 ff. Während der Staat über die Legalität entscheidet, hängt die Grenze des Legitimen von der gesellschaftlichen Debatte sein. Ein Verhalten kann legal, aber illegitim sein, so auch *Malessa*, Beruf – Politik – Transparenz, S. 115.

220 Eine solche ganz archaische Form des marktmäßigen Interessenausgleichs geht zurück auf *Bentley*, The Process of Goverment. Bereits *Ernst Fraenkel* entwickelte die Idee weiter und führte aus: „[...] *daß, wenn eine Demokratie funktionieren soll, Individuen und Gruppen sich bei der Vertretung ihrer Partikularinteressen einem generell anerkannten Wertekodex unterordnen müssen, der* [...] *nicht nur Verfahrensnormen, sondern auch regulative Ideen enthalten muß.*", *Fraenkel*, Gesammelte Schriften, Bd. 5, S. 271. Ebenfalls die „*gleichberechtigte und chancengleiche Konkurrenz aller Interessenvertreter*" verneinend: *Kolbe/Hönigsberger/Osterberg*, Marktordnung für Lobbyisten, S. 39, die als Grund dafür Asymmetrien auf dem Markt für lobbyistische Informationen ausmachen. Ebenso *Redelfs*, Mehr Transparenz gegen die Macht der Lobbyisten, S. 333, 334; *Lösche*, Demokratie braucht Lobbying, S. 53, 60; *Patzelt*, Politikwissenschaft S. 336 f., der einen sich selbst überlassenen, unkontrollierten Pluralismus als nicht fair und sozial ungerecht beschreibt; *Beyme*, Politisches System der BRD, S. 227; *Speth*, Politik – Lobby – Öffentlichkeit, APuZ

Einfluss so stark, dass die regelmäßige Einwirkung auf den Gesetzgebungsprozess nur Sache starker Interessenvertreter ist.[221] Es kann somit zwischen den Lobbygruppen ein Machtungleichgewicht festgestellt werden.[222] Externe Faktoren verleihen den Interessenvertretern ein unterschiedliches Durchsetzungspotenzial.[223] Sehr holzschnittartig kann eine Differenzierung in starke und schwache Interessengruppen[224] vorgenommen werden. Diese Einteilung ist jedoch weder trennscharf noch unumkehrbar. Schwache Interessen können sich durch gesellschaftliche Veränderungen zu starken Interessen wandeln.[225] So kann etwa bei dem Allgemeininteresse Umwelt ein deutlicher Wandel innerhalb der vergangenen Jahrzehnte beobachtet werden. Die Stärkung des Interesses Umwelt beruht auf einem gesellschaftlichen Umdenken. Im kollektiven Bewusstsein fand eine Prioritätenverschiebung zugunsten der Umwelt statt. Dadurch veränderte sich auch die Durchsetzungsfähigkeit. Allerdings können sich schwache Interessen regelmäßig nur durch initiierte Verbandsgründungen organisieren und dann zumeist auch nur durch die Bereitstellung von Fremdressourcen finanziert werden.[226]

19/2010, S. 9, 10 f.; *Meßerschmidt*, Special interest legislation in: FS Kloepfer, S. 811, 831; Anders hingegen *Allard*, Lobbying is an honorable profession, 19 Stan. L. & Pol'y Rev. S. 23, 45 f., der den Pluralismus unkritisch als *„healthy safeguard for representative government"* beschreibt. Vgl. zu den Grundlagen des Streits über die Anwendbarkeit der Marktprinzipien auf den politischen Prozess bereits S. 24 ff.

221 *Kißler*, Parlament und Gesellschaft, S. 311, 335 (mit Verweis auf Steinberg, Parlament und organisierte Interessen, S. 217, 235), 338. Das Machtungleichgewicht ist kein branchenspezifisches Problem der Interessenvertreter. Die Einbindung sozial Benachteiligter in den Willensbildungsprozess bezeichnete bereits *Dahl*, Polyarchy, S. 81 ff. als eine der größten Herausforderungen für die Demokratie.

222 So etwa auch *Winter*, Asymmetrien der verbandlichen Interessenvermittlung, S. 217, der das Machtungleichgewicht als eines der Grundprobleme der verbandlichen Interessenvermittlung bezeichnet.

223 *Rudzio*, Politisches System der BRD, S. 90 f.

224 Zum Begriff der schwachen Interessen siehe instruktiv *Winter/Willems*, Die politische Repräsentation schwacher Interessen, S. 9, 14; *Clement/Nowak/Ruß/Scherrer*, Public Governance und schwache Interessen, S. 7, 13 ff. Als starke Interessengruppen können der Bundesverband der Deutschen Industrie (BDI) oder die Großgewerkschaften wie etwa die Vereinte Dienstleistungsgewerkschaft (ver.di) bezeichnet werden. Schwache Interessengruppen sind zum Beispiel Mütter, Migranten, Prostituierte, Kranke oder etwa Umweltinteressen. Bei letzterem fällt erschwerend ins Gewicht, dass die Umwelt selbst keine Interessen artikuliert, sie also Stellvertreter benötigt, vgl. *Roßnagel*, Wangenheim, Schwache Interessen in der Selbstregulierung im Umweltrecht S. 127, 128 f. Gemein ist den schwachen Interessengruppen, dass ihre Mitglieder häufig nicht dauerhaft von den Problematiken betroffen sind, weshalb der Wille zur Organisation gering ist, *Humborg*, Transparente Interessenvertretung, FJ SB, S. 82, 83f.

225 So *Winter*, Soziale Marginalität und kollektives Handeln, S. 39, 44.

226 *Winter*, Soziale Marginalität und kollektives Handeln, S. 39, 53.

Nachfolgend werden die Faktoren aufgezeigt, die Machtungleichgewichte begründen bzw. aufrechterhalten.

1. *Strukturell-organisatorische Unterschiede*

Zum einen gründet das Machtungleichgewicht auf Unterschiede strukturell-organisatorischer Art.[227] Die zu vertretenden Interessen sind teils sehr weit, teils sehr konkret. Die jeweiligen Interessen betreffen unterschiedlich viele Bürger und lassen sich auch nicht alle in gleicher Weise repräsentieren.[228] Hierdurch ergibt sich ein unterschiedlicher Grad der Organisationsfähigkeit. In homogeneren Gruppen fällt die Interessenaggregation und -selektion leichter, so dass sich etwa besser gemeinsame Argumentationspositionen finden lassen.

Die Interessenvertreter großer Wirtschaftsunternehmen und -organisationen haben zudem die Möglichkeit, mit der Abwanderung von Arbeitsplätzen zu drohen. Solche Drohkulissen können wirtschaftlich weniger bedeutsame Unternehmen oder Arbeitnehmer nicht aufbauen. Zudem sind mitgliederstarke Gewerkschaften in der Lage, Massenstreiks zur Durchsetzung ihrer Interessen durchzuführen.[229] Auch kleinere Vereinigungen wie etwa die Pilotenvereinigung Cockpit, die sich an wirtschaftlich bedeutenden Schnittstellen befinden, können durch einen Streik mehr bewirken als viele andere berufliche Interessenvereinigungen.

Extremste Form solcher strukturell-organisatorischer Vorteile sind sogenannte Verbandsherzogtümer.[230] Der Begriff umschreibt monopolistische Strukturen im Bereich der Interessenvertretung. In solchen Bereichen besteht eine stark organisierte Interessenvertretung, der keine nennenswerte Vertretung der gegensätzlichen Interessen gegenübersteht. Es liegt auf der Hand, dass die Macht einer Interessengruppe umso stärker ist, je geringer der Organisationsgrad der Gegenlobby ist. Greift der Staat in solchen Fällen auf das Wissen Privater zurück, besteht eine hohe Gefahr interessengeleiteter Informationsverzerrung.

Schwache Interessen haben schließlich das Problem, dass sie zunächst eine *„Mindestschwelle des kollektiven Interessenbewusstseins“*[231] erreichen müssen, um

---

227 *Clement/Nowak/Ruß/Scherrer*, Public Governance und schwache Interessen S. 7, 14; *Horn*, Verbände in: HStR III, § 41 Rn. 27.

228 *Patzelt*, Politikwissenschaft, S. 336 f.; *Schmitt Glaeser*, Die grundrechtliche Freiheit des Bürgers zur Mitwirkung an der Willensbildung in: HStR III § 38 Rn. 49; *Hohmann-Dennhardt*, Hausverbot für Lobbyisten?, FJ SB 2009, S. 23, 25; *Lösche*, Demokratie braucht Lobbying, S. 53, 60 ff.; *ders.*, Verbände und Lobbyismus in Deutschland, S. 76; *Narr*, Pluralistische Gesellschaft, S. 54; *Kolbe/Hönigsberger/Osterberg*, Marktordnung für Lobbyisten, S. 20.

229 Zwar ist der politische Arbeitskampf unzulässig, die Möglichkeit für ökonomische Ziele zu streiken bietet aber ein nicht zu unterschätzendes Machtpotenzial. Näher zum politischen Arbeitskampf: *Kissel*, Arbeitskampfrecht § 24 Rn. 51 ff.

230 *Beyme*, Politisches System der BRD, S. 228; auch *Rudzio*, Politisches System der BRD, S. 90.

231 So *Winter*, Soziale Marginalität und kollektives Handeln, S. 39, 43 f.

überhaupt gemeinsam einen Themenbereich anzugehen. Fehlt es an dem Bewusstsein, bleibt die Organisation einer eigenen Interessenvereinigungen häufig aus. Schwachen Interessen, die den jeweils Betroffenen nur zeitweilig tangieren, fehlt häufig ein kollektives Interessenbewusstsein. Das Ausbleiben der gemeinsamen Vereinigungsbereitschaft kann wiederum zu den angesprochenen Verbandsherzogtümern und den daraus folgenden Informationsverzerrungen führen.

2. *Finanzkraft*

Neben den organisatorisch-strukturellen Unterschieden besteht auch ein Machtungleichgewicht finanzieller Art. Zwar existieren in Deutschland mangels Veröffentlichungspflichten keine Zahlen zu den Budgets einzelner Lobbyisten, die Angaben aus den USA machen jedoch die gravierenden Unterschiede deutlich.[232] Da Lobbying ein hohes Maß an personellen oder finanziellen Ressourcen erfordert,[233] hängen die Erfolgschancen der Einflussnahme nicht allein von der Kraft der Argumente, sondern auch von der finanziellen Ausstattung der Interessenvertreter ab. Finanziell gut ausgestattete Interessenvertreter können in größerem Maße Dienstleistungen für die staatlichen Entscheidungsträger anbieten.[234] Sie liefern Argumente, Formulierungshilfen und statistisches Zahlenmaterial. Strukturell-organisatorisch unterlegene Akteure können zudem durch die Beschäftigung gut vernetzter ehemaliger Politiker oder der Beauftragung von Drittinteressenvertretern bei ausreichender Finanzkraft den bestehenden Wettbewerbsnachteil ausgleichen.

3. *Verfestigte Netzwerkstrukturen*

Ferner wird durch bestehende Netzwerke und verfestigte Strukturen ein Machtungleichgewicht geschaffen.[235] Politische Entscheidungsprozesse laufen in recht stabilen Teilnehmerkonstellationen und Kommunikationsbeziehungen ab.[236] Die im politischen System bereits verankerten und gut vernetzten Interessenvertreter

---

232 So standen etwa allen Lobbyorganisationen, die sich für die Rechte der Krankenschwestern stark machen, im Jahr 2011 zusammen $ 4.518.370 zur Verfügung. Die Krankenhaus-Lobby verfügten im Jahr 2011 hingegen über einen Betrag von $ 100.528.231. Diese und weitere Zahlen sind nicht nur in dem entsprechenden Register zu finden, sondern werden von Organisationen wie etwa dem Center for Responsive Politics (www.opensecrets.org) ausgewertet und aufbereitet. Auf die Arbeit von *Watchdog*-Organisationen verweist auch *Rudzio*, Politisches System der BRD, S. 90.

233 *Winter*, Soziale Marginalität und kollektives Handeln, S. 39, 41, der neben den Ressourcen noch das Maß an Interesse der einzelnen Mitglieder am Kollektivgut als Indikator für die Erfolgschancen nimmt.

234 *Schmedes/Kretschmer*, Interessen, Transparenz, Vertrauen – und die Legitimität von Politik, S. 311, 320.

235 *Winter*, Asymmetrien der verbandlichen Interessenvermittlung, S. 217, 227 ff.

236 *Winter*, Asymmetrien der verbandlichen Interessenvermittlung, S. 217, 230.

können auf Organisationsressourcen zurückgreifen, durch die sie privilegiert Informationen und Zugang erhalten.[237] Ein Interessenvertreter mit einem umfangreichen Kontaktreservoir verschafft daher ebenfalls einen Wettbewerbsvorteil. Dementsprechend werden Vertreter einflussreicher Verbände regelmäßig als Experten zu Anhörungen geladen.[238] Hieran ist einerseits problematisch, dass Vertretern kleinerer Branchen und Unternehmen diese Möglichkeit fehlt. Die Netzwerkstrukturen begünstigen die bereits bestehenden Beziehungen und verstärken das Machtungleichgewicht. Neben dem daraus resultierenden Problem für die demokratische Gleichheit der Interessenvertreter gefährden verfestigende Netzwerke andererseits den demokratischen Abwägungsprozess. Bewegen sich die Entscheidungsträger fortwährend in denselben Netzwerken, besteht die Gefahr, dass innerhalb von Beratungsverfahren nicht mehr das vollständige pluralistische Spektrum abgebildet wird. In diesem Fall degeneriert der Austausch zwischen Politik und Praxis zu einem schlichten Legitimationsmechanismus.[239]

4. Abschnitt: Ergebnis

Die vorstehende Auswertung politik- und sozialwissenschaftlicher Abhandlungen zum Lobbyismus verdeutlichen dessen Ambivalenz. Den Lobbyismus an sich als schädlich zu betrachten ist ebenso einseitig, wie ihn unkritisch als Förderer demokratischer Willensbildung anzusehen.[240] Interessenvertreter können dem Staat dienlich sein, indem sie Informationen liefern und ähnlich den Parteien als gesellschaftliche Transmissionsriemen aus einer Vielzahl von Forderungen und Wünschen verhandelbare Positionen schaffen. Darüber hinaus geben sie den Bürgern eine Möglichkeit, sich an der staatlichen Willensbildung zu beteiligen und wirken somit auch als integratives Bindeglied zwischen Staat und Bürger. Allerdings gelten die positiven Funktionen vornehmlich für Großverbände und weniger für Einzelinteressenvertreter. Professionelle Interessenvertreter bündeln zumeist keine Interessen, sondern vertreten die singuläre Position ihrer Auftraggeber. Somit verschaffen solche Dienstleister ihren Auftraggebern einen Wettbewerbsvorteil im Meinungskampf, können aber nicht unbedingt als integrative Kraft zwischen Politik

237 *Streeck*, Einleitung des Herausgebers, Staat und Verbände: Neue Fragen. Neue Antworten?, S. 7, 15.

238 *Schulze-Fielitz*, Theorie und Praxis parlamentarischer Gesetzgebung, S. 470, der darauf hinweist, dass durch diese Praxis der Einfluss der starken Interessenverbände, den sie regelmäßig bereits im vorparlamentarischen Bereich geltend machen, verdoppelt wird. Anhörungen im Gesetzgebungsverfahren können auf Ebene der Ministerialbürokratie und im Bundestag durchgeführt werden, s. hierzu schon S. 21.

239 *Voßkuhle*, Sachverständige Beratung des Staates in: HStR III, § 43 Rn. 74.

240 So auch *Meßerschmidt*, Special interest legislation in: FS Kloepfer, S. 811, 822, der darauf hinweist, dass nicht unerhebliche Teile der politikwissenschaftlichen Literatur dazu tendieren, eine der beiden Extrempositionen anzunehmen.

und Gesellschaft wirken. Der festgestellte Branchenwandel schwächt aus staatlicher Sicht den Nutzen von Interessenvertretern.

Gleichzeitig sind die der Interessenvertretung anhaftenden Gefahren im Blick zu behalten. Intransparente Einflussnahme im Graubereich des Zulässigen lässt die Öffentlichkeit an der Gemeinwohlorientierung staatlicher Entscheidungsträger zweifeln. Der weniger medial betrachtete vorparlamentarische Raum bietet den Zweifeln einen fruchtbaren Nährboden. Zudem sind nicht alle Interessen gleichermaßen für den Meinungskampf ausgestattet. Starke Interessen sind aufgrund strukturell-organisatorischer und finanzieller Vorteile durchsetzungsstärker. Im Sinne einer reinen Pluralismustheorie davon auszugehen, dass es am Ende des gesellschaftlichen Diskurses zu einem marktähnlichen Gleichgewicht kommt, ist daher verfehlt. Es besteht vielmehr – um im wirtschaftsökonomischen Bild des Marktes zu bleiben – die Gefahr, dass die regelmäßige Einflussnahme im Rahmen der Gesetzgebung zu einem Oligopol starker Interessen verkommt. Der derzeitige Umbruch in der Branche der Interessenvertretung weg von den klassischen Großverbänden hin zu einer Partikularinteressenvertretung befördert die Oligopolisierung.

3. Teil: Lobbyismusregulierung in den USA und der Europäischen Union

In den USA und der Europäische Union ist die Regulierung des Lobbyismus bereits seit einiger Zeit Gegenstand politischer Debatten und hat zu einer (teilweisen) Kodifizierung geführt. Der dritte Teil der Arbeit widmet sich der Darstellung und Analyse dieses rechtlichen Rahmens. Durch die Aufarbeitung des wissenschaftlichen Diskussionsstands zu den jeweiligen Instrumenten sollen die gesammelten Erfahrungen und erkannten Umsetzungsprobleme für eine etwaige Regulierung in Deutschland nutzbar gemacht werden. Der Analyse der jeweiligen Regelungsregime, die wiederum nach den im vorangegangenen Teil identifizierten Gefahren gegliedert wird, werden in gebotener Kürze Ausführungen zur Entwicklung der Lobbyismusregulierung, zur jeweiligen verfassungsrechtlichen Grundlage der Einflussnahme durch Interessenvertreter und zu den Besonderheiten der politischen Kultur vorweggeschickt.

1. Abschnitt: Grundlagen

A. USA

Die USA bieten sich als Referenzgröße schon deshalb an, weil sie die längste Tradition der Lobbyismusregulierung aufweisen. Die USA gelten als *„Mutterland des Lobbyismus“*[241]. Auch wenn in den USA am Lobbyismus wiederkehrend Kritik geübt wird, steht die amerikanische Gesellschaft aufgrund des hohen Stellenwerts der persönlichen Freiheit und der Eigenverantwortung für die persönliche Lebensgestaltung der Interessenvertretung grundsätzlich offen gegenüber. Die Kernelemente der amerikanischen Lobbyismusregulierung sind das mit dem Lobbying Disclosure Act geschaffene Transparenzregister, die Offenlegungspflichten für Wahlkampfspenden, die Verhaltensregeln für politische Mandatsträger sowie die Karenzzeiten. Tragende Säulen des amerikanischen Regulierungsansatzes sind Verbote und Veröffentlichungspflichten.[242]

I. Entwicklung der Lobbyismusregulierung

Das erste umfassende Gesetz erließ die amerikanische Regierung 1946 mit dem Federal Regulation of Lobbying Act[243] (FRLA) erlassen. Das Gesetz krankte aber

241 *Krick*, Je strenger, desto besser?, S. 235.

242 *„prohibitions and disclosures“*, *Schoeneman*, The Scarlet L, 60 Cath. U. L. Rev S. 505, 516; *Johnson*, Regulating Lobbyists, 16 Cornell J. L. & Pub. Pol'y, S. 1, 17.

243 Federal Regulation of Lobbying Act, Title III of the Legislative Reorganization Act of 1946, Pub. L. No. 601, 79th Congress.

vor allem an einer zu engen Definition des Lobbyismus, so dass es weitgehend wirkungslos blieb.[244] Zudem gab das Gesetz dem Kongress keine effektiven Sanktionsmöglichkeiten an die Hand.[245] Bis zur umfassenden Reform des Gesetzes vergingen 50 Jahre. Erst 1995 verabschiedete der Kongress mit dem Lobbying Disclosure Act[246] (LDA) überarbeitete Transparenzvorschriften. Das Gesetz enthielt ebenso wie der Federal Regulation of Lobbying Act Registrierungs- und Veröffentlichungspflichten für Interessenvertreter,[247] wobei der Definitionsansatz deutlich wirkungsvoller war.[248] Die Verwendung zeitlicher und finanzieller Schwellenwerte konnte im Gegensatz zum Federal Regulation of Lobbying Act eine ausreichend weite Definition gewährleisten, die dennoch dem verfassungsrechtlichen Bestimmtheitsgebot genügte. Aufgrund des öffentlichen Drucks nach den Skandalen um Jack Abramov[249] und das K-Street-Projekt[250] der Republikaner, wurde das Regelungsregime im Jahr 2007

---

244 *Schoeneman*, The Scarlet L, 60 Cath. U. L. Rev S. 505, 516 ff. Verschlimmert wurde das Problem der unzureichenden Definition noch durch die Rechtsprechung des Supreme Courts in United States v. Harriss (1954). Um den FRLA nicht wegen seiner Unbestimmtheit als verfassungswidrig erklären zu müssen, nahmen die Richter eine sehr enge Auslegung der Definitionen FRLA an, s. *Schoeneman*, The Scarlet L, 60 Cath. U. L. Rev S. 505, 519; *Eskridge*, Federal Lobbying Regulation, S. 5, 13.

245 *Lahner*, Boombranche kommerzielles Lobbying?, S. 122 f.; *Sebaldt*, Strukturen des Lobbying, S. 92, S. 107. Zwar gab es strafrechtliche Sanktionsnormen, für deren Durchsetzung allerdings das Justizministerium zuständig war. Die Trennung der Zuständigkeiten für die Registrierung und die Durchsetzung von Sanktionen führte dazu, dass Verstöße kaum sanktioniert wurden, vgl. *Eskridge*, Federal Lobbying Regulation, S. 5, S. 11 f.

246 Lobbying Disclosure Act, Pub. L. No. 64, 104th Congress.

247 *Task force on federal lobbying laws*, Lobbying in the Spotlight, 63 Admin. L. Rev. S. 419, 429.

248 Die Definition des Lobbyisten ist an bestimmte Mindestanforderungen in Bezug auf Dauer und Umfang der Tätigkeit geknüpft. Die Registrierungspflicht bestimmt sich nach den Begrifflichkeiten „*Lobbying Activities*“ und „*Lobbying Contact*“. Die Definitionen finden sich in Section (3) des Lobbying Disclosure Act.

249 Jack Abramoff hat gemeinsam mit seinen Partnern Kunden, die ihn als Interessenvertreter beschäftigten, übervorteilt. Er nutzte die überlegene Stellung als Interessenvertreter und hat zwischenzeitlich konfligierende Interessen in derselben Sache vertreten; für mehr Informationen hierzu siehe etwa *Lyman*, Abramoff and 4 Others Sued by Tribe Over Casino Closing, abrufbar unter www.nytimes.com/2006/07/13/us/13tribe.html (zuletzt abgerufen am 18. Dezember 2015).

250 Das K-Street-Projekt war ein Programm der Republikaner mit dem Ziel, „unabhängige“ Interessenvertreter unter Druck zu setzen und die Einstellung parteitreuer Lobbyisten zu befördern. Loyale republikanische Interessenvertreter wurden anschließend mit erleichtertem Zugang zu Interessenvertretern belohnt. Hintergründe zum K-Street-Project finden sich bei *Blumenthal*, Rick Perry's K Street Project Sought Earmarks, Federal Funds http://www.huffingtonpost.com/2011/08/17/rick-perrys-k-street-proj_n_929584.html (zuletzt abgerufen am 18. Dezember 2015).

durch den Honest Leadership and Open Government Act[251] (HLOGA) nachgebessert. So wurden unter anderem Straftatbestände für die bewusste Provokation der Verletzung von Verhaltensregeln der Kongressmitglieder geschaffen. Außerdem wurden bestehende Schlupflöcher durch die Verschärfung der Vorschriften zu Einladungen von und Geschenken an Staatsbediensteten sowie die Einführung von Karenzzeiten geschlossen[252] und die Veröffentlichungszyklen verkürzt.[253] Im Folgejahr gab der neue Präsident Barack Obama mit einer seiner ersten Amtshandlungen den Mitgliedern des Weißen Hauses strengere Verhaltensregeln vor.[254]

In der Zwischenzeit verabschiedete der Kongress Ethik-Gesetze, die sich nicht an die Lobbyisten, sondern an die Mandatsträger richteten. Bereits 1962 wurden durch den Bribery, Graft and Conflict of Interest Act[255] Karenzzeiten für Mitglieder der Exekutive geschaffen. Die Vorschriften wurden in Reaktion auf die Watergate-Affäre mit dem Ethics in Government Act 1978[256] verschärft[257] und sowohl inhaltlich als auch in ihrem Anwendungsbereich ausgeweitet. Seit dem Ethics in Government Act sind die Mitglieder aller drei Gewalten zur Offenlegung ihrer Finanzen verpflichtet.[258] Zudem wurden die zulässigen Nebeneinkünfte für die Mitglieder der Exekutive auf 15 Prozent ihres regulären Einkommens begrenzt.[259] Seit 1989 unterliegen auch die Mitglieder der Legislative Karenzzeiten.[260]

Zu Beginn der 1970er Jahre wurde der erste Versuch zur bundesweiten Regulierung der finanziellen Einflussnahme auf Wahlkämpfe unternommen. Mit dem Federal Election Campaign Act[261] (FECA) von 1971 und der Erweiterung dieses Gesetzes im Jahr 1974 wurden Veröffentlichungspflichten und verbindliche Obergrenzen für Wahlkampfspenden und *independent expenditures*[262] geschaffen. Außerdem wurde mit dem FECA die Federal Election Commission (FEC) errichtet und somit erstmals eine unabhängige Behörde mit der Überwachung der Wahlkampffinanzierung

---

251 Honest Leadership and Open Government Act, Pub. L. No. 81, 110th Congress.

252 Vgl. HLOGA §§ 101–105; §§531–546; *Chari/Hogan/Murphy*, Regulating lobbying, S. 24; *Susman*, Private Ethics, Public Conduct, 19 Stan. L. & Pol'y Rev., S. 10, 15.

253 Vgl. HLOGA § 201; *Schoeneman*, The Scarlet L, 60 Cath. U. L. Rev S. 505, 521; *Task force on federal lobbying laws*, Lobbying in the Spotlight, 63 Admin. L. Rev. S. 419, 432 f.

254 *Schoeneman*, The Scarlet L, 60 Cath. U. L. Rev S. 505, 524.

255 Bribery, Graft and Conflict of Interest Act, Pub. L. No. 849, 87th Congress.

256 Ethics in Government Act, Pub. L. No. 521, 95th Congress.

257 Title V des Ethics in Government Act.

258 Title I–III des Ethics in Government Act.

259 Title II, Section 210 des Ethics in Government Act.

260 Ethics Reform Act of 1989, Pub. L. No. 194, 101st Congress, § 207 (e).

261 Federal Election Campaign Act, Pub. L. No. 225, 92nd Congress.

262 *Independent expenditures* sind Wahlkampfausgaben, die der Finanzier eigenverantwortlich und ohne Absprache mit einem der Kandidaten tätigt, vgl. 52 U.S. Code § 30101 (17).

betraut.[263] Mit dem Bipartisan Campaign Reform Act[264] (BCRA) ging der amerikanische Gesetzgeber im Jahr 2002 die Regulierung der Wahlkampffinanzierung erneut an. Seit dem FECA hatten sich Praktiken entwickelt, mit denen die Obergrenzen und Offenlegungspflichten umgangen wurden. Durch den BCRA wurde insbesondere das Problem des *soft money* angegangen. Als *soft money* werden in Abgrenzung zum *hard money* Spenden an lokale oder nationale Komitees bezeichnet, die grundsätzlich nicht in den Wahlkampf involviert sind und bis zum BCRA nicht reguliert waren.[265] Zudem wurden die bestehenden Obergrenzen erhöht. In den Jahren 2010[266] und 2014[267] ergingen jedoch Supreme Court-Entscheidungen, die die Spendenbegrenzungen zugunsten des im First Amendment verankerten Rechts auf *political speech* aufweichten. Die Rechtsprechung der vergangenen Dekade hat nahezu alle Begrenzungen der privaten Wahlkampffinanzierungen aufgehoben.

II. Der erste Verfassungszusatz als Grundlage des Lobbyismus

Grundlage politischer Meinungsäußerungen – und damit auch der Interessenvertretung – ist der erste Zusatzartikel zur Verfassung der USA.[268]

> *„Congress shall make no law respecting an establishment of religion, or prohibiting the free exercise thereof; or abridging the freedom of speech, or of the press; or the right of the people peaceably to assemble, and to petition the Government for a redress of grievances."*

Der im Jahr 1791 mit der Bill of Rights geschaffene Verfassungszusatz untersagt es der Legislative, Gesetze zu erlassen, die die Religionsfreiheit, Meinungsfreiheit, Pressefreiheit, Versammlungsfreiheit oder das Petitionsrecht einschränken. Kerngehalt der Meinungsfreiheit ist das Recht auf *political speech.*[269] Die politische

263 *Bartelt*, Citizens United and political advertisements, 37 The Journal of Corporation Law, S. 415, 417.

264 Bipartisan Campaign Reform Act, Pub. L. No. 155, 107th Congress.

265 Diese Spenden durften nicht zur Bewerbung eines Kandidaten verwendet werden. Während die Parteien das Geld zunächst nur für grundsätzliche Basisarbeit und Wählerregistrierungskampagnen nutzten, gingen sie in den 80er und 90er Jahren des 20. Jahrhunderts dazu über, mit den Geldern *issue ads* im Wahlkampf zu finanzieren oder die Kandidaten auf andere Art und Weise durch das Geld zu unterstützen. Siehe hierzu auch *Johnstone*, Recalibrating Campaign Finance Law, 32 Yale L. Poly. Rev. S. 217, 224 f.; *Sample*, The Last Rites of Public Campaign Financing, 92 Neb. L. Rev. S. 349, 367.

266 *Citizens United v. Federal Election Commission* (08–205), 558 U.S. ___ (2010). Die Entscheidungen des Supreme Courts ab Volume 558 der Entscheidungssammlung sind bisher noch nicht erschienen. Zitiert werden daher im späteren Verlauf lediglich die Seitenzahlen der jeweiligen Entscheidung.

267 *McCutcheon v.Federal Election Commission* (12–536) 572 U.S. ___ (2014).

268 Ebenso *Chari/Hogan/Murphy*, Regulating lobbying, S. 23.

269 Weitere Inhalte des Rechts auf freie Meinungsäußerung sind *commercial speech, expressive conduct* und *symbolic speech.*

Meinungsäußerung wird von der Rechtsprechung des Supreme Courts wegen ihrer Bedeutung für das politische System als besonders schützenswert angesehen.[270] Ein in das Recht auf *political speech* eingreifendes Gesetz muss sich daher nach der Rechtsprechung des Supreme Courts am strengen Maßstab der *strict scrutiny*[271] messen lassen.[272] Der *strict scrutiny*-Test setzt voraus, dass der Eingriff einem zwingenden staatlichen Interessen (*compelling governmental interest*) dient und das Gesetz nicht über den Zweck hinausschießt, also kein gleichgeeignetes, weniger einschneidendes Mittel zur Verfügung steht (*sufficiently tailored*).[273] Ein anderer Maßstab gilt nur, wenn das die Meinungsfreiheit beschränkende Gesetz meinungsneutral ausgestaltet ist. In diesem Fall wendet der Supreme Court den *intermediate scrutiny*-Test an, der geringere Anforderungen an den staatlichen Rechtfertigungsgrund stellt.[274]

III. Besonderheiten der politischen Kultur

Die politische Kultur der USA unterscheidet sich im Hinblick auf die Interessenvertretung insbesondere in vier Punkten vom Umfeld der Interessenvertretung in Deutschland:

Der erste Unterschied liegt im Regierungssystem begründet. Das präsidiale Regierungssystem der USA ist im Gegensatz zur parlamentarischen Demokratie der Bundesrepublik Deutschland durch eine klare Trennung der Gewalten gekennzeichnet. Für den Gesetzgebungsprozess hat das zur Folge, dass der Exekutive kein formales Initiativrecht zusteht. Die Regierung ist zur Einbringung von Gesetzesvorhaben auf Mittelsmänner im Kongress angewiesen. Dennoch stammen die meisten

270 „*The First Amendment affords the broadest protection to such political expression in order "to assure [the] unfettered interchange of ideas for the bringing about of political and social changes desired by the people."*, Buckley v. Valeo (75–436), 424 U.S. 1, 14 (1976).

271 Der Supreme Court entwickelte zur Bewertung von Eingriffen in Verfassungsrechte eine dreistufige Abgrenzung. *Strict scrutiny* stellt die höchsten Anforderungen, vgl. hierzu etwa Adarand Constructors, Inc. v. Pena, 515 U.S. 200, 227. Weitere Maßstäbe sind der *rational basis*-Test (siehe hierzu etwa die Entscheidung City of Cleburne v. Clebume Living Ctr., Inc., 473 U.S. 432, 440) und der *intermediate scrutiny*-Test (Vgl. etwa Miss. Univ. for Women v. Hogan, 458 U.S. 718, 724). Die verschiedenen Stufen unterscheiden sich vor allem in ihrer Anforderung an den staatlichen Rechtfertigungsgrund. Kritisiert wird zuweilen, dass die Formeln selbst keinen Beitrag zur Kategorisierung der staatlichen Interessen liefern. Für einen Überblick zur Entwicklung des Multi-Level-Review siehe *Wells*, Beyond campaign finance, 66 Missouri Law Review, S. 141, 158 ff.; *Bhagwat*, Purpose scrutiny in constitutional analysis, 85 California Law Review, S. 297, 303 ff.

272 Buckley v. Valeo, 424 U.S. 1, 14 ff.; *Wells*, Beyond campaign finance, 66 Missouri Law Review, S. 141.

273 *Wells*, Beyond campaign finance, 66 Missouri Law Review, S. 141, 158.

274 Buckley v. Valeo, 424 U.S. 1, 64.

Gesetzgebungsprojekte vom Präsidenten und aus der Ministerialbürokratie.[275] Trotz der fehlenden Verschränkung zwischen Exekutive und Legislative ist die Exekutive daher auch für den Gesetzgebungslobbyismus ein attraktives Ziel[276] und im Fortgang somit auch das Verhältnis zwischen Exekutive und Interessenvertretern zu betrachten.

Zweitens ist im historischen Kontext die unterschiedliche Entwicklung der Verbandskultur zu beachten: Die Stände, Zünfte und Gilden als Vorläufer der Verbände haben in den USA nie existiert. Stattdessen herrschte seit Gründung der Republik die Gewerbefreiheit. So war bereits die Verfassung der USA von 1788 darauf ausgelegt, dass sich Interessengruppen am politischen Prozess beteiligen.[277] Im Gegensatz zur europäischen Entwicklung hatte der Pluralismus bereits frühzeitig Einfluss auf die Entwicklung der amerikanischen Gesellschaft.[278] Das pluralistische Gedankengut wurde in den USA auch deutlich radikaler verstanden. Die im amerikanischen Raum vorherrschende Pluralismusvariante orientierte sich stärker am Marktgedanken und übertrug das liberale Demokratiemodell auf die plurale Gesellschaft des 20. Jahrhunderts. Zentral vorherrschend war dabei der Gedanke eines (Markt-)Gleichgewichts zwischen den verschiedenen Interessengruppen.[279] Soziale Ungleichheit wird daher in den USA eher als Resultat eigener Schwäche denn als Ergebnis des politischen Systems gesehen. Der Ausgleich des Ungleichgewichts wird grundsätzlich nicht als staatliche Aufgabe verstanden.[280] In der frühzeitig stattfindenden Ausdifferenzierung der gesellschaftlichen Interessen liegt einer der Gründe, dass die Einflussnahme von Interessenvertretern in den USA deutlich positiver als in Deutschland begriffen wird. Interessenvertretung wird als genuiner Teil der politischen Kultur verstanden. Kollektivvertretungen wie Interessengruppen und Verbände entwickelten sich dennoch zunächst lediglich auf lokaler oder regionaler Ebene. Erst deutlich später kam es zur Bildung ausgeprägter Spitzenverbände.[281] Mit der Entwicklungsgeschichte

---

275 *Stüwe*, USA, S. 81; *Gellner/Kleiber*, Das Regierungssystem der USA, S. 50 f.

276 *Stüwe*, USA, S. 228.

277 *Eskridge*, Federal Lobbying Regulation, S. 5, S. 9.

278 *Lahner*, Boombranche kommerzielles Lobbying?, S. 114; *Gellner/Kleiber*, Das Regierungssystem der USA, S. 211 ff.

279 *Hübner/Münch*, Das politische System der USA, S. 55. Allerdings ist auch in den USA die radikale Pluralismusvariante längst nicht mehr unumstritten. So formulierte *Schattenschneider* für das politische System der USA bereits im Jahr 1975: *„The flaw in the pluralist heaven is that the heavenly chorus sings with a strong upper-class accent.*", *Schattenschneider*, The semisovereign People, S. 34 f. Die wohl bekannteste amerikanische Variante einer Pluralismustheorie, die das Marktgleichgewicht bezweifelt, stammt von *Kelso*, American democratic theory. Nach *Kelsos* Theorie kommt dem Staat auch im Pluralismus eine Regulierungsfunktion zu, die die Chancengleichheit gewährleisten soll, *Kelso*, American democratic theory, S. 29, 270. Vgl. zur amerikanischen Pluralismusvariante bereits S. 29.

280 *Oldopp*, Das politische System der USA, S. 192 f.

281 *Lösche*, Verbände und Lobbyismus in Deutschland, S. 94 f.; *Sebaldt*, Strukturen des Lobbying, S. 92, 101.

lässt sich erklären, warum es in der amerikanischen Politik nie zu einem korporatistischen Modell kam, wie es in Deutschland in den 1970ern und 1990ern der Fall war.[282] Eine derartige Kooperation zwischen Staat und Interessengruppen entspricht nicht der politischen Kultur. Stattdessen wurde und wird das Prinzip von Konkurrenz und Wettbewerb in den USA sehr positiv konnotiert.[283]

Der dritte Unterschied liegt in der schwachen Rolle der Parteien.[284] Im ersten Zugriff ließe sich annehmen, dass gerade im Zwei-Parteien-System der USA die Macht der Parteien besonders ausgeprägt sein müsste. Doch ist die Kontrolle der Parteien über ihre Abgeordneten und Senatoren aufgrund der politischen Rahmenbedingungen ungleich geringer als in Deutschland. Ein der deutschen Fraktionsdisziplin ähnelndes Pendant existiert nicht.[285] Die 100 Mitglieder des Senats und die 435 Abgeordneten des Repräsentantenhauses werden zudem direkt von den jeweiligen Wahlberechtigten in den Wahlkreisen bzw. Bundesstaaten gewählt und sind daher stärker persönlich an die Wähler gebunden als in Deutschland. Systembedingt sind die Parlamentarier somit für die Wiederwahl allein auf die Zustimmung ihrer Wähler angewiesen. In Deutschland können die Parteien zusätzlichen Druck durch die Vergabe der Landeslistenplätze ausüben. Die Listenplätze gewähren dem einzelnen Abgeordneten eine gewisse Unabhängigkeit von der Wählergunst, stärken zugleich aber die Macht der Parteien über ihre Kandidaten. Schließlich führt auch die unterschiedliche Wahlkampffinanzierung zu einer Schwächung der amerikanischen Parteien. Die Wahlbewerber werden in den USA zum Großteil nicht durch die Parteien finanziert, sondern müssen die Finanzmittel in Eigenregie organisieren. Wahlkampfspenden stellen für die Interessenvertreter einen wirkungsvollen Ansatzpunkt zur Ausübung von Druck auf Amtsinhaber und -bewerber dar.[286] Die finanzielle Unabhängigkeit der Abgeordneten von den Parteien wurde durch die

---

282 *Sebaldt*, Strukturen des Lobbying, S. 92, 101.

283 *Joos*, Lobbying im neuen Europa, S. 224 f.

284 *Braml*, Mittler zwischen Zivilgesellschaft und Politik: Themennetzwerker, IzpB 4/2013, S. 44; *Joos*, Lobbying im neuen Europa, S. 231 f.; *Lahner*, Boombranche kommerzielles Lobbying?, S. 116 f.

285 *Hübner/Münch*, Das politische System der USA, S. 128; *Lösche*, Verbände, Gewerkschaften, Arbeitsbeziehungen, S. 274, 292; *Oldopp*, Das politische System der USA, S. 54; *Braml*, Mittler zwischen Zivilgesellschaft und Politik: Themennetzwerker, IzpB 4/2013, S. 44. Auch in Deutschland existiert kein rechtliches Mittel, um die Fraktionsmitglieder zu einem gewünschten Abstimmungsverhalten zu zwingen. Allerdings ist das Befolgen der Parteilinie Teil der politischen Kultur. Darüber hinaus besteht die Möglichkeit des Fraktionsausschlusses aufgrund fraktionsschädigendem Verhaltens, vgl. hierzu nur *Sendler*, Abhängigkeiten der unabhängigen Abgeordneten, NJW 1985, 1425, 1427 f. und *Pünder*, Wahlrecht und Parlamentsrecht als Gelingensbedingungen repräsentativer Demokratie, VVDStRL 72, S. 193, 257 ff.

286 *Hübner/Münch*, Das politische System der USA, S. 61; Oldopp, Das politische System der USA, S. 145, 154 ff.

Rechtsprechung des Supreme Courts weiter gestärkt.[287] Seit den 1970er Jahren übernehmen Political Action Committees (PAC) die Finanzierung der Kandidaten.[288]

Der vierte Unterschied steht im engen Zusammenhang mit der schwachen Stellung der Parteien. Wegen des fehlenden Mittels der Fraktionsdisziplin haben die einzelnen Abgeordneten einen starken Einfluss auf den Prozess der parlamentarischen Willensbildung und Entscheidungsfindung.[289] Zudem existiert in den USA – im Gegensatz zu Deutschland – *„keine politische Aktionseinheit zwischen Parlamentsmehrheit und Exekutive"*[290]. Der Kongress verfügt bei der Ausarbeitung von Gesetzesentwürfen im Gegensatz zum Bundestag über ein deutlich größeres Mitgestaltungs- und Veränderungspotenzial.[291] Ein von der Regierung eingebrachtes und durch ihre Parlamentsmehrheit getragenes Gesetz muss im Bundestag regelmäßig keine tiefgreifenden Änderungen mehr befürchten. Während eine deutsche Regierung eigene Gesetzesvorhaben mit der Parlamentsmehrheit meist problemlos durch den Bundestag bekommt, benötigt die amerikanische Regierung bereits bei der Einbringung eine Unterstützung durch Parlamentsmitglieder, da ihr ein eigenes Initiativrecht nicht zusteht. Im weiteren Gesetzgebungsverfahren ist die Regierung auf die Kooperationsbereitschaft der Ausschüsse und Unterausschüsse angewiesen. Insbesondere die Ausschussvorsitzenden können durch ihre prozedurale Macht eigenständig die Gesetzesvorlagen in den Gremien zu Fall bringen.[292]

Die aufgezeigten Unterschiede haben Einfluss auf die Arbeit der Lobbyisten. Während in Deutschland primär die Ebene der Ministerialbeamten Ziel der Einflussnahme von Interessenvertretern ist, findet in den USA ein institutionsübergreifendes Lobbying statt. Die Abgeordneten und deren Mitarbeiter sind gleichermaßen Ziel der Interessenvertreter wie die Ministerien.[293] Die schwache Stellung der Parteien und die stärke Bindung der Mandatsträger an den Wahlkreis führen zu einer besonders weiten Verbreitung des *Grassroot Lobbying* in den USA.[294] Durch die private Finanzierung der Wahlkämpfe und die hierfür eingerichteten Political Action Committees können Lobbyisten Spenden gezielter zur Durchsetzung der vertretenen Partikularinteressen nutzen als in Deutschland.

Insgesamt ist zu konstatieren, dass die Besonderheiten des politischen Systems der USA zu einer – verglichen mit der Bundesrepublik Deutschland – stärkeren Bindung der einzelnen Politiker an Partikularinteressenvertreter führt.[295]

---

287 Vgl. zur Entwicklung der Rechtsprechung des Supreme Courts zur Wahlkampffinanzierung weiter unten S. 98 ff.
288 *Lahner*, Boombranche kommerzielles Lobbying?, S. 116.
289 *Lahner*, Boombranche kommerzielles Lobbying?, S. 121.
290 *Lösche*, Verbände, Gewerkschaften, Arbeitsbeziehungen, S. 274, 291.
291 *Sebaldt*, Strukturen des Lobbying, S. 92, 105.
292 *Hübner/Münch*, Das politische System der USA, S. 125 ff.; *Sebaldt*, Strukturen des Lobbying, S. 92, 105.
293 *Oldopp*, Das politische System der USA, S. 157.
294 *Hübner/Münch*, Das politische System der USA, S. 61 f.
295 So etwa *Hübner/Münch*, Das politische System der USA, S. 64.

Interessenvertretung nimmt in den USA im politischen System eine noch herausgehobenere Stellung als in Deutschland ein.

B. Europäische Union

Die Europäische Union eignet sich als Referenzland einerseits, weil sie in letzten Jahren erste Anstrengungen zur Regulierung der Einflussnahme von Interessenvertretern unternommen hat. Im Gegensatz zu den USA verfolgt das europäische Transparenzregister zudem einen weitestgehend auf Freiwilligkeit beruhenden Ansatz. Andererseits ist die Europäische Union für die vorliegende Arbeit von Interesse, weil sie auf eine besondere Einbindung der Zivilgesellschaft und den Dialog mit Interessenvertretern setzt. Sie ist daher bereits von ihrer Architektur auf die Einbindung privater Akteure in den Willensbildungsprozess ausgelegt.

I. Entwicklung der Lobbyismusregulierung

Erst seitdem im Juni 2011 das Europäische Parlament und die Europäische Kommission das *Gemeinsame Transparenzregister* eingeführt haben, besteht in der Europäischen Union ein einheitlicher Rechtsrahmen zum Umgang mit Interessenvertretern. Während das Parlament bereits zu Beginn der 1990er Jahre erste Schritte zur Regulierung der Einflussnahmeversuche unternahm, befürwortete die Kommission lange Zeit eine Selbstregulierung der Branche.[296] Erstmalig wurden im Parlament nach dem Bericht des belgischen Abgeordneten Marc Galle, Vorsitzender des Committee on the Rules of Procedures (Geschäftsordnungsausschuss), Regulierungsmöglichkeiten diskutiert. Der Bericht versuchte sich an einer ersten Definition des Begriffs *Lobbyist* und empfahl die Einführung eines Code of Conducts sowie ein Lobbyregister mit Registrierungspflicht. Darüber hinaus sah der Bericht *No-Go-Areas* im Parlamentsgebäude für Interessenvertreter und Offenlegungspflichten für die Nebeneinkünfte der Abgeordneten vor.[297] Die Vorschläge wurden jedoch mit Blick auf die bevorstehenden Wahlen 1994 und wegen Streitigkeiten über die Definition des Begriffs *Lobbyist* nicht umgesetzt.[298] Im Jahr 1996 folgte der Bericht des Abgeordneten Glyn Ford, der die Ausgabe von Hausausweisen im Austausch gegen die Registrierung und Unterzeichnung eines Code of Conducts vorsah.[299] Noch im selben Jahr erfolgte die Umsetzung. Die Verhaltensregeln enthielt allerdings sehr vage Formulierungen, die eine Durchsetzung erschwerten. Zudem fehlte es – abgesehen vom Entzug der Akkreditierung – an wirksamen Sanktionsmechanismen.[300] Ebenfalls im Jahr 1996 wurden auf Grundlage des Berichts des französischen Abgeordneten Jean-Thomas

---

296 *European Parliament*, Lobbying in the European Union, S. 36 ff.
297 *European Parliament*, Lobbying in the European Union, S. 36.
298 *European Parliament*, Lobbying in the European Union, S. 37; *Chari/Hogan/Murphy*, Regulating lobbying, S. 51; *Krick*, Je strenger, desto besser?, S. 235, 248.
299 *European Parliament*, Lobbying in the European Union, S. 37.
300 *Krick*, Je strenger, desto besser?, S. 235, 248 f.

Nordmann die parlamentarischen Verfahrensregeln um Verhaltensregeln für die Abgeordneten erweitert. Die Verhaltensregeln wurden seitdem mehrfach überarbeitet. Ihre Grundlage befindet sich derzeit in Regel 11 der Geschäftsordnung des Europäischen Parlaments[301] vom Juli 2014. Ausgeführt werden die Regeln im Annex I zu der Geschäftsordnung.

Noch bevor die Kommission Regeln für Interessenvertreter erließ, gab sie 1999 für ihre Kommissare einen Code of Conduct vor,[302] dessen aktuelle Fassung aus dem Jahr 2011 stammt. Ein Umdenken der Kommission ist spätestens seit dem Weißbuch *Europäisches Regieren*[303] erkennbar. Primäres Ziel des Vorschlagspapiers war es, die Legitimität der Europäischen Union zu erhöhen. Um das Ziel zu erreichen, sollte unter anderem eine transparentere Verfahrensgestaltung und der Aufbau der Verbändedatenbank *Connecs* vorangetrieben werden.[304] Gleichzeitig wurde die Entwicklung des europäischen Konsultationsverfahrens im Rechtssezungsprozess[305] vorangetrieben.[306] Unter anderem wurde im Jahr 2001 die Website zur Online-Konsultation *Your Voice in Europe* geschaffen, über die Akteure der Zivilgesellschaft Stellungnahmen zu laufenden Gesetzesinitiativen und Rückmeldungen zu bestehenden Rechtsnormen abgeben können. Die Einbindung von Unternehmen, Nichtregierungsorganisationen und Bürgern soll die gesellschaftliche Beteiligung am Politikprozess fördern.[307] Es folgte im Jahr 2006 das Grünbuch

301 Geschäftsordnung, 8th parliament term, Juli 2014.

302 *Krick*, Je strenger, desto besser?, S. 235, 255 f.

303 Europäisches Regieren – Ein Weißbuch, KOM(2001) 428, ABl. Nr. C 287, S. 1.

304 *Krick*, Je strenger, desto besser?, S. 235, 249 f., mit dem Hinweis darauf, dass die Datenbank zwar 800 Organisationen erfasste, jedoch nur Verbände betraf. Insoweit ist sie vergleichbar mit der Verbändeliste aus der Anlage 2 zur GOBT.

305 Zwar kann der Begriff *Konsultation* als vom Rechtssetzenden intendierte Kommunikation auch antipodisch dem Lobbyismus, der einen vom Interessenvertreter initiierten Prozess beschreibt, gegenübergestellt werden. Dennoch betrifft auch die Konsultation das Verhältnis von staatlichen Entscheidungsträgern und Interessenvertretern.

306 Die Entwicklung lässt sich in drei Phasen gliedern: Die ersten Jahre der Europäischen Union waren geprägt von einer informellen, engen Zusammenarbeit mit Sachverstand aus Wirtschaft und Wissenschaft, der häufig von Interessengruppen vermittelt wurde. Im zweiten Schritt bemühte sich die Europäische Kommission insbesondere um die Einbindung weiterer gesellschaftlicher Gruppen. Die Zusammenarbeit mit den Interessengruppen erfuhr darüber hinaus eine weitergehende Formalisierung. Die Europäische Union bekannte sich zudem zu mehr Transparenz. Das bereits angesprochene Weißbuch *Europäisches Regieren* kennzeichnet den Übergang zur dritten Phasen, in der die Zusammenarbeit mit den Akteuren der Zivilgesellschaft unter die Prinzipien Offenheit, Transparenz und Inklusivität gestellt und weiter formalisiert wurde, vgl. zum Vorstehenden *Kohler-Koch/ Quittkat*, Die Öffnung der europäischen Politik für die Zivilgesellschaft, S. 74, 77 ff.

307 *Winkler/Kozeluh*, Zivilgesellschaft Online, S. 171, 172 f.

Europäische Transparenzinitiative[308], das im Juni 2008 in der Einführung eines freiwilligen Registers der Interessenvertreter gipfelte. Das Register krankte jedoch an einer unzureichenden Definition des Begriffs Lobbyist, geringer Aussagekraft und mangelhafter Kontroll- und Sanktionsmechanismen.[309]

Drei Jahre später kam es im Juni 2011 zur Zusammenführung der Regulierungsbestrebungen von Kommission und Parlament durch das Gemeinsame Transparenzregister, dessen Grundlage eine interinstitutionelle Vereinbarung[310] zwischen den beiden Organen ist. Die Einführung des Gemeinsamen Transparenzregisters kann im Lichte des *Cash-for-Amendments*-Skandals[311] auch als Reaktion auf die zunehmende Kritik an dem Verhältnis zwischen politischen Entscheidungsträgern der Europäischen Union und Interessenvertretern verstanden werden. Im Verabschiedungsbeschluss forderte das Europäische Parlament zudem die Einführung eines legislativen Fußabdrucks.[312] Das Register ist wiederum mit einem Code of Conduct verknüpft und die Registrierung Voraussetzung für den Erhalt von Hausausweisen. Nach zwei Jahren wurde das Register auf den Prüfstand gestellt. Im April 2014 wurde eine überarbeitete Version der interinstitutionellen Vereinbarung verabschiedet.[313] Die zweite Generation des Registers ist seit dem 27. Januar 2015 in

308 Grünbuch vom 3. Mai 2006 – Europäische Transparenzinitiative, KOM(2006) 194.

309 *Krick*, Je strenger, desto besser?, S. 235, 250 f.

310 Interinstitutionelle Vereinbarung – Vereinbarung zwischen dem Europäischen Parlament und der Europäischen Kommission über das Transparenzregister für Organisationen und selbstständige Einzelpersonen, die sich mit der Gestaltung und Umsetzung von EU-Politik befassen, ABl. Nr. L 191, S. 29.

311 Seit dem Sommer 2010 hatten zwei Reporter der Sunday Times, Claire Newell und Michael Gillard, etwa 60 Abgeordnete des Europäischen Parlaments angesprochen und ihnen Geldzahlungen für das Einbringen von Gesetzesänderungen geboten. Drei der Angesprochenen, der Österreicher Ernst Strasser, der Slowene Zoran Thaler und der Rumäne Adrian Severin nahmen das Angebot an. Strasser und Thaler traten nach bekanntwerden der Affäre zurück, während Severin sich darauf zurückzog, nicht rechtswidrig gehandelt zu haben. Für mehr Informationen hierzu siehe, *Waterfield*, European Parliament member resigns over 'cash for laws' scandal, abrufbar unter http://www.telegraph.co.uk/news/worldnews/europe/eu/8393797/European-Parliament-member-resigns-over-cash-for-laws-scandal.html (zuletzt abgerufen am 18. Dezember 2015).

312 Ziffer 9 des Beschlusses des Europäischen Parlaments vom 11. Mai 2011 zu dem Abschluss einer Vereinbarung zwischen dem Europäischen Parlament und der Kommission über ein gemeinsames Transparenz-Register (2010/2291(ACI)). Mit dem legislativen Fußabdruck soll Gesetzgebungslobbyismus dokumentiert werden. Als Annex zum Gesetzesentwurf wird die Beteiligung Privater aufgelistet.

313 Vereinbarung zwischen dem Europäischen Parlament und der Europäischen Kommission über die Einrichtung eines Transparenz-Registers für Organisationen und selbstständige Einzelpersonen, die sich mit der Gestaltung und Umsetzung von EU-Politik befassen, ABl. Nr. L 277, S. 11. Im Beschluss zum Abschluss der Vereinbarung wiederholte das Parlament seine Forderung nach der Einführung des

Kraft. Sie verlangt weitergehende Angaben über eingesetzte Ressourcen, geschätzte Kosten und soll ein effektiveres Melde- und Beschwerdeverfahren enthalten.

II. Art. 11 Grundrechtecharta und Art. 11 AEUV als Grundlage der Einflussnahme

Der Art. 11 Abs. 1 der Grundrechtecharta schützt das Recht auf freie Meinungsäußerung. Insbesondere wird auch das Recht auf freie Debatten über politische Fragen geschützt, so dass hier ein dem First Amendment zur US-Verfassung vergleichbarer Ansatzpunkt für den grundsätzlichen Schutz der Interessenvertreter vermutet werden könnte. Mit der in Art. 11 EUV geregelten Bürgerbeteiligung existiert jedoch eine speziellere Norm, die das Verhältnis zwischen EU-Organen und Interessenvertretern regelt. Die Norm ist Ausdruck des partizipatorischen Demokratiemodells der EU. Nach Art. 11 Abs. 2 EUV pflegen die Organe der EU einen *„offenen, transparenten und regelmäßigen Dialog mit den repräsentativen Verbänden und der Zivilgesellschaft."* Es handelt sich dabei um die primärrechtliche Absicherung des Lobbyismus.[314] Eine Ausdifferenzierung des Prinzips durch Rechtsprechung oder Literatur hat bisher nicht stattgefunden. Durch die Norm werden jedoch die wichtigsten Standards für das Verhältnis zwischen Bürgern und Verbänden auf der einen Seite und den Organen der Europäischen Union auf der anderen Seite geregelt.

III. Besonderheiten der politischen Kultur

Wegen der herausgehobenen Bedeutung für die europäische Gesetzgebung wird die Europäische Union gelegentlich als *„Champions League der Interessenvertretung"*[315] bezeichnet. Als nicht vergleichbares supranationales Konstrukt fällt die Einordnung des politischen Systems der Europäischen Union schwer. Als Besonderheiten für das politische Umfeld von Interessenvertretern lassen sich zwei Umstände ausmachen: Einerseits die explizit gewünschte Beteiligung der Zivilgesellschaft am Willensbildungsprozess und andererseits die herausgehobene Stellung der Europäischen Kommission.

Mit dem Vertrag von Lissabon hat sich die Europäische Union die Beteiligung der Zivilgesellschaft noch deutlicher als zuvor auf die Fahne geschrieben. Der Art. 11 EUV ist Ausfluss dieses Grundsatzes. Neben dem Art. 11 Abs. 2 EUV, der den Dialog zwischen Politik, Zivilgesellschaft und Interessenvertretern zum Gegenstand hat, fordert der Art. 11 Abs. 1 EUV die EU-Organe auf, den Bürgerinnen und Bürgern sowie den Interessenverbänden die Möglichkeit zur Darlegung ihrer Ansicht zu geben, während nach Art. 11 Abs. 3 EUV umfangreiche Anhörungen der Betroffenen

legislativen Fußabdrucks, vgl. Nr. 20 des Beschlusses des Europäischen Parlaments vom 15. April 2014 über die Änderung der Interinstitutionellen Vereinbarung über das Transparenzregister (2014/2010(ACI)).

314 *Huber* in: Streinz, EUV/AEUV, Art. 11 EUV Rn. 17.

315 *Van Schendelen*, Brüssel: Die Champions League des Lobbying, S. 132.

durch die Kommission vorgesehen sind. Die Europäische Union bekennt sich an dieser Stelle teilweise zum Konzept der partizipatorischen bzw. deliberativen Demokratie.[316] Vor dem Hintergrund wird erkennbar, weshalb auch auf europäischer Ebene ein deutlich positiveres Verständnis von Interessenvertretung herrscht als in Deutschland. Insbesondere die Europäische Kommission bemüht sich fortwährend um die Einbindung von Interessenvertretern. Auch umgekehrt empfinden die Interessenvertreter die Europäische Union als vergleichsweise offen und transparent.[317]

Des Weiteren weißt das politische System der Europäischen Union in seiner Architektur Besonderheiten auf. Zwar existieren nach den Europäischen Verträgen prinzipiell die klassischen Institutionen demokratischer Staaten wie eine gewählte Legislative (Europäisches Parlament), eine Exekutive (Europäische Kommission) und eine Judikative (Europäischer Gerichtshof), doch sind ihre Kompetenzen und Funktionen im Vergleich zu den Nationalstaaten abweichend ausgestaltet.[318] Besonders bemerkenswert ist der Umstand, dass dem Europäischen Parlament nur in wenigen Bereichen das Initiativrecht im Gesetzgebungsprozess zusteht. Das Recht, Gesetzgebungsverfahren anzustoßen, steht gemäß Art. 294 Abs. 2 AEUV primär der Europäischen Kommission zu. Nach Art. 225 AEUV hat das Parlament lediglich die Möglichkeit, die Kommission zur Ausarbeitung eines Gesetzesentwurfs aufzufordern. Ausgearbeitet werden die Gesetzesentwürfe der Europäischen Kommission zumeist von den Generaldirektionen, die jeweils den einzelnen Kommissaren zugeordnet sind, den Verwaltungsapparat bilden und somit den Unterbau der Exekutive darstellen. Primäres Ziele der Einflussnahmeversuche von Interessenvertretern sind daher die Europäische Kommission und deren administrativer Unterbau, während das Europäische Parlament nur eine nachgelagerte Stellung einnimmt.

2. Abschnitt: Herstellung von Transparenz

Transparenzfördernde Regulierungsinstrumente sollen das Verhältnis zwischen politischen Entscheidungsträgern und Interessenvertretern nachvollziehbarer gestalten. Die Arbeit der Interessenvertreter und die Beeinflussung staatlicher Bediensteter wird dem prüfenden Blick der Öffentlichkeit ausgesetzt. Das Vertrauen in die Integrität staatlicher Entscheidungsprozesses soll durch die erhöhte Nachvollziehbarkeit gefördert werden. In diesem Abschnitt wird zunächst das Instrument Transparenzregister, das in unterschiedlicher Ausprägung sowohl in den USA als auch in der Europäischen Union verwendet wird, begutachtet. Anschließend werden mit dem Byrd Amendment und den Regeln zur Wahlkampffinanzierung weitere Instrumente zur Transparenzförderung dargestellt, die lediglich im amerikanischen

316 So auch *Nettesheim* in: Grabitz/Hilf/Nettesheim, Das Recht der Europäischen Union, Art. 11 EUV Rn. 5, 7.

317 *Van Schendelen*, Brüssel: Die Champions League des Lobbying, S. 132, 137.

318 *Joos*, Lobbying im neuen Europa, S. 73.

Recht existieren. Den Abschluss bildet eine Betrachtung der transparenzfördernden Komponente der europäischen Online-Konsultationsplattform *Your Voice in Europe*.

A. Transparenzregister in den USA und der EU

Als Transparenzregister wird eine Kartei der in einem Rechtssystem tätigen Interessenvertreter bezeichnet. Die im Register aufgeführten Angaben variieren je nach Ausgestaltung und können von Basisangaben wie Adressdaten über Tätigkeitsschwerpunkte bis hin zu den zur Verfügung stehenden Finanzmitteln und Einzelkontaktnachweisen reichen. Durch die Registerinformationen soll die Öffentlichkeit einen Überblick über die Arbeit der Interessenvertreter erhalten.

I. Amerikanisches Transparenzregister

Kernstück des amerikanischen Transparenzregimes ist der Lobbying Disclosure Act (LDA). Das Gesetz wurde gemäß seiner Präambel, 2 U.S. Code § 1601[319], im Jahr 1995 erlassen, um ein öffentliches Bewusstsein für lobbyistische Aktivitäten im Bereich der Legislative und Exekutive zu schaffen, die bisher ineffektiven Veröffentlichungspflichten zu verbessern und so das Vertrauen in die Integrität des Staates zu stärken.

Der LDA statuiert Registrierungs- und Berichtspflichten. Die Pflichten sind anwendbar, wenn ein Lobbyist beauftragt wird (Drittinteressenvertreter) oder angestellt ist (in-House Lobbying), *lobbying contacts* für einen Kunden oder den Arbeitgeber herzustellen und dessen erwartetes Einkommen (Drittinteressenvertreter) bzw. die zu erwartenden Ausgaben (in-House Lobbying) sowie der zeitliche Aufwand des Auftrags die gesetzlichen Schwellenwerte überschreiten.[320] Das Register verlangt von den Adressaten eine Registrierung sowie vierteljährlich Berichte über ihre Aktivitäten. Die Berichte sind nach § 1603 (a)(1) innerhalb von 45 Tagen nach der Beauftragung durch den Klienten oder innerhalb von 45 Tagen nach dem ersten *lobbying contact* zu erstellen, je nachdem welcher Tatbestand zuerst erfüllt ist. Beschäftigt ein Unternehmen einen oder mehre Lobbyisten, so hat gemäß § 1603 (a)(1), (2) der Arbeitgeber (die *lobbying firm* bei Drittinteressenvertretern, der Arbeitgeber im Falle des In-House-Lobbying) die Registrierung auszuführen. Eine eigenständige Registrierungspflicht trifft den Lobbyisten nur, wenn er selbstständig agiert.[321] Sofern der Lobbyist / das Unternehmen für mehr als einen Kunden tätig wird, muss nach § 1603 (c)(1) für jeden Kunden eine eigenständige Registrierung vorgenommen werden. Die Registrierung sowie die vierteljährlichen Berichte müssen gemäß § 1604 gegenüber dem Secretary of the Senate und dem Clerk of the House (of Representatives) abgegeben werden. Die darin enthaltenen Informationen sind nach § 1605 (a)(9) von den zuständigen Stellen über das Internet kostenlos der

319 Im Folgenden sind Normen, soweit nicht anders gekennzeichnet, solche des Title 2 des U.S. Codes.

320 *Luneburg/Spitzer*, The Lobbying Disclosure Act, S. 43, 48.

321 Der Lobbyist fällt in diesem Fall selbst unter die Definition der *lobbying firm*.

Öffentlichkeit zur Verfügung zu stellen. Die nachfolgende Darstellung erläutert zunächst die Definitionen, gibt anschließend einen Überblick über den Inhalt der Pflichten und ihre Durchsetzung und schließt mit einer Bewertung.

1. *Definitionen*

Die Definitionen befinden sich in 2 U.S. Code § 1602. Relevant für das Verständnis des Gesetzes sind insbesondere die Begriffe *lobbyist, lobbying contact, lobbying activities* und *client.*

Nach § 1602 (10) ist *lobbyist,* wer angestellt oder beauftragt ist, für einen anderen gegen Geld oder andere Entschädigungen Aufgaben zu übernehmen, die mehr als einen *lobbying contact* beinhalten. Ferner setzt der § 1602 (10) voraus, dass die *lobbying activities* über einen Zeitraum von 3 Monaten mindestens 20 Prozent der Arbeitszeit für den jeweiligen Kunden betragen. Eine weitere Einschränkung nimmt § 1603 (a)(3)(A) vor: Beträgt das Einkommen des Lobbyisten / Unternehmen in dem jeweiligen Quartal weniger als USD 3.000 (Drittinteressenvertreter) oder betragen die Ausgaben für *lobbying activities* weniger als USD 12.500 (In-House-Lobbyisten) entfällt die Registrierungspflicht.[322] Durch die Verwendung der zeitlichen und finanziellen Schwellenwert soll sichergestellt werden, dass nur professionelle Interessenvertreter erfasst sind.

Client ist nach § 1602 (2) jede Person, die eine andere Person gegen Geld oder andere Formen der Entschädigung beschäftigt, um *lobbying activities* auszuführen.

Lobbying contact wird in § 1602 (8)(A) definiert als mündliche oder schriftliche Kommunikation mit einem von § 1602 (3), (4) umfassten Amtsträger im Namen des Auftraggebers und mit dem Ziel, politische Entscheidungen zu beeinflussen. In § 1602 (8)(B) finden sich dann wiederum 19 Ausnahmen. Die bedeutendsten Ausnahmen betreffen die Arbeit der Medien (§ 1602 (8)(B) (ii)), Anwälte bei der Vertretung von Mandanten gegenüber Behörden im Rahmen juristischer Verfahren (§ 1602 (8)(B)(xii)), Kontaktaufnahmen durch Whistleblower (§ 1602 (8)(B)(xvii)) sowie generell die Kirchen (§ 1602 (8)(B)(xviii)).

Der Begriff der *lobbying activities* umfasst nach § 1602 (7) den *lobbying contact* und jegliche damit im Zusammenhang stehenden Vorbereitungshandlungen. Er ist relevant als Anknüpfungspunkt für den zeitlichen Schwellenwert.

Die Definitionen der durch den Interessenvertreter kontaktierten Mitglieder der Exekutive und der Legislative in § 1602 (3), (4) ist weit und umfasst neben den Amtsträgern auch deren Mitarbeiter. Eine solch weite Definition ist angemessen, da die Entscheidungen der Amtsträger regelmäßig durch ihre Mitarbeiter vorbereitet werden. Bis zum Erlass des LDA 1995 waren vom FRLA nur Amtsträger erfasst, so dass die Umgehung der Publizitätspflichten ein Leichtes war. Lobbyisten stellten den Kontakt nicht zu den einzelnen Amtsträgern, sondern ausschließlich zu deren

322 Der Schwellenwert wurde durch den HLOGA auf ursprünglich USD 2.500 bzw. USD 10.000 festgesetzt. Das Gesetz sieht jedoch alle 4 Jahre eine automatische Anpassung an den consumer price index vor, vgl. § 1603 (a)(3)(B).

Mitarbeitern her und entzogen sich so der Publizitätspflicht. Die Schwachstelle wurde mit der ausgeweiteten Definition geschlossen.[323]

2. *Inhalt der Registrierungs- und Publizitätspflicht*

Der Inhalt der Registrierungspflicht ist in 2 U.S. Code § 1603 (b) festgelegt. Nach § 1603 (b) hat der Registrierungspflichtige im Meldeformular (LD-1-Formular) seinen Namen und seine Adresse, den Namen und die Adresse des Kunden und die Namen der beschäftigten Lobbyisten anzugeben. Darüber hinaus sind gemäß § 1603 (b)(3) Name und Adresse aller weiteren Personen zu nennen, die für die *lobbying activities* des *client* zahlen. Die Pflicht zur Nennung aller Finanziers soll ein Verstecken hinter Personenmehrheiten verhindern. Nach § 1602 (2) S. 3 ist bei Personenmehrheiten ist nicht das einzelne Individuum, sondern die Gruppe als *client* zu benennen. Fehlte es an einer Offenlegungspflicht für die Finanziers der Auftraggeber, wäre eine Umgehung der Publizitätspflichten durch die Gründung einer juristischen Person vorgezeichnet. Schließlich ist eine Liste der zu bearbeitenden Themenfelder und der spezifischen Themen (§ 1603 (b)(5)(A), (B)) und nach § 1603 (b)(6) eine Liste mit Namen derjenigen beschäftigten Lobbyisten anzufertigen, die innerhalb der vergangenen 20 Jahre Mitglieder der von diesem Gesetz erfassten[324] Exekutiv- oder Legislativebene waren. Die spezifischen Themen sind so genau wie möglich zu bezeichnen. Erfasst sind gemäß § 1603 (b)(5)(B) neben den bereits angegangenen Themen auch solche, die wahrscheinlich Gegenstand der *lobbying activities* sein werden. Die mit der Registrierung anzugebenden Daten werden anschließend im Register veröffentlicht.

Der § 1604 (b) gibt den Inhalt der vierteljährlichen Berichte (LD-2-Formular) vor. Die Berichte dienen einerseits der Aktualisierung der im Register enthaltenen Informationen. Andererseits haben die Berichtspflichtigen nach § 1604 (b)(2)(A) Angaben zu den bereits bearbeiteten Themenfeldern, angegangenen Gesetzesvorhaben und Handlungen der Exekutive zu machen. Die vierteljährlichen Berichten geben somit einen Überblick über den Gegenstand der Interessenvertretung. Gemäß § 1604 (b)(2)(B) ist anzugeben, mit welchen Ministerien und / oder Häusern des Kongresses Lobbyisten des Registrierungspflichtigen mindestens einen *lobbying contact* hergestellt haben. Die Kontaktperson ist hingegen nicht zu benennen. Des Weiteren verlangt § 1604 (b)(3), (4) Angaben zum Einkommen der Drittinteressenvertreter bzw. zu den Ausgaben für das In-House-Lobbying im jeweiligen Quartal.

Seit dem Honest Leadership and Open Government Act besteht darüber hinaus eine halbjährliche Berichtspflicht für Spenden. Nach § 1604 (d) sind alle Spenden ab einem Wert von USD 200 aufzulisten, die einem Amtsträger bzw. Kandidaten für ein Bundesamt, einem political action committee oder einem Parteikomitee zugute kamen (LD-203-Formular). Der Begriff der Spende ist in der Norm weit angelegt und umfasst nach § 1604 (d)(1)(E) auch das Finanzieren von Veranstaltungen

323 *Luneburg/Spitzer*, The Lobbying Disclosure Act, S. 43, 60.

324 Vgl. dazu § 1602 (3), (4).

oder Zuwendungen an Unternehmen, die im Einfluss des erfassten Personenkreises stehen. Mit seinem Bericht gibt der Lobbyist zudem eine Erklärung ab, dass die Spenden nicht gegen die Reise- und Geschenkvorschriften[325] des Senates oder des House of Representatives verstoßen.

3. *Überwachung und Sanktionsnormen*

Die Überwachung der Registrierung und Berichte ist nach § 1605 (a) dem Secretary of the Senate und dem Clerk of the House (of Representatives) übertragen. Ihr einziges Durchsetzungsmittel besteht gemäß § 1605 (a)(7) in einem Hinweise an diejenigen Regelungsadressaten, bei denen sie eine Nichtbefolgung der Pflichten vermuten.

Für den Fall der Nichtbefolgung der Pflichten des LDA sieht das Gesetz in § 1606 (a) zivilrechtliche und in § 1606 (b) strafrechtliche Sanktionen vor. Deren Durchsetzung obliegt allerdings nicht dem Secretary of Senate / Clerk of the House. Ihnen steht nach § 1605 (a)(8) nur die Möglichkeit zu, nach erfolgtem Hinweis an den jeweiligen Registrierungs- bzw. Berichtspflichtigen den für die Durchsetzung zuständigen United States Attorney for the District of Columbia über die fortwährende Nichtbefolgung informieren. Voraussetzung ist, dass innerhalb von 60 Tagen auf den Hinweis nach § 1605 (a) keine angemessene Reaktion seitens der Angemahnten erfolgt. Der United States Attorney for the District of Columbia kann im Falle vorsätzlicher Nichtbeachtung der Registrierungs- und Berichtspflichten nach erfolgtem Hinweis sowie weiteren Verstößen gegen den LDA gemäß § 1606 (a) auf zivilrechtlicher Ebene ein Bußgeld von bis zu USD 200.000 verhängen. Der § 1606 (b) droht zudem bei vorsätzlichem und korruptem Verhalten Gefängnisstrafen von bis zu 5 Jahren sowie ein Bußgeld nach Title 18 des U.S. Codes an.

4. *Bewertung des Lobbying Disclosure Act*

Die rechtswissenschaftliche Literatur in den USA setzt sich vor allem mit dem Anwendungsbereich, der Informationstiefe und der Durchsetzung des Registers auseinander. Bemerkenswert ist zunächst, dass nach der im Lobbying Disclosure Act verwendeten Definition des *lobbyist* der Interessenvertreter für einen anderen tätig werden muss. Nicht unter die Definition fällt, wer lediglich im eignen Namen auftritt. Privatpersonen, die im eigenen Namen eigene Interessen vertreten, sind vom Anwendungsbereich ausgenommen. Wer seine Arbeit kostenlos verrichtet, ist ebenfalls nicht von der Definition erfasst. Um Umgehungen zu verhindern, kann die Tätigkeit von Freiwilligen aber als *lobbying activity* zu qualifizieren sein, wenn dadurch Lobbyisten im Sinne des LDA unterstützt werden.[326] Schließlich sind Graswurzelkampangen, deren Ziel die Beeinflussung der öffentlichen Meinung ist,

---

325 Siehe zu den Reise- und Geschenkvorschriften nachfolgend auf S. 121 ff. und S. 128 ff.

326 *Luneburg/Spitzer*, The Lobbying Disclosure Act, S. 43, 55.

nicht von der Definition erfasst.[327] Graswurzelkampagnen setzen gerade nicht bei den Entscheidungsträgern an, sondern beeinflussen sie nur mittelbar über die öffentliche Meinung. Durch das Transparenzregister soll das Verhältnis zwischen Interessenvertretern und staatlichen Entscheidungsträgern erfasst werden. Konsequenterweise sind Methoden, die nicht auf die direkte Beeinflussung politischer Entscheidungsträger zielen, nicht erfasst.

Ein Sonderproblem ergibt sich für als Lobbyisten tätige Rechtsanwälte. Die Kommunikation zwischen ihnen und ihren Mandanten unterliegt grundsätzlich der anwaltlichen Schweigepflicht.[328] Den Konflikt zwischen anwaltlicher Schweigepflicht und den Offenlegungspflichten des LDA löst der Supreme Court durch das Abstellen auf den Schwerpunkt der Tätigkeit auf. Ist der Anwalt primär als Lobbyist für den Mandanten tätig, ist die Kommunikation zwischen den beiden Parteien nicht von der anwaltlichen Schweigepflicht geschützt.[329] Der als Lobbyist tätige Anwalt muss daher den Offenlegungspflichten des LDA nachkommen.[330] Für die Abgrenzung zwischen den Tätigkeitsbereichen des Anwalts und des Lobbyisten stellt die Rechtsprechung auf die Umstände des Einzelfalls ab.[331]

Größere Probleme bereitet die Existenz des zeitlichen Schwellenwerts in Kombination mit dem Fehlen einer Zurechnungsnorm für die Arbeit mehrerer Beteiligter. Grund für die Einführung der 20-Prozent-Schwelle war, dass das Gesetz nicht das aus dem First Amendment entspringende *right to petition* über Gebühr einschränken sollte.[332] Das Ziel wurde nur zu dem Preis erreicht, dass eine nicht unerhebliche Anzahl an Interessenvertretern dem LDA nicht unterfällt.[333] Daher wird teilweise ganz grundsätzlich vorgeschlagen, die 20-Prozent-Schwelle ersatzlos zu streichen.[334] Sinnvoller erscheinen jedoch wirksame Zurechnungsnormen, die eine Umgehung der Registrierungspflicht durch die Kombination der verschiedenen Anforderungen verhindern. Nach der aktuellen Rechtslage können die Regelungsadressaten durch

---

327 *Task Force on federal lobbying laws*, Lobbying law in the spotlight, 63 Admin. L. Rev., S. 419, 431.

328 In den USA wird dies als *Attorney-Client-Privilege* bezeichnet. Es setzt voraus, dass der Privilegierte Mandant ist oder Mandant werden möchte, der Gegenüber Mitglied einer Anwaltskammer ist und im Rahmen der Kommunikation als Anwalt agiert und der Mandant Rechtsberatung sucht, vgl. etwa bei United States Court of Appeals Second Circuit, *Colton v. United States*, 306 F.2d, 633, 637.

329 In re Grand Subpoenas, 179 F. Supp. 2D 270, 274 (S.D.N.Y. 2001).

330 *Ross*, Ethics Law and the Lawyer/Lobbyist, S. 689, 695 f.

331 *Ross*, Ethics Law and the Lawyer/Lobbyist, S. 689, 695.

332 *Griffith*, Lobbying Reform, 75 U. Cin. L. Rev S. 863, 870.

333 *Davis*, Genuine reform or just another meager attempt to regulate lobbyists, 18 Kan. J. L. & Pub. Pol'y, S. 340, 347 f.; *Allard*, Lobbying is an honorable profession, 19 Stan. L. & Pol'y Rev. S. 23, 33 f.; *Hasen*, Lobbying, 64 Stan. L. Rev. S. 191, 248, der auf Fälle hinweist, in denen Lobbyisten bewusst knapp unterhalb der 20-Prozent-Schwelle blieben, um der Registrierungspflicht zu entgehen.

334 *Task Force on federal lobbying laws*, Lobbying law in the spotlight, 63 Admin. L. Rev., S. 419, 439 f.

geschickte Arbeitsteilung verhindern, dass ihre Angestellten unter die Definition des Begriffs Lobbyist fallen. Wird das Kontaktieren der Amtsträger (*lobbying contact*) durch einen Mitarbeiter vorgenommen, der gleichzeitig keine weitere Zeit für das jeweilige Projekt aufwendet (und so unterhalb der 20 %-Schwelle bleibt), während die übrigen *lobbying activities* von Mitarbeitern verrichtet werden, die keine *lobbying contacts* haben, beschäftigt das jeweilige Unternehmen keinen Lobbyisten im Sinne des LDA.[335] Ebenso verhält es sich, wenn die verschiedenen Aufgaben von unterschiedlichen Unternehmen ausgeführt werden.[336] Der LDA berücksichtigt somit die Prozesse moderner Arbeitsabläufe nicht angemessen. Das Fehlen effektiver Zurechnungsnormen ist eine der größten Schwächen des LDA.

Positiv ist hingegen zu bewerten, dass neben generellen Themenbereichen auch anzugeben ist, welche Gesetzesvorhaben und Vorhaben der Exekutive im Zentrum der Lobbytätigkeit stehen. Insbesondere für das Gesetzgebungslobbying lassen sich hieraus wertvolle Rückschlüsse ziehen. Der LDA begnügt sich nicht mit oberflächlichen Angaben zur Tätigkeit, sondern verlangt tiefergehende Informationen, die Aufschluss über die konkreten Ziele der Interessenvertreter und ihrer Kunden geben. In der amerikanischen Fachliteratur wird von einigen Autoren der Umfang der Veröffentlichungspflichten dennoch als zu gering eingeschätzt.[337] Es wird insbesondere kritisiert, dass nach § 1604 (b) lediglich das jeweils kontaktierte Ministerium bzw. nur der Kongress und nicht die Kontaktperson angegeben werden muss.[338] Auch muss nicht angegeben werden, welche Aufgaben den jeweils registrierten Lobbyisten zugewiesen wurden. Nach Ansicht der Kritiker lassen die durch den LDA gelieferten Informationen wenig Rückschlüsse auf die tatsächlichen Vorgänge zu, sondern zeigen lediglich abstrakt auf, welche Interessen gegenüber dem Staat durch die Registrierungspflichtigen vertreten wurden.[339] So könne nicht bewertet werden, welchen Einfluss die Interessenvertreter auf das staatliche Handeln haben.

---

335 Vgl. dazu das Beispiel 12 bei *Luneburg/Spitzer*, The Lobbying Disclosure Act, S. 43, 52.

336 So *Task force on federal lobbying laws*, Lobbying in the Spotlight, 63 Admin. L. Rev. S. 419, 436.

337 *Luneburg*, Anonymity, 19 Stn. L. & Pol'y Rev., S. 69, 75; *Davis*, Genuine reform or just another meager attempt to regulate lobbyists, 18 Kan. J. L. & Pub. Pol'y, S. 340, 368 f.; *Task force on federal lobbying laws*, Lobbying in the Spotlight, 63 Admin. L. Rev. S. 419, 431, 444 ff.; *Bassett*, Reform through exposure, 57 *Emory* L. J., S. 1049, 1069; *Luneburg*, The evolution of federal lobbying regulation 41 McGeorge L. Rev. S. 85, 94 f., 99; *Krishnakumar*, Towards a madisonian, interest-group-based, approach to lobbying regulation, 58 Ala. L. Rev., S. 513, 545 ff.

338 *Task force on federal lobbying laws*, Lobbying in the Spotlight, 63 Admin. L. Rev. S. 419, 431, 444 f.; *Krishnakumar*, Towards a madisonian, interest-group-based, approach to lobbying regulation, 58 Ala. L. Rev., S. 513, 545.

339 *Luneburg*, Anonymity, 19 Stn. L. & Pol'y Rev., S. 69, 75.

Einige Autoren verlangen daher die Veröffentlichung der Kontaktpersonen.[340] Die tatsächlichen Verbindungen zwischen Interessenvertretern und den politischen Entscheidungsträgern würden nur durch weitgehende Veröffentlichungspflichten nachvollzogen werden können.[341] Nur im Falle einer solchen Nachvollziehbarkeit könne das Ziel erreicht werden, durch den LDA das öffentliche Vertrauen in die Integrität der Regierung zu erhöhen.[342]

Ein zusätzliches Argument für weiterreichende Informationspflichten betrifft die Verbandsherzogtümer[343]. Der Begriff beschreibt Branchen, in denen Interessenvertretern keine organisierte Opposition gegenübersteht. In solchen Nischenbranchen besteht wegen der fehlenden Konkurrenz im Interessenwettkampf eine ungleich größere Gefahr, dass der Interessenmonopolist derart effektiv auf den Gesetzgeber einwirkt, dass die Partikularinteressen das Gemeinwohl überlagern.[344] Insbesondere in einem solchen Umfeld können kleinere, wenig organisierte Interessengruppen von Veröffentlichungspflichten profitieren. Für sie stellt schon das Monitoring, die Beschaffung der relevanten Informationen, eine Hürde dar. Müssten Interessenvertreter etwa alle schriftlichen Eingaben, die sie politischen Entscheidungsträgern zukommen lassen, im Transparenzregister veröffentlichen, entstünde eine informiertere Öffentlichkeit und in Verbandsherzogtümern eine stärkere Gegenlobby. Weiterreichende Informationspflichten würden somit das Problem der Informationsbeschaffung für schwache Interessengruppen reduzieren.[345]

Den Vorschlägen nach weitergehenden Offenlegungspflichten ist zuzustimmen, wenn das Transparenzregister als Instrument zur Gewährleistung einer vollständig transparenten Darstellung der Verbindung zwischen Interessenvertretern und politischen Entscheidungsträgern verstanden wird. Begriffen als Kartei, die lediglich eine Übersicht zu den relevanten Akteuren, ihren Verbindungen und finanziellen Ausstattungen liefern soll, könnten so weitgehende Publizitätspflichten eine Informationsflut zur Folge haben, die der Übersichtlichkeit schadet.[346] Den Forderungen

---

340 *Davis*, Genuine reform or just another meager attempt to regulate lobbyists, 18 Kan. J. L. & Pub. Pol'y, S. 340, 368; *Luneburg*, The evolution of federal lobbying regulation 41 McGeorge L. Rev. S. 85, 101; *Bassett*, Reform through exposure, 57 Emory L. J., S. 1049, 1079 f.; *Krishnakumar*, Towards a madisonian, interest-group-based, approach to lobbying regulation, 58 Ala. L. Rev., S. 513, 545.

341 So etwa *Bassett*, Reform through exposure, 57 Emory L. J., S. 1049, 1079 f.

342 *Garrett/Levin/Ruger*, Constitutional issues raised by the LDA, S. 197, 202.

343 Siehe zum Begriff der Verbandsherzogtümer S. 59.

344 *Cohen-Eliya/Hammer*, Nontransparent Lobbying, 2 William and Mary Policy Review, S. 265, 277 ff.

345 So *Cohen-Eliya/Hammer*, Nontransparent Lobbying, 2 William and Mary Policy Review, S. 265, 284 ff.

346 Als Instrument zur Veröffentlichung so tiefgreifender Informationen ist eher der legislative Fußabdruck geeignet. Der legislative Fußabdruck bezieht sich nur auf das jeweilige Gesetz, so dass auch die Gefahr einer Informationsüberflutung reduziert wird. Siehe hierzu noch S. 277 ff.

nach Offenlegungspflichten zu jedem Treffen oder allen eingereichten Positionspapieren liegt nach hier vertretener Ansicht ein falsches Verständnis der Zielrichtung eines Transparenzregisters zugrunde. Negativ fällt dennoch die große Divergenz der einzelnen Eintragungen auf. Während einige Berichtspflichtige sehr spezifische Angaben zu den Themenbereichen liefern.[347] begnügen sich andere Akteure mit sehr vagen Beschreibungen,[348] Wünschenswert wären einheitlichen Vorgaben und Standards.

Die Nützlichkeit der durch den LDA gewonnen Informationen wurde zudem über Jahre durch eine benutzerunfreundliche Datenbank getrübt.[349] Bemängelt wurde vor allem die limitierte Suchfunktion, die nur eine Suche nach Namen der Lobbyisten, Kunden, Jahreszahlen und Bundesbehörden bzw. Kongressausschüsse zulässt.[350] Der Befund verwunderte vor dem Hintergrund des § 1605 (a)(9), der verlangt, dass der LDA den Secretary of the Senate und Clerk of the House nicht nur zur Veröffentlichung verpflichtet, sondern die Veröffentlichung auch *„in a searchable, sortable, and downloadable manner, to the extent technically practicable*" zu erfolgen hat. Nur, wenn die gesammelten Informationen auch derart aufbereitet werden, dass sich Verbindungen zwischen den einzelnen Sachverhalten herstellen lassen, ist die Datenbank entsprechend dem Ziel des LDA dazu geeignet, effektiv gegenüber der Öffentlichkeit das Wirken der Lobbyisten offenzulegen. Ohne besondere Vorkenntnisse zu den jeweiligen Sachverhalten konnte der Datenbank nur schwerlich ein Informationsgewinn entnommen werden.[351] Gefordert wurde neben einer besseren Gestaltung des Registers die Einführung einer Volltextsuche innerhalb der zu veröffentlichenden Dokumente.[352] Mittlerweile ist die Suchfunktion stark verbessert. Nutzern stehen 25 Suchkriterien zur Verfügung. Durch die Neugestaltung ist es beispielsweise auch möglich die Datenbank nach allen Dokumenten, die im Zusammenhang mit einem bestimmten Gegenstand der Interessenvertretung stehen, zu durchsuchen. So wird die Datenbank dem in § 1605 (a)(9) formulierten Anspruch

---

347 Die Organisation 101 Strategic Partners, LLC führt beispielsweise in ihrem Bericht aus dem 1. Quartal 2014 als Gegenstand der Interessenvertretung *„Intelligence support for overseas combat operations" an.*

348 Hingegen begnügt sich die 38 North Solutuions. LLC im Bericht des 1. Quartals 2014 als Gegenstand der Tätigkeit *„Energy storage policy*" anzugeben.

349 *Krishnakumar*, Towards a madisonian, interest-group-based, approach to lobbying regulation, 58 Ala. L. Rev., S. 513, 539; *Davis*, Genuine reform or just another meager attempt to regulate lobbyists, 18 Kan. J. L. & Pub. Pol'y, S. 340, 368 f.; *Bassett*, Reform through exposure, 57 Emory L. J., S. 1049, 1071 f.

350 *Krishnakumar*, Towards a madisonian, interest-group-based, approach to lobbying regulation, 58 Ala. L. Rev., S. 513, 539.

351 *Davis*, Genuine reform or just another meager attempt to regulate lobbyists, 18 Kan. J. L. & Pub. Pol'y, S. 340, 368 f.

352 Bassett, Reform through exposure, 57 Emory L. J., S. 1049, 1071 f.

gerecht. Weiterhin kritisiert wird allerdings, dass Tippfehler zu einer ergebnislosen Suche führen.[353]

Weitere Kritik zieht die Durchsetzung der Pflichten des LDA auf sich.[354] Bis 2005 kam es zu keiner Verurteilung nach § 1606. Zudem wurden lediglich drei weitere Fälle außergerichtlich beigelegt.[355] Eine Studie des Government Accountability Office aus dem Jahr 2008 ergab, dass die geteilte Zuständigkeit zwischen dem Secretary of Senate bzw. Clerk of the House als Registrierungsstelle und dem United States Attorney for the District of Columbia als Durchsetzungsbehörde zu erheblichen zeitlichen Verzögerungen zwischen Verstößen und deren Ahndung führt.[356] Außerdem bemängelte das Government Accountability Office, dass es dem United States Attorney for the District of Columbia an einem strukturierten Prozess fehle, um die für die Durchsetzung des LDA bereitgestellten Ressourcen sinnvoll einzusetzen. Fortwährende Verstöße gegen die Anforderungen des LDA wurden nicht wirkungsvoll bekämpft.[357] Des Weiteren stellte das Government Accountability Office fest, dass die Anforderungen des LDA einigen Registrierungspflichtigen Umsetzungsprobleme bereitete. Es regte daher die Veröffentlichung von Beispielsregistrierungen für eine *best practice* und die Einführung von Schulungsveranstaltungen für Registrierungspflichtige an.[358]

Im Jahr 2013 überprüfte das Government Accountability Office die Umsetzung und Durchsetzung des LDA erneut.[359] Dabei stellte es fest, dass der United States Attorney for the District of Columbia durch den Aufbau einer Datenbank die Prozessabläufe verbessert hatte.[360] Die Datenbank verschaffte der Durchsetzungsbehörde einen Überblick über fehlerhafte Registrierungen und Berichte und erleichterte so die Verfolgung dieser Verstöße. Konsequenz ist eine häufigere Verhängung von Bußgeldern gegenüber Registrierungspflichtigen, die den Anforderungen des LDA

353 *Moessing*, Lobbying uncovered?, S. 111.

354 Vgl. etwa *Task force on federal lobbying laws*, Lobbying in the Spotlight, 63 Admin. L. Rev. S. 419, 433 f.; *Luneburg*, The evolution of federal lobbying regulation 41 McGeorge L. Rev. S. 85, 123 ff.; *Davis*, Genuine reform or just another meager attempt to regulate lobbyists, 18 Kan. J. L. & Pub. Pol'y, S. 340, 365 f.

355 *Luneburg*, The evolution of federal lobbying regulation 41 McGeorge L. Rev. S. 85, 123 f.; *Task force on federal lobbying laws*, Lobbying in the Spotlight, 63 Admin. L. Rev. S. 419, 462 d.

356 *United States Government Accountability Office*, Lobbying Disclosure/Oberservation on Lobbyists' Clompiance with new Disclosure Requirements GAO-08-1099 (veröffentlicht im September 2008, im Folgenden GAO-Studie 2008), S. 16.

357 GAO-Studie 2008, S. 18.

358 GAO-Studie 2008, S. 19.

359 *United States Government Accountability Office*, Lobbying Disclosure/Oberservation on Lobbyists' Clompiance with Disclosure Requirements GAO-14-485 (veröffentlicht im Mai 2014, im Folgenden GAO-Studie 2013).

360 GAO-Studie 2013, S. 25 f.

nicht nachkommen.[361] Weiterhin nicht umgesetzt wurden hingegen die Anregungen zur Veröffentlichungen von Beispielen zur *best practice* sowie zur Einführung von Schulungen für Registrierungspflichtige.[362] Vor dem Hintergrund der stark divergierenden Registerangaben, wären die Einführung von Schulungen und *best practice*-Beispielen begrüßenswert und könnte die Qualität und Vergleichbarkeit der gelieferten Informationen erhöhen.

Um die Arbeit des United States Attorney for the District of Columbia bewerten zu können, wurde durch den Honest Leadership and Open Government Act im § 1605 (b)(1) eine halbjährliche Berichtspflicht gegenüber dem Committee on Homeland Security and Governmental Affairs, dem Committee on the Judiciary of the Senate und dem Committee on the Judiciary of the House of Representatives eingeführt. In der Literatur wird dennoch weiterhin eine Änderung der Zuständigkeit für notwendig gehalten um eine effektive Durchsetzung zu ermöglichen.[363] Eine Zweiteilung in eine Überwachungs- und eine Sanktionierungsbehörde birgt regelmäßig die Gefahr eines Effizienzverlusts.

II. Europäisches Transparenzregister

Rechtsgrundlage des Gemeinsame Transparenzregisters der Europäischen Union ist eine interinstitutionelle Vereinbarung zwischen der Europäischen Kommission und dem Europäischen Parlament.[364] Das Register soll die Einflussnahme Privater auf die EU-Politik transparent gestalten und kontrollieren, vgl. Nr. 1 der Interinstitutionellen Vereinbarung. Zwar hat die interinstitutionelle Vereinbarung keine Außenwirkung, bindet jedoch wie Geschäftsordnungen die Beteiligten nach innen.[365] Mit der

---

361 Vgl. GAO-Studie 2008, S. 18 und GAO-Studie 2013, S. 30 f. Nach den Ergebnissen der Studie gab es im begutachteten Zeitraum der 2008er Studie (13 Jahre) lediglich drei Fälle, in denen über Erinnerungen hinaus Maßnahmen zur Durchsetzung des Lobbying Disclosure Act ergriffen wurden. Im Zeitraum der 2013er Studie (2 Jahre) kam es in neun Fällen zu vergleichbaren Maßnahmen. Die Optimierung der Prozessabläufe hat somit zu einem deutlich Anstieg der Durchsetzungsmaßnahmen geführt.

362 GAO-Studie 2013, S. 31.

363 *Davis*, Genuine reform or just another meager attempt to regulate lobbyists, 18 Kan. J. L. & Pub. Pol'y, S. 340, 364 ff.; *Task force on federal lobbying laws*, Lobbying in the Spotlight, 63 Admin. L. Rev. S. 419, 463 f.; *Luneburg*, The evolution of federal lobbying regulation 41 McGeorge L. Rev. S. 85, 127.

364 Interinstitutionelle Vereinbarung – Vereinbarung zwischen dem Europäischen Parlament und der Europäischen Kommission über das Transparenzregister für Organisationen und selbstständige Einzelpersonen, die sich mit der Gestaltung und Umsetzung von EU-Politik befassen (Im Folgenden: Interinstitutionelle Vereinbarung), ABl. Nr. L 277, S. 11. Die Vereinbarung ersetzt die Vorgängervereinbarung aus 2011, vgl. hierzu bei Fn. 310.

365 *Krajewski*, Rechtliche Grundlagen eines verbindlichen EU-Lobbyregisters, ZRP 2013, S. 236, 237.

Vereinbarung wurde das Gemeinsame Transparenz-Registersekretariat geschaffen, vgl. Nr. 24 der Interinstitutionellen Vereinbarung. Das Transparenz-Registersekretariat gibt unter anderem „*Leitlinien für die Umsetzung*" heraus, die der Ergänzung und Präzisierung der Bestimmungen der Interinstitutionellen Vereinbarung dienen sollen.[366] In Nr. 6 der Interinstitutionellen Vereinbarung ist die Struktur des Registers niedergelegt. Es bestehet aus einer Bestimmung des Anwendungsbereichs (Nr. 7 bis 12 der Interinstitutionellen Vereinbarung), Kategorien der Registrierung (Anhang I), dem Inhalt der zu veröffentlichenden Informationen (Anhang II), einem Verhaltenskodex (Anhang III), Meldemechanismen und Beschwerdeverfahren (Anhang IV) und den Leitlinien. Im Folgenden wird das Register entsprechend der Darstellung des Lobbying Disclosure Act beschrieben und bewertet. Erster signifikanter Unterschied zum amerikanischen Transparenzregister ist das Fehlen einer Registrierungspflicht. Nach Nr. 8 der Interinstitutionellen Vereinbarung wird von erfassten Organisationen und Einzelpersonen eine Eintragung lediglich erwartet.

1. Definitionen

Nach Nummer 7 der Interinstitutionellen Vereinbarung fallen in den Anwendungsbereich des Registers alle Formen der mittelbaren und unmittelbaren Einflussnahmeversuche, sofern sie nicht nach Nummer 10 bis 12 ausgenommen sind. Durch die Einbeziehung mittelbarer Einflussnahmeversuche über die öffentliche Meinung sind im Gegensatz zum Lobbying Disclosure Act vom europäischen Transparenzregister auch Graswurzelkampagnen umfasst. Zur Konkretisierung enthält die Vereinbarung eine Aufzählung, die die Interinstitutionelle Vereinbarung als beispielhaft für erfasste Tätigkeiten ansieht.

Mit der Nr. 8 der Vereinbarung wird klargestellt, dass bei der Einschaltung von Mittelspersonen eine Eintragung des Mittlers nicht als Registrierung des Mandanten zu verstehen ist. Auch vom Mandanten wird eine eigenständige Registrierung erwartet.

Das Europäische Transparenzregister differenziert ähnlich dem Lobbying Disclosure Act zwischen der Tätigkeit als Anwalt und der als Lobbyist. Während nach dem Supreme Court auf den Schwerpunkt der Tätigkeit abzustellen ist,[367] behilft sich das Europäische Transparenzregister mit Abgrenzungsbeispielen: Von der Registrierung ausgenommen sind nach Nr. 10 der Interinstitutionellen Vereinbarung (rechts-)beratende Tätigkeiten, bei denen in Kommunikation mit öffentlichen Stellen etwa allein die Rechtslage erörtert werden soll. Ebenso ausgenommen sind (rechts-)beratende

366 Kurz nach dem Inkrafttreten der überarbeiteten interinstitutionelle Vereinbarung wurden auch die Leitlinien aktualisiert. Vom 21. Januar 2015 stammt die Version 4.0, die unter http://ec.europa.eu/transparencyregister/public/staticPage/displayStaticPage.do?locale=de&reference=INTER_INST_AGREEMENT abgerufen werden kann.

367 Siehe zur Rechtsprechung des Supreme Courts zur Abgrenzung nach dem Schwerpunkt der Tätigkeit S. 80.

Tätigkeiten, deren Zweck lediglich in der Einhaltung des geltenden Rechts liegt. Auch Analysen und Studien über mögliche Änderungen der aktuellen Rechtslage fallen nicht in den Anwendungsbereich des Registers. Schließlich nimmt die Nr. 10 auch Tätigkeiten, die im Zusammenhang mit der Ausübung des Grundrechts auf ein faires Verfahren stehen, vom Anwendungsbereich aus. Das Register gibt den Adressaten schließlich eine Grundregel zur Abgrenzung an die Hand: „*Sofern ein Unternehmen und seine Berater als Partei an einer bestimmten Rechtssache oder einem bestimmten Verwaltungsverfahren beteiligt sind, fällt jede direkt darauf bezogene Tätigkeit, die nicht an sich auf eine Änderung des bestehenden Rechtsrahmens abzielt, nicht in den Anwendungsbereich des Registers.*" Die Grundregel verdeutlicht die Demarkationslinie zwischen der Einflussnahme auf die Gesetzgebung und (Rechts-) Beratung: Dort, wo Berater und Mandant lediglich die Position des Mandanten innerhalb der bestehenden Regeln ausloten oder verbessern wollen, findet Rechtsberatung statt. Interessenvertretung (und somit der Anwendungsbereich des Registers) beginnt, wenn darüber hinaus auf die Normgebung Einfluss genommen werden soll.

2. Inhalt der Registrierungs- und Publizitätspflicht / Verhaltenskodex

Nach Nr. 21 der Interinstitutionellen Vereinbarung erklären die Registrierten mit der Eintragung, der Veröffentlichung der Informationen zuzustimmen, den Verhaltenskodex des Anhang III zu achten, die Korrektheit der gelieferten Informationen zu gewährleisten und sich im Falle eines Melde- oder Beschwerdeverfahrens den Maßnahmen des Anhang IV zu unterwerfen.

In Anhang I werden zunächst sechs verschiedene Kategorien für die Registrierungswilligen definiert, an die im Anhang II leicht unterschiedliche Anforderungen gestellt werden. Der Anhang II regelt den Inhalt der anzugebenden Informationen. Verlangt werden neben den Kontaktdaten der Organisation (Nr. I lit. a), Informationen über die rechtlich für die Organisation Verantwortlichen (Nr. I lit. b), die Anzahl der an der Einflussnahme beteiligten Personen (inklusive einer prozentualen Angabe der auf die Einflussnahme verwendeten Arbeitszeit) und die Zahl der Personen mit Hausausweis zum Europäischen Parlament (Nr. I lit. c) sowie grundsätzliche Angaben zum Geschäftsbereich (Nr. I lit. d).

Nach der Nr. II sind Informationen über die Gesetzgebungsinitiativen und Politikfelder zu liefern, die den Kernbereich der Einflussnahme darstellen. Das Register verlangt Angaben zu „*den wichtigsten Legislativvorschlägen oder Politikbereichen, auf die die in den Anwendungsbereich des Registers fallenden Tätigkeiten der sich registrierenden Organisation oder Einzelperson abzielen.*" Nähere Anforderungen zu den Begriffen der wichtigsten Gesetzesinitiativen oder Politikbereichen finden sich nicht. Allerdings macht die Breite der erfassten Einflussnahmeversuchen eine solch abstrakte Beschreibung auch notwendig. Neu ist seit 2015, dass nach Nr. II die Mitgliedschaften in Arbeitsgruppen der EU-Organe, interfraktionellen Arbeitsgruppen, beratenden Ausschüssen, Sachverständigengruppen und vergleichbaren Plattformen zu benennen sind. Erweitert wurden mit der Neufassung des Transparenzregisters auch die in Nr. II lit. c. geregelten finanziellen Offenlegungspflichten.

Alle Organisationen haben die jährlichen Kosten der mit der Einflussnahme verbundenen Tätigkeiten zu schätzen. Sie müssen zudem Auskunft über erhaltene EU-Finanzmittel geben. Beratungsfirmen, Anwaltskanzleien und selbstständige Berater müssen den jährlichen Umsatz der Repräsentationstätigkeit in eine der vier Umsatzklassen (zuvor: Drei Klassen) und unter Angabe der Namen ihrer Mandanten den Umsatz pro Mandat in eine der 14 Umsatzklassen (zuvor: Drei Klassen) einordnen. In-House-Lobbyisten und Verbände haben ebenfalls den Umsatz, den die Interessenvertretung generiert, zu benennen. Von NGOs, Think Tanks, Kollektivvertretungen von Kirchen und Religionsgemeinschaften und Organisationen, die regionale, lokale und kommunale Behörden vertreten, wird eine Angabe des Gesamtbudgets und der wichtigsten Beträge und Finanzquellen verlangt.

Der im Anhang III enthaltene Verhaltenskodex verpflichtet die Einzelpersonen und Organisationen zu einem angemessenen Verhalten. Unter anderem ist Einflussnahme nur unter Angabe des eigenen Namens, der vertretenen Organisation sowie der beabsichtigten Ziele zu betreiben (lit. a), nicht irreführend zu handeln (lit. c) und es sind die im Register gespeicherten Informationen aktuell zu halten (lit. d). Darüber hinaus verpflichten sich die Registrierten, die Regeln und Geheimhaltungsauflagen ehemaliger Bediensteter und Beamter der EU-Organe sowie ehemaliger Mitglieder des Parlaments und der Kommission zu achten (lit. h und lit. j) und die Zustimmung eines Mitglieds des Parlaments oder der Kommission einzuholen, bevor eine Vertragsbeziehung zu Personen aus dem Mitarbeiterstab eingegangen wird (lit. i). Neu ist in der überarbeiteten Version von 2015 die Verpflichtung zur Umsetzung und Anwendung der von den EU-Organen festgelegten Regeln, Kodizes und Verwaltungsverfahren (lit. f).

3. *Überwachung und Sanktionsnormen*

Verantwortlich für die Überwachung sind die Generalsekretäre des Europäischen Parlaments und der Europäischen Kommission, vgl. Nr. 22 der Interinstitutionellen Vereinbarung. Gemäß Nr. 24 wurde das Gemeinsame Transparenz-Sekretariat für die Verwaltung des Registers eingerichtet. Das Sekretariat besteht aus einer Gruppe von Beamten des Parlaments und der Kommission. Um die freiwillige Registrierung zu fördern, sollen Schulungen, Projekte und weitere Maßnahmen durchgeführt werden. Neben solch unbestimmten Bekenntnissen zur Schaffung einer Anreizstruktur für die Registrierung, finden sich in den Nr. 29 und 30 auch konkrete Vorgaben. So werden nach Nr. 29 der Vereinbarung Hausausweise zum Parlament an Einzelpersonen und Organisationen, die in den Anwendungsbereich des Registers fallen, nur nach einer erfolgten Registrierung vergeben.[368] Neu ist seit 2015 der in Nr. 30 enthaltene Katalog weiterer Registrierungsanreize. Registrierte sollen demnach einen erleichterten Zugang zum Parlament erhalten, dort Veranstaltungen organisieren können, an Anhörungen als Redner teilnehmen dürfen

368 Das sieht auch die aktuelle Geschäftsordnung des Europäischen Parlaments vor, vgl. Regel 11 Nr. 5 der Geschäftsordnung, 8th parliament term, Juli 2014.

und über einen besseren Informationszugang verfügen. Zudem sollen sie in den Konsultationsprozess der Kommission eingebunden werden. Des Weiteren sollen Kommission und Parlament Schirmherrschaften für die Registrierten übernehmen. Außerdem wird explizit die Ausgabe von Adresslisten genannt. Ein weiterer Registrierungsanreiz wurde vom neuen Kommissionspräsidenten *Jean-Claude Juncker* geschaffen. Mit dem Beginn seiner Präsidentschaft veröffentlichte er Leitlinie zu den Arbeitsmethoden der Kommission während seiner Präsidentschaft. Danach sind Kommissionsmitglieder und ihre Kabinettsmitglieder angehalten, von Treffen mit nichtregistrierten Interessenvertretern weitestgehend abzusehen.[369] Es handelt sich zwar nur um eine nicht sanktionsbewährte Leitlinie, doch hat sie bei konsequenter Umsetzung das Potenzial einen starken Registrierungsanreiz auszuüben.[370]

Neben der Überwachung des Registers und der Einhaltung des Code of Conducts durch die Generalsekretäre, können Verstöße auch durch Privatpersonen und Organisationen gemeldet und in einem Beschwerdeverfahren gerügt werden. Neu ist das Meldeverfahren der Nr. I in Anhang IV der Interinstitutionellen Vereinbarung. Es betrifft lediglich fehlerhafte Angaben. Die Nr. II regelt das Beschwerdeverfahren. Meldung und Beschwerden können über ein Standardformular auf der Website des Registers erfolgen. Der Beschwerdeführer hat die Vorschriften des Verhaltenskodex' zu benennen, gegen die verstoßen worden sein soll. Nach Eingang einer Beschwerde prüft das Register-Sekretariat die Zulässigkeit der Beschwerde innerhalb von fünf Werktagen, vgl. Nr. II.4. Im Falle einer zulässigen und begründeten Beschwerde wird die Registrierung des Betroffenen deaktiviert und das Register-Sekretariat versucht mit dem Betroffenen eine Lösung zu erarbeiten. Einigen sich Register-Sekretariat und Betroffener nicht auf eine Lösung, kann das Sekretariat Sanktionsmaßnahmen ergreifen. Die Tabelle am Ende des Anhangs IV sieht vier verschiedene Maßnahmen im Falle einer Nichteinhaltung des Verhaltenskodex vor.[371] Bei sofortiger Korrektur fehlerhafter Eintragungen oder Verhaltensweisen kommt es lediglich zu einer

369 Vgl. *Communication from the president to the commission*, The working methods of the European Commission 2014 – 2019, C(2014) 9004, S. 10 (der deutschen Version der Mitteilung. Dort heißt es wörtlich: „*Grundsätzlich dürfen die Kommissionsmitglieder keine Berufsverbande oder Selbstständige treffen, die nicht im Transparenz-Register stehen.*"). Erwähnt wird die vorgesehene Reduzierung der Kontakte zu nichtregistrierten Interessenvertretern auch bei *Dialer/Richter*, "Cash-for-Amendments"-Skandal, S. 235, 249 f.

370 Aus deutscher Perspektive mutet das Kontaktverbot seltsam an, da es die Freiheit der Kommissionsmitglieder stark einzuschränken scheint. Die Mitglieder der Kommission sind jedoch im Gegensatz zu den Mitgliedern der Bundesregierung nicht gleichzeitig Mitglieder des Parlaments. Sie können sich somit nicht auf ein freies Mandat berufen, das lediglich für die Parlamentsmitglieder gilt (vgl. Art. 38 Abs. 1 GG und § 2 EuAbgG). Siehe zur Diskussion um die Vereinbarkeit eines solchen Kontaktverbots mit Art. 38 Abs. 1 S. 2 GG auf S. 275.

371 Die Richtigkeit der Angaben wird mit dem Verhaltenskodex gewährleistet, so dass fehlerhafte Angaben ebenfalls einen Verstoß darstellen.

schriftlichen Information. Wird die Zusammenarbeit mit dem Register-Sekretariat verweigert (indem beispielsweise die Frist zur Stellungnahme ungenutzt bleibt) oder liegt ein „*unangemessenes Verhalten*" vor, kommt ein Ausschluss aus dem Register in Verbindung mit der Deaktivierung des Zugangsausweises und dem Verlust der in Nr. 30 genannten Privilegien in Betracht. Im Wiederholungsfall oder im Fall eines schwerwiegenden Verstoßes kann unabhängig von der Kooperationsbereitschaft des Betroffenen der Ausweis durch formellen Beschluss entzogen und ein Ausschluss aus dem Register für ein oder zwei Jahre beschlossen werden.

4. Bewertung des Transparenzregisters

Das Transparenzregister ist der erste ernsthafte Schritt der Europäischen Union auf dem Weg zu einem nachvollziehbaren Umgang mit Interessenvertretern. Insofern ist es grundsätzlich begrüßenswert. Dennoch verbleibt Raum für weitere Verbesserungen. Die Neuerungen der zweiten Generation stellen das Register nicht grundsätzlich neu auf, sondern sind als Feinjustierungen einzuordnen.[372]

Ein Fortschritt könnte die neue Verpflichtung für Anwaltskanzleien sein, neben dem Umsatz auch alle Mandanten, für die sie als Interessenvertreter tätig sind, im Register aufzulisten. Bisher haben Kanzleien in der Spalte der vertretenen Mandanten häufig nur „*vertraulich*" oder Akronyme angegeben. Teilweise wurden keine Angaben gemacht.[373] Somit war nicht erkennbar, für welche Auftraggeber die jeweiligen Anwaltskanzleien tätig wurden. Dementsprechend gering war der Informationsgehalt. Die zukünftige Entwicklung muss zeigen, ob die Kanzleien sich weiterhin auf den Standpunkt stellen, dass ihre Tätigkeit gegenüber EU-Organen als Rechtsberatung zu qualifizieren ist und damit das Mandatsgeheimnis ihnen eine Offenlegung verbietet. Das Register hat mit der Differenzierung in Nr. 10 eine sinnvolle Abgrenzung entwickelt. Es beschreibt Tätigkeiten, bei denen es sich um Rechtsberatung handelt und nimmt sie vom Anwendungsbereich des Registers aus. Liegt keine Rechtsberatung vor, greift auch die anwaltliche Schweigepflicht nicht. Freilich ergeben sich hier wie bei der amerikanischen Schwerpunktsabgrenzung Umsetzungsprobleme. Das Mandatsgeheimnis steht naturgemäß in einem Spannungsverhältnis zur Forderung nach mehr Transparenz. Die Abgrenzung anhand der Tätigkeit bietet jedoch einen vorhersehbaren Rahmen. Die Erweiterung der

---

372 So hielt auch das Europäische Parlament in seinem Beschluss zum Abschluss der geänderten Interinstitutionellen Vereinbarung fest, dass „*die vorgeschlagene Änderung der Vereinbarung vom 23. Juni 2011 zum jetzigen Zeitpunkt einen kleinen Schritt in die richtige Richtung darstellt.*", Ziffer 2 des Änderungsbeschlusses des Parlaments.

373 Vgl. hierzu etwa die Liste im Anhang 2 und Anhang 3 zum Bericht der Gruppe ALTER-EU, New and improved? Why the EU register still fails to deliver, abrufbar unter: http://alter-eu.org/sites/default/files/documents/Why%20EU%20Lobby%20Register%20still%20fails%20to%20deliver%20-%20web%20version.pdf (zuletzt abgerufen am 18. Dezember 2015).

Umsatzklassen pro Mandat von 3 auf 14 trägt zudem zu einem Mehr an Transparenz bei.

Anzugeben ist nun auch der prozentuale Anteil, den die Mitarbeiter der jeweiligen Organisationen für die Interessenvertretung verwenden. Dadurch wird die Vergleichbarkeit der Zahl der genannten aktiven Mitarbeiter erhöht.

Grundsätzlich entsprechen die Offenlegungspflichten weitestgehend dem amerikanischen Pendant. Verlangt werden Angaben, die Rückschlüsse auf die Tätigkeitsgebiete der Interessenvertreter zulassen. Mangels konkreter Vorgaben zur Informationstiefe gehen die Registerangaben jedoch auch nicht über allgemeine Angaben hinaus.[374] Insbesondere die Anforderungen an die spezifische Tätigkeitsbeschreibung erscheinen recht vage, lassen den Registermitgliedern viel Interpretationsraum und bleiben hinter den Anforderungen des Lobbying Disclosure Act zurück.[375] Dennoch führt das Register auch in der aktuellen Form zu gesteigerter Transparenz. So hat die Organisation Corporate Europe Observatory auf Grundlage der Registerinformationen im September 2015 einen Bericht über die Praktiken der Interessenvertretung in der Pharmaindustrie verfasst.[376] Zivilgesellschaftliche Organisationen machen die Registerinformationen somit nutzbar und schaffen für die Öffentlichkeit mehr Transparenz.

Gefordert wird teilweise, die Beziehung zwischen den Interessenvertretern und den Organen der Europäischen Union wirklich transparent zu gestalten und die Registermitglieder zur Offenlegung aller direkten Kontakte zwischen den Vertretern und kontaktieren Personen zu verpflichten.[377] Der Forderung lässt sich wiederum entgegenhalten, dass hierdurch eine Informationsüberfrachtung des Registers droht.

Eine Verbesserung ist das neue in Nr. 30 der Interinstitutionellen Vereinbarung festgelegte Anreizsystem. Die Übermittlung von Informationen und Adresslisten, die Übernahme von Schirmherrschaften durch Kommission und Parlament sowie die Möglichkeit in den Räumen des Parlaments Veranstaltungen zu organisieren, scheinen geeignet, um die freiwillige Registrierung zu fördern.[378] Zu bedenken ist

---

374 Ähnlich *Moessing*, Lobbying uncovered?, S. 83 f., die mit Verweis auf einen Bericht der Organisation ALTER-EU anmerkt, dass die Angaben im Register kein realistisches Bild der Lobbyismusbranche abbilden.

375 *Moessing*, Lobbying uncovered?, S. 109.

376 Der Bericht ist abrufbar unter http://corporateeurope.org/sites/default/files/20150904_bigpharma_web.pdf.

377 So *de Caria*, The constitutional right to lobby on two sides of the Atlantic, 2 Cambridge J. Int'l & Comp. L., S. 452, 467.

378 Nach Ankündigung der Neufassung des Registers und der Kontakteinschränkung für Nichtregistrierte konnte Ende 2014 ein deutlicher Registrierungsanstieg verzeichnet werden. Die Europäische Union stellt die Registrierungszahlen unter http://ec.europa.eu/transparencyregister/public/consultation/statistics.do?locale=de&action=prepareView zur Verfügung (Nach dem Anstieg Ende 2014 ist im Frühjahr 2015 ein deutliches Absinken der Registrierungszahlen erkennbar. Nach Auskunft des Transparenzregistersekretariats ist dies darauf zurückzuführen,

allerdings, dass gut organisierte Interessenvertreter regelmäßig nicht auf die Weiterleitung von Informationen und Adresslisten über den mit dem Register verbundenen offiziellen Kanal angewiesen sind. Sie sind weitreichend vernetzt und erhalten die Informationen auf informellem Weg. Das System der Anreize wirkt daher vor allem gegenüber kleineren Interessenvertretungen. Wird hingegen die Ankündigung, nichtregistrierte Interessenvertreter nur noch im notwendigen Mindestmaß zu kontaktieren, konsequent umgesetzt, dürfte der Druck zur Registrierung auch gut vernetzte Interessenvertreter treffen. Der persönliche Kontakt zu den politischen Entscheidungsträgern zählt zum wichtigsten Kapital der Interessenvertreter. Haben sie zwischen einem beschränkten Kontakt zu Kommissionsmitgliedern und der Registrierung zu wählen, werden sie regelmäßig die Registrierung vorziehen.

Eine grundlegende Weiterentwicklung wäre die Einführung einer Registrierungspflicht.[379] Derzeit ist etwa die Hälfte aller aktiven Interessenvertreter im Register eingetragen.[380] Die Zahl der Registrierten wächst zwar kontinuierlich an, doch das Ziel der größtmöglichen Transparenz wird nicht erreicht, wenn nicht alle Interessenvertreter ihre Beziehungen zu den EU-Organen offenzulegen haben. Innerhalb des Schrifttums ist umstritten, welche Rechtsgrundlage die Möglichkeit zur Einführung eines verpflichtenden Registers bietet. Die Einführung eines verpflichtenden Registers allein auf Grundlage des Art. 298 AEUV scheitert daran, dass die Norm lediglich eine Gesetzgebungskompetenz zur Organisation einer offenen, effizienten und unabhängigen europäischen Verwaltung statuiert. Die vom Transparenzregister ebenfalls erfassten Mitglieder des Europäischen Parlaments sind jedoch nicht Teil der Verwaltung.[381] Daher wird teilweise vertreten, dass ein Rückgriff auf Art. 352 Abs. 1 AEUV und somit ein einstimmiger Beschluss des Europäischen Rats notwendig ist.[382] Hiergegen wird im Schrifttum vorgebracht, dass ein

---

dass mit der Einführung der zweiten Generation des Registers alle Registrierten zur Datenaktualisierung aufgefordert wurden. Registrierte, die der Aufforderung nicht nachkamen, wurden aus dem Register entfernt.).

379 Ebenso *Classen*, Interessenvertretung in der Europäischen Union, S. 295; anderer Ansicht ist *Pünder*, Wahlrecht und Parlamentsrecht als Gelingensbedingungen repräsentativer Demokratie, VVDStRL 72, S. 193, 237 f.

380 Registriert sind derzeit knapp 9.000 Personen und Organisationen. Die Schätzungen der in Brüssel tätigen Interessenvertreter variieren stark. So gehen *Chari/Hogan/Murphy*, Regulating lobbying, S. 47 von etwa 15.000 Interessenvertretern aus, während beispielsweise *Hrbek* in: Bergmann, Handlexikon der Europäischen Union, Lobbying, I. Begriff und Bedeutung, als aktuelle Schätzung 25.000 Interessenvertreter nennt.

381 *Krajewski*, Rechtliche Grundlagen eines verbindlichen EU-Registers für Lobbyisten, ZRP 2013, S. 236, 238.

382 *Gerig/Ritz*, Pläne für ein verbindliches Lobbyregister, EuZW 2014, S. 853, 855 im Anschluss an *Nettesheim* in: Grabitz/Hilf/Nettesheim, Art. 308 EGV aF Rn. 44. Auch das Europäische Parlament vertritt die Auffassung, dass Art. 298 Abs. 2 AEUV als Rechtsgrundlage nicht ausreichend ist, vgl. Ziffer 3 und 4 des Beschlusses des Europäischen Parlaments vom 15. April 2014 über die Änderung der Interinstitutionellen

verpflichtendes Register auf Basis des Art. 298 Abs. 2 AEUV i.V.m. der Doktrin des EuGH der Implied Powers[383] eingeführt werden kann.[384] An dieser Argumentation überzeugt, dass Vorschriften zur Lobbyismusregulierung gegenüber der Verwaltung nur sinnvoll geregelt werden können, wenn gleichzeitig auch die Interessenvertretung gegenüber dem Gesetzgeber eine Regelung erfährt.[385] Für solche Fälle sieht die Rechtsprechung des EuGH ungeschriebene Kompetenztitel des Europäischen Gesetzgebers vor. Nach hier vertretener Ansicht wäre es daher der Europäischen Union auf Grundlage des Art. 298 Abs. 2 AEUV i.V.m. der Doktrin des EuGH der Implied Powers per Verordnung im ordentlichen Gesetzgebungsverfahren ein verpflichtendes Lobbyregister zu schaffen.

Sollte eine Registrierungspflicht eingeführt werden, bedürfte es einer konkreteren Definition der erfassten Akteure. Bisher bedient sich das Register lediglich einer Beschreibung des Anwendungsbereichs.[386] Der Vorteil des freiwilligen Ansatzes liegt unter anderem darin, dass keine Anforderungen an die Bestimmtheit zu stellen sind. Im Falle einer Registrierungspflicht, deren Nichtbefolgung mit Sanktionen belegt ist, bedarf es einer konkreten Definition. Nur dann kann die rechtsstaatliche gebotene Vorhersehbarkeit der Registrierungspflicht erreicht werden.

Zu kritisieren ist zudem, dass der Europäischen Rat nicht mit in die Interinstitutionelle Vereinbarung einbezogen ist.[387] Der Rat ist neben der Kommission und dem Parlament an der Gesetzgebung beteiligt und als Gremium der Staats- und Regierungschefs ein attraktives Ziel für Interessenvertreter. Nur, wenn auch der Europäische Rat einbezogen ist, kann vom Transparenzregister eine umfassende Darstellung der Einflussnahme auf den Prozess der Gesetzgebung erwartet werden. Andernfalls ist bereits über den Europäischen Rat eine Umgehungsmöglichkeit des Registers vorgegeben. Daher ist es wünschenswert, dass der Europäische Rat der Aufforderung von Kommission und Parlament[388] folgt und der Interinstitutionellen Vereinbarung beitritt.

Vereinbarung über das Transparenz-Register (2014/2010(ACI)). Das Parlament fordert die Verbindlichkeit des Registers (Ziffer 1 des Beschlusses).

383 Siehe erstmalig hierzu EuGH, Urteil vom 29. November 1956 – Rs. 8–55, Slg. 1955/56, S. 295 – *Fédéchar*.

384 *Krajewski*, Rechtliche Grundlagen eines verbindlichen EU-Registers für Lobbyisten, ZRP 2013, S. 236, 238 ff.

385 *Krajewski*, Rechtliche Grundlagen eines verbindlichen EU-Registers für Lobbyisten, ZRP 2013, S. 236, 239.

386 So auch *Greenwood*, Interest representation in the European Union, S. 53 f. zur Definition der Interessenvertretung im Grünbuch „Europäische Transparenzinitiative“ (Fn. 214), die Grundlage für die Definition des Registers ist.

387 Ebenso *de Caria*, The constitutional right to lobby on two sides of the Atlantic, 2 Cambridge J. Int'l & Comp. L., S. 452, 467 und *Dialer/Richter*, "Cash-for-Amendments"-Skandal, S. 235, 250.

388 Siehe Nr. 35 der Interinstitutionellen Vereinbarung von 2014, ABl. Nr. L 277, S. 16.

Schließlich erscheint auch eine dauerhafte, möglichst umfassende Kontrolle der eingereichten Informationen notwendig. Das Register-Sekretariat veröffentlich jährlich einen Aktivitätsbericht. Der Bericht enthält unter anderem eine Auflistung der Qualitätschecks. Im Jahr 2012 hat das Sekretariat 289 Stichproben genommen, von denen 117 fehlerhaft waren. Somit entsprachen 40 % der überprüften Eintragungen nicht den Vorgaben des Registers.[389] Im Folgejahr fiel das Ergebnis noch schlechter aus. Anlasslos überprüft wurden 888 Eintragungen. Fehlerhaft waren 550, somit mehr als 60 %.[390] Der Jahresbericht 2014 verliert gegenüber den vorherigen Berichten an Aussagekraft, weil dort nur noch solche Überprüfungen aufgelistet wurden, die zu einer Entfernungen aus dem Register führten. Es fehlen Zahlen zu den fehlerhaften Eintragungen, die im Anschluss korrigiert wurden. Die Ausschlussquote lag im Jahr 2014 bei ca. 25 % der überprüften Registranten.[391] Die insgesamt hohe Fehlerquote dürfte vor allem auf die fehlenden scharfen Sanktionsmöglichkeiten zurückzuführen sein. Die Registrierten müssen, abgesehen von einer Streichung aus dem Register, keine Folgen befürchten. Sie werden somit nicht wirksam zur Beachtung der Vorgaben angehalten. Solange das Register lediglich auf freiwillige Teilnahme gerichtet ist und als interinstitutionelle Vereinbarung zwischen Europäischem Parlament und Europäischer Kommission keine Außenwirkung gegenüber den Unionsbürgern entfaltet, sind strikte Strafvorschriften allerdings auch nicht angemessen.[392] Es darf bezweifelt werden, ob sich eine verbesserte Einhaltungsquote in dem freiwilligen System allein mit positiven Befolgungsanreizen erreichen lässt.

B. Offenlegungspflichten für Empfänger staatlicher Finanzmittel in den USA

In den USA existiert neben dem Lobbying Disclosure Act noch ein weiteres Gesetz, das Offenlegungspflichten für Interessenvertreter zur Folge haben kann. Das 1990 geschaffene und 1995 im Rahmen des Lobbying Disclosure Act überarbeitete Byrd Amendment betrifft Interessenvertreter, denen staatliche Finanzmittel zur Verfügung stehen.

---

389 *Joint Transparency Register Secretariat*, Annual Report on the operations of the Transparency Register 2012, Ziff. 1.3.2.1.

390 *Joint Transparency Register Secretariat*, Annual Report on the operations of the Transparency Register 2013, Ziff. 2.1.

391 *Joint Transparency Register Secretariat*, Annual Report on the operations of the Transparency Register 2014, Ziff. 2.1.

392 *Krick*, Je strenger, desto besser?, S. 235, 252.

I. Verbot der Finanzierung durch staatliche Mittel und Offenlegungspflicht

Das Byrd Amendment verbietet es dem Empfänger staatlich gewährter Finanzmittel (*appropriated funds*)[393], diese Mittel einzusetzen, um die Entscheidungsfindung der Exekutive oder Legislative bei staatlichen Verträgen, Zuschüssen, Krediten und Kooperationsvereinbarungen zu beeinflussen, vgl. 31 U.S. Code § 1352 (a).[394] Somit wirkt es nicht nur transparenzfördernd, sondern auch gegen Machtungleichgewichte zwischen den Interessengruppen, da das Gesetz staatlich Begünstigten untersagt, den bereits erlangten Vorteil zur Interessendurchsetzung einzusetzen.

Die transparenzfördernde Komponente des Gesetzes betrifft Finanzmittel, die nicht aus staatlicher Förderung stammen. Diejenigen, die sich um einen staatlichen Vertrag, Zuschuss, Kredit oder eine staatliche Kooperationsvereinbarung bewerben oder solche Leistungen erhalten, haben zu versichern, dass sie keine staatlichen Finanzmittel entgegen § 1352 (a) einsetzen, und offenzulegen, sofern ein nach dem Lobbying Disclosure Act Registrierungspflichtiger in ihrem Namen den Versuch von *lobbying contacts* unternommen hat oder unternehmen wird um die begehrte Leistung zu erhalten.[395] Dies gilt ebenfalls für staatliche Bürgschaften oder sonstige Kreditsicherungen.[396] Die Offenlegungspflichten sind nur dann zu erfüllen, wenn der Wert des Vertrags, Zuschusses oder der Kooperationsvereinbarung USD 100.000 bzw. des gewährten oder besicherten Kredits USD 150.000 übersteigt.[397] Die eingereichten Informationen sind bei jeder erneuten Antragsstellung und – sofern sich Änderungen ergeben haben – zum Ende jedes Quartals zu aktualisieren, vgl. § 1352 (b) (4).

Das für die Umsetzung des Byrd Amendments zuständige Office of Management and Budget[398] hat kurz nach Erlass des Byrd Amendments einstweilige Regelungen zur Auslegung und Klarstellung des Gesetzes erlassen, die allerdings nie finalisiert wurden.[399]

393 Der Begriff *appropriated funds* wird in § 1352 nicht näher definiert. *Appropriate* bedeutet nach dem American Heritage College Dictionary *„to set apart for a specific use“* (*„für einen bestimmten Gebrauch bereitgestellt“*). Es wird davon ausgegangen, dass etwa der Profit beim Abschluss staatlicher Verträge keine *appropriated funds* sind. Die Frage, ob solche Gelder auch nach Zweckerreichung weiterhin als *appropriated fundes* zu qualifizieren sind, wurde bisher nicht näher geklärt, vgl. näher zu der Problematik *Susman*, The Byrd Amendment, S. 349, 354 f.

394 Im Folgenden sind Normen, soweit nicht anders gekennzeichnet, solche des Title 31 des U.S. Codes.

395 § 1352 (b) (1) und (2).

396 § 1352 (b).

397 § 1352 (d) (2) (B), (C).

398 Das Office of Management and Budget ist eine Behörde, die Teil des Executive Office of the President of the United States ist.

399 Vgl. *Susman*, The Byrd Amendment, S. 349, 352.

Die jeweiligen Pflichten sind sanktionsbewährt. Jeder Verstoß gegen die Vorschriften des § 1352 (a) und (b) soll mit einem Bußgeld von mindestens USD 10.000 und maximal USD 100.000 geahndet werden, § 1352 (c)(1), (2).

II. Bewertung des Byrd Amendments

Das Byrd Amendment wird in der jüngeren amerikanischen rechtswissenschaftlichen Literatur sehr stiefmütterlich behandelt. In Aufsätzen zum Thema Lobbyismus wird es regelmäßig nur beiläufig erwähnt.[400] Sofern überhaupt eine tiefere Auseinandersetzung stattfindet, wird primär die Unschärfe der verwendeten Begriffe bemängelt.[401]

Es stellt sich ohnehin die Frage, welchen Mehrwert das Gesetz, abgesehen vom Verbot des 31 U.S. Code § 1352 (a), haben soll. Da sich die Offenlegungspflicht des § 1352 (b) auf einen Verweis auf die ohnehin im Lobbying Disclosure Act zu machenden Angaben beschränkt, ist der Informationsgewinn nicht sehr umfangreich. Es verwundert daher auch nicht, wenn amerikanische Autoren berichten, dass die Bundesbehörden das Byrd Amendment weitestgehend ignorieren.[402] In das Bild fügt sich ein, dass auch keine Berichte über die Durchsetzung der Sanktionsnormen existieren.[403] Der gesamte Normenkomplex erscheint als Anachronismus. Lediglich das Verbot des § 1352 (a) ist erhaltenswert, da es verhindert, dass der Staat ungewollt durch eigene Finanzmittel die Interessenvertretung Privater fördert.

C. Wahlkampffinanzierung in den USA

Die Wahlkampffinanzierung ist im 52. U.S. Code §§ 30101 ff.[404] geregelt. Die Normen begrenzen die zulässigen Wahlkampfausgaben Privater und unterwerfen sie Offenlegungspflichten. In den Vereinigten Staaten müssen Wahlkämpfe primär privat finanziert werden, so dass eine Hauptaufgabe der Kandidaten für das Weiße Haus oder den Kongress die Einwerbung der Finanzmittel ist. Die Finanzierung von Wahlkämpfen zählt in den USA daher zu einem der wichtigsten Instrumente der Interessenvertreter, um in der Politikergunst zu steigen und so Einfluss und Zugang zu gewinnen. Die Thematik ist in den USA Gegenstand zahlreicher

---

400 So etwa bei *Hasen*, Lobbying, 64 Stan. L. Rev. S. 191, 202 (in Fn. 58) oder bei *Luneburg*, The evolution of federal lobbying regulation 41 McGeorge L. Rev. S. 85, 111 und *Susman*, Where to look, What to ask?, 41 McGeorge L. Rev., S. 161, 171, die sich auf eine sehr knappe Darstellung des Regelungsinhalts beschränken.

401 *Task force on federal lobbying laws*, Lobbying in the Spotlight, 63 Admin. L. Rev. S. 419, 432; Susman, The Byrd Amendment, S. 349, 360.

402 *Susman*, The Byrd Amendment, S. 349, 360.

403 Susman, The Byrd Amendment, S. 349, 359.

404 Im Folgenden sind Normen, soweit nicht anders gekennzeichnet, solche des Title 52 des U.S. Codes. Die Normen befinden sich seit Februar 2015 im Title 52. Zuvor war die Wahlkampffinanzierung in 2 U.S. Code §§ 431 ff. geregelt.

Gerichtsentscheidungen und beschäftigt den Supreme Court bereits seit mehr als 40 Jahren.

Nachfolgend soll ein Überblick zur Entwicklung der Rechtsprechung, zum derzeitigen Regelungsregime und den aktuellen Fragestellungen gegeben werden. Die Entwicklung der Rechtsprechung betrifft vor allem die Begrenzungen der Spenden und damit primär keine Transparenzvorschriften. Sie wird zum besseren Verständnis der Wahlkampffinanzierung dennoch in diesem Abschnitt behandelt. Der Rechtsprechungsdarstellung geht eine Erläuterung der wichtigsten Definitionen voraus. Im Anschluss werden die Transparenzvorschriften vorgestellt.

I. Definitionen

Zentraler Begriff des Regimes zur Regelung der Wahlkampffinanzierung ist der des *political committee*. Das *political committee* ist das rechtliche Vehikel mit dem Wahlkampfspenden getätigt und eingeworben werden. *Political committee* ist nach 52 U.S. Code § 30101 (4)(A) jede Vereinigung, jedes Gremium oder jede Gruppe von Personen, die innerhalb eines Kalenderjahres mehr als USD 1.000 an Wahlkampfspenden einsammelt oder mehr als USD 1.000 zur Wahlkampffinanzierung einsetzt.[405]

Sowohl Kandidaten als auch Spender können ein *committee* gründen. Kandidaten für ein Bundesamt[406] müssen gemäß §30103 (a) 15 Tage nach ihrer Nominierung ein *principal campaign committee* benennen, das 10 Tage nach der Benennung bei der Federal Election Commission zu registrieren ist. Das *principal campaign committee* dient insbesondere als Zentralstelle zur Annahme von Spenden und zum Tätigen von Ausgaben für den Kandidaten. Ein Kandidat kann nach § 30102 (e)(1) darüber hinaus noch weitere *authorized committees* benennen.

Contribution wird in § 30101 (8)(A)(i) definiert als Geschenk, gezeichnete Summe, Vorauszahlung, Darlehen oder Anzahlung von Geld oder anderen Wertgegenständen, die zum Zwecke der Beeinflussung einer Wahl für ein Bundesamt gegeben wurden.

Als *expenditure* definiert § 30101 (9)(A)(i) jede Form von Kauf, Zahlung, Ausschüttung, Darlehen, Vorteil, Anzahlung oder Geschenk von Geld oder anderen Wertgegenständen, die eine Person zum Zwecke der Beeinflussung einer Wahl für ein Bundesamt macht. Nach § 30101 (9)(A)(ii) sind auch Vereinbarungen zum Tätigen von Ausgaben *expenditures* im Sinne des Gesetzes.

Independent expenditure sind nach § 30101 (17) solche *expenditures* mit denen eine Person ausdrücklich für oder gegen einen Kandidaten wirbt, jedoch ohne

405 Obwohl häufig als *political action committee* bezeichnet, nennt das Gesetz solche Organisationen lediglich *political committee*.

406 Der Begriff des Kandidaten ist in § 431 (2) definiert als Person, die für ein Bundesamt nominiert werden möchte ("*seeks election for*") oder nominiert wurde und deren Ausgaben oder Spendeneinnahmen USD 5.000 überschreiten. Bundesamt wird in § 431 (3) definiert als „*office of President or Vice President, or of Senator or Representative in, or Delegate or Resident Commissioner to, the Congress.*"

Zusammenarbeit mit oder auf Wunsch oder Vorschlag von einem Kandidaten, dessen *authorized political committee*, Vertreter oder einem *political party committee* oder dessen Agenten. Sie stellen das Gegenstück zu den *contributions* dar, weil die Ausgaben nicht zur freien Verfügung des Begünstigten stehen, sondern ohne dessen Zutun verwendet werden.

Electioneering communication ist gemäß § 30104 (f)(3) Wahlwerbung per Rundfunk, Kabel oder Satellit, die sich direkt auf einen Kandidaten bezieht und innerhalb von 60 Tagen vor der Wahl für ein Federal Office ausgestrahlt wird (30 Tage bei parteiinternen Vorwahlen).

II. Entwicklung der Rechtsprechung zur Wahlkampffinanzierung

Die Regelungen zur Begrenzung von Wahlkampffinanzierung sind in den USA seit Jahrzehnten Gegenstand verfassungsgerichtlicher Rechtsprechung. Die Entscheidungen folgten dabei keiner konsequenten Linie. Vielmehr zeigt sich ein zweifacher Richtungswechsel, der anhand von sechs Entscheidungen dargestellt wird.

1. Enges Korruptionsverständnis in Buckley v. Valeo

In *Buckley v. Valeo*[407] hatte der Supreme Court erstmals über verfassungsrechtliche Fragen der Begrenzung von Wahlkampffinanzierung sowie Registrierungs- und Offenlegungspflichten zu entscheiden. Durch die Amendments zum FECA setzte der amerikanische Gesetzgeber 1974 unter anderem eine USD 1.000-Obergrenze für Direktspenden an Kandidaten (*contributions*, ehemals 2 U.S. Code § 441a), für Ausgaben der Kandidaten und ihrer Komitees (ehemals 18 U.S. Code § 608 (c)(1)(C-F), für *independent expenditures* (ehemals 18 U.S. Code § 608e, das Limit wurde ebenfalls bei USD 1.000 festgesetzt) und für Ausgaben der Kandidaten aus ihren privaten Mitteln (ehemals 18 U.S. Code § 608a) fest. Der 2 U.S. Code § 431 statuierte eine Offenlegungspflicht für Spenden ab USD 100. Nach 2 U.S. Code § 434 (e) waren zudem die Finanziers von *independent expenditures* zu veröffentlichen.

Die Kläger argumentierten, dass die Ausgabenbegrenzungen eine verfassungswidrige Einschränkung des im First Amendment verbürgten Schutzes der *free speech* seien. Allein durch die finanziellen Obergrenzen seien sie in ihrer politischen Ausdrucksfreiheit unangemessen eingeschränkt. Die Registrierungs- und Offenlegungspflichten hielten die Kläger nicht per se für verfassungswidrig, sondern griffen mit ihrer Klage allein den Umstand an, dass die Pflichten auch kleinere Parteien, unabhängige Kandidaten und Kleinstspenden betreffen.

In seiner Entscheidung stellte der Supreme Court in dreifacher Hinsicht die Weichen für den Verlauf der Diskussion um Wahlkampfausgaben in den kommenden Jahrzehnten. Erstens fallen nach dem Urteil sowohl *contributions* als auch *independent expenditures* in den Schutzbereich des aus dem First Amendments abgeleiteten Rechts auf *political speech*. Das Gericht folgte der Argumentation der Kläger,

407 Buckley v. Valeo, 424 U.S. 1 (1976).

wonach bereits das Ausgeben von Geld zu Wahlkampfzwecken eine Meinungsäußerung im Sinne des ersten Verfassungszusatzes unterfällt. Die Begrenzungen für Direktspenden und *independent expenditures* stellten somit einen Eingriff in die Meinungsfreiheit dar.[408] Auch die Registrierungs- und Offenlegungspflichten betrafen nach Ansicht des Supreme Courts den Anwendungsbereich der Meinungsfreiheit. Sie stellten aber keine Begrenzung der geschützten Betätigungsfreiheit dar.[409]

Die zweite Richtungsentscheidung liegt in der kategorischen Unterscheidung der den beiden Formen der Wahlkampffinanzierung. Nach der Rechtsprechung ist mit der Begrenzung der *independent expenditures* im Gegensatz zur Begrenzung der *contributions* ein ungleich größerer Eingriff in die aus dem First Amendment verbürgten Rechte verbunden.[410] Während die Spendenbegrenzung nur eine von vielen Formen der Meinungsfreiheit betreffe, begrenze das Limit für *independent expenditures* insgesamt die Menge und Vielfalt möglicher politischer Meinungsäußerungen.[411] Sofern das Ziel des FECA die generelle Senkung von Wahlkampfkosten gewesen sei, könne dieses Argument ohnehin keine der beiden Einschränkungen rechtfertigen, weil der erste Verfassungszusatz es dem Gesetzgeber verbiete, Ausgaben für politische Ansichten als „*wasteful, excessive, or unweise*"[412] anzusehen. Als Rechtfertigungsgrund komme unter dem *strict scrutiny*-Test allein die Korruptionsbekämpfung in Betracht. Doch sind zur Eindämmung der Korruption nach Ansicht des Supreme Courts nur Obergrenzen für *contributions* geeignet.[413] Der Rechtfertigungsgrund tauge hingegen nicht für die Begrenzung der *independent*

---

408 Buckley v. Valeo, 424 U.S. 1, 14.

409 „*Unlike the over-all limitations on contributions and expenditures, the disclosure requirements impose no ceiling on campaign-related activities. But we have repeatedly found that compelled disclosure, in itself, can seriously infringe on privacy of association and belief guaranteed by the First Amendment.*", Buckley v. Valeo, 424 U.S. 1, 64.

410 „*The expenditure limitations contained in the Act represent substantial, rather than merely theoretical, restraints on the quantity and diversity of political speech. The $1,000 ceiling on spending "relative to a clearly identified candidate," would appear to exclude all citizens and groups except candidates, political parties, and the institutional press from any significant use of the most effective modes of communication. [...] By contrast with a limitation upon expenditures for political expression, a limitation upon the amount that any one person or group may contribute to a candidate or political committee entails only a marginal restriction upon the contributor's ability to engage in free communication.*", Buckley v. Valeo, 424 U.S. 1, 19 f.

411 „*The Act's expenditure ceilings impose direct and substantial restraints on the quantity of political speech.*", Buckley v. Valeo, 424 U.S. 1, 39.

412 Buckley v. Valeo, 424 U.S. 1, 57.

413 „*The contribution provisions, along with those covering disclosure, are appropriate legislative weapons against the reality or appearance of improper influence stemming from the dependence of candidates on large campaign contributions, and the ceilings imposed accordingly serve the basic governmental interest in safeguarding the integrity of the electoral process without directly impinging upon the rights of*

expenditures. Da *independent expenditures* per definitionem nicht in Absprache mit den Kandidaten getätigt werden, sei die Gefahr einer illegitimen Einflussnahme auf die Kandidaten ungleich geringer.[414] Der Supreme Court setzte aber für das Vorliegen von Korruption Leistung und Gegenleistung (*quid pro quo*) voraus. Ein solches Austauschverhältnis könne *independent expenditures* nicht zugrunde liegen. Doch auch selbst wenn man den gleichen Grad der Korruptionsgefahr unterstelle, sei die Begrenzung der *independent expenditures* zur Korruptionsbekämpfung ungeeignet. Ausreichend um dem Anwendungsbereich der Norm zu entgehen, ist es, innerhalb der finanzierten Werbung die ausdrücklich Bewerbung eines Kandidaten zu vermeiden. Der Tatbestand der *independent expenditures* setzt die direkte Bewerbung eines Kandidaten voraus. Nach Ansicht des Supreme Courts müsse davon ausgegangen werden, dass solche Werbung auch ohne ausdrückliche Bewerbung den gleichen Effekt erziele. Daher fehle es nicht nur am zwingenden Interesse zur Einschränkung des First Amendments, sondern auch an der Geeignetheit des Mittels. Das Gericht stellte in der Folge die Verfassungswidrigkeit der Begrenzung der *independent expenditures* fest.[415]

Die dritte Weichenstellung betrifft die niedrigere Rechtfertigungsschwelle für Registrierungs- und Offenlegungspflichten. Die Pflichten waren nach Ansicht des Gerichts vereinbar mit der Verfassung. Prüfungsmaßstab für die Rechtfertigung des Eingriffs in die Rechte aus dem First Amendment ist lediglich der *intermediate scrutiny*-Test, da durch die Pflichten die geschützte Betätigungsfreiheit zwar betroffen, aber nicht begrenzt werde.[416] Dementsprechend geringer sind die Anforderungen an den Rechtfertigungsgrund. Mit den Pflichten verfolgte der Gesetzgeber drei Zwecke: Durch Transparenz werde erstens der Wähler informiert aus welchen Quellen die Kandidaten ihre Mittel beziehen, zweitens werde Korruption und deren Anschein durch die Veröffentlichungspflichten reduziert und drittens die Nachverfolgung der Einhaltung der Spendenbegrenzung erleichtert.[417] Da der mit den Pflichten verbundene Eingriff vom Gericht als nicht sehr schwerwiegend aufgefasst wurde, rechtfertigten die verfolgten Zwecke die Einschränkung der Rechte aus dem First Amendment.[418]

2. *Antidistortion rationale und Wahlwerbung als funktionales Äquivalent*

In *Austin v. Michigan Chamber of Commerce*[419] hatte das Gericht über ein Gesetz des Bundesstaates Michigan zu entscheiden, das lediglich Unternehmen, nicht

---

individual citizens and candidates to engage in political debate and discussion.", Buckley v. Valeo, 424 U.S. 1, 3.

414 Buckley v. Valeo, 424 U.S. 1, 47.
415 Buckley v. Valeo, 424 U.S. 1, 45 ff.
416 Buckley v. Valeo, 424 U.S. 1, 64.
417 Buckley v. Valeo, 424 U.S. 1, 66 ff.
418 Buckley v. Valeo, 424 U.S. 1, 68.
419 Austin v. Michigan Chamber of Commerce (88–1569), 494 U.S. 652 (1990).

aber natürlichen Personen, die Verwendung eigener Finanzmittel für *independet expenditures* untersagte. Die mit dem Gesetz verbundene Differenzierung zwischen Unternehmen und natürlichen Personen im Hinblick auf das Recht auf *political speech* wurde nach Ansicht des Gerichts durch den Umstand gerechtfertigt, dass Unternehmen große Summen an Finanzmitteln akkumulieren können, die in keiner Verbindung zur öffentlichen Unterstützung für die politischen Ansichten des Unternehmens stehen.[420] Unternehmen hätten daher einen verzerrenden Effekt auf den politischen Meinungsbildungsprozess. Das Rechtfertigungsargument wird als *antidistortion rationale* bezeichnet. Nach der Austin-Entscheidung war somit in Abkehr von *Buckley v. Valeo* nicht mehr allein *quid pro quo*-Korruption ein zwingendes staatliches Interesse, das eine Beschränkung der *political speech* rechtfertigen kann.[421] Ausreichend war stattdessen die Gefahr der Korrumpierung der öffentlichen Meinung durch finanzkräftige Unternehmen.

Nachdem durch den Bipartisan Campaign Reform Act (BCRA) einige Schlupflöcher in der Wahlkampffinanzierung geschlossen wurden, hatte der Supreme Court im Jahr 2003 in der Sache *McConnell v. FEC*[422] über die Verfassungsmäßigkeit des Gesetzes zu entscheiden. Das Urteil bestätigte die Verfassungsmäßigkeit der Begrenzung von Direktspenden[423] sowie das mit dem BCRA geschaffene Verbot von *electioneering communications.*[424] Die Rechtmäßigkeit des Verbots der Wahlwerbung stützte das Gericht auf das Argument, dass es sich bei mit den Kandidaten abgesprochener Wahlwerbung um ein funktionales Äquivalent zur Direktspende

---

420 Austin v. Michigan Chamber of Commerce, 494 U.S. 659 f.: „*Although this Court has distinguished these expenditures from direct contributions in the context of federal laws regulating individual donors, Buckley, 424 U.S. at 424 U. S. 47, it has also recognized that a legislature might demonstrate a danger of real or apparent corruption posed by such expenditures when made by corporations to influence candidate elections, Bellotti, 435 U.S. at 435 U. S. 788, n. 26. Regardless of whether this danger of "financial quid pro quo" corruption […] may be sufficient to justify a restriction on independent expenditures, Michigan's regulation aims at a different type of corruption in the political arena: the corrosive and distorting effects of immense aggregations of wealth that are accumulated with the help of the corporate form and that have little or no correlation to the public's support for the corporation's political ideas.*" Siehe hierzu auch Kimmel, Public corruption concerns, 87 Chicago-Kent L. Rev., S. 265, 272 f.

421 Austin v. Michigan Chamber of Commerce, 494 U.S. 659 f.

422 McConnell v. FEC (02–1674), 540 U.S. 93 (2003).

423 McConnell v. FEC, 540 U.S. 142.

424 „[…] *there is no reason why Congress may not treat coordinated disbursements for electioneering communications in the same way it treats other coordinated expenditures.*" McConnell v. FEC, 540 U.S. 203.

handele.[425] Auch das Verbot *soft money*[426] zu spenden bzw. anzunehmen, wurde durch die Richter als verfassungsgemäß angesehen. Als rechtfertigendes Interesse des Gesetzgebers zogen die Richter folgendes Argument heran: „*candidates would feel grateful for such donations and that donors would seek to exploit that gratitude.*"[427] Begründet wurde das Verbot und die damit einhergehende Einschränkung des First Amendment somit wiederum nicht durch die Gefahr von *quid pro quo*-Korruption. Stattdessen ließ das Gericht die durch Dankbarkeit entstehende Abhängigkeit ausreichen. Nach *Austin*- und *McConnell*-Entscheidung schien eine Trendwende hin zu einem weiteren Korruptionsverständnis des Supreme Courts erkennbar.

3. Rückkehr zum engen Korruptionsverständnis

Aufgeweicht wurde die *McConnell*-Entscheidung jedoch bereits vier Jahre Später durch das Urteil des nun mehrheitlich konservativ besetzten Supreme Courts[428] in *FEC v. Wisconsin Right to Life, Inc*[429]. Das Gericht hatte wiederum die Verfassungsmäßigkeit des Verbots von *electioneering communications* zu beurteilen. Nach der Definition des damaligen § 2 U.S. Code § 434 (f)(3) reichte es für das Vorliegen von *electioneering communications* aus, wenn die Werbung auf einen Kandidaten des Wahlkampfs Bezug nahm. Der Supreme Court kam jedoch zu dem Schluss, dass *electioneering communications* nur dann ein funktionales Äquivalent zu *contributions* seien, wenn sie explizit die Unterstützung oder Ablehnung von Kandidaten beinhalten. Werden in einer Werbung primär gesellschaftlich relevante Themen diskutiert und die dazu vertretene Position eines Kandidaten lediglich dargelegt (sogenannte *issue ads*), fehle es an der expliziten Bewerbung, so dass der Gesetzgeber die Rechte aus dem First Amendment nicht einschränken dürfe. Um dieser Anforderung gerecht zu werden, sei es geboten, das Verbot der *electioneering communications* derart restriktiv auszulegen, dass verbotene Wahlwerbung nur vorliege, wenn die

---

425 McConnell v. FEC, 540 U.S. 205 f. Das Gericht argumentierte zudem, dass eine Reduktion des Begriffs Korruption allein auf Fälle des *quid pro quo* ein "*crabbed view of corruption, and particularly of the appearance of corruption*" sei. Ein solch enges Korruptionsverständnis "*ignores precedent, common sense, and the realities of political fundraising.*", McConnell v. FEC, 540 U.S. 152.

426 Siehe hierzu Fn. 265.

427 McConnell v. FEC, 540 U.S. 145.

428 Im Jahr 2005 wurde William Hubbs Rehnquist durch John Glover Roberts, Jr. als Vorsitzender Richter des Supreme Courts ersetzt. Im darauffolgenden Jahr ging Richterin Sandra Day O'Connor in den Ruhestand. Ihren Platz nahm Samuel Alito ein. Die Neubesetzung wird häufig als Wende zu einem konservativeren Supreme Court bezeichnet, vgl. etwa *Liptak*, Court under Roberts is most conservative in decades, New York Times, 24. Juli 2010 (abrufbar unter: http://www.nytimes.com/2010/07/25/us/25roberts.html?_r=0 (zuletzt abgerufen am 18. Dezember 2015)) sowie *Brugger*, Eine Konservative Wende am U.S. Supreme Court?, DAJV Newsletter 2006, S. 71 ff.

429 FEC v. Wisonsin Right to Life, Inc. (06–969), 551 U.S. 449 (2007).

Werbung keine andere Interpretation als die explizite Bewerbung oder Ablehnung eines Kandidaten zulasse.[430] Wenn eine Werbung einer Interpretation zugänglich ist, die losgelöst von den Kandidaten auf gesellschaftliche Probleme hinweist, sei es verfassungswidrig sie als *electioneering communication* einzuordnen.[431] Das Urteil beließ es somit zwar vordergründig bei der Verfassungsmäßigkeit der Norm, schränkte ihren Anwendungsbereich aber stark ein.

Die endgültige Kehrtwende von der bisherigen Rechtsprechung stellt das Urteil des Supreme Courts in *Citizens United v. FEC*[432] dar. Gegenstand der Entscheidung war der Film „*Hillary: The Movie*", ein kritischer Film über die damalige Senatorin und Bewerberin für die Präsidentschaftskandidatur der Demokraten, Hillary Clinton. Die non-profit Organisation *Citizens United* wollte eigene Finanzen nutzen, um den Film direkt vor den Vorwahlen der Demokraten zu bewerben und als video-on-demand zu vertreiben. Nach dem damaligen 2 U.S. Code § 441b (nun 52 U.S. Code § 30118) war es Unternehmen verboten, „*to make a contribution or expenditure in connection with any election to any political office, or in connection with any primary election or political convention or caucus held to select candidates for any political office* [...]." Den Unternehmen waren somit nicht nur Direktspenden, sondern Ausgaben jeglicher Art, die in einem Zusammenhang mit Wahlen stehen, untersagt. Erfasst waren von diesem Verbot auch *independent expenditures. Citizens United* reichte zunächst lediglich Klage ein, um feststellen zu lassen, dass der § 441b in Anwendung auf den produzierten Film verfassungswidrig sei. Die Organisation argumentierte, dass es sich bei dem Film um keine verbotene *electioneering communication* handele, da der Film lediglich on-demand zu erhalten sei und damit nicht öffentlich vertrieben werde. Darüber hinaus argumentierte die Organisation, dass der Film jedenfalls im Lichte der *Wisconsin Right to Life*-Entscheidung nicht als *electioneering communication* zu begreifen sei.

Der Supreme Court folgte der Argumentation von *Citizens United* nicht. Er entschied sich stattdessen die Gelegenheit zu nutzen, um grundsätzlich zum § 441b Stellung zu beziehen. Der Supreme Court stellte in seiner Entscheidung – unter Berufung auf *Buckley v. Valeo*[433] – fest, dass die *independent expenditures* und *electioneering communication* betreffenden Verbote des § 441b und die damit verbundene Unterscheidung von natürlichen Personen und Unternehmen verfassungswidrig sind. Die Unterscheidung zwischen Unternehmen, Gewerkschaften und nationalen Banken auf der einen Seite und natürlichen Personen auf der anderen Seite,

430 „*In short, it must give the benefit of any doubt to protecting rather than stifling speech.* [...] *In light of these considerations, a court should find that an ad is the functional equivalent of express advocacy only if the ad is susceptible of no reasonable interpretation other than as an appeal to vote for or against a specific candidate.*", FEC v. Wisonsin Right to Life, Inc. (06–969), 551 U.S.

431 FEC v. Wisonsin Right to Life, Inc., 551 U.S. 552.

432 Citizens United v. FEC, 558 U.S. __ (2010).

433 Siehe zur entsprechenden Urteilspassage Fn. 408.

denen *independent expenditures* nicht verboten sind, entbehre einer rechtfertigenden Grundlage.

Das Gericht lehnte explizit die weniger als zwei Jahrzehnte zuvor in *Austin v. Chambers of Commerce* entwickelte *„antidistortion rationale“* ab.[434] In Rückkehr zu *Buckley v. Valeo* führte der Supreme Court aus, dass *independent expenditures* keine Korruptionsgefahr begründen und eine Einschränkung der Rechte aus dem ersten Verfassungszusatz nicht gerechtfertigt werden könne.[435] Es fehle an einem Rechtfertigungsgrund um Wahlkampfausgaben für Unternehmen strikter zu reglementieren als für natürliche Personen. Der Supreme Court erklärte die Norm daher für verfassungswidrig. Damit positionierte er sich konträr zu seinen vorangegangenen Entscheidungen in *Austin v. Michigan Chamber of Commerce*[436] und *McConnell v. FEC*[437]. Das Gericht ermöglichte somit Unternehmen ihre Finanzmittel grundsätzlich unbegrenzt (sofern es sich nicht um *contributions* handelt) zur Wahlkampffinanzierung einzusetzen. Die auch mit der Klage angegriffenen Registrierungs- und Offenlegungspflichten hielt der Supreme Court hingegen unter Fortführung seiner bisherigen Rechtsprechung für verfassungsgemäß.[438]

Nach der Supreme Court-Entscheidung in *Citizens United* existierte weiterhin eine Obergrenze von USD 5.000 für Spenden an *political action committees*.[439] Auf der Linie der *Citizens United*-Entscheidung war es nur folgerichtig die Obergrenzen für Komitees, die lediglich *independent expenditures* tätigen (sog. *independent expenditures-only PACs*, auch *Super PACs*), ebenfalls für verfassungswidrig zu erklären. Denn wenn es sich verfassungsrechtlich nicht rechtfertigen lässt, die Ausgaben von Einzelpersonen und einzelnen Unternehmen für *independent expenditures* zu begrenzen, dann kann nichts anderes für eine Gruppe von Einzelpersonen oder eine Gruppe von Unternehmen gelten. In diesem Sinne entschied wenige Monate

---

434 *„If the antidistortion rationale were to be accepted, however, it would permit Government to ban political speech simply because the speaker is an association that has taken on the corporate form.“* Citizens United v. FEC, 558 U.S. __ (2010), S. 33.

435 Citizens United v. FEC, 558 U.S. ___ (2010), S. 42: „[...] *we now conclude that independent expenditures, including those made by corporations, do not give rise to corruption or the appearance of corruption.*“ In Bezug auf die *McConnell*-Entscheidung, in der das Gericht noch andere Formen als *quid pro quo* als ausreichend ansah, um die Gefahr oder den Anschein von Korruption zu begründen, führte das Gericht aus: *„The fact that speakers may have influence over or access to elected officials does not mean that these officials are corrupt.* [...] *The appearance of influence or access, furthermore, will not cause the electorate to lose faith in our democracy.*“, Citizens United v. FEC (08–205), 558 U.S. 43 f.

436 Austin v. Michigan Chamber of Commerce (88–1569), 494 U.S. 652. Das Gericht führte unter Bezugnahme auf diese Entscheidung aus: *„Austin interferes with the "open marketplace" of ideas protected by the First Amendment.*“, Citizens United v. FEC (08–205), 558 U.S. __ (2010), S. 38.

437 McConnell v. Federal Election Commission (02–1674), 540 U.S. 93 (2003).

438 Citizens United v. FEC, 558 U.S. 914.

439 2 U.S. Code § 441a (a)(1)(c).

später der D.C. Circuit Court of Appeals in der Sache *Speechnow.org v. FEC*[440]. Wenn nach der *Citizens United*-Entscheidung von *independent expenditures* keine derartige Korruptionsgefahr ausgehe, dass mit diesem Grund eine Einschränkung der Meinungsfreiheit zu rechtfertigen ist, dann sei es ebenso verfassungswidrig Spenden an *independent expenditures-only PACs* zu begrenzen.[441]

Seine neue Linie setzte der Supreme Court im Jahr 2014 in der Sache *McCutcheon v. FEC*[442] fort. Auf dem Prüfstand des Verfassungsgerichts stand nun eine Norm, die die Gesamtsumme aller Spenden in einem Zweijahreszyklus begrenzte. Da nach der Supreme Court-Rechtsprechung bereits das Spenden von Geld als *political speech* vom Ersten Verfassungszusatz geschützt ist, limitierte die Norm die Ausübung dieses Rechts. Nach Ansicht des Gerichts konnte der Gesetzgeber aber nicht nachweisen, dass eine Gesamtobergrenze *quid pro quo*-Korruption verhindere, so dass es am zwingenden Interesse des Gesetzgebers fehle.[443] In dem Urteil hielt das Gericht zudem ausdrücklich fest, dass der Wunsch, Machtungleichgewichte im Wahlkampf abzubauen, kein legitimes Ziel sei, um Rechte aus dem Ersten Verfassungszusatz im Hinblick auf die Wahlkampffinanzierung einzuschränken.[444] Seit dem Urteil ist es Spendern somit erlaubt, jedem einzelnen Abgeordneten, Komitee und Kandidaten die Maximalsumme an Spenden zukommen zu lassen ohne dabei ein Gesamtlimit beachten zu müssen.

4. Bewertung

Insgesamt ist festzustellen, dass das Verfassungsgericht seit der *Citizens-United*-Entscheidung wieder ein sehr enges Korruptionsverständnis an den Tag legt. Das Gericht zielt darauf ab, natürlichen und juristischen Personen gleichermaßen einen möglichst großen Freiraum zur politischen Betätigung zu überlassen. Korruption ist nach Ansicht des Supreme Courts als *quid pro quo* definiert.[445] Es bedarf also einer Leistung für die eine Gegenleistung gegeben wird. Nur solche Konstellationen rechtfertigen Begrenzungen des First Amendments. Ungleicher Zugang zu und Einfluss auf Politiker sind hingegen nach Ansicht des Gerichts ebenso wenig

---

440 SpeechNow.org v. FEC (08–5223), 599 F.3d 674, S. 14.

441 *„In light of the Court's holding as a matter of law that independent expenditures do not corrupt or create the appearance of quid pro quo corruption, contributions to groups that make only independent expenditures also cannot corrupt or create the appearance of corruption. The Court has effectively held that there is no corrupting "quid" for which a candidate might in exchange offer a corrupt "quo."*", SpeechNow.org v. FEC, 599 F.3d 674, S. 14.

442 McCutcheon v. FEC (12–536), 572 U.S. ___ (2014).

443 McCutcheon v. FEC, 572 U.S. ___ (2014), S. 32.

444 McCutcheon v. FEC, 572 U.S. ___ (2014), S. 18.

445 *Eisler*, The unspoken institutional battle over anticorruption, 9 First Amendment Law Review, S. 365, 407; *Bopp/La Rue/Kosel*, The game changer, 9 First Amendment Law Review, S. 251, 325; *Kimmel*, Public corruption concerns, 87 Chicago-Kent L. Rev., S. 265, 296.

ausreichend um die Rechte aus dem Ersten Verfassungszusatz zu beschränken wie der Wille des Gesetzgebers Machtungleichgewichte zwischen verschiedenen Interessengruppen abzubauen oder deren entstehen zu verhindern.[446] Bei *independent expenditures* und *electioneering communication* sieht das Gericht die Gefahr der Korruption als weit weniger schwerwiegend. Insbesondere die *independent expenditures* werden schon nach ihrer Definition gerade nicht in Absprache mit Kandidaten oder deren Team getätigt. Sie können somit nach dem Gesetz nicht in Verbindung mit einer Gegenleistung stehen. Daher taugt der Wille zur Korruptionsbekämpfung in diesem Zusammenhang nicht als Rechtfertigungsgrund für Einschränkungen des First Amendments.

Nach der aktuellen Auffassung des Verfassungsgerichts ist die Regulierung der Wahlkampffinanzierung allein ein Transparenz- und Antikorruptionsgesetz. An der Rechtsprechungsentwicklung wird kritisiert, dass sie aus der Wahlkampffinanzierung eine Diskussion über die abwehrrechtliche Dimension des Ersten Verfassungszusatzes macht, obwohl die Funktionsfähigkeit der Demokratie das Thema beherrschen müsste.[447] Die Bewertung der Rechtsprechung des Supreme Courts ist jedoch abhängig von der jeweils zugrunde gelegten Demokratietheorie. Ohne dies explizit formuliert zu haben, scheint das Gericht – jedenfalls in den Fragen der Wahlkampffinanzierung – dem *Laissez-faire*-Pluralismus[448] anzuhängen.[449] Es versteht Demokratie als Marktplatz der Ideen[450]. Im Anschluss an die liberale Tradition der Vereinigten Staaten ist es das Anliegen des Supreme Courts, Freiheitseinschränkungen der Bürger auf das notwendige Mindestmaß zu begrenzen. Eine staatliche Reglementierung des Markplatzes ist nach Ansicht des Gerichts nur im Bereich der Korruption gestattet. Der Supreme Court sieht es in Anwendung dieses Konzepts – jedenfalls seit der Neubesetzung in den Jahren 2005 und 2006 – als Aufgabe, die Rechte des First Amendments weitgehend gegen staatliche Eingriffe zu verteidigen.[451] Unter Verfolgung eines solchen Demokratiekonzeptes war die Aufgabe der *„antidistortion rationale“* konsequent.

Der Federal Election Campaign Act und der Bipartisan Campaign Regulation Act des Kongresses lassen hingegen auf eine abweichende Demokratievorstellung

---

446 So auch *Lamparello*, Citizens Disunited, 90 Indiana Law Review Supplement, S. 43, 46.

447 *Kimmel*, Public corruption concerns, 87 Chicago-Kent L. Rev., S. 265, 275.

448 Siehe zum *Laissez-faire*-Pluralismus im Rahmen der politischen Ideengeschichte auf S. 10 f. und zur Besonderheit der politischen Kultur in den USA S. 67 f.

449 Siehe dazu *Kimmel*, Public corruption concerns, 87 Chicago-Kent L. Rev., S. 265, 282 ff.

450 Vgl. hierzu das Zitat bei Fn. 436.

451 Bereits in seiner Dissenting Opinion zur *McConnell*-Entscheidung schrieb Richter Scalia, der in den folgenden Entscheidungen Teil der Mehrheitsmeinung des Supreme Courts war: *„There is no such thing as too much speech“*, McConnell v. FEC, 540 U.S. 259.

der Legislative schließen.[452] Der Kongress scheint nicht von einem Marktgleichgewicht zwischen den an der Willensbildung beteiligten Akteuren auszugehen. Mit dem FECA und dem BCRA versucht der Kongress nicht nur, eindeutige Fälle der Korruption zu unterbinden, sondern auch die Einflusschancen der Beteiligten anzugleichen. Verhindert werden sollte der ungleiche Zugang zu politischen Entscheidungsträgern. Der Supreme Court hat diesem Bestreben eine Absage erteilt. Der Konflikt zwischen den beiden Verfassungsorganen der amerikanischen Demokratie verdeutlicht, warum die Frage nach der Regulierung des Lobbyismus keine empirisch nachzuweisende richtige Lösung zulässt, sondern normativ mit der eigenen Demokratievorstellung verknüpft ist.

III. Registrierungs- und Offenlegungspflichten

Der 52 U.S. Code § 30103 statuiert eine Fülle an Berichtspflichten, die unterschiedliche Akteure der Wahlkampffinanzierung betreffen. Das System der Offenlegungspflichten wird grundsätzlich als erfolgreich angesehen,[453] jedoch hat die jüngere Rechtsprechung Probleme geschaffen, die im Folgenden neben den wichtigsten Pflichten sowie inhaltlichen Anforderungen kurz dargestellt werden.

Zunächst legt der § 30103 (a) fest, dass *committees* sich spätestens 10 Tage nach ihrer Errichtung bei der FEC zu registrieren haben. Während der § 30104 (a) die Berichtspflichten für *political committees* statuiert, legt § 30104 (b) den Inhalt der Berichte fest. Weitere Pflichten für *political committees* finden sich in § 30104 (e). In § 30104 (c)(1) wird eine Berichtspflicht für diejenigen statuiert, die *independent expenditures* tätigen. Ebenso haben die Finanziers von *electioneering communications* nach § 30104 (f)(1) Berichte an die FEC zu senden.

1. Berichtspflichten der political committees

Der 52 U.S. Code § 30104 (a) legt den Turnus der Berichtspflichten fest, während sich der Berichtsinhalt aus § 30103 (b) ergibt. Verantwortlich für die Einhaltung der Pflichten ist nach § 30104 (a)(1) der Schatzmeister des *committee.*

Political committees können nach § 30104 (a)(4) grundsätzlich wählen, ob sie entweder in Wahljahren vierteljährliche Berichte sowie *pre-* und *post-election-Reports* und in den übrigen Jahren halbjährliche Berichte erstellen (§ 30104 (a)(4)(A)) oder

452 *Eisler*, The unspoken institutional battle over anticorruption, 9 First Amendment Law Review, S. 365, S. 389 ff. (FCEA) und S. 402 (BCRA) geht davon aus, dass der Demokratievorstellung des Kongresses ein deliberatives Demokratiemodell zugrunde liegt. Eine solche beteiligungsorientierte Demokratietheorie betrachtet verstärkt die Input-Seite der Willensbildung und kontrolliert nicht nur das Ergebnis. Ihr Ziel sind *„eine Politik der argumentativen Abwägung, der gemeinsamen Beratschlagung und Verständigung über öffentliche Angelegenheiten.“*, vgl. *Schmidt*, Demokratietheorien, S. 242. Dazu bedarf es möglichst optimaler Abwägungs-. Beratschlagungs- und Entscheidungsvorgänge.

453 *Heerwig/Shaw*, Darkly through a glass, 102 Georgetown Law Journal, S. 1443, 1479.

in allen Kalenderjahren monatlich ihre Finanzen gegenüber der FEC offenlegen (§ 30104 (a)(4)(B)).

Besondere Veröffentlichungszyklen gelten für die Wahlkampfkomittees der Wahlbewerber. Die *principal campaign committees* von Kandidaten für den Senate und das House of Representatives haben in Wahljahren *pre-* und *post-election-Reports* sowie vierteljährliche Berichte zu erstellen, vgl. § 30104 (a)(2)(A). In allen übrigen Jahren haben sie nach § 30104 (a)(2)(B) allein den Quartalsbericht zu erstellen.

Die *principal campaign committees* der Kandidaten im Präsidentschaftswahlkampf haben, soweit sie zu Jahresbeginn des Wahljahres mehr als USD 100.000 an Spenden erhalten oder an Ausgaben getätigt haben, gemäß § 30104 (a)(3)(A)(i) monatlich gegenüber der FEC über ihre Finanzen zu berichten. In entsprechender Anwendung der § 30104 (a)(2)(A)(i), (ii) haben sie nach § 30104 (a)(3)(A)(i) ebenfalls *pre-* und *post-election-Reports* sowie einen Jahresendbericht zu erstellen. In den übrigen Jahren hat das *principal campaign committee* gemäß § 30104 (a)(3)(B) monatliche oder vierteljährlich Berichte zu erstellen.

Nach § 30104 (b)(1), (2), (4) sind in den Berichten die Finanzlage zu Beginn der Berichtsperiode, die Einnahmen (unterteilt nach den verschiedenen Quellen) und die Ausgaben (gleichermaßen aufgeschlüsselt) aufzulisten. Einnahmequellen und Ausgabeempfänger sind gemäß § 30104 (b)(3), (5) namentlich zu benennen.

Durch die Verpflichtung zur Anzeige von Einnahmen und Ausgaben kann die FEC die Richtigkeit der Angaben leichter überprüfen, indem sie die Berichte von zahlendem und empfangendem Komitee vergleicht. Jedoch hatte die *Citizens-United*-Entscheidung, die vordergründig die Berichts- und Offenlegungspflichten unangetastet ließ, auch Einfluss auf die transparente Gestaltung von Wahlkampffinanzierungen. Mit der Finanzierung von *political committees* durch Unternehmen ist es nun möglich als Finanzier anonym zu bleiben. So wird aus dem Wahlkampf 2012 von einem Unternehmen berichtet, das gegründet und mit USD 1.000.000 ausgestattet wurde. Das Unternehmen spendete seine gesamten Finanzmittel an einen Komitee und wurde anschließend liquidiert. Das Unternehmen selbst unterlag aufgrund der kurzen Lebensdauer noch keiner Berichtspflicht. Das *committee* musste lediglich das Unternehmen als Spender nennen.[454] Da nicht alle Unternehmensformen eine Veröffentlichung der Anteilseigner in den entsprechenden Registern erfordern, sind auf diesem Umweg durch die *Citizens-United*-Entscheidung anonyme Wahlkampfspenden möglich geworden.

2. *Berichtspflichten für independent expenditures*

Jede natürliche oder juristische Person (ausgenommen sind *political committees*), die *independent expenditures* tätigt und deren Gesamtwert pro Kalenderjahr USD 250 überschreitet, ist nach § 30104 (c)(1) ebenfalls zur Anfertigung eines Berichts verpflichtet. In entsprechender Anwendung des § 30104 (b)(3)(A) sind die Empfänger

454 *Bakken*, Constitutional rights and political power of corporations after Citizens United, 12 Cardozo Pub. Law, Policy & Ethics J., S. 119, 135 ff.

der Ausgaben zu identifizieren sowie die Daten der Ausgaben und deren Gesamtsummen zu nennen.

Nach § 30104 (c)(2)(A) ist anzugeben, für oder gegen welchen Kandidaten die *independent expenditures* getätigt wurden. Zudem ist nach § 30104 (c)(2)(B) unter Androhung einer Verurteilung wegen Meineides zu versichern, dass die *independent expenditures* tatsächlich unabhängig von den Wahlkampfkandidaten, deren Komitees und Vertretern getätigt wurden. Nach § 30104 (c)(2)(C) sind schließlich diejenigen Spender zu benennen, die mehr als USD 200 zur Finanzierung der *independent expenditures* beigetragen haben. Schwierigkeiten bereitet die Abgrenzung, welche Spenden zur Finanzierung der *independent expenditures* gegeben werden. Sofern ein Spender gegenüber dem *committee* nicht explizit darauf besteht, dass die Spenden zur Finanzierung von *independent expenditures* verwendet werden, kann sich der Berichtspflichtige darauf zurückziehen, dass das Geld zur allgemeinen Kostendeckung beiträgt und daher der Name des Spenders nicht zu nennen ist.[455] Zwar hat das *committee* den Spender nach den allgemeinen Berichtspflichten gemäß § 30104 (b)(2) in seiner Einnahmenübersicht zu benennen. Einer Zuordnung zu den *independent expenditures* kann der Spender auf diesem Weg jedoch entgehen.

3. Berichtspflichten für die Finanzierung von electioneering communications

Die Finanzierung von *electioneering communications* unterliegt nach § 30104 (f) ebenfalls Berichtspflichten. Jede (natürliche oder juristische) Person, die für die Produktion oder Ausstrahlung von *electioneering communications* pro Kalenderjahr mehr als USD 10.000 ausgibt, ist gemäß § 30104 (f)(1) der FEC gegenüber berichtspflichtig. Die Definition der *electioneering communications* findet sich in § 30104 (f)(3). Der Anwendungsbereich der Norm ist jedoch seit der Entscheidung des Supreme Courts in *FEC v. Wisconsin Right to Life* stark eingeschränkt.[456] Bis zu dem Urteil stellten *electioneering communications* eine besondere Kategorie der einer Offenlegungspflicht unterliegenden Betätigungen dar, weil sie nach ihrer Definition keine ausdrückliche Befürwortung oder Ablehnung eines Kandidaten erfordern. Stattdessen reicht nach der Definition die Bezugnahme auf einen Kandidaten aus. Nach der *Wisconsin Right to Life*-Entscheidung ist ein solch weiter Anwendungsbereich der Berichtspflichten für die Finanzierung von *electioneering communications* nicht zulässig.[457] Die Berichtspflichten sind seit dem Urteil lediglich anwendbar, wenn die

455 Das Problem besteht ebenfalls bei den *electioneering communications*, vgl. hierzu 11. Code of Federal Regulations, Title 11 § 104.20. Besprochen wird das Problem bei *Heerwig/Shaw*, Darkly through a glass, 102 Georgetown Law Journal, S. 1443, 1463 f. Der gesamte Problemkomplex der Finanzierung von allgemeinen Ausgaben gleicht der vor dem BCRA geführten Diskussion um *soft money*, vgl. hierzu bei Fn. 265.

456 Vgl. dazu zuvor ab Fn. 429.

457 Siehe hierzu das Zitat in Fn. 430.

Wahlwerbung eine ausdrückliche Wahlempfehlung beinhaltet. Die Einschränkung hat nun auch Niederschlag in § 30104 (f)(3)(A)(ii) gefunden.

Den Inhalt des Berichts gibt § 30104 (f)(2) vor. Zu benennen sind nach § 30104 (f)(2)(A) neben den Finanziers der Wahlwerbung, deren Buchhalter und alle Personen, denen gegenüber den Finanziers Entscheidungsgewalt zusteht. Dies sind etwa Geschäftsführer eines die Wahlwerbung finanzierenden Unternehmens. Bei juristischen Personen ist zudem nach § 30104 (f)(2)(B) der Geschäftssitz zu nennen. Ausgaben über USD 200 sind gemäß § 30104 (f)(2)(C) gesondert auszuweisen und im Bericht jeweils gemeinsam mit dem Empfänger zu benennen. Zudem sind nach § 30104 (f)(2)(D) die beworbene Wahl und die in der Wahlwerbung angesprochenen Kandidaten aufzuführen.

IV. Bewertung

Für Spenden zu Wahlkampfzwecken existiert in den USA ein engmaschiges Netz an Offenlegungspflichten. Durch die doppelten Berichtspflichten für Empfänger und Spender bzw. ausgebendem Kandidaten und Empfänger der Ausgaben wird eine Überprüfung der angegebenen Informationen erleichtert.

Kritisiert wird an den Berichten, dass keine Standardformulare existieren.[458] Somit wird die Durchsicht der gelieferten Informationen sowie die Vergleichbarkeit zwischen den Berichten erschwert.

Auch nach dem Rechtsprechungswandel der vergangenen Jahre erachtet der Supreme Court weiterhin Transparenzbestimmungen für zulässig. Grundsätzlich erkennt das Verfassungsgericht somit eine Notwendigkeit ein, die Herkunft finanzieller Mittel nachverfolgen zu können. Mit der Möglichkeit über von Unternehmen gegründeten PACs quasi anonym zu spenden, haben die Vorschriften jedoch an Wirkungsmacht verloren. Transparenz, die zwar Geldströme offenlegt, aber ihre Quellen teilweise im Verborgenen lässt, schafft keine Nachvollziehbarkeit. Zu befürchten ist zudem, dass die Anonymität Negativ- und Hetzkampagnen gefördert werden.[459] Während zuvor eine persönliche Verantwortung für die jeweilige Wahlwerbung übernommen werden musste, lässt das Wahlkampffinanzierungssystem nun eine Möglichkeit zu, der sozialen Kontrolle zu entgehen.

D. Online-Konsultation der EU

In der Europäischen Union existiert neben dem Transparenzregister mit den Veröffentlichungen der Eingaben zu Online-Konsultationen über die Website *Your Voice in Europe* ein weiteres Instrument, um die Einflussnahmeversuche der

458 *Heerwig/Shaw*, Darkly through a glass, 102 Georgetown Law Journal, S. 1443, 1479 f.

459 *Elias/Berkon*, After McCurcheon, 127 Harvard Law Review Forum, S. 373, 378 f. Verbesserungsvorschläge finden sich bei *Heerwig/Shaw*, Darkly through a glass, 102 Georgetown Law Journal, S. 1443, 1489 ff.

Interessenvertreter nachvollziehbar zu gestalten. Im Jahr 2001 führte die Generaldirektion Umwelt erstmals eine Online-Konsultation durch. Seitdem hat sich der onlinebasierte Konsultationsprozess in allen Generaldirektionen etabliert.[460] Die Website *Your Voice in Europe* dient als Portal zur Zusammenführung der Konsultationen der verschiedenen Generaldirektionen.[461] Die Konsultationen dienen der Europäischen Kommission zur Verbesserung der Ergebnisse ihrer Politik sowie der Beteiligung der betroffenen Parteien und der Gesamtbevölkerung der Europäischen Union.[462] Nach den internen Leitlinien der Europäischen Kommission gliedern sich Konsultationsverfahren in 3 Phasen. Die erste Phase betrifft die Erstellung der Konsultationsstrategie und hat die Zielbestimmung, die Definition des Adressatenkreises sowie die Ausgestaltung der Konsultation zum Gegenstand. Die zweite Phase stellt die eigentliche Konsultation dar und die dritte Phase betrifft die Ergebnisauswertung sowie die Rückmeldung an die Teilnehmer.[463] Die Kommission unterscheidet zwischen offenen (*open public consultation*) und zielgerichteten (*trageted consultation*). Erstere richten sich an die gesamte Öffentlichkeit, so dass ein breites Meinungsspektrum abgebildet wird.[464] Die Kommission erhofft sich durch diese Methode insbesondere eine breitere Unterstützung des Vorhabens durch die Öffentlichkeit.[465] Zielgerichtete Konsultationen bieten sich hingegen eher bei technischen Themen an und ermöglichen den effektiveren Einsatz der Expertise Privater.[466] Inhaltlich sind die Konsultationen unterschiedlich ausgestaltet. Sie reichen von vollständig standardisierten Multiple-Choice-Fragebögen über semi-standardisierte Fragebögen mit offenen Antwortmöglichkeiten bis hin zu Konsultationen in denen die Europäische Union lediglich ihren Vorschlag präsentiert und um Stellungnahmen bittet (nichtstandardisierte Konsultationen). Während standardisierte Fragebögen den Vorteil der einfacheren Auswertung mit sich bringen, lassen offene Konsultationen mehr

---

460 *Marxsen*, Open Stakeholder Consultations, European Law Journal 2015, S. 257, 260 f.

461 Auf der Homepage beschreibt die Europäische Kommission die Website als „*single access point to a variety of consultations and feedback opportunities*".

462 *Quittkat*, Neue Medien im Dienste der Demokratie?, S. 125, 126.

463 *Europäische Kommission*, Commission Staff Working Document – Better Regulation Guidelines, SWD (2015) 110, S. 70.

464 Die Leitlinien zur Konsultationserstellung sehen vor, dass grundsätzlich ein weiter Kreis in das Konsultationsverfahren einzubeziehen ist, vgl. *Europäische Kommission*, Commission Staff Working Document – Better Regulation Guidlines, SWD(2015) 110, S. 72 f.

465 *Europäische Kommission*, Commission Staff Working Document – Better Regulation Guidelines, SWD (2015) 110, S. 76.

466 *Europäische Kommission*, Commission Staff Working Document – Better Regulation Guidelines, SWD (2015) 110, S. 76. In dem Dokument weißt die Kommission darauf hin, dass ein privilegierter Zugang für einige, wenige Betroffene zu vermeiden ist.

Raum für eigene Lösungsansätze der Teilnehmer.[467] Die Konsultationen haben im Regelfall mindestens 12 Wochen anzudauern.[468]

Regelmäßig richten sich die Konsultationen an die gesamte Öffentlichkeit,[469] so dass sie zur Verwirklichung des in Art. 11 EUV niedergelegten deliberativen Demokratiekonzepts beitragen. Nach Art. 11 Abs. 2, 3 EUV soll der Dialog mit der Zivilgesellschaft transparent erfolgen. Die Veröffentlichungen sind jedoch nicht nur geeignet, Transparenz zu schaffen. Schwache Interessengruppen können über die veröffentlichten Eingaben kostengünstig Informationen gewinnen. Veröffentlichungen können daher potenziell auch zum Abbau des Machtungleichgewichts beitragen.[470]

Transparenz wird durch die Veröffentlichung der Stellungnahmen hergestellt. Die Öffentlichkeit kann anhand der frei zugänglichen Dokumente den Inhalt der Einflussnahmeversuche mit dem späteren Ergebnis des Gesetzgebungsprozesses abgleichen. Nach dem Ende der Konsultationsphase sollen die Stellungnahmen innerhalb von 15 Werktagen der Öffentlichkeit zugänglich gemacht werden.[471] Allerdings werden nicht alle eingereichten Stellungnahmen veröffentlicht. Zum einen steht den Einreichenden die Möglichkeit zu, der Veröffentlichung zu widersprechen.[472] Durch die Widerspruchsmöglichkeit ist somit bereits im Konsultationsverfahren ein Ausweg aus der angestrebten Transparenz angelegt. Zum anderen entscheidet der jeweilige Sachbearbeiter über die Veröffentlichung. Nach den internen Anweisungen *sollen* die Stellungnahmen veröffentlich werden. Dem Sachbearbeiter verbleibt ein Entscheidungsspielraum.

---

467 *Quittkat*, Neue Medien im Dienste der Demokratie?, S. 125, 140 f.

468 *Europäische Kommission*, Commission Staff Working Document – Better Regulation Guidelines, SWD (2015) 110, S. 68.

469 So formuliert die Europäische Kommission in ihren Mindeststandards zur Konsultation: *„Jeder Bürger, jedes Unternehmen oder jeder Verband kann die Kommission nach wie vor mit Input versorgen. Mit anderen Worten: Die Kommission beabsichtigt nicht, neue bürokratische Hürden zu errichten, um die Zahl derjenigen, die sich an Konsultationsverfahren beteiligen können, zu beschränken.*", *Europäische Kommission*, Hin zu einer verstärkten Kultur der Konsultation und des Dialogs – Allgemeine Grundsätze und Mindeststandards für die Konsultation betroffener Parteien durch die Kommission, KOM (2002) 704, S. 11. Im Jahr 2011 stellten offene Online-Konsultationen mit 86 % die große Mehrheit dar, vgl. *Quittkat*, Neue Medien im Dienste der Demokratie?, S. 125, 136 f. Die prinzipiell offene Grundhaltung schränkt die Kommission jedoch insbesondere mit Blick auf Beratungsgremien und Ausschussanhörungen ein.

470 *Winter*, Asymmetrien der verbandlichen Interessenvermittlung, S. 217, 227 f.

471 *Europäische Kommission*, Commission Staff Working Document – Better Regulation Guidelines, SWD (2015) 110, S. 80.

472 Vgl. *Europäische Kommission*, Commission Staff Working Document – Better Regulation Guidelines, SWD (2015) 110, S. 80 f.

Empirische Untersuchung bewerteten die mit der Website geschaffene Transparenz als unzureichend.[473] Besonders schwer wiegt, dass nicht erkennbar ist, aus welchen Gründen in einigen Fällen die Veröffentlichung vollständig unterbleibt bzw. in weiteren Fällen lediglich ein Evalutaionsbericht oder nur ein Ausschnitt der Eingaben veröffentlich werden.[474] Es existieren – jedenfalls öffentlich – keine Kriterien nach denen zu beurteilen ist, ob eingereichte Stellungnahmen veröffentlicht werden soll bzw. ob ein Evaluationsbericht zu erstellen ist.

Problematisch ist zudem, dass der Weg über das Online-Portal nicht die einzige Möglichkeit zur Abgabe einer Stellungnahme darstellt. Zur Einbindung der Zivilgesellschaft in den Politikprozess veranstaltet die Europäische Union neben der Online-Konsultation Workshops und Konferenzen. Auch besteht die Möglichkeit, über persönliche Kontakte Stellungnahmen direkt an den jeweiligen Entscheidungsträger heranzutragen. Die Einflussnahmeversuche außerhalb des Online-Konsultationsprozesses unterliegen aber keinen vergleichbaren Transparenzanforderungen. Veröffentlicht werden allein die über die Website eingereichten Stellungnahmen. Interessenvertretern, die über entsprechende Kontakte verfügen, steht eine Umgehung der Transparenzvorschriften daher offen. Zwar ist die Möglichkeit informeller Kontakte zur Wahrung der Flexibilität bei der Informationsgewinnung durch den jeweiligen Entscheidungsträgern notwendig. Unterliegen die informellen Gespräche keinen vergleichbaren Anforderungen an die Nachvollziehbarkeit, wird jedoch das Ziel der transparenten Einflussnahme unterminiert. Nur gleichmäßige Transparenzvorschriften für alle Kanäle der Einflussnahme können solche Umgehungen verhindern.

Die Veröffentlichung der Stellungnahmen trifft zudem keine Aussage über den Einfluss auf die Entwicklung der Gesetzesinitiative. Ohne entsprechende Evalutaionsbericht muss derjenige, der den tatsächlichen Einfluss nachvollziehen möchte, alle veröffentlichten Stellungnahmen mit dem Ergebnis des Gesetzgebungsprozesses abgleichen.

Insgesamt schafft die Plattform *Your Voice in Europe* lediglich eine partielle Nachvollziehbarkeit. Die Möglichkeit der Veröffentlichung zu widersprechen konfligiert mit dem Ziel einer erhöhten Transparenz. Zum Datenschutz wäre es ausreichend, die Möglichkeit der anonymisierten Veröffentlich anzubieten. Insbesondere sollte die Europäische Union klare Standards zur (Nicht-)Veröffentlichung schaffen, so

---

473 *Quittkat*, Neue Medien im Dienste der Demokratie?, S. 125, 144 ff., 150 f. hat die Online-Konsultationen aus den Jahren 2007–2009 untersucht und kam zu dem Ergebnis, dass die Veröffentlichung der eingegangenen Beiträge und des Auswertungsberichts eher die Ausnahme als die Regel sind. Zu einem ähnlichen Ergebnis kam *Marxsen*, Open Stakeholder Consultations, European Law Journal 2015, S. 257, 272 f. Nach seiner Analyse ist die Veröffentlichung der Eingaben im Jahr 2011 teilweise vollständig unterblieben (22 von 130 Konsultationen) oder war unvollständig (21 von 130 Konsultationen).

474 *Marxsen*, Open Stakeholder Consultations, European Law Journal 2015, S. 257, 272.

dass für die Öffentlichkeit jedenfalls nachvollziehbar wird, warum einige Eingaben und Berichte nicht veröffentlicht werden.

E. Ergebnis

Festzustellen ist zunächst, dass sich die USA und die Europäische Union trotz der grundsätzlich positiven Haltung gegenüber Interessenvertretung zum Erlass eines regulativen Rahmens entschieden haben. Sie haben – teilweise auf öffentlichen Druck hin – Instrumente geschaffen, um den Gefahren des Lobbyismus entgegenzutreten. Zur Herstellung von mehr Transparenz hat sich das Lobbyregister als Instrument erster Wahl etabliert. Die bisherigen Erfahrungen aus den USA und der Europäischen Union legen nahe, dass insbesondere drei Faktoren über den Erfolg eines solchen Registers entscheiden: ein wirkungsvoller Definitionsansatz, ein Mindestmaß an Informationstiefe sowie eine konsequente Durchsetzung.

Regelmäßige Überprüfungen und wirksame Sanktionen sind unerlässlich. Fehlt es an einer tatkräftigen und mit den nötigen Kompetenzen ausgestatteten Durchsetzungsbehörde, leidet die Einhaltung. Die Erfahrungen der USA sowie der Europäischen Union haben gezeigt, dass bei fehlenden Sanktionsmechanismen die Registrierten zu oberflächlichen Angaben und Auslassungen neigen. Eine Registrierungspflicht ist förderlich um ein umfassendes Bild der Einflussnahme zu zeichnen. Das Beispiel der Europäischen Union zeigt zwar, dass durch positive Registrierungsanreize eine relativ hohe Quote der Interessenvertreter zur Eintragung bewegt werden kann. Allerdings ist zu befürchten, dass insbesondere starke Interessengruppen sich weiterhin der Registrierung entziehen und somit die Wege ihrer Einflussnahme nicht offenlegen. Mächtige Interessengruppen verfügen häufig über ein ausgebautes Kontaktnetzwerk und benötigen den durch die Anreize offerierten Zugang nicht. Positiven Anreizstrukturen steigern ihre Eintragungsbereitschaft nicht zwangsläufig. Das Kontaktverbot für die Mitglieder der Europäischen Kommission hat bei konsequenter Umsetzung das Potenzial, auch für die starken Interessengruppen einen erhöhten Eintragungsdruck zu schaffen. Ob das Verbot konsequent verfolgt wird, muss die Praxis jedoch erst zeigen. Das Beispiel des Online-Konsultationsverfahrens der Europäischen Union legt nahe, dass Transparenz nur dann wirkungsvoll ist, wenn die veröffentlichten Daten entsprechend aufgearbeitet werden.

Die Historie der amerikanischen und europäischen Regulierungsversuche verdeutlicht zudem die Wichtigkeit einer wirkungsvollen Definition. Nur, wenn alle relevanten Akteure von den Vorschriften erfasst sind, können die eingesetzten Instrumente die gewünschte Transparenz erzeugen. Die Regeln in der EU und den USA zeigen verschiedene Lösungswege auf, um mit dem Problem der anwaltlichen Schweigepflicht umzugehen.

Des Weiteren muss ein Transparenzregister ausreichend tiefgehende Offenlegungspflichten beinhalten. Werden von den Registrierungspflichtigen nur Basisdaten wie die Namen der beschäftigten Interessenvertreter und Schwerpunktbereiche der Arbeit abgefragt, lassen sich daraus wenige Rückschlüsse auf den tatsächlichen Erfolg der Einflussnahme ziehen. Nachvollziehbar wird der politische Prozess für den Betrachter von außen erst dann, wenn eine Verpflichtung zur Benennung konkreter Maßnahmen der Einflussnahme besteht. Doch muss gleichzeitig dafür Sorge getragen werden, dass das Register nicht mit Informationen überladen wird. Nach dem der Arbeit zugrunde liegenden Verständnis des Transparenzregisters ist die Einführung eines solchen Instruments nicht auf die Herstellung vollständiger Transparenz gerichtet. Soll ein darüberhinausgehendes Maß an Transparenz der Einflussnahme erreicht werden, ist die Einführung weiterer Instrumente wie dem legislativen Fußabdruck zweckmäßiger als eine Überforderung des Registers. Andernfalls drohen die relevanten Informationen zum Überblick der tätigen Akteure in der Flut unterzugehen.

In den USA existiert mit den Regeln zur Wahlkampffinanzierung noch ein weiteres Instrument, das in seiner Ausdifferenziertheit den Besonderheiten des dortigen politischen Systems Rechnung trägt. Das Byrd Amendment kann hingegen als rechtlicher Anachronismus angesehen werden. Weder in der Aufsichtspraxis noch in der wissenschaftlichen Literatur erfährt es gesteigerte Beachtung. Das Online-Konsultationsverfahren der Europäischen Union besitzt grundsätzlich das Potenzial ein hohes Maß an Transparenz zu schaffen. Zur Erreichung des Ziels müsste es jedoch konsequenter umgesetzt werden. Das Vorhandensein weiterer Einflusskanäle steht einer größtmöglichen Transparenz ebenso im Weg. Deutlich wird an dem Instrument das Spannungsfeld zwischen flexibler Informationsgewinnung und Transparenz durch formalisierte Verfahren.

Der Schlagabtausch zwischen dem amerikanischen Kongress und dem Supreme Court bietet schließlich ausreichend Anschauungsmaterial, um zu verdeutlichen, dass die Frage über die Intensität einer etwaigen Regulierung keine eindeutige Antwort kennt, sondern von der eigenen politischen Position abhängt.[475] Abzuwägen ist die zumutbare Einschränkung der Freiheit des Einzelnen mit den vom Lobbyismus herrührenden Gefahren. Aus der Sicht von Verfechtern starker Staaten lassen sich die Freiheitsbeschränkungen leichter rechtfertigen. Sie sehen im Lobbyismus ein weitaus größeres Gefahrenpotenzial als diejenigen, die Demokratie als Marktplatz der Ideen ansehen, auf dem sich am Ende durch den Interessenwettkampf das Gemeinwohl herausbildet.

3. Abschnitt: Ausgestaltung des Näheverhältnisses

Interessenvertreter kämpfen mit vielfältigen Mitteln um die Gunst der politischen Entscheidungsträger. Den möglichen Methoden der Beeinflussung setzen viele Rechtsordnungen mit den Tatbeständen der Bestechung und Vorteilsannahme eine

475 Dabei darf die Frage gestellt werden, ob das Gericht seine Kompetenzen nicht überdehnt, wenn es Normen aufgrund politischer Vorstellungen von der Demokratie für verfassungswidrig erklärt.

erste Grenze.[476] Doch werden nicht alle strafrechtlich erlaubten Verhaltensweisen von der Öffentlichkeit auch als legitim angesehen. Interessenvertreter zielen mit der Begünstigung von Staatsbediensteten nicht allein auf das Erkaufen von Entscheidungen. Vielmehr geht es um den Aufbau eines Kontaktnetzwerks, das zu frühzeitiger Information über mögliche Änderungen und zur Berücksichtigung der eigenen Position im Gesetzgebungsverfahren verhelfen soll. Neben Korruption kann daher auch ein zu enges Verhältnis zwischen Interessenvertretern und Amtsträgern die Legitimität staatlichen Handelns beeinträchtigen. Legitimität kann in diesem Zusammenhang als normative Kategorie der Rechtmäßigkeit verstanden werden. Die Legitimität hat so verstanden nicht allein die Rückkoppelung an den Souverän, sondern auch die Moral- und Ethikvorstellungen der Öffentlichkeit zum Gegenstand.[477] Wenn politische Entscheidungsträger auf Kosten von Interessenvertretern reisen oder großzügige Honorare für Vorträge bei Spitzenverbänden erhalten, liegt der Verdacht nahe, dass sie den Gefallen zu irgendeinem Zeitpunkt erwidern werden. Dem Menschen ist es als reziprokes Wesen nur schwer möglich, sich bei Entscheidungen von zuvor erhaltenen Aufmerksamkeiten frei zu machen.[478] Es kommen daher Zweifel auf, ob sich die politischen Entscheidungsträger, die in einem Näheverhältnis zu Interessenvertretern stehen, bei ihrem Handeln allein am Gemeinwohl orientieren oder stattdessen den Interessen derjenigen, die sie umgarnen, unangemessen viel Gewicht beimessen. Solche Zweifel senken die Akzeptanz staatlicher Entscheidungen. Um die Legitimität der Handlungen der Hoheitsträger zu fördern und das öffentliche Vertrauen in die Integrität des Staates zu verbessern, werden Verhaltenskodizes erlassen, die die Grenze zwischen Erlaubten und Verbotenem präzisieren sollen ohne dabei das scharfe Schwert des Strafrechts zu verwenden. Mit dem Erlass von Verhaltensvorschriften verringert

---

476 Die Europäische Union hat hingegen keine Tatbestände erlassen, die korruptes Verhalten der Organmitglieder bestrafen. Grund hierfür ist, dass die Europäische Union für das Strafrecht lediglich für schwere Straftaten, die zudem eine gemeinsame Bekämpfung erfordern, eine Gesetzgebungskompetenz besitzt, vgl. Art, 83 AEUV.

477 So *Classen*, Interessenvertretung in der Europäischen Union, S. 292.

478 In der soziologischen Forschung wurde der Einfluss von Gefallen auf nachfolgende Entscheidungen bereits Anfang der 1970er Jahre nachgewiesen, vgl. *Regan*, Effects of a favor and liking on compliance, 7 Journal of experimental social psychology, S. 627. In Regans Experiment wurden zwei Gruppen zu einem Gespräch gebeten. Die Versuchspersonen nahmen an, dass es sich um ein Experiment zur Wahrnehmung handelt. Während der ersten Gruppe in einer kurzen Pause ein Softdrink angeboten wurde, erhielten die Mitglieder der Kontrollgruppe kein Getränk. Nach dem Gespräch bot der Versuchsleiter den Teilnehmer an, Lose zu kaufen. Es zeigte sich, dass die Teilnehmer, denen zuvor der Softdrink offeriert wurde, im Schnitt deutlich mehr Lose kauften. Aus dem Experiment leitete Regan die These ab, dass Menschen sich verpflichtet fühlen einen erhaltenen Gefallen zu erwidern. Auch jüngere Forschungsreihen kommen zum selben Ergebnis: *Malmendier/Schmidt*: You owe me, NBER Working Paper Nr. 18543, S. 1.

sich der moralisch-ethische Graubereich, in dem sich die Verbindung zwischen Staatsbediensteten und Interessenvertretern gelegentlich bewegt.

A. Verhaltensregeln in den USA und der EU

Verhaltensregeln setzen Standards für das Näheverhältnis von Interessenvertretern und politischen Entscheidungsträgern. Durch sie wird der Versuch unternommen, ein als unangemessen erachtetes Austauschverhältnis zu unterbinden. Die Verhaltenskodizes enthalten teilweise auch Transparenzvorschriften, etwa zur Veröffentlichung von erhaltenen Geschenken oder Nebeneinkünften. Zur einheitlichen Darstellung werden die entsprechenden Vorschriften ebenfalls nachfolgend untersucht.

I. USA

Die Beziehung zwischen Staatsbediensteten und Interessenvertretern wird im amerikanischen Recht einerseits auf gesetzlicher Ebene und andererseits für die Legislative zusätzlich auf Ebene der organinternen Geschäftsordnungen geregelt. Klassische Instrumente der Einflussnahme durch Interessenvertreter sind gutdotierte Nebentätigkeiten, Reiseeinladungen und Geschenke. Für die vorliegende Arbeit interessieren daher insbesondere die diese Themenbereiche behandelnden Vorschriften.

Da die gesetzlichen Vorschriften einen weiteren persönlichen Anwendungsbereich haben, werden sie nachfolgend vor den Regeln der Geschäftsordnung dargestellt. Nebeneinkünfte werden durch 5 U.S. Code Appendix § 501 reguliert. Der 5 U.S. Code § 7353 (a) hat die Regelung von Geschenken an Staatsbedienstete zum Gegenstand. Vorgaben zu Reisen auf Kosten Dritter finden sich ausschließlich in den Verhaltenskodizes der beiden Kammern[479] des Kongresses. Die kongressinternen Regeln stammen und werden überwacht vom United States House Committee on Ethics (im Folgenden: House Ethics Committee) bzw. United States Senate Select Committee on Ethics (im Folgenden: Senate Ethics Committee).[480]

479 Die Regeln des House of Representatives sind niedergelegt in den *Rules of the House of Representatives* (die aktuelle Version stammt vom 3. Januar 2013); Auch der Senate hat sich selbst einen Code of Conduct gegeben, den *Senate code of official conduct* (Aktuelle Version: April 2008).

480 Die Ethics Committees veröffentlichen Auslegungshilfen zu den Verhaltensregeln: *Senate Select Comm. on Ethics*, United States Senate, Senate Ethics Manual 2008 (im Folgenden: Senate Ethics Manual) und *Committe on Standards of official conduct*, U.S. House of Representatives, House Ethics Manual 2013 (im Folgenden: House Ethics Manual).

1. *Nebeneinkünfte*

Die Beschränkung der Nebeneinkünfte wird für Mitglieder der Exekutive und Legislative gleichermaßen in 5 U.S. Code Appendix § 501 geregelt. Die Norm wurde mit dem Ethics Reform Act of 1989 geschaffen und hat zwei Regelungsgegenstände. Zum einen wird die Gesamtsumme der zulässigen Nebeneinkünfte begrenzt. Zum anderen wird die Annahme von Honoraren für bestimmte Tätigkeiten gänzlich untersagt. Dem Gesetz lagen drei Erwägungen zugrunde: Erstens bergen Nebeneinkünfte ein substanzielles Potenzial für Interessenkonflikte in sich. Zweitens vertragen sich größere Nebeneinkünfte nicht mit dem Konzept des Vollzeitabgeordneten. Drittens schaffen größere Nebeneinkünfte den Anschein der Unschicklichkeit und untergraben damit das Vertrauen in die Integrität staatlicher Bediensteter.[481]

Der 5 U.S. Code Appendix § 501 (a)(1) limitiert die Gesamtsumme der Nebeneinkünfte von Abgeordneten, Beamten und Mitarbeitern, deren Gehalt oberhalb einer festgelegten Einkommensschwelle[482] liegt. Die Nebeneinkünfte der Normadressaten dürfen 15 % des Einkommens nach dem Level II des Executive Schedule[483] nicht überschreiten. Zahlungen im Auftrag des Normadressaten an eine Wohltätigkeitsorganisation, deren Betrag USD 2.000 nicht übersteigt, sind in die Berechnung der zulässigen 15 % Nebeneinkünfte nicht mit einzubeziehen, 5 U.S. Code App. § 501 (c). Voraussetzungen ist, dass die Wohltätigkeitsorganisation keine finanziellen Vorteile für den Normadressaten oder dessen nahe Verwandte begründet.

Nach 5 U.S. Code App. § 501 (b) sind bestimmte Arten der Nebeneinkünfte vollständig und unabhängig von der Höhe des Einkommens untersagt. Abgeordnete, Mitarbeiter und Beamte aller Einkommensklassen dürfen für Auftritte, Reden oder Veröffentlichungen weder Geld noch andere Wertgegenstände annehmen.[484] Begründet wurde das Verbot mit dem Argument, dass solche Honorare vor dem Erlass des Ethics Reform Act signifikant angestiegen waren und besonders häufig von Interessengruppen an solche Kongressmitglieder gezahlt wurden, die in für die Interessengruppen besonders relevanten Komitees arbeiteten.[485] Es lag daher der

481 Report of the Bipartisan Task Force on Ethics on H.R. 3660, Government Ethics Reform Act 1989 (101st Congress), S. 12.

482 Erfasst sind nur solche Mitarbeiter, deren Position sich nach Grade 15 des General Schedule (GS) richtet oder, falls die Position nicht nach dem GS bestimmt wird, Mitarbeiter, deren Einkommen mehr als 120 % des Grundgehalts des Grade 15 des GS entspricht, vgl. 5 U. S. Code App. § 501 (a). Der General Schedule ist eine Besoldungstabelle. Grade 15 ist die höchste Besoldungsstufe des GS, so dass nur Angestellte des höchsten Dienstes unter den 5 U.S. Code App. § 501 (a) fallen.

483 Der Executive Schedule ist eine Besoldungstabelle, die das Einkommen der höchsten Angestellten der Exekutive festlegt.

484 Der 5 U.S. Code App. § 501 (b) spricht von „*honorarium*". Der Begriff wird in 5 U.S. Code App. § 505 (3) definiert.

485 Report of the Bipartisan Task Force on Ethics on H.R. 3660, Government Ethics Reform Act 1989 (101st Congress), S. 13.

Verdacht nahe, dass Interessenvertreter Honorarzahlungen als Umgehungsmöglichkeit der Geschenkvorschriften[486] nutzten.

Das Honorarverbot wurde allerdings vom Supreme Court als verfassungswidrig verworfen.[487] Zwar sah das Gericht das Ziel des Gesetzes als legitim an. Das ausnahmslose Verbot für alle Mitglieder der Exekutive stand aber nach Ansicht des Supreme Courts für Mitarbeiter niedrigerer Hierarchiestufen mit dem damit verbundenen Eingriff in die im First Amendment verbürgte Freedom of Speech nicht im Verhältnis.[488] Daraufhin erklärte das Justizministerium in einem Memorandum vom 26. Februar 1996 den 5 U.S. Code App. § 501 (b) für vollständig unanwendbar.[489]

Gemäß 5 U.S. Code App. § 504 (a) wird ein Verstoß mit einer Geldbuße von bis zu USD 10.000 geahndet. Die Geldbuße kann höher ausfallen, wenn die unzulässigen Nebeneinkünfte USD 10.000 überschreiten.

Die Begrenzung der Nebeneinkünfte und das Honorarverbot finden sich auch in den Verhaltenskodizes der beiden Häuser des Kongresses.[490] Der Senate begnügt sich damit, die Vorschrift des U.S. Code App. § 501 vollständig für anwendbar zu erklären. Die Nebeneinkunftsbegrenzung auf 15 % des Einkommens gilt somit wiederum nur für Beamte, Abgeordnete und Mitarbeiter, deren Einkommen sich nach Grade 15 des General Schedule richtet.[491] Das Verbot der Honorarzahlungen gilt nach dem Senate Ethics Manual trotz der Entscheidung des Supreme Courts zu 5 U.S. Code App. § 501 (b) für alle Mitarbeiter, unabhängig von ihrer Position und ihrem Einkommen.[492] Erfasst sind grundsätzlich Reden und Veröffentlichungen jeglicher Art, auch wenn keine Beziehung zu den öffentlichen Aufgaben besteht.[493]

Auch im House of Representatives dürfen Abgeordnete, Beamte oder Mitarbeiter, deren Gehalt den Schwellenwert überschreitet, maximal 15 % des Einkommens nach

---

486 Hierzu sogleich bei S. 97 ff.

487 *United States v. National Treasury Employees Union* (93–1170), 513 U.S. 454 (1995). Im Verfahren hatten nur Mitglieder der Exekutive geklagt. Daher erstreckt sich das Urteil nicht auf Mitglieder der Legislative.

488 *United States v. National Treasury Employees Union*, 513 U.S. 470 ff.

489 *Assistant Attorney General Walter Dellinger*, Memorandum opinion for the attorney general, Legality of government honoraria ban following United States v. National Treasury Employees Union vom 26. Februar 1996 (abrufbar unter: http://www.justice.gov/sites/default/files/olc/opinions/1996/02/31/op-olc-v020-p0078.pdf (zuletzt abgerufen am 18. Dezember 2015)). Begründet wurde der Nichtanwendungsbeschluss mit dem Argument, dass nicht davon ausgegangen werden kann, dass der Kongress das Gesetz mit dem verbliebenen geringen Anwendungsbereich ebenfalls erlassen hätte.

490 Senate: Code of Conduct, Rule XXXVI erklärt den 5 U.S. Code App. § 501 für anwendbar. Der Kodex des House of Representatives enthält in Rule XXV Cl. 1 (a)(2) eine vom Regelungsinhalt dem 5 U.S. Code App. § 501 (b) entsprechende Regelung.

491 Siehe dazu Senate Ethics Manual, S. 95 ff.

492 Senate Ethics Manual, S. 98 ff.

493 Vgl. dazu Senate Ethics Manual, S. 98 f.

dem Level II des Executive Schedule hinzuverdienen.[494] Ebenso gilt für die Abgeordneten, Beamten und Mitarbeiter ein vollständiges Annahmeverbot für spezifische Honorarzahlungen. Im Gegensatz zum Senate gilt im House of Representatives das Honorarzahlungsverbot jedoch nicht ausnahmslos. Mitarbeiter, deren Einkommen unterhalb des Schwellenwerts liegt, dürfen Honorare für Vorträge, Auftritte und Veröffentlichungen entgegennehmen, sofern das Thema nicht im direkten Bezug zu den öffentlichen Aufgaben des Mitarbeiters steht, die Zahlung nicht gerade wegen seiner Position erfolgt und der Zahlende keine Interessen verfolgt, die vom Handeln oder Unterlassen des Mitarbeiters betroffen sind.[495]

Für beide Kammern des Kongresses sehen die Auslegungshilfen weitere Ausnahmen zum Verbot der Honorarzahlungen vor. So sind etwa Einnahmen aus Auftritten, zu denen die Normadressaten wegen ihres künstlerischen, musikalischen oder athletischen Talents eingeladen werden, sowie Einnahmen aus Urheberrechten zu Prosaliteratur nicht erfasst.[496] Durch die Ausnahmen wiegt das Verbot der Nebeneinkünfte weniger schwer. Es nimmt Nebeneinkünfte aus, die zweifelsfrei nicht im Zusammenhang mit der Kongresstätigkeit stehen. So schränken die Kongressvorschriften die Betätigungsfreiheit der Bediensteten nur insoweit ein, wie die Gefahr eines Interessenkonfliktes besteht. Mit einer solchen Einschränkung versehen könnte das Gesetz auch den Anforderungen des Supreme Courts genügen.

Die Vorschriften zu Nebeneinkünften werden in der amerikanischen Literatur – soweit ersichtlich – nicht vertieft besprochen. Mit Blick auf die eingangs beschriebenen Ziele sind sie angemessen. Auffällig ist allerdings, dass nach dem Wortlaut des 5 U.S. Code App. § 501 (c) die USD 2.000-Ausnahme für Spenden an Wohltätigkeitsorganisationen keine Obergrenze pro Kalenderjahr kennt. Mehrfache Zahlungen von etwa USD 1.900 fallen somit jeweils weiterhin unter die Ausnahme des 5 U.S. Code App. § 501 (c). Jedoch stehen sie unter der Voraussetzung, dass dadurch kein finanzieller Vorteil für den Amtsträger oder dessen Verwandte begründet wird, so dass ein Interessenkonflikt unwahrscheinlich ist. Für alle Vorträge und Reden können die Regelungsadressaten somit jeweils Zahlungen an Wohltätigkeitsorganisationen von bis zu USD 2.000 verlangen.

Insgesamt ist die Begrenzung des zulässigen Nebeneinkommens auf 15 %, geeignet, die Fokussierung auf das Hauptamt abzusichern. Die Gefahr von Interessenkonflikten auf finanzieller Grundlage wird eingegrenzt. Das Verbot der Honorarzahlungen unterbindet zudem verschleierte Geldzahlungen an die politischen Entscheidungsträger. Hierdurch wird eine offensichtlich gern genutzte Umgehungsmöglichkeit abgeschnitten. Durch die Reduktion größerer Interessenkonflikte wird das Vertrauen in die Integrität des Staates erhöht. Der dritte Erwägungsgrund des

494 Vgl. House of Representatives, Code of Conduct, Rule XXV Cl. 1 (a), Cl. 4 (a)(1).

495 Siehe House of Representatives, Code of Conduct, Rule XXV Cl. 1 (a)(2) und House Ethics Manual, S. 190 f.

496 Siehe für eine vollständige Liste der Ausnahmen: House Ethics Manual S. 192 f. sowie Senate Ethics Manual S. 100.

5 U.S. Code App. § 501 zeigt zudem, dass der amerikanische Gesetzgeber nicht nur in der Verhinderung von Korruption, sondern auch in der Unterbindung des *bösen Scheins*[497] der Korruption einen legitimen Grund zur Einschränkung der Abgeordnetenrechte sieht.

Das Urteil des Supreme Courts zeigt schließlich das verfassungsrechtliche Spannungsfeld auf, in dem sich Begrenzungen von Nebeneinkünften bewegen. Ein allumfassendes Verbot von Nebeneinkünften für Veröffentlichungen und Auftritte aller Mitarbeiter des Staates ist unverhältnismäßig,[498] weil von den Mitarbeitern niedrigerer Dienstebenen keine das Verbot rechtfertigende Gefahr ausgeht. Das Ziel, das öffentliche Vertrauen in die Unabhängigkeit des Staates durch das Verbot von Nebeneinkünften zu bestärken, mag legitim sein. Die Verhältnismäßigkeit kann aber nur durch eine Beschränkung auf Staatsbedienstete der höheren Hierarchieebenen, die entweder über einen politischen Entscheidungsspielraum oder ein weitreichendes Kontaktnetzwerk verfügen, hergestellt werden. Denn nur in solchen Position begründet die Möglichkeit des Machtmissbrauchs eine Gefahr, die eine derartige Einschränkung der persönlichen Freiheit zu rechtfertigen vermag.

2. Geschenke

Nebeneinkünfte sind zumindest vordergründig mit einer Gegenleistung verknüpft. Geschenken erfolgen gegenleistungslos, so dass sie besonders geeignet sind, Interessenkonflikte zu begründen. Zur Regulierung von Geschenken existiert mit dem 5 U.S. Code § 7353 (a) eine Generalnorm für die Mitglieder aller drei Gewalten. Die Norm untersagt Mitgliedern des Kongresses, Angestellten und Beamten der Exekutive, Legislative und Judikative die Annahme von Geschenken seitens Dritter in vier Fällen. Verboten ist die Geschenkannahme erstens, wenn der Schenkende ein Handeln der Behörde begehrt, zweitens, wenn er mit der Behörde in Geschäftsbeziehungen steht, drittens, wenn er in einem von der Behörden regulierten Bereich tätig ist oder viertens, wenn seine Interessen substanziell durch eine im Aufgabenbereich des Normadressaten liegende Handlung betroffen sind. Von der vierten Variante ist auch die Gesetzgebung erfasst. Nach 5 U.S. Code § 7353 (b) können die zuständigen Ethikgremien abweichende Vorschriften erlassen.

Näher ausgestaltet wird die Vorschrift in den 5 Code of Federal Regulation §§ 2635.201 ff.[499] In 5 C.F.R. § 2635.203 (b) wird ein Geschenk definiert als Zuwendung, Gefallen, Unterhaltung, Bewirtung, Darlehen, Stundung oder sonstige Leistungen mit monetärem Wert wie etwa Dienstleistungen, Schulungen, lokale Reisen, Unterbringung und Mahlzeiten. In 5 C.F.R. § 2635.203 (b)(1) – (7) und 5 C.F.R.

---

497 Vgl. zur Diskussion um den bösen Schein im deutschen Verfassungsrecht unten auf S. 190 f.

498 United States v. National Treasury Employees Union (93–1170), 513 U.S. 454, 477 (1995).

499 Der Code of Federal Regulations (C.F.R.) enthält grundlegende Normen und Definitionen der Exekutivbehörden der amerikanischen Bundesregierung.

§ 2635.204 (a) – (d) finden sich einige Ausnahmevorschriften.[500] Erlaubt sind *de minimis*-Geschenke wie Grußkarten[501] oder Geschenke deren Wert USD 20 nicht überschreiten,[502] Geschenke die auf außerhalb der öffentlich-rechtlichen Beziehung stehenden Verbindungen beruhen[503] und solche Zuwendungen, die generell der Öffentlichkeit zugänglich sind.[504] Zudem sind Zuwendungen erlaubt, für die staatlicherseits oder durch den Amtsträger selbst gezahlt wird.[505] Auch bestimmte Veranstaltungseinladungen sind kein Geschenk im Sinne des 5 U.S. Code § 7353 (a).[506]

Nach 5 C.F.R § 2635.203 (f) sind vom grundsätzlichen Verbot der Geschenkannahme auch Zuwendungen an nahe Angehörige und weitere Personen sowie Organisationen erfasst, sofern die Zuwendung auf Wunsch des Amtsträgers erfolgt. Mit der Zurechnungsnorm wird eine Umgehung der Vorschriften durch indirekte Geschenke verhindert.

Für die Exekutivmitglieder gelten seit der Executive Order 13490 vom 21. Januar 2009 weitere Begrenzungen. Neu eingestellte Mitarbeiter und Beamte der Exekutive müssen seitdem einen Ehrenkodex als Teil ihres Anstellungsverhältnisses akzeptieren.[507] Das Dekret sieht vor, dass Exekutivmitglieder keine Geschenke von Lobbyisten und Lobbyunternehmen im Sinne des Lobbying Disclosure Act akzeptieren.[508] Mit dem Dekret wird die Geschenkdefinition des 5 C.F.R § 2635.203 (b) übernommen.[509] Die aus dem Dekret resultierenden Verpflichtungen sind in doppelter Hinsicht strenger als die Vorschrift des 5 U.S. Code § 7535 (a). Zum einen gilt das Geschenkannahmeverbot von Lobbyisten im Sinne des Lobbying Disclosure Act situationsunabhängig. Zum anderen werden nicht alle Ausnahmevorschriften für

500 Sie insgesamt hierzu: *Clark/Nolan*, Restrictions on gifts and outside compensation for executive branch employees, S. 513, 516 ff.

501 5 C.F.R § 2635.203 (b)(2).

502 5 C.F.R § 2635.204 (a), wobei der Gesamtwert pro Jahr USD 50 nicht überschreiten darf.

503 So etwa Geschenke aufgrund freundschaftlicher oder familiärer Verbundenheit, 5 C.F.R § 2635.204 (b).

504 Etwa Darlehen zum Marktpreis, vgl. 5 C.F.R § 2635.203 (b)(3).

505 5 C.F.R § 2635.203 (b)(7), (9).

506 Siehe dazu die Tabelle 24–4 bei *Clark/Nolan*, Restrictions on gifts and outside compensation for executive branch employees, S. 513, 518.

507 Präsident Obama erließ am 21. Januar 2009, einen Tag nach seiner Amtseinführung, Executive Order 13490. Sie richtet sich an *„every full-time, non-career Presidential or Vice-Presidential appointee, non-career appointee in the Senior Executive Service (or other SES-type system), and appointee to a position that has been excepted from the competitive service by reason of being of a confidential or policymaking character (Schedule C and other positions excepted under comparable criteria) in an executive agency.*" Erfasst sind somit viele Mitarbeiter des *„senior personnel*" und *„very senior personnel*", aber auch weitere Angestellte, die vertrauliche Positionen oder solche mit politischer Entscheidungsmacht besetzen.

508 Executive Order 13490 § 1.

509 Executive Order 13490 § 2 (c)(1).

anwendbar erklärt.[510] So gelten etwa die Ausnahmen zu Veranstaltungseinladungen oder bargeldlosen Geschenken mit einem Wert von weniger als USD 20 nicht für die der Executive Order 13490 unterfallenden Mitarbeiter.

Auch der Senate und das House of Representatives haben in den vergangenen Jahrzehnten die Regeln zum Erhalt von Geschenken immer weiter verschärft.[511] Die jeweiligen Normkomplexe des Senate und House of Representatives verbieten ihren Abgeordneten, deren Mitarbeitern sowie den Beamten des Kongresses generell Geschenke entgegenzunehmen, sofern die Entgegennahme nicht ausdrücklich gestattet ist.[512] Wie das Verbot der Executive Order 13490 gilt das Annahmeverbot situationsunabhängig. Die ausdrücklichen Gestattungen gelten zudem nicht für Geschenke von Lobbyisten oder Organisationen, die Lobbyisten beschäftigen.[513] Für die zulässigen Geschenke bestehen keinen Offenlegungspflichten.

Der Begriff des Geschenks wird in den Verhaltenskodizes definiert als Zuwendung, Gefallen, Rabatt, Unterhaltung (Entertainment), Bewirtung, Darlehen, Stundung oder andere geldwerte Leistung. Der Begriff beinhaltet zudem geschenkte Dienstleistungen, Services, Unterbringungen und Essen, unabhängig davon, ob es in Naturalien geliefert, durch den Kauf eines Tickets oder per Vorkasse bezahlt wird oder die Ausgaben nachträglich ersetzt werden.[514] Die Definition entspricht somit im Wesentlichen der des 5 C.F.R. § 2635.203.

Geschenke an Familienmitglieder oder Freunde der von der Norm erfassten Personen stehen Geschenken an die Person selbst gleich, sofern der Abgeordnete, Mitarbeiter oder Beamte von dem Vorgang wusste und diesen geduldet hat.[515]

Insgesamt enthalten die Vorschriften mehr als 20 Ausnahmen.[516] Durch die Ausnahmen soll ein Ausgleich zwischen dem Schutz der Unabhängigkeit und der Betätigungsfreiheit der Abgeordneten, Mitarbeiter und Beamten geschaffen werden.

In den Ausnahmen finden sich zunächst einige Selbstverständlichkeiten: Sofern der Abgeordnete, Mitarbeiter oder Beamte den Marktpreis für einen Gegenstand

---

510 Executive Order 13490 § 2 (c)(3).

511 Für eine Übersicht zur Entwicklung siehe *Bauer/Gordon*, Congressional Ethics, S. 477, 478 ff.

512 Senate: Code of Conduct, Rule XXXV Clause 1 (a)(1); House of Representatives: Rules, Rule XXV Cl. 5 (a)(1)(A)(i). Die Normen sind nahezu wortgleich. Auf etwaige Unterschiede wird im Folgenden hingewiesen.

513 Senate: Code of Conduct, Rule XXXV Cl. 1 (a)(2)(B); House of Representatives: Rules, Rule XXV Cl. 5 (a)(1)(A)(ii). Die Normen verwenden den Terminus „registered lobbyist", so dass die Definition des Lobbyisten auf dem Lobbyist Disclosure Act beruht.

514 Senate: Code of Conduct, Rule XXXV Cl. 1 (b)(1); House of Representatives: Rules, Rule XXV Cl. 5 (a)(2)(A).

515 Senate: Code of Conduct, Rule XXXV Cl. 1 (b)(2)(A); House of Representatives: Rules, Rule XXV Cl. 5 (a)(2)(B)(i).

516 Senate: Code of Conduct, Rule XXXV Cl. 1 (c); House of Representatives: Rules, Rule XXV Cl. 5 (a)(3).

zahlt, gilt dies nicht als Geschenk im Sinne der Norm.[517] Ebenso unterfallen Geschenke von Angehörigen (in diesem Fall auch dann, wenn es sich um Lobbyisten handelt) nicht dem Verbot.[518]

Eine weitere Ausnahme sehen die Verhaltenskodizes für Geschenke vor, deren Wert USD 50 nicht übersteigt, sofern der Gesamtwert aller Geschenke des Schenkenden im aktuellen Kalenderjahr USD 100 nicht überschreitet.[519] Die Wertberechnung selbst ist nicht in den jeweiligen Normen, sondern in den Auslegungsvorschriften des Senates bzw. House of Representatives geregelt: Zugrunde zulegen ist der Verkaufs-, nicht der Einkaufs- oder Produktionswert des Geschenks.[520] Ein am Verkaufswert orientiertes Berechnungssystem ist angemessen, da die Norm Vorteilsgewährungen gegenüber dem erfassten Personenkreis unterbinden soll. Würde der Wert etwa durch den Produktionswert bestimmt, kämen die Abgeordneten, Mitarbeiter und Beamten weiterhin in den Genus von Vergünstigungen.

Die private Unterbringung ist gestattet, wenn sie nicht durch einen Lobbyisten erfolgt.[521] Zudem ist es den Adressaten der Vorschriften erlaubt, Essen oder Erfrischungsgetränke anzunehmen, sofern sie nicht Teil eines Mahls sind.[522] Es wäre auch schwer zu rechtfertigen, wenn ein Abgeordneter während eines Meetings mit einem Dritten nicht einmal einen Kaffee annehmen dürfte. Problematisch ist allerdings die Definition des Begriffs *Mahl*. Die Auslegungsvorschriften des Senates unterscheiden zwischen einem Stehempfang und einem gesetzten Essen. Im Sitzen

---

517 Senate: Code of Conduct, Rule XXXV Cl. 1 (c)(1)(A); House of Representatives: Rules, Rule XXV Cl. 5 (a)(3)(A). Der zweite Teil der Norm sieht vor, dass es sich ebenfalls um kein Geschenk handelt, wenn der Beschenkte den Gegenstand ohne ihn zu benutzen zurückgibt. Damit gibt die Norm auch eine Antwort auf die Frage, wie sich die Adressaten zu verhalten haben, wenn ein Geschenk gegen die Kodizes verstößt: Sie zahlen den Marktpreis oder geben es zurück, so auch *Bauer/Gordon*, Congressional Ethics, S. 477, 489.

518 Senate: Code of Conduct, Rule XXXV Cl. 1 (c)(3); House of Representatives: Rules, Rule XXV Cl. 5 (a)(3)(C). Der Begriff des Angehörigen wird nach dem Ethics in Government Act, 5 U.S.C. § 109 (16), definiert.

519 Senate: Code of Conduct, Rule XXXV Cl. 1 (a)(2)(A); House of Representatives: Rules, Rule XXV Cl. 5 (a)(1)(B)(i). Die Auslegungsvorschriften des Senates bzw. House of Representatives stellen klar, dass sogenannte *down-buys*, bei denen der Empfänger eine Zuzahlung leistet um das Überschreiten der Grenzwerte zu verhindern, nicht möglich sind, vgl. Senate Ethics Manual, S. 23; House Ethics Manual, S. 35.

520 So sieht es das Senate Ethics Manual, S. 59 ff. vor. Ebenso das House Ethics Manual, S. 73 f.

521 Senate: Code of Conduct, Rule XXXV Cl. 1 (c)(17); House of Representatives: Rules, Rule XXV Cl. 5 (a)(3)(P). Die Definition der *personal hospitality* richtet sich ebenfalls nach dem Ethics in Government Act, 5 U.S.C. § 109 (14). Entscheidend ist demnach, dass die Unterbringung *for a nonbusiness purpose* erfolgt.

522 Senate: Code of Conduct, Rule XXXV Cl. 1 (c)(22); House of Representatives: Rules, Rule XXV Cl. 5 (a)(U).

darf dennoch ein kontinentales Frühstück eingenommen werden, soweit keine warmen Speisen serviert werden.[523]

Probleme bereitet die Vorschrift, die Geschenke von Freunden vom Verbot ausnimmt.[524] Zwar stellen die Vorschriften Kriterien auf, nach denen die Adressaten bewerten können, ob das Geschenk aufgrund der persönlichen Freundschaft erfolgte, doch sind die Kriterien weich und lassen einen Interpretationsspielraum. Ob tatsächlich eine Freundschaft zwischen Schenkendem und Empfänger besteht, ist für die Aufsichtsbehörden kaum nachprüfbar. Darüber hinaus sind *political contributions* (politische Spenden) vom Geschenkannahmeverbot ausgenommen.[525] Diese Ausnahme ist einerseits vor dem Hintergrund der amerikanischen Wahlkampffinanzierung durchaus verständlich. Die Kandidaten sind auf private Spenden angewiesen. Die Finanzierung der Wahlkämpfe ist im derzeitigen System ohne private Gelder nicht denkbar. Andererseits stellen die Spenden als Ausnahme zu den Geschenkvorschriften eine willkommene Umgehungsmöglichkeit für Lobbyisten dar. Eine weitere Ausnahme betrifft *„food, refreshment, lodging and other benefits"*, die von einer politischen Organisation im Zusammenhang mit einem Fundraising- oder Kampagnenevent bereitgestellt werden. Voraussetzung ist, dass das Event von einer politischen Organisation gemäß § 527 (e) des Internal Revenue Code organisiert wird.[526] Im Rahmen solcher Veranstaltungen dürfen den Abgeordneten Ausgaben nur durch den Veranstalter, nicht aber durch weitere Dritte ersetzt werden.[527] Ebenfalls im Bereich von Veranstaltungen bewegt sich die Ausnahme, die es Abgeordneten, Mitarbeitern und Kongressangestellten gestattet, Einladungen zu *widely attended* Events anzunehmen,[528] sofern sie dort als Redner oder Diskussionsteilnehmer auftreten oder der Besuch des Events im Zusammenhang mit ihren öffentlichen Aufgaben steht.[529]

---

523 Senate Ethics Manual, S. 42.

524 Senate: Code of Conduct, Rule XXXV Cl. 1 (c)(4); House of Representatives: Rules, Rule XXV Cl. 5 (a)(3)(D). Geschenke von Freunden definieren die Kodizes als *„provided by an individual on the basis of a personal friendship unless the Member, officer, or employee has reason to believe that, under the circumstances, the gift was provided because of the official position* [...] *and not because of the personal friendship."*

525 Senate: Code of Conduct, Rule XXXV Cl. 1 (c)(2); House of Representatives: Rules, Rule XXV Cl. 5 (a)(3)(B).

526 Senate: Code of Conduct, Rule XXXV Cl. 1 (c)(7)(C); House of Representatives: Rules, Rule XXV Cl. 5 (a)(3)(G)(iii). Der Internal Revenue Code § 527 (e) definiert den Begriff der politischen Organisation als *„party, committee, association, fund, or other organization organized and operated primarily for the purpose of directly or indirectly accepting contributions or making expenditures, or both, for an exempt function."*

527 Senate Ethics Manual, S. 31; House Ethics Manual, S. 41.

528 Senate: Code of Conduct, Rule XXXV Cl. 1 (c)(18); House of Representatives: Rules, Rule XXV Cl. 5 (a)(4)(A).

529 Senate: Code of Conduct, Rule XXXV Cl. 1 (c)(18); House of Representatives: Rules, Rule XXV Cl. 5 (a)(4)(A)(i),(ii). *Widley attended* wird in den Auslegungsvorschriften

Schließlich besteht für das jeweilige Ethics Committee auch die Möglichkeit, einzelne Abgeordnete, Mitarbeiter oder Angestellte in außergewöhnlichen Fällen vom Verbot der Geschenkannahme zu befreien.[530] Eine solche Befreiung wird beispielsweise regelmäßig im Falle von Hochzeitsgeschenken gewährt.[531]

Ein Verstoß gegen die Geschenkvorschriften zieht grundsätzlich keine Sanktion nach sich. Handelt es sich bei dem Schenkenden um einen Lobbyisten im Sinne des Lobbying Disclosure Act, muss er mit dem Formular LD-203[532] eine Erklärung unterschreiben, dass er nicht gegen die Geschenkvorschriften verstoßen hat. Entspricht die Erklärung nicht der Wahrheit und war der Umstand dem Erklärenden bewusst, kann dies als *defective filing* nach 2 U.S. Code § 1606 (a) mit einer Geldstrafe von bis zu USD 200.000 bestraft werden. Liegt zudem das subjektive Tatbestandsmerkmal des „*vorsätzlichen korrupten Handelns*" vor, kommt nach 2 U.S. Code § 1606 (b) eine Freiheitsstrafe von bis zu 5 Jahren in Betracht. Hingegen droht den Kongressmitgliedern im Falle einer Verletzung der Vorschriften keine Sanktion außer der Veröffentlichung des Verstoßes durch das Office of Congressional Ethics.

Die Vielzahl an Ausnahmen ist Gegenstand beachtlicher Kritik in der amerikanischen Fachliteratur. Kritisiert wird, dass die Ausnahmen das generelle Geschenkverbot unterminieren. Interessenvertretern ist es trotz des generellen Verbots möglich, Kongressabgeordneten, Angestellten und Beamten Vorteile zu gewähren.[533] Die kritischen Stimmen befürchten, dass die Regeln schwache Interessengruppen benachteiligen. Durch die umfangreichen und komplexen Normen ist die Vorteilsgewährung aufwendiger geworden. Den mit der neuen Komplexität verbundenen Mehraufwand können zumeist nur noch ressourcenstarke Interessengruppen bewältigen.[534] Einige Ausnahmen sind bereits ihrer Natur nach nur finanzkräftigen Interessengruppen möglich. Nur sie besitzen ausreichend Mittel, um Fundraising- oder Kampagnenevents für politische Entscheidungsträger zu organisieren. Die ausnahmereichen

beschrieben als Veranstaltung, zu der mindestens 25 Nichtkongressmitglieder erwartet werden und bei der den Mitgliedern einer bestimmten Branche oder Profession die Teilnahme offen steht, Senate Ethics Manual, S. 38; House Ethics Manual, S. 41 f.

530 Senate: Code of Conduct, Rule XXXV Cl. 1 (c)(21); House of Representatives: Rules, Rule XXV Cl. 5 (a)(3)(T).

531 Senate Ethics Manual, S. 41 f.; House Ethics Manual, S. 70 f.

532 Siehe zum Formular LD-203 auf S. 78.

533 So etwa *Bassett*, Reform through exposure, 57 Emory L. J., S. 1049, 1083; *Davis*, Genuine reform or just another meager attempt to regulate lobbyists, 18 Kan. J. L. & Pub. Pol'y, S. 340, 361 f.; *Hasen*, Lobbying, 64 Stan. L. Rev. S. 191, 218 sieht die durch den HLOGA eingeführten Regeln hingegen als Erfolg. Die Überwachung der Geschenk- und Reisevorschriften habe zur Eindämmung der Korruption geführt.

534 So *Davis*, Genuine reform or just another meager attempt to regulate lobbyists, 18 Kan. J. L. & Pub. Pol'y, S. 340, 361 f.; *Bassett*, Reform through exposure, 57 Emory L. J., S. 1049, 1084.

Verhaltensregeln führen dazu, dass das Machtungleichgewicht nochmals verstärkt wird.[535] Der Zweck des Gesetzes wird somit teilweise konterkariert.

Aus der gesetzgeberischen Entwicklung in den USA, die von fortwährender Nachjustierung des Rechtsrahmens geprägt ist, wird deutlich, dass es kaum möglich ist, Gefälligkeiten zwischen Interessenvertretern und Staatsbediensteten allumfassend zu reglementieren ohne sich in Detailregelungen zu verlieren. Die Vielfalt an möglichen Aufmerksamkeiten gepaart mit der Kreativität der Interessenvertreter hat zum Resultat, dass der Gesetzgeber lediglich auf neue Formen reagieren, aber nicht präventiv das gesamte Spektrum erfassen kann.[536] Zudem tendieren Interessenvertreter dazu, neu geschaffene Ausnahmevorschriften extensiv zu nutzen. So hat die Ausnahme für *political contributions* beispielsweise zum Ergebnis, dass Interessenvertreter Abgeordnete nun zwar nicht mehr zum Essen einladen können, es aber weiterhin möglich ist hunderte oder tausende Dollars zu spenden. Wo zuvor der Abgeordnete auf Kosten des Interessenvertreters speiste, lädt nun umgekehrt der Abgeordnete den Interessenvertreter ein. Letzterer spendet daraufhin einen entsprechenden Betrag in die Wahlkampfkasse des Mandatsträgers.[537] So wurde etwa ein Fall bekannt, in dem mehrere Unternehmen große Summen an das favorisierte Orchester eines Abgeordneten spendeten. Der Abgeordnete selbst war weder Mitglied noch Organisator des Orchesters.[538] Dennoch wird ihm die Großzügigkeit der Spenden nicht verborgen geblieben sein. Solche Fälle stehen nur beispielhaft für den Umstand, dass es Interessenvertretern auch bei einem komplexen Regelwerk weiterhin möglich sein wird, politischen Entscheidungsträgern Aufmerksamkeiten zukommen zu lassen. Konsequenterweise hat sich der amerikanische Gesetzgeber daher entschlossen, Lobbyisten das Beschenken von Staatsbediensteten generell zu untersagen. Nur das generelle Verbot scheint geeignet, die unzulässige Beeinflussung durch professionelle Interessenvertreter wirkungsvoll zu unterbinden.

Stimmt man mit der vorstehenden Analyse überein, kann die Konsequenz neben dem vollständigen Geschenkverbot für Lobbyisten zur Verminderung von Interessenkonflikten nur sein, die Gewährung von Vorteilen und Annehmlichkeiten weitergehenden Publizitätspflichten zu unterwerfen. Verhaltensregeln, die kein generelles Verbot beinhalten, haben sich als untauglich erwiesen. Herrscht weitgehende Transparenz, bleibt es den Medien und der kritischen Öffentlichkeit vorbehalten,

---

535 *Bassett*, Reform through exposure, 57 Emory L. J., S. 1049, 1084; *Davis*, Genuine reform or just another meager attempt to regulate lobbyists, 18 Kan. J. L. & Pub. Pol'y, S. 340, 361 f.

536 *Bassett*, Reform through exposure, 57 Emory L. J., S. 1049, 1083 f. Welche Blüten der Versuch, eine umfassende Regelung zu Geschenken treiben kann, zeigen etwa die Vorschriften zu Essen und Getränken, die außerhalb eines Mahls gereicht werden, vgl. bei Fn. 523.

537 *Davis*, Genuine reform or just another meager attempt to regulate lobbyists, 18 Kan. J. L. & Pub. Pol'y, S. 340, 360.

538 Siehe *Davis*, Genuine reform or just another meager attempt to regulate lobbyists, 18 Kan. J. L. & Pub. Pol'y, S. 340, 361.

die Beziehungen zwischen politischen Entscheidungsträgern und Interessenvertretern zu bewerten. Existieren weitreichende Offenlegungspflichten werden sich die Empfänger von Geschenken bereits vor der Annahme mit der Frage auseinandersetzen, wie die Öffentlichkeit den jeweiligen Sachverhalt werten wird. Die hieraus resultierende Verhaltenssteuerung könnte eine effektivere Verhinderung von Interessenkonflikten zur Folge haben als die vorstehenden Verbote.

3. Reisen

Neben Vorgaben zu Geschenken enthalten die Verhaltensregeln der beiden Kammern des amerikanischen Kongresses auch Bestimmungen zu Reisen.[539] Extensive Reisen wurden in den USA regelmäßig genutzt, um in der Gunst von Abgeordneten und ihren Mitarbeitern zu steigen. Durch den HLOGA sollte dieser Praxis engere Grenzen gesetzt werden.[540] Für die Exekutive bestehen keine entsprechenden Vorschriften. Für die Exekutivmitglieder bleibt es somit allein bei den Vorschriften zu Geschenken. Nach der Definition des 5 C.F.R. § 2635.203 (b) kann auch die Unterbringung ein Geschenk darstellen.

Für die Kongressmitglieder existieren zusätzliche Vorschriften, um exzessive Reiseeinladungen unter dem Deckmantel der Dienstreisen zu unterbinden. Grundsätzlich ist es Abgeordneten, deren Mitarbeitern und Beamten des Kongresses gestattet, sich Reisekosten von Privaten ersetzen zu lassen, wenn Anlass der Reise ein Meeting, Vortrag oder eine Untersuchung ist, die im Zusammenhang mit den öffentlichen Aufgaben steht.[541] Sie sind jedoch der Länge nach begrenzt. Inlandsreisen dürfen drei[542] bzw. vier[543] Übernachtungen und Auslandsreisen maximal sieben Übernachtungen umfassen.[544] Ersetzt werden dürfen nur diejenigen Kosten, die den notwendigen Transport, die Unterbringung und die Verpflegung betreffen. Explizit ausgenommen sind Kosten für Freizeitaktivitäten, sofern diese nicht allen

---

539 Senate: Code of Conduct, Rule XXXV Cl. 2 (a)(1); House of Representatives: Rules, Rule XXV Cl. 5 (b)(1)(A).

540 *Bauer/Gordon*, Congressional Ethics, S. 477, 494.

541 Senate: Code of Conduct, Rule XXXV Cl. 2 (a)(1); House of Representatives: Rules, Rule XXV Cl. 5 (b)(1)(A). Die Verhaltensregeln stellen explizit klar, dass Reisen, die primär der Erholung dienen, nicht im Zusammenhang mit den öffentlichen Aufgaben stehen können, vgl. Senate: Code of Conduct, Rule XXXV Cl. 2 (a)(3); House of Representatives: Rules, Rule XXV Cl. 5 (b)(1)(C).

542 Senate: Code of Conduct, Rule XXXV Cl. 2 (f)(1).

543 House of Representatives: Rules, Rule XXV Cl. 5 (b)(4)(A).

544 Senate: Code of Conduct, Rule XXXV Cl. 2 (f)(1); House of Representatives: Rules, Rule XXV Cl. 5 (b)(4)(A).

Veranstaltungsteilnehmern angeboten werden.[545] Ehegatten oder Kinder dürfen den Abgeordneten, Mitarbeiter oder Beamten auf Kosten des Privaten begleiten.[546]

Wie bei den Geschenkvorschriften ist es Abgeordneten, Mitarbeitern und Beamten des Kongresses generell untersagt, Reisekostenerstattungen zu akzeptieren, wenn die Reisen durch einen unter dem Lobbying Disclosure Act registrierten Lobbyisten organisiert wurden.[547] Gleiches gilt für Reisen, auf denen der Normadressat von einem registrierten Lobbyist begleitet wird.[548] Unternehmen, die mindestens einen registrierten Lobbyisten beauftragt oder angestellt haben, dürfen den Abgeordneten, Mitarbeitern und Kongressbeamten lediglich die Kosten für ein eintägiges Event ersetzen.[549]

Mitarbeiter haben vor Reiseantritt die Zustimmung ihrer Vorgesetzten einzuholen.[550] Der Senate verlangt ferner von den Abgeordneten, Kongressbeamten und Mitarbeitern vor dem Reiseantritt eine Erklärung, dass die Reise den Vorgaben der Verhaltensregeln entspricht.[551] Abgeordnete, Mitarbeiter und Beamte haben spätestens 15 Tage (House of Representatives) bzw. 30 Tage (Senate) nach der Reise die ersetzten oder zu ersetzenden Kosten gegenüber dem Clerk of the House bzw. Secretary of the Senate anzuzeigen. Dabei ist genau zwischen den Kosten für Transport, Unterbringung, Verpflegung sowie weiteren Kosten aufzuschlüsseln. Zudem muss eine Versicherung abgegeben werden, dass die Ausgaben entsprechend den Vorgaben der Verhaltensregeln notwendig waren. Darüber hinaus ist eine Zusammenfassung der Veranstaltung abzugeben. Abgeordnete und Beamte des Kongresses haben schließlich zu versichern, dass die Veranstaltung im Zusammenhang mit ihren öffentlichen Aufgaben stand.[552] Veröffentlicht werden die Daten hingegen nicht.

---

545 Senate: Code of Conduct, Rule XXXV Cl. 2 (f)(3); House of Representatives: Rules, Rule XXV Cl. 5 (b)(4)(C).

546 Senate: Code of Conduct, Rule XXXV Cl. 2 (f)(4); House of Representatives: Rules, Rule XXV Cl. 5 (b)(4)(D). Die Regeln des Senates stellen dies allerdings unter die Voraussetzung, dass die Begleitung notwendig zur angemessenen Repräsentation des Senates ist.

547 Senate: Code of Conduct, Rule XXXV Cl. 2 (d)(1)(A); House of Representatives: Rules, Rule XXV Cl. 5 (c)(2). Ausgenommen sind *de minimis*-Beteiligungen von Lobbyisten, vgl. Senate: Code of Conduct, Rule XXXV Cl. 2 (d)(2) und House of Representatives: Rules, Rule XXV Cl. 5 (c)(2).

548 Senate: Code of Conduct, Rule XXXV Cl. 2 (d)(1)(B); House of Representatives: Rules, Rule XXV Cl. 5 (c)(1)(A). Nach den Regeln des House of Representatives gilt diese Einschränkung nicht, sofern eine Universität die Reise finanziert, Rule XXV Cl. 5 (c)(1)(B).

549 Senate: Code of Conduct, Rule XXXV Cl. 2 (a)(2)(A)(i); House of Representatives: Rules, Rule XXV Cl. 5 (c)(1)(C)(i).

550 Senate: Code of Conduct, Rule XXXV Cl. 2 (b); House of Representatives: Rules, Rule XXV Cl. 5 (b)(1)(A)(i).

551 Senate: Code of Conduct, Rule XXXV Cl. 2 (e).

552 Senate: Code of Conduct, Rule XXXV Cl. 2 (c); House of Representatives: Rules, Rule XXV Cl. 5 (b)(1)(A)(ii) und Rule XXV Cl. 5 (b)(3).

Ebenso wie ein Lobbyist im Formular LD-203[553] zu versichern hat, dass er nicht gegen die Geschenkvorschriften verstößt, muss er dies ebenso für die Reisevorschriften erklären. Verletzt er dennoch wissentlich die Reisevorschriften, steht wiederum eine Bestrafung wegen *defective filing* nach 2 U.S. Code § 1606 (a) mit einer Geldbuße von bis zu USD 200.000 im Raum. Liegt zudem das subjektive Tatbestandsmerkmal des korrupten Handelns vor, sind nach 2 U.S. Code § 1606 (b) Freiheitsstrafen von bis zu 5 Jahren möglich. Ebenso wie die Verletzung der Geschenkvorschriften ist die Annahme unzulässiger Reisen für Kongressmitglieder nicht sanktionsbewährt. Das Office on Congressional Ethics kann allerdings Nachforschungen anstellen und im Verletzungsfalle einen entsprechenden Bericht veröffentlichen.

Die sehr engen Vorgaben für Reisen sind geeignet, Erholungsreisen von Abgeordneten, deren Mitarbeitern und Kongressbeamten unter dem Vorwand der öffentlichen Tätigkeit zu verhindern. Bei Reisen ist es wegen des Bezugspunkts der öffentlichen Tätigkeit im Gegensatz zu den Geschenkvorschriften leichter möglich, einen Rahmen des Zulässigen abzustecken. Dennoch hat der amerikanische Gesetzgeber den Mitgliedern des Kongresses die Reisekostenerstattung durch Lobbyisten untersagt. Es liegt der Schluss nahe, dass der amerikanische Gesetzgeber somit auch die Vorschriften zu Reisekosten nicht als ausreichend ansah, das Näheverhältnis wirksam zu regeln.

4. Bewertung

Die durch den HLOGA eingeführten Änderungen haben zum Ziel, das Verhältnis zwischen Interessenvertretern und Staatsbediensteten strengeren Voraussetzungen zu unterwerfen. Zwar bestehen weiterhin Schlupflöcher und Ausnahmeregelungen, dennoch kann insgesamt eine signifikante Verbesserung festgestellt werden.[554] Die Weiterentwicklung der Verhaltensregeln hat zu einer präziseren Abgrenzung zwischen Erlaubtem und Verbotenem geführt. Das Verhältnis zwischen Interessenvertretern und staatlichen Entscheidungsträgern bewegt sich im amerikanischen Recht mittlerweile in einem derart engen Korsett, das kaum mehr ein verbleibender Graubereich ausgemacht werden kann. Die amerikanischen Reise- und Geschenkvorschriften zeigen zudem, welchen Wert ein Lobbyregister über Transparenz hinaus haben kann: Mit seiner verbindlichen Definition des Lobbyisten schafft es einen Anknüpfungspunkt für weitere Regulierungsinstrumente. Erst durch die Definition wurde es möglich, das besonders gefahrenträchtige Näheverhältnis von professionellen Interessenvertretern (Lobbyisten im Sinne des Lobbying Disclosure Act) und Staatsbediensteten strengeren Regeln zu unterwerfen.

Trotzdem werden innerhalb der amerikanischen Literatur Zweifel angemeldet, dass die geschaffenen Verbote in der Lage sind, die Einflussnahme wirksam zu regulieren. Verbote mögen den Verdacht ausräumen, dass politische Entscheidungen verkauft werden. Durch sie lässt sich die Gefahr der Korruption einschränken.

---

553 Siehe zum Formular LD-203 auf S. 56.

554 So *Susman*, Private Ethics, Public Conduct, 19 Stan. L. & Pol'y Rev., S. 10, 15.

Um die präventive Wirkung der Verhaltensvorschriften zu erhöhen, wird teilweise vorgeschlagen, eine möglichst umfassende Nachvollziehbarkeit durch Veröffentlichungspflichten für die Schenkenden und Beschenkten zu erreichen, so dass ebenso wie bei den Wahlkampfspenden durch beiderseitige Angaben die Kontrolle erleichtert wird.[555] Gesteigerte Transparenz kann die Austauschverhältnisse zwischen politischen Entscheidungsträger sichtbar machen und der öffentlichen Kontrolle aussetzen. Somit wirken Offenlegungspflichten auch präventiv illegitimen Absprachen entgegen.

Die Verbote gehen aber nicht gegen bestehende Kontaktnetzwerke vor, die einzelnen Lobbygruppen einen erleichterten Zugang verschaffen.[556] Ungleicher Zugang zu politischen Entscheidungsträgern wird auch durch die amerikanischen Verhaltenskodizes nicht abgebaut. Allerdings kann dem zumindest entgegengehalten werden, dass die Regeln den Interessenvertretern den Auf- und Ausbau neuer Netzwerke zumindest erschweren. Jedoch wird in der amerikanischen Literatur auch darauf hingewiesen, dass die detaillierten Einzelregelungen den Verwaltungsaufwand erhöhen und so die Transaktionskosten der Einflussnahme steigern. Hierin wird eine indirekte Begünstigung[557] finanzstarker Interessengruppen gesehen.[558]

Bleibt das Machtungleichgewicht bei der Betrachtung außen vor und wird nur die Regulierung des Näheverhältnisses untersucht, sind die geschaffenen Verhaltensregeln positiv zu bewerten. Die sehr feingliedrigen, detaillierten Regelungen versprechen trotz der Ausnahmen eine verbesserte Möglichkeit der Abgrenzung. Mit dem generellen Verbot von Geschenken oder Reisekostenübernahmen durch Lobbyisten gestand allerdings auch der amerikanische Gesetzgeber ein, dass eine abschließende Grenzziehung zwischen Erlaubtem und Verbotenem nicht dazu geeignet ist, die Bindung der politischen Entscheidungsträger an das Gemeinwohl dauerhaft abzusichern. Vor dem Hintergrund der eingangs angesprochenen sozialpsychologischen Experimente[559] erscheint ein generelles Verbot gegenüber Interessenvertretern auch angebracht. Neigen Menschen unterbewusst zu reziprokem Verhalten ist in letzter Konsequenz allein ein umfassendes Verbot der Vorteilsgewährung zur Auflösung des problematischen Verhältnisses zwischen staatlichen Entscheidungsträger und Interessenvertretern geeignet.

---

555 *Bassett*, Reform through exposure, 57 Emory L. J., S. 1049, 1084.

556 *Krishnakumar*, Towards a madisonian, interest-group-based, approach to lobbying regulation, 58 Ala. L. Rev., S. 513, 527. So auch *Bassett*, Reform through exposure, 57 Emory L. J., S. 1049, 1083. Mit Bezug auf *Bassett* ebenso: *Read*, Between a rock and a hard place, 24 Geo. J. Legal Ethics, S. 783, 789 f.

557 Eine indirekte Begünstigung wird in dem Umstand gesehen, dass den gestiegenen Verwaltungsaufwand lediglich finanzstarke Interessengruppen stemmen können. Nur ihnen soll es möglich sein, die bestehenden Vorschriften auf taugliche Ausnahmen zu prüfen und anschließend einen entsprechenden Umweg zu gehen.

558 Vgl. hierzu bei Fn. 534.

559 Vgl. hierzu bei Fn. 478.

Schließlich ist die Verknüpfung der im Rahmen des Transparenzregisters abzugebenden Erklärung (LD-203) mit den Vorschriften über Geschenke und Reisen sinnvoll. Dadurch wird auf Seiten des Lobbyisten abgesichert, dass ein Bewusstsein für die Existenz der Vorschriften besteht. Außerdem knüpfen allein an das Formular Sanktionsmöglichkeiten. Somit wird die Folgenlosigkeit etwaiger Regelverstöße vermieden. Die fehlenden Sanktionen für Kongressmitglieder scheinen auf der Annahme zu beruhen, dass mit der Veröffentlichung des Verstoßes bereits eine Prangerwirkung verbunden ist, die ausreicht, um die Regelungsadressaten zu normgemäßen Verhalten zu bewegen.

II. Europäische Union

Ebenso wie der Senate und das House of Representatives haben sich die Europäische Kommission und das Europäische Parlament Verhaltensregeln gegeben, die unter anderem die Themen Nebeneinkünfte, Geschenke und Reisekostenerstattung regeln.[560] Ziel der Regelungswerke ist eine erhöhte Transparenz sowie die Vermeidung von Interessenkonflikten.[561] Die Durchsetzung der Verhaltensregeln ist zwischen den beiden Organen sehr unterschiedlich ausgestaltet. Abgesehen von der für nachamtliche Beschäftigungen zuständigen Ad-hoc-Ethikkommission[562] existiert auf Kommissionsebene kein Gremium, das die Einhaltung der Verhaltensregeln überwacht. Der Verhaltenskodex der Kommission sieht aber in Ziff. 2.2 Sanktionen in Form von Kürzungen finanzieller Privilegien bis hin zur Amtsenthebung für den Fall schwerer Verfehlungen vor. Der Verhaltenskodex des Parlaments enthält hingegen in den Art. 7 und Art. 8 ein eigenes Sanktionsverfahren. Der Art. 7 konstituiert den Beratenden Ausschuss und legt seine Zusammensetzung fest. Besetzt wird der Beratende Ausschuss mit fünf Parlamentsmitgliedern, die aufgrund ihrer Erfahrung unter Berücksichtigung der Kräfteverhältnisse im Parlament durch den Präsidenten ernannt werden.[563] Nach Art. 8 Abs. 1 verweist der Parlamentspräsident Angelegenheiten, in denen ein Verstoß gegen den Verhaltenskodex möglich erscheint, an den Beratenden Ausschuss. Wird durch den Ausschuss ein Verstoß festgestellt, entscheidet wiederum der Präsident über mögliche Sanktionen. In Betracht kommen

---

560 Europäische Kommission: Verhaltenskodex für Kommissionsmitglieder, 20. April 2011, K (2011) 2904 (im Folgenden: Verhaltenskodex der Kommission); Europäisches Parlament: Geschäftsordnung des Europäischen Parlaments vom 8. Januar 2015 – Anlage 1: Verhaltenskodex für die Mitglieder des Europäischen Parlaments im Bereich finanzielle Interessen und Interessenkonflikte (im Folgenden: Verhaltenskodex des Parlaments).

561 Vgl. Einleitung des Verhaltenskodex' der Kommission und Art. 1 des Verhaltenskodex' des Parlaments.

562 Vgl. hierzu noch später auf S. 160.

563 Weitere Vorgaben zur Besetzung ergeben sich weder aus der Geschäftsordnung des Beratenden Ausschusses noch aus dem Verhaltenskodex des Parlaments.

Maßnahmen, die von einer Rüge über den Verlust des Tagegelds bis zur Suspendierung von Sitzungen und zur Amtsenthebung reichen.[564]

Für die Beamten der Europäischen Union sind Verhaltensregeln im Beamtenstatut niedergelegt.[565] Aufsichtsführende Stelle ist nach Art. 86 des Beamtenstatuts die Anstellungsbehörde.

1. *Nebeneinkünfte*

Im Umgang mit Nebentätigkeiten ihrer Mitglieder unterscheiden sich die Kommission und das Parlament deutlich. Während die Mitglieder des Parlaments neben ihrer Tätigkeit als Abgeordnete weiteren Beschäftigungen nachgehen dürfen, unterliegen Kommissionsmitgliedern grundsätzlich einem Nebentätigkeitsverbot.

Der Art. 17 Abs. 3 UAbs. 3 EUV sieht die Unabhängigkeit der Kommissare der Europäischen Kommission vor. Nach Art. 245 Abs. 2 AEUV dürfen die Mitglieder der Kommission „*während ihrer Amtszeit keine andere entgeltliche oder unentgeltliche Berufstätigkeit ausüben*". Dementsprechend stellt auch der Verhaltenskodex der Kommission unmissverständlich klar, dass die Mitglieder „*weder entgeltliche noch unentgeltliche Nebentätigkeiten ausüben*" dürfen.[566] Doch gilt das Nebentätigkeitsverbot nicht ausnahmslos. So sind den Kommissionsmitgliedern unentgeltliche Lehrtätigkeiten erlaubt. Solche Lehrtätigkeiten sind nach Ziff. 1.1. Abs. 1 des Kodexes weder anzeige- noch veröffentlichungspflichtig. Vor einer Buchveröffentlichung ist hingegen der Kommissionspräsident zu informieren. Steht die Veröffentlichung in einer Verbindung zur Tätigkeit als Kommissar, ist das aus den Urheberrechten erzielte Honorar nach dem Verhaltenskodex an eine karitative Einrichtung zu spenden.[567] Gleiches gilt nach Abs. 3 für Vorträge, Reden oder Artikel. Ehrenamtliche Tätigkeiten „*in Stiftungen und ähnlichen Einrichtungen des politischen, kulturellen, künstlerischen oder karitativen Bereichs*" sind zulässig. Ehrenamt wird im Abs. 4 der Ziff. 1.1. des Kodexes definiert als „*Tätigkeiten, bei denen der Amtsinhaber keine leitende Funktion innehat, über keine Entscheidungsbefugnis verfügt und keine Verantwortung oder Kontrolle im Zusammenhang mit Maßnahmen der*

---

564 Der Verhaltenskodex verweist in Art. 8 Abs. 3 UAbs. 2 auf Art. 153 Abs. 3 der Geschäftsordnung des Parlaments. Der Verweis bezieht sich auf die Geschäftsordnung der 7. Wahlperiode. In der Version der Geschäftsordnung der 8. Wahlperiode finden sich die Maßnahmen in Art. 166 Abs. 3.

565 Vgl. Verordnung Nr. 31 (EWG) / Nr. 11 (EAG) über das Statut der Beamten und über die Beschäftigungsbedingungen für die sonstigen Bediensteten der Europäischen Wirtschaftsgemeinschaft und der Europäischen Atomgemeinschaft vom 1. Januar 1962, zuletzt geändert durch Verordnung Nr. 1023/2013 vom 1. Januar 2014, ABl. 287, S. 15. Nicht verbeamtete Angestellte der Europäischen Union unterliegen Beschäftigungsbedingungen, die – jedenfalls in Bezug auf das Verhältnis zu Interessenvertretern – dem Beamtenstatut entsprechen, vgl. *Joos*, Lobbying im neuen Europa, S. 117.

566 Ziff. 1.1. Abs. 1 des Kodexes.

567 Ziff. 1.1. Abs. 2.

betreffenden Einrichtung ausübt." Die Mitgliedschaft in nationalen politischen Parteien und Gewerkschaften ist nach Ziff. 1.1 Abs. 6 darüber hinaus gestattet, sofern sie keine Managementaufgaben mit sich bringt. Entscheidend für die Aufnahme einer Nebentätigkeit ist somit, dass sich das Kommissionsmitglied in keiner Führungsposition befindet. Nach Ziff. 1.5 des Kodexes der Kommission ist zudem eine Interessenerklärung abzugeben, in der alle Tätigkeiten der letzten 10 Jahre sowie zulässige Tätigkeiten neben der Kommissionsarbeit und finanzielle Beteiligungen sowie Vermögenswerte und die Erwerbstätigkeit des eingetragenen Lebenspartners bzw. Ehegatten anzugeben sind. Etwaige Interessenkonflikte der Kommissionsmitglieder sollen durch die Interessenerklärung offengelegt werden.

Die Abgeordneten des Europäischen Parlaments unterliegen keinem vergleichbaren Verbot. Der Art. 2 des Verhaltenskodexes des Parlaments verbietet lediglich Vereinbarungen, die die Abstimmungsfreiheit der Abgeordneten beeinträchtigen. Innerhalb von 30 Tagen nach Amtsantritt bzw. Eintritt einer Änderung sind zudem Angaben zu den Nebeneinkünften zu leisten.[568] Anzugeben sind nach Art. 4 Abs. 2 des Kodexes alle Berufstätigkeiten der letzten drei Jahre vor Mandatsübernahme sowie Mitgliedschaften in Leitungsorganen und Ausschüssen von Unternehmen. Aufwandsentschädigungen für Mandatstätigkeiten in anderen Parlamenten sind ebenfalls anzugeben. Aufzuführen ist des Weiteren jede regelmäßig und gelegentlich vergütete Tätigkeit (einschließlich Veröffentlichungen, Vorträgen oder sachverständige Beratung) soweit deren Gesamtvergütung EUR 5.000 im Kalenderjahr überschreitet. Die Parlamentsmitglieder haben zudem „*Beteiligung an einem Unternehmen oder einer Partnerschaft, die potenzielle Auswirkungen auf die öffentliche Politik in sich birgt oder die dem Mitglied einen erheblichen Einfluss auf die Angelegenheiten des Unternehmens oder der Partnerschaft verschafft,*" zu veröffentlichen. Außerdem sind Drittmittel, die dem Abgeordneten neben den vom Parlament bereitgestellten Mittel für die Abgeordnetentätigkeit zur Verfügung gestellt werden, unter Nennung der Identität des Dritten anzugeben. Die regelmäßigen Einkommen sind schließlich in eine der vier Kategorien (Stufe 1: EUR 500 – EUR 1.000 monatlich; Stufe 2: EUR 1.001 – EUR 5.000 monatlich; Stufe 3: EUR 5.001 – EUR 10.000 monatlich; Stufe 4: über EUR 10.000 monatlich) einzuordnen. Sonstige Einkommen sind auf ein Kalenderjahr hochzurechnen, durch 12 zu teilen und ebenfalls den Kategorien zuzuordnen.

Nach Art. 12b des Beamtenstatuts müssen Beamte aller Organe der Europäischen Union für die Aufnahme einer Nebentätigkeit die Zustimmung der sie beschäftigenden Behörde einholen. Gemäß Art. 12b Abs. 1 S. 2 soll die Zustimmung erteilt werden, wenn die Nebentätigkeit weder mit den Aufgaben des Beamten noch den Interessen der Europäischen Institutionen konfligiert. Veröffentlichungspflichten für genehmigte Nebeneinkünfte sind nicht vorgesehen. Zuwiderhandlungen können nach Art. 86 des Beamtenstatuts mit Disziplinarmaßnahmen geahndet werden.

568 Art. 4 des Parlamentskodexes.

Die Maßnahmen können nach Art. 9 des Annex IX des Statuts von schriftlichen Verwarnung über Degradierungen bis hin zur Entlassung reichen.

Das vollständige Nebentätigkeitsverbot ist für die Europäische Kommission stellt einen recht weitgehenden Eingriff in die Berufsfreiheit der Kommissare dar. Es sichert die Unabhängigkeit der Exekutivspitze ab und unterbindet berufliche Interessenkonflikte. Für die Mitglieder des höchsten Exekutivorgans der Europäischen Union sind auch so weitgehende Inkompatibilitätsvorschriften angemessen. Die wenigen Ausnahmen berücksichtigen die Verflechtungen der Kommissare in nationale Parteien, lassen ehrenamtliche Tätigkeiten und solche die im Interesse der Europäischen Union sind, zu. Darüber hinaus schließt das Verbot durch Vorträge und Veröffentlichungen Einnahmen zu erzielen, klassische Schlupflöcher.

Das Parlament hat hingegen beschlossen, seinen Abgeordneten Nebentätigkeiten nicht zu verwehren, sondern lediglich die Einnahmen Offenlegungspflichten zu unterwerfen. Interessenkonflikte werden damit nicht grundsätzlich unterbunden, sondern der öffentlichen Bewertung unterzogen. Damit verbunden ist die Hoffnung einer präventiven Verhaltenssteuerung, wenn die Parlamentarier eine öffentliche Debatte über die Quellen und die Höhe ihrer Nebeneinkünfte befürchten müssen. Die derzeitigen Offenlegungspflichten reichen jedoch nicht aus, um eine kritische Debatte zu ermöglichen. Zum einen lassen die vier Stufen, in denen die monatlichen Nebeneinkünfte einzuordnen sind, nur bedingt Rückschlüsse auf das Einkommen und den damit verbundenen Interessenkonflikt zu. Die höchste Stufe beginnt bereits ab einem Einkommen von EUR 10.000 pro Monat. Zwar lässt sich argumentieren, dass ein Nebeneinkommen von über EUR 10.000 so hoch ist, dass jedenfalls von einem erheblichen Interessenkonflikt ausgegangen werden kann. Für die öffentliche Bewertung dürfte es aber durchaus von Interesse sein, wie weit das Einkommen über diesem Schwellenwert liegt. Eine weitere Schwachstelle ist, dass die Daten zwar grundsätzlich auf der Website des Parlaments zugänglich sind, allerdings lediglich auf der jeweiligen Unterseite der Abgeordneten. Auf der Homepage existiert mittlerweile ein Bereich *Ethik und Transparenz*, es fehlt aber an einer übersichtlichen und durchsuchbaren Datenbank. Die Erklärungen der finanziellen Interessen werden darüber hinaus lediglich in der jeweiligen Landessprache verfasst. Eine Übersetzung – zumindest in die Amtssprachen der Europäischen Union – wird nicht angeboten.[569] Somit erschweren bereits formale und strukturelle Hindernisse eine Recherche. Die fehlende zentrale Veröffentlichung der abzugebenden Erklärungen stellt eine weitere Hürde für die Kontrolle des Austauschverhältnisses dar. Es drängt sich der Verdacht auf, dass das Parlament nur ein eingeschränktes Interesse an der Nachvollziehbarkeit hat.

569 Entsprechende Kritik hierzu übt auch *LobbyControl*, Kurzstudie: Ein Jahr Verhaltenskodex im europäischen Parlament, S. 4 f.

2. Geschenke

Mitglieder der Kommission und Abgeordnete des Parlaments dürfen nach Ziff. 1.11 Verhaltenskodex der Kommission und Art. 5 Abs. 1 Verhaltenskodex des Parlaments Geschenke grundsätzlich nur annehmen, wenn der Wert EUR 150 nicht überschreitet.

Der Verhaltenskodex der Kommission definiert den Geschenkbegriff nicht. In Ziff. 1.11. ist vorgesehen, dass Geschenke, die den Schwellenwert überschreiten und aufgrund „*diplomatischer Gepflogenheiten*" überreicht werden, an den Protokolldienst zu übergeben sind. Zudem hat der Protokolldienst nach Ziff. 1.11 ein öffentliches Register zu führen, in dem alle auszuhändigenden Geschenke erfasst werden. Geschenke außerhalb der diplomatischen Gepflogenheiten sind abzulehnen. Es stellt sich die Frage nach dem Anwendungsbereich der Ausnahme. Eine Auslegungshilfe existiert nicht. Die Verwendung des Begriffs „*diplomatischer Gepflogenheiten*" legt nahe, dass nur solche Geschenke unter die Ausnahmevorschrift fallen, die die Mitglieder der Kommission im Rahmen internationaler Beziehungen erhalten. Die Ausnahmevorschrift lässt somit die Geschenkannahme aus Gründen der Höflichkeit zu. Aufmerksamkeiten von Interessenvertretern sind bei einem solchen Verständnis grundsätzlich nicht zulässig.

Im Verhaltenskodex des Parlaments ist das Verbot in Art. 5 Abs. 1 niedergelegt. Das Präsidium des Parlaments hat zu den Geschenk- und Reisevorschriften im Jahr 2013 Auslegungshilfen erlassen.[570] Erfasst sind Geschenke im Wert von über EUR 150, die den Parlamentariern „*bei der Ausübung ihres Mandats* [...] *nach den Gepflogenheiten der Höflichkeit überreicht werden* [...]." Geschenke im Wert von unter EUR 150 dürfen die Parlamentarier mithin annehmen. Anzeige- oder Veröffentlichungspflichten bestehen nicht.

Sondervorschriften bestehen für den Fall, dass ein Abgeordneter ein Geschenk in amtlicher Funktion als Repräsentant des Parlaments erhält. Definiert wird das Geschenk in Art. 1 Abs. 1 lit. (a) der Durchführungsmaßnahmen. Nach Art. 2 Abs. 1 der Durchführungsmaßnahmen hat der Abgeordnete den Präsidenten unabhängig vom Wert des Geschenks über den Erhalt zu informieren. Ist der Schwellenwert überschritten, ist das Geschenk der zuständigen Dienststelle auszuhändigen. Die zuständige Dienststelle ist für das öffentlich einsehbare Register über die Geschenke verantwortlich.[571] Der Art. 1 Abs. 1 lit. (b) nennt drei Varianten, in denen ein Abgeordneter das Parlament repräsentiert. Nach der ersten Variante vertritt ein Abgeordneter das Parlament, wenn er in einer der in Art. 19 der Geschäftsordnung[572] des

570 Beschluss des Präsidiums des Europäischen Parlaments vom 15. April 2013, Durchführungsmaßnahmen zum Verhaltenskodex für die Mitglieder des Europäischen Parlaments im Bereich finanzielle Interessen und Interessenkonflikte.

571 Art. 4 der Durchführungsmaßnahmen.

572 Der Art. 19 der zum Erlasszeitpunkt geltenden Geschäftsordnung hat die vorzeitige Beendigung der Amtszeit bestimmter Ämter zum Gegenstand. Erfasst sind das Amt des Präsidenten, des Vizepräsidenten, der Quästoren, Vorsitzenden und

Parlaments genannten Funktion handelt. Zweitens repräsentiert ein Abgeordneter das Parlament, wenn ihm der Präsident die nach Art. 20 Abs. 4 der Geschäftsordnung in der Fassung vom April 2013[573] dem Präsidenten zufallende Aufgabe der Repräsentation im internationalen Bereich übertragen hat. Nach der dritten Variante sind Mitglieder des Parlaments dessen Repräsentant, wenn sie einen Ausschuss oder eine interparlamentarische Delegation auf einer von der Konferenz der Präsidenten oder dem Präsidium genehmigten offiziellen Reise vertreten.

Im Unterschied zu den Kommissionsmitgliedern und den Abgeordneten gilt für die Beamten aller Organe der Europäischen Union nach Art. 11 des Beamtenstatuts ein vollständiges Verbot der Annahme von Geschenken, sofern nicht ausnahmsweise die Zustimmung der Anstellungsbehörde vorliegt. Zuwiderhandlungen können wiederum nach Art. 86 des Beamtenstatuts in Verbindung mit Art. 9 des Annex IX des Beamtenstatuts bestraft werden.

Mit dem Schwellenwert von EUR 150 und dem Fehlen von Ausnahmen enthalten die Verhaltensregeln der Kommission recht restriktive Geschenkvorschriften. Die Vorschriften sind der Stellung der Kommission und der Notwendigkeit ihrer Unabhängigkeit angemessen. Ob die im Rahmen *„diplomatischer Gepflogenheiten"* erhaltenen Geschenke tatsächlich ausgehändigt werden, lässt sich nicht näher überprüfen. Trotz der Vorgabe in Ziff. 1.11. des Verhaltenskodexes findet sich auf der Website der Kommission kein öffentlich zugängliches Register der Geschenke. Misslich ist zudem die fehlende Definition des Begriffs Geschenk. So wird nicht deutlich, ob etwa die Erbringung von Dienstleistungen oder die Gewährung zinsgünstiger Darlehen von der Vorschrift umfasst sind. Auch ist keine Behörde für die Durchsetzung der Vorschriften zuständig, so dass in Kumulation mit der fehlenden Definition eine schwache Durchsetzungspraxis zu befürchten ist.

Nach dem Verhaltenskodex des Parlaments sind Geschenke erfasst, die *„nach den Gepflogenheiten der Höflichkeit überreicht werden"*, Art. 5 Abs. 1. Im Gegensatz zur Vorschrift im Kommissionskodex besteht kein Zweifel, dass hiervon auch Geschenke von Interessenvertretern erfasst sind. Jedoch differenziert das Europäische Parlament zwischen Geschenken, die der Mandatsträger persönlich während der Mandatsausübung erhält und solchen, die ihm als Vertreter des Parlaments in amtlicher Funktion übergeben werden. Vom Geschenkannahmeverbot umfasst ist nur die erste Variante. Die Erlaubnis zur Annahme von Geschenken in repräsentativer Funktion lässt sich einerseits damit rechtfertigen, dass der höfliche Umgang das Ablehnen des Geschenks in einer solchen Situation verbietet. Andererseits ist durch solche Geschenke auch keine unbotmäßige Einflussnahme zu befürchten,

---

stellvertretenden Vorsitzenden von Ausschüssen und Vorsitzenden interparlamentarischer Delegationen sowie deren Stellvertreter. Da die Durchführungsmaßnahmen von 2013 stammen, beziehen sich die Verweise auf die Geschäftsordnung der 7. Wahlperiode (damals aktuell war die Fassung aus dem April 2012). In der Fassung vom April 2015 befindet sich die entsprechende Vorschrift in Art. 21 GO.

573 In der Fassung vom April 2015 befindet sich die entsprechende Vorschrift in Art. 22 GO.

da das Geschenk nicht dem einzelnen Mandatsträger, sondern dem Parlament gilt. Nach den Durchführungsmaßnahmen sind daher auch nur letztere auszuhändigen und in das Register einzutragen. Die dem Mandatsträger zukommenden Geschenke unterschreiten entweder EUR 150 und sind somit zulässig oder überschreiten den Grenzwert und dürfen nicht angenommen werden. Das öffentlich einsehbare Geschenkregister wird seit dem Jahr 2013 aktiv geführt.[574] Problematisch sind die fehlenden Anzeige- und Veröffentlichungspflichten für Geschenke, die den Parlamentariern bei der Ausübung ihres Mandats überreicht werden. Weder für den den Verhaltenskodex überwachenden Präsidenten des Europäischen Parlaments noch für die Öffentlichkeit besteht so eine Kontrollmöglichkeit. Den Parlamentsvorschriften fehlt es vollständig an Durchsetzungs- und Sanktionsmechanismen, so dass ebenfalls eine schwache Befolgung zu vermuten ist.

Anderes gilt für die Beamten der Europäischen Union: Geschenke an sie unterliegen einem strikten Annahmeverbot dessen Verletzung disziplinarische Maßnahmen nach Art. 86 in Verbindung mit Annex IX des Beamtenstatuts nach sich zieht.

3. *Reisen*

Die Verhaltensregeln beinhalten schließlich auch Vorschriften zu Reisen der Mitglieder beider Organe. Im Gegensatz zu den Staatsbediensteten der USA ist es weder den Mitgliedern der Europäischen Kommission noch den Abgeordneten des Europäischen Parlaments untersagt, auf Kosten Dritter zu reisen.

Der Verhaltenskodex der Kommission regelt Reisen ebenso restriktiv wie Geschenke. Zu Einladungen Dritter führt der Verhaltenskodex in Ziff. 1.11 lediglich aus, dass die Mitglieder der Kommission *„Gastfreundschaft nur im Einklang mit den diplomatischen Gepflogenheiten annehmen"* dürfen. Im Umkehrschluss bedeutet dies, dass Reisekosten außerhalb der diplomatischen Gepflogenheiten nicht übernommen werden dürfen. Ausnahmevorschriften bestehen nicht. Allerdings fehlt es an einer Durchsetzungsbehörde und Offenlegungspflichten.

Mitgliedern des Europäischen Parlaments ist es nach Art. 5 Abs. 3 der Verhaltensregeln explizit gestattet, auf Kosten Dritter zu reisen oder sich von Dritten die Kosten der Reise, Unterbringung und des Aufenthalts erstatten zu lassen. Dass den Parlamentariern Reisen auf Kosten Dritter gestattet sind, verwundert vor der Zielrichtung des Verhaltenskodexes Interessenkonflikte zu verhindern. Neben Geschenken ist die Finanzierung von Reisen, die teilweise nur vordergründig in Beziehung zur Aufgabe des Abgeordneten stehen, eine Möglichkeit sich gegenüber den Mandatsträgern erkenntlich zu zeigen. Das Europäische Parlament scheint an dieser Stelle – ganz im Gegensatz zum amerikanischen Gesetzgeber – keinen Handlungsbedarf zu sehen. Nach Art. 6 Abs. 1 der Durchführungsbestimmungen sind solche Kostenübernahmen durch die Parlamentarier offenzulegen. Nach Art. 8 der

574 Das Geschenkregister kann auf der Homepage des Europäischen Parlaments eingesehen werden: http://www.europarl.europa.eu/atyourservice/en/20150201PVL00050/Ethics-and-transparency (zuletzt abgerufen am 18. Dezember 2015).

Durchführungsbestimmungen hat die Offenlegung bis zum Monatsende des auf die Reise folgenden Monats zu geschehen. Ein dem Register für Geschenke gleichendes Verzeichnis existiert allerdings nicht. Art. 7 Abs. 4 der Durchführungsbestimmungen sieht lediglich vor, dass die offengelegte Kostenübernahme auf leicht zugängliche Weise auf der Website des Europäischen Parlaments zu veröffentlichen ist. Dieser Vorgabe wird nur bedingt entsprochen: Parlamentsmitglieder veröffentlichen die Auskünfte allein auf ihrer Unterseite und lediglich in ihrer Landessprache.[575] Zudem sind nach Art. 6 Abs. 2 der Durchführungsbestimmungen Kostenübernahmen für Reisen zu Veranstaltungen von etwa politischen Parteien, anerkannten internationalen Einrichtungen wie den Vereinten Nationen oder Behörden der Mitgliedsstaaten nicht von der Offenlegungspflicht umfasst. Der Kauf einer Eintrittskarte oder eine Essenseinladung fällt nach Art. 6 Abs. 3 der Durchführungsbestimmungen ebenfalls nicht unter die Offenlegungspflicht, wenn der Wert den Schwellenwert für Geschenke (EUR 150) nicht überschreitet.

Beamten der Europäischen Union ist nach Art. 11 des Beamtenstatuts neben der Annahme von Geschenken auch die Annahme von weiteren Vorteilen untersagt. Nach Ziff. 3 der „*Guidelines on Gifts and Hospitality*“[576] erfasst der Begriff *Gefallen* auch Unterbringung und Verpflegung. Die Erstattung von weiteren Reisekosten wie etwa Flugtickets wird jedoch nicht genannt. Aus der Definition des Begriffs Gastfreundlichkeit (*hospitality*) in Ziff. 3 der Auslegungshilfe wird erkennbar, dass es sich bei der Gastfreundlichkeit nur um einen Unterfall des Begriffs *Gefallen* handelt. Die Erstattung von Reisekosten kann daher unter den Begriff *Gefallen* subsumiert werden. Auch nach dem Telos des Art. 11 des Beamtenstatuts, der auf die Verhinderung von Interessenkonflikten der Bediensteten abzielt,[577] ist es geboten, weitere Reisekosten als von Art. 11 des Beamtenstatuts erfasst anzusehen.

4. *Bewertung*

Soweit ersichtlich findet die Umsetzung der Verhaltenskodizes der Europäischen Kommission und des Europäischen Parlaments sowie das Beamtenstatut in der rechtswissenschaftlichen Literatur bisher keine Beachtung. Lediglich einige *Watchdog*-Organisationen[578] befassen sich mit der Thematik. Insgesamt ist der

---

575 Eine Durchsicht der Unterseiten der Abgeordneten ergab, dass Ende 2015 lediglich 56 Parlamentsmitglieder Angaben zu Reisen veröffentlichten. Entweder reisen nur sehr wenige Parlamentarier auf Kosten Dritter oder die Transparenzvorschriften werden nur bedingt eingehalten.

576 *Europäische Kommission*, Communication from Vice-President Šefčovič to the Commission on Guidelines of Gifts and Hospitality for the staff members, SEC (2012) 167 final.

577 Vgl. Ziff. 4 der Auslegungshilfe.

578 *Watchdog*-Organisationen widmen sich der Aufgabe, unethische Verhaltensweisen von Regierungen, Parlamentsmitgliedern und Unternehmen öffentlich anzuprangern.

regulatorische Rahmen in der EU im Vergleich zum amerikanischen Pendant weniger restriktiv und zugleich vager ausgestaltet. Die Vorschriften sind nicht derart detailliert und lassen einen größeren Interpretationsspielraum. Entsprechend der herausgehobenen Stellung der Kommission unterbinden die restriktiven Geschenke- und Reisevorschriften das Auftreten von Interessenkonflikten. Allerdings fehlt dem Verhaltenskodex der Kommission eine gesonderte Aufsicht. Die in Ziff. 2.2 benannten Sanktionen können nur auf Antrag des Rats oder der Kommission durch den Europäischen Gerichtshof beschlossen werden. Die Durchsetzung wird nicht öffentlich dokumentiert. Mangels einer verantwortlichen Aufsichtsbehörde ist die Effektivität der Durchsetzung zweifelhaft.

Die Durchsetzung des Verhaltenskodexes des Parlaments scheint erst seit dem Jahr 2014 aktiv betrieben zu werden. Der Beratenden Ausschuss[579] veröffentlicht seit dem Jahr 2012 regelmäßig einen Bericht.[580] In den Berichten über die Jahre 2012 und 2013 wird lediglich ein Fall einer unvollständigen finanziellen Erklärung erwähnt[581] und kein weiterer Verstoß berichtet. Im 1. Halbjahresbericht zu 2014 wird von neun Verstößen gegen den Verhaltenskodex berichtet, wobei sich acht Verstöße auf Reisekostenerstattungen zum selben Sachverhalt bezogen. Aufgrund zeitnaher Korrektur kam es jedoch nicht zu Sanktionen.[582] Während somit der Beratende Ausschuss in 2,5 Jahren lediglich von 10 Verstößen zu berichten wusste, decken *Watchdog*-Organisationen wie LobbyControl regelmäßig weitere Fälle von Verstößen gegen den Verhaltenskodex auf.[583] Die Divergenz zwischen den Berichten des mit der Aufsicht beauftragten Ausschusses und den Nichtregierungsorganisationen stützt die These über die schwache Durchsetzung und Kontrolle des Verhaltenskodexes.

Mit Beginn der 8. Legislaturperiode hat ein Umbruch im Wirken des Beratenden Ausschusses stattgefunden. Zu Beginn der Legislaturperiode wurden 58 Parlamentarier angesprochen, deren Angaben fehlerhaft waren. Zu Sanktionen kam es dennoch nicht. Alle kontaktierten Parlamentarier korrigierten ihre Angaben daraufhin in einer für den Ausschuss zufriedenstellenden Art und Weise.[584]

---

579 Siehe hierzu Art. 7 des Verhaltenskodex' des Parlaments und auf S. 132.

580 Die Berichte können auf der Website des Parlaments zu den Abgeordneten im Unterpunkt „Beratender Ausschuss zum Verhalten von Mitgliedern" abgerufen werden: http://www.europarl.europa.eu/meps/de/about-meps.html (zuletzt abgerufen am 18. Dezember 2015). Zur Übersichtlichkeit wäre die Einrichtung einer eigenen Unterseite sinnvoll.

581 *Beratender Ausschuss*, Zum Verhalten von Mitgliedern – Jahresbericht 2012, S. 12 f.

582 *Beratender Ausschuss*, Zum Verhalten von Mitgliedern – 1. Januar 2014–1. Juli 2014, S. 1 f.

583 Vgl. etwa die Berichte *LobbyControl*, Kurzstudie: Ein Jahr Verhaltenskodex im europäischen Parlament, S. 5 ff. (Fn. 454) und der gemeinsame Bericht der Organisationen *Friends of the Earth Europe, Corporate Europe Observatory, LobbyControl und Spinwatch*, New code – Old conduct?, S. 8 ff.

584 Beratender Ausschuss, Zum Verhalten von Mitgliedern – 1. Juli 2014–31. Dezember 2014, S. 8.

Problematisch ist, dass der Beratende Ausschuss mit aktuellen Parlamentsmitgliedern besetzt wird. Wird ein Kontrollgremium durch Mitglieder des zu kontrollierenden Organs besetzt, bestehen naturgemäß Zweifel an der Unabhängigkeit. Ein derart besetzter Kontrollausschuss wird sich immer wieder dem Vorwurf der übermäßigen Nachsichtigkeit ausgesetzt sehen. Der Eindruck mangelnder Sanktionsbereitschaft wird verstärkt durch den Umstand, dass Verstöße in der Vergangenheit lediglich angemahnt, aber nicht bestraft wurden. Allein wegen der damit verbundenen Außendarstellung wäre eine mit Nichtparlamentariern besetzte unabhängige Kontrollbehörde, die auch mit den entsprechenden Kompetenzen zur Sanktionierung ausgestattet ist, wünschenswert.

In der Gesamtschau bleibt festzuhalten, dass die Verhaltensregeln des Parlaments und der Kommission zwar Regelungen zu den wichtigsten Ansatzpunkten der Beeinflussung durch Interessenvertreter beinhalten. Die Regelungen sind aber keinesfalls optimal, sondern sind durch unbestimmte und vage Formulierungen gekennzeichnet. Es liegt der Verdacht nahe, dass es sich jedenfalls teilweise eher um Symbolnormen handelt, die in Reaktion auf publik gewordene Skandale erlassen wurden. Solange keine Verbesserung der Durchsetzung angegangen wird, darf eine wirksame Regulierung des Verhältnisses von Interessenvertretern und Mandatsträgern nicht erwartet werden. Auffällig ist zudem, dass die Europäische Union im Gegensatz zu den USA deutlich stärker zwischen den Mitgliedern des Parlaments und der Kommission einerseits und den Beamten andererseits differenziert. Während in den USA Kongressmitglieder und ranghohe Mitglieder der Exekutive ebenso wie die übrigen Staatsbediensteten strengen Vorschriften unterworfen sind,[585] genießen Mitglieder des Europäischen Parlaments und der Kommission deutlich größere Freiheiten.

B. Strafrechtliche Vorschriften in den USA

Strafrechtliche Vorschriften zum Näheverhältnis finden sich im amerikanischem Recht im 18 U.S. Code § 201[586]. Normiert sind dort die Korruptionsdelikte. In § 201 (a) sind die Definitionen und in § 201 (b) und (c) die Tatbestände der Bestechung bzw. Bestechlichkeit und der rechtswidrigen Vorteilsannahme niedergelegt. Auf objektiver Tatbestandsebene setzen beide Normen voraus, dass einem Amtsträger für die Verletzung einer Dienstpflicht ein Vorteil gewährt wird. Da die Normen weitreichende Überschneidungen haben, wird zunächst der Tatbestand der Bestechung

585 Der Supreme Court ging sogar noch über die grundsätzliche amerikanische Gleichbehandlung hinaus, indem er für die Nebeneinkünfte entschied, dass eine Gleichbehandlung von Staatsbediensteten niedriger Rangstufen mit Kongressmitgliedern und ranghohen Exekutivmitgliedern aufgrund des fehlenden Gefahrenpotenzials verfassungswidrig ist. Das Gericht forderte somit keine Gleichbehandlung, sondern ließ die Freiheitseinschränkung nur für ranghohe Amtsträger zu.

586 Im Folgenden sind Normen, soweit nicht anders gekennzeichnet, solche des Title 18 des U.S. Codes.

dargestellt und anschließend im Rahmen der rechtswidrigen Vorteilsannahme nur auf die bestehenden Unterscheide eingegangen.

I. Bribery

In § 201 (b)(1) ist die Bestechung und in § 201 (b)(2) die Bestechlichkeit geregelt. Tathandlung ist seitens des Bestechenden nach § 201 (b)(1) das direkte oder indirekte Anbieten, Versprechen oder Verschaffen eines geldwerten Vorteils. Spiegelbildlich bestraft der § 201 (b)(2) politische Amtsträger, die direkt oder indirekt einen geldwerten Vorteil fordern, anstreben, empfangen oder akzeptieren. Ausreichend ist bereits die Vereinbarung, den geldwerten Vorteil später anzunehmen oder anderweitig zu akzeptieren („*...or agrees to receive or accept...*"). Als geldwerter Vorteil kommen nicht nur Wertgegenstände in Betracht. Nach der amerikanischen Rechtsprechung kann auch das in Aussicht stellen einer späteren Anstellung oder das Verschaffen illegaler Einwanderungspapiere einen geldwerten Vorteil darstellen.[587]

Taugliche Empfänger der Bestechung sind politische Amtsträger (*public official*) und Personen, die bereits zu politischen Amtsträgern gewählt wurden, das Amt aber noch nicht angetreten haben. Sie müssen den gewährten Vorteil allerdings nicht persönlich entgegennehmen. Nach § 201 (b)(1) und (2) reicht es nach Absprache zwischen den Tatbeteiligten auch aus, dass der geldwerte Vorteil an einen Dritten übergeben wird („*offers or promises any public official [...] to give anything of value to any other person or entity*"). Der Begriff des *public official* ist in § 201 (a)(1) näher bestimmt und umfasst neben den Angestellten und Amtsträgern der Exekutive auch Mitglieder des Kongresses.

Der geldwerte Vorteil muss für eine Handlung des politischen Entscheidungsträgers gewährt worden sein („*in return for*"). Beide Tatbestandsmerkmale müssen somit durch eine Unrechtsvereinbarung miteinander verknüpft sein. Die § 201 (b)(1) und (2) sehen drei Varianten vor: Der geldwerte Vorteil muss entweder für die Beeinflussung eines öffentlichen Aktes[588] oder für die Begehung (oder Beihilfe zur Begehung) eines Betrugs am Staat[589] oder für die Verletzung einer öffentlich-rechtlichen Pflicht[590] gewährt werden. Der Begriff des öffentlichen Aktes wird wiederum in § 201 (a)(3) definiert und ist sehr weit gefasst. Nach der Definition fällt unter das Tatbestandsmerkmal grundsätzlich jedes Tätigwerden eines Amtsträgers. Allerdings hat der Supreme Court in der viel beachteten Entscheidung in der Sache *Sun-Diamond*[591]

587 Vgl. hierzu und für weitere Beispiele *Dwyer/Golden/Lehman*, Public Corruption, 51 American Criminal Law Review, S. 1549, 1553 f.
588 Vgl. § 201 (b)(1)(A) und § 201 (b)(2)(A).
589 Vgl. § 201 (b)(1)(B) und § 201 (b)(2)(B).
590 Vgl. § 201 (b)(1)(C) und § 201 (b)(2)(C).
591 United States v. Sun-Diamond Growers of California (98–131), 526 U.S. 398 (1999). Die Entscheidung erging zwar zum Tatbestand der *illegal gratuity*, ihr Inhalt ist aber auch auf den Tatbestand *bribery* übertragbar, da beide Tatbestände den Begriff des *official acts* verwenden.

eine einschränkende Auslegung angenommen. Das Verhalten des Amtsträgers muss über rein repräsentatives Verhalten hinausgehen. Andernfalls sei eine ausufernde Strafbarkeit zu befürchten.[592] In *Sun-Diamond* war vom Supreme Court über die Auslegung des Begriffs *official act* hinaus zu entscheiden, wie die Verknüpfung zwischen dem geldwerten Vorteil und der beeinflussten öffentlichen Handlung ausgestaltet sein muss. Das Gericht urteilte, dass der geldwerte Vorteil im Austausch für eine offizielle Handlung erbracht werden muss.[593] Notwendig ist somit nach Ansicht des Gerichts, dass ein konkretes Austauschverhältnis (*quid pro quo*) nachgewiesen wird. Nur bei einem Nachweis dieser Verknüpfung kommt eine Verurteilung wegen Bestechung in Betracht. Nicht ausreichend um das Tatbestandsmerkmal der Verknüpfung zu erfüllen ist somit die Gewährung von Vorteilen zur generellen Klimapflege, da es an der Anknüpfung an eine konkrete Diensthandlung mangelt.

Auf subjektiver Tatbestandsebene setzt die Bestechung den Willen zur Korruption (*corruptly*) voraus. Sachverhalte, in denen das Geschenk allein wegen der persönlichen Beziehung zwischen dem Amtsträger und dem Schenkenden erfolgt, können somit ebenfalls den Tatbestand nicht erfüllen.[594] Der Supreme Court betonte, dass der subjektive Tatbestand der Bestechung (*corruptly*) prägend für den gesamten Tatbestand und seine Abgrenzung zur Vorteilsannahme ist.[595]

Bestechung und Bestechlichkeit werden mit Gefängnisstrafen von bis zu 15 Jahren und einer Geldstrafe von bis zu USD 250.000 (oder dem dreifachen Wert der Bestechung, anwendbar ist die höhere Summe) geahndet, 18 U.S. Code § 201 (b), § 3571 (b)(3), § 3571 (c)(3).

II. Illegal Gratuity

Die Vorteilsannahme unterscheidet sich von der Bestechung in zwei wesentlichen Punkten: Einerseits ist der Tatbestand enger hinsichtlich des Vorteilsempfängers. Die § 201 (c)(1)(A) und (B) voraus, dass der politische Amtsträger selbst Empfänger des geldwerten Vorteils ist. Die Vereinbarung, einem Dritten den Vorteil zu gewähren, reicht für die Erfüllung des Tatbestandes nicht aus, sofern dadurch nicht auch indirekt der Amtsträger einen geldwerten Vorteil erlangt. Im Gegensatz zum § 201 (b) reicht es für eine Verurteilung nach § 201 (c) allerdings aus, wenn sich der Schenkende erst nach der Handlung des Beschenkten zur Belohnung durch

---

592 United States v. Sun-Diamond Growers of California, 526 U.S. 398, 406 f.

593 United States v. Sun-Diamond Growers of California, 526 U.S. 398, 404 f.; *Christian/Hilton*, Criminal Prosecution of Lobbyists, S. 555, 558.

594 *Welling*, Reviving the federal crime of gratuities, 55 Ariz. L. Rev., S. 417, 425 f.

595 „*The distinguishing feature of each crime is its intent element. Bribery requires intent "to influence" an official act or "to be influenced" in an official act, while illegal gratuity requires only that the gratuity be given or accepted "for or because of" an official act. In other words, for bribery there must be a quid pro quo-a specific intent to give or receive something of value in exchange for an official act.*", United States v. Sun-Diamond Growers of California, 526 U.S. 398, 404 f.

den rechtswidrigen Vorteil entschließt. Daher sind im Rahmen des § 201 (c) auch ehemalige politische Amtsträger taugliche Täter während sie für die Bestechung des § 201 (b)(1) und (2) ausscheiden.[596] Andererseits ist der Tatbestand der Vorteilsannahme weiter, weil er geringere Anforderungen an die Verbindung zwischen Handlung und gewährtem Vorteil stellt.[597] Nach dem Wortlaut verlangt die Norm kein direktes Austauschverhältnis (Bribery: Der geldwerte Vorteil wird *in return for* gegeben; illegal gratuity: *for or because of*) zwischen den Tatbeteiligten. Für den Tatbestand der Vorteilsannahme ist es ausreichend, wenn eine der beiden Parteien die Beeinflussung eines öffentlichen Akts intendiert. Es muss also keine tatsächliche Beeinflussung stattfinden.[598]

Nach Ansicht des Supreme Courts ist aber auch für den Tatbestand der Vorteilsannahme eine Verknüpfung zwischen dem gewährten Vorteil und einem spezifischen öffentlichen Akt zu fordern. Nicht ausreichend ist es nach der Rechtsprechung in *Sun-Diamond*, wenn mit dem gewährten Vorteil nur eine grundsätzlich positive Haltung des politischen Entscheidungsträgers erzeugt werden soll.[599] Die Staatsanwaltschaft vertrat die Auffassung, dass es ausreiche, wenn dem Schenkenden nachgewiesen werden könne, dass er dem Beschenkten den geldwerten Vorteil wegen seiner Fähigkeit Staatsgewalt ausüben oder beeinflussen zu können, gewährt habe.[600] Dieser Ansicht hat der Supreme Court eine Absage erteilt. Auch wenn kein direktes Austauschverhältnis gefordert wird, muss nach Ansicht des Gerichts die Vorteilsgewährung für eine spezifische Handlung des Amtsträgers erfolgen.[601]

Die Vorteilsannahme und Vorteilsgewährung wird mit Gefängnisstrafen von bis zu 2 Jahren oder einer Geldstrafe von bis zu USD 250.000 geahndet, 18 U.S. Code § 201 (c), § 3571 (b)(3), § 3571 (c)(3).

III. Bewertung

Die *Sun-Diamond*-Entscheidung wird in der amerikanischen Literatur überwiegend kritisiert. So wird angemerkt, dass die Entscheidung zwar zu Recht den subjektiven Tatbestand als das entscheidende Abgrenzungskriterium benennt. Bestechung oder Bestechlichkeit liege nur vor, wenn entweder die Absicht zu beeinflussen (auf Seiten des Schenkenden) oder die Absicht sich beeinflussen zu lassen (auf Seiten des

596 So auch *Christian/Hilton*, Criminal Prosecution of Lobbyists, S. 555, 558; Welling, Reviving the federal crime of gratuities, 55 Ariz. L. Rev., S. 417, 429.

597 So auch *Christian/Hilton*, Criminal Prosecution of Lobbyists, S. 555, 563.

598 *Welling*, Reviving the federal crime of gratuities, 55 Ariz. L. Rev., S. 417, 426.

599 United States v. Sun-Diamond Growers of California, 526 U.S. 398, 403 ff.

600 United States v. Sun-Diamond Growers of California, 526 U.S. 398, 405 f. („*The Solicitor General contends that § 201(c)(1)(A) requires only a showing that a "gift was motivated, at least in part, by the recipient's capacity to exercise governmental power or influence in the donor's favor" without necessarily showing that it was connected to a particular official act.*“).

601 United States v. Sun-Diamond Growers of California, 526 U.S. 398, 406.

Empfängers) vorliege.[602] Die Vorteilsannahme setzt ein solches subjektives Element nicht voraus. Die vom Supreme Court aufgestellten Anforderung, auch bei § 201 (c)(1) den geldwerten Vorteil mit einer spezifischen beeinflussten Entscheidung verknüpfen zu müssen, führe aber dazu, dass eine Abgrenzung zwischen der Vorteilsannahme und der Bestechung in den meisten Fällen unmöglich werde.[603] Denn jede Entlohnung eines öffentlichen Amtsträgers für eine noch zu treffende Entscheidung ließe sich dann sowohl unter den Tatbestand der *illegal gratuity* („*Whoever* [...] *gives* [...] *anything of value to any public official* [...] *for or because of any official act* [...] *to be performed* [...]") als auch unter *bribery* („*Whoever directly* [...] *corruptly gives* [...] *anything of value to any public official* [...] *to influence any official act*") subsumieren.[604] Bei zukunftsgewandten Belohnungen, die mit einer spezifischen Handlung des Amtsträgers verknüpft sind, beinhaltet der Sachverhalt auch immer eine Unrechtsvereinbarung, die ausreichend für die Anforderungen des subjektiven Tatbestands des § 201 (b)(1) und (2) ist.[605] Damit wären regelmäßig beide Tatbestände erfüllt. Ein eigenständiger Anwendungsbereich für den § 201 (c)(1) bliebe dann lediglich für die Fälle in denen politische Entscheidungen nachträglich vergütet werden. Der Supreme Court hat mit seiner Entscheidung den unterschiedlichen Wortlaut der Verknüpfung in den beiden Tatbeständen vollständig negiert. Nur, wenn im Moment der Entscheidung noch keine Abrede über das Austauschverhältnis zugrunde lag, der Entscheidungsträger nachträglich dennoch belohnt wird, kommt eine alleinige Verurteilung nach § 201 (c) in Betracht.

Kritisiert werden zudem die hohen Anforderungen an die Bestimmtheit der beeinflussten Entscheidung. Sie führten dazu, dass vor allem in sehr kriminellen Beziehungen, in denen eine Vielzahl von Geschenken gegeben und ebenso viele Entscheidungen zu Gunsten des Schenkers beeinflusst werden, der Nachweis der Verknüpfung zwischen einem Geschenk und einer beeinflussten Entscheidung kaum zu erbringen ist.[606] Gerade solche Beziehungen seien aber besonders strafwürdig.

Darüber hinaus wird in der amerikanischen Literatur das Verknüpfungskriterium generell aus einer ökonomischen Perspektive heraus als verfehlt angesehen.[607] Sinnvoller sei es, einen *off-market benefit*-Test einzuführen. Sowohl der Bestechung als auch der Vorteilsannahme liege das Konzept zugrunde, dass sich die beiden Parteien des Unrechtspakts zulasten des Staates auf eine Art bereichern, wie es durch einen freiwilligen Austausch unter Einhaltung der staatlichen Regularien

602 *Welling*, Reviving the federal crime of gratuities, 55 Ariz. L. Rev., S. 417, 426.

603 *Welling*, Reviving the federal crime of gratuities, 55 Ariz. L. Rev., S. 417, 426 ff. So wohl auch *Dwyer/Golden/Lehman*, Public Corruption, 51 American Criminal Law Review, S. 1549, 1560.

604 *Welling*, Reviving the federal crime of gratuities, 55 Ariz. L. Rev., S. 417, 428.

605 Diesen Schluss ziehen auch *Christian/Hilton*, Criminal Prosecution of Lobbyists, S. 555, 557 f.

606 *Eliason*, Surgery with a meat axe, 99 J. Crim. L. Criminology, S. 929, 946.

607 *Stein*, Corrupt intensions: bribery, unlawful gratuity, and honest-services fraud, 75 Law Contemp. Probs., S. 61, 74 ff.

nicht möglich wäre.[608] Der Ansatz will auf das Kriterium des Unrechtspakts verzichten, weil er davon ausgeht, dass jede Vorteilsgewährung zu irgendeinem Zeitpunkt retourniert wird.[609] Das Kriterium der Schädigung des Staats sei besser dazu geeignet, strafrechtlich relevante Sachverhalte von lediglich moralisch zweifelhaften Interessenkonflikten abzugrenzen.[610] Zu bedenken ist aber, dass ein Verzicht auf das Verknüpfungskriterium zu einer signifikanten Ausweitung der Strafbarkeit führen würde. Der Tatbestand wäre bereits dann erfüllt, wenn dem politischen Entscheidungsträger eine besondere Vergünstigung zukommt. Es wird unterstellt, dass die Vergünstigung nur als Gegenleistung für eine Bevorzugung durch den Amtsträger gewährt wird.[611] Die Unterstellung mag zwar Beweisprobleme ausräumen, jedoch nur indem grundlegenden Anforderungen an den Nachweis der Schuld des Täters außer Acht gelassen werden. Ein solcher Tatbestand würde den Grundregeln des Strafrechts zuwiderlaufen.

C. Wahlkampffinanzierung in den USA

Die Wahlkampffinanzierung in den USA betrifft nicht nur den Gefahrenkomplex *Intransparenz*, sondern auch das Näheverhältnis zwischen Interessenvertretern und politischen Entscheidungsträgern. Die im Wesentlichen privat organisierte Finanzierung der Wahlkämpfe bietet für Interessenvertreter einen weiteren Ansatzpunkt, in der Gunst politischer Entscheidungsträger zu steigen.

Die verbliebenen Spendenbegrenzungen, die nicht dem Verdikt der Verfassungswidrigkeit zum Opfer gefallen sind,[612] sind in 52. U.S. Code §§ 30116 ff.[613] festgelegt.

---

608 *Stein*, Corrupt intensions: bribery, unlawful gratuity, and honest-services fraud, 75 Law Contemp. Probs., S. 61 f. Dem Staat entgehe in solchen Fällen mindestens eine Geschäftschance („*Any such transaction is necessarily coercive toward the government. For, as a consequence of the official's betrayal, the government suffers a deprivation of its interest, asset, or opportunity.*").

609 *Stein*, Corrupt intensions: bribery, unlawful gratuity, and honest-services fraud, 75 Law Contemp. Probs., S. 61, 74.

610 *Stein*, Corrupt intensions: bribery, unlawful gratuity, and honest-services fraud, 75 Law Contemp. Probs., S. 61, 62.

611 „*For example, if the chief of police were to receive from a baseball stadium owner Mark McGwire's seventieth home run ball, 52 he would likely be taking a bribe or unlawful gratuity. The reason is simple: Such memorabilia items are expensive, exclusive, and consequently are never given for free on the open market.*", *Stein*, Corrupt intensions: bribery, unlawful gratuity, and honest-services fraud, 75 Law Contemp. Probs., S. 61, 74.

612 Die Entwicklung der Rechtsprechung des Supreme Courts sowie die wichtigsten Definitionen wurden bereits zuvor im Zusammenhang mit den Transparenzvorschriften beschrieben, siehe dazu S. 74 ff.

613 Im Folgenden sind Normen, soweit nicht anders gekennzeichnet, solche des Title 52 des U.S. Codes. Die Normen befinden sich erst seit Februar 2015 im Title 52. Zuvor war die Wahlkampffinanzierung in 2 U.S. Code §§ 431 ff. geregelt.

Einige der Obergrenzen sind nach § 30116 (c)(1)(B), (C) im Zweijahresrhythmus an die Inflation anzupassen. Die inflationsbereinigten Obergrenzen werden von der FEC im Federal Register veröffentlicht.[614]

Der § 30116 (a)(1) legt die Obergrenzen für Spenden an Kanditen und *committees* fest. Nach der Entscheidung des D.C. Circuit Court of Appeals in der Sache *Speechnow.org v. FEC*[615] gilt die Obergrenze jedoch nicht mehr für Spenden an *committees*, die nur *independent expenditures*[616] tätigen. Solche *Super PACs* können unbegrenzte Summen von Spenden annehmen, dürfen die Mittel jedoch nicht für Direktspenden verwenden.[617]

Abweichende Begrenzungen enthält der § 30116 (a)(2) für Spenden von *multicandidate political committees*. Dabei handelt es sich nach § 30116 (a)(4) um *committees*, die vor mehr als 6 Monaten gemäß § 30103 (a) registriert wurden, Spenden von mehr als 50 Personen erhalten und an 5 oder mehr Kandidaten gespendet haben.

Unternehmen und Gewerkschaften sind nach § 30118 Spenden und weitere Wahlkampfausgaben vollständig verboten. Seit der *Citizens-United*-Entscheidung gilt das Verbot jedoch nicht mehr für *independent expenditures*. Unternehmen und Gewerkschaften ist es seitdem – entgegen dem Wortlaut des § 30118[618] – gestattet, unbegrenzt Finanzmittel für Kampagnen für oder gegen einen Kandidaten auszugeben, sofern die Ausgaben nicht mit dem Kandidaten oder dessen *committee* abgesprochen sind.

In § 30116 (a)(3) finden sich die Gesamtobergrenzen für Spenden innerhalb eines Zweijahreszyklusses, die jedoch durch die *McCutcheon*-Entscheidung vom Supreme Court für verfassungswidrig erklärt wurden.[619]

Somit bestehen im Wesentlichen nur noch die Begrenzungen für Direktspenden. Es stellt sich allerdings die Frage, inwieweit Obergrenzen für Direktspenden überhaupt wirkungsvoll sind, wenn gleichzeitig keine Begrenzungen für *independent expenditures* bestehen. Ihrer Definition nach dürfen *independent expenditures* nicht in Zusammenarbeit mit oder auf Wunsch oder Vorschlag von einem Kandidaten, dessen *authorized political committee*, Vertreter oder einem *political party committee* oder dessen Agenten getätigt werden, § 30101 (17). Rechtlich flankiert wird die Voraussetzung durch § 30104 (c)(2)(B). Danach hat derjenige, der *independent expenditures* tätigt, unter der Androhung einer Verurteilung wegen Meineids im Rahmen der Offenlegungspflichten zu versichern, dass die *independent expenditures* tatsächlich unabhängig vom Kandidaten und dessen Stab erfolgten. Es erscheint

---

614 Die inflationsbereinigten Werte für 2015/2016 finden sich im Federal Register, Volume 80, S. 5750 ff.

615 Vgl. hierzu vor Fn. 441.

616 Zur Definition der *independent expenditures* siehe § 30101 (17).

617 *Bakken*, Constitutional rights and political power of corporations after Citizens United, 12 Cardozo Pub. Law, Policy & Ethics J., S. 119, 130.

618 Die Norm verbietet *contribution* und *expenditure*. Auch *independent expenditures* sind *expenditures*, vgl. § 30101 (17).

619 Vgl. bei Fn. 442.

allerdings zweifelhaft, ob selbst ein sehr hoher Aufwand seitens der FEC ausreicht, um derartige Absprachen zu verhindern.[620] Die Zusammenarbeit zwischen Finanziers und Kandidaten bedarf keiner direkten Kommunikation.[621] Es reicht aus, wenn beispielsweise ehemalige Kampagnenmitarbeiter der Kandidaten das Wahlkampfteam verlassen und innerhalb unabhängiger PACs tätig werden. In solchen Fällen kann mit einem vorauseilendem Gehorsam gerechnet werden. Wissen Mitarbeiter der PACs um die Ziele der Kampagne eines Kandidaten, bedarf es keiner Absprache mehr um *independent expenditures* und die Kampagne aufeinander abzustimmen. Denkbar sind auch Absprachen über Mittelsmänner.[622] Die Unterstützung eines PACs und eines Kandidaten durch denselben Berater wäre zwar als koordinierte Ausgaben und somit als Direktspende zu qualifizieren. Jedoch existieren aus diesem Grund verbundene Unternehmen, die ihre Büros in denselben Gebäuden unterhalten und denen man – ohne Anhänger einer Verschwörungstheorie zu sein – einen Kommunikationsfluss unterstellen kann.[623] *Independent expenditures* sind in solchen Konstellationen nur noch vordergründig unabhängig[624] und nähren Zweifel an der Wirkungskraft der Obergrenzen für direkte Wahlkampfspenden. Hinzu kommen die Ergebnisse empirischer Studien, nach denen eine strikte Regulierung der *contributions* zu einer entsprechenden Steigerung der Ausgaben für *independent expenditures*

620 Bereits in den 1980er Jahren übten Autoren aus diesem Grund Kritik an der Unterscheidung zwischen *contributions* und *independent expenditures*, siehe etwa *Relman*, Making campaign finance law enforceable, 15 U. Mich. J. L. Rev., S. 363, 364; *Leatherberry*, Rethinking regulation of independent expenditures by PACs, 35 Case W. Res. L. Rev., S. 13, 22 f.; *Schultz*, Revisiting Buckley v. Valeo, 14 Journal of Law & Pol., S. 33, 91 beschreibt *independent expenditures* als einfache Umgehungsmöglichkeit der Spendenbegrenzungen. Ebenso wird auch aktuell das Problem weiterhin in der Wissenschaft diskutiert: *Bakken*, Constitutional rights and political power of corporations after Citizens United, 12 Cardozo Pub. Law, Policy & Ethics J., S. 119, 132.

621 *Bakken*, Constitutional rights and political power of corporations after Citizens United, 12 Cardozo Pub. Law, Policy & Ethics J., S. 119, 132: *„Moreover, the corporate giver – or any giver to a Super PAC – knows that the PAC will deliver the same message as the candidate's campaign because, in the first instance, Super PACs and campaigns work together with winks and nods.*" *Relman*, Making campaign finance law enforceable, 15 U. Mich. J. L. Rev., S. 363, 364.

622 *Relman*, Making campaign finance law enforceable, 15 U. Mich. J. L. Rev., S. 363, 364 bezeichnet dies als *„indirect communication*".

623 Siehe hierzu das Beispiel bei *Bakken*, Constitutional rights and political power of corporations after Citizens United, 12 Cardozo Pub. Law, Policy & Ethics J., S. 119, 133.

624 Bereits in *Buckley v. Valeo* führte der vorsitzende Richter C. J. Burger aus, dass es sich bei *contributions* und *independent expenditures* häufig um *„two sides of the same First Amendment coin*" handelt, vgl. *Buckley v. Valeo*, 424 U.S. 1, 241.

führte.[625] Bedenkt man schließlich, dass *independent expenditures* häufig für Negativkampagnen und polarisierende Einzelproblem-Kampagnen genutzt werden, erscheint die Verschiebung der finanziellen Ressourcen als gefährliche Entwicklung. Bereits in der aktuellen Situation ist der amerikanischen Wahlkampf ist für seine populistischen Tendenzen bekannt. Die Möglichkeit Negativkampagnen anonym zu finanzieren erscheint nicht als Bereicherung politischen Kultur.

4. Abschnitt: Abbau von Machtungleichgewichten

Neben der Intransparenz der Einflussnahme und dem Näheverhältnis zwischen politischen Entscheidungsträgern und Interessenvertretern liegt das dritte Gefährdungspotenzial des Lobbyismus in dem zwischen den Interessengruppen bestehenden Machtungleichgewicht. Das Machtungleichgewicht beruht zum einen auf strukturell-organisatorischen Unterscheiden. Zum anderen ist die unterschiedliche Finanzkraft ein bedeutender Faktor. Drittens sorgen verfestige Netzwerkstrukturen für eine Begünstigung bestimmter Interessengruppen. Im letzten Abschnitt des dritten Teils werden die Rechtssysteme der USA und der Europäischen Union daraufhin untersucht werden, ob sie Machtungleichgewichte begrenzen oder abbauen.

A. Karenzzeiten in den USA und der EU

Eine Möglichkeit zum Abbau von Machtasymmetrien sind Karenzzeiten. Durch nachamtliche Beschäftigungsverbote wird dem Umstand entgegengewirkt, dass einige Interessengruppen über besonders viele Finanzmittel verfügen und dadurch ehemalige Amtsträger als Mitarbeiter gewinnen können. Die Beschäftigung gut vernetzter früherer Staatsbediensteter verstärkt bestehende Ungleichgewichte. Der exklusive Zugang zu politischen Entscheidungsträgern verspricht frühzeitige Benachrichtigungen über anstehende Gesetzesvorhaben und die Anhörung der eigenen Interessen im Gesetzgebungsprozess. Während in den USA ein feingliedriges System aus verschiedenen Karenzzeiten besteht, befindet sich die Regulierung der Europäischen Union auch in diesem Bereich noch am Anfang.

I. USA

In den USA existiert eine Vielzahl von Regelungen zu Karenzzeiten für ehemalige Mitglieder der Exekutive und Legislative. Erfasst werden von den Normen nicht nur Mandatsträger und Regierungsmitglieder, sondern auch höhere Angestellte der Exekutive. Kernstück der amerikanischen Karenzzeitenregelung ist der 18 U.S. Code § 207[626]. Daneben existiert mit dem 41 U.S. Code § 423 eine weitere Regelung

---

625 *Issacharoff/Karlan*, The hydraulics of campaign finance reform, 77 Tex. L. Rev. S. 1705, 1714 f.

626 Soweit nicht anders gekennzeichnet handelt es sich bei den in diesem Abschnitt genannten Normen um solche des Title 18 des U.S. Codes.

für Mitarbeiter der Exekutive, die mit dem öffentlichen Beschaffungswesen betraut sind. Die Norm wird mangels Bezug zum Gesetzgebungslobbyismus nachfolgend nicht besprochen.

Der 18 U.S. Code § 207 befindet sich im Title 18 des U.S. Codes (*Crimes and criminal procedure*). Es handelt sich mithin um eine Strafvorschrift. Rechtstechnisch wird die erfasste Tätigkeit für die ehemaligen Amtsträger für einen bestimmten Zeitraum unter Strafandrohung gestellt. Die Norm enthält sechs Vorschriften für ehemalige Angestellte der Exekutive und neun Vorschriften für ehemalige Abgeordnete, Mitarbeiter und Beamte des Kongresses. Hinzu kommen die Auslegungsvorschriften des Office of Government Ethics (OGE), das durch den Ethics in Government Act (1978) konstituiert wurde.[627] Die Auslegungsvorschriften sind zwar direkt nur auf die die Exekutive betreffenden Normen anwendbar. Allerdings sind die Vorschriften teilweise wortgleich mit den Normen, in denen die Karenzzeit für die Legislative geregelt wird. Daher sprechen sich einige Autoren für eine Anwendung der Interpretationen des OGE auch auf die übrigen Normen aus.[628] Nachfolgend werden die Regelungen unterteilt nach den zwei Gewalten dargestellt. Daran schließt sich ein Überblick zu den Befreiungsmöglichkeit und Sanktionsandrohungen sowie eine Bewertung an.

1. *Karenzzeiten für Mitglieder der Exekutive*

Drei der sechs Regelungen des § 207 betreffen alle ehemaligen Mitglieder der Exekutive (*Employee of the executive branch*[629]). Die übrigen drei Normen wenden sich allein an diensthöheres Personal (*senior personnel* und *very senior personnel*[630]). Die Karenzzeiten verfolgen unterschiedliche Zwecke. Während die § 207 (a)(1), § 207 (a)(2) und § 207 (b)(1) die Verwertung von erlangtem Amtswissen zu verhindern

---

627 Gemäß 5 U.S. Code § 402 (b)(6) ist das OGE für die Interpretation von Normen, Interessenkonflikte, ethischen Probleme und die Veröffentlichung von Erklärungen zur Finanzsituation verantwortlich. Die Auslegungsvorschriften sind in deutscher Terminologie als normkonkretisierende Verwaltungsvorschriften zu begreifen. Die entsprechenden Vorschriften finden sich in Title 5 § 2641 des Code of Federal Regulations (CFR).

628 So *Vaughn*, Post-Employment Restrictions, S. 525, 541.

629 *Employee* wird vom OGE definiert als: *„any officer or employee of the executive branch or any independent agency that is not a part of the legislative or judicial branches."* Siehe 5 C.F.R. § 2641.104. Die Definition stellt zum Ende des Absatzes zudem heraus, dass auch *„employees serving without compensation"* erfasst sind. Auf eine Entgeltzahlung kommt es somit nicht an.

630 Der § 207 (c)(2)(A) enthält eine Definition des *senior personnel. Very senior personnel* wird in § 207 (d)(1) definiert. Grundsätzlich erfolgt die Abgrenzung anhand der Besoldungsgruppe. Nahezu wortgleiche Definitionen befinden sich zudem in 5 C.F.R § 2641.104.

suchen, zielen die § 207 (c)(1), § 207 (d)(1) und § 207 (f)(1)(A) darauf ab, die Einflussnahme durch ehemaliges ranghohes Personal zu unterbinden.[631]

Die § 207 (a)(1), und § 207 (a)(2) verbieten ein Tätigwerden nur hinsichtlich konkreter Angelegenheiten. Nicht erfasst sind Einflussnahmeversuche zu generell-abstrakten Sachverhalten wie Normgebung, die grundsätzliche Ausrichtung der Politik einer Behörde und Angelegenheiten mit einem ähnlich weiten Anwendungsbereich.[632] Der § 207 (a)(1) statuiert eine dauerhafte (*permanent*) Karenzzeit und setzt voraus, dass der Regelungsadressat persönlich in die Angelegenheit involviert war, während es für die zweijährige Karenzzeit des § 207 (a)(2) ausreicht, dass der Sachverhalt im Zuständigkeitsbereich der jeweilige Behörde lag. Auch die in § 207 (b)(1) niedergelegte Karenzzeit, die an den Zugang zu Informationen anknüpft, die im Zusammenhang mit Verhandlungen oder dem Abschluss eines Handelsabkommens oder Staatsvertrags (*trade or treaty negotiation*) stehen, betrifft den Gesetzgebungslobbyismus nicht.

Karenzzeiten, die auch die Einflussnahme auf generell-abstrakte Themen erfassen, gelten allein für Angestellte der Exekutive in höheren Positionen (*senior personnel* und *very senior personnel*). Anknüpfungspunkt der Vorschriften ist ausschließlich die Dienstebene. Die Normen unterbinden im Gegensatz zu den § 207 (a)(1), § 207 (a)(2) und § 207 (b)(1) nicht das Nutzen von Insiderwissen, sondern sollen die Kommerzialisierung bestehender Einflussnahmemöglichkeiten verhindern.[633] Den Normen liegt mithin die Vorstellung zugrunde, dass ranghöheres Personal grundsätzlich über entsprechenden Einfluss verfügt. Die Abgrenzung zwischen den verschiedenen Angestellten erfolgt primär anhand der Besoldungsgruppe.[634]

---

631 So zu den Vorgängervorschriften das OGE in dem Memo 84 x 15 vom 19. November 1984, S. 2 und mit Verweis auf die Gesetzesbegründung.

632 Vgl. 5 C.F.R. § 2641.201 (h)(2). Es wäre daher nach der Norm zulässig am Normsetzungsverfahren einer Behörde beteiligt zu sein und anschließend einen der Normadressaten gegenüber der Behörde zu vertreten. In solchen Fällen besteht nicht die Gefahr, dass der ehemalige Angestellte durch die vorherige Beteiligung an der Angelegenheit dem Normadressaten einen unangemessenen Vorteil verschafft. Solche Situationen liegen vielmehr vor, wenn es sich um Aufgaben der Exekutive handelt, bei denen die Involvierten etwa Informationen über die Betroffenen erhalten.

633 OGE, Memo 84 x 15 vom 19. November 1984, S. 2.

634 Das OGE greift die Definitionen in aus § 207 (c)(2)(A) und § 207 (d)(1) bzw. 5 C.F.R § 2641.104 auf. Seit 2008 sind von beiden Definition des *senior personnel* auch Beauftrage aus der Privatwirtschaft erfasst, die im Rahmen des Information Technology Exchange Program (ITEP) für den Staat tätig werden. Für solche „Leihbeamte" verbietet der § 207 (l) neben der Repräsentation auch die Unterstützung und Beratung bei der Bewerbung um einen staatlichen Auftrag gegenüber der Behörde, die den „Leihbeamten" zuvor beschäftigt hat.

Nach § 207 (c)(1) ist es ehemaligem *senior personnel* ein Jahr nach dem Ausscheiden aus dieser Position[635] untersagt, wissentlich und mit dem Willen zur Beeinflussung[636] Angestellte der Behörde, in welcher der Normadressat zuvor beschäftigt war, zu kontaktieren oder vor deren Angestellten aufzutreten. Zulässig sind hingegen unterstützende und beratende Tätigkeiten. Nach einem Memo des OGE umfassen die Begriffe *Unterstützung* und *Beratung* insbesondere die Vorbereitung von Kommunikation mit den jeweiligen Behörden, die Empfehlung von Strategien und Argumenten sowie die Identifikation der jeweiligen politischen Entscheidungsträger.[637]

Im Gegensatz zu den § 207 (a)(1), § 207 (a)(2) und § 207 (b)(1) gilt die Karenzzeit des § 207 (c)(1) nur gegenüber den Behörden, in der der Handelnde innerhalb eines Jahres vor dem Ausscheiden als *senior personnel* beschäftigt war. Allerdings bezieht sich die Sperrfrist nicht auf bestimmte Themen, setzt nicht die persönliche und wesentliche Beschäftigung mit der Angelegenheit voraus und verlangt auch nicht die Verwicklung spezifischer Parteien. Der Adressatenkreis des Einflussnahmeversuchs ist somit enger, während die Norm inhaltlich-thematisch weiter gefasst ist. Sie erfasst auch die (versuchte) Einflussnahme auf den Gesetzgebungsprozess. Das OGE kann weitere Einschränkungen dadurch vornehmen, dass es abgrenzbare Abteilungen einer Behörde als selbstständige Behörde im Sinne der Norm qualifiziert, vgl. § 207 (h)(1). Im Falle sehr großer Behörden kann damit der weite Anwendungsbereich wieder begrenzt werden. Darüber hinaus kann das OGE einige der Normadressaten[638] von der Karenzzeit befreien, wenn andernfalls der Behörde Schwierigkeiten drohen, qualifiziertes Personal zu finden oder die Befreiung keine unzulässige Einflussnahme befürchten lässt, vgl. § 207 (c)(2)(C).

Very senior personnel unterliegt einer Karenzzeit von zwei Jahren, § 207 (d)(1). Die Regelung ähnelt der Karenzzeit des § 207(c)(1). Im Gegensatz zum *senior personnel*, dem nur der Versuch der Einflussnahme auf Angestellte derjenigen Behörden verboten ist, in denen der ehemalige Angestellte innerhalb eines Jahres vor dem Ausscheiden aus dem Rang des *senior personel* beschäftigt war, ist es dem *very senior personel* darüber hinaus untersagt, weitere ranghohe Exekutivmitglieder zu kontaktieren oder vor diesen aufzutreten, vgl. § 207 (d)(2)(A), (B). Die Sperrfrist für *very senior personnel* hat somit im Vergleich zum § 207 (c)(1) einen weiteren Anwendungsbereich. Auch gibt die Norm dem OGE keine Möglichkeiten an die Hand den Anwendungsbereich wieder zu beschränken.

---

635 Es kommt nicht auf das Ende der Beschäftigung beim Staat an. Entscheidend ist die Beschäftigung als *senior personnel.*

636 Ein Wille zur Beeinflussung wird nach Auslegung des OGE dann angenommen, wenn der Kontaktierende eine staatliche Normgebung, Genehmigungen oder andere Ermessensentscheidungen ersucht oder weiteres Handeln der Staatsgewalt betrifft, das kontroverse Themen zum Gegenstand hat, vgl. 5 C.F.R. § 2641.201 (e)(1).

637 Vgl. Nachweis zum OGE Memo 90 x 17 (1990) bei *Vaughn*, Post-Employment Restrictions, S. 525, 534.

638 Nur solche, die in § 207 (c)(2)(A)(ii) – (iv) als *senior personel* definiert sind.

Der sechste Tatbestand des § 207 betrifft die Repräsentation ausländischer juristischer Rechtsträger und gilt für *senior personnel* und *very senior personnel*. Nach § 207 (f)(1)(A) ist es den Angestellten innerhalb eines Jahres nach dem Ausscheiden aus der von der Norm erfassten Position untersagt, ausländische juristische Personen gegenüber Angestellten und Beamten amerikanischer Behörden zu repräsentieren, sofern Ziel der Repräsentation die Beeinflussung einer staatlichen Entscheidung der jeweiligen Behörde ist. Nach der Definition des § 207 (f)(3) sind hiervon lediglich Regierungen anderer Länder sowie ausländische politische Parteien betroffen. Neben der Repräsentation untersagt der § 207 (f)(1)(B) den ehemaligen Angestellten ebenfalls unterstützende und beratende Tätigkeiten.

Die Vorschriften zu den Karenzzeiten wurden wie die Geschenkvorschriften zu Beginn der Regierungszeit von Präsident Obama durch die Executive Order 13490[639] modifiziert. Das Dekret erweitert die Karenzzeit inhaltlich und zeitlich. Nach Section 1, Nr. 4 der Executive Order 13490 verlängert sich die Karenzzeit des 18 U.S. Code § 207 (c) für die von der Executive Order erfassten Mitglieder der Exekutive um ein weiteres Jahr auf einen Zeitraum von zwei Jahren. Die inhaltlich Erweiterung schafft Sec. 1, Nr. 5 der Executive Order 13490. Die Adressaten verpflichten sich, bis zum Ende der Regierungsperiode nicht gegenüber den von der Executive Order 13490 erfassten Mitarbeitern als Lobbyist tätig zu werden. Somit gilt die Karenzzeit nicht nur gegenüber Angestellten der Behörde, die den Ausscheidenden zuvor beschäftigte, sondern ebenfalls gegenüber allen Mitgliedern der Exekutive, die nach 2 U.S. Code § 1602 (3) unter Begriff des *covered executive branch official* und somit in den Anwendungsbereich des Dekrets fallen.

Unter der Voraussetzung, dass eine Anwendung der Karenzzeiten dem Zweck der Executive Order zuwider läuft oder die Befreiung im öffentlichen Interesse steht, kann der Leiter des Office of Management and Budget die Beschränkungen aus der Executive Order aufheben, vgl. Sec. 3 (a).

2. *Karenzzeiten für Mitglieder der Legislative*

Für die Abgeordneten und Mitarbeiter der Legislative existieren neun verschiedene Karenzzeittatbestände. Nicht näher besprochen werden die ebenfalls für die Legislative geltenden § 207 (b)(1), der an Staatsverträge und Handelsabkommen betreffende Informationen anknüpft, und § 207 (f)(1), der die Repräsentation, Unterstützung oder Beratung einer ausländischen Regierung oder ausländischen politischen Partei gegenüber Angestellten und Beamten amerikanischer Behörden verbietet.

Abgesehen von § 207 (b)(1) knüpfen alle Tatbestände nicht an den Tätigkeitsbereich des ehemaligen Staatsbediensteten, sondern an dessen frühere Position an und gelten inhaltlich unbeschränkt, so dass auch die Interessenvertretung im Gesetzgebungsprozess erfasst ist.

Die Karenzzeit für ehemalige Senatoren ist im 18 U.S. Code § 207 (e)(1)(A) geregelt. Demnach ist es Senatoren für zwei Jahre nach dem Ausscheiden aus dem

639 Siehe hierzu in Fn. 507.

Senate untersagt, bewusst und mit dem Willen zur Einflussnahme für eine andere Person oder Organisation mit Mitarbeitern oder Mitgliedern des Senates oder des House of Representatives zu kommunizieren oder vor diesen aufzutreten.

Für die Abgeordneten und gewählten Beamten[640] des House of Representatives gilt nach § 207 (e)(1)(B)(i) eine einjährige Karenzzeit. Die Karenzzeit gilt ebenfalls umfassend für alle Angelegenheiten in denen das ehemalige Mitglied des House of Representatives versucht, eine staatliche Handlung zu beeinflussen. Wie den Senatoren ist den Abgeordneten und ehemaligen Beamten des House of Representatives lediglich die direkte Kommunikation sowie das selbstständige Auftreten untersagt, nicht aber beratende oder unterstützende Tätigkeiten. Für die gewählten Beamten gilt die Karenzzeit nur gegenüber Mitgliedern, Beamten und Angestellten des House of Representatives[641], § 207 (e)(1)(B)(iii). Abgeordnete dürfen hingegen weder vor Mitgliedern, Beamten und Angestellten des House of Representatives und des Senates noch vor Mitarbeitern anderer Einrichtungen der Legislative[642] auftreten oder mit diesen kommunizieren.

Die §§ 207 (e)(2) – (6) statuieren jeweils einjährige Karenzzeiten für ehemalige Mitarbeiter der Legislative. Ehemaligen Mitarbeitern und gewählten Beamten des Senates, die mindestens 75 Prozent des Einkommens eines Abgeordneten verdienen[643], ist das Auftreten und die Kommunikation mit dem Willen zur Beeinflussung gegenüber allen Senatoren, gewählten Beamten und Mitarbeitern des Senates verboten, § 207 (e)(2). Mitarbeiter des Senates im Sinne der Norm sind auch Mitarbeiter der Komitees des Senates, vgl. § 207 (e)(9)(D). Inhaltlich sind alle Angelegenheiten erfasst. Weniger streng geht das House of Representatives mit ehemaligen Mitarbeiter oberhalb der 75 Prozent-Einkommensschwelle um. Ihnen ist nach § 207 (e)(3)(B) das Auftreten und die Kommunikation mit dem Willen zur Beeinflussung nur gegenüber den Abgeordneten, für die sie zuvor tätig waren, sowie gegenüber deren Angestellten untersagt. Nach § 207 (e)(4) dürfen Mitarbeiter eines Komitees[644] des House of Representatives ein Jahr nach dem Ausscheiden

640 *Non-member officers* sind etwa der *Clerk of the House* oder der *Chief Administrative Officer.*

641 Die genannten Personen sind lediglich diejenigen, gegenüber denen das Auftreten und die Kommunikation verboten ist. Sie müssen aber nicht die staatliche Handlung ausführen. Handelnder kann ein Abgeordneter, Mitarbeiter oder Beamter eines der beiden Häuser sein. Dies gilt ebenso für alle folgenden Karenzzeiten.

642 Der § 207 (e)(1)(B)(ii) spricht von „*any other legislative office of the Congress*". Nach § 207 (e)(9)(G) sind davon das Architect of the Capitol, United States Botanic Garden, Government Accountability Office, Government Printing Office, Library of Congress, Office of Technology Assessment, Congressional Budget Office, United States Capitol Police, sowie alle weitere Behörden, Dienststellen oder Rechtsträger der Legislative erfasst, die nicht unter § 207 (e)(1) – (5) fallen.

643 Vgl. § 207 (e)(7)(A).

644 Wiederrum nur solche Mitarbeiter, deren Gehalt die 75 %-Einkommensschwelle übersteigt, vgl. § 207 (e)(7)(A).

nicht gegenüber Mitgliedern und Mitarbeitern des jeweiligen Komitees auftreten. Das Verbot gilt zudem gegenüber denjenigen Abgeordneten, die im Jahr vor dem Ausscheiden des ehemaligen Mitarbeiters Mitglied des Komitees waren. Der § 207 (e)(5) verbietet ehemalige Mitarbeiter des *leadership staff*[645] des House of Representatives das Auftreten gegenüber und die Kommunikation mit dem Willen zur Beeinflussung mit Mitgliedern und Mitarbeitern des *leadership staff*. Des Weiteren unterliegen Mitarbeiter weiterer Behörden, Dienststellen oder Rechtsträger der Legislative[646] nach § 207 (e)(6)(A) ebenfalls einer Karenzzeit von einem Jahr gegenüber den Mitarbeitern und Beamten ihrer vorherigen Dienststelle.

Die internen Vorschriften der beiden Kammern sehen für die Mitglieder der Legislative eine Benachrichtigungspflicht gegenüber dem Ethikkomitee vor, wenn sie mit einem zukünftigen Arbeitgeber verhandeln. Nach den Verhaltensregeln des House of Representatives trifft die Pflicht Abgeordnete sowie Mitarbeiter und Beamte, die mindestens 75 Prozent des Einkommens eines Abgeordneten verdienen.[647] Die Benachrichtigung hat innerhalb von drei Werktagen nach dem Beginn der Verhandlungen zu erfolgen.[648] Abgeordnete haben dem Ethikkomitee zudem den Namen des Verhandlungspartners mitzuteilen.[649] Darüber hinaus haben Abgeordnete, Mitarbeiter und Beamte im Falle eines Interessenkonflikts sich selbst für befangen zu erklären, sofern es aufgrund der Verhandlungen zu einem Interessenkonflikt mit ihren Aufgaben kommt. Hierüber haben sie ebenfalls das Ethikkomitee zu informieren. Zudem haben sie im Falle der Befangenheit die nach Rule XXVII Cl. 1 abzugebende Benachrichtigung an den Clerk of the House weiterzuleiten. Der Clerk of the House hat die Benachrichtigung der Öffentlichkeit zugänglich zu machen.[650]

Abgeordnete und Angestellte des Senates unterliegen gemäß Rule XXXVII, Cl. 14 des Verhaltenskodex' des Senates denselben Verpflichtungen. Einziger Unterschied ist, dass Senatoren auch im Falle einer etwaigen Benachrichtigung nicht über eine zukünftige Anstellung verhandeln dürfen, die *lobbying activities* im Sinne des Lobbying Disclosure Acts zum Gegenstand hat. Solche Verhandlungen sind ihnen erst dann erlaubt, wenn ein Nachfolger für ihr Amt gewählt wurde.[651] Im Gegensatz zur Regelung des House of Representatives sieht der Verhaltenskodex des Senates allerdings keine Veröffentlichung der Benachrichtigung vor.

---

645 Der § 207 (e)(9)(L) definiert den Begriff des „*leadership staffs*": Dabei handelt es sich um Abgeordnete, die herausgehobene Positionen im House of Representatives bekleiden. Erfasst sind beispielsweise *Speaker* oder *majority/minority leader*.

646 Vgl. hierzu § 207 (e)(9)(G) und in Fn. 642.

647 House of Representatives: Rules, Rule XXV Cl. 1, 2.

648 House of Representatives: Rules, Rule XXV Cl. 3.

649 House of Representatives: Rules, Rule XXV Cl. 1.

650 House of Representatives: Rules, Rule XXV Cl. 4.

651 Senate: Code of Conduct, Rule XXXV Clause 14 (c)(1).

3. Befreiungsmöglichkeiten und Strafrahmen

In § 207 (j) finden sich einige Ausnahmen zu den zuvor besprochenen Tatbeständen. Keine der Normen ist anwendbar, wenn der ehemalige Angestellte weiterhin in öffentlicher Funktion für die Vereinigten Staaten oder als gewählter Repräsentant einer Bundesstaatenregierung oder lokalen Regierung tätig wird, § 207 (j)(1)(A). Ebenso gilt für alle Karenzzeiten des § 207 eine Ausnahme für die Repräsentation, Unterstützung und Beratung von internationalen Organisationen an denen die USA beteiligt sind. Allerdings ist vor der Aufnahme durch den Außenminister der Vereinigten Staaten bestätigen zu lassen, dass die Arbeit in der jeweiligen internationalen Organisation im Interesse der USA steht, § 207 (j)(3). Auch für Aussagen vor Gericht sieht der § 207 (j)(6) eine Ausnahme vor.

Die Normadressaten der § 207 (c), (d) und (e) dürfen des Weiteren Expertenaussagen aufgrund ihrer besonderen Fachkenntnisse geben, sofern sie dafür kein Entgelt erhalten, § 207 (j)(4). Die Karenzzeiten für *senior personnel* und *very senior personnel* und Mitglieder der Legislative gelten zudem dann nicht, wenn die Kommunikation oder das Auftreten im Auftrag eines Kandidaten,[652] eines autorisierten Komitees,[653] nationalen Komitees,[654] eines nationalen Bundeskampagnenkomitees,[655] eines Komitees eines Bundesstaates[656] oder einer politischen Partei[657] erfolgt. Voraussetzung für die Ausnahme ist, dass der ehemalige Angestellte zum Zeitpunkt der Kommunikation bzw. des Auftretens bei einer der genannten Organisationen beschäftigt ist, § 207 (j)(7).

Der § 207 (j)(5) sieht eine Befreiung von den Karenzzeiten der § 207 (a), (c) und (d) für die Kommunikation von wissenschaftlichen und technischen Informationen vor. Voraussetzung ist ein für die betroffenen Behörden oder Ministerien *„tragbares Verfahren“* (*„made under procedures acceptable to the department or agency concerned“*). Weder im § 207 noch im 5 C.F.R § 2641 werden die Anforderungen an das *„tragbare Verfahren“* näher definiert. Die Befreiung setzt voraus, dass der ehemalige Angestellte über herausragende Fähigkeiten verfügt, welche in der betreffenden Angelegenheit benötigt werden, und die Beteiligung an der Angelegenheit den nationalen Interessen der USA dient.

---

652 Kandidat wird anschließend definiert als Person, die sich für die Nominierung zur Wahl oder für die Wahl eines Bundes- oder Bundesstaatsamts bewirbt, § 207 (j)(7)(C)(i).

653 Definiert in § 207 (j)(7)(C)(ii) als politisches Komitee, das im Auftrag eines Kandidaten Spenden sammelt oder Ausgaben für die Wahlkampffinanzierung tätigt.

654 Nach § 207 (j)(7)(C)(iiI) sind dies Komitees politischer Parteien, die auf nationaler Ebene verantwortlich für das Tagesgeschäft der Parteien sind.

655 Komitees, die nach den Satzungen der politischen Parteien eingerichtet wurden, um Kandidaten der Partei des Senates und House of Representatives unterstützen, § 207 (j)(7)(C)(iv).

656 Bundesstaatliches Äquivalent zum nationalen Komitee, § 207 (j)(7)(C)(v).

657 Die politischen Parteien werden in § 207 (j)(7)(C)(vi) definiert.

Darüber hinaus steht es dem Präsidenten nach § 207 (k)(1)(A) zu, eine begrenzte Anzahl an Befreiungen von den Karenzzeiten zu gewähren. Voraussetzung ist, dass die Befreiung des ehemaligen Staatsbediensteten im öffentlichen Interesse steht und zum Vorteil des Bundesregierung zwingend notwendig („*critically needed*") ist.

Im Falle einer Verletzung der Karenzzeiten, richtet sich die Strafandrohung für die Tatbestände des § 207 nach § 216. Die Norm sieht einen Strafrahmen von Freiheitsstrafen bis zu einem Jahr oder Bußgelder von bis zu USD 50.000 vor, § 216 (a)(1), (b). Das Bußgeld kann allerdings dann höher ausfallen, wenn die angebotene oder erhaltene Gegenleistung für den Verstoß gegen die Karenzzeitenregelung über USD 50.000 liegt, § 216 (b). Sofern der Verstoß absichtlich („*willfully*") erfolgt, sind Freiheitsstrafen von bis zu fünf Jahren möglich, § 216 (a)(2). Außerdem steht dem Attorney General[658] die Möglichkeit zu, vor dem zuständigen Gericht eine einstweilige Anordnung zu beantragen, sofern das Verhalten eines ehemaligen Staatsbediensteten die Verletzung der Karenzzeiten befürchten lässt, § 216 (c).

4. Bewertung

Die Beschäftigung ehemaliger Staatsangestellter steht unter dem Verdacht, dem neuen Arbeitgeber wegen des Wissens um die staatlichen Abläufe und Kenntnisse gewisser Spezialmaterien sowie wegen des Kontaktnetzwerks einen Vorteil im Kampf der Partikularinteressen zu verschaffen.[659]

Die Karenzzeiten setzen dementsprechend an dem besonderen Wissen über bestimmte Sachverhalte einerseits und das durch die vorherige Tätigkeit erlangte Kontaktnetzwerk andererseits an. Die § 207 (a)(1), (2) und § 207 (b)(1) verbieten das Tätigwerden für Unternehmen bzw. ausländische Regierungen lediglich innerhalb des vorherigen Aufgabenfeldes des ehemaligen Angestellten. Da anzunehmen ist, dass der Wissensvorsprung des ehemaligen Angestellten umso größer ist je direkter er mit der Angelegenheit betraut war, setzt die dauerhafte Karenzzeit des § 207 (a)(1) eine substanzielle und persönliche Involvierung voraus, während es für die zweijährige Sperre des § 207 (a)(2) ausreicht, dass die Angelegenheit im Aufgabenbereich der Behörde stand, die den Mitarbeiter zuvor beschäftigte.

Die Vorschriften des § 207 (d) und § 207 (e) setzen nicht an einer bestimmten Tätigkeit, sondern an der Position des ehemaligen Angestellten an. Den Normen liegt die Annahme zugrunde, dass der ehemalige Abgeordnete, Mitarbeiter oder Beamte aufgrund seiner vorherigen Position über ein besonderes Kontaktnetzwerk verfügt. Je höher die Position in der Hierarchie angesiedelt war desto weitgehender

---

658 Dieser steht dem Justizministerium vor, ist Kabinettsmitglied, trägt aber nicht den Titel „*Secretary*" (Minister). Seine Aufgaben und Befugnisse stellen eine Schnittmenge zwischen denen des deutschen Justizministers und Generalbundesanwalts dar.

659 *Johnson*, Regulating Lobbyists, 16 Cornell J. L. & Pub. Pol'y, S. 1, 32; *Cain/Drutman*, Congressional staff and the revolving door, 13 Election L. J., S. 27; *Briffault*, The anxiety of influence, 13 Election L. J., S. 160, 182 f.

ist die nachfolgende Karenzzeit. Der amerikanische Gesetzgeber schafft durch die verschiedenen Tatbestände eine Differenzierung, die einen angemessenen Ausgleich zwischen den durch Seitenwechsler gefährdeten Interessen des Staates und den mit Karenzzeiten verbundenen Eingriffen in die freie Berufswahl des ehemaligen Bediensteten darstellt.

Aus dem Gesamtbild fallen die Karenzzeiten, die die Repräsentation, Unterstützung und Beratung ausländischer Regierungen oder ausländischer politischer Parteien untersagen. Es scheint sich hierbei vielmehr um protektionistische Regelungen zu handeln. Fremden Staaten soll der Einblick in den Ablauf der amerikanischen Regierungsgeschäfte erschwert werden. Soweit ersichtlich werden diese Normen nicht in der amerikanischen Literatur besprochen.

Die Kritik an den Regelungen zur Karenzzeit setzt in der amerikanischen Literatur im Wesentlichen an zwei Punkten an. Einerseits wird die Länge der Karenzzeiten bemängelt. So seien selbst zweijährige Karenzzeiten nicht effektiv geeignet den Kontaktvorsprung auszugleichen, da die geschaffenen Kontaktnetzwerke sehr viel langlebiger seien.[660] Vorgeschlagen wird daher eine Verlängerung der Karenzzeit.[661] Eine Verlängerung hätte auch zur Folge, dass es für die Akteure der Privatwirtschaft zu höheren Kosten führen würde, die ehemaligen Staatsbediensteten während der Karenzzeit auf anderen Positionen zu beschäftigen, um sie nach Ablauf der Sperrfrist mit der Interessenvertretung zu betrauen.[662]

Andererseits ist es derzeit nach Ansicht einiger Autoren auch gar nicht notwendig, das Auslaufen der Karenzzeit abzuwarten. Bereits während der Sperrfrist werden die ehemaligen Abgeordneten, Mitarbeiter und Beamten als politische Berater angestellt.[663] Sie betreiben zwar kein direktes Lobbying gegenüber ihren ehemaligen Kollegen, geben aber intern Hinweise zur effektiven Interessenvertretung.[664] Ihr überlegenes Wissen und das erlangte Kontaktnetzwerk kommt den Anschlussarbeitgebern somit indirekt zugute. Unterbunden werden können die

---

660 *Johnson*, Regulating Lobbyists, 16 Cornell J. L. & Pub. Pol'y, S. 1, 34; *Krishnakumar*, Towards a madisonian, interest-group-based, approach to lobbying regulation, 58 Ala. L. Rev., S. 513, 526 f.

661 *Davis*, Genuine reform or just another meager attempt to regulate lobbyists, 18 Kan. J. L. & Pub. Pol'y, S. 340, 363; *Johnson*, Regulating Lobbyists, 16 Cornell J. L. & Pub. Pol'y, S. 1, 34 f.

662 *Cohen-Eliya/Hammer*, Nontransparent Lobbying, 2 William and Mary Policy Review, S. 265, 264 f.

663 *Davis*, Genuine reform or just another meager attempt to regulate lobbyists, 18 Kan. J. L. & Pub. Pol'y, S. 340, 363; Briffault, The anxiety of influence, 13 Election L. J., S. 160, 184.

664 *Krishnakumar*, Towards a madisonian, interest-group-based, approach to lobbying regulation, 58 Ala. L. Rev., S. 513, 526; *Johnson*, Regulating Lobbyists, 16 Cornell J. L. & Pub. Pol'y, S. 1, 34; *Cain/Drutman*, Congressional staff and the revolving door, 13 Election L. J., S. 27, 33; *Briffault*, The anxiety of influence, 13 Election L. J., S. 160, 184.

Umgehungsversuche nur durch eine Ausweitung der verbotenen Tätigkeiten. Lediglich die Karenzzeiten der § 207 (b)(1) und der § 207 (f)(1) erfassen auch beratende und unterstützende Tätigkeiten. Die Normen gelten jedoch nur für Staatsbedienstete, die an Staatsverträgen und Handelsabkommen beteiligt waren sowie gegenüber ausländischen Regierungen und ausländischen politischen Parteien. Um die Effektivität der übrigen Karenzzeiten zu erhöhen, wäre auch die Unterstützung und Beratung von einflussnehmenden privaten Interessenvertretern zu verbieten.[665] Jedoch würden sich mit einer solchen Regelung schwierige Abgrenzungsfragen ergeben. So wäre beispielsweise zu bestimmen, wann die Unterstützung und Beratung in einer spezifischen Angelegenheit endet und damit der Bereich allgemeiner Hinweise beginnt. Für Karenzzeiten, die an spezifische Sachverhalte und Parteibeteiligungen anknüpfen, ist eine Abgrenzung noch denkbar. Deutlich schwieriger wäre eine solche Grenzziehung bei den Normen, die keinen solchen Anknüpfungspunkt aufweisen. Außerdem wäre der Eingriff in die Freiheit des ehemaligen Angestellten intensiver. Es wäre dann wiederum zu überlegen, ob so umfassende Karenzzeiten noch angemessen sind oder jedenfalls hinsichtlich der Mitarbeiter der Abgeordneten und des Kongresses eine Beschränkung auf die höchsten Hierarchieebenen notwendig ist.

Schließlich wurde festgestellt, dass die durch den HLOGA geschaffenen Karenzzeiten für Mitarbeiter des Kongresses, die mindestens 75 Prozent der Bezüge eines Abgeordneten erhalten, zu einer erhöhten anschließenden Beschäftigung von Angestellten führte, deren Einkommen knapp unterhalb des Schwellenwerts des § 207 liegt.[666] Der Befund zeigt einerseits, dass die ergriffenen Maßnahmen wirksam sind. Greifen die Akteure der Privatwirtschaft auf substituierende Maßnahmen zurück, kann dies als Beleg dafür gewertet werden, dass die Regelung einen Bereich betrifft, der einen gesteigerten Stellenwert bei den Akteuren einnahm. Andererseits wird das Problem so auch auf die nächste Ebene verlagert. Teilweise wird daher eine Ausweitung auch des persönlichen Anwendungsbereichs gefordert.[667]

In der Literatur werden die Karenzzeiten auch mit den klassischen Gegenargumenten gänzlich in Frage gestellt: So würden durch das nachamtliche Beschäftigungsverbot fähige Kandidaten davon abgehalten, eine Position im Staatswesen zu übernehmen.[668] Des Weiteren werden auch die Vorteile eines institutionalisierten Austausches zwischen dem Staat und der Privatwirtschaft hervorgehoben. Insbesondere wird dabei auf die integrative Wirkung von Staatsbediensteten verwiesen, die die Umsetzung und Akzeptanz neuerer Regulierungsvorschriften als Angestellte bei Unternehmen verbessern können.[669] Jedoch hat der amerikanische Gesetzgeber die Gefahren des Drehtüreffekts schwerer eingeschätzt als die mit Karenzzeiten

665 *Davis*, Genuine reform or just another meager attempt to regulate lobbyists, 18 Kan. J. L. & Pub. Pol'y, S. 340, 367.
666 *Cain/Drutman*, Congressional staff and the revolving door, 13 Election L. J., S. 27.
667 *Johnson*, Regulating Lobbyists, 16 Cornell J. L. & Pub. Pol'y, S. 1, 34.
668 *Briffault*, The anxiety of influence, 13 Election L. J., S. 160, 183.
669 *Zaring*, Against beeing against the revolving door, 2013 UiLL Review, S. 507, 547.

verbundenen Nachteile für den Politikbetrieb. Soweit ersichtlich fehlt es der amerikanischen Politik auch noch nicht an fähigen Nachwuchskräften.

II. Europäische Union

Für Mitglieder der Europäischen Kommission ist ein nachamtliches Beschäftigungsverbot im Verhaltenskodex geregelt. Der Kodex des Europäischen Parlaments enthält keine vergleichbare Regelung. Er beschränkt im Falle einer Anschlusstätigkeit als Interessenvertreter lediglich die Nutzung der Einrichtungen, die ehemaligen Parlamentariern auch nach ihrer Amtszeit zur Verfügung stehen. Mitarbeiter der Kommission unterliegen nach Art. 16 des Beamtenstatuts einer Karenzzeit.

Ausgangspunkt der Karenzzeit für Kommissionsmitglieder ist Art. 245 AEUV. Nach Art. 245 Abs. 2 S. 2 AEUV übernehmen die Kommissare mit der *„Aufnahme ihrer Tätigkeit [...] die feierliche Verpflichtung, während der Ausübung und nach Ablauf ihrer Amtstätigkeit die sich aus ihrem Amt ergebenden Pflichten zu erfüllen, insbesondere die Pflicht, bei der Annahme gewisser Tätigkeiten oder Vorteile nach Ablauf dieser Tätigkeit ehrenhaft und zurückhaltend zu sein."* Die Pflicht zu ehrenhaftem und zurückhaltendem Handeln nach Ablauf der Amtstätigkeit ist mit bestimmten nachamtlichen Tätigkeiten nicht vereinbar, wenn durch die Anschlusstätigkeit Zweifel an der unabhängigen Amtsführung aufkommen können.[670] Zur Absicherung der Pflicht aus Art. 245 Abs. 2 S. 2 AEUV bestimmt Ziff. 1.2 Abs. 1 des Verhaltenskodex' der Kommission einerseits, dass Kommissionsmitglieder, die innerhalb von 18 Monaten nach Beendigung ihrer Amtszeit die Aufnahme einer beruflichen Tätigkeit planen, die Kommission hierüber rechtzeitig zu informieren haben. Besteht ein Zusammenhang zwischen dem Ressort des ehemaligen Mitglieds und der geplanten Anschlusstätigkeit, bittet die Kommission um eine Stellungnahme der Ethikkommission.[671] Nach der Stellungnahme der Ethikkommission entscheidet wiederum die Europäische Kommission über die Vereinbarkeit der angestrebten Tätigkeit mit Art. 245 AEUV. Die Ethikkommission hat somit lediglich beratende Funktion. Andererseits ist ehemaligen Kommissionsmitgliedern nach Ziff. 1.2 Abs. 3 des Verhaltenskodex' *Lobby-Arbeit* und das Werben in eigener Sache für eigene

670 So wollte das ehemalige Kommissionsmitglied Martin Bangemann im Jahr 1999 von seinen Amtspflichten entbunden werden, um anschließend zum spanischen Telekommunikationskonzern Telefónica zu wechseln. Hierin lag ein Interessenkonflikt, da Bangemann zuvor insbesondere mit der Liberalisierung der Telefonmärkte betraut war.

671 Die Ethikkommission wurde durch den Beschluss der Kommission vom 14. Oktober 2003 geschaffen, *Europäische Kommission* SEC(2003)3750. Nach Art. 4 des Beschlusses sollen die Mitglieder unabhängig sein, eine tadellose Laufbahn vorweisen können und über Kenntnisse des Rechtsrahmen und der Arbeitsweise der Kommission verfügen. Gemäß Art. 5 benennt die Europäische Kommission die Mitglieder der Ethikkommission auf Vorschlag des Präsidenten. Nach Art. 8 beträgt ihre Amtszeit drei Jahre.

Unternehmen, Kunden oder Arbeitgeber gegenüber Mitgliedern der Kommission und deren Mitarbeitern für 18 Monate nach Ausscheiden aus dem Amt vollständig untersagt, soweit es Angelegenheiten betrifft, für die sie zuvor selbst zuständig waren. Während somit alle weiteren Anschlusstätigkeiten unter dem Vorbehalt der Kommissionsprüfung stehen, ist eine nachamtliche Beschäftigung als Interessenvertreter in den ersten 18 Monaten nach dem Ausscheiden grundsätzlich ausgeschlossen. Der Begriff der *Lobby-Arbeit* erfährt in den Verhaltensvorschriften keine weitere Konkretisierung. Verstößt ein (ehemaliges) Kommissionsmitglied gegen die nachamtlichen Pflichten kommen als Sanktionen die Streichung der Ruhegehaltsansprüche oder anderer gewährter Vergünstigungen in Betracht. Voraussetzung ist ein Antrag des Europäischen Rates oder der Kommission. Die Entscheidung trifft der Gerichtshof der Europäischen Union, vgl. Art. 245 Abs. 2 S. 3, 247 AEUV und Ziff. 2.2 des Verhaltenskodex'.

Abgeordnete des Europäischen Parlaments unterliegen keinem nachamtlichen Beschäftigungsverbot. Auch statuiert der Verhaltenskodex keine Informationspflicht gegenüber dem Parlament. Der Art. 6 des Verhaltenskodexes verbietet ehemaligen Abgeordneten, die im Anschluss an ihre Mandatszeit im Europäischen Parlament gewerblichen Lobbytätigkeiten oder bestimmten repräsentativen Tätigkeiten nachgehen, lediglich weiterhin die Einrichtungen der Europäischen Union nutzen. Den Parlamentariern steht es somit frei, nach ihrer Amtszeit als Interessenvertreter tätig zu werden.

Mitarbeiter der Europäischen Organe unterliegen nach Ausscheiden aus dem Dienst gemäß Art. 16 Abs. 1 des Beamtenstatuts ebenso wie ehemalige Mitglieder der Kommission der Pflicht, *„bei der Annahme gewisser Tätigkeiten oder Vorteile ehrenhaft und zurückhaltend zu sein.“* Beabsichtigt der (ehemalige) Beamte innerhalb von zwei Jahren nach dem Ausscheiden eine berufliche Tätigkeit aufzunehmen, hat er davon das Organ, bei dem er zuvor beschäftigt war, in Kenntnis zu setzen. Besteht zwischen der vorherigen Amtstätigkeit und der angestrebten nachamtlichen Tätigkeit ein inhaltlicher Zusammenhang, der die legitimen Interessen des jeweiligen Organs zu beeinträchtigen droht, kann das Organ die Aufnahme der Tätigkeit untersagen oder mit Auflagen versehen, vgl. Art. 16 Abs. 2 S. 2 des Beamtenstatuts. Das Organ trifft seine Entscheidung 30 Tage nach der Information durch den Betroffenen. Erfolgt keine Entscheidung gilt die Zustimmung als erteilt.

Die Regelungen der Europäischen Union sind weniger umfassend, schwächer als und nicht so ausdifferenziert wie ihre amerikanischen Pendants. Während das amerikanische Recht nachamtliche Tätigkeiten sehr detaillierten Regelungen unterwirft, begnügt sich der Verhaltenskodex der Europäischen Kommission mit der Verpflichtung auf Ehrenhaftigkeit und Zurückhaltung. Lediglich für Lobbytätigkeiten besteht ein striktes Verbot. Allerdings gilt das Verbot nur innerhalb des vorherigen Kompetenzbereichs und nur für Mitglieder der Kommission. Das über das eigene Ressort hinausgehende Kontaktnetzwerk kann ein ehemaliger Kommissar somit ab dem ersten Tag nach dem Ausscheiden nutzbar machen, sofern er nicht gegen die Bestimmungen des Art. 245 Abs. 2 AEUV verstößt. Da die Karenzzeit inhaltlich auf den eigenen Aufgabenbereich begrenzt ist, wiegt der Eingriff in die Berufsfreiheit deutlich geringer. Die Länge der Karenzzeit ist mit 18 Monaten relativ kurz bemessen. Je länger eine Karenzzeit ausfällt desto geringer wird der Vorteil, den ein ehemaliges Kommissionsmitglied aus der vorherigen Tätigkeit ziehen kann. Da ehemaligen Kommissionsmitgliedern nach Beendigung der Amtszeit ein dreijähriges Übergangsgeld von 40 bis 65 Prozent der ehemaligen Bezüge zusteht,[672] wäre für sie auch wirtschaftlich eine längere Karenzzeit zu verkraften. Hinzu kommt, dass ihnen nicht kategorisch die Aufnahme nachamtlicher Beschäftigungen untersagt wird, sondern lediglich Interessenvertretung. Positiv fällt die unabhängige Besetzung der Ethikkommission auf. Die fehlende Verbundenheit zur Kommission lässt unabhängige Entscheidungen erwarten. Allerdings fehlt es der Ethikkommission an Kompetenz. Ihre Stellungnahmen sind nicht bindend. Letztlich entscheidet wiederum die Europäische Kommission, ob eine nachamtliche Tätigkeit mit Art. 245 AEUV und Ziff. 1.2 des Verhaltenskodexes vereinbar ist. Da die Kommission in eigener Sache entscheidet, ist eine gewisse Nachsicht gegenüber den eigenen Kollegen zu befürchten. Ein Ausgleich wird teilweise durch das Recht des Europäischen Rates geschaffen, Sanktionsmaßnahmen durch den Gerichtshof auf Grundlage von Art. 245 Abs. 2 S. 3, 247 AEUV anzustrengen.

Im Europäischen Parlament werden die nachamtlichen Tätigkeiten nicht geregelt. Die mit dem Art. 6 des Verhaltenskodexes verbundenen Nachteile sind derart gering, dass keine Auswirkungen auf Anschlussbeschäftigungen zu erwarten sind. Die Regelung ist nicht geeignet, Machtungleichgewichte abzubauen oder zu verhindern. Dabei steht auch den Parlamentariern ein Übergangsgeld in Höhe der Abgeordnetenentschädigung zu. Die Dauer des Übergangsgelds bemisst sich nach der Länge der Zugehörigkeit zum Parlament. Es wird für jedes Jahr der Zugehörigkeit einen Monat gewährt, mindestens aber sechs Monate und höchstens 24 Monate.[673] Somit wäre aus finanzieller Perspektive auch für die Parlamentarier eine Karenzzeit denkbar.

Die Regelung in Art. 16 Abs. 2 S. 2 des Beamtenstatuts entspricht weitgehend der Regelung für ehemalige Kommissionsmitglieder. Sie fällt mit zwei Jahren noch ein halbes Jahr länger aus als die Regelung der Kommission. Übergangsgelder werden für ehemalige Mitarbeiter der Organe nicht gezahlt. Inwieweit die Karenzzeiten für die Beamten der EU-Organe umgesetzt werden, darf allerdings aufgrund der gesammelten Daten von *Watchdog*-Organisationen bezweifelt werden.[674]

---

672 Art. 7 Abs. 1 der Regulation No 422/67/EEC, 5/67/EURATOM of the Council of 25 July 1967. Die konkrete Höhe ist abhängig von der Länge der Amtszeit.

673 Vgl. Art. 13 des Beschlusses des Europäischen Parlaments vom 28. September 2005 zur Annahme des Abgeordnetenstatuts des Europäischen Parlaments (2005/684/EG, Euratom), ABl. Nr. L 262, S. 1.

674 Der Bericht der Organisation *ALTER-EU* (Alliance for Lobbying Transparency and Ethics Regulation) über Seitenwechsler aus dem Jahr 2011 zählt über 15 Fälle auf, in denen entgegen der Karenzzeitenregelungen ehemalige Mitarbeiter der EU-Organe in die Privatwirtschaft wechselten, vgl. *ALTER-EU*, Block the revolving door: why we need to stop EU-officials becoming lobbyists, November 2011, S. 5 ff.

B. Wahlkampffinanzierung in den USA

In den USA könnte auch die Begrenzung der privaten Wahlkampffinanzierung als Instrument zum Ausgleich des Machtungleichgewichts zwischen den verschiedenen Interessengruppen dienen. Finanziell starke Interessengruppen können ihren monetären Vorteil nur begrenzt ausspielen, wenn Obergrenzen das Maß an Spenden und Ausgaben für den Wahlkampf begrenzen. Auch besteht die Möglichkeit durch öffentliche Finanzierungen ein ausgeglichenes Spielfeld zwischen den Interessengruppen oder Wahlkampfkandidaten zu schaffen.

Der Supreme Court hat jedoch deutlich gemacht, dass solche Maßnahmen mit seinem Verständnis der Verfassung nicht zu vereinbaren sind. Nach der *Citizens United*-Entscheidung ist der (ungleiche) Zugang zu oder Einfluss auf Politiker kein Rechtfertigungsgrund zur Einschränkung der Rechts aus dem ersten Verfassungszusatz.[675] Schon in *Buckley v. Valeo* hatte das Gericht ausgeschlossen, dass das Angleichen der Stärke unterschiedlicher Kandidaten als Rechtfertigungsgrund taugt.[676] In der Entscheidung zu *McCutcheon v. FEC* hat das Gericht diese Argumentation kürzlich nochmals ausdrücklich bestätigt.[677]

Auch eine öffentliche Wahlkampfförderung von finanzschwachen Kandidaten, die somit eine Benachteiligung finanzstarker Kandidaten darstellt, verstößt nach der Rechtsprechung des Supreme Courts gegen die Rechte aus dem First Amendment.[678] Ein Ausgleich des Machtungleichgewichts ist somit nach der Ansicht des Gerichts nur möglich, wenn dadurch nicht die Rechte der stärkeren Interessengruppen aus dem ersten Verfassungszusatz beeinträchtigt werden.

C. Online-Konsultation der EU

Machtungleichgewichte entstehen nicht nur durch die ungleiche Verteilung finanzieller Ressourcen, sondern auch durch verfestigte Netzwerkstrukturen[679]. An dieser

---

Ebenso ernüchternd sind die Daten der Gruppe *Corporate Europe Observatory*, die laufend online Daten zu Seitenwechslern veröffentlicht: http://corporateeurope.org/revolvingdoorwatch (zuletzt abgerufen am 18. Dezember 2015).

675 Vgl. hierzu Fn. 435.

676 Buckley v. Valeo, 424 U.S. 1, 48 f.: „*But the concept that government may restrict the speech of some elements of our society in order to enhance the relative voice of others is wholly foreign to the First Amendment, which was designed "to secure 'the widest possible dissemination of information from diverse and antagonistic sources,'" and "'to assure unfettered interchange of ideas for the bringing about of political and social changes desired by the people.'"*".

677 McCutcheon v. FEC, 572 U.S. ___ (2014), S. 18.

678 Siehe etwa Davis v. FEC (07–320), 554 U.S. 724 (2008): „*The Government maintains that §319(a)'s asymmetrical limits are justified because they "level electoral opportunities for candidates of different personal wealth." [...] Our prior decisions, however, provide no support for the proposition that this is a legitimate government objective.*"

679 Siehe zum Problem sich verfestigender Netzwerkstrukturen S. 60.

Stelle setzt das Instrument der Online-Konsultationen an. Während zu Ausschussanhörungen nur eine begrenzte Auswahl an Sachverständigen bzw. Interessenvertretern geladen wird, die regelmäßig die Position des Einladenden stützen sollen, wird mit Online-Konsultationen nicht weniger als die Hoffnung auf eine pluralistische Inklusion aller Betroffenen verbunden.[680] Der weit überwiegender Teil der Online-Konsultationen ist für alle Parteien geöffnet.[681] Verfestigten Netzwerkstrukturen können somit überwunden werden. Es bedarf keiner Einladung und somit keiner besonderen Verbindung in die jeweilige Generaldirektion oder in die Europäische Kommission. Das Instrument der Online-Konsultationsverfahren senkt daher die Zugangsbarriere zum politischen Prozess. Durch die Veröffentlichung der Stellungnahmen können schwache Interessengruppen zudem kostengünstig relevante Informationen sammeln.

Eine statistische Auswertung der Konsultationsverfahren aus dem Jahr 2011 hat dennoch ergeben, dass das Teilnehmerfeld deutlich von Unternehmen und weiteren Wirtschaftsakteuren dominiert wird.[682] Stellungnahmen einzelner Bürger nehmen nur einen geringen Stellenwert ein. Trotz geringerer Zugangsschwelle nehmen vornehmliche professionelle Interessenvertreter die Chance zur Partizipation wahr. Dies gilt umso mehr, je weniger politisch brisant und je technischer der Gegenstand der Konsultation ist.[683] Ursächlich für diesen Befund ist, dass die Teilnahme an den Online-Konsultationen die Ausarbeitung anspruchsvoller Stellungnahmen zu spezifischen Themen erfordert. Hierzu sind regelmäßig nur Akteure mit entsprechenden Vorkenntnissen in der Lage.[684] Um den Nutzen der Online-Konsultationsverfahren für schwache Interessegruppen zu erhöhen, wäre eine Veröffentlichung der Stellungnahmen während des laufenden Verfahrens wünschenswert. Die Publikation während des Verfahrens würde eine horizontale Diskussion der Teilnehmer ermöglichen und das Informationsdefizit schwacher Interessengruppen verringern.[685]

Das Konsultationsverfahren ist vor dem Hintergrund der Chancengleichheit dennoch positiv zu bewerten. Der einfache Zugang über das Internet baut Machtungleichgewichte ab, da die unterschiedliche Ressourcenausstattung etwas weniger ins Gewicht fällt.[686] Verfestigte Netzwerkstrukturen haben geringeren Einfluss auf den

---

680 *Hüller*, Demokratie und Sozialregulierung in Europa, S. 145, nach dessen Ansicht die vollständige Realisierung der Online-Konsultationsverfahren ein *„partizipativer Quantensprung"* wäre.

681 Vgl. Fn. 473.

682 *Marxsen*, Open Stakeholder Consultations, European Law Journal 2015, S. 257, 265 ff. Nach *Marxsens* Studie kamen über 70 % der Stellungnahmen von Wirtschaftsakteuren.

683 *Quittkat*, Neue Medien im Dienste der Demokratie?, S. 125, 139; 151 ff.

684 *Hüller*, Demokratie und Sozialregulierung in Europa, S. 152; *Winkler/Kozeluh/Brandstetter*, Deliberation im europäischen Kontext, S. 378, 396.

685 *Hüller*, Demokratie und Sozialregulierung in Europa, S. 208, der darauf hinweist, dass in Ausnahmefällen eine Veröffentlichung während des Konsultationsverfahrens erfolgt.

686 *Quittkat*, Neue Medien im Dienste der Demokratie?, S. 125, 164 f.

Kreis der Angehörten. Formal steht innerhalb der offenen Online-Konsultationen jedem Interessierten die Möglichkeit der Teilnahme zu.[687] Zwar führen die Online-Konsultationen nicht unbedingt zu einer Beteiligung aller Bürger. Doch wird innerhalb der Gruppe, der mit dem jeweiligen Thema vertrauten Akteure, der Zugang zum politischen Prozess erleichtert. Der Netzwerknachteil schwacher Interessengruppen wiegt geringer. Zu bedenken ist aber, dass die Artikulation der vertretenen Position nicht auch zwangsläufig bedeutet, dass die Stellungnahme bei den Entscheidungsträgern Gehör findet. Kritisiert wird, dass aus dem Vorgehen der Europäischen Kommission bzw. der Generaldirektion nicht klar wird, welche der über das Onlineverfahren eingereichten Beiträge Berücksichtigung im weiteren Gesetzgebungsverfahren finden. Ohne eine entsprechende Rückmeldung lässt sich der Einfluss des Verfahrens auf die Gesetzgebung der Europäischen Union nicht nachvollziehen. Es besteht die Gefahr, dass Online-Konsultationen zur politischen Pflichtübung verkommen und nur eine „*illusion of relevance*“ erzeugen.[688] Bisher kann über die Responsivität der Europäischen Kommission keine verlässliche Aussage getroffen werden.[689] Hilfreich zur Evaluation des Einflusses der Teilnahme am Konsultationsverfahren wäre die Einführung standardisierter Berichte, die Aufschluss über den Umgang mit eingereichten Stellungnahmen geben.[690]

5. Abschnitt: Ergebnis

Die historische Betrachtung hat gezeigt, dass die politischen Entscheidungsträger in den USA und der EU regelmäßig erst nach medienwirksamen Skandale bereit waren, einer Weiterentwicklung der Lobbyismusregulierung zuzustimmen. Erst wenn Lobbyismus von der Öffentlichkeit als massives Problem wahrgenommen wurde, wurden strengere Vorschriften erlassen. Zwar kam es in Deutschland bisher noch nicht zu vergleichbaren Skandalen, die Stimmungslage[691] ist aktuell dennoch vergleichbar. In den USA zeigen die ergriffenen Maßnahmen Wirkung: Die *Watchdog*-Organisation Center for Responsive Politics stellt auf ihrer Website Zahlen zur Interessenvertretung zur Verfügung.[692] Demnach stiegen die bis zum Jahr 2010 die Gesamtausgaben für den Lobbyismus kontinuierlich an. Auch nahm die Anzahl der Lobbyisten bis zum Jahr 2007 stetig zu. Seitdem sind beide Zahlen rückläufig. In den Zeitraum fällt die Verabschiedung des HLOGA sowie weitere Verschärfungen des Regulierungsrahmens. Lässt sich der Ausgabenrückgang auf die Regulierung

---

687 *Quittkat*, Neue Medien im Dienste der Demokratie?, S. 125, 136.

688 *Winkler/Kozeluh/Brandstetter*, Deliberation im europäischen Kontext, S. 378, 397; *Quittkat*, Neue Medien im Dienste der Demokratie?, S. 125, 142 ff.; *Marxsen*, Open Stakeholder Consultations, European Law Journal 2015, S. 257, 272 f.

689 *Hüller*, Demokratie und Sozialregulierung in Europa, S. 170 ff.

690 *Marxsen*, Open Stakeholder Consultations, European Law Journal 2015, S. 257, 272 f.

691 Vgl. hierzu unten die Studien bei Fn. 914–918.

692 https://www.opensecrets.org/lobby.

zurückführen, kann dies als Indikator für einen Einflussverlust der Interessenvertreter und somit für die Effektivität der zuletzt in den USA ergriffenen Maßnahmen gewertet werden.

Die erste Erkenntnis für eine etwaige Lobbyismusregulierung in Deutschland ergibt sich aus der Analyse der Entwicklungsgeschichte: Nur mit einer wirksamen, durchdachten Definition des Begriffs Interessenvertreter kann ein Regulierungsversuch erfolgreich sein. Das Scheitern erster Regelungsversuch in den USA und der Europäischen Union ist rückblickend insbesondere auf eine zu unscharfe, schwache Bestimmung des Anwendungsbereichs zurückgeführt worden. Die in den USA aktuell verwendete Definition, der ein weiter Anwendungsbereich zugrunde liegt, der wiederum durch die Verwendung zeitlicher und finanzieller Schwellenwerte eingeschränkt wird, scheint geeignet, eine Abgrenzung zwischen professioneller Interessenvertretung und der einfachen Einflussnahme des Bürgers zu schaffen.

Für die Herstellung von Transparenz ist das Regulierungsinstrument erster Wahl das Lobbyregister. Die eingehende Betrachtung der in der Europäischen Union und den USA verwendeten Register hat ebenfalls die Erkenntnis zu Tage befördert, dass nur ausreichend präzise Regelungen in der Lage sind, das gewünschte Maß an Transparenz zu schaffen. Die Auswertung des amerikanischen und europäischen Schrifttums hat zudem gezeigt, dass neben der Definition des Anwendungsbereichs die Informationstiefe ein entscheidender Faktor für den Nutzen eines Lobbyregisters ist. Werden lediglich Basisdaten über die angestellten Interessenvertreter geliefert, können daraus nur wenig Rückschlüsse über die bestehenden Verbindungen zwischen den politischen Entscheidungsträgern und Interessenvertretern gezogen werden. Um die Nachvollziehbarkeit zu gewährleisten, bedarf es zumindest Informationen über die Tätigkeitsgebiete der Interessenvertreter sowie die von ihnen angegangenen Gesetzesvorhaben. Nur dann ist das Lobbyregister tatsächlich in der Lage die gewünschte Transparenz zu schaffen. Dieser Mindeststandard wird vom amerikanischen und europäischen Transparenzregister erreicht. Insgesamt sind Transparenzvorschriften jedoch nur dann geeignet, Licht ins Dunkel der Lobbyismusbranche zu tragen, wenn sie durch eine effektive und entsprechend kompetenziell ausgestattete Stelle überwacht werden. Andernfalls leidet die Qualität der gelieferten Informationen erheblich. Vollständige Transparenz der Interessenvertretung ist jedoch mit einem Transparenzregister kaum zu erreichen, da eine Informationsüberforderung droht. Besser geeignet sind hierzu weitere Instrumente wie der legislative Fußabdruck, dessen Inhalt sich auf jeweils eine Gesetzesinitiative beschränkt.

Zur Ausgestaltung des Näheverhältnisses muss nach der vorstehende Analyse konstatiert werden, dass sich durch die verschiedenen Instrumente die Versuche der Einflussnahme nur bedingt steuern lassen. Die Untersuchung der Regeln zu Nebeneinkünften und Geschenk- und Reisevorschriften hat gezeigt, dass Interessenvertreter ein hohes Maß an Kreativität an den Tag legen, wenn neue Regulierungsvorschriften alte Praktiken unterbinden. Einerseits wird hierdurch erkennbar, dass allein detaillierte Regelungen in der Lage sind, die Einflussnahme wirkungsvoll anzugehen. Werden lediglich allgemeine und vage Regeln formuliert, kommt es zur Umgehung. Andererseits deutet die vollständige Untersagung der Übergabe von Geschenken seitens der Interessenvertreter an politische Entscheidungsträger aber darauf hin, dass selbst durch Detailregelungen das Näheverhältnis zwischen politischen Entscheidungsträgern und Interessenvertretern nicht vollständig erfasst werden kann.

Die Überprüfung des Umgangs mit Machtungleichgewichten hat ergeben, dass abseits von Karenzzeiten weder die Europäische Union noch die USA gezielt Instrumente zu dessen Abbau einsetzen. Der Supreme Court hat vielmehr entschieden, dass der Wunsch zum Abbau des unterschiedlichen Einflusses auf und Zugang zu politischen Entscheidungsträgern jedenfalls im Bereich der Wahlkampffinanzierung nicht Rechtfertigungsgrund zur Beschneidung der verfassungsrechtlich gesicherten Freiheiten taugt. Das Beispiel der amerikanischen Karenzzeiten hat gezeigt, dass eine schärfe Grenzziehung häufig auch eine Problemverschiebung mit sich bringt. Nachdem Karenzzeiten für Mitarbeiter des Kongresses, die mindestens 75 Prozent der Bezüge eines Abgeordneten erhalten, eingeführt wurden, ließ sich ein Anstieg der nachamtlichen Beschäftigung von Mitarbeitern kurz unterhalb dieser Schwelle feststellen.[693] Umgekehrt zeigt der Befund, dass die nachamtlichen Beschäftigungsverbote wirken und somit das Machtungleichgewicht jedenfalls teilweise abbauen. Die Beschränkung der meisten amerikanischen Karenzzeittatbestände auf das Auftreten und Kommunizieren hemmt allerdings deren Effektivität.

---

693 *Issacharoff/Karlan*, The hydraulics of campaign finance reform, 77 Tex. L. Rev. S. 1705, 1708 ff. bezeichnen dies als hydraulischen Effekt. Sobald Geld an einer Stelle wegen stärkerer Regulierung nicht mehr ausgegeben werden kann, wird es an anderer Stelle im Interessenwettkampf eingesetzt. Nach ihrer These führt eine stärkere Regulierung somit lediglich zur Umleitung des Geldes, nicht aber zur Eindämmung der Ausgaben.

4. Teil: Rechtliche Grundlagen der Interessenvertretung in Deutschland

Gegenstand des vierten Teils ist die Erörterung der rechtlichen Grundlagen einer möglichen Lobbyismusregulierung. Untergliedert wird nachfolgend in eine Analyse der verfassungsrechtlichen Anforderungen sowie der verfassungspolitischen Vorgaben. Untersucht werden im ersten Abschnitt die grundgesetzlichen Mindestanforderungen im Hinblick auf die zuvor bestimmten Gefahren der Intransparenz, des Näheverhältnisses und des Machtungleichgewichts. Die verfassungspolitischen Vorgaben betreffen die Gelingensbedingungen der repräsentativen Demokratie und die Maßstäbe guter Gesetzgebung. Auf Grundlage der im ersten und zweiten Abschnitt aufgestellten Maßstäbe wird im dritten Abschnitt die derzeitige Rechtslage dargestellt und bewertet. Die Darstellung gliedert sich wiederum nach den durch die Interessenvertretung hervorgerufenen Gefahren.

1. Abschnitt: Verfassungsrechtliche Vorgaben

Die verfassungsrechtliche Analyse des Verhältnisses von Interessenvertretern und staatlichen Entscheidungsträgern setzt zunächst eine Erörterung des der Arbeit zugrundeliegende Verständnisses des Grundgesetzes und des Prozesses der Willensbildung in der parlamentarischen Demokratie voraus. Anschließend soll das Grundgesetz – wiederum gegliedert nach den festgestellten Gefahrpotenzialen – auf Vorgaben für die Einflussnahme Privater auf den Gesetzgebungsprozess hin näher untersucht werden. Verfassungsrechtliche Anforderungen an die Einbindung Privater in das Gesetzgebungsverfahren lassen sich nicht direkt dem Grundgesetz entnehmen. In den Art. 76 ff. GG gibt das Grundgesetz lediglich einen groben Rahmen vor, der den Ablauf, die Form und die Kompetenzverteilung des Gesetzgebungsverfahrens regelt. Inhaltliche Anforderungen werden nicht explizit formuliert. Weitere Vorgaben könnten sich aber indirekt aus verschiedenen Verfassungsprinzipien ergeben. Legitimation, Rationalität und Transparenz sind die wesentlichen Grundpfeiler eines demokratischen Gesetzgebungsverfahrens.[694] Für den Versuch einer weiteren Konkretisierung dieser Anforderungen soll der Blick auf die in den vergangenen Jahrzehnten immer wieder aufgegriffene Diskussion um Grundsätze des *inneren Gesetzgebungsverfahrens*[695] gerichtet werden.

694 Ähnlich *Heintzen*, Externe Beratung in der Gesetzgebung, S. 229, 230.

695 Die Differenzierung zwischen innerem und äußerem Gesetzgebungsverfahren geht zurück auf *Schwerdtfeger*, Optimale Methodik der Gesetzgebung in: FS Ipsen, S. 173 ff.

A. Verfassungsrechtliche Grundlagen

I. Verfassungsverständnis

1. Verfassungsrechtssätze als Rahmennormen

Im Anschluss an *Böckenförde* wird das Grundgesetz von einem Teil der Literatur als Rahmenordnung verstanden.[696] Ein solches Verständnis betont den fragmentarischen Charakter der Verfassung. Das Grundgesetz regelt demnach nicht dezidiert alle Teilbereiche des gesellschaftlichen Zusammenlebens, sondern begnügt sich mit der Aufstellung einer grundsätzlichen Werte- und Verfahrensordnung. Nach dieser Auffassung ergeben sich aus der Verfassung für den Gesetzgeber Ge- und Verbote, innerhalb deren Rahmen er über einen Spielraum verfügt. Durch die Offenheit der Verfassung wird dem Gesetzgeber ein Bewegungsfreiraum zugesichert, der es ihm erlaubt, gesellschaftlich relevante Sachverhalte einzuschätzen und zu regeln.[697] Hierfür haben sich die Terminologien *gesetzgeberischer Gestaltungsspielraum* oder *gesetzgeberische Einschätzungsprärogative* eingebürgert. Ein so verstandenes Grundgesetz wirkt sich spiegelbildlich auf die Kontrolldichte des Bundesverfassungsgerichts aus. Der gesetzgeberische Gestaltungsspielraum legt den Bereich des Politischen fest, in dem keine verfassungsgerichtliche Kontrolle stattfindet. Das Grundgesetz selbst enthält nach dieser Auffassung nicht bereits alle zur Harmonisierung der verschiedenen Rechtspositionen notwendigen Werte, sondern bestimmt lediglich einige Abwehrpositionen und Richtungsentscheidungen.[698]

Ein solches Verfassungsverständnis wirft zwangsläufig die Frage nach der Reichweite des Rahmens und dem Beginn des gesetzgeberischen Spielraums auf.[699] Wird das Grundgesetz als Rahmenordnung verstanden, so muss abzugrenzen sein, welche Bereiche bereits durch das Grundgesetz geregelt werden und welche Themenkomplexe gerade nicht Gegenstand der Rahmenordnung sind.[700] Staatsorganisationsrechts, die Staatsform, die Kompetenzverteilung sowie grundlegende Prinzipien werden von der Rahmenordnung normiert.[701] Diese Grundordnung kann der Gesetzgeber nur durch eine Verfassungsänderung verschieben. Die konkreten Leitgedanken der Prinzipien hat der Gesetzgeber stets bei seiner Entscheidungsfindung zu beachten.

---

696 So zuerst *Böckenförde*, Die Methoden der Verfassungsinterpretation, NJW 1976, S. 2089, 2091, 2098. Ebenso *Böckenförde*, Staat, Verfassung, Demokratie, S. 58; *Wahl*, Der Vorrang der Verfassung, Der Staat 20 (1981), S. 485, 505 f.; *Stern*, Staatsrecht, Band I, S. 82 ff.; *Starck*, Praxis der Verfassungsauslegung, Band II, S. 139 ff.; *Unruh*, Der Verfassungsbegriff des Grundgesetzes, S. 408 ff.

697 *Starck*, Praxis der Verfassungsauslegung, Band II, S. 140.

698 *Böckenförde*, Staat, Verfassung, Demokratie, S. 198.

699 So auch *Unruh*, Der Verfassungsbegriff des Grundgesetzes, S. 409.

700 *Wahl*, Der Vorrang der Verfassung, Der Staat 20 (1981), S. 485, 507.

701 *Stern*, Staatsrecht, Band I, S. 84. Dem sich anschließend: *Unruh*, Der Verfassungsbegriff des Grundgesetzes, S. 409.

Innerhalb des Rahmens bleibt Raum für den politischen Kompromiss. Bewegt sich der Gesetzgeber innerhalb des Rahmens, kann ihm nicht vorgeworfen werden, dass es bessere Gesetze zur Verwirklichung der Verfassungsbestimmungen gäbe. Es kommt bei einem solchen Rahmenverständnis allein darauf an, dass der Gesetzgeber die von der Verfassung vorgegebenen Leitgedanken beachtet.[702]

2. *Verfassungsprinzipien als Optimierungsgebote*

Im Anschluss an *Alexys* Theorie der Grundrechte[703] differenziert eine andere Auffassung zwischen Regeln und Prinzipien. *Alexy* hat den *Dworkin*'schen Ansatz zur Unterscheidung von Regeln und Prinzipien[704] auf das deutsche Recht übertragen. Nach diesem Ansatz sind alle im Grundgesetz enthaltenen Normen entweder Regeln oder Prinzipien. Prinzipien sind nach diesem Verständnis als Optimierungsgebote zu begreifen.[705] Der Optimierungsgehalt fordert eine möglichst umfassende Verwirklichung des jeweiligen Prinzips. Demnach sind *„Prinzipien Normen, die gebieten daß etwas in einem relativ auf die rechtlichen und tatsächlichen Möglichkeiten möglichst hohen Maße realisiert wird.*"[706] Prinzipien können im Gegensatz zu Regeln nicht nur erfüllt oder nicht erfüllt werden, sondern eine Verwirklichung in unterschiedlichen Graden erfahren. Das gebotene Maß der Erfüllung hängt dabei von den tatsächlichen und rechtlichen Möglichkeiten ab, wobei das rechtlich Erreichbare durch konträre Regeln und Prinzipien bestimmt wird.[707] Im Falle einer Kollision der Prinzipien mit anderen Normen ist ihre Wirkung nicht aufgehoben. Die von *Alexy* aufgestellten Kollisionsregeln nehmen die Forderung nach einer umfassenden Verwirklichung nur insoweit wieder zurück, wie andere Regeln oder Prinzipien der Verwirklichung entgegenstehen. Im Sinne einer praktischen Konkordanz ist ein schonender Ausgleich zwischen den Normen zu schaffen.[708] Somit sind Prinzipien nicht als definitive Gebote, sondern nur als *prima facie Gebote*[709] zu verstehen.

Der Unterschied zum Verständnis als Rahmenordnung tritt insbesondere dann zum Vorschein, wenn gerade keine kollidierenden Verfassungsnormen existieren.

---

702 *Wahl*, Der Vorrang der Verfassung, Der Staat 20 (1981), S. 485, 507 formuliert: *„Ein Rahmenverständnis heißt, bewußt Gestaltungsspielräume aufzudecken und zu formulieren; was innerhalb des Rahmens liegt, ist als eine Alternative von mehreren möglichen zu verstehen. Eine als Rahmen verstandene Verfassungsnorm als Maßstab für ein Gesetz einzusetzen, richtet das Urteil nicht darauf, ob der Mittel-, der Höhe- oder der Optimalpunkt getroffen ist, sondern ob das konkrete Gesetz „innerhalb des Rahmens" liegt, wie es andere Ausgestaltungen auch könnten*"; Ähnlich *Hain*, Grundsätze des Grundgesetzes, S. 184.

703 *Alexy*, Theorie der Grundrechte.

704 *Dworkin*, Bürgerrechte ernstgenommen.

705 *Alexy*, Theorie der Grundrechte, S. 73 ff.

706 *Alexy*, Theorie der Grundrechte, S. 75.

707 *Alexy*, Theorie der Grundrechte, S. 76.

708 *Alexy*, Theorie der Grundrechte, S. 78 f.

709 *Alexy*, Theorie der Grundrechte, S. 87 ff.

In diesem Fall realisiert sich das Optimierungsgebot als Maximierungsgebot.[710] Nach einem solchen Verständnis ist der Gesetzgeber verpflichtet, bei der Ausübung von Staatsgewalt stets die einschlägigen Verfassungsprinzipien im Auge zu behalten und weitestgehend umzusetzen.[711] Auch im Falle einer Prinzipienkollision ist es Aufgabe des Gesetzgebers, beide Prinzipien, unter Beachtung des rechtlich und tatsächlich Möglichen, soweit wie möglich zu verwirklichen. Im Falle einer verkürzten Umsetzung bedarf es der Rechtfertigung durch den Gesetzgeber. Die Idee von Prinzipien als Optimierungsgebote wurde anschließend über die Grundrechte hinweg auf weitere Verfassungsprinzipien, insbesondere auf das Demokratieprinzip, übertragen.[712]

Kritisiert wird am Optimierungsgedanken, dass er sich auf der These gründet, dass *a priori* ein Optimum zu bestimmen ist. Abstrakt soll sich ein Maß des Höchsterreichbaren bestimmen lassen.[713] Dem Grundgesetz lassen sich jedoch nur unbestimmte normative Prinzipien entnehmen.[714] Über den Anwendungsbereich und Wirkungsanspruch der einzelnen Prinzipien trifft die Theorie der Optimierungsgebote selbst keine Aussage. Daher ist die Qualifizierung bestimmter Verfassungsrechtssätze als Optimierungsgebot schon per se von begrenzter Aussagekraft.[715] Aus diesem Grund wird der Optimierungsbegriff teils als idealistische Überhöhung kritisiert.[716] Die Optimierungstheorie helfe bei der Konkretisierung

---

710 *Alexy*, Theorie der Grundrechte, S. 80 (Fn. 37). Ausdrücklich für das Demokratieprinzip formuliert dies Schliesky, Souveränität und Legitimität von Herrschaftsgewalt, S. 619 sowie *Mehde*, Neues Steuerungsmodell und Demokratieprinzip, S. 549.

711 *Mehde*, Neues Steuerungsmodell und Demokratieprinzip, S. 549.

712 So etwa *Bryde*, Die bundesrepublikanische Volksdemokratie als Irrweg der Demokratietheorie, StwStp 1994, S. 305, 324; *Schnapp* in: Münch/Kunig, GG-Kommentar, Art. 20 GG Rn. 7; *Mehde*, Neues Steuerungsmodell und Demokratieprinzip, S. 549; *Bogdandy*, Demokratisch, demokratischer, am demokratischsten? in: FS Hollerbach, S. 363, 369 ff.; *Schliesky*, Souveränität und Legitimität von Herrschaftsgewalt, S. 618 ff.; *Morlok*, Demokratie und Wahlen in: FS 50 Jahre Bundesverfassungsgericht, S. 559, 564 f.

713 *Lerche*, Die Verfassung als Quelle von Optimierungsgeboten?, in: FS Stern, S. 197, 208.

714 So auch *Böckenförde*, Staat, Verfassung, Demokratie, S. 196.

715 *Reimer*, Verfassungsprinzipien, S. 331 f. Beispielhaft hierfür kann *Mehde*, Neues Steuerungsmodell und Demokratieprinzip, S. 549 angeführt werden, der davon spricht, dass aufgrund des Optimierungsgebots *„in jedem Fall eine möglichst weitgehende Verwirklichung des Demokratieprinzips anzustreben“* ist. Die Frage, was Gegenstand der weitestgehenden Verwirklichung ist, bleibt unbeantwortet. Zu recht wird allerdings bemerkt, dass bei einem Rahmenverständnis sich ein ähnliches Problem für die Frage stellt, was der *„Mindeststandard“* sein soll, vgl. hierzu *Unruh*, Der Verfassungsbegriff des Grundgesetzes, S. 415 f.

716 *Lerche*, Die Verfassung als Quelle von Optimierungsgeboten?, in: FS Stern, S. 197, 206. Anderer Ansicht ist *Morlok*, Demokratie und Wahlen in: FS 50 Jahre Bundesverfassungsgericht, S. 559, S. 565., der gerade in der Kollisionslösung den Wert

von Verfassungsrechtssätzen nicht weiter, sondern stelle nur Forderungen bezüglich deren Umsetzung.

Zudem wird den Anhängern der Optimierungsgebote entgegengehalten, dass die Einteilung in Regeln und Prinzipien nur eine rechtstheoretische Methode zur Kategorisierung der normativen Gehalte von Verfassungsrechtssätzen sei. Damit wäre aber das Grundgesetz die Voraussetzung für die Kategorien. Setzt die Kategorisierung das Grundgesetz voraus, vermag sie selbst keine normativen Vorgaben für das Verständnis der Verfassung zu leisten.[717]

Darüber hinaus verneint die Ansicht, vor dem Hintergrund einer abstrakten Bestimmbarkeit des Inhalts der Prinzipien, zu Ende gedacht die Existenz eines gesetzgeberischen Gestaltungsspielraums. Kollidiert ein Prinzip nicht mit anderen verfassungsrechtlichen Erwägungen ist es bis zum Maximum zu verwirklichen. Im Kollisionsfall ließe sich durch die praktische Konkordanz ein einzig richtiges Ergebnis bestimmen. Das Grundgesetz halte demnach das Ergebnis der Abwägung bereit. Aufgabe von Abgeordneten und Richtern ist lediglich, das richtige Ergebnis zu finden. Das Ergebnis der Auflösung von Verfassungsnormkollisionen wäre vollständig durch das Bundesverfassungsgericht überprüfbar. Die Richter wären vor dem Hintergrund des Optimierungsprogramms nicht nur befugt, sondern dazu aufgerufen, zu überprüfen, ob die jeweiligen Verfassungsprinzipien – unter Beachtung der rechtlichen und tatsächlichen Möglichkeiten – so weit wie möglich verwirklicht wurden.[718] Legislative und Judikative verkämen zum reinen Vollstrecker der Verfassungsbestimmungen.[719] Diesem Argument sind Anhänger der Optimierungstheorie mit dem Einwand begegnet, dass auch ein formelles Prinzip der Entscheidungsbefugnis des demokratisch legitimierten Gesetzgebers existiere.[720] Wenn aber wiederum ein solch formelles Prinzip anerkannt wird, stellt sich die Frage, welcher Mehrwert von der Optimierungstheorie erhalten bleibt.

Mit Blick auf das Demokratieprinzip lässt sich zudem aus der Rechtsprechung des Bundesverfassungsgericht zur demokratischen Legitimation von Akten der Staatsgewalt[721] ableiten, dass auch das Gericht dem Prinzip kein Optimierungsgebot

---

des Optimierungsgedankens erkennt: „*Das Ideal nimmt Rücksicht auf die Verwirklichungsbedingungen und kann die schlechten Alternativen unrealistisch reiner Verwirklichung oder eines wertvergessenen Pragmatismus vermeiden.*"

717 *Grzeszick*, Rechte und Ansprüche, S. 317 ff.

718 *Hain*, Grundsätze des Grundgesetzes, S. 133.

719 *Waldhoff*, Manipulation von Wahlterminen durch Zusammenlegung von Wahlen?, JZ 2009, S. 144, 146 f.; *Bumke*, Der Grundrechtsvorbehalt, S. 162, 167; *Böckenförde*, Staat, Verfassung, Demokratie, 196 f. vergleicht die dann entstehende Rolle des Gesetzgebers mit der eines Verodnungsgebers.

720 Vgl. *Alexy*, Recht, Vernunft, Diskurs, S. 224.

721 Zur demokratischen Legitimation siehe sogleich auf S. 156 f. und *Böckenförde*, Demokratie als Verfassungsprinzip in: HStR II, § 24 Rn. 14 ff.

entnimmt.[722] Das Bundesverfassungsgericht fordert in seinen Urteilen stets ein hinreichendes aber kein optimales Legitimationsniveau.

Aufgrund der überzeugenden Kritik wird im Folgenden das Grundgesetz als Rahmenordnung ohne Optimierungsauftrag der Verfassungsprinzipien verstanden.

3. *Auswirkungen auf die Lobbyismusregulierung*

Die hier vertretene Auffassung von der Verfassung als Rahmenordnung bedeutet für die Regulierung des Lobbyismus, dass Regeln für den Umgang mit Interessenvertretern nicht eine optimale Lösung des Problems zu Tage fördern müssen. Aus verfassungs*rechtlicher* Sicht sind die nachfolgend zu bestimmenden Grenzen des Grundgesetzes einzuhalten. Wie innerhalb der verfassungsrechtlichen Grenzen die Regulierung der Einflussnahme von Interessenvertretern auszugestalten ist, gibt die Verfassung nicht vor. Hier bleibt es beim Entscheidungsspielraum des Gesetzgebers.[723] Insoweit ist Lobbyismusregulierung eine politische Frage.[724]

Die Arbeit soll sich vor dem Hintergrund der rechtspolitischen Zielrichtung jedoch nicht mit der Bestimmung der verfassungsrechtlichen Grenzen begnügen. Es soll darüber hinaus untersucht werden, welches Ideal die Verfassung für den Gesetzgebungsprozess vorgibt. Daher werden sich an die Untersuchung der durch das Grundgesetz gelieferten Vorgaben verfassungs*politische* Erwägungen anschließen. Zu erörtern sein wird, welche über den Mindeststandard hinausgehenden Überlegungen Leitlinien für eine mögliche Regulierung der Einflussnahme von Interessenvertretern auf den Gesetzgebungsprozess sein sollen.

II. Willensbildung in der parlamentarischen Demokratie

Im Gegensatz zum überkommenen strikten Dualismus[725] von Staat und Gesellschaft – im Sinne einer völligen Trennung der beiden Systeme – geht die heutige, vom

---

722 So etwa BVerfGE 83, 60 (71 f.); 89, 155 (182); 93, 37 (67); 107, 59 (87 f.); 130, 76 (124). Zur Ablehnung eines Optimierungsgehalts des Demokratieprinzips siehe auch *Waldhoff*, Manipulation von Wahlterminen durch Zusammenlegung von Wahlen?, JZ 2009, S. 144, 146 f.

723 Ähnlich *Hesse*, Grundzüge des Verfassungsrechts, Rn. 129: *„Innerhalb dieses Rahmens überlässt es* [das Grundgesetz] *die Frage nach dem Inhalt von Demokratie der freien politischen Auseinandersetzung.“*

724 Eine vermittelnde Ansicht vertritt *Pünder*, der Verfassungsprinzipien zwar nicht als Optimierungsgebote, aber – im Anschluss an *Reimer*, Verfassungsprinzipien, S. 328 ff. – als Verschlechterungsverbote bzw. Verbesserungsgebote versteht. Demnach ist eine entsprechende Lobbyismusregulierung nicht allein eine politische Entscheidung, sondern im Ausgangspunkt ein verfassungsrechtlich begründeter Auftrag, vgl. *Pünder*, Wahlrecht und Parlamentsrecht als Gelingensbedingungen repräsentativer Demokratie, VVDStRL 72, S. 193, 209 ff.

725 Der Gedanke der strikten Trennung zwischen monarchisch bestimmten Staat und der bürgerlichen Gesellschaft prägte den deutschen Konstitutionalismus des

Pluralismus geprägte Staatsrechtslehre davon aus, dass sich innerhalb des Staates die verschiedenen Interessen begegnen und in einen Ausgleich zu bringen sind.[726] Die Bürger und gesellschaftlichen Gruppen nehmen an der politischen Willensbildung teil. Konsequenz dessen ist jedoch – in Abkehr von einem *Rousseau*'schem Staatsmodell[727] – keine Identität von Staat und Gesellschaft, sondern eine wechselseitige Beziehung, innerhalb derer die Politik bei ihrer eigenen Willensbildung die Wünsche und Vorstellungen des Volks berücksichtigen soll.[728]

Daher wird hinsichtlich der politischen Willensbildung aus staatsrechtlicher Perspektive zwischen den Ebenen der Volks- und Staatswillensbildung unterschieden. Volkswillensbildung ist der gesellschaftliche Diskurs zwischen den einzelnen

---

19. Jahrhunderts, vgl. bei *Rupp*, Die Unterscheidung von Staat und Gesellschaft in: HStR II, § 31 Rn. 5 ff.

726 *Schmitt Glaeser*, Die grundrechtliche Freiheit des Bürgers zur Mitwirkung an der Willensbildung in: HStR III § 38 Rn. 2. *Schmitt-Glaeser* zitiert passend hierzu das Bundesverfassungsgericht: „*Demokratie setzt eine ständige freie Auseinandersetzung zwischen sich begegnenden sozialen Kräften, Interessen und Ideen voraus, in der sich auch die politischen Ziele klären und wandeln und aus der heraus eine öffentliche Meinung den politischen Willen vorformt.*“ Weiter führt das Bundesverfassungsgericht aus: „*Dazu gehört auch,* [...] *daß der wahlberechtigte Bürger mit der Hoheitsgewalt, der er unterworfen ist, in seiner Sprache kommunizieren kann.*“, BVerfGE 89, 155 (185). Die Formulierung „*strikter Dualismus*“ beschreibt eine hermetische Abschottung zwischen Staat und Gesellschaft. Mangels Bezug zur Thematik soll nicht weiter vertieft werden, inwieweit ein eingeschränkter Dualismus zwischen Staat und Gesellschaft besteht. Für einen Überblick zu dieser Diskussion vgl. *Günther*, Denken vom Staat her, S. 315 ff. *Günther* weist darauf hin, dass es „*schlichtweg Glaubenssache* [ist], *ob der Staat als eine von der Gesellschaft losgelöste Herrschaftsorganisation oder ob das Gemeinwesen, in dessen Rahmen der Staat lediglich als eine gesellschaftliche Funktion begriffen wurde, Ausgangspunkt bei der Lösung staatsrechtlicher Probleme sein sollte.*“, *Günther*, Denken vom Staat her, S. 316.

727 Siehe zum demokratischen Modell *Rousseaus* bereits S. 25 ff. Vertreter einer solchen Identität von Staat und Gesellschaft war in jüngerer Vergangenheit der deutschen Staatsrechtslehre insbesondere der damalige Gegenspieler Rudolf Smends, *Carl Schmitt*, vgl. hierzu bei *Otto*, Die Entwicklung der Verfassungslehre in der Weimarer Republik, S. 41 ff.

728 *Holznagel*, Erosion demokratischer Öffentlichkeit?, VVDStRL 68, S. 381, 386; *Schmitt Glaeser*, Die grundrechtliche Freiheit des Bürgers zur Mitwirkung an der Willensbildung in: HStR III § 38 Rn. 38; *Becker*, Kooperative und konsensuale Strukturen in der Normsetzung, S. 152. So auch das Bundesverfassungsgericht: „*Willensbildung des Volkes und Willensbildung in den Staatsorganen vollziehen sich in vielfältiger und tagtäglicher Wechselwirkung. Politisches Programm und Verhalten der Staatsorgane wirken unablässig auf die Willensbildung des Volkes ein und sind selbst Gegenstand der Meinungsbildung des Volkes.*“, BVerfGE 44, 125 (140).

Bürgern sowie sozialen Gruppen und Parteien über politisch relevante Themen.[729] Die moderne, pluralistische Gesellschaft ist unterteilt in eine Vielzahl von Individuen, die allein oder in Gruppen versuchen, ihren Interessen im politischen Entscheidungsprozess Gehör zu verleihen. Dieser Diskurs führt regelmäßig nicht zu einem singulärern Volkswillen, sondern verdeutlicht vielmehr die Vielfalt der in der Gesellschaft vertretenen Interessen und Meinungen.

Die Bildung des Staatswillens betrifft hingegen politische Entscheidungen und ist das Ergebnis eines vorangegangenen Diskurses innerhalb der staatlichen Entscheidungsstellen.[730] Als Grundlage staatlicher Entscheidungen ist der Staatswille notwendigerweise als einheitlich anzusehen.[731] Die Bürger wirken nicht nur über die Volkswillensbildung, sondern insbesondere – aber nicht ausschließlich – durch Abstimmungen und Wahlen auch auf die Staatswillensbildung ein.

Die Verbindung zwischen den beiden Ebenen der Willensbildung muss so beschaffen sein, dass weder die Regierung, noch das Parlament, die Parteien, die Interessengruppen oder die öffentliche Meinung die andere Ebene absorbiert oder zu einem Schattendasein reduziert.[732] Im Idealfall stehen beide Systeme in einem offenen Dialog, so dass sich letztlich die Bildung des Staatswillens auf die vorangegangene Volkswillensbildung beziehen kann. Bei einem *Smend'*schen Staatsverständnis ist es auch staatliche Aufgabe im Rahmen der Staatswillensbildung eine Rückkoppelung an den Volkswillen sicherzustellen. Im Terminus der Integrationslehre stellt dies eine funktionale Integration dar.[733]

---

729 *Schmitt Glaeser*, Die grundrechtliche Freiheit des Bürgers zur Mitwirkung an der Willensbildung in: HStR III § 38 Rn. 3. Der Begriff wird häufig synonym mit dem der *„öffentlichen Meinung"* verwendet. Ähnlich definiert wird der Begriff bei *Schubert/Klein*, Politiklexikon, S. 319, die dies als *„empirischen Volkswillen"* bezeichnen und daneben noch einen hypothetischen Volkswillen als *„politische Überzeugung, dass ein objektives Gesamtinteresse angegeben werden kann"* definieren und diesen aber mit Verweis auf die nicht bestehende gesellschaftliche Homogenität ablehnt.

730 *Schliesky*, Souveränität und Legitimität von Herrschaftsgewalt, S. 245; *Becker*, Kooperative und konsensuale Strukturen in der Normsetzung, S. 152.

731 *Schliesky*, Souveränität und Legitimität von Herrschaftsgewalt, S. 245, der darauf hinweist, dass die Einheitlichkeit des Staatswillens nicht unbedingt den realen Gegebenheiten entsprechen muss, aber als Konsequenz der einheitlichen Staatsgewalt notwendigerweise zu fingieren ist.

732 *Stern*, Staatsrecht, Band I, S. 617.

733 So schreibt *Kurt Sontheimer* zum Verhältnis der gesellschaftlichen Vielfalt und dem einheitlichen Staatswillen: *„Im Smendschen Begriff der Integration als dem Prozeß, in dem der Staat die Vielheit der gesellschaftlichen Interessen zur Einheit eines Staatswillens fortlaufend integriert, ist die Idee des Pluralismus mit der dem Staatswillen zugeschriebenen Idee der Einheit produktiv verbunden worden."*, vgl. *Sontheimer*, Pluralismus, S. 254, 256. Ebenso die Willensbildung als Form der funktionellen Integration im Sinne Smends begreifend: *Otto*, Die Entwicklung der Verfassungslehre in der Weimarer Republik, S. 75 f.

B. Verfassungsrechtliche Vorgaben zur Herstellung von Transparenz

I. Verfassungsrechtliche Anknüpfungspunkte

Verfassungsrechtlich lässt sich die Forderung nach Transparenz an zwei Stellen anbinden:

Zum einen legt Art. 42 Abs. 1 S. 1 GG fest, dass der Bundestag öffentlich verhandelt. Damit wird das Prinzip der Parlamentsöffentlichkeit verfassungsrechtlich statuiert. Aus der Norm lässt sich das Gebot der Sitzungsöffentlichkeit des Bundestages herleiten.[734] Unter Sitzungsöffentlichkeit ist der ungehinderte und freie Zugang für jedermann zu verstehen.[735] Sitzungen des Bundestags dürfen daher grundsätzlich nicht unter Ausschluss der Öffentlichkeit stattfinden.[736]

Zum anderen kann das Transparenzgebot aus dem Demokratieprinzip des Art. 20 Abs. 1, 2 GG hergeleitet werden.[737] Transparenz lässt sich als Ausgleich der fehlenden Elemente direkter Demokratie in der Bundesrepublik Deutschland verstehen. Verglichen mit der direkten Demokratie stellt die parlamentarische Demokratie einen Kontrollverlust des Souveräns dar. Der Souverän übt die Staatsgewalt nur noch durch die Wahl direkt aus. Das Demokratieprinzip gebietet jedoch, dass das Volk als Souverän die Ausübung der Staatsgewalt kontrollieren kann. In der repräsentativen

---

734 *Kißler*, Parlamentsöffentlichkeit in: Schneider/Zeh, § 36 Rn. 24; *Klein* in: Maunz/Dürig, GG-Kommentar, Art. 42 GG Rn. 32; *Morlok* in: Dreier, GG-Kommentar, Art. 42 GG Rn. 27. Die Sitzungsöffentlichkeit will *Kloepfer*, Politische Willensbildung, in: HStR III § 42 Rn. 54 hingegen aus dem Demokratieprinzip ableiten.

735 *Klein* in: Maunz/Dürig, GG-Kommentar, Art. 42 GG Rn. 33.

736 Allerdings sieht schon der Art. 42 Abs. 1 S. 2 GG vor, dass mit einer Zweidrittelmehrheit der Ausschluss der Öffentlichkeit möglich ist.

737 *Bröhmer*, Transparenz als Verfassungsprinzip, S. 97 ff., 146 ff., der Transparenz sogar zum Verfassungsprinzip erklärt. Auch *Wegener*, Der geheime Staat, erkennt Transparenz als Teilprinzip des Demokratieprinzips an, vgl. insbesondere *Wegener*, Der geheime Staat, S. 392 und S. 439. *Wegener* kommt zu dem Schluss, dass nicht Geheimhaltung sondern Transparenz die Regel und Geheimhaltung die rechtfertigungsbedürftige Ausnahme sein muss. Ähnlich *Lederer*, Open Data, S. 326 f., 352 ff.; *Schliesky*, Parlamentsfunktionen, in: Parlamentsrecht, § 5 Rn. 36; *Grzeszick* in: Maunz/Dürig, GG-Kommentar, Art. 20 GG II. Rn. 21 ff., der aus dem Demokratieprinzip einen Grundsatz der Öffentlichkeit staatlichen Handelns ableitet. Ein Transparenzgebot entnehmen der Verfassung ebenfalls *Redeker*, Wege zur besseren Gesetzgebung, ZRP 2004, S. 160, 163; *Schoch*, Entformalisierung staatlichen Handelns, HStR III, § 37 Rn. 141; *Sobota*, Das Prinzip Rechtsstaat, S. 140; *Eckert*, Transparenz im Gesetzgebungsprozess, S. 64 ff.; *Schwerdtfeger*, Optimale Methodik der Gesetzgebung in: FS Ipsen, S. 173, 185. *Voßkuhle*, Sachverständige Beratung des Staates in: HStR III, § 43 Rn. 73 spricht vom Gebot einer effizienten, kontrollstarken und transparenten Staatsorganisation, die sich aus den genannten Prinzipien herleiten lasse. Den Rang als Verfassungsgut explizit verneinend: *Sodan*, Lobbyregister als Verfassungsproblem, LKV 2012, S. 193, 201.

Demokratie müssen Entscheidungsverfahren somit derart transparent gestaltet sein, dass der Souverän über ausreichende Kenntnis des Sachverhalts verfügt, um das Handeln der Repräsentanten angemessen beurteilen zu können.[738] Diese Beurteilung bildet die Grundlage für die Willensbildung bei künftigen Wahlen. Während in der direkten Demokratie der Bürger zur Entscheidungsfindung volle Kenntnis der Umstände benötigt, üben in der repräsentativen Demokratie der Bundesrepublik Deutschland – abgesehen von der Parlamentswahl – die Repräsentanten die Staatsgewalt aus. Statt vollständiger Kenntnis der zu entscheidenden Sachlage bedarf es der Nachvollziehbarkeit der Willensbildung.[739] Publizität ist daher notwendige Voraussetzung für legitime Repräsentation.[740] Somit ist es insbesondere in der repräsentativen Demokratie von Bedeutung, den Bürgern nicht nur Kenntnis über die staatliche Entscheidung selbst zu verschaffen, sondern sie in die Lage zu versetzen, auch das Zustandekommen des gebildeten Staatswillen zu bewerten.[741] Nur unter dieser Voraussetzung kann der Souverän seine Kontrollfunktion vollständig ausfüllen. Zu fordern ist daher ein Mindestmaß an Strukturtransparenz,[742] das dem Souverän das Nachvollziehen privater Einflussnahme auf den Gesetzgebungsprozess ermöglicht.

Kenntnis der Bürger über die ablaufenden Verfahren ist darüber hinaus wichtig, damit es zu der wechselseitigen Beziehung zwischen Volks- und Staatswillensbildung kommt.[743] Das Gebot der Öffentlichkeit staatlichen Handelns ist stets im Zusammenhang mit der politischen Willensbildung zu verstehen. Auch die Verschränkung zwischen Volks- und Staatswillensbildung trägt zur demokratischen

---

738 Ähnlich *Brenner*, Inneres Gesetzgebungsverfahren, ZG 2011, S. 394, 399 ff; ähnlich auch *Transparency International*, A-Drs. 18 – G – 21a, S. 2, allerdings ohne den Verweis auf Art. 20 Abs. 1, 2 GG.

739 *Klein* in: Maunz/Dürig, GG-Kommentar, Art. 42 GG Rn. 27. Darüber hinaus verweist *Klein* noch auf das Zitat Emanuel Kants nachdem alle *„auf das Recht anderer Menschen bezogenen Handlungen, deren Maxime sich nicht mit der Publizität verträgt, [...] unrecht“* sind. Ähnlich *Kißler*, Parlamentsöffentlichkeit in: Schneider/Zeh, § 36 Rn. 6: *„Demokratische Repräsentation setzt parlamentarische Publizität voraus.“*

740 *Morlok* in: Dreier, GG-Kommentar, Art. 42 GG Rn. 20. Das Bundesverfassungsgericht erkennt sogar ein *„Idealbild eines offenen, in jeder Hinsicht durchschaubaren Prozesses politischer Willensbildung.“*, BVerfGE 118, 277 (374).

741 Zu trennen ist diese Diskussion von einem individualrechtlichen Informationsanspruch wie es ihn das Informtionsfreiheitsgesetz gewährt. Es soll hier nicht die Frage erörtert werden, inwieweit der Einzelnen einen Informationsanspruch gegen den Staat haben soll. Stattdessen ist hier die Verpflichtung des Staats zur transparenten Gestaltung seiner Entscheidungsverfahren gemeint.

742 Siehe zu den Begriffen Struktur-, Prozess- und Inhaltstransparenz S. 54 f.

743 *Bröhmer*, Transparenz als Verfassungsprinzip, S. 97; *Holznagel*, Erosion demokratischer Öffentlichkeit?, VVDStRL 68, S. 381, 383 ff.; ähnlich *Kühn*, Verhaltensregeln für Bundestagsabgeordnete, S. 187 ff., der im Öffentlichkeitsprinzip des Demokratieprinzips die Grundlage für Transparenzpflichten den Abgeordneten sieht.

Legitimation der Repräsentanten durch den Souverän bei. Der Legitimationsakt bleibt für die funktionale Integration der Bürger in den Staat wirkungslos, wenn er durch die Praxis auf einen nicht nachvollziehbarem Vertrauensakt zurückgestutzt wird.[744] Das Demokratieprinzip fordert daher ein umso transparenteres staatliches Handeln, je mehr Bedeutung die Entscheidung für den gesellschaftlichen politischen Diskurs hat.[745] Als zentrales Recht des direkt durch den Souverän gewählten Bundestags hat dessen Gesetzgebungskompetenz eine überragend wichtige Bedeutung. Durch Gesetze normiert der Bundestag die Grundlagen des gesellschaftlichen Zusammenlebens. Im Gesetzgebungsverfahren werden die unterschiedlichen Bedürfnisse und Interessen der Gesellschaft in einen Ausgleich gebracht, wobei das Ziel das Erreichen des Gemeinwohls ist.[746] Um die Arbeit der Repräsentanten zu kontrollieren und zu bewerten, ist auch die Frage nach äußeren Einflüssen auf das Gesetzgebungsverfahren von herausgehobenen Belang für den gesellschaftspolitischen Diskurs. Die Einflussnahme Privater darf nicht im Verborgenen erfolgen, sondern muss durch den Souverän nachvollzogen werden können. Für das Gesetzgebungsverfahren verlangt das Grundgesetz als Rahmenordnung somit ein Mindestmaß an Transparenz.[747]

II. Rechtsprechung des Bundesverfassungsgerichts

Auch das Bundesverfassungsgericht hat sich wiederkehrend zur Frage der Transparenz im Gesetzgebungsverfahren geäußert. Bereits vor vier Jahrzehnten, im Jahr 1975, hat sich das Gericht bei einer Entscheidung über die Erhöhung der Abgeordnetenbezüge mit den Anforderungen an die notwendige Transparenz im Gesetzgebungsverfahren befasst. Nach Ansicht des Gerichts gebietet „*das demokratische und rechtsstaatliche Prinzip (Art. 20 GG), daß der gesamte Willensbildungsprozeß für den Bürger durchschaubar ist und das Ergebnis vor den Augen der Öffentlichkeit beschlossen wird. Denn dies ist die einzige wirksame Kontrolle. Die parlamentarische Demokratie basiert auf dem Vertrauen des Volkes; Vertrauen ohne Transparenz, die erlaubt zu verfolgen, was politisch geschieht, ist nicht möglich.*“[748] Zwar bezog sich das Urteil auf die Entscheidung von Abgeordneten in eigener Sache, jedoch schränkte das Gericht seine Ausführungen nicht dahingehend ein. Es scheint ein solches Transparenzgebot

744 *Oberreuter*, Republikanische Demokratie, S. 163.

745 Ähnlich *Grzeszick* in: Maunz/Dürig, GG-Kommentar, Art. 20 II. GG Rn. 21 f.

746 Zur Gemeinwohlbindung der Amtsträger siehe sogleich auf S. 159 ff.

747 Auch in der rechtswissenschaftlichen Literatur wird von der überwiegenden Mehrheit der Autoren für das Gesetzgebungsverfahren ein Mindestmaß an Transparenz gefordert, so etwa *Hölscheidt/Menzenbach*, Das Gesetz ist das Ziel, DÖV 2008, S. 139, 140; *Schoch*, Entformalisierung staatlichen Handelns, HStR III, § 37 Rn. 138; *Bröhmer*, Transparenz als Verfassungsprinzip, S. 153 ff.; *Morlok* in: Dreier, GG-Kommentar, Art. 42 GG Rn. 4; *Versteyl* in: von Münch/Kunig, GG-Kommentar, Art. 42 GG Rn. 1; *Sachs* in: Sachs, GG-Kommentar, Art. 20 GG Rn. 18.

748 BVerfGE 40, 296 (327).

allgemein dem Demokratie- und Rechtsstaatsprinzip zu entnehmen.[749] Auch das Bundesverfassungsgericht erkennt einen Zusammenhang zwischen dem Vertrauen der Repräsentierten und Transparenz der Entscheidungsprozesse.

So hat das Gericht in einem Verfahren über die Verfassungsmäßigkeit der Bewilligung der Haushaltsmittel für vier dem Geheimschutz unterliegende Aufgabenbereiche den Grundsatz der Budgetöffentlichkeit aus einem „*allgemeinen Öffentlichkeitsprinzip der Demokratie*“[750] abgeleitet. Im selben Verfahren hat das Gericht ausgeführt: „*Öffentliches Verhandeln von Argument und Gegenargument, öffentliche Debatte und öffentliche Diskussion sind wesentliche Elemente des demokratischen Parlamentarismus. Gerade das im parlamentarischen Verfahren gewährleistete Maß an Öffentlichkeit der Auseinandersetzung und Entscheidungssuche eröffnet Möglichkeiten eines Ausgleichs widerstreitender Interessen, die bei einem weniger transparenten Vorgehen sich nicht so ergäben.*“[751]

Ähnlich hat sich das Gericht hinsichtlich der deutschen Mitwirkung an der Gründung der Europäischen Union geäußert. Neben der Möglichkeit auf den politischen Willensbildungsprozess Einfluss zu nehmen, gehört nach Ansicht des Bundesverfassungsgerichts zur Demokratie auch, „*daß die Entscheidungsverfahren der Hoheitsgewalt ausübenden Organe und die jeweils verfolgten politischen Zielvorstellungen allgemein sichtbar und verstehbar sind* [...].“[752]

Wiederholt hat das Bundesverfassungsgericht somit deutlich gemacht, dass nach seiner Auffassung die Nachvollziehbarkeit der politischen Willensbildung ein elementarer Bestandteil der repräsentativen Demokratie ist. Insbesondere für die Legislative nimmt das Bundesverfassungsgericht ein Gebot der Öffentlichkeit an. Die Rechtsprechung des Bundesverfassungsgerichts stützt somit die These, dass in der parlamentarischen Demokratie im Gesetzgebungsverfahren ein Mindestmaß

---

749 So versteht etwa auch *Faber*, Privatisierung streng geheim!, NVwZ 2003, S. 1317, 1318 f. die Ausführungen.

750 BVerfGE 70, 324 (358).

751 BVerfGE 70, 324 (355). *Kloepfer*, Politische Willensbildung, in: HStR III § 42 Rn. 53, 55 zieht aus der Formulierung den gegenteiligen Schluss. Er geht davon aus, dass das Bundesverfassungsgericht gerade kein allgemeines Publizitätsgebot aus dem Demokratieprinzip entnimmt. Die Schlussfolgerung wirkt vor dem Fortgang der zitierten Urteilspassage merkwürdig. Das Bundesverfassungsgericht führt weiter aus: „*Aber auch in der Demokratie kann es, wie schon der Blick auf die Praxis während der Weimarer Reichsverfassung sowie die anderer demokratischer Staaten zeigt, unvermeidlich sein, aus zwingenden Gründen des Staatswohls jedenfalls die Offenlegung von Detailangaben bestimmter geheimer Fonds zu unterlassen. Art. 110 Abs. 1 GG verlangt die Beachtung des Grundsatzes der Öffentlichkeit nicht ausnahmslos.*“ Die Ausführungen lassen eher darauf schließen, dass das Bundesverfassungsgericht von einem Publizitätsgebot ausgeht, das unter bestimmter Gründen eingeschränkt werden kann. Ebenso hat das Gericht in den späteren Urteilen auf die zitierte Entscheidung verwiesen, wenn es sich mit dem Öffentlichkeitspinzip der Demokratie beschäftigte, so etwa in BVerfGE 103, 44 (63).

752 BVerfGE 89, 155 (185) und nochmals aufgegriffen in BVerfGE 97, 350 (369 f.).

an Transparenz geboten ist, um dem Souverän die Nachvollziehbarkeit politischer Entscheidungsprozesse zu ermöglichen.

Transparenz ist nicht nur ein Zugeständnis, das der Staat seinen Bürgern nach Gutdünken ermöglichen oder verweigern kann. Es handelt sich vielmehr um eine verfassungsrechtliche Verpflichtung des Staates, die neben Art. 42 Abs. 1 S. 1 GG vor allem aus dem Demokratieprinzip (Art. 20 Abs. 1 GG) hergeleitet werden kann.

III. Reichweite des Transparenzgebots

Es stellt sich die Frage nach der Reichweite des Transparenzgebots. Aus den abstrakten Prinzipien lässt sich zwar keine konkrete inhaltliche Reichweite herleiten.[753] Es kann aber untersucht werden, ob nur der parlamentarische Teil des Gesetzgebungsverfahrens oder auch die Ministerialbürokratie den Transparenzanforderungen unterliegt.

Art. 42 Abs. 1 GG betrifft die parlamentarische Ebene des Verfahrens. Inhaltlich verlangt die Norm grundsätzlich eine Öffentlichkeit der Sitzungen des Bundestags. Zwar führt fehlende Sitzungsöffentlichkeit nicht zwangsläufig zu Geheimhaltung. Öffentlichkeit kann nicht ausschließlich durch Zugang zu den Verhandlungen gewährt werden. Wird das Publikum – wie etwa regelmäßig bei den Ausschusssitzungen – nicht zugelassen, kann Publizität durch nachfolgende Berichte geschaffen werden.[754] Transparenz und Öffentlichkeit setzen somit nicht zwangsläufig den direkten Zugang zu den innerstaatlichen Verhandlungsprozessen voraus.[755] Durch nachgelagerte Transparenz in Form der Berichterstattung wird zudem das Problem begrenzter Zulassungskapazitäten vermieden. Für die Anforderungen des Art. 42 Abs. 1 S. 1 GG reicht eine Berichtsöffentlichkeit jedoch nicht aus. Der Wortlaut verlangt nach einem freien Zugang zu den Sitzungen.

Die Ebene der Ministerialbürokratie wird von Art. 42 Abs. 1 S. 1 GG aufgrund des klaren Wortlauts hingegen nicht erfasst. Ob das Öffentlichkeitsgebot des Verfassungsartikels auch für die Ausschüsse gilt, lässt sich dem Wortlaut nicht entnehmen. Der GOBT nach zu urteilen, geht der Gesetzgeber davon aus, dass die Wirkung des Art. 42 Abs. 1 GG auf die Plenumssitzungen beschränkt ist. Nach § 69 Abs. 1 S. 1 GOBT sind nämlich Ausschusssitzungen des Bundestages grundsätzlich

753 Ähnlich auch das Bundesverfassungsgericht zur Öffentlichkeit von Gerichtsverfahren: *„Der Grundsatz der Öffentlichkeit besagt insbesondere noch nichts zu den Modalitäten, unter denen die Öffentlichkeit zugelassen wird."*, BVerfGE 103, 44 (63).

754 *Klein* in: Maunz/Dürig, GG-Kommentar, Art. 42 GG Rn. 38 nennt dies im Gegensatz zur Sitzungsöffentlichkeit Berichtsöffentlichkeit. Ähnlich *Morlok* in: Dreier, GG-Kommentar, Art. 42 GG Rn. 27 f.

755 Allerdings ist die Berichtsöffentlichkeit kein gleichwertiges Äquivalent zur Sitzungsöffentlichkeit und erfüllt die Anforderungen des Art. 42 Abs. 1 S. 1 GG nicht. Zu den Bundestagssitzungen ist somit grundsätzlich ein freier Zugang zu fordern.

nichtöffentlich. Die verfassungsrechtliche Zulässigkeit dieser Norm ist umstritten.[756] Es erscheint überzeugend, dass die Differenzierung des Art. 42 GG in Bundestag (Abs. 1) und dem Bundestag und seinen Ausschüssen (Abs. 3) dafür spricht, dass die Parlamentsöffentlichkeit des Art. 42 Abs. 1 GG nur für das Plenum gilt.[757] Vor dem Hintergrund des im Demokratieprinzip verankerten Transparenzgebots ist diese Frage jedoch nicht entscheidend.

Das Demokratieprinzip richtet sich an alle staatlichen Stellen. Es gebietet nach hier vertretener Auffassung ebenfalls ein Mindestmaß an Transparenz. Demnach endet die von der Verfassung auferlegte Pflicht zur Öffentlichkeit nicht bei den Parlamentsdebatten. Verlagert sich der konkrete Entscheidungsprozess auf eine andere Ebene, muss die Pflicht zur Öffentlichkeit dorthin folgen.[758]

Soll Transparenz tatsächlich den Souverän zur Kontrolle der Ausübung von Staatsgewalt ermächtigen, kann sich ein solches Gebot mit Blick auf die gewandelte Arbeitsteilung im Gesetzgebungsverfahren nicht auf die Plenumssitzungen beschränken. Auch eine Ausweitung auf die Ausschusssitzungen erscheint nicht ausreichend. Wesentlichen Entscheidungen werden häufig nicht mehr im Bundestag getroffen. In der Ministerialbürokratie erfolgt bereits ein entscheidender Schritt der Vorformung des Staatswillens. Eine solche Verschränkung zwischen Exekutive und Legislative mutet zwar hinsichtlich des Grundsatzes der Gewaltenteilung auf den ersten Blick seltsam an, entspricht jedoch der politischen Realität.[759] Die grundlegende Ausarbeitung erfolgt in der Ministerialbürokratie, teils in enger Zusammenarbeit mit nicht demokratisch legitimierten Dritten. Werden Dritte beteiligt, so werden bereits in der vorparlamentarischen Frühphase Kompromisse zwischen dem Staat und Interessenvertretern ausgehandelt. Im Plenum werden die Ausschussarbeiten häufig

756 Für verfassungswidrig halten die Norm *Morlok* in: Dreier, GG-Kommentar, Art. 42 GG Rn. 24; *Pünder*, Wahlrecht und Parlamentsrecht als Gelingensbedingungen repräsentativer Demokratie, VVDStRL 72, S. 193, 242; differenzierend: *Bröhmer*, Transparenz als Verfassungsprinzip, S. 108 f.
Für die Verfassungsgemäßheit: *Versteyl* in: von Münch/Kunig, GG-Kommentar, Art. 42 GG Rn. 3; *Klein* in: Maunz/Dürig, GG-Kommentar, Art. 42 GG Rn. 44; *Brocker* in: Epping/Hillgruber, GG-Kommentar, Art. 42 Rn. 2; *Kißler*, Parlamentsöffentlichkeit in: Schneider/Zeh, § 36 Rn. 39; *Magiera* in: Sachs, GG-Kommentar, Art. 42 GG Rn. 2. Auch das Bundesverfassungsgericht geht davon aus, dass Art. 42 Abs. 1 GG nicht für die Ausschüsse gilt. Nach Ansicht des Gerichts besagt der Artikel allein, *„daß das Plenum des Bundestages, wenn es verhandelt, öffentlich verhandeln muß.* [...] *Sie schließt nicht aus, daß die Verhandlungen in den Ausschüssen nicht öffentlich sind.*“, BVerfGE 1, 144 (153).

757 *Magiera* in: Sachs, GG-Kommentar, Art. 42 GG Rn. 2; *Klein* in: Maunz/Dürig, GG-Kommentar, Art. 42 GG Rn. 44.

758 So auch *Oberreuter*, Republikanische Demokratie, S. 164.

759 So auch *Trittin*, Starke Lobby, schwache Lobby, S. 17, 19. Vgl. insgesamt zur Zulässigkeit der Gewaltenverschränkung *Grzeszick* in: Maunz/Dürig, GG-Kommentar, Art. 20 II. GG Rn. 40 ff.

nicht mehr tiefgreifend verändert.[760] Die vorgelegten Entwürfe erhalten durch die Gesamtheit der Abgeordneten vor allem ihre demokratische Legitimation. Der Kern des Willensbildungsprozesses findet somit nicht in den öffentlichen Sitzungen des Bundestages statt. Das Gebot der Parlamentsöffentlichkeit zwingt die Bundestagsabgeordneten lediglich im Nachgang zur Ausarbeitung des Gesetzes, das fertige Produkt der Öffentlichkeit zu präsentieren. Der Willensbildungsprozess wird durch die parlamentarischen (Schein-)Debatten jedoch nicht transparent.

Sicher ist zuzugeben, dass für den öffentlichen Diskurs der Gesetzesinhalt von weitaus größerer Bedeutung ist als dessen Zustandekommen. Die Ministerialbürokratie verfügt zudem über keine Entscheidungsgewalt. Sie arbeitet dem Parlament lediglich zu. Die Zuarbeit hat aber mittlerweile eine gewisse Verselbstständigung erfahren.[761] Hierdurch sind wesentliche Entscheidungen dem Parlament vorgelagert. Unter anderem auch durch den bereits erwähnten semantische Ankereffekt[762] prägt die Arbeit der Ministerialbeamten die Diskussion im Bundestag und seinen Ausschüssen. Gebietet das demokratische Prinzip eine Kontrollmöglichkeit des Souveräns über den korrekten Verfahrensablauf, muss von dem Gebot auch der vorparlamentarische Bereich erfasst sein. Nimmt man die ungeregelte, im Ermessen der Ministerialbeamten stehende Beteiligung einiger weniger Privater nach § 47 GGO hinzu, so ist ein Nachvollziehbarkeitsbedürfnis nicht von der Hand zu weisen. Andernfalls fehlt es dem abseits von Wahlen für die Ausübung von Staatsgewalt ohnehin auf die Repräsentanten verwiesenen Souverän an einer hinreichenden Möglichkeit, den staatlichen Willensbildungsprozess nachzuvollziehen.

Daher kann es nicht genügen, in den Plenumsdebatten eine Sitzungsöffentlichkeit herzustellen und über die Berichtsöffentlichkeit Transparenz in den Ausschüssen zu gewährleisten. Vielmehr muss sich die gebotene Transparenz auch auf die Ebene der Ministerialbürokratie erstrecken.[763] Im Gegensatz zu Art. 42 GG richtet sich Art. 20 GG an alle Gewalten und verpflichtet sie auf die darin verbürgten Prinzipien. Eine sich auf das Plenum des Bundestages beschränkende Transparenz ist jedoch nicht viel mehr als ein politisches Feigenblatt.

Effektive Kontrolle des staatlichen Handelns im Gesetzgebungsverfahren ist dem Souverän nur möglich, wenn er auch über die entscheidenden Schritte dieses Verfahrens in Kenntnis gesetzt wird. Das Demokratieprinzip gebietet daher nach hier vertretener Auffassung, Transparenz auch im vorparlamentarischen Bereich der Gesetzgebung zu schaffen.

---

760 *Ossenbühl*, Verfahren der Gesetzgebung in: HStR V, § 102 Rn. 12.

761 Siehe zur Stellung der Ministerialbürokratie S. 41 f.

762 Siehe zum semantischen Ankereffekt S. 45.

763 Transparenz bereits auf Ebene der Ministerialbürokratie fordert ebenfalls *Mengel*, Grundvoraussetzungen demokratischer Gesetzgebung, ZRP 1984, S. 153, 156 f.; *Smeddinck*, Integrierte Gesetzesproduktion, S. 364 fordert hingegen eine Ausweitung des Informationsfreiheitsgesetzes auf die Ministerialverwaltung.

C. Verfassungsrechtliche Vorgaben zur Ausgestaltung des Näheverhältnisses

Das Grundgesetz erwähnt Interessenverbände und -vertreter an keiner Stelle. Dementsprechend lassen sich aus der Verfassung auch keine direkten Vorgaben für das Verhältnis zwischen den politischen Entscheidungsträgern und Interessenvertretern entnehmen. Denkbare Ansatzpunkte zur Ableitung von Vorgaben für das Näheverhältnis sind aber die grundgesetzliche Forderung nach demokratischer Legitimation und die Ausgestaltung des Amtsbegriffs.

I. Legitimation

Das Grundgesetz formuliert in Art. 20 Abs. 2 GG: *„Alle Staatsgewalt geht vom Volke aus. Sie wird vom Volke in Wahlen und Abstimmungen und durch besondere Organe der Gesetzgebung, der vollziehenden Gewalt und der Rechtsprechung ausgeübt.“* Die Verfassung erklärt in Art. 20 Abs. 2 S. 1 GG den Bürger zum Souverän. In Art. 20 Abs. 2 S. 2 GG bekennt sich das Grundgesetz darüber hinaus zur repräsentativen Demokratie, in der die Staatsgewalt abseits der Wahlen und Abstimmungen durch die gewählten Repräsentanten ausgeübt wird. Im Ausgangspunkt kann die demokratische Legitimation nur über die Willensäußerung des Volkes vermittelt werden. Dies gilt ebenso für die Ergreifung wie auch für die Ausübung von Staatsgewalt. Alle staatliche Gewalt muss sich auf den Volkswillen zurückführen lassen.[764] Gegenüber der direkten Demokratie sieht sich staatliches Handeln in der repräsentativen Demokratie einem größeren Legitimationsbedarf ausgesetzt,[765] da der Souverän nicht selbst das staatliche Handeln bestimmt. Jedes staatliche Handeln der Repräsentanten benötigt somit eine demokratische Legitimation, um dem in Art. 20 Abs. 1 GG verankerte Demokratieprinzip zu genügen.

Legitimation kann in der Form der funktionell-institutionellen, der organisatorisch-personellen und der sachlich-inhaltlichen Legitimation auftreten.[766] Die funktionell-institutionelle Legitimation betrifft die Schaffung der drei Gewalten durch den Verfassungsgeber und sichert deren jeweilig eigenständige Anerkennung. Die organisatorisch-personelle Legitimation verlangt, dass sich die Berufung der jeweiligen Amtswalter durch eine ununterbrochene Legitimationskette auf das Volk zurückführen lässt. Ausgangspunkt dieser Kette kann allein, wenn auch teils nur

---

764 *Böckenförde*, Demokratie als Verfassungsprinzip in: HStR II, § 24Rn. 11, der dies als effektive demokratische Legitimation bezeichnet und darauf hinweist, dass die Notwendigkeit demokratischer Legitimation für jegliches staatliches Handeln, unabhängig der Organisations- oder Rechtsform besteht. Ähnlich: *Dreier* in: Dreier, GG-Kommentar, Art. 20 GG Rn. 87. Diesem Konzept hat sich auch das Bundesverfassungsgericht angeschlossen, vgl. BVerfGE 47, 253 (275) und 2. Leitsatz.

765 *Böckenförde*, Demokratische Willensbildung in: HStR III, § 34 Rn. 1.

766 Zur nachfolgenden Differenzierung der drei Legitimationsarten siehe *Böckenförde*, Demokratie als Verfassungsprinzip in: HStR II, § 24 Rn. 14 ff.

mittelbar, das vom Volk gewählte Parlament sein. Die sachlich-inhaltliche Legitimation erfolgt durch das Gesetzgebungsrecht des vom Volk gewählten Parlaments und der Bindung von Judikative und Exekutive an diese Gesetze sowie den regelmäßigen Wahlen als Kontrolle durch den Souverän. Die Wahlen unterwerfen die Repräsentanten einer wiederkehrenden Verantwortlichkeit gegenüber dem Volk. Vollständige Legitimation staatlichen Handelns setzt das Zusammenwirken organisatorisch-personeller (etwa durch den Ernennungsakt) und sachlich-inhaltlicher Legitimation (Bindung an das Gesetz) voraus.[767]

Der Gesetzgeber erhält seine Legitimation durch die Wahl des Bundestags. Die vom Parlament verabschiedeten Gesetze lassen sich über die Wahl der Abgeordneten auf das Volk zurückführen. Für die Legitimation nicht schädlich ist, dass bei einigen Gesetzesvorhaben der Großteil der Arbeit vorgelagert in den Ministerien stattfindet. Einerseits ist auch die Einsetzung der Mitarbeiter der Ministerialbürokratie über eine lückenlose Legitimationskette auf den Souverän rückführbar. Andererseits macht sich der Gesetzgeber die Vorarbeiten zu eigen und gewährt somit, dass auch das grundgesetzliche Kompetenzgefüge im Gesetzgebungsprozess gewahrt wird.

Der Staat darf auch bei der Einbindung Privater in den Gesetzgebungsprozess nicht in eine Abhängigkeit der Privaten geraten. Er muss stets die Hoheit über die Ausübung der Staatsgewalt wahren. Da die Privaten teilweise über Sonderwissen verfügen, erscheint jedoch die Dominierung der staatlichen Willensbildung durch Vorarbeiten nicht demokratisch legitimierter Interessenvertreter und die damit verbundene Beeinträchtigung der demokratische Legitimation nicht völlig abwegig.[768] Die Mitarbeit Privater darf nicht soweit gehen, dass sie letztlich in die Ausübung von Staatsgewalt umschlägt.[769] Es lassen sich allerdings kaum justiziable Kriterien zur Bestimmung der Grenze herausarbeiten.[770] Besonders gefährlich für die Legitimation von Gesetzen werden Interessenvertreter im „korporatistischen Staat“[771]. Sie sind in diesem Modell direkt an der gesetzgeberischen Entscheidungsfindung beteiligt. Die beteiligten Personen werden seitens der privaten Interessenvertreter berufen und entsandt, von staatlicher Seite erfolgt lediglich eine Bestätigung. Es droht daher eine Gefahr vor allem für die organisatorisch-personelle Legitimation.[772]

767 *Böckenförde*, Demokratie als Verfassungsprinzip in: HStR II, § 24 Rn. 23 f.

768 Mit besonderer Schärfe stellt sich das Problem beim Gesetzgebungsoutsourcing, vgl. hierzu *Kloepfer*, Gesetzgebungsoutsourcing, NJW 2011, S. 131, 132 f.; *Krüper*, Lawfirm – legibus solutus?, JZ 2010, S. 655, 660; *Becker*, Kooperative und konsensuale Strukturen in der Normsetzung, S. 479 ff.

769 *Thierse*, Wege zur besseren Gesetzgebung, NVwZ 2005, S. 153, 156; *Horn*, Verbände in: HStR III § 41 Rn. 49 ff.

770 So auch *Horn*, Verbände in: HStR III § 41 Rn. 49.

771 Siehe vertiefend zum Korporatismus S. 36 f. und Fn. 91.

772 *Dederer*, Korporative Staatsgewalt, S. 130 ff., der – je nach Ausgestaltung des korporatistischen Modells – im Ergebnis auf Grundlage der Legitimationskettentheorie eine mangelnde organisatorisch-personelle Legitimation bejaht, vgl. S. 632.

Aber auch außerhalb des korporatistischen Modells leisten Interessenvertreter im Gesetzgebungsverfahren Vorarbeiten und unterstützen den Staat durch sachverständige Beratung an der Schnittstelle zwischen Volkswillensbildung und Staatswillensbildung. Auf den ersten Blick liegt der Gedanke nahe, die Einflussnahme einzelner Akteure für problematischer zu erachten, als die Mitwirkung mitgliederstarker Großverbände. Großverbände weisen häufig eine binnendemokratische Struktur auf und repräsentieren im Gegensatz etwa zu Unternehmen eine größere Bevölkerungsgruppe. Ihnen kann somit ein größerer partizipativer und integrativer Nutzen[773] als anderen Interessenvertretern zugeschrieben werden. Aus Sicht der demokratischen Legitimation macht es jedoch keinen Unterschied, ob die Beeinflussung durch Vertreter großer Gruppen oder von Einzelinteressen ausgeht. Auch wenn eine Interessenvertretung einen großen Teil der Gesellschaft hinter sich zu versammeln weiß, mangelt es ihr an einer personell-organisatorischen Legitimation, wenn sich ihre Einsetzung nicht über das Parlament auf den Volkswillen zurückführen lässt. Entschärft wird die Problematik jedoch dadurch, dass den Interessenvertretern ebenso wie der Ministerialbürokratie keine Entscheidungsgewalt zusteht.[774] Der Bundestag kann sich ihre Vorarbeiten ebenso wie die der Ministerialbürokratie zu eigen machen und dadurch demokratische Legitimation verleihen.[775] Entscheidend ist, dass der Gesetzgeber weiterhin eigenverantwortlich über den Inhalt der zu erlassenden Norm bestimmt, so dass die Ausübung der Staatsgewalt dem Staat auch formal zurechenbar ist.[776] Eine Verletzung der demokratischen Legitimation lässt sich nur annehmen, wenn der Wille privater Interessenvertreter den Staatswillen dominiert.[777]

Die vorstehenden Erwägungen geben zwar keine konkreten Grenzen für den Umgang mit Interessenvertretern vor. Lässt sich jedoch trotz der Schwierigkeiten im Gesetzgebungsverfahren die fehlende Legitimation der Handelnden feststellten, ist das so erlassene Gesetz nichtig. Es verstößt gegen das Demokratieprinzip. Das verfassungsrechtliche Gebot der demokratischen Legitimation kann jedoch nur die äußerste Grenze für die Beteiligung der Interessenvertreter bieten.

II. Das öffentliche Amt

Das öffentliche Amt ist keine Erfindung des Grundgesetzes. Eine institutionalisierte Ämterordnung existierte bereits in der Antike und fand sich schon in der

773 Siehe zum integrativen und partizipativen Nutzen S. 49 f.

774 Ähnlich *Becker*, Kooperative und konsensuale Strukturen in der Normsetzung, S. 101, der faktische Einflüsse nicht als Legitimationsproblem ansieht und die Grenze allein bei Entscheidungskompetenzen zieht.

775 So auch *Heintzen*, Externe Beratung in der Gesetzgebung, S. 229, 240.

776 *Voßkuhle*, Sachverständige Beratung des Staates in: HStR III, § 43 Rn. 61.

777 *Horn*, Verbände in: HStR III § 41 Rn. 50 f. Die Bestimmung des Punkts an dem die Einflussnahme in die Beherrschung des Staatswillens umschlägt wird empirisch jedoch nicht nachzuweisen sein.

griechischen[778] und römischen[779] Staatskultur. Allen Staatsformen ist gemein, dass sie natürliche Personen benötigen, die im Namen des Staates handeln. Das Amt ist der kleinste Baustein der staatlichen Zuständigkeitsordnung.[780] Aus staatstheoretischer Perspektive ist das Amt die Institution, durch die Staatsgewalt aus dem Aggregatzustand der Macht in den des Rechts umgewandelt wird.[781] Durch diese Transformation wird der Amtsinhaber an die Rechtsordnung gebunden. Neben der Bindung an das Recht vermittelt das Amt politische sowie ethische Verantwortung.[782]

Nachfolgend soll mit Blick auf das Näheverhältnis zu den Interessenvertretern untersucht werden, welche Beschränkungen und Freiheiten die Verfassung den Amtsinhabern vorgibt. In diesem Rahmen soll nicht der Amtsbegriff vollständig ausgeleuchtet, sondern lediglich die für die vorliegende Arbeit relevanten Aspekte herausgearbeitet werden.

1. Die Verpflichtung auf das Gemeinwohl

Staatstheoretisch begründet sich die staatliche Daseinsberechtigung der Demokratie durch die Aufgabe, das Wohlergehen der Bürger zu ermöglichen und zu fördern.[783] Die Gemeinwohlbindung legitimiert die staatliche Herrschaftsgewalt. Dementsprechend muss auch der Amtsträger auf die Verwirklichung des Gemeinwohls verpflichtet sein.

Die Verpflichtung des Amtsträgerhandelns auf die Erreichung des Gemeinwohls, folgt nach Ansicht vieler Autoren verfassungsrechtlich aus der grundgesetzlichen Entscheidung für das republikanische Prinzip.[784] Demnach beinhaltet das

---

778 Die Griechen verfügten bereits im 7. Jahrhundert v. Chr. über eine institutionalisierte Ämterordnung. Dabei erkannten sie früh die Gefahr des Amtsmissbrauchs, der sie beispielsweise durch die zeitliche Beschränkung der Amtszeit oder das Vier-Augen-Prinzip entgegenzuwirken suchten. Siehe hierzu vertiefend *Stahl*, Gesellschaft und Staat bei den Griechen, S. 201 ff.

779 Zu Ämtern und Amtsverständnis in der römischen Republik siehe *Kirov*, Die soziale Logik des Rechts, S. 121 ff.

780 *Isensee*, Das Amt als Medium des Gemeinwohls, S. 241, 248.

781 *Isensee*, Das Amt als Medium des Gemeinwohls, S. 241, 248; ebenso *Depenheuer*, Das öffentliche Amt in: HStR III, § 36 Rn. 2.

782 Die grundsätzlich egoistische Privatperson transformiert somit im Amt zum Staatsdiener. Das Bild des Amtsträgers korreliert in gewisser Weise mit dem Menschenbild des *Rousseau*'schen Republikanismus, siehe hierzu S. 6 f.

783 *Isensee*, Gemeinwohl im Verfassungsstaat in: HStR IV, § 71 Rn. 21. *Isensee* formuliert darauf hin: „*Staatliche Herrschaft ist nicht um ihrer selbst, sondern um der Bürger willen da*".

784 *Huster/Rux* in: Epping/Hillgruber, GG-Kommentar, Art. 20 Rn. 203; *Gröschner*, Die Republik in: HStR II, § 23 Rn. 69; *Sommermann* in: v. Mangoldt/Klein/Starck, Kommentar zum Grundgesetz, Art. 20 GG Rn. 14 ff. Ebenso *Depenheuer*, Das öffentliche Amt in: HStR III, § 36 Rn. 44; *Isensee*, Das Amt als Medium des Gemeinwohls, S. 241, 249 f. Andere Autoren führen die Gemeinwohlbindung des Amtsträgers

republikanische Prinzip mehr als eine Absage an die Monarchie.[785] Es statuiert den treuhänderischen Charakter des Amtes. Die mit dem Amt verbundene Macht erhält der Amtsträger allein zur Erfüllung seiner Aufgaben. Während das demokratische Prinzip die Herrschaft *durch* das Volk festlegt, folgt aus dem republikanischen Prinzip die Herrschaft *für* das Volk.[786] Zwar wird das republikanische Prinzip in Art. 20 Abs. 1 GG im Gegensatz zum demokratischen und bundesstaatlichen Prinzip nicht explizit erwähnt. Es findet sich aber im Namen der Bundesrepublik Deutschland sowie in Art. 20 Abs. 2 S. 2 GG. Zudem verpflichtet der Art. 28 Abs. 1 GG die Bundesländer auf das republikanische Prinzip.

Die Herleitung der ethischen Verantwortung des Amtsträgers erfolgt teilweise auch über der begrenzten Funktionsfähigkeit des Rechts. Das positive Recht bedarf der Interpretation und Konkretisierung. So wird das öffentliche Amt zwar durch eine Reihe staatlicher Normen positivrechtlich normiert. Gesetzlich erfasst werden kann aber nur die äußere Hülle. Das innere Wesen ist hingegen normativ nicht konkret bestimmbar.[787] Der Amtswalter selbst ist zuweilen zur Konkretisierung von Rechtsnormen berufen, so dass sich für ihn rechtsfreie Räume ergeben. Die Konkretisierungsaufgabe soll jedoch nicht ins freie Ermessen des Amtsinhabers gestellt sein. Dieser *„blinde Fleck des Rechtsstaats*"[788] wird durch die Gemeinwohlbindung des Amts überwunden.

Die Gemeinwohlbindung wird als Ethos des öffentlichen Amts bezeichnet. *„Der Staat ist um des Menschen willen da, nicht der Mensch um des Staates willen*". So lautete Art. 1 Abs. 1 GG des Chiemseer Entwurfs des Grundgesetzes. Auch wenn es die Formulierung schließlich nicht in das Grundgesetz übernommen wurde und die Herleitung nicht unumstritten ist, steht grundsätzlich die Gemeinwohlbindung von Amtswaltern nicht im Zweifel. Sie haben ihre Amtsführung am Gemeinwohl auszurichten.

---

auf das Demokratieprinzip zurück, vgl. hierzu etwa die Nachweise bei *Volkmann* in: Berliner Kommentar zum Grundgesetz, Art. 20 GG Rn. 14.

785 So aber: *Stern*, Staatsrecht, Band I, S. 579 ff.; *Dreier* in: Dreier, GG-Kommentar, Art. 20 GG (Republik) Rn. 21; *Sachs* in: Sachs, GG-Kommentar, Art. 20 GG Rn. 10.

786 Zur Abgrenzung zwischen dem Demokratieprinzip und dem Republikprinzip: *„Das demokratische Prinzip der Herrschaft durch das Volk ist angelegt auf materiale, teleologische Ergänzung durch das republikanische der Herrschaft für das Volk.* [...] *Der Ausgleich der Verfassungsprinzipien vollzieht sich in der Ämterorganisation, die einerseits die demokratischen Ermächtigungen nach dem gewaltenteiligen Kompetenzschema, andererseits die Verpflichtung zur ausschließlichen und zur uneigennützigen Förderung des Gemeinwohls verkörpert.*", *Isensee*, Gemeinwohl im Verfassungsstaat in: HStR IV, § 71 Rn. 108.

787 *Depenheuer*, Das öffentliche Amt in: HStR III, § 36 Rn. 43.

788 *Depenheuer*, Das öffentliche Amt in: HStR III, § 36 Rn. 4.

2. Distanzgebot und Verbot der Verfolgung persönlicher Motive

Aufgrund der Gemeinwohlbindung stehen die mit dem Amt verbundenen Befugnisse nicht zur Disposition des Amtswalters. Sie erwachsen allein aus der Pflicht gegenüber der Allgemeinheit, im Interesse des Gemeinwohls zu handeln.[789]

Zwar handelt es sich bei dem Gemeinwohl um eine kaum konkretisierbare Größe. Der Begriff ist vage und entzieht sich einer abschließenden Definition. Es handelt sich aber bei dem Gemeinwohl nicht lediglich um ein weiteres neben vielen anderen Staatszielen. Vielmehr stellt der Begriff den Inbegriff aller legitimen Staatsziele dar.[790] Das Gemeinwohl ist in der Demokratie keine feste und vorgegebene Größe, sondern das Ergebnis des pluralen, interessengeleiteten Prozesses politischer Willensbildung.[791] Der Begriff beinhaltet somit kein festes Handlungsprogramm, sondern ist vielmehr als regulative, konkretisierungsbedürftige Idee zu verstehen.[792] Bei der Vornahme der Konkretisierung hat der Amtsinhaber aber alle persönlichen Interessen und Motive zurückzustellen. Der Amtswalter soll rechtlich unabhängig von Verbänden, Gruppen und anderen Akteuren sein und muss immun gegenüber Einflussnahmeversuchen auf seine Amtsführung bleiben.[793] Die Gemeinwohlbindung verlangt bei der Amtsführung eine Motivation, die frei vom Streben nach dem eigenen Vorteil ist.[794]

Aus der Bindung an das Gemeinwohl heraus ergibt sich ein Distanzgebot zu den verschiedenen Partikularinteressen. Die Vertretung von Partikularinteressen steht

---

789 *Gröschner*, Die Republik in: HStR II, § 23 Rn. 69; *Isensee*, Gemeinwohl im Verfassungsstaat in: HStR IV, § 71 Rn. 12. Nach *Depenheuer*, Das öffentliche Amt in: HStR III, § 36 Rn. 58 vermittelt das Amt gar nur objektive Pflichten.

790 *Isensee*, Gemeinwohl im Verfassungsstaat in: HStR IV, § 71 Rn. 2.

791 *Dreier* in: Dreier, GG-Kommentar, Art. 20 GG Rn. 22. Setzt man den Gemeinwohlbegriff ins Verhältnis zum Begriff des Volkswillens, wird deutlich, warum sich der Gemeinwohlbegriff einer abschließenden Definition entzieht: Wenn schon der Wille des Volkes nichts Singuläres, sondern nur die Gesamtheit von in der Gesellschaft vertretenen Einzelinteressen darstellt, kann auch das auf das gesamte Volk bezogene Gemeinwohl nur ein offener, dynamischer Begriff sein. Vergleiche hierzu auch die Darstellung bei *Piechaczek*, Lobbyismus im Deutschen Bundestag, S. 124 ff.

792 *Isensee*, Das Amt als Medium des Gemeinwohls, S. 241, 250.

793 *Depenheuer*, Das öffentliche Amt in: HStR III, § 36 Rn. 74. So führt auch das Bundesverfassungsgericht aus: „*Vielmehr ist in einem Staatswesen, in dem das Volk die Staatsgewalt am unmittelbarsten durch das von ihm gewählte Parlament ausübt, vor allem dieses Parlament dazu berufen, im öffentlichen Willensbildungsprozeß unter Abwägung der verschiedenen, unter Umständen widerstreitenden Interessen über die von der Verfassung offengelassenen Fragen des Zusammenlebens zu entscheiden. Der Staat erfüllt hier durch seine gesetzgebende Gewalt die Aufgabe, Hüter des Gemeinwohls gegenüber Gruppeninteressen zu sein.*“, BVerfGE 33, 125 (159).

794 *Arnim*, Wer kümmert sich um das Gemeinwohl?, S. 223; *Isensee*, Das Amt als Medium des Gemeinwohls, S. 241, 250; *ders*, Gemeinwohl im Verfassungsstaat in: HStR IV, § 71 Rn. 136.

zumeist im Widerspruch zum Gemeinwohl. Das Handeln der Interessenvertreter ist auf das Wohl des Vertretenen und nicht der Allgemeinheit ausgerichtet.[795] Ergreift ein Amtsinhaber einseitig Partei für ein Partikularinteresse, droht er seine Orientierung am Gemeinwohl zu verlieren. Die verfassungsrechtliche Gemeinwohlbindung gebietet daher, dass die Amtswalter ein Minimum an Distanz zu einzelnen Partikularinteressen bewahren. Nur, wenn der Amtswalter durch ein Mindestmaß an Abstand seine Unabhängigkeit gegenüber allen bewahrt, kann er seine Aufgabe, für alle Bürger und Gruppen da zu sein, erfüllen.[796] Die Gemeinwohlbindung und das Distanzgebot stellen den grundgesetzlichen Anknüpfungspunkt für die Geschenkannahmeverbote staatlicher Entscheidungsträger, deren Nebentätigkeitsbeschränkungen sowie die strafrechtlichen Korruptionsdelikte dar.

3. Vermeidung des bösen Scheins

Die demokratische Amtsführung lässt sich zwar rechtlich allein durch das Vorhandensein einer lückenlosen Legitimationskette rechtfertigen. Rechtliche Legitimation allein reicht jedoch nicht aus. Für ein funktionierendes Staatswesen ist – insbesondere bei einem an die *Smend*'sche Integrationslehre angelehnten Staatsverständnis – neben der rechtlichen Legitimation auch die öffentliche Zustimmung notwendig.[797] Die Zustimmung durch die Bevölkerung ist ihrerseits wiederum abhängig vom Vertrauen in die rechtliche Integrität.[798] Bereits der Anschein eines nicht am Gemeinwohl orientierten Verhaltens ist dazu geeignet, das Vertrauen in die staatliche Integrität zu beschädigen.[799] Abnehmende öffentliche Zustimmung beschädigt auf Dauer die faktische Legitimation des Staats innerhalb des Volks.[800] Daher kann neben dem Distanzgebot aus der Gemeinwohlbindung die amtsethische Pflicht zur Vermeidung des *bösen Scheins* abgeleitet werden.[801] Amtswalter haben sich nicht

795 *Isensee*, Gemeinwohl im Verfassungsstaat in: HStR IV, § 71 Rn. 11.; *Horn*, Verbände in: HStR III § 41 Rn. 8.

796 *Isensee*, Gemeinwohl im Verfassungsstaat in: HStR IV, § 71 Rn. 134. Inwieweit ein solches Distanz- und Neutralitätsgebot auch für den einzelnen Abgeordneten gilt, wird nachfolgend noch zu untersuchen sein.

797 Die öffentlichen Zustimmung ist nach der *Smend*'schen Integrationslehre als wiederkehrendes Neuerlebetwerden des Staates zu verstehen, siehe zur Integrationslehre S. 50.

798 *Isensee*, Das Amt als Medium des Gemeinwohls, S. 241, 259.

799 Vertrauen betrifft in diesem Zusammenhang nicht das Vertrauen in Einzelpersonen, sondern in das politische System. Zur Notwendigkeit von Systemvertrauen aus soziologischer Perspektive *Luhmann*, Funktionen und Folgen formaler Organisation, S. 72 f.

800 *Isensee*, Das antiquierte Amt in: FS Fromme, S. 41, 60.

801 Grundlegend hierzu *Hilp*, Den bösen Schein vermeiden, S. 94 ff. Erstmalig formuliert wurde dieser Forderung für die deutschen Amtsträger von *Krüger*, Allgemeine Staatslehren, S. 267. *Krüger* führte die Notwendigkeit der Vermeidung des bösen Scheins noch allein auf den Umstand zurück, dass es sich bei dem Willen zur

nur rechtmäßig zu verhalten, sondern bereits den bösen Schein rechtswidrigen, insbesondere korrupten Verhaltens zu meiden.[802]

Die staatliche Aufgabe, sich das Vertrauen und die öffentliche Zustimmung immer wieder neu zu erarbeiten, wird in der Staatsrechtslehre als *„Selbstdarstellung des Staates“*[803] bezeichnet. Die Selbstdarstellung des Staats hat die Wahrnehmung des Staates durch seine Bürger zum Gegenstand. Der Staat ist *„von permanenter Massenloyalität abhängig“*[804]. Zur Sicherung der faktischen Legitimation durch seine Mitglieder muss der Staat darauf bedacht sein, gegenüber seinen Bürgern als gemeinwohlorientiert aufzutreten, denn die Gemeinwohlorientierung ist der Kern der staatlichen Existenzberechtigung. Der Staat muss seine Gemeinwohlorientierung wiederkehrend beweisen.[805] Nur so kann er dauerhaft das Vertrauen und die damit einhergehende Loyalität seiner Bürger erhalten. Die Selbstdarstellung wird unter anderem durch die Handlungen seiner Amtswalter geprägt,[806] so dass die Meidung des bösen Scheins nicht nur als staatspolitische Klugheit erscheint, sondern als Pflicht des Amtsträgers. Die staatlichen Amtsträger sind daher nicht nur verpflichtet sich rechtstreu zu verhalten. Um generalisierend das Vertrauen in die staatliche Integrität zu sichern, haben sie zum Zwecke einer effektiven und erfolgreichen Selbstdarstellung des Staates auch den Anschein rechtswidrigen Verhaltens zu meiden.[807] In der Pflicht zur Meidung des bösen Scheins liegt die Rechtfertigung dafür, Nebentätigkeiten und Geschenkannahmen nicht nur im Falle der tatsächlichen Beeinträchtigung der Gemeinwohlbindung, sondern bereits im Anschein eines solchen Falles zu beschränken.[808]

Vorteilsverschaffung um ein *„natürliche[s] Element in der Seele des Amtsträgers“* handelt. Um dieser menschlichen Eigenschaft effektiv zu begegnen, knüpfe der Staat nicht erst an die tatsächliche Motivation, sondern bereits an den äußeren Schein an.

802 *Hilp*, Den bösen Schein vermeiden, S. 94 ff.; *Isensee*, Das Amt als Medium des Gemeinwohls, S. 241, 259 f.; *ders*, Gemeinwohl im Verfassungsstaat in: HStR IV, § 71 Rn. 133; *Quaritsch*, Probleme der Selbstdarstellung des Staates, S. 45.

803 Die Einführung des Begriffs in die deutsche Staatsrechtslehre geht zurück auf *Quaritsch*, Probleme der Selbstdarstellung des Staates. *Quaritsch* definiert die Selbstdarstellung des Staates als *„die Gesamtheit der Mittel und Verhaltensweisen, die das eigene Erscheinungsbild bestimmen sollen.“*, vgl. *Quaritsch*, Probleme der Selbstdarstellung des Staates, S. 8.

804 *Quaritsch*, Probleme der Selbstdarstellung des Staates, S. 11.

805 *Quaritsch*, Probleme der Selbstdarstellung des Staates, S. 11.

806 *Quaritsch*, Probleme der Selbstdarstellung des Staates, S. 15; vgl. zu den verschiedenen Wegen der Selbstdarstellung: *Krüdewagen*, Selbstdarstellung des Staates, S. 28 ff., zur Selbstdarstellung durch die Amtsträger S. 34.

807 *Hilp*, Den bösen Schein vermeiden, S. 113 f; *Quaritsch*, Probleme der Selbstdarstellung des Staates, S. 45.

808 Ähnlich *Bamberger*, Nachamtliche Tätigkeitsbeschränkungen für politische Amtsträger, S. 154.

4. Das Amt des Abgeordneten

Der Abgeordnete ist *„Inhaber eines öffentlichen Amtes, Träger des „freien Mandats“ und „Vertreter des ganzen Volkes“*“.[809] Zur Charakterisierung des Abgeordnetenamts werden nachfolgend diese drei Wesensmerkmale näher entfaltet. Bereits aus Art. 48 Abs. 2 GG ergibt sich, dass auch das Amt des Abgeordneten ein öffentliches Amt ist.[810] Auch für die Mitglieder des Bundestags gilt damit im Grundsatz die Bindung an das Gemeinwohl.[811] Teilweise wird die Gemeinwohlbindung des Abgeordneten mit dem Argument abgelehnt, dass zwischen dem Abgeordneten und übrigen Amtswaltern ein derart gravierender Unterschied bestehe, der für den Abgeordneten einen Rückgriff auf den verfassungsrechtlichen Amtsbegriff verbiete.[812] Diese Ansicht hat zurecht kaum Zulauf gefunden. Denn einerseits belegt schon der Art. 48 Abs. 2 GG (*„Niemand darf daran gehindert werden, das Amt des Abgeordneten zu übernehmen“*), dass auch der Verfassungsgeber den Abgeordneten als Amtsträger angesehen hat. Andererseits geht die Ansicht von einem vorgefertigten, sich am weisungsgebundenen Beamten orientierenden Amtsbegriff aus, der sich nicht aus der Verfassung herleiten lässt. Der grundgesetzliche Amtsbegriff ist vielfältiger und lässt sich nicht auf den Verwaltungsangestellten reduzieren. Die These wird auch durch den Art. 97 Abs. 1, Abs. 2 GG gestützt, der hinsichtlich des nicht weisungsgebundenen Richters ebenfalls den Amtsbegriff verwendet.[813]

Im Kern trifft die Beobachtung der Unterschiede zwischen Amtsträgern der Exekutive und den Abgeordneten des Bundestages dennoch zu.[814] Während im Bereich der Exekutive Ministerialbeamte Sachentscheidungen treffen und vornehmlich das Gesetz anzuwenden haben, liegt die Hauptaufgabe der Bundestagsabgeordneten in der Erarbeitung von Gesetzen. Bei der Gesetzesanwendung ist kein Raum für die eigenen Ansichten des Amtsträgers. Die Gesetzgebung erfordert hingegen die Konkretisierung des Gemeinwohls, auf die die eigene politische Überzeugung des Mandatsträgers Einfluss nimmt.[815] Den Parlamentariern steht in diesem Rahmen

809 BVerfGE 40, 296, 1. Leitsatz und (314).

810 *Klein* in: Maunz/Dürig, GG-Kommentar, Art. 38 GG Rn. 191; *Butzer* in: Epping/Hillgruber, GG-Kommentar, Art. 38 GG Rn. 88.

811 *Klein* in: Maunz/Dürig, GG-Kommentar, Art. 38 GG Rn. 191; *Piechaczek*, Lobbyismus im Deutschen Bundestag, S. 99; *Butzer* in: Epping/Hillgruber, GG-Kommentar, Art. 38 GG Rn. 92 sieht die Gemeinwohlbindung auch in Art. 38 Abs. 2 S. 1 GG verbürgt, da die Abgeordneten *„Vertreter des ganzen Volkes“* sind.

812 *Schröder*, Grundlagen und Anwendungsbereich des Parlamentsrechts, S. 293.

813 *Piechaczek*, Lobbyismus im Deutschen Bundestag, S. 99.

814 So auch *Waldhoff*, Das missverstandene Mandat, S. 254, nach dem der Abgeordnete zwar auch Amtsträger, jedoch nicht dem öffentlichen Dienst zuzurechnen ist, sondern *„ein ganz eigenes Amt verfassungsrechtlicher Art“* bekleidet.

815 Ähnlich *Heck*, Mandat und Transparenz, S. 78 f., der davon spricht, dass es zum Wesen der repräsentativen Demokratie gehört, *„dass der Abgeordnete weiterhin in der Gesellschaft verwurzelt bleibt und er selbst als Bürger aus dieser Sicht eines Bürgers Interessen formuliert...“*.

wegen des in Art. 38 Abs. 1 S. 2 GG niedergelegten freien Mandats eine Einschätzungsprärogative zu. Zur Bildung seiner politischen Überzeugung soll der Mandatsträger auch mit Partikularinteressenvertretern in Kontakt treten. Das Distanzgebot gilt für Abgeordnete somit aufgrund ihrer Stellung und Funktion nicht in einem so strengen Maße wie für Mitglieder der Verwaltung.[816] Dies darf jedoch nicht dahingehend verstanden werden, dass Abgeordnete zur reinen Klientelpolitik berechtigt wären. Trotz der Nähe zum politischen Wettbewerb bleiben sie als Träger eines öffentlichen Amtes an das Gemeinwohl gebunden.[817] Aus dem Amtsgedanken und der Gemeinwohlbindung ergibt sich überdies hinaus auch für den Abgeordneten eine amtsethische Pflicht zur Meidung des bösen Scheins[818] sowie ein Verbot der Verfolgung persönlicher Motive.

Nach Art. 38 Abs. 1 S. 2 GG sind die Abgeordneten *„an Aufträge und Weisungen nicht gebunden und nur ihrem Gewissen unterworfen"*. Das in dieser Norm statuierte freie Mandat sichert die Kompromiss- und Entscheidungsfähigkeit der Abgeordneten und bildet den Gegensatz zum imperativen oder anderweitig gebundenen Mandat.[819] Der Abgeordnete hat im Rahmen seiner Amtsführung allein nach seiner eigenen politischen Überzeugung zu handeln.[820] Nach dem Leitbild des Art. 38 Abs. 1 S. 2 GG soll das freie Mandat die Abgeordneten in ihrer Unabhängigkeit schützen. Hierin liegt ein wesentlicher Unterschied zu anderen öffentlichen Amtsinhabern.[821] Das grundgesetzliche Leitbild versteht das freie Mandat jedoch nicht allein als Schutz der Unabhängigkeit von Partei und Fraktion, sondern auch als Schild gegen die Einflussnahmeversuche durch Interessenvertreter.[822] Nur, wenn

---

816 *Depenheuer*, Das öffentliche Amt in: HStR III, § 36 Rn. 65 f.

817 Falsch wäre aber die Vorstellung, der Abgeordnete müsse den gesamten Prozess der Gemeinwohlfindung in sich selbst austragen. Vielmehr dürfen und sollen sie Stellung beziehen, um die unterschiedlichen Interessen in den Bundestag zu tragen, so auch *Waldhoff*, Das missverstandene Mandat, S 253. Ähnlich auch das Bundesverfassungsgericht im KPD-Verbotsverfahren zur Rolle der Parteien, vgl. BVerfGE 5, 85 (233 f.).

818 So auch *Hilp*, Den bösen Schein vermeiden, S. 167.

819 *Magiera* in: Sachs, GG-Kommentar, Art. 38 GG Rn. 46; *Klein*, Status des Abgeordneten in: HStR III, § 51 Rn. 3.

820 Selbstredend bleibt es darüber hinaus auch für den Abgeordneten bei einer Bindung an Recht und Gesetz.

821 Dass dennoch eine faktische Bindung an die Partei bzw. die Fraktion besteht, hat immer wieder Zweifel am freien Mandat aufkommen lassen. Die Bindung ist der Notwendigkeit einer parlamentarischen Binnenorganisation geschuldet. Mangels Bezug zur Interessenvertretung soll in dieser Arbeit darauf nicht weiter eingegangen werden. Siehe zu der Thematik etwa *Klein* in: Maunz/Dürig, GG-Kommentar, Art. 38 GG Rn. 198 ff. und *Stern*, Staatsrecht, Band I, S. 1071ff.

822 *Morlok* in: Dreier, GG-Kommentar, Art. 38 Rn. 133; *Kühn*, Verhaltensregeln für Bundestagsabgeordnete, S. 156; so auch das Bundesverfassungsgericht, BVerfGE 118, 277 (330). Das Gericht betont: *„Dabei geht es nicht zuletzt um Unabhängigkeit von Interessenten, die ihre Sonderinteressen im Parlament mit Anreizen*

die Mandatsträger ausreichend Abstand zu Partikularinteressen wahren, bleibt ihre Ungebundenheit vollständig abgesichert. Das aus der Gemeinwohlbindung resultierende Distanzgebot wird somit durch die Forderungen des freien Mandats flankiert. Doch würde die Schutzrichtung des freien Mandats, die sich aus dessen Entstehungsgeschichte ergibt,[823] ins Gegenteil verkehrt, wenn hieraus der Schluss gezogen würde, dass Abgeordnete nicht für Partikularinteressen eintreten dürfen. Das freie Mandat soll den Abgeordneten vor äußerem Zwang schützen, aber nicht die Freiheit seiner Mandatsführung beschränken.

Inwieweit der Schutz vor äußerem Zwang Transparenz- und Verhaltensregeln für Abgeordnete rechtfertigt, hängt auch vom genauen Inhalt des Leitbilds des Abgeordneten ab. Innerhalb des Bundesverfassungsgerichts herrscht hierüber Uneinigkeit.[824] Die Mehrheit des zuständigen Senats zeichnete im Jahr 2007 mit ihrem die Verfassungsgemäßheit der Verhaltensregeln[825] bestätigenden Urteil das Bild eines Abgeordneten, der hauptberuflich tätig und fest in den Parteien- und Fraktionsapparat eingebunden ist. Insbesondere sieht die Mehrheit keine tragfähige verfassungsrechtliche Grundlage, den Idealtypus des Abgeordneten im freiberuflich oder unternehmerisch tätigen Mandatsträger zu sehen.[826] Hingegen sieht die Senatsminderheit im Abgeordnetenamt noch immer ein Ehrenamt, das neben der weiteren beruflichen Tätigkeit ausgeübt wird.[827] Bei einem solchen Verständnis lassen sich weitgehende Beschränkungen verfassungsrechtlich nicht rechtfertigen.

Vertreter des ganzen Volkes ist nicht der einzelne Mandatsträger, sondern sind die Abgeordneten in ihrer Gesamtheit.[828] Aus der Aufgabe zur Volksvertretung lässt sich die Annahme ableiten, dass die Abgeordneten gerade nicht eine Partei, bestimmte

---

durchzusetzen suchen, die sich an das finanzielle Eigeninteresse von Abgeordneten wenden. Die Wahrung der Unabhängigkeit der Abgeordneten nach dieser Seite hin hat besonders hohes Gewicht; denn hier geht es um die Unabhängigkeit gegenüber Einwirkungen, die […] nicht durch Entscheidungen des Wählers vermittelt sind." Näher zu diesem Urteil und mit kritischer Würdigung, *Arnim*, Nebeneinkünfte von Bundestagsabgeordneten, DÖV 2007, S. 897 sowie *Linck*, Verfestigung des Leitbilds vom Berufsabgeordneten durch das BVerfG, NJW 2008, S. 24.

823 Siehe dazu *Piechaczek*, Lobbyismus im Deutschen Bundestag, S. 107 ff.

824 Zur Entwicklung des Leitbilds vom Abgeordneten in der Rechtsprechung des Bundesverfassungsgerichts siehe *Austermann*, Das Abgeordnetenbild des Bundesverfassungsgerichts, ZParl 2012, S. 719 ff.

825 Gemeint sind insbesondere die Verhaltensregeln der Anlage 1 zur GOBT sowie die §§ 44a, 44b AbgG, siehe zu den Transparenzregeln über Nebeneinkünfte S. 218 f. und zur Beschränkung der Nebentätigkeiten S. 227 ff.

826 BVerfGE 118, 277 (327 ff.).

827 BVerfGE 118, 277 (340 ff.), siehe zum Leitbild des Abgeordneten im Lichte der Bundesverfassungsgerichtsentscheidung auch *Klein* in: Maunz/Dürig, GG-Kommentar, Art. 38 GG Rn. 223a ff.

828 *Magiera* in: Sachs, GG-Kommentar, Art. 38 GG Rn. 45; *Morlok* in: Dreier, GG-Kommentar, Art. 38 GG Rn. 129; *Klein* in: Maunz/Dürig, GG-Kommentar, Art. 38 GG Rn. 192.

Interessengruppen und auch nicht ihre Wahlkreise repräsentieren. Dennoch ist es nicht nur legitim, sondern gewünscht, dass die Mandatsträger unterschiedliche Interessenperspektiven in den Gesetzgebungsprozess einbringen. Nur durch die Darlegung unterschiedlicher Positionen der verschiedenen Interessengruppen kann es zu einer Repräsentation des ganzen Volkes kommen.[829] Mit der Stellung als Volksvertreter wäre es jedoch nicht mehr zu vereinen, wenn der Abgeordnete bei der Entscheidungsfindung Partikularinteressen an die Stelle des Gemeinwohls setzt.[830] Die praktische Abgrenzung des Einbringens von Sonderinteressen und der Bindung an einzelne Sonderinteressen ist allerdings schwierig. Die Grenze ist fließend und nach außen nicht erkennbar.[831] Das Problem einer tatsächlichen Überprüfbarkeit ändert jedoch nichts an den verfassungsrechtlichen Anforderungen. Das Amt des Abgeordneten ist somit ein öffentliches Amt mit einem abgeschwächten Distanzgebot.

Der Gesetzgeber kann den Status der Abgeordneten näher konkretisieren. Die Ermächtigung hierzu findet sich in Art. 38 Abs. 3 GG. Die Abgeordnetenrechte sind schrankenlos gewährleistet[832], so dass es zur Einschränkung verfassungsimmanenter Rechtfertigungsgründe bedarf.[833] Solche Gründe können insbesondere in der Repräsentations- und Funktionsfähigkeit des Parlaments[834] sowie in dessen Vertrauenswürdigkeit[835] liegen.

D. Verfassungsrechtliche Vorgaben zum Abbau von Machtungleichgewichten

Im Grundgesetz wird auf das Verhältnis der Interessengruppen untereinander nicht eingegangen. Dennoch könnte sich aus einer Kombination mehrerer

829 Wie bereits bei der Erörterung der staatlichen Willensbildung beschrieben, handelt es sich beim Volkswillen eben nicht um eine fassbare Größe. Der Volkswille ist in einer pluralistischen Gesellschaft in der Regel keine singuläre Aussage, sondern eine Gesamtschau der in der Gesellschaft vertretenen Interessen und Meinung.

830 *Butzer* in: Epping/Hillgruber, GG-Kommentar, Art. 38 GG Rn. 93; ähnlich *Klein* in: Maunz/Dürig, GG-Kommentar, Art. 38 GG Rn. 191 (insbesondere Fn. 5).

831 Siehe hierzu auch das Beispiel bei *Butzer* in: Epping/Hillgruber, GG-Kommentar, Art. 38 GG Rn. 93.1.

832 Es handelt sich beim Art. 38 Abs. 3 GG nicht um einen Gesetzesvorbehalt, sondern um eine Kompetenznorm, siehe etwa *Morlok* in: Dreier, GG-Kommentar, Art. 38 GG Rn. 151; *Klein* in: Maunz/Dürig, GG-Kommentar, Art. 38 GG Rn. 114; *Magiera* in: Sachs, GG-Kommentar, Art. 38 GG Rn. 45; *Kühn*, Verhaltensregeln für Bundestagsabgeordnete, S. 164.

833 *Butzer* in: Epping/Hillgruber, GG-Kommentar, Art. 38 GG Rn. 121 ff.; *Piechaczek*, Lobbyismus im Deutschen Bundestag, S. 96; *Kühn*, Verhaltensregeln für Bundestagsabgeordnete, S. 195 ff.; *Heck*, Mandat und Transparenz, S. 96 f.

834 Ständige Rechtsprechung des Bundesverfassungsgerichts, vgl. BVerfGE 118, 277 (324); BVerfGE 80, 188 (219); 84, 304 (321); 96, 264 (279); 99, 19 (32). So auch *Kühn*, Verhaltensregeln für Bundestagsabgeordnete, S. 239.

835 BVerfGE 94, 351 (367 f.); *Heck*, Mandat und Transparenz, S. 97.

Verfassungsgrundsätze für den Staat ein Gebot zum Abbau von Machtungleichgewichten zwischen den verschiedenen Interessengruppen ergeben. Darüber hinaus ist zu untersuchen, ob der Gesetzgeber im Gesetzgebungsverfahren zur Einbindung aller Betroffenen verpflichtet ist und durch eine solche Vorgabe dem Machtungleichgewicht zu begegnen hat.

I. Gebot zum Abbau von Machtungleichgewichten?

Durch die Beteiligung am Volkswillensbildungsprozess können die Bürger ihre Meinungen äußern und Einfluss auf die staatliche Willensbildung nehmen.[836] Im Ausgangspunkt stehen jedem Bürger dieselben Chancen und Möglichkeiten zur Einflussnahme zu.[837] Das Gebot der Chancengleichheit innerhalb des Volkswillensbildungsprozesses entspringt dem Demokratieprinzip.[838] Ausdruck findet das demokratische Gleichheitsversprechen[839] einerseits in Art. 3 Abs. 1 GG und Art. 38 Abs. 1 GG sowie andererseits in den politischen Mitwirkungsrechten, die im Zugang zu öffentlichen Ämtern (Art. 33 Abs. 2 GG), im Wahlrecht (Art. 38 Abs. 1 GG) und in den Kommunikationsgrundrechten (Art. 5 Abs. 1 GG, Art. 8 Abs. 1 GG, Art. 9 GG) niedergelegt sind.[840]

In der politischen Praxis zeigt sich allerdings, dass die Partizipationsmöglichkeiten überwiegend von gebildeten und ressourcenstarken Bevölkerungsteilen sowie Unternehmen genutzt werden.[841] Zudem weichen die Voraussetzungen der Interessengruppen wegen der dargelegten strukturellen und finanziellen Unterschiede voneinander ab.[842] Daher stellt sich die Frage, ob der Staat verpflichtet ist, nicht nur gleiche Zugangschancen zum politischen Prozess zu wahren, sondern auch die Stärke der Interessengruppen auszugleichen. Bedenkt man, dass insbesondere im Bereich der schwachen Interessen ein Trend zur vermehrten Bürgerbeteiligung zu

836 *Schmitt Glaeser*, Die grundrechtliche Freiheit des Bürgers zur Mitwirkung an der Willensbildung in: HStR III § 38 Rn. 28.

837 *Schmitt Glaeser*, Die grundrechtliche Freiheit des Bürgers zur Mitwirkung an der Willensbildung in: HStR III § 38 Rn. 31, mit dem Verweis darauf, dass schon das BVerfG ausführte, dass die freie Diskussion das wahre Fundament der freiheitlich-demokratischen Grundordnung sei, vgl. BVerfG, Urteil vom 11.1.1994 – 1 BvR 4343/87, NJW 1994, 1781, 1784.

838 *Grzeszick* in: Maunz/Dürig, GG-Kommentar, Art. 20 GG II. Rn. 35; *Sachs* in: Sachs, GG-Kommentar, Art. 20 GG Rn. 20; *Böckenförde*, Demokratie als Verfassungsprinzip in: HStR II, § 24 Rn. 41; *Schmitt Glaeser*, Die grundrechtliche Freiheit des Bürgers zur Mitwirkung an der Willensbildung in: HStR III § 38 Rn. 28.

839 Näher dazu: *Geißel*, Politische (Un-)Gleichheit und die Versprechen der Demokratie, APuZ 19/2012, S. 32ff.

840 *Böckenförde*, Demokratie als Verfassungsprinzip in: HStR II, § 24 Rn. 41.

841 *Pünder*, Wahlrecht und Parlamentsrecht als Gelingensbedingungen repräsentativer Demokratie, VVDStRL 72, S. 193, 251; *Geißel*, Politische (Un-)Gleichheit und die Versprechen der Demokratie, APuZ 19/2012, S. 32, 35 ff.

842 Vgl. zum Machtungleichgewicht zwischen den Interessengruppen S. 57 ff.

erkennen ist, drängt sich die Frage nach dem Abbau des Machtungleichgewichts umso mehr auf.[843]

Da ein Teil der Bevölkerung jedoch eine geringe Bereitschaft zur Beteiligung an der Willensbildung aufweist und durch Vielzahl und Komplexität der zu bearbeitenden Materien überfordert ist, wird der Volkswille maßgeblich von den Parteien, einflussreichen Interessenvertretern und Medien geprägt.[844] Ebenso wie etwa die kognitiven Fähigkeiten natürlicher Personen unterschiedlich ausgeprägt sind, lassen sich Interessen verschiedentlich gut organisieren. Die Interessen sind bereits im Ausgangspunkt nicht gleich. Die Gewährleistung der politischen Chancengleichheit würde daher missverstanden, wenn damit eine Forderung nach gleicher Wirkungsmacht aller Beteiligten verbunden würde.[845] Eine solche Forderung wäre im Ausgangspunkt bereits deshalb verfehlt, da die Beteiligten einen unterschiedlich stark ausgeprägten Willen zur Teilnahme am politischen Prozess aufweisen. Nur, wenn auch der Anreiz eines größeren Einflusses besteht, werden die Akteure überhaupt bereit sein, Ressourcen in die Teilnahme an der Willensbildung zu investieren. Andernfalls wäre die Rolle des Trittbrettfahrers ebenso attraktiv. Das demokratische Gleichheitsprinzip fordert im Hinblick auf die politischen Mitwirkungsrechte lediglich, dass allen Bürgern und gesellschaftlichen Gruppen grundsätzlich die gleichen Möglichkeiten eröffnet werden. Über den Gebrauch dieser Mittel und die damit erzielte Wirkung trifft es hingegen keine Aussage.

Ein besonderes Gleichheitsgebot sieht das Grundgesetz nur für die politischen Parteien vor.[846] Ihnen kommt insbesondere nach Art. 21 Abs. 1 S. 1 GG eine herausgehobene Stellung als Mittler zwischen Staat und Gesellschaft im staatlichen Willensbildungsprozess zu. Doch ist selbst für die politischen Parteien anerkannt, dass sie im politischen Wettbewerb unter ungleichen Voraussetzungen antreten. Das Gleichheitsgebot der Parteien soll eine Gleichheit der Bedingungen des Wettbewerbs sichern, nicht aber bestehende faktische unterschiede negieren.[847]

---

843 Schon 2004 ergab eine Untersuchung der Bertelsmann-Stiftung, dass Bürger-Initiativen ein hohes Potenzial haben, die Partizipation am gesellschaftspolitischen Diskurs zu steigern, vgl. *Bertelsmann Stiftung*, Politische Partizipation, S. 93f., 98 ff.

844 *Schmitt Glaeser*, Die grundrechtliche Freiheit des Bürgers zur Mitwirkung an der Willensbildung in: HStR III § 38 Rn. 42.

845 *Schmitt Glaeser*, Die grundrechtliche Freiheit des Bürgers zur Mitwirkung an der Willensbildung in: HStR III § 38 Rn. 28. Ein solches Verständnis ließe sich nur dann begründen, wenn das Gebot der Gleichheit politischer Mitwirkungsrechte als Optimierungsgebot verstanden würde. Und auch dann stünde das Gebot der Gleichheit politischer Mitwirkungsrechte unter dem Vorbehalt des rechtlich und tatsächlich Möglichen.

846 Siehe zum Gleichheitsgebot der Parteien *Klein* in: Maunz/Dürig, GG-Kommentar, Art. 21 GG Rn. 296 ff.; *Morlok* in: Dreier, Art. 21 Rn. 72 ff.; *Streinz* in: v. Mangoldt/Klein/Starck, Kommentar zum Grundgesetz, Art. 21 GG Rn. 119 ff.

847 *Klein* in: Maunz/Dürig, GG-Kommentar, Art. 21 GG Rn. 299.

Somit lässt sich aus dem Grundsatz des Gebots der politischen Chancengleichheit lediglich ein Verbot der Monopolisierung und Vereinnahmung des Prozesses der politischen Willensbildung ableiten. Um die Gleichheit zu sichern, muss der Staat den Prozess offen halten. Keine gesellschaftliche Gruppe darf den Meinungsbildungsprozess gänzlich für sich vereinnahmen. Daraus lässt sich jedoch gerade nicht folgern, dass nicht einzelne Akteure im Meinungswettkampf in ihrer Wirkkraft überlegen sein dürfen. Wenn aber die Machtausdehnung oder der Machtgebrauch Einzelner derart weit geht, dass dadurch die Zugangs- und Beteiligungschancen anderer ernsthaft behindert oder ausgeschlossen werden, ist das Gebot der Gleichheit politischer Mitwirkungsrechte verletzt.[848] Eine solche Situation kann sich bei den oben beschriebenen „Verbandsherzogtümern“[849] ergeben. Machtmonopole bedrohen die Offenheit des politischen Prozesses. Das Gebot der Gleichheit politischer Mitwirkungsrechte weist daher dem Staat die Aufgabe zu, die Sicherstellung hinreichender Partizipationschancen für alle Bürger zu überwachen. Darüber hinaus ist der Staat jedoch nicht verpflichtet, Machtungleichgewichte zwischen unterschiedlichen Interessengruppen auszugleichen. Es ist nicht die Aufgabe des Staates, dafür Sorge zu tragen, dass sich die gesellschaftlichen Gruppen gleichermaßen in den Willensbildungsprozess einbringen. Das Grundgesetz verlangt vom Staat lediglich, allen Beteiligten die gleichen Zugangsmöglichkeiten zu gewähren.

II. Pflicht zur Anhörung aller Betroffenen

Auch ohne ein Gebot zum Abbau des Machtungleichgewichts ist zu erörtern, ob sich für das Gesetzgebungsverfahren verfassungsrechtlich eine Pflicht des Gesetzgebers zur Einbeziehung aller von dem Regelungsgegenstand des Gesetzes Betroffenen herleiten lässt. Mit Blick auf das staatliche Verhältnis zu Interessenvertretern ist die Erörterung eines solchen Gebots deshalb von Bedeutung, weil sich aus einem weiten Verständnis möglicherweise eine Anhörungspflicht des Gesetzgebers und aus einem noch weiteren Verständnis ein damit korrespondierendes Anhörungsrecht der Interessenvertreter ergeben könnte. Solche Überlegungen sind Gegenstand des inneren Gesetzgebungsverfahrens[850]. Eine derartige Pflicht würde dem Machtungleichgewicht entgegenwirken, da es den Wert bestehender Netzwerkvorteile starker Interessengruppen[851] reduziert.

Das Grundgesetz selbst schweigt zwar zur inneren Ausgestaltung des Gesetzgebungsverfahrens, dennoch wurden einige verfassungsrechtliche Begründungsansätze zur Herleitung einer solchen Pflicht entwickelt. Einige Autoren leiten aus der Verfassung ein Prinzip der Rationalität ab[852], das den Staat, und somit auch den

848 *Böckenförde*, Demokratie als Verfassungsprinzip in: HStR II, § 24 Rn. 40.
849 Siehe zum Begriff der Verbandsherzogtümer S. 38.
850 Vgl. Fn. 695.
851 Siehe zum Problem sich verfestigender Netzwerkstrukturen S. 39.
852 So etwa: *Schwerdtfeger*, Optimale Methodik der Gesetzgebung in: FS Ipsen, S. 173, S. 178; *Arnim*, Staatslehre der Bundesrepublik Deutschland, S. 235; *Hoffmann*,

Gesetzgeber, zu rationalem Handeln verpflichten soll. Der Begriff der Rationalität beschreibt im weitesten Sinne ein vernunftgeleitetes Handeln. Der Begriff wird allerdings sehr unterschiedlich verwendet.[853] Um ihn rechtsdogmatisch sinnvoll zu gebrauchen, muss er mit Blick auf das Gesetzgebungsverfahren kontextbezogen bestimmt werden. Hinsichtlich der Anhörungspflicht ist dementsprechend zu untersuchen, ob sich aus der Verfassung ein formales bzw. prozedurales Rationalitätsgebot ableiten lässt, das Anforderungen an den inhaltlichen Gang des Gesetzgebungsverfahrens stellt.

Die Diskussion um ein Gebot rationalen Handelns resultiert aus dem Grundproblem politischer Entscheidungsfindung: Der Staat ist nicht allwissend. Auch er verfügt nur über einen begrenzten Informationsrahmen. Das begrenzte Wissen ergibt sich für den Gesetzgeber aus einer zeitlichen und einer sachlichen Komponente. Einerseits hat er mit der Ungewissheit der Zukunft umzugehen.[854] Einem Großteil der Gesetzgebungsgegenstände wohnt daher ein Moment der Unsicherheit inne. Andererseits sorgen die Komplexität einiger Materien und die Vielzahl zu regelnder Sachverhalte für eine latente Überforderung des Staates. Es stellt sich daher die Frage, inwieweit der Gesetzgeber im Gesetzgebungsprozess durch ein verfassungsrechtliches prozedurales Rationalitätsgebot zur vollständigen Ausforschung der Tatsachengrundlagen verpflichtet ist. In einem ersten Schritt lässt sich aus dem Rechtsstaatsgebot jedenfalls ableiten, dass es den staatlichen Organen untersagt ist, Entscheidungen spekulativ oder aus reiner Emotionalität heraus zu treffen.[855]

1. *Ansätze zur Begründung einer Tatsachenermittlungspflicht*

Der Grundgedanke, der von Teilen der Literatur vertretenen Pflicht des Gesetzgebers zur Heranziehung und Aufbereitung des entscheidungsrelevanten Materials,[856]

Rationalität im Gesetzgebungsverfahren ZG 1990, S. 97, 104 ff. oder *Schulze-Filitz*, Rationalität als rechtsstaatliches Prinzip in: FS Vogel, S. 311, 322.

853 Siehe zu den verschiedenen Rationalitätsbegriffen etwa *Schulze-Fielitz*, Theorie und Praxis parlamentarischer Gesetzgebung, S. 454 f.

854 *Schulze-Fielitz*, Theorie und Praxis parlamentarischer Gesetzgebung, S. 490, *Bumke*, Konsistente Gesetzgebung, Der Staat 49 (2010), S. 77, 78 f.

855 *Voßkuhle*, Sachverständige Beratung des Staates in: HStR III, § 43 Rn. 1; *Fassbender*, Wissen als Grundlage staatlichen Handelns in: HStR IV § 76 Rn. 1.

856 Eine solche Pflicht begründete als Erster *Schwerdtfeger*, Optimale Methodik der Gesetzgebung in: FS Ipsen, S. 173, S. 178 f.; dem zustimmend *Lücke*, Gesetzgebungsordnung, ZG 2001, S. 1, 27; ähnlich *Hoffmann*, Rationalität im Gesetzgebungsverfahren ZG 1990, S. 97, 104 ff. Im Rahmen der Diskussion um eine verfassungsrechtliche Pflicht existiert darüber hinaus eine vermittelnde Position, die nur Mindeststandards verlangt, aus denen sich keine konkreten Pflichten ableiten lassen. Eine Anhörungspflicht leitet keiner der Vertreter aus dieser Ansicht ab, weshalb auf eine weitere Darstellung verzichtet wird. Vergleiche zur vermittelnden Position die Ausführungen bei *Smeddinck*, Integrierte Gesetzesproduktion, S. 219 f. und *Heinz*, Schleier des Nichtwissens, S. 226.

lehnt an die innere Verfahrensbindung der Ermessensverwaltung an.[857] Ebenso wie der Verwaltung soll für den Gesetzgeber die Methodik der Entscheidungsfindung vorgegeben werden. Eine Tatsachenermittlungspflicht ließe sich im Einzelfall zu einer Anhörungspflicht konkretisieren. Vor dem Hintergrund des sachlichen und zeitlichen Wissensdefizits könnte der Gesetzgeber zur Ermittlung des konkreten Sachverhalts angehalten sein, die betroffenen Kreise anzuhören.[858]

Die Tatsachenermittlungspflicht wird von ihren Befürwortern überwiegend aus einem grundgesetzlichen Rationalitätsgebot hergeleitet. Innerhalb der Vertreter einer solchen Pflicht ist die verfassungsrechtliche Verortung des Rationalitätsgebots aber umstritten.

Eine Auffassung kommt über die Gemeinwohlbindung des Staates zu einer Rationalitätspflicht.[859] Staatliches Handeln ist dem Gemeinwohl verpflichtet.[860] Die Gemeinwohlbindung impliziere das Gebot, den Bürgern bestmöglich zu dienen und somit das bestmögliche Gesetz zu erlassen. Ein bestmögliches Gesetz setze wiederum die Ermittlung aller relevanten Belange voraus. Zu deren Ermittlung seien alle Betroffenen anzuhören.

Ein anderer Ansatz sieht das Rationalitätsgebot als Subprinzip des Rechtsstaatsprinzips.[861] Das Rechtsstaatsprinzip verlange, dass der Staat seine Aufgaben möglichst zweckmäßig und effektiv erledige. Demnach würde das Rationalitätsprinzip zum Leitgedanken für die Ausübung der staatlichen Gestaltungsspielräume werden. Der Staat hat nach diesem Verständnis seine Spielräume rational, also unter Beachtung aller Tatsachen, zu nutzen. Um diesem Gebot nachzukommen, hat der Staat die entscheidungserheblichen Tatsachten zu ermitteln.

Eine dritte Auffassung sieht die Forderung nach Rationalität in einer Vielzahl von Verfassungsrechtssätzen, insbesondere in den Grundrechten[862] sowie dem Rechtsstaatsprinzip[863], verbürgt. Rechtsstaatsgebot und Grundrechtsschutz verlangen nach

---

857 Vgl. bei *Schwerdtfeger*, Optimale Methodik der Gesetzgebung in: FS Ipsen, S. 173, 176 f.

858 Eine solche Anhörungspflicht sieht *Lücke*, Gesetzgebungsordnung, ZG 2001, S. 1, 29 als Sekundärpflicht zur Tatsachenermittlungspflicht. Ebenso, wenn auch nicht derart explizit formulierend *Schwerdtfeger*, Optimale Methodik der Gesetzgebung in: FS Ipsen, S. 173, 179 f.

859 *Arnim*, Staatslehre der Bundesrepublik Deutschland, S. 235 f., der aus der Pflicht des Staates, den Bürgern zu dienen, das Gebot ableitet, *„ihnen bestmöglich zu dienen."*

860 So auch etwa BVerfGE 42, 412 (332). Näher zur Gemeinwohlbindung auf S. 159 f.

861 *Schulze-Filitz*, Rationalität als rechtsstaatliches Prinzip in: FS Vogel, S. 311, 322 m.w.N.

862 *Hoffmann*, Rationalität im Gesetzgebungsverfahren ZG 1990, S. 97, 99 und 116, der dies plakativ als *„Pflicht zum Nachdenken"* bezeichnet und die Begründung des Rationalitätsgebots jedenfalls im grundrechtsrelevanten Bereich aus den Grundrechten ableitet.

863 Hierauf legt *Schwerdtfeger*, Optimale Methodik der Gesetzgebung in: FS Ipsen, S. 173, 177 einen Fokus, leitet seine Ansicht aber nicht allein aus dem Rechtsstaatsprinzip ab.

dieser Ansicht nach einer Verfahrensbindung des Gesetzgebers, um die Grundrechtsträger umfassend vor gesetzgeberischer Willkür zu schützen.[864] Daneben wird das Rationalitätsgebot als Verfassungsvoraussetzung oder als Leitlinie staatlichen Handelns angesehen.[865]

Gemeinsam ist all den vorstehenden Ansätzen, dass sie dem Gesetzgeber nicht nur ein rationales Ergebnis vorschreiben, sondern über verfassungsrechtliche Verfahrensbindungen die Sicherung des rationalen Handelns innerhalb des Gesetzgebungsverfahrens aufgeben wollen. Der Gesetzgeber ist somit nicht allein angehalten, ein rational begründbares Ergebnis zu erreichen, sondern hat auf dem Weg zum Gesetz auch allein rationale Erwägungen anzustellen.

Neben der Ableitung aus dem Rationalitätsgebot wird die Tatsachenausforschungspflicht von einer anderen Ansicht mit Art. 76 Abs. 3 S. 6 GG begründet.[866] Die Norm gibt dem Bundestag auf, über Gesetzesvorlagen in angemessener Frist zu beraten und Beschluss zu fassen. Aus der Beratungspflicht wird eine Tatsachenermittlungspflicht hergeleitet. Nur, wenn die Legislativorgane ausreichend mit der Thematik vertraut seien, könnten sie auch darüber beraten. Daher setze die Beratungspflicht eine Aufklärungspflicht voraus.[867]

2. *Rechtsprechung des Bundesverfassungsgerichts*

Das Bundesverfassungsgericht wurde in den vergangenen Jahrzehnten immer wieder mit der Forderung nach rationalem Handeln des Staates beschäftigt. Nachfolgend soll die Rechtsprechung im Hinblick auf eine Tatsachenfeststellungspflicht ausgewertet werden.

Als wichtigste durch das Gericht gelieferte Ausprägung der Forderung nach rationalem Handeln darf sicherlich der Verhältnismäßigkeitsgrundsatz angesehen werden.[868] Dieser Grundsatz verlangt vom Gesetzgeber, dass er mit grundrechtsbeschränkenden Gesetzen ein legitimes Ziel (Zweck) verfolgt, das Gesetz entsprechend des Ziels gestaltet (Geeignetheit), die zur Verfügung stehenden Alternativen nicht

---

864 *Schwerdtfeger*, Optimale Methodik der Gesetzgebung in: FS Ipsen, S. 173, 177 f.

865 *Meßerschmidt*, Gesetzgebungsermessen, S. 792, der zudem darauf hinweist, dass das Rationalitätsgebot jedenfalls im grundrechtsrelevanten Bereich sehr viel leichter am Übermaßverbot anzuknüpfen ist, vgl. S. 792, 794 sowie *Hoffmann*, Rationalität im Gesetzgebungsverfahren ZG 1990, S. 97, 109 f.

866 *Lücke*, Gesetzgebungsordnung, ZG 2001, S. 1, 26; dem folgend *Smeddinck*, Integrierte Gesetzesproduktion, S. 216 f. Dass der Art. 76 Abs. 3 S. 6 GG nicht nur für Gesetzgebungsinitiativen des Bundesrats, sondern darüber hinaus für alle Initiativen gilt, ist anerkannt, vgl. dazu *Lücke*, Gesetzgebungsordnung, ZG 2001, S. 1, 26 und *Kersten* in: Maunz/Dürig, GG-Kommentar, Art. 76 GG Rn. 62, der allerdings der Norm ohnehin nur deklaratorischen Charakter zuspricht.

867 *Lücke*, Gesetzgebungsordnung, ZG 2001, S. 1, 26; *Smeddinck*, Integrierte Gesetzesproduktion, S. 216 f.

868 *Grzeszick* in: Maunz/Dürig, GG-Kommentar, Art. 20 GG VII. Rn. 107; *Dreier* in: Dreier, GG-Kommentar, Art. 20 GG Rn. 179.

weniger grundrechtseinschränkend sind (Erforderlichkeit) und letztlich die mit dem Gesetz verbundenen Folgen mit dem Ziel vom Gesetzgeber in einen angemessenen Ausgleich gebracht werden (Angemessenheit). Die Erforderlichkeit und Angemessenheit des Vorhabens kann der Gesetzgeber nur dann abschließend beurteilen, wenn er die möglichen Auswirkungen seines Handelns kennt und etwaige Alternativen durchdacht hat. Das Gericht gibt dem Gesetzgerber mit den Geboten der Folgerichtigkeit, Widerspruchsfreiheit, Bestimmtheit, Normenklarheit sowie der Normenwahrheit einen Ordnungsrahmen für den Erlass von Gesetzen vor.[869]

Das Bundesverfassungsgericht lässt es „*nicht ausreichen, dass künftige Entwicklungen ungewiss sind, um einen völlig kontrollfreien Entscheidungsraum des Gesetzgebers zu begründen.*"[870] Es verlangt vom Gesetzgeber, „*die ihm zugänglichen Erkenntnisquellen*" auszuschöpfen.[871] Mit der Einschränkung auf die zugänglichen Quellen erkennt das Gericht einerseits den begrenzten Wissenshorizont des Gesetzgebers an. Andererseits verlangt es von ihm, zumutbare Anstrengungen zu unternehmen, um das Informationsdefizit zu minimieren. Auch im Urteil zur Schaffung des Art. 16a GG, der unter anderem den Gesetzgeber ermächtigt, *sichere Herkunftsstaaten* Asylsuchender zu bestimmen, hat sich das Gericht zu den Sorgfaltspflichten des Gesetzgebers geäußert. Das mit der im Wege der Gesetzgebung zur Bestimmung eines Landes als sicheres Herkunftsland verbundene Verfahren, das regelmäßig zu einer Ablehnung des Asylantrags ohne weitere Prüfung durch die Verwaltung führt, „*bedingt ein bestimmtes Maß an Sorgfalt bei der Erhebung und Aufbereitung von Tatsachen, die einer solchen feststellenden, verfassungsrechtlich vorgegebenen Kriterien nachvollziehenden gesetzgeberischen Entscheidung notwendigerweise zugrunde zu legen sind.*"[872] Die vorstehende Urteilspassage könnte im Sinne einer Ermittlungspflicht hinsichtlich der relevanten Tatsachen zu verstehen sein.

Noch stärker in Richtung der Begründung einer Tatsachenermittlungspflicht liest sich das Urteil zur Verfassungswidrigkeit der Regelleistungen nach dem SGB II (Hartz-IV Gesetz). Das Bundesverfassungsgericht hielt an prominenter Stelle im 3. Leitsatz fest: „*Zur Ermittlung des Anspruchsumfangs hat der Gesetzgeber alle existenznotwendigen Aufwendungen in einem transparenten und sachgerechten Verfahren realitätsgerecht sowie nachvollziehbar auf der Grundlage verlässlicher Zahlen und schlüssiger Berechnungsverfahren zu bemessen.*"[873] Wenn das Gericht dem Gesetzgeber die Verwendung verlässlicher Zahlen und schlüssiger Verfahren aufgibt und ein transparentes Verfahren verlangt, könnte daraus gefolgert werden, dass der

---

869 Siehe hierzu *Bumke*, Konsistente Gesetzgebung, Der Staat 49 (2010), S. 77, 87 ff. und *Cornils*, Rationalitätsanforderungen, DVBl 2011, S. 1053, 1054 f.

870 BVerfGE 50, 290 (332).

871 So etwa BVerfGE 50, 290 (333 f.); BVerfGE 57, 139 (160); BVerfGE 65, 1 (55) und BVerfG, Beschluss vom 3. Dezember 1998 – 1 BvR 2262/96, NZA-RR 1999, 204.

872 BVerfGE 94, 115 (143).

873 BVerfGE 125, 175.

Gesetzgeber nicht mehr frei in der Verfahrensgestaltung ist.[874] Nach den Ausführungen des Gerichts *„ist das einfache Recht im Umfang seiner defizitären Gestaltung verfassungswidrig."*[875] Dem Bundesverfassungsgericht scheint jedoch erst im Nachgang die Tragweite der formulierten Anforderungen bewusst geworden zu sein. Auch wenn sich das Urteil zu den Regelleistungen nach dem SGB II kaum anders als eine verfassungsrechtliche Begründung einer Tatsachenermittlungspflicht verstehen lässt, ist das Gericht einer solchen Interpretation in der jüngeren Vergangenheit explizit entgegengetreten. In einem Urteil zu einem Verfahren über die verfassungsgemäßen Berechnung der Leistungssätze für Asylbewerber, stellte das Gericht fest: *„Die sich aus der Verfassung ergebenden Anforderungen an die methodisch sachgerechte Bestimmung grundrechtlich garantierter Leistungen beziehen sich nicht auf das Verfahren der Gesetzgebung, sondern auf dessen Ergebnisse. Das Grundgesetz beinhaltet in den Art. 76 ff. GG Vorgaben für das Gesetzgebungsverfahren, die auch die Transparenz der Entscheidungen des Gesetzgebers sichern. Das Grundgesetz schreibt jedoch nicht vor, was, wie und wann genau im Gesetzgebungsverfahren zu begründen und berechnen ist. Es lässt Raum für Verhandlungen und für den politischen Kompromiss. Entscheidend ist, dass im Ergebnis die Anforderungen des Grundgesetzes nicht verfehlt werden* [...]. *Das Grundrecht auf Gewährleistung eines menschenwürdigen Existenzminimums* [...] *bringt insofern für den Gesetzgeber keine spezifischen Pflichten im Verfahren mit sich; entscheidend ist, ob sich der Rechtsanspruch auf existenzsichernde Leistungen durch realitätsgerechte, schlüssige Berechnungen sachlich differenziert begründen lässt."*[876] Das Bundesverfassungsgericht hat sich somit explizit gegen die Annahme einer verfassungsrechtlichen Tatsachenermittlungspflicht gewandt. Nach der Rechtsprechung des Gerichts ergeben sich aus der Verfassung über die Anforderungen an das äußere Gesetzgebungsverfahren hinaus keine weitere Vorgaben an dessen innere Gestaltung.

Das Gericht hat dem Gesetzgeber in seiner Rechtsprechung zwar wiederholt ein Mindestmaß an Sachverhaltsermittlung aufgetragen. Jedoch handelt es sich bei der Forderung des Bundesverfassungsgerichts allein um Kontrollmaßstäbe für das Ergebnis der Gesetzgebung und gerade nicht um Vorgaben für den Ablauf des Gesetzgebungsverfahrens.[877] In der Rechtsprechung des Bundesverfassungsgerichts findet sich bisher keine Entscheidung, bei dem das Gericht die Verfassungswidrigkeit allein am mangelhaften Verfahren zur Feststellung der gesetzgebungsrelevanten Tatsachen festmachte.[878] Nach Ansicht des Gerichts muss die fehlerhafte

---

874 So etwa *Brenner*, Inneres Gesetzgebungsverfahren, ZG 2011, S. 394, 397 ff.; *Kischel*, Rationalität und Begründung in: FS Kirchhof, S. 371, 376 f. (insbesondere Fn. 36).

875 BVerfGE 125, 175 (224).

876 BVerfGE 132, 162 f.

877 So auch *Becker*, Kooperative und konsensuale Strukturen in der Normsetzung, S. 135.

878 Stattdessen hat das Gericht in einigen Entscheidungen auch darauf hingewiesen, dass Gegenstand der verfassungsgerichtlichen Kontrolle allein die Entscheidung des Gesetzgebers ist, vgl. BVerfGE 86, 148 (241). Ähnlich auch BVerfGE 75, 246

Informationsgrundlage zur Verletzung weiterer Verfassungsgrundsätze führen, um eine Verfassungswidrigkeit begründen zu können. Nach der Rechtsprechung kann sich die Verfassungswidrigkeit eines Gesetzes zwar daraus ergeben, *„dass das Gesetz auf einer fehlerhaften Tatsachenfeststellung des Gesetzgebers beruht."*[879] Die fehlerhafte Tatsachenermittlung muss dann aber die Voraussetzungen von verfassungsrechtlichen Tatbeständen betreffen.

Aus der Rechtsprechung des Bundesverfassungsgerichts lässt sich somit zwar die Forderung ableiten, dass der Gesetzgeber bei der Ausarbeitung von Normen eine angemessenen Informationsgrundlage herzustellen[880] und einen entsprechenden Sorgfaltsmaßstab anzulegen hat. Eine verfassungsrechtliche Verankerung für ein prozedurales Rationalitätsgebot lässt sich den Urteilen des Gerichts jedoch nicht entnehmen. Die Forderung nach rationalem Handeln gebietet nach Ansicht des Gerichts kein konkretes Verfahren der Tatsachen- und Interessenfeststellung. Für eine formelle Verfassungswidrigkeit fehlt es bei unzureichender Tatsachenermittlung am Verstoß gegen eine Verfassungsnorm. Nur, wenn sich der Verfahrensmangel auch im Ergebnis niederschlägt und somit gegen Verfassungsnormen wie etwa das Verhältnismäßigkeitsprinzip verstößt, kommt nach der Ansicht des Gerichts eine Verfassungswidrigkeit in Betracht.

3. *Argumente gegen eine verfassungsrechtliche Tatsachenermittlungspflicht*

Keiner der oben genannten Begründungsansätze für eine Tatsachenermittlungspflicht vermag eine solche Pflicht überzeugend herzuleiten. Sofern ein solches Gebot auf die Grundrechte gestützt wird, käme es zu unterschiedlichen Anforderungen bei unterschiedlichen Arten von Gesetzen. Nur wenn Grundrechte betroffen sind, wäre nach diesem Ansatz der Gesetzgeber zur besonderen Tatsachenermittlung verpflichtet. Aus dem Grundgesetz lässt sich aber nicht entnehmen, dass dem Gesetzgeber allein bei grundrechtsrelevanter Normsetzung eine erhöhte Tatsachenermittlungspflicht obliegt.[881] Zudem zwingen die Grundrechte den Gesetzgeber nicht zu bestimmten Verfahrensschritten im Rahmen der Gesetzgebung. Sie schützen den Bürger lediglich vor zu intensiven Eingriffen. Den Weg, auf dem der Gesetzgeber das unter den gleichgeeigneten mildeste Mittel ermittelt, bestimmt das Übermaßverbot

(268): *„Im übrigen wäre es [...] nicht ausschlaggebend, ob die maßgeblichen Gründe für eine Gesetzesnovellierung im Gesetzgebungsverfahren ausdrücklich erörtert worden sind."*

879 BVerfGE 106, 62 (150) mit Verweis auf *Meßerschmidt*, Gesetzgebungsermessen, S. 933. Die Aussage des Gesetzgebers bezog sich auf die Erforderlichkeit eines Bundesgesetzes im Rahmen der konkurrierenden Gesetzgebung nach Art. 72 Abs. 2 GG.

880 So auch *Voßkuhle*, Sachverständige Beratung des Staates in: HStR III, § 43 Rn. 1.

881 *Heinz*, Schleier des Nichtwissens, S. 231.

nicht.[882] Die Grundrechte und das mit ihnen zusammenhängende Übermaßverbot lassen sich nicht in eine Verfahrensvorgabe verkehren.

Ebenso lässt sich der Gemeinwohlbindung des Staates keine Verfahrensvorgaben entnehmen. Die Gemeinwohlbindung betrifft staatliche Handlungsziele, gibt jedoch keine Auskunft über den Weg auf dem das Ziel zu erreichen ist. Der Argumentationsansatz, der ein bestmögliches Handeln und bestmögliche Gesetze verlangt, korreliert mit einem Verfassungsverständnis, das sich an der Unterscheidung von Regeln und Prinzipien[883] und den damit einhergehend Optimierungsgeboten orientiert. Nach hier vertretener Ansicht verlangt das Grundgesetz vom Gesetzgeber jedoch nur die Einhaltung der verfassungsrechtlichen Mindeststandards. Eine Verpflichtung auf bestmögliche Gesetze lässt sich daraus nicht ableiten.

Auch überzeugt eine Herleitung aus Art. 76 Abs. 3 S. 6 GG nicht. Das Grundgesetz mag zwar eine Beratung und eine Beschlussfassung verlangen. Der Wortlaut der Norm sagt jedoch nichts über die inhaltliche Ausgestaltung der Beratung aus. Auch die systematische Stellung der Norm spricht dagegen, aus ihr eine Pflicht zur Tatsachenermittlung abzuleiten. Regelungsgegenstand des Art. 76 GG ist der Weg, den eine Gesetzesinitiative zu nehmen hat. Geregelt werden Weiterleitungspflichten und -fristen, jedoch keine inhaltlichen Vorgaben. Die Behauptung, dass eine Beratung und Beschlussfassung nur aufgrund der vollständig ermittelten Tatsachen erfolgen kann, geht bereits von einer optimierten Beratung aus, vermag diese Anforderung aber nicht rechtsdogmatisch herzuleiten.

Letztlich führt auch die Begründung über ein aus dem Rechtsstaatsgebot hergeleitetes Rationalitätsgebot nicht zu konkreten Handlungspflichten des Gesetzgebers. Inhaltlich führt es nicht weiter, den unbestimmte Begriff des Gesetzgebungsverfahren durch das ähnlich abstrakte Rechtsstaatsgebot zu konkretisieren.[884] Selbst wenn sich aus dem Rechtsstaatsprinzip eine Pflicht zu rationalem Handeln entnehmen lässt, so gebietet dies dennoch keine konkrete Art der Gesetzgebung.[885] Das Grundgesetz überlässt die Ausgestaltung dem Gesetzgeber selbst. Es schreibt ihm lediglich ein äußeres Verfahren sowie durch die Verfassung als Rahmenordnung Grenzen seines Handlungsspielraums vor.[886] Ein Rationalitätsgebot vermag darüber nicht hinweg zu helfen.

---

882 So aber *Schulze-Fielitz*, Theorie und Praxis parlamentarischer Gesetzgebung, S. 496 und *Lücke*, Gesetzgebungsordnung, ZG 2001, S. 1, 27.

883 Vgl. zur Unterscheidung von Regeln und Prinzipien S. 171 ff.

884 *Heinz*, Schleier des Nichtwissens, S. 227 f.

885 Ähnlich *Merten*, Optimale Methodik der Gesetzgebung, S. 81, 85.

886 Ebenso die ehemalige Richterin am Bundesverfassungsgericht *Osterloh* in der Podiums- und Plenardiskussion der Tagung „*Interessengeleitete Gesetzgebung – Lobbyismus in der Demokratie*“, vgl. *Kloepfer*, Interessengeleitete Gesetzgebung, S. 125.

Eine verfassungsrechtliche Pflicht zur optimalen Tatsachenermittlung besteht somit nach hier vertretener Auffassung nicht.[887] Dagegen spricht auch die verfassungsrechtliche Entscheidung für die Parlamentsautonomie, die dem Gesetzgeber grundsätzlich den Freiraum zugesteht, seine Angelegenheiten selbst zu regeln.

Es mag gesetzgeberische Klugheit oder ein Gebot politischer Ethik sein, die Tatsachen umfangreich zu ermitteln, um einen Verstoß gegen materielles Verfassungsrecht zu vermeiden. Dabei handelt es sich jedoch nicht um ein verfassungsrechtliches Gebot.[888] Der Ansicht des Bundesverfassungsgerichts ist daher zu folgen. Aus dem Grundgesetz lässt sich keine Tatsachenermittlungspflicht ableiten. Die eine solche Pflicht vertretenden Ansätze wandeln Maßstäbe der Ergebniskontrolle in Verfahrensanforderungen um.

E. Ergebnis

In Schriften zu den verfassungsrechtlichen Anforderungen an Gesetzgeber wird regelmäßig das Diktum *„Der Gesetzgeber schuldet nichts als das Gesetz"* zitiert.[889] Das Originalzitat stammt von *Willi Geiger* und lautet: *„Der Gesetzgeber schuldet den Verfassungsorganen und Organen im Staat, auch den Verfassungsgerichten, nichts als das Gesetz. Er schuldet ihnen weder eine Begründung noch gar die Darlegung aller seiner Motive, Erwägungen und Abwägungen."*[890] Nach der vorstehenden verfassungsrechtlichen Analyse kann der Aussage nur bedingt zugestimmt werden. Zwar kann dem Grundgesetz weder eine Tatsachenermittlungspflicht noch ein Gebot zum Abbau bestehender Machtungleichgewichte entnommen werden. Der Gesetzgeber ist innerhalb Gesetzgebungsverfahrens nicht zur optimalen Tatsachenausforschung verpflichtet. Es besteht daher auch kein Anspruch auf Anhörung

887 Geht man davon aus, dass Gesetzgebung nicht allein ein Ausgleich kollidierender Verfassungsgüter ist, ist eine optimale Gesetzgebung auch nicht möglich, da nicht nur ein richtiges Ergebnis existiert. Eine weitere Absage an das *„Optimalitätsverlangen"* gibt auch *Meßerschmidt*, Gesetzgebungsermessen, S. 877 ff. Eine Rationalitätspflicht lehnen ebenfalls *Schlaich*, Verfassungsgerichtsbarkeit, S. 98, 109 und *Merten*, Optimale Methodik der Gesetzgebung, S. 81, 87 ab. Ähnlich, allerdings im Zusammenhang mit Begründungspflichten *Waldhoff*, "Der Gesetzgeber schuldet nichts als das Gesetz" in: FS Isensee, S. 325, 332. Die Diskussion ähnelt im Kern der oben bereits ausgeführten Diskussion um ein aus dem Demokratieprinzip ableitbares Optimierungsgebot, vgl. hierzu S. 144 f. In eine ähnliche Richtung tendiert *Smeddinck*, Integrierte Gesetzesproduktion, S. 214 f., wenn er die Pflicht zur *„optimalen Gesetzgebung"* zur Pflicht *„relativ optimaler Gesetzgebung"* umdeutet.

888 So auch *Meßerschmidt*, Gesetzgebungsermessen, S. 874 f.; *Merten*, Optimale Methodik der Gesetzgebung, S. 81, 90.; *Heintzen*, Externe Beratung in der Gesetzgebung, S. 229, 239; Ebenso *Becker*, Kooperative und konsensuale Strukturen in der Normsetzung, S. 140; *Risse*, Grenzen des Gesetzgebungsoutsourcing, S. 109, 117.

889 Siehe etwa *Waldhoff*, "Der Gesetzgeber schuldet nichts als das Gesetz" in: FS Isensee, S. 325 oder *Kluth*, Die Begründung von Gesetzen, S. 333, 341.

890 Siehe den Nachweis bei *Kluth*, Die Begründung von Gesetzen, S. 333, 341 in Fn. 51.

seitens der Interessenvertreter. Es ist zudem nicht die Aufgabe des Staats, Machtungleichgewichte zwischen den verschiedenen gesellschaftlichen Interessengruppen auszugleichen, solange die Gleichheit der politischen Mitwirkungsrechte gewahrt wird. Insoweit schuldet der Gesetzgeber nichts als das Gesetz.

Das Erfordernis der hinreichenden demokratischen Legitimation zeigt allerdings, dass der Gesetzgeber das Gesetz jedenfalls selbst zu verantworten hat. Der Gesetzgebungsprozess darf im Ergebnis nicht fremdgesteuert sein. Die Einflussnahme der Interessenvertreter findet hierin eine erste Grenze.[891] Darüber hinaus unterliegt der Gesetzgeber nach hier vertretener Auffassung weitgehenden Transparenzanforderungen. Er schuldet dem Souverän zwar keine inhaltliche Begründung des Gesetzes. Der Souverän hat aber einen Anspruch auf Nachvollziehbarkeit des Gesetzgebungsverfahrens. Folgt man der vorliegend vertretenen Ansicht, umfasst das Transparenzgebot nicht nur das parlamentarische Gesetzgebungsverfahren, sondern bereits die Vorarbeiten auf Ebene der Ministerialbürokratie. Etwaige Regulierungsinstrumente sollten daher der Sicherung der demokratischen Legitimation sowie einer erhöhten Nachvollziehbarkeit der Einflussnahme dienen.[892] Das Transparenzgebot hat Verfassungsrang und kann somit als Rechtfertigungsgrund herangezogen werden.

Schließlich hat die Analyse des öffentlichen Amts und des Amts des Abgeordneten gezeigt, dass ein zu vertrautes Näheverhältnis zwischen politischen Entscheidungsträgern und Interessenvertretern der Gemeinwohlbindung widerspricht. Das Distanzgebot, das für Amtsträger stärker gilt als für Mandatsträger, fordert die Unabhängigkeit der politischen Entscheidungsträger ein. Die Unabhängigkeit ist zudem nicht nur in tatsächlicher Hinsicht zu wahren. Aus dem Charakter des Amts folgt auch die Vorgabe, den Anschein fehlender Gemeinwohlbindung zu verhindern.

Die vorstehende Analyse hat den verfassungsrechtliche Rahmen, den eine Lobbyismusregulierung mindestens zu erfüllen hat, abgesteckt. An diesem Maßstab wird im dritten Teil der einfachgesetzliche Rahmen zu messen sein.

2. Abschnitt: Verfassungspolitische Erwägungen

Die verfassungsrechtliche Analyse im ersten Abschnitt hat aufgezeigt, dass das Grundgesetz an den Gesetzgeber nur begrenzt Anforderungen zum Umgang mit den Einflussnahmeversuchen Privater aufstellt. Im Folgenden wird daher untersucht, ob aus verfassungspolitischer Perspektive Gründe für eine Regulierung sprechen. Zu trennen sind dabei zwei Fragen: Erstens soll erörtert werden, welche wesentlichen Faktoren zum Gelingen der repräsentativen Demokratie beitragen. Zweitens wird der Versuch unternommen, Maßstäbe guter Gesetzgebung aufzustellen.

891 Diese Grenze wirkt insbesondere im Zusammenhang mit dem Gesetzgebungs-Outsourcing relevant, vgl. hierzu schon Fn. 768.

892 Ähnlich im Ergebnis *Schmedes*, Mehr Transparenz wagen?, ZParl 2009, S. 543, 560.

A. Gelingensbedingungen repräsentativer Demokratie

Die Willensbildung in der repräsentativen Demokratie erreicht nicht bereits dann ein Stadium der Vollkommenheit, wenn das Konzept der ununterbrochenen Legitimationskette beachtet wird.[893] Zu klären ist daher, welche verfassungspolitischen Erwägungen als Maßstab einer möglichst idealen Willensbildung dienen können. Hierzu wurden von *Pünder* vier Gelingensbedingungen für die repräsentative Demokratie aufgestellt,[894] die im nachfolgenden unterteilt nach den Repräsentanten und Repräsentierten dargestellt werden.

I. Responsivität und politische Führung

Die repräsentative Demokratie und der politische Willensbildungsprozess erschöpfen sich nicht darin, die Bürger alle vier Jahre zur Wahl zu bitten.[895] Vielmehr sind die Repräsentanten auch während der Legislaturperiode aufgerufen, den Volkswillen zu erforschen und zu berücksichtigen. Mit den Worten des Bundesverfassungsgerichts setzt *„Demokratie* [...], *soll sie sich nicht in einem rein formalen Zurechnungsprinzip erschöpfen, freie und offene Kommunikation zwischen Regierenden und Regierten voraus.“*[896] Die Mandatsträger haben sich über den gesellschaftlichen Meinungskampf zu informieren und die gewonnenen Erkenntnisse in ihre Entscheidungsfindung einzubeziehen. Die Bereitschaft, dieser Aufgabe nachzukommen, wird als *Responsivität*[897] bezeichnet und stellt die erste Gelingensbedingung für eine repräsentativen Demokratie dar. Nur durch die Bereitschaft zu responsivem

---

893 *Böckenförde,* Demokratische Willensbildung in: HStR III, § 34 Rn. 28 f. beschreibt dies als *„formale Repräsentation“*.

894 *Pünder,* Wahlrecht und Parlamentsrecht als Gelingensbedingungen repräsentativer Demokratie, VVDStRL 72, S. 193, 197 ff.

895 So formulierte bereits das Bundesverfassungsgericht 1966: *„Das Recht des Bürgers auf Teilhabe an der politischen Willensbildung äußert sich nicht nur in der Stimmabgabe bei Wahlen, sondern auch in der Einflussnahme auf den ständigen Prozess der politischen Meinungsbildung“*, BVerfGE 20, 56 (98).

896 BVerfGE 132, 39 (50); ähnlich BVerfG, Urteil vom 17. September 2013, NVwZ 2013, 1468, 1470.

897 Siehe näher hierzu *Böckenförde,* Staat, Verfassung, Demokratie, S. 393 ff., der darauf hinweist, dass der Begriff aus der amerikanischen rechtswissenschaftlichen Literatur stammt und einen empirischen Charakter hat, während sich die deutschsprachigen Literatur eher an theoretischen Ansätzen wie dem vom Volksgeist geprägten Volkswillen orientiert. Beiden Ansätzen ist jedoch gemein, dass sie von den Repräsentanten eine Rückkopplung an die Interessen und Bedürfnisse des Souveräns erwarten, vgl. *Böckenförde,* Staat, Verfassung, Demokratie, S. 397. Zum Zusammenhang von Repräsentation und Responsivität siehe *Fuchs,* Demokratie und Beteiligung in der modernen Gesellschaft, in: FS Kaase, S. 250, 260 f.

Handeln kommt es neben einer formalen auch zu einer inhaltlichen Repräsentation.[898] Zwar verfügen die Abgeordneten über ein freies Mandat (Art. 38 Abs. 1 S. 2 GG), jedoch bleiben sie Repräsentanten des Souveräns und haben den Willen des Volkes jedenfalls zu berücksichtigen.[899] Im Grundsatz soll die staatliche Willensbildung vom Volk zu den Staatsorganen erfolgen.[900] Hierzu hat das Bundesverfassungsgericht 1966 ausdrücklich Stellung bezogen: „*Willensbildung des Volkes und staatliche Willensbildung sind auf vielfältige Weise miteinander verschränkt. In einer Demokratie muß sich diese Willensbildung aber vom Volk zu den Staatsorganen, nicht umgekehrt von den Staatsorganen zum Volk hin, vollziehen.*“[901] Um zum Gelingen der repräsentativen Demokratie beizutragen haben die Abgeordneten daher die Rückkoppelung zwischen Staats- und Volkswillen herzustellen. Der Austausch zwischen Interessenvertretern und politischen Entscheidungsträgern ist geeignet, diese Rückkopplung herzustellen. Mit Blick auf die Responsivität kann die Verbindung zwischen Lobbyisten und Amtsträgern somit zum Gelingen der repräsentativen Demokratie beitragen.

Allerdings existiert – wie zuvor beschrieben – kein einheitlicher Volkswille. In einer pluralistischen Gesellschaft treffen regelmäßig viele unterschiedliche Interessen aufeinander. Nicht alle werden artikuliert, teilweise stehen sie im Widerspruch zueinander. In diesem Geflecht müssen die Repräsentanten *politische Führung* – die zweite Gelingensbedingung – übernehmen. Sie müssen eine Richtungsentscheidungen treffen und auch nicht artikulierte Interessen berücksichtigen. Es ist gerade eines der Charakteristika der repräsentativen Demokratie, dass die Staatsorgane nicht blind den Volkswillen umsetzen, sondern ihn im Rahmen der Staatswillensbildung zwar angemessen berücksichtigen, jedoch auch nach ihrem Gewissen überprüfen und gegebenenfalls verwerfen.[902] Die politische Führung wird umso wichtiger, je weiter die Pluralisierung voranschreitet. Findet mangels gemeinsamer Positionen über die politischen Parteien und Verbände eine Aggregation der Bürgerinteressen nur noch eingeschränkt statt, wird von den politisch Verantwortlichen immer

---

898 Die inhaltliche Repräsentation wird teilweise auch als informelle Legitimation bezeichnet, vgl. Fn. 169.

899 *Janssen*, Verfassungsrechtliche Bedeutung des Volkswillens, DÖV 2010, S. 949, 956 f. sieht die Responsivität sogar als Amtspflicht. Allerdings verweist er mit Blick auf das in Art. 38 Abs. 1 S. 2 GG niedergelegte freie Mandat zu recht darauf, dass es sich dabei lediglich um eine „*ethisch-politische Pflicht*“ handeln kann. Die Amtspflicht zur Responsivität hat somit auch nach *Janssen* lediglich Appellcharakter.

900 *Kühling*, Erosion demokratischer Öffentlichkeit?, DVBl 2008, S. 1098, 1099; *Schmitt Glaeser*, Die grundrechtliche Freiheit des Bürgers zur Mitwirkung an der Willensbildung in: HStR III § 38 Rn. 34.

901 BVerfGE 20, 56 (99). Ähnlich BVerfGE 44, 125 (140).

902 *Schmitt Glaeser*, Die grundrechtliche Freiheit des Bürgers zur Mitwirkung an der Willensbildung in: HStR III § 38 Rn. 35.

häufiger eine Entscheidung zwischen den unterschiedlichen, teils sich widersprechenden Interessen verlangt.[903]

Die Forderungen nach Responsivität und politischer Führung sind allerdings nicht als konkrete verfassungsrechtliche Pflichten ausgestaltet. Es bleibt beim freien Mandat des Abgeordneten, der nach der Verfassung ausschließlich seinem Gewissen verpflichtet ist (Art. 38 Abs. 1 GG). Teilweise wird *„von verfassungsrechtlich fundierten „Obliegenheiten" der Parlamentarier"*[904] gesprochen.

II. Politische Teilhabe und Akzeptanz

Die dritte und vierte Gelingensbedingung betreffen die Repräsentierten. Sie müssen einerseits bereit zur *politischen Teilhabe* sein. Verlangt man von den Repräsentanten Responsivität, müssen die Bürger auch bereit sein, sich an dem Prozess der politischen Willensbildung zu beteiligen. Wenn sich ein Volk der Politik verwehrt, kann repräsentative Demokratie nur schwerlich erfolgreich sein. Ihre Partizipationsmöglichkeit nehmen die Bürger vor allem über Parteien, Vereinigungen, Interessenvertretungen und die Medien wahr.[905] Das Grundgesetz sichert die Teilhabe besonders durch die Kommunikationsgrundrechte (Art. 5 Abs. 1 GG, Art. 8 Abs. 1 GG, Art. 9 GG) ab. Allerdings sind in der Realität im Rahmen der politischen Teilhabe elitäre Strukturen zu beobachten.[906] Nicht alle Mitglieder der Gesellschaft nehmen gleichermaßen an der Willensbildung teil. Es bilden sich Netzwerke, von denen Unbeteiligte ausgeschlossen werden. Die Einflussnahme wandelt sich dadurch zu einem Instrument weniger Privilegierter. Die Bürger können sich allerdings Drittinteressenvertreter bedienen, um Zugang zu diesen Netzwerken zu erhalten. Auch

903 *Ritzi/Schaal*, Politische Führung in der "Postdemokratie", APuZ 2–3/2010 S. 9, 13, die in ihrem Aufsatz die These des Wandels von einer *responsive democracy* zur *responsible democracy* vertreten. Für die vorliegende Arbeit wird davon ausgegangen, dass sich Realpolitik zwischen den beiden Extremen befindet. Weder handeln Politiker losgelöst vom artikulierten Willen des Volkes, noch ist von der Hand zu weisen, dass die Pluralisierung häufig keinen Rückschluss auf einen klaren Volkswillen zulässt und es daher der Prämissenbildung durch die politischen Entscheidungsträger bedarf. So auch *Pünder*, Wahlrecht und Parlamentsrecht als Gelingensbedingungen repräsentativer Demokratie, VVDStRL 72, S. 193, 201, der von einem *„Spannungsverhältnis"* zwischen Responsivität und politischer Führung spricht, das der Repräsentant aufzulösen habe.

904 *Pünder*, Wahlrecht und Parlamentsrecht als Gelingensbedingungen repräsentativer Demokratie, VVDStRL 72, S. 193, 202.

905 *Schmitt Glaeser*, Die grundrechtliche Freiheit des Bürgers zur Mitwirkung an der Willensbildung in: HStR III § 38 Rn. 11.

906 Empirisch belegt hat dies bereits in den 1960er Jahren *Dahl*, Who governs?. Dem sich anschließend *Böckenförde*, Demokratische Willensbildung in: HStR III, § 34 Rn. 6; *Schmitt Glaeser*, Die grundrechtliche Freiheit des Bürgers zur Mitwirkung an der Willensbildung in: HStR III § 38 Rn. 42.

mit Blick auf die politische Teilhabe ist das Wirken von Interessenvertretern somit grundsätzlich positiv zu werten.[907]

Der demokratische Staat sollte ein Eigeninteresse daran haben, solchen Entwicklungen entgegenzuwirken. Denn neben der Bereitschaft zur politischen Teilhabe ist andererseits *Akzeptanz* eine bürgerseitige Gelingensbedingung.[908] Akzeptanz wird vor allem dann notwendig, wenn die Repräsentanten sich im Spannungsgeflecht vieler Interessen zugunsten der einen und damit zulasten der anderen entscheiden.[909] Die Nichtberücksichtigten werden die Entscheidung eher akzeptieren, wenn sie aufgrund eines nachvollziehbaren, ausgewogenen Verfahrens zustande gekommen ist, in dem alle betroffenen Interessen berücksichtigt und beteiligt wurden. Um Akzeptanz zu fördern, könnte sich der Staat die Integrationsfunktion der Interessenvertreter[910] zu Nutze machen. Eine größere Beteiligung Privater kann sich positiv auf die Akzeptanz auswirken.

Akzeptanz steht darüber hinaus in einem engen Zusammenhang zu Vertrauen in die Integrität des politischen Prozesses.[911] Die von der Verfassung geforderte demokratische Legitimation führt allein nicht notwendigerweise zur Akzeptanz politischer Entscheidungen.[912] Vertrauen können die Repräsentanten nicht voraussetzen, sondern müssen es wiederkehrend kommunikativ begründen.[913] Fehlt es an dem Glauben an das korrekte Verhalten der Amtsträger, fehlt bereits die Grundlage für das bürgerseitige Vertrauen in das gemeinwohlorientierte Zustandekommen staatlicher Entscheidungen. Aktuell ist es um das Vertrauen in die Unabhängigkeit der Parlamentarier nicht sonderlich gut bestellt. Eine Studie der *Bertelsmann-Stiftung* hat ergeben, dass der Lobbyismus einer der wesentlichen Faktoren ist, die das Vertrauen in Deutschland beschädigen. Über 90 Prozent der Studienteilnehmer glauben, dass die Bürger fehlinformiert werden. Während weniger als die Hälfte der Befragten die Lebensbedingungen der 60er und 70er Jahre mit Lobbyismus

---

907 Vgl. hierzu schon S. 28 f.

908 Grundlegend und im internationalen Vergleich hierzu: *Almond*, Verba, The civic Culture, S. 29 ff.; so auch *Pünder*, Wahlrecht und Parlamentsrecht als Gelingensbedingungen repräsentativer Demokratie, VVDStRL 72, S. 193, 198; ähnlich *Horn*, Verbände in: HStR III, § 41 Rn. 52; *Morlok/Schindler*, Smend als Klassiker, S. 13, 16 f.

909 *Pünder*, Wahlrecht und Parlamentsrecht als Gelingensbedingungen repräsentativer Demokratie, VVDStRL 72, S. 193, 207 f.

910 Siehe zur Integrationsfunktion der Interessenvertreter S. 29 ff.

911 Ähnlich *Schmedes/Ruhose*, Vertrauen, Teilhabe und Transparenz, S. 169, 175.

912 *Höfling*, Amtsgedanke und Bürgervertrauen, ZRP 1988, S. 396, der das Vertrauen als *„die existenzielle Voraussetzung für das Überleben des demokratischen Repräsentationsystems"* bezeichnet.

913 *Oberreuter*, Republikanische Demokratie, S. 28. Im Sinne *Smends* gelingt die wiederkehrende kommunikative Begründung durch den Kommunikationsvorgang, vgl. hierzu auch *Smeddinck*, Integrierte Gesetzesproduktion, S. 26.

assoziierten, nehmen dies über 90 Prozent für die 2000er Jahre an.[914] Zu ähnlichen Ergebnissen führte eine Forsa-Umfrage aus dem Jahr 2012[915] und eine im Auftrag der *Friedrich-Ebert-Stiftung* durchgeführte Studie aus dem Jahr 2010[916]. Ebenso hatte eine Studie des *Instituts für Demoskopie Allensbach* zum Ergebnis, dass es in den vergangenen Jahrzehnte zu einem Vertrauensverlust gegenüber den politischen Institutionen kam.[917] Vor dem Hintergrund der beobachteten elitären Strukturen politischer Teilhabe verwundert der Befund nicht. Elitäre Strukturen vermitteln den Bürgern den Eindruck, dass die Responsivität der Repräsentanten nicht besonders ausgeprägt ist. Innerhalb der Bevölkerung verfestigt sich der Eindruck, dass die Einflussnahme auf politische Entscheidungen lediglich einem elitären Machtzirkel möglich ist. Laut dem Korruptionsbarometer 2013 der Organisation *Transparency International* glauben 55 % der Deutschen, dass die Regierung von einigen wenigen großen Interessen gelenkt wird.[918] Eine derartige Vertrauenskrise beschädigt auf Dauer die Akzeptanz staatlicher Entscheidungen.

Aus verfassungspolitischer Sicht ist daher mit Blick auf den Willensbildungsprozess ein System zu fordern, in dem das Gebot der Gleichheit politischer Mitwirkungsrechte gewahrt bzw. wiederhergestellt wird. Der Gesetzgeber sollte den elitären Strukturen entgegentreten. Die Förderung schwacher Interessengruppen könnte Gegengewichte schaffen, die dem weiteren Verkrusten elitärer Netzwerke entgegenwirken. Ein offener Willensbildungsprozess ist dazu geeignet, das Vertrauen in den politischen Prozess zu stärken. Nur, wenn derartige Rahmenbedingungen vorliegen, kann seitens der Bürger die Bereitschaft zur Teilhabe und Akzeptanz erwartet werden.

B. Verfassungspolitischer Maßstab guter Gesetzgebung

Auch wenn keine „*Pflicht zum guten Gesetz*" besteht, sollte ein solches dennoch Ziel des Gesetzgebers sein. Es liegt im Interesse des Gesetzgebers, den Fehlschlag eines

---

914 *Bertelsmann-Stiftung*, Vertrauen in Deutschland, Zusammenfassung der Ergebnisse, S. 5.

915 75 Prozent der Bürger empfinden nach dieser Umfrage den Einfluss von Interessengruppen als zu stark, http://www.stern.de/politik/deutschland/stern-umfrage-zum-ansehen-des-bundestags-verheerendes-zeugnis-fuer-parlamentarier-1859580.html (zuletzt abgerufen am 15. Oktober 2015).

916 *Decker/Weißmann/Kiess/Brähler*, Die Mitte in der Krise, S. 98.

917 Vgl. die Studie bei *Oberreuter*, Republikanische Demokratie, S. 35 f. nach der etwa das Vertrauen in den Bundestag zwischen 1995 und 2010 von 58 % auf 29 % sank. Zum selben Zeitpunkt glaubten nur noch 15 % der Bundesbürger, dass die Parlamentarier ihre Interessen vertreten. Es fehlt somit auch an Vertrauen in die Responsivität.

918 *Transparency International*, Global Corruption Barometer 2013, S. 17. Transparency International e.V. veröffentlicht seit 2004 alle drei Jahre das Korruptionsbarometer. Betrachtet man die Entwicklung, wird ebenfalls deutlich, dass das Vertrauen in die Integrität der politischen Institutionen sinkt.

Gesetzgebungsprojekts zu verhindern.[919] Die Anforderungen des Verhältnismäßigkeitsprinzips – durch das letztlich zwar nur das Ergebnis des Gesetzgebungsprozesses kontrolliert wird – sollten den Gesetzgeber auch ohne Rechtspflicht dazu anhalten, über die verfassungsmäßige Verpflichtung hinaus eine hinreichende Informationsgrundlage zu schaffen. Teils wird auch diesbezüglich von einer Obliegenheit des Gesetzgebers[920] gesprochen.

Auch ohne verfassungsrechtlicher Pflicht könnte erstens eine möglichst umfangreiche Tatsachenbasis aus verfassungspolitischer Sicht ein sinnvoller Maßstab sein.[921] Der Charme der Rationalisierung des Gesetzgebungsverfahrens hängt zusammen mit der Vorstellung, dass ein solches Verfahren zu qualitativ besseren Gesetzen führt. Jedoch führt die Ausforschung der Tatsachengrundlage nicht zwangsläufig zu einer Berücksichtigung im Gesetzesentwurf. Auch bei vollständiger Kenntnis aller betroffenen Belange hat eine unterschiedliche Priorisierung verschiedene Ergebnisse zur Folge. Dennoch lässt sich die These aufstellen, dass die Chancen auf ein ausgewogenes Gesetz umso höher sind, desto mehr Interessen im Verfahren bedacht werden.[922] Die tiefgehende Ausforschung der gesetzgebungsrelevanten Umstände schafft zudem die Rückkoppelung zwischen Staats- und Volkswillensbildung. Letztlich ist ein Verfahren, in dem eine breite Tatsachenbasis erarbeitet wird, auch geeignet, das Vertrauen des Bürgers in den korrekten Ablauf wachsen zu lassen. Vertrauen fördert Akzeptanz staatlicher Normen. Rationale, sachangemessene Gesetzgebung kann somit die Akzeptanz der erlassenen Normen verbessern[923] und trägt zum Gelingen der repräsentativen Demokratie bei.

Zweiter Maßstab guter Gesetzgebung könnte aus verfassungspolitischer Sicht eine umfangreiche Formalisierung der Beteiligung Privater sein. Erstrebenswert erscheint ein ausgewogenes, pluralistisches Anhörungsverfahren.[924] Dem Gedanken liegt ebenfalls die These zu Grunde, dass die ausgewogene Beteiligung ein ebenso ausgewogenes Gesetz schafft.[925] Eine stärke Formalisierung kann zudem elitären Netzwerkstrukturen entgegenwirken.[926] Schließlich schafft Formalisierung auch Nachvollziehbarkeit, wodurch wiederum das Vertrauen in die Integrität des staatlichen Gesetzgebungsprozesses gefördert wird.

---

919 So auch *Meßerschmidt*, Gesetzgebungsermessen, S. 875.

920 *Meßerschmidt*, Gesetzgebungsermessen, S. 875; dem folgend: *Becker*, Kooperative und konsensuale Strukturen in der Normsetzung, S. 140 mit Verweis auf *Merten*, Optimale Methodik der Gesetzgebung, S. 81, 90, der in diesem Zusammenhang von einer „*verfassungsprozessualen Last*“ spricht.

921 So auch *Thierse*, Wege zur besseren Gesetzgebung, NVwZ 2005, S. 153, 156.

922 *Thierse*, Wege zur besseren Gesetzgebung, NVwZ 2005, S. 153, 156.

923 *Bumke*, Konsistente Gesetzgebung, Der Staat 49 (2010), S. 77, 78; *Rossi*, Nichtstaatliche Einflüsse auf die Gesetzgebung, S. 25, 75; *Klein*, Gesetzgebungsverfahren, S. 81, 88; *Thierse*, Wege zur besseren Gesetzgebung, NVwZ 2005, S. 153, 156.

924 So schon *Dagtoglou*, Private in der Verwaltung, S. 170 ff.

925 Ähnlich *Fliedner*, Rechtssetzung in Deutschland, S. 114.

926 *Winter*, Asymmetrien der verbandlichen Interessenvermittlung, S. 217, 227 f.

Doch ergeben sich durch eine vollumfängliche Rationalisierung und Formalisierung zwei Probleme: Einerseits erscheint es wenig sinnvoll, die gesamte Öffentlichkeit an allen Staatsentscheidungen teilhaben zu lassen. Einige staatliche Entscheidungen betreffen derart komplexe Sachverhalte, dass eine Überforderung der meisten Bürger zu erwarten ist. Soll eine Beteiligung nicht jedermann offen stehen, bedarf es aber bereits einer vorgelagerten Entscheidung darüber, welche Belange überhaupt zu den ausreichend betroffenen Interessen zählen. Die Entscheidung über das Betroffensein beinhaltet ein wertendes Element. Bereits an dieser Stelle kommt es zur Selektion, die nicht vollständig nachprüfbar ist und eventuell Teile der Betroffenen ausschließt, um die Funktionsfähigkeit des Parlaments zu enthalten. Andererseits erscheint die Annahme, dass sich durch ein rechtliches Korsett die Existenz von informellen Netzwerken völlig unterbinden ließe, naiv. Auch mit einem Maximalgrad an Formalisierung des Gesetzgebungsverfahrens sind nicht alle Formen der Kommunikation zwischen politischen Entscheidungsträgern und Interessenvertretern zu erfassen. Die Arbeit der Ministerialbeamten beruht auch auf persönlichen, informellen Kontakten. Über die Zeit gewachsene Netzwerke ermöglichen es den Beamten erst, zweckmäßig die Anzuhörenden auszuwählen. Zwischen den Beteiligten wird stets ein Raum für informelle Kontakte verbleiben. Vollständige Rationalisierung und Formalisierung ist eine Utopie.

Mit der Erkenntnis, dass der innere Gang des Gesetzgebungsverfahrens rechtlich nicht vollständig gesteuert werden kann, geht das Eingeständnis einher, eine vollständige Waffengleichheit aller am Willensbildungsprozess Beteiligten nicht erreichen zu können.[927] Hinzu tritt, dass insbesondere die Intransparenz geeignet ist, das bürgerseitige Vertrauen zu beschädigen. Stimmt man mit dieser Schlussfolgerung überein, muss Konsequenz dessen auch die verfassungspolitische Forderung nach mehr Transparenz sein.[928] Die Nachvollziehbarkeit der Einflussnahme wirkt der Befürchtung unangemessener Vorteilsgewährung entgegen. Rechtspolitisch ist daher wünschenswert, die Einflussnahme auf das Gesetzgebungsverfahren außerhalb rechtlicher Verfahren – unter Wahrung von Rückzugsräumen zum Austausch unter vier Augen – möglichst nachvollziehbar zu gestalten.

Neben der Kontrollfunktion führt Transparenz zur Stärkung der Wechselwirkung zwischen Staats- und Volkswillensbildung. Die Öffentlichkeit der staatlichen Willensbildung trägt zur Bildung der öffentlichen Meinung bei.[929] Eine nachvollziehbare Gestaltung der Einflussnahmen privater Interessenvertreter bereichert den öffentliche Diskurs.

927 Ähnlich auch *Smeddinck*, Integrierte Gesetzesproduktion, S. 358.

928 Mehr Transparenz fordert auch *Thierse*, Wege zur besseren Gesetzgebung, NVwZ 2005, S. 153, 156. Ebenso sehen das Europäische Parlament, der Rat der Europäischen Union und die Kommission der Europäischen Union ein *„Höchst- maß an Transparenz im Rechtsetzungsverfahren“* als Ziel guter Gesetzgebung an, vgl. Interinstitutionelle Vereinbarung „Bessere Rechtsetzung“, ABl. Nr. C 321, S. 1 f.

929 So etwa *Holznagel*, Erosion demokratischer Öffentlichkeit?, VVDStRL 68, S. 381, 383; *Grzeszick* in: Maunz/Dürig, GG-Kommentar, Art. 20 II. GG Rn. 21.

Die hier formulierte Forderung nach Transparenz, auch über das verfassungsrechtlich vorgegebene Maß hinaus, ist im Kontext mit dem gewandelten Verhältnis von Öffentlichkeit und Staatshandeln zu sehen. Teils wird bereits von einem Paradigmenwechsel gesprochen.[930] Der langsam stattfindende Übergang von der Regelgeheimhaltung der Verwaltung zum Grundsatz der Transparenz[931] sollte im Hinblick auf das Gesetzgebungsverfahren vorangetrieben werden. Während das im Jahr 2006 erlassene Informationsfreiheitsgesetz schon jetzt den Bürgern einen grundsätzlichen Auskunftsanspruch zu amtlichen Informationen gewährt, sollte der Gesetzgebungsprozess gar nicht erst im Geheimen stattfinden. Verbunden mit der Transparenzforderung ist die Hoffnung hierdurch das Ansehen des Staates und die Akzeptanz seiner Normen zu fördern. Selbstredend besteht auch im Gesetzgebungsprozess das Bedürfnis, Rückzugsbereiche des Gesetzgebers zu schaffen. Insbesondere in der Erarbeitungsphase muss ein nichtausforschbarer Bereich verbleiben, in dem die Beteiligten nicht die Skandalisierung ihrer Forderungen befürchten müssen.[932] Der Rückzug aus dem transparenten Verfahren sollte aber die Ausnahme und nicht den Regelfall darstellen. Öffentlichkeit ist zudem nicht zwangsläufig mit dem direkten Zugang zu Entscheidungsprozessen gleichzusetzen. Wird Öffentlichkeit durch nachträgliche Berichterstattung hergestellt, verbleibt während der Gesetzgebung Raum für vertrauliche Diskussion. Im Nachhinein müssen die ausschlaggebenden Argumente jedoch auch öffentlichkeitstauglich sein. Andernfalls regieren die Repräsentanten an den Repräsentierten vorbei. Ein solches Verhalten ist wiederum schädlich für Akzeptanz und Vertrauen.

3. Abschnitt: Einfachgesetzliche Regelungen

Die Vorschriften zum Gesetzgebungsverfahren, die in den Art. 70 ff. GG und der GOBT normiert sind, regeln das Verhältnis zwischen Abgeordneten und Interessenvertretern nicht. Eine normative Regulierung der direkten Einflussnahme auf den Gesetzgebungsprozess ist derzeit nahezu nicht existent.[933] Es finden sich jedoch Vorschriften, die abstrakt das Verhältnis von Parlamentariern und Interessenvertretern zum Gegenstand haben. Die Vorschriften werden nachfolgend – wiederum unterteilt nach Transparenz, der Ausgestaltung des Näheverhältnisses und dem Machtungleichgewicht – dargestellt. Der Darstellung folgt jeweils eine kritische Analyse, die die Grundlage der im fünften Teil anzustellenden Reformüberlegungen bildet. Sofern entsprechende Vorschriften in den USA und auf Ebene der EU

930 So etwa *Kühling*, Erosion demokratischer Öffentlichkeit?, DVBl 2008, S. 1098, 1101; zur gesamten Entwicklung des Verhältnisses der Verwaltung zur Öffentlichkeit siehe *Wegener*, Der geheime Staat, S. 373 ff.

931 *Wegener*, Der geheime Staat, S. 387.

932 Ebenso *Schmedes/Kretschmer*, Interessen, Transparenz, Vertrauen – und die Legitimität von Politik, S. 311, 325 f.

933 Zu diesem Ergebnis kommt auch eine Untersuchung des Wissenschaftlichen Dienstes des Bundestages: WD 3 – 3000 – 056/11 S. 4.

existieren, soll ein kurzer Vergleich zum Ende der Darstellung die wichtigste Unterschiede herausarbeiten.

A. Herstellung von Transparenz

Nur wenige Vorschriften bringen Transparenz in das Verhältnis von staatlichen Entscheidungsträgern und Interessenvertretern: Die Anlage 2 zur GOBT, die Vorschriften zur Veröffentlichung Nebeneinkünften in der Anlage 1 zur GOBT sowie die §§ 24 ff. ParteiG zur Offenlegung von Spendengeldern.

I. Die Verbändeliste des Bundestags

Die Anlage 2 zur GOBT regelt die Registrierung von Verbänden und deren Vertretern. Nach dem ersten Absatz der Anlage 2 führt der Präsident des Bundestags ein Verzeichnis, in dem alle Verbände einzutragen sind, die ihre Interessen gegenüber dem Bundestag oder der Bundesregierung vertreten möchten. Positiv fallen auf den ersten Blick die mit der Verbändeliste verknüpften Registrierungsanreize auf. So sieht der Absatz 2 der Anlage 2 vor, dass nur nach Eintragung eine Anhörung der Verbandsvertreter stattfinden soll. Die Erteilung von Hausausweisen ist ebenfalls von der Eintragung in die Verbändeliste abhängig, vgl. Absatz 3 der Anlage 2.

Doch zeigt eine nähere Betrachtung, dass die Verbändeliste schon ihrer Grundausrichtung nach quantitativ und qualitativ unzureichend ist. Vor dem Hintergrund des dargestellten Wandels in der Branche der Interessenvertretung[934] ist der Anwendungsbereich nicht mehr zeitgemäß. Erfasst werden lediglich Verbände, nicht aber Anwälte, In-House-Lobbyisten oder professionelle Drittinteressenvertreter. Für die Nichterfassten besteht keine Möglichkeit der freiwilligen Eintragung. Außerverbandliche Formen der Interessenvertretung sind schlichtweg nicht Gegenstand der Verbändeliste, die somit lediglich einen Ausschnitt der an der Einflussnahme auf den politischen Entscheidungsprozess Beteiligten erfasst. Darüber hinaus ist auch die Qualität der durch die Verbändeliste gewonnen Informationen zu bemängeln. Angeführt werden lediglich die Namen der Vertreter und die Verbände, die durch sie vertreten werden. Angaben zur finanziellen Ausstattung oder zur Zielrichtung der betriebenen Interessenvertretung werden nicht verlangt. Durch die Liste wird somit in keiner Weise erkennbar, in welchem Bereich oder durch welche Methoden eine Einflussnahme stattfindet. Ihren Todesstoß erhielt die Verbändeliste bereits im Oktober 1979. Nach dem Wortlaut des zweiten Absatzes der Anlage 2 darf eine Anhörung von Verbandsvertretern nur nach Eintragung in die Verbändeliste stattfinden. Doch wurde dieser positive Registrierungsanreiz durch eine Auslegungsentscheidung des Geschäftsordnungsausschusses aus dem Jahr 1979 aufgehoben. Der Ausschuss stellte fest, dass die GOBT-Vorschrift nicht so ausgelegt werden könne,

934 Siehe zum Wandel der Interessenvertretungsbranche S. 17 f.

dass die Ausschüsse des Bundestages daran gehindert seien „*Vertreter von nicht registrierten Verbänden zur Anhörung zu laden*".[935]

Der verbliebene Anreiz zur Registrierung, der Erhalt von Hausausweisen für den Bundestag, wurde ebenfalls durch die parlamentarische Praxis negiert. Während die Anlage 2 zum Erhalt von Hausausweisen eine Eintragung in die Verbändeliste vorsieht, genügte bis Anfang des Jahres 2016 nach Recherchen des Portals *abgeordnetenwatch.de*[936] in der Bundestagspraxis die Unterschrift eines parlamentarischen Geschäftsführers einer der Fraktionen. Eine rechtliche Grundlage für dieses Vorgehen ergibt sich nicht aus der GOBT. Nach Recherchen der *Watchdog*-Organisation ist die Praxis lediglich in Abschnitt II Nr. 2 S. 5, 6 der Zugangs- und Verhaltensregeln für die Bundestagsliegenschaften niedergelegt. Auf der Homepage des Bundestags finden sich diese Zugangs- und Verhaltensregeln derzeit nur partiell.[937] Die Bestimmungen zu Interessenvertretern sind nicht öffentlich zugänglich. Somit war für den Erhalt von Hausausweisen nicht nur keine Registrierung in der Verbändeliste notwendig,[938] sondern es bestand auch keine Transparenz bei deren Vergabe. Als Reaktion auf die öffentliche Kritik an dieser Praxis, hat der Ältestenrat des Bundestags am 18. Februar 2016 beschlossen, zur ursprünglichen Regelung zurückzukehren und die Vergabe von Hausausweisen an Interessenvertretern von der Eintragung in die Verbändeliste abhängig zu machen.[939] Auf den ersten Blick wirkt die Rückkehr zur Verbindung der Hausausweise mit der Eintragung in die Verbändeliste sinnvoll. Doch existiert somit seit dem 1. März 2016 für Interessenvertreter, die nicht in

935 Protokoll der 41. Sitzung in Geschäftsordnungsangelegenheiten in der 9. Wahlperiode vom 18.10.1979, S. 1001 f.; *Schmedes*, Mehr Transparenz wagen?, ZParl 2009, S. 543, 555. Teilweise wird noch immer behauptet, dass die Eintragung eine Voraussetzung für die Anhörung ist, so etwa *Becker*, Kooperative und konsensuale Strukturen in der Normsetzung, S. 115. Auch *Gerig*, Der rechtliche Rahmen für Lobbyisten, ZRP 2014, S. 247, 249 behauptet, dass sich die Bundestagsgremien mit der Anhörung nicht eingetragener Interessenvertreter über die Bestimmungen der GOBT hinwegsetzen würden.

936 *Reyher*, Bundestag hält Zugangsregeln für Lobbyisten unter Verschluss, abrufbar unter: www.abgeordnetenwatch.de/blog/2014-06-11/bundestag-halt-zugangsregeln-fur-lobbyisten-unter-verschluss (zuletzt abgerufen am 21. Januar 2016).

937 www.bundestag.de/blueprint/servlet/blob/340518/6d9b57536af5092c0a8b2bfaf08423d1/zugangsregeln-data.pdf (zuletzt abgerufen am 15. Januar 2016).

938 Auf eine Klage des Tagesspiegel hin verurteilte das OVG Berlin-Brandenburg die Bundestagsverwaltung, mitzuteilen, welche Interessenvertreter Hausausweise erhielten, vgl. Beschluss des OVG Berlin-Brandenburg vom 20. November 2015 – OVG 6 S 45.15. Eine Liste aller Interessenvertreter mit Hausausweisen findet sich unter http://www.tagesspiegel.de/downloads/12651316/3/gesamtliste-pgf_18-wp-20-11-15.pdf (zuletzt abgerufen am 1. Dezember 2015).

939 Vgl. hierzu das Merkblatt zum geänderten Antragsverfahren auf Erteilung von Bundestagsausweisen an Mitarbeiter von Verbänden und deren Interessenvertreter, abrufbar unter: www.bundestag.de/blob/409838/b1b7767b2ec708e4f26b55870329a71c/merkblatt-data.pdf (zuletzt abgerufen am 1. April 2016).

Verbänden organisiert sind, keine Möglichkeit zur Erlangung von Hausausweisen. Zu befürchten ist, dass die Verbindung zwischen Interessenvertretern und politischen Entscheidungsträgern durch die geänderte Praxis weiter in die Intransparenz abgleiten wird. Können Interessenvertreter nun nur noch unter gesteigerten Aufwand in den Bundestag gelangen, ist zu erwarten, dass stattdessen die Abgeordneten die Interessenvertreter aufsuchen. Hierdurch findet eine Verdrängung der Interessenvertretung aus dem Parlament statt, mit der die Gefahren des Lobbyismus eher geschürt werden, statt ihnen wirksam zu begegnen.

Die Verbändeliste ist nach dem Vorstehenden nicht geeignet, das Verhältnis von Interessenvertretern und politischen Entscheidungsträgern transparent zu gestalten.

II. Veröffentlichung der Nebentätigkeiten und Nebeneinkünfte

Mehr Transparenz als die Verbändeliste schaffen die Offenlegungspflichten für Nebeneinkünfte und Interessenkonflikte der Bundestagsabgeordneten. Die Pflichten sind in der Anlage 1 der GOBT niedergelegt und konkretisieren den § 44b AbgG.

Der § 1 der Anlage 1 statuiert Anzeigepflichten über etwaige Interessenkonflikte begründende Tätigkeiten. Von § 1 Abs. 1 der Anlage 1 werden voramtliche Tätigkeiten erfasst: Anzuzeigen sind der zuletzt ausgeübte Beruf und vor der Bundestagsmitgliedschaft ausgeübte Nebentätigkeiten in Gremien von Unternehmen. Der § 1 Abs. 2 der Anlage 1 regelt Anzeigepflichten für Tätigkeiten, die neben dem Mandat ausgeübt werden.[940] Nebentätigkeiten sind nach § 3 der Anlage 1 nicht nur anzuzeigen, sondern es ist auch das mit der Tätigkeit erwirtschaftete Einkommen anzugeben. Zu veröffentlichen ist aber nicht die konkrete Höhe. Stattdessen wird eine Einteilung in zehn Stufen vorgenommen. Die Offenlegungspflichten sollen einerseits dem Bürger ermöglichen, über die Interessenverbindungen zu urteilen und schaffen dementsprechend Strukturtransparenz[941]. Andererseits geht von der Offenlegungspflicht auch eine präventive Wirkung aus, da der Abgeordnete im Falle sehr hoher Nebeneinkünfte einem Rechtfertigungsdruck ausgesetzt wird.[942]

Schließlich statuiert § 6 der Anlage 1 eine Offenlegungspflicht, sofern ein Mandatsträger in einem Ausschuss mit Sachverhalten beschäftigt ist, deren Gegenstand auch eine entgeltliche Tätigkeit des Abgeordneten betrifft.

Steht der Verdacht eines Verstoßes gegen die Verhaltenspflichten im Raum, kommt das Verfahren nach § 8 der Anlage 1 der GOBT in Betracht. Nach einer

---

940 *Heck*, Mandat und Transparenz, S. 129 f. kritisiert an den Offenlegungspflichten, dass allein auf den Mittelzufluss und nicht auf die Herkunft abgestellt wird, so das auch Lottogewinne oder Erbschaften eine Anzeigepflicht auslösen würden. Nach § 1 Abs. 2 der Anlage 1 zur GOBT sind jedoch gerade nicht alle Einnahmen, sondern lediglich Einkünfte aus bestimmten Tätigkeiten der Offenlegungspflicht unterworfen.

941 Zur Unterscheidung von Struktur-, Inhalts- und Prozesstransparenz siehe S. 33.

942 Die beiden Zwecke nennt ebenfalls *Korte*, Korruptionsprävention im öffentlichen Bereich, S. 289, 349.

Stellungnahme des betroffenen Mandatsträgers kann der Bundestagspräsident gemäß § 8 Abs. 1 der Anlage 1 Ermittlungen einleiten. In minder schweren Fällen bzw. bei leichter Fahrlässigkeit kommt es nach § 8 Abs. 2 der Anlage 1 lediglich zu einer Ermahnung des Betroffenen. In den übrigen Fällen kann nach § 8 Abs. 4 S. 1 der Anlage 1 ein Ordnungsgeld festgesetzt werden.

Die insgesamt begrüßenswerten Vorschriften enthalten eine Ausnahmeregelung in § 1 Abs. 5 S. 1 der Anlage 1. Steht dem Abgeordneten ein gesetzliches Zeugnisverweigerungsrecht zu oder hat er sich gegenüber dem Dritten zur Verschwiegenheit verpflichtet, entfällt die Anzeigepflicht hinsichtlich der von dem Zeugnisverweigerungsrecht oder der Verschwiegenheitspflicht erfassten Tatsachen. Doch entfällt nach Nr. 8 der Ausführungsbestimmungen[943] damit nur die Pflicht zur namentlichen Nennung des Vertragspartners. Das mit der Tätigkeit erzielte Einkommen ist nach Nr. 8 der Ausführungsbestimmungen in das Stufensystem einzuordnen und mit einer Angabe über die Art der Tätigkeit anzuzeigen. Problematisch ist an der Ausnahmeregelung, dass somit jedem Arbeitgeber eines Abgeordneten die Möglichkeit eingeräumt wird, anonym zu bleiben.[944] Voraussetzung dafür ist allein die Vereinbarung einer Verschwiegenheitsklausel.

Abgesehen von der Ausnahmeregelung sind die Veröffentlichungspflichten insgesamt positiv zu bewerten. Die Vorschriften lassen Rückschlüsse auf die Verbindungen zwischen Parlamentariern und ihren außerparlamentarischen Auftraggebern zu und gestalten somit das Verhältnis nachvollziehbar im Sinne einer Strukturtransparenz aus.[945] Im Übrigen ließ sich bisher nicht nachweisen, dass sich die Veröffentlichungspflichten auf die Zusammensetzung des Bundestags ausgewirkt hätten.[946]

III. Parteispenden und Spenden an Abgeordnete

Die Parteien sind grundsätzlich frei in ihrer Finanzierung, auch in der Annahme von Spenden. Die Finanzierungsfreiheit folgt aus der Staatsfreiheit der Parteien (Art. 21

---

943 Ausführungsbestimmungen zu den Verhaltensregeln für Mitglieder des Deutschen Bundestages laut Bekanntmachung vom 18. Juni 2013 (BGBl. I S. 1645).

944 Ähnliche Kritik übt *Humborg*, Lobbyismus als politische Herausforderung in Deutschland, S. 91, 95 und *Malessa*, Beruf – Politik – Transparenz, S. 158 ff.

945 Ähnlich bewertet *Kühn*, Verhaltensregeln für Bundestagsabgeordnete, S. 239 die Transparenzpflichten. Ebenso *Malessa*, Beruf – Politik – Transparenz, S. 157 f., 163, nach der zudem die Veröffentlichungspflichten auch den Abgeordneten zur Profilbildung nützen.

946 Bei der Einführung der Transparenzpflichten wurde argumentiert, dass die Gefahr bestünde, Selbstständige und Freiberufler würden auf eine Kandidatur für den Bundestag verzichten, müssten sie ihre Einkommensverhältnisse offenlegen. *Malessa*, Beruf – Politik – Transparenz, S. 171 ff. hat die Zusammensetzung vor und nach Einführung der Transparenzvorschriften untersucht und konnte keinen solchen Zusammenhang feststellen.

Abs. 1 GG) und ist in § 25 Abs. 1 S. 1 PartG einfachgesetzlich abgesichert.[947] Die Staats- und Finanzierungsfreiheit geht einher mit dem Transparenzgebot des Art. 21 Abs. 1 S. 4 GG. Die Norm verpflichtet die Parteien, über die Herkunft und Verwendung finanzieller Mittel Rechenschaft zu legen. Die Pflicht zur Rechenschaftslegung ist in den §§ 23 ff. PartG näher ausgestaltet. Gesonderte Transparenzbestimmungen finden sich dort für Spenden.[948] Eine konkrete Definition des Spendenbegriffs enthält das PartG nicht. Spenden werden in § 27 Abs. 1 S. 3 PartG lediglich als über Mitgliedsbeiträge hinausgehende Zahlungen beschrieben. Einigkeit besteht dahingehend, dass dem PartG ein weitgefasster Spendenbegriff zugrunde liegt, von dem geldwerte Zuwendungen aller Art erfasst sind.[949] Spenden an Parteien von über EUR 50.000 unterliegen gemäß § 25 Abs. 3 S. 2 PartG einer unverzüglichen Anzeigepflicht gegenüber dem Präsidenten des Bundestags. Der Bundestagspräsident ist aus § 25 Abs. 3 S. 3 PartG zur Veröffentlichung der Spende unter Angabe des Spenders in den Bundestagsdrucksachen verpflichtet. Spenden unter EUR 50.000, deren Gesamtwert EUR 10.000 im Kalenderjahr übersteigen, sind nach § 25 Abs. 3 S. 1 PartG lediglich im Rechenschaftsbericht (§ 24 PartG) anzugeben. Spenden unter EUR 10.000 unterliegen keiner Veröffentlichungspflicht. Sie sind aber gemäß § 24 Abs. 4 Nr. 3, 4 PartG zur Gesamtsumme der Einnahmenrechnung im Rechenschaftsbericht hinzuzuzählen. Nach § 31c PartG wird die Nichtveröffentlichung veröffentlichungspflichtiger Spenden mit einem Bußgeld in der zweifachen Höhe der Spende sanktioniert. Wird die Rechnungslegung in der Absicht manipuliert, die Herkunft oder Verwendung von Parteispenden zu verschleiern, droht nach § 31d PartG eine Freiheitsstrafe von bis zu drei Jahren.

Von den Parteispenden sind Spenden an Abgeordnete zu unterschieden. Abgeordnetenspenden unterlagen lange Zeit keiner gesetzlichen Regelung, mussten aber nach der Rechtsprechung des BVerfG ebenfalls ab einer Summe von EUR 10.000

---

947 Zur Finanzierungsfreiheit *Heinig*, Sponsoring von Parteiveranstaltungen, JZ 2010, S. 485, 487, Fn. 11 m.w.N.

948 Das BVerfG teilt die Auffassung des amerikanischen Supreme Courts (vgl. Fn. 413), dass politischen Spenden ein besonderes Korruptionspotenzial innewohnt: „*Geldspenden an eine politische Partei werden nach der allgemeinen Lebenserfahrung aus einer bestimmten Interessenlage heraus gegeben; die politische Spende hat in der Regel politisch oder ökonomisch finalen Charakter im Gegensatz zu der Spende für mildtätige, religiöse oder wissenschaftliche Zwecke, die meist um der Sache willen aus Liberalität und ohne Erwartung eines besonderen Vorteils für den Spender gegeben werden.*“, BVerfGE 8, 51 (66).

949 *Heinig*, Sponsoring von Parteiveranstaltungen, JZ 2010, S. 485, 490, der darauf hinweist, dass Spenden zwar grundsätzlich aber nicht notwendigerweise ohne Gegenleistung erfolgen. Die „*independent expenditures*“ (siehe hierzu S. 97) der amerikanischen Parteifinanzierung wären keine Spenden im Sinne des PartG, da das Erlangen der Spende voraussetzt, dass der Vorstand bzw. der Mitarbeiter tatsächlich und rechtlich über das Geld verfügen kann, vgl. *Lampe* in: Erbs/Kohlhaas, Strafrechtliche Nebengesetze, § 25 PartG Rn. 8.

veröffentlicht werden.[950] Die Abgrenzung zwischen Parteispenden und Abgeordnetenspenden erfolgt nach der Zweckbestimmung des Spenders. Parteispenden sollen der Partei selbst zugute kommen, während Abgeordnetenspenden zur Unterstützung der Arbeit eines einzelnen Parteimitglieds gegeben werden.[951] Im Gegensatz zum PartG enthält § 4 Abs. 1 Anlage 1 zur GOBT eine Definition der Spende: Erfasst sind Geldspenden oder geldwerte Zuwendungen aller Art, die dem Abgeordneten für seine politische Tätigkeit zur Verfügung gestellt werden. Nach § 4 Abs. 1, 2 der Anlage 1 der GOBT sind Spenden an Abgeordnete ab einer Summe von EUR 5.000 pro Kalenderjahr und Spender unter Angabe von Namen und Anschrift des Spenders dem Präsidenten des Bundestages anzuzeigen. Spenden, deren Betrag EUR 10.000 pro Kalenderjahr überschreiten, werden nach § 4 Abs. 3 Anlage 1 der GOBT vom Präsidenten unter Angabe von Höhe und Herkunft im amtlichen Handbuch und auf der Homepage des Bundestages veröffentlicht. Im Gegensatz zu Verstößen der Parteien gegen die Offenlegungspflichten sind Verstöße seitens der Abgeordneten nicht von § 31c PartG erfasst. Auch kann im Verletzungsfalle nicht wie bei einer Verletzung der Veröffentlichungspflichten zu Nebeneinkünften ein Ordnungsgeld nach § 8 Abs. 4 der Anlage 1 verhängt werden. Ermächtigungsgrundlage zur Verhängung des Ordnungsgelds gegenüber Abgeordneten ist § 44a Abs. 4 S. 2 AbgG, der durch § 8 Abs. 4 Anlage 1 zur GOBT konkretisiert wird. Da sich die Ermächtigungsgrundlage jedoch allein auf die Verletzung der Anzeigepflichten zu Nebeneinkünften bezieht, kann das Ordnungsgeld wegen des strafrechtlichen Analogieverbots (Art. 103 Abs. 2 GG) nicht auch für die Verletzung weiterer Pflichten verhängt werden.[952] Im Verletzungsfalle bleibt somit allein die Ermahnung und Veröffentlichung des Verstoßes nach § 8 Abs. 2 S. 1, 4 Anlage 1 zur GOBT.[953]

Nach § 4 Abs. 5 Anlage 1 zur GOBT sind solche geldwerte Zuwendungen, die Abgeordnete aus Anlass der Wahrnehmung interparlamentarischer oder internationaler Beziehungen, wegen der Teilnahme an Veranstaltungen zur politischen Information, der Darstellung der Standpunkte des Deutschen Bundestages oder ihrer Fraktionen oder als Repräsentanten des Deutschen Bundestages erhalten, keine Spenden im Sinne der Verhaltensregeln. Sie unterliegen jedoch ebenfalls den für Spenden geltenden Anzeige- und Offenlegungspflichten. Dementsprechend ist der Name und die Anschrift des Zuwendenden dem Bundestagspräsidenten ab einer Summe von EUR 5.000 pro Kalenderjahr anzuzeigen. Zuwendungen, deren Betrag EUR 10.000 pro Kalenderjahr überschreiten, werden vom Präsidenten des Bundestags unter Angabe von Höhe und Herkunft im amtlichen Handbuch und auf der Homepage des Bundestages veröffentlicht. Veranstaltungen im Sinne des § 4 Abs. 5

950 BVerfGE 85, 265 (324 ff.); *Arnim*, Der gekaufte Abgeordnete – Nebeneinkünfte und Korruptionsproblematik, NVwZ 2006, S. 249, 252.

951 *Ipsen*, Abgeordnetenspende – Eine Lücke im Parteiengesetz?, NVwZ 2003, S. 14, 15. Siehe näher zu der teilweise problematischen Abgrenzung bei *Helmes*, Spenden an politische Parteien und an Abgeordnete, S. 309 ff.

952 *Helmes*, Spenden an politische Parteien und an Abgeordnete, S. 295.

953 So auch *Kühn*, Verhaltensregeln für Bundestagsabgeordnete, S. 118 f.

Anlage 1 zur GOBT können Workshops, Tagungen, Konferenzen, Kulturveranstaltungen oder Sportveranstaltungen sein. Zuwendungen in diesem Zusammenhang können die Übernahme der Eintrittsgelder zu Veranstaltungen und die dortige Bewirtung sowie Reise- und Übernachtungskosten sein.[954]

Das Transparenzregime der Spenden wird durch die deutsche rechtswissenschaftliche Literatur nicht grundsätzlich in Frage gestellt. Auffällig ist, dass die deutschen Spendenregularien im Vergleich mit dem System der Wahlkampffinanzierung in den USA recht zurückhaltend sind. Das amerikanische Transparenzsystem verlangt von den *political action committees* alle Einnahmequellen unabhängig der Höhe offenzulegen und namentlich zu benennen.[955] Nach Ansicht einiger Autoren besteht in Deutschland Nachbesserungsbedarf. Kritisiert wird an den Vorschriften des PartG, dass das Transparenzinteresse des Wählers bei Spenden unter EUR 50.000 nur mit zeitlicher Verzögerung befriedigt wird. Insbesondere in Wahljahren besteht ein gesteigertes Informationsbedürfnis der Bürger. Teilweise wird daher ein Absenken der Schwellenwerte vorgeschlagen.[956] Ein Verstoß gegen die Pflicht des § 25 Abs. 3 S. 2 PartG zur Veröffentlichung von Spenden von unter EUR 50.000 aber über EUR 10.000 ist zudem nicht sanktionsbewährt.

Ebenso werden die Veröffentlichungsschwellen für die Abgeordnetenspende teilweise als zu hoch angesehen.[957] Gefordert wird daher ebenfalls ein niedrigerer Schwellenwert.[958] Eingeführt wurde die EUR 10.000-Grenze für Abgeordnete um eine Umgehung des § 25 Abs. 3 PartG zu verhindern.[959] Nicht bedacht wurde dabei augenscheinlich, dass auch ein öffentliches Interesse am Einfluss auf Abgeordnete besteht und ein solcher Einfluss bereits mit deutlich geringeren Summen erreicht werden kann.

---

954 *WD 2* – Geldwerte Zuwendungen an Abgeordnete, PM 1–5033, S. 5 f.; *Helmes*, Spenden an politische Parteien und an Abgeordnete, S. 302.

955 Siehe zu den Berichtspflichten der *political action committees* S. 107 ff.

956 Die Forderung erhob etwa die vom Europäischen Rat gegründete Group of States against corruption (GRECO) in ihrem zweiten vorläufigen Umsetzungsbericht zu Deutschland vom 18. Oktober 2013, GRECO RC-III (2013) 15E.

957 *Helmes*, Spenden an politische Parteien und an Abgeordnete, S. 341 f.; *Kühn*, Verhaltensregeln für Bundestagsabgeordnete, S. 114 f., 121; *Arnim*, Nebeneinkünfte von Bundestagsabgeordneten, DÖV 2007, S. 897, 906.

958 *Arnim*, Der gekaufte Abgeordnete – Nebeneinkünfte und Korruptionsproblematik, NVwZ 2006, S. 249, 252; *Käßner*, Nebentätigkeiten und Nebeneinkünfte, S. 189 f.

959 Der Gesetzgeber reagierte damit auf eine Forderung des Bundesverfassungsgerichts, vgl. BVerfGE 85, 264 (329 f.).

Einigen Stimmen erachten zudem eine Obergrenze für Spenden[960] sowie ein generelles Spendenverbot für juristische Personen[961] für notwendig. Die Obergrenze soll der Chancengleichheit aller Parteien im politischen Prozess dienen und einen zu starken Einfluss finanzkräftiger Personen unterbinden. Dem Spendenverbot für juristische Personen liegt der Gedanke zu Grunde, dass juristische Personen kein Wahlrecht haben und daher auch nicht Spenden können sollen. Zudem erweckten Spenden von Unternehmen und Verbänden einen besonderen Anschein der Käuflichkeit.[962]

Schließlich wird angeregt, dass das sogenannte Parteiensponsoring transparenter gestaltet wird.[963] Unter Parteiensponsoring wird ein Austauschgeschäft verstanden, bei dem ein Förderer Geld zahlt oder geldwerte Leistungen erbringt und im Gegenzug die Möglichkeit erhält, sich oder seine Güter im Zusammenhang mit der jeweiligen Partei zu präsentieren.[964] Grundsätzlich handelt es sich beim Parteisponsoring somit um einen gegenseitigen Vertrag. Problematisch ist jedoch, dass die Leistung der Partei regelmäßig kaum oder allenfalls vernachlässigbare geringe Kosten verursacht, die finanzielle Situation der Partei sich somit durch das Sponsoring verbessert. Das Parteisponsoring steht den Parteispenden in Zielsetzung und Wirkungsweise somit sehr nahe, unterliegt aber keinen vergleichbaren Transparenzvorschriften.[965] Befürchtet wird daher eine Umgehung der Transparenzvorschriften zu Spenden über den Umweg des Sponsorings.[966]

Letztlich wird auch die Überwachung der Parteienfinanzierung durch den Bundestagspräsidenten kritisiert.[967] Der Bundestagspräsident wird aus der Mitte des

960 En vogue war die Forderung nach Obergrenzen zuletzt Ende 2013. Kurz nach der Bundestagswahl im September 2013 spendete die Unternehmerin Johanna Quandt gemeinsam mit ihren Kindern Stefan Quandt und Susanne Klatten insgesamt EUR 690.000 an die CDU. Die Quandts hielten zu dem Zeitpunkt zusammen 46,7 % der Aktien der BMW AG. Zeitgleich wurden auf EU-Ebene neue Abgasnormen für verbrauchsstarke Oberklasselimousinen verhandelt. Die Bundesregierung setzte sich letztlich erfolgreich für das Aufweichen der CO2-Normen ein. Eine Obergrenze forderte schon im Jahr 2010 die Fraktion BÜDNIS 90/DIE GRÜNEN, BT-Drs. 17/547.

961 Ein solches Spendenverbot forderte die Fraktion der Partei DIE LINKE mit dem Antrag BT-Drs. 17/651.

962 DIE LINKE, BT-Drs. 17/651, S. 1.

963 Die Regelung des Parteiensponsorings im Parteiengesetz forderten die Anträge der Fraktion DIE LINKE (BT-Drs. 17/892) und BÜNDNIS 90/DIE GRÜNEN (BT-Drs. 17/1169).

964 *Heinig*, Sponsoring von Parteiveranstaltungen, JZ 2010, S. 485, 486. Ein Beispiel hierfür ist etwa die Übernahme der Parteitagsverpflegung durch einen Caterer, der im Gegenzug sich gegenüber den Parteitagsbesuchern präsentieren kann.

965 *Betzinger*, Parteisponsoring, DVBl 2010, S. 1204, 1205 f.

966 *Heinig*, Sponsoring von Parteiveranstaltungen, JZ 2010, S. 485, 486 f.

967 *Humborg*, Lobbyismus als politische Herausforderung in Deutschland, S. 91, 98; *Kühn*, Verhaltensregeln für Bundestagsabgeordnete, S. 318 f.

Bundestags gewählt und somit regelmäßig von der Fraktion mit den meisten Abgeordneten gestellt. Als Abgeordneter, Fraktions- und Parteimitglied sieht sich der Bundestagspräsident Zweifeln an seiner Unabhängigkeit ausgesetzt. Dies gilt umso mehr als es im Bundestag beim Thema der Parteienfinanzierung regelmäßig am korrigierenden Element gegenläufiger Interessen fehlt.[968] Nicht nur die gesetzgebenden Regierungsparteien, sondern auch die Oppositionsparteien profitieren von der Staatsfinanzierung und weniger strengen Spendenregeln sowie deren Überwachung. Umso mehr bedarf es einer unabhängigen Instanz, der die Überwachung der Parteienfinanzierung zu übertragen ist.

IV. Ergebnis

Die Verbändeliste der Anlage 2 der GOBT ist weder inhaltlich noch nach ihrem Anwendungsbereich dazu geeignet, Transparenz in die Einflussnahmeversuche privater Interessenvertreter zu bringen. Im Vergleich mit den Transparenzregistern der USA und der Europäischen Union ist von der Verbändeliste des Deutschen Bundestags kein nennenswerter Informationsgewinn zu erwarten. Sie greift inhaltlich deutlich zu kurz. Während das amerikanische Transparenzregister detaillierte Informationen zu Lobbytätigkeiten verlangt[969] und in Teilen auch das europäische Lobbyregister ein erhöhtes Maß an Nachvollziehbarkeit gewährleistet,[970] ist der Bereich institutionalisierter Einflussnahme in Deutschland weitestgehend intransparent. Bereits aufgrund ihres Anwendungsbereichs ist die Verbändeliste des Deutschen Bundestags wenig brauchbar. Sie ist im Gegensatz zum amerikanischen Transparenzregister, das durch die Definition seines Anwendungsbereichs und die enthaltenen Veröffentlichungspflichten grundsätzlich überzeugt, daher auch kein wirkliches Lobbyregister, sondern entsprechen ihres Namens ein Verbänderegister.

Finanzielle Zuwendungen an Bundestagsabgeordnete und Parteien unterliegen hingegen ausdifferenzierten Regelungen. Die Normen verlangen konkrete Angaben zur Höhe und Herkunft finanzieller Mittel die seitens Privater zur Verfügung gestellt werden. Durch das die Nebeneinkünfte betreffende Stufensystem wird ein angemessener Ausgleich zwischen dem Transparenzinteresse des Staates und der Öffentlichkeit auf der einen Seite und dem grundrechtlich geschützten Geheimhaltungsinteresse der Abgeordneten und ihrer Vertragspartner auf der anderen Seite geschaffen. Die Annahmeverbote in § 25 Abs. 2 PartG verhindern unangemessene Einflussnahmeversuche.

Kritisch ist hingegen die Ausnahmeregelung des § 1 Abs. 5 S. 1 der Anlage 1 zur GOBT zu sehen. Sie hebt das Gleichgewicht wieder auf, gibt Interessenvertretern und Abgeordneten eine Möglichkeit, anonym Nebentätigkeiten zu finanzieren, und ist überdenkenswert. Zudem ist ein Absenken der Schwellenwerte der

968 So das Bundesverfassungsgericht, BVerfGE 85, 264, (292).
969 Für Lobbyaktivitäten muss in den USA vierteljährlich ein zu veröffentlichendes Formular durch den Auftraggeber ausgefüllt werden, siehe hierzu S. 78 ff.
970 Zum Inhalt des Gemeinsamen Transparenzregisters der EU siehe S. 87 ff.

Veröffentlichungspflichten sowie eine Einbeziehung des Parteisponsorings zur Herstellung weiterer Transparenz zu prüfen.

Die Vorschriften zur transparenten Gestaltung finanzieller Zuwendungen sind mit den europäischen und amerikanischen Vorschriften vergleichbar. Im Vergleich zu den amerikanischen Spendenregeln[971] gibt das deutsche Recht zwar einen weit weniger regulierten Rahmen für die finanzielle Einflussnahme vor. Dabei gilt es allerdings die Unterschiede in der politischen Kultur zu beachten. Während in den USA der Wahlkampf primär privat finanziert wird, erhalten deutsche Wahlbewerber Finanzmittel regelmäßig von der Partei. Daher ist auch zu unterstellen, dass in den USA ein weitaus gewichtigerer Einfluss über Wahlkampffinanzierungen ausgeübt wird. Dementsprechend bedarf es einer höheren Nachvollziehbarkeit. Die Vorschriften des EU-Parlaments[972] sind ähnlich ausgestaltet wie die deutschen Vorschriften. Im europäischen Schrifttum findet sich keine Kritik an den Vorschriften.

Insgesamt schafft der aktuelle Rechtsrahmen abseits der finanziellen Einflussnahme kaum Transparenz. Insbesondere das Verhältnis zwischen der Ministerialbürokratie und Interessenvertretern wird in keiner Weise nachvollziehbar gestaltet. Mit Blick auf die zuvor aus dem Demokratieprinzip abgeleiteten Mindestanforderungen[973] ist die derzeitige Rechtslage als verfassungsrechtlich unzureichend zu bewerten.

B. Regelungen zum Näheverhältnis

Während die vorstehenden Vorschriften zwar Transparenz schaffen, lassen sie das Verhältnis von Interessenvertretern und politischen Entscheidungsträgern inhaltlich jedoch unberührt. Der § 44a AbgG und die Anlage 1 zur GOBT regeln Nebentätigkeiten von Abgeordneten und Zuwendungen an Abgeordnete. Grenzen ziehen zudem das Geschenkannahmeverbot für Beamte (§ 71 BBG) und die strafrechtlichen Korruptionsdelikte (§§ 331–334 StGB sowie § 108e StGB). Für Beamte, Regierungsmitglieder und parlamentarische Staatssekretäre bestehen zudem Anzeigepflichten für nachamtliche Tätigkeiten.

I. Nebentätigkeiten und Zuwendungen

Geschenke und lukrative Nebenjobs sind erfolgsversprechende Methoden, um in der Gunst politischer Entscheidungsträger zu steigen. Die diesen Bereich betreffenden Regelungen werden nachfolgend unterteilt nach den beamtenrechtlichen und parlamentsrechtlichen Regelungen dargestellt. Es schließt sich eine Betrachtung der strafrechtlichen Vorschriften an.

---

971 Siehe zu den Vorschriften S. 107 ff.

972 Siehe zu den Regeln des EU Parlaments S. 134 f.

973 Siehe zu den verfassungsrechtlichen Anforderungen an Transparenz insbesondere S. 181 ff.

1. Beamtenrechtliche Regelungen

Das Beamtenrecht regelt das Näheverhältnis zwischen Amtsträgern und Dritten an zwei Stellen. Erstens untersagt der § 71 Abs. 1 S. 1 BBG Beamten, während der Amtszeit und auch nach dem Ende des Beamtenverhältnisses Geschenke, Belohnungen und sonstige Vorteile für sich oder einen Dritten in Bezug auf das Amt zu fordern, versprechen zu lassen oder anzunehmen. Die Vorschrift ist als Verbot mit Erlaubnisvorbehalt (vgl. § 71 Abs. 1 S. 2 BBG) ausgestaltet. Zweck des Annahmeverbots ist die Vermeidung des Anscheins, dienstliches Handeln könne durch Gefälligkeiten beeinflusst werden. Es soll somit die unparteiische, gerechte und uneigennützige Amtsführung gesichert werden.[974] Amtsbezogen ist eine Zuwendung, wenn der Geber sich davon leiten lässt, dass der Empfänger Inhaber des betreffenden Amtes ist oder war.[975] Es muss kein Bezug zu einer konkreten Handlung des Amtsinhabers vorliegen. Ausreichend ist, wenn das vom Beamten wahrgenommene Amt Grund für die Zuwendung ist.

Zweitens regeln die §§ 97 ff. BBG Nebentätigkeiten der Beamten. Nach § 99 Abs. 1 S. 1 BBG bedürfen die Beamten zur Ausübung entgeltlicher Nebentätigkeiten (mit Ausnahme der in § 100 Abs. 1 BBG geregelten Tätigkeiten) der vorherigen Genehmigung. Zuzulassen sind nach § 99 Abs. 2 S. 1 BBG allein solche Tätigkeiten, bei denen keine Beeinträchtigung dienstlicher Belange zu befürchten ist. Die Versagungsgründe in § 99 Abs. 2 S. 2 Nr. 2–5 BBG zielen allesamt darauf ab, den Amtsträger vor einem Interessenkonflikt zu bewahren. So verbietet etwa der § 99 Abs. 2 S. 2 Nr. 4 BBG solche Nebentätigkeiten, die die Unparteilichkeit und Unbefangenheit des Beamten gefährden können. Nach § 99 Abs. 2 S. 2 Nr. 6 BBG sind zudem Nebentätigkeiten nicht genehmigungsfähig, die das Ansehen der öffentlichen Verwaltung gefährden können. Beamte dürfen somit keine Nebentätigkeiten aufnehmen, die dazu geeignet sind oder auch nur geeignet erscheinen, dass der Beamte innerhalb seiner dienstlichen Pflichten durch die Nebentätigkeit beeinträchtigt wird. Nebentätigkeiten als Interessenvertreter sind daher für Beamte nur dann zulässig, wenn die vertretenen Interessen in keinem Zusammenhang zu ihren dienstlichen Aufgaben stehen.

Die Normen zu Nebentätigkeiten schaffen durch den Anknüpfungspunkt der Beeinträchtigung dienstlicher Interessen einen angemessenen Ausgleich zwischen dem Interesse des Staates an der Unabhängigkeit seiner Amtsträger und der beruflichen Betätigungsfreiheit der Adressaten. Das sehr weitgehende Geschenkannahmeverbot schränkt den Amtsträger nicht nur unerheblich ein, ist umgekehrt aber gut geeignet etwaige Umgehungsversuche zu unterbinden.

974 *Lemhöfer* in: Plog/Wiedow, BBG-Kommentar, § 71 BBG Rn. 6 f.; *Battis*, Bundesbeamtengesetz, § 71 Rn. 2.

975 *Lemhöfer* in: Plog/Wiedow, BBG-Kommentar, § 71 BBG Rn. 17; *Battis*, Bundesbeamtengesetz, § 71 Rn. 5.

2. *Beschränkungen für Abgeordnete und Parteien*

Nebentätigkeiten sind nach § 44a Abs. 1 AbgG grundsätzlich zulässig, allerdings muss dabei gewahrt sein, dass die Mandatsausübung weiterhin den Mittelpunkt der beruflichen Betätigung einnimmt.[976] Eine Ausnahme zu den grundsätzlich erlaubten Nebeneinkünften stellt § 44a Abs. 2 S. 1 AbgG dar. Nach der Norm ist – abgesehen von den gesetzlich vorgesehenen Vergütungen – die Annahme von Zuwendungen oder Vermögensvorteilen für die Mandatsausübung generell untersagt. Während also ein Einkommen für eine Tätigkeit neben dem Mandat zulässig ist, ist ein zusätzliches Einkommen wegen der Mandatsausübung unzulässig. Ein Abgeordneter darf demnach außerhalb des Bundestags als Berater oder Interessenvertreter tätig sein, seine Nebentätigkeit aber nicht die Ausrichtung seiner Mandatsführung zum Gegenstand haben. Dies betont ausdrücklich § 44a Abs. 2 S. 2 AbgG, wonach insbesondere Entgelte oder geldwerte Zuwendungen unzulässig sind, die in der Erwartung gezahlt werden, dass der Abgeordnete Partikularinteresse im Bundestag vertritt.[977] Nicht erfasst von den Annahmeverbot sind gemäß § 44a Abs. 2 S. 4 AbgG Spenden.

Unzulässig sind nach § 44a Abs. 2 S. 3 AbgG Vergütungen für die keine angemessene Gegenleistung erbracht wird. Maßstab für die Beurteilung der Angemessenheit ist die Verkehrsüblichkeit.[978] Grund für das Verbot ist die Annahme, dass bei Einkommen ohne oder ohne angemessene Gegenleistung ein Interesseneinfluss vorliegt, der mit dem freien Mandat unvereinbar ist.[979] Fraglich ist allerdings, welche Zuwendungen von dem Verbot umfasst sind. Bei unbefangener Betrachtung des Normwortlauts ließe sich zunächst vermuten, dass jedwede Art von Zuwendungen erfasst ist, für die keine Gegenleistung erfolgt. Bei einem solchen Verständnis wären auch Geschenke und Einladungen an Bundestagsabgeordnete unzulässig. Gegen eine solche Auslegung der Norm spricht allerdings eine nähere Betrachtung des Wortlauts, die Gesetzessystematik und die historische Entstehungsgeschichte. Der Wortlaut des § 44a Abs. 2 S. 3 AbgG verbietet nicht die Annahme

---

976 Zur verfassungsrechtlichen Kritik an der Mittelpunktsregelung siehe *Waldhoff*, Das missverstandene Mandat, ZParl 2006, S. 251 ff., der seine Kritik mit der Würdigung schließt, dass die Regelung des § 44a Abs. 1 AbgG „*entweder rein deklaratorisch oder aber verfassungswidrig*" ist, S. 256. *Waldhoff* ist jedenfalls insoweit zuzustimmen, wie er darauf verweist, dass die einfachgesetzlichen Festlegung der Abgeordnetentätigkeit wegen des freien Mandats (Art. 38 Abs. 1 S. 2 GG) die Grenzen des Normierbaren erreicht.

977 Im Gegensatz zum sogleich zu besprechenden § 44a Abs. 2 S. 3 AbgG kommt es bei der Interessentenzahlung nicht auf das Ausbleiben einer angemessenen Gegenleistung an. Die Annahme von Geld oder geldwerten Leistungen für die Durchsetzung von Interessen im Bundestag ist grundsätzlich verboten, siehe hierzu auch *Korte*, Korruptionsprävention im öffentlichen Bereich, S. 289, 345.

978 Vgl. dazu § 8 Abs. 5 S. 2 Anlage 1 zur GOBT. Näher zum Kriterium der Angemessenheit siehe *Kühn*, Verhaltensregeln für Bundestagsabgeordnete, S. 105 ff.

979 So die Gesetzesbegründung, BT-Drs. 15/5671, S. 4 und § 8 Abs. 5 S. 2 Anlage 1 zur GOBT.

aller gegenleistungslosen Zuwendungen, sondern lediglich solcher, für die keine *angemessene* Gegenleistung erfolgt. Der Wortlaut impliziert somit, dass zumindest irgendeine Gegenleistung für die Zuwendung gegeben wird. Systematisch spricht gegen eine Subsumtion von Geschenken und Einladungen, dass der § 44a Abs. 1 AbgG die Zulässigkeit von Nebentätigkeiten regelt. Geschenke und Einladungen werden wiederum nicht als Entgelt für Nebentätigkeiten, sondern ohne Gegenleistungen gewährt. Für eine solche Auslegung spricht auch die Gesetzgebungsgeschichte. Der § 44a AbgG wurde geschaffen, um dem Transparenzinteresse der Bevölkerung an Tätigkeiten und Einkommen von Bundestagsabgeordneten zu genügen.[980] Der § 44a Abs. 2 S. 3 AbgG verbietet demnach lediglich Geldzahlungen oder geldwerte Zuwendungen innerhalb eines Nebentätigkeitsverhältnisses, bei dem die Leistung hinter der Gegenleistung seines Vertragspartners zurückbleibt.[981] Geschenke, Reise- oder Essenseinladungen sind nach hier vertretener Auffassung nicht von der Norm umfasst.[982]

Die rechtlichen Konsequenzen eines Verstoßes gegen die Pflichten des § 44a AbgG sind in § 44a Abs. 3 AbgG und § 8 Abs. 5 Anlage 1 zur GOBT geregelt. Ein Verstoß ist demnach in den Bundestagsdrucksachen zu veröffentlichen (§ 8 Abs. 5 S. 8 Anlage 1 zur GOBT). Darüber hinaus sind nach § 44a Abs. 3 S. 1 AbgG entgegen § 44a AbgG angenommene Zuwendungen dem Bundeshaushalt zuzuführen.

Dem Abgeordneten ist neben der Spendenannahme gemäß § 4 Abs. 5 Anlage 1 zur GOBT auch die Annahme geldwerter Zuwendungen grundsätzlich erlaubt. Die Annahme von Spenden und geldwerten Zuwendungen, die Abgeordnete aus Anlass der Wahrnehmung interparlamentarischer oder internationaler Beziehungen (§ 4 Abs. 5 Nr. 1 Anlage 1 zur GOBT) oder wegen der Teilnahme an Veranstaltungen zur politischen Information, zur Darstellung der Standpunkte des Deutschen Bundestages oder seiner Fraktionen oder als Repräsentant des Deutschen Bundestages (§ 4 Abs. 5 Nr. 2 Anlage 1 zur GOBT) erhalten, ist jedoch bei überschreiten der Schwellenwerte offenzulegen.[983] Der Schwellenwert für solche Reiseeinladungen beträgt allerdings EUR 5.000 für die Anzeigepflicht gegenüber dem Bundestagspräsidenten und EUR 10.000 für die Veröffentlichungspflicht. Es ist daher davon auszugehen, dass der Großteil der Einladungen im Verborgenen bleibt.

Anzuzeigen und auszuhändigen sind gemäß § 4 Abs. 6 Anlage 1 zur GOBT auch Gastgeschenke im Wert von über EUR 200[984], die ein Mitglied des Bundestags in

980 BT-Drs. 15/5671, S. 1.

981 Ebenso scheint auch der Wissenschaftliche Dienst des Bundestags die Norm zu verstehen, vgl. *WD 2* – Geldwerte Zuwendungen an Abgeordnete, PM 1–5033, S. 5.

982 Mit anderer Herleitung, aber im Ergebnis ebenso *Korte*, Korruptionsprävention im öffentlichen Bereich, S. 289, 346.

983 Siehe zu den Spendenvorschriften soeben auf S. 220.

984 Vgl. für die Wertgrenze Nr. 11 Ausführungsbestimmungen zu den Verhaltensregeln BT 2013. Die Wertgrenze begrenzt den Verwaltungsaufwand, der durch die Anzeige, Aushändigung und Lagerung entsteht, auf ein verhältnismäßiges Maß, so *Kühn*, Verhaltensregeln für Bundestagsabgeordnete, S. 122.

Bezug auf sein Mandat erhält. Ausweislich der Gesetzesbegründung sind lediglich solche Geschenke erfasst, die der Empfänger als Teilnehmer einer Delegationsreise von Gremien des Deutschen Bundestages oder anlässlich anderer Dienstreisen im Auftrag des Deutschen Bundestages oder seiner Fraktionen erhalten hat.[985] Die Pflicht zur Aushändigung besteht, weil der Abgeordnete die Reise nur aufgrund des Amtes antrat und auch nur aus diesem Grund das Geschenk erhielt.[986] Geschenke, die der Abgeordnete außerhalb des parlamentarischen Rahmens erhält, sind von der Vorschrift nicht erfasst. Wurden sie auch nicht anlässlich der von § 4 Abs. 5 Anlage 1 zur GOBT erfassten Veranstaltungen überreicht und handelt es sich auch nicht um Sachspenden, ist ihre Annahme ungeregelt.

Darüber hinaus sind private Zuwendungen an Abgeordnete vollständig ungeregelt. Für sie gelten weder Annahmeverbote noch Offenlegungspflichten. Zulässig und nicht offenlegungspflichtig ist somit beispielsweise die private Einladung eines Abgeordneten in ein Feriendomizil.

Verstöße gegen die vorstehenden Vorschriften der Anlage 1 zur GOBT können wiederum durch das Verfahren nach § 8 Anlage 1 sanktioniert werden. Unzulässige Zuwendungen entgegen § 44a AbgG führen nach § 44a Abs. 3 AbgG zu einer Herausgabepflicht gegenüber dem Präsidenten des Bundestags.

Grenzen für das Näheverhältnis zwischen den politischen Parteien und den Bürgern setzt der § 25 Abs. 2 PartG. Trotz der grundsätzlichen Staats- und Finanzierungsfreiheit[987] sind nach § 25 Abs. 2 PartG einige Spendenarten unzulässig. So ist etwa die Annahme von Spenden über EUR 500 verboten, wenn sich der Spender nicht feststellen lässt (Nr. 6). Auch dürfen die Parteien keine Spenden entgegennehmen, die erkennbar in der Erwartung eines wirtschaftlichen oder politischen Vorteils gegeben wurden (Nr. 7). Unzulässige Spenden im Sinne des § 25 Abs. 2 PartG sind unverzüglich, spätestens mit Einreichung des nächsten Rechenschaftsberichts, an den Bundestagspräsidenten weiterzureichen, § 25 Abs. 4 PartG. Ebenso wie die Nichtveröffentlichung veröffentlichungspflichtiger Spenden ist die Annahme unzulässiger Spenden nach § 31c f. PartG sanktionsbewehrt. Das Annahmeverbot gilt über § 4 Abs. 4 Anlage 1 der GOBT auch bei Abgeordnetenspenden.

Insgesamt ist zu konstatieren, dass das Verhältnis zwischen Mandatsträgern und Interessenvertretern weniger strikt reguliert ist als die Verbindung von Interessenvertretern zu Beamten. Während für Beamte die Aufnahme von Nebentätigkeiten und die Annahme von Zuwendungen generell unter einem Erlaubnisvorbehalt steht, unterliegen die Nebentätigkeiten der Abgeordneten lediglich Anzeige- und Offenlegungspflichten. Das Beamtenrecht versucht die aus Nebentätigkeiten

985 BT-Drs. 13/834, S. 6.

986 BT-Drs. 13/834, S. 6. Um dem Umstand gerecht zu werden, dass derartige Geschenke regelmäßig einen besonderen Erinnerungswert für den Beschenkten haben, ermöglicht der Bundestag den Abgeordneten den Erwerb zum Verkehrswert, § 4 Abs. 6 S. 1 Hs. 2 Anlage 1 zur GOBT.

987 Vgl. S. 219.

entspringenden Interessenkonflikte vor dem Entstehen zu verhindern. Der Bundestag begnügt sich damit, auf die Kontrolle der Öffentlichkeit zu setzen. Die Zurückhaltung des Bundestags kann jedenfalls mit Blick auf den Beruf des Interessenvertreters in Frage gestellt werden, denn eine Nebentätigkeit als Interessenvertreter erscheint nur schwer mit dem Beruf des Abgeordneten vereinbar. Das Abgeordnetenmandat verpflichtet den Träger grundsätzlich auf das Gemeinwohl, während die Vertretung von Partikularinteressen auf deren Maximierung angelegt ist. Die Zielrichtung der beiden Tätigkeiten ist somit im Kern entgegengesetzt. Innerhalb der Reformüberlegungen ist daher ein Verbot der Nebentätigkeit als Interessenvertreter zu erwägen.

Hinsichtlich Zuwendungen differenziert der aktuelle Rechtsrahmen ebenfalls zwischen Amts- und Mandatsträgern. Für das Verbot des § 71 BBG reicht es aus, wenn sich der Zuwendende von der Amtsinhaberschaft des Beamten leiten lässt. Mandatsträger müssen hingegen nur solche Zuwendungen aushändigen, die sie als Mitglied einer Delegation oder auf sonstigen Dienstreisen im Auftrag des Bundestags erhalten haben. Werden die Geschenke anlässlich anderer repräsentativer Tätigkeiten überreicht, greift nach § 4 Abs. 5 der Verhaltensregeln allein die Anzeige- und Offenlegungspflicht, allerdings erst wenn der Schwellenwert von EUR 5.000 bzw. EUR 10.000 überschritten ist. Erhält der Mandatsträger das Geschenk (oder eine Vergünstigung) allein für den privaten Bereich, finden nicht einmal die Transparenzvorschriften Anwendung.[988] Allerdings ist die Regelungslücke nicht besonders bedenklich, da Geschenke im Privatbereich einen relativen kleinen Lebensbereich der Verbindung von Mandatsträgern und Interessenvertretern betreffen. Sobald die Zuwendung aufgrund der Abgeordnetenstellung erfolgt, greift wiederum das Verbot des § 44a Abs. 2 S. 1 AbgG. Wird die Zuwendung für die politische Tätigkeit zur Verfügung gestellt, handelt es sich um Spenden im Sinne des § 4 Abs. 1 Anlage 1 zur GOBT. Völlig ungeregelt sind somit allein private Zuwendungen,[989] die ebenfalls gegenüber Beamten möglich sind. Im Ergebnis ist somit auch die Gewährung von Zuwendungen an Abgeordnete weitestgehend normiert.

3. *Strafrechtliche Regelungen*

Das Strafrecht setzt mit den Tatbeständen der Vorteilsannahme / -gewährung und Bestechung bzw. Bestechlichkeit in den §§ 331–334 StGB eine weitere Grenze für das Näheverhältnis zwischen politischen Entscheidungsträgern und Interessenvertretern. In den Anwendungsbereich der Normen fallen Amtsträger, jedoch keine Abgeordneten. Für Letztere existiert der Tatbestand der Abgeordnetenbestechung, § 108e StGB.

---

988 So auch *WD 2* – Geldwerte Zuwendungen an Abgeordnete, PM 1–5033, S. 10 f.

989 Im Detail ist die Abgrenzung zwischen Spenden, Zuwendungen und privaten Schenkungen allerdings problematisch, siehe hierzu *Helmes*, Spenden an politische Parteien und an Abgeordnete, S. 304 ff.

a. Vorteilsgewährung und Bestechung

Die Vorteilsgewährung und Vorteilsannahme (§§ 331, 333 StGB) stellen jeweils den Grundtatbestand da und sind ebenso spiegelbildlich zueinander wie die Qualifikationstatbestände Bestechung und Bestechlichkeit (§§ 332, 334 StGB). Der Grundtatbestand bestraft die Annahme bzw. Gewährung eines Vorteils für die Dienstausübung. Die Qualifikation zeichnet sich im Vergleich zur Vorteilsannahme / -gewährung dadurch aus, dass der Vorteil nicht allein für die Dienstausübung, sondern für eine pflichtwidrige Diensthandlung gewährt bzw. angenommen wird. Der Grundtatbestand ist ohne die Qualifikation somit nur dann erfüllt, wenn es entweder an der Pflichtwidrigkeit fehlt oder die in Rede stehende Handlung des staatlichen Bediensteten nicht die erforderliche Bestimmtheit aufweist.

Die Normen gelten nur für Amtsträger. Nach § 11 Abs. 1 Nr. 2 StGB sind Amtsträger Beamte, in einem öffentlich-rechtlichen Amtsverhältnis Stehende sowie diejenigen, die bei einer Behörde oder bei einer sonstigen Stelle oder in deren Auftrag Aufgaben der öffentlichen Verwaltung unbeschadet der zur Aufgabenerfüllung gewählten Organisationsform wahrnehmen. Erfasst sind hiervon in einem Bundesministerium alle inhaltlich tätigen Mitarbeiter wie Referatsleiter, Referenten und Sachbearbeiter. Nach § 331 Abs. 1 StGB ist für den erfassten Täterkreis (§ 11 Abs. 1 Nr. 2 und 4 StGB) das Fordern, Annehmen oder Sich-Versprechen-Lassen eines Vorteils für eine Dienstausübung strafbar. Die Vorteilsgewährung verbietet als Gegenstück jedermann einen Vorteil für eine Dienstausübung anzubieten, zu versprechen oder zu gewähren. Beide Tatbestände sind auch dann erfüllt, wenn der Vorteil einem Dritten zufließen soll. Dienstausübungen sind alle dienstlichen Obliegenheiten, die in dienstlicher Eigenschaft vorgenommen werden.[990] Ausreichend sind vorbereitende, unterstützende oder beratenden Tätigkeiten, so dass auch die Erstellung von Gesetzesentwürfen hierunter fällt. Als Vorteil im Sinne der §§ 331 Abs. 1, 333 Abs. 1 StGB kommt jede Leistung materieller oder immaterieller Art in Betracht, die die Rechtsposition des Täters verbessert und auf die kein rechtlich begründeter Anspruch besteht.[991] Ausreichend ist nach dem Wortlaut der Norm auch der Vorteil zugunsten eines Dritten. Daher kann auch eine Parteispende einen Vorteil im Sinne des § 331 StGB darstellen.[992]

Vorteil und Dienstausübung müssen zur Erfüllung des Tatbestands dergestalt miteinander verknüpft sein, dass der Vorteil *„für einen verständigen Betrachter in der Situation des Angesprochenen“*[993] als Gegenleistung für die Dienstausübung zu verstehen ist. Die sogenannte Unrechtsvereinbarung bildet das Kernstück der Korruptionstatbestände.[994] Mit der Novellierung des Tatbestands im Jahr 1997 wurde in den §§ 331, 333 StGB das Tatbestandsmerkmal Diensthandlung durch das der

990 BGHSt 31, 264 (280); *Korte* in: MüKo-StGB, § 331 Rn. 84.
991 *Korte* in: MüKo-StGB, § 331 Rn. 60; *Stein/Rudolphi* in: SK-StGB, § 331 StGB Rn. 19.
992 *Saliger/Sinner*, Korruption und Betrug durch Parteispenden, NJW 2005, S. 1073 f.
993 BGH, Urteil vom 25. Juni 2008 – 5 StR 109/07, NStZ 2008, S. 628, 629.
994 *Korte* in: MüKo-StGB, § 331 Rn. 93.

Dienstausübung ersetzt. Dadurch sollte der Umstand korrigiert werden, dass eine Verurteilung nach der Vorgängervorschrift häufig daran scheiterte, dass aufgrund der Sachverhaltsgestaltung die Verbindung zwischen dem Vorteil und einer konkreten Diensthandlung nicht mit der erforderlichen Sicherheit nachgewiesen werden konnte.[995] Der Tatbestand umfasst nun auch Fälle, in denen kein Bezug zu einer bestimmbaren Diensthandlung hergestellt werden kann.[996] Ausreichend ist die Feststellung, dass der Vorteil überhaupt für dienstliches Handeln angenommen wird.[997] Somit kann grundsätzlich auch die Gewährung von Vorteilen genügen, die darauf abzielt, den Amtsträger in eine wohlwollende Stimmung mit Blick auf die zukünftige Amtsführung zu versetzen.[998] Dennoch ist wegen des notwendigen Dienstbezugs der Tatbestand enger als das Geschenkannahmeverbots des § 71 BBG.[999]

Des Weiteren muss das festgestellte Äquivalenzverhältnis auch regelwidrig sein. Die Regelwidrigkeit wird grundsätzlich durch das Vorliegen des Austausches *Dienstausübung gegen Vorteil* indiziert. Das Tatbestandsmerkmal lässt jedoch Raum für ausnahmsweise erforderliche Einschränkung des Tatbestands. So sollen zunächst Zuwendungen aus dem Anwendungsbereich der Norm ausgenommen werden, die aufgrund eines höflichen Umgang miteinander erfolgen.[1000] Auch Essenseinladungen im Rahmen von Arbeitsgesprächen oder die Wahrnehmung von Einladungen zu öffentlichkeitswirksamen Veranstaltungen erfüllen den Tatbestand nicht notwendigerweise.[1001] Entscheidend für die Beurteilung sind die Interessenlagen der

---

995 Vgl. dazu Bericht und Beschlussempfehlung des Rechtsausschusses des Bundestags vom 26. Juni 1997, BT-Drs. 13/8079, S. 15.

996 *Stein/Rudolphi* in: SK-StGB, § 331 StGB Rn. 28a; *Korte* in: MüKo-StGB, § 331 Rn. 96 ff.

997 *Korte* in: MüKo-StGB, § 331 Rn. 97. Der BGH hatte bereits im Jahr 1985 geurteilt, dass keine zu hohen Anforderungen an die Dienstpflicht gestellt werden dürfen, da andernfalls vor allem derjenige Täter straflos bleibt, der nicht lediglich eine einzelne, konkrete Diensthandlung verkauft, sondern in weiten Bereichen seiner Dienstausübung sich als käuflich erwiesen hat, BGHSt 32, 290 (291). Umgekehrt muss der Vorteilsgeber aber zumindest mit dem Ziel handeln, *„auf die künftige Dienstausübung des Amtsträgers Einfluss zu nehmen und/oder seine vergangene Dienstausübung zu honorieren, wobei eine solche dienstliche Tätigkeit nach seinen Vorstellungen nicht – noch nicht einmal in groben Umrissen – konkretisiert sein muss.*“, BGHSt 53, 6.

998 BGHSt 49, 275 (281); *Saliger/Sinner*, Korruption und Betrug durch Parteispenden, NJW 2005, S. 1073, 1074.

999 *Lemhöfer* in: Plog/Wiedow, BBG-Kommentar, § 71 BBG Rn. 17. Siehe zum § 71 BBG S. 226.

1000 *Korte* in: MüKo-StGB, § 331 Rn. 103. Über den Ansatzpunkt für die Einschränkung des Tatbestands besteht keine Einstimmigkeit. Teilweise werden die genannten sozialadäquaten Zuwendungen bereits aus der Definition des Vorteils herausgenommen, vgl. etwa bei *Stein/Rudolphi* in: SK-StGB, § 331 StGB Rn. 23.

1001 Für besonderes Aufsehen sorgte in diesem Zusammenhang der Fall des (ehemaligen) Vorstandsvorsitzenden der Energie Baden-Württemberg AG (EnBW)

Beteiligten sowie die Umstände des Einzelfalls.[1002] Ergibt sich hieraus, dass die Vorteilsgewährung zur Beeinflussung der Dienstausübung erfolgt, liegt die erforderliche Unrechtsvereinbarung vor.[1003]

Hinsichtlich Spenden an Wahlbewerber nimmt der BGH eine weitere Tatbestandsrestriktion an. Würden solche Konstellationen vom Tatbestand erfasst, bestünde eine Ungleichbehandlung zwischen Wahlbewerbern im Amt und Kandidaten ohne Amt, da nur Amtsinhaber taugliche Täter der Vorteilsannahme sind. Daher gebietet der Grundsatz der passiven Wahlgleichheit nach Ansicht des BGH, Spenden an Wahlbewerber vom Tatbestand auszunehmen.[1004] Während der Tatbestand somit grundsätzlich weit gefasst ist, um die vielfältigen Formen der Vorteilsgewährung erfassen zu können, wird eine normative Korrektur dahingehend vorgenommen, dass sozial-adäquate Verhaltensweisen kein regelwidriges Äquivalenzverhältnis begründen können.

Auf subjektiver Tatbestandsebene verlangen die §§ 331 ff. StGB Vorsatz auf die objektiven Tatbestandsmerkmale. Unterliegt der Täter einem Irrtum über die Zulässigkeit des Austauschverhältnisses, entfällt der Vorsatz, wenn der Täter über tatsächliche Umstände irrt, während ein Verkennen der Grenzen des rechtlich Zulässigen nur einen Verbotsirrtum (§ 17 StGB) begründen kann.

Die Qualifikationstatbestände der Bestechlichkeit (§ 332 StGB) und Bestechung (§ 334 StGB) lassen die Dienstausübung nicht genügen, sondern verlangen für die Unrechtsvereinbarung eine Diensthandlung sowie deren Pflichtwidrigkeit. Das Tatbestandsmerkmal der Diensthandlung stellt höhere Anforderungen an die Bestimmtheit.[1005] Erfüllt ist der Tatbestand nur, wenn sich der Vorteil einer nach ihrem sachlichem Gehalt zumindest grob umrissenen Diensthandlung zuordnen lässt. Die Pflichtwidrigkeit setzt voraus, dass mit der Handlung die Dienstpflichten des

---

Prof. Dr. *Claasen*, der im Rahmen einer Weihnachtsaktion im Jahr 2005 an den Ministerpräsidenten des Landes Baden-Württemberg sowie vier weitere Minister Gutscheine für Tickets für die Fussball-WM 2006 versenden ließ, siehe hierzu näher *Trüg*, Vorteilsgewährung durch Übersendung von WM-Gutscheinen, NJW 2009, 196.

1002 *„In die Würdigung fließen als mögliche Indizien neben der Plausibilität einer anderen Zielsetzung namentlich ein: die Stellung des Amtsträgers und die Beziehung des Vorteilsgebers zu dessen dienstlichen Aufgaben (dienstliche Berührungspunkte), die Vorgehensweise bei dem Angebot, dem Versprechen oder dem Gewähren von Vorteilen (Heimlichkeit oder Transparenz) sowie die Art, der Wert und die Zahl solcher Vorteile.*“, BGHSt 53, 6. Der BGH hielt letztlich den instanzgerichtlichen Freispruch für *Claasen* aufrecht, da nach der erforderlichen Einzelfallbetrachtung das Ablehnen einer Unrechtsvereinbarung vertretbar war, BGHSt 53, 6 (22).

1003 *Korte* in: MüKo-StGB, § 331 Rn. 100 ff.; *Stein/Rudolphi* in: SK-StGB, § 331 StGB Rn. 27 ff.

1004 BGHSt 49, 275 (291 ff.); *Saliger/Sinner*, Korruption und Betrug durch Parteispenden, NJW 2005, S. 1073, 1074 f.

1005 *Korte* in: MüKo-StGB, § 332 Rn. 13 ff.

Täters verletzt sind.[1006] Erfasst sind damit zunächst alle im Ergebnis rechtswidrigen Diensthandlungen. Steht dem Täter bei der Entscheidung ein Ermessen zu, sind regelmäßig mehrere Ergebnisse zulässig. Die Entscheidung ist jedoch dann als pflichtwidrig anzusehen, wenn sie rechtlich zulässig ist, der Amtsträger aber *„bei seiner Entscheidung der Rücksicht auf den gewährten oder versprochenen Vorteil Raum gibt"*[1007].

b. Abgeordnetenbestechung

Für Mandatsträger existiert in § 108e Abs. 1 StGB der Straftatbestand der Abgeordnetenbestechung. Der § 108e Abs. 2 StGB bestraft spiegelbildlich die Bestechung des Abgeordneten. Die Norm war bis zu ihrer Reform im April 2014 so restriktiv gefasst, dass ihr nur Symbolcharakter zugeschrieben wurde.[1008] Erfasst war allein der direkte Kauf eines Abstimmungsverhaltens. Seit der Neufassung wird bestraft, wer als Bundestagsmitglied *„einen ungerechtfertigten Vorteil für sich oder einen Dritten als Gegenleistung dafür fordert, sich versprechen lässt oder annimmt, dass er bei der Wahrnehmung seines Mandates eine Handlung im Auftrag oder auf Weisung vornehme oder unterlasse."* Somit kann nach der Neufassung nun grundsätzlich jede Amtsführung, die durch eine Unrechtsvereinbarung mit dem Vorteil verknüpft wird, zur Strafbarkeit führen. An den Nachweis der Unrechtsvereinbarung sind allerdings hohe Anforderungen zu stellen.[1009] Der Mandatsträger muss dabei entgegen Art. 38 Abs. 1 S. 2 GG im Auftrag oder auf Weisung des Bestechenden handeln. Der Begriff *ungerechtfertigter Vorteil* wird zwar in § 108e Abs. 4 StGB näher konkretisiert. Allerdings finden sich dort lediglich Beispiele, wann ein solcher Vorteil nicht vorliegt. Dies ist nach § 108e Abs. 4 S. 1 StGB der Fall, wenn die Annahme im Einklang mit Vorschriften steht, die für die Rechtsstellung des Abgeordneten maßgeblich sind. So können etwa Nebeneinkünfte, die im Einklang mit § 44a AbgG stehen, keinen ungerechtfertigten Vorteil darstellen. Zudem kann ein politisches Mandat oder eine politische Funktion nach § 108e Abs. 4 S. 2 Nr. 1 StGB keinen ungerechtfertigten Vorteil begründen. Ebenso sind gesetzlich zugelassene Spenden kein ungerechtfertigter Vorteil im Sinne der Norm.

1006 *Korte* in: MüKo-StGB, § 332 Rn. 23 ff.

1007 BGHSt 15, 88 (92).

1008 *Käßner*, Nebentätigkeiten und Nebeneinkünfte, S. 49; *Stein/Rudolphi* in: SK-StGB, § 108e Rn. 1; *Fischer*, StGB-Kommentar, § 108e Rn. 2; ebenso *Pünder*, Wahlrecht und Parlamentsrecht als Gelingensbedingungen repräsentativer Demokratie, VVDStRL 72, S. 193, 240; *Kühn*, Verhaltensregeln für Bundestagsabgeordnete, S. 275. Zur Problematik, ob das Strafrecht überhaupt zur Bewältigung politischer Aufgaben geeignet ist, siehe *Schaller*, Strafrechtliche Probleme der Abgeordnetenbestechung, S. 57 ff., 114 f., 157 f.

1009 Der Gesetzgeber betont: Für die *„Feststellung, ob die vom Tatbestand verlangte qualifizierte Unrechtsvereinbarung vorliegt,* [sind] *hohe Anforderungen an den aus dem objektiven Empfängerhorizont zu beurteilenden Erklärungswert des Verhaltens des Mandatsträgers zu stellen"*, vgl. BT-Drs. 18/607, S. 8.

c. Bewertung

Die Tatbestände der Vorteilsgewährung bzw. -annahme sowie die Bestechung und Bestechlichkeit sehen sich seit der Neufassung keiner größeren Kritik ausgesetzt. Die Novellierung im Jahr 1997 hat dazu geführt, dass jedenfalls bei den §§ 331, 333 StGB die Nachweisprobleme hinsichtlich der Unrechtsvereinbarung – die im amerikanischen Recht wegen der *Sun-Diamond*-Entscheidung[1010] ebenfalls existieren – beseitigt wurden. Das Kriterium der Regelwidrigkeit schafft zudem Raum für notwendige Beschränkungen des ansonsten sehr weit gefassten Tatbestands. Die Tatbestände der Bestechung und Bestechlichkeit des deutschen Strafrechts sind aufgrund ihrer praktischen Handhabbarkeit ihren amerikanischen Pendants vorzuziehen. Es besteht kein Änderungsbedarf.

Hingegen ist die Überarbeitung der Abgeordnetenbestechung zwar ein Schritt in die richtige Richtung,[1011] dennoch ist nicht damit zu rechnen, dass es aufgrund des Gesetzes in Zukunft zu mehr Verurteilungen kommen wird. Während es begrüßenswert ist, dass seit der Neufassung nicht mehr allein der Stimmenkauf unter Strafe steht, wird es jedoch auch unter den Anforderungen des neuen Straftatbestands in der Praxis regelmäßig problematisch sein, das Vorliegen einer Abgeordnetenbestechung zu beweisen.

Das liegt zum einen an der Konkretisierung des Begriffs *ungerechtfertigter Vorteil* in § 108e Abs. 4 StGB und zum anderen an den strengen Voraussetzungen, die der § 108e StGB an eine Vereinbarung stellt, damit sie als Unrechtsvereinbarung qualifiziert werden kann. Die Gesetzesbegründung gibt an, dass am Tatbestandsmerkmal des ungerechtfertigten Vorteils der Unterschied zwischen den Amtsträgern, denen jede Annahme von Vorteilen, Geschenken und Belohnungen verboten ist (§ 71 BBG) und Mandatsträgern zum Vorschein tritt. Mandatsträger können nach der Gesetzesbegründung zur Annahme von Vorteilen berechtigt sein.[1012] Daher liegt nach § 108e Abs. 4 S. 1 StGB insbesondere dann kein ungerechtfertigter Vorteil vor, wenn die Annahme im Einklang mit Vorschriften steht, die für die Rechtsstellung des Abgeordneten maßgeblich sind. Eine bemerkenswerte Volte vollführt die Gesetzesbegründung im nächsten Schritt: Steht die Annahme des Vorteils nicht im Einklang mit diesen Vorschriften, ist hieraus noch nicht das Vorliegen eines ungerechtfertigten Vorteils abzuleiten. Vielmehr liegt tatbestandlich auch dann kein ungerechtfertigter Vorteil vor, wenn die Annahme anerkannten parlamentarischen Gepflogenheiten entspricht. Der Schutzzweck des Straftatbestands sei auch in diesem Fall nicht berührt, weil in diesen Fällen bereits der Anschein einer unzulässigen Einflussnahme auf die Mandatsausübung von vornherein ausscheide.[1013] Die Bezugnahme auf die parlamentarischen Gepflogenheiten lässt den Rechtsanwender

---

1010 Siehe zur *Sun-Diamond*-Entscheidung des U.S. Supreme Courts S. 144.

1011 So etwa auch *Willems*, Neuregelung der Abgeordnetenbestechung, CCZ 2015, S. 29, 33.

1012 BT-Drs. 18/476, S. 7.

1013 BT-Drs. 18/476, S. 7.

etwas ratlos zurück,[1014] insbesondere deshalb, weil die Formulierung es nicht in den Tatbestand, sondern nur in die Gesetzesbegründung geschafft hat. Grund für die Formulierung ist, dass die Unterschiede in den jeweiligen Parlamenten (der § 108e StGB gilt auch für Landtagsabgeordnete) und die regelmäßige Änderung bestimmter Verhaltensregeln die Festlegung eines allgemeingültigen Regelbeispielkatalogs nicht zulassen.[1015] Der Tatbestand soll eine flexible Anpassung ermöglichen. Allerdings wird so die Parlamentspraxis zum Maßstab für die Rechtsmäßigkeit. Straflos ist demnach, was innerhalb der parlamentarischen Praxis üblich ist. Der Tatbestand klärt somit nicht die Frage, ab welcher Grenze Aufmerksamkeiten als Bestechung zu qualifizieren sind.[1016]

Nicht erkennbar ist des Weiteren warum nach § 108e Abs. 4 S. 2 Nr. 1 StGB ein politisches Mandat oder eine politische Funktion keinen ungerechtfertigten Vorteil begründen kann. Auch die Gesetzesbegründung liefert hierzu keine Erklärung. Das Versprechen eines weiteren politischen Karriereschritts für eine bestimmte Amtsführung kann nach der Neufassung den Tatbestand der Abgeordnetenbestechung somit nicht erfüllen. Dies erscheint bedenklich, weil insbesondere das politische Fortkommen für den Abgeordneten einen besonderen Anreiz zur Ausrichtung seiner Mandatsführung darstellen dürfte.

Aufgrund der Anforderungen an die Unrechtsvereinbarung, werden die in der Praxis vom § 331 StGB a.F. bekannten Nachweisprobleme über die Kausalität der Abmachung zwischen den Tatbeteiligten für ein konkretes Verhalten des Mandatsträgers, aller Voraussicht nach auch beim neugefassten § 108e StGB auftreten.[1017] Gefordert wird eine Kommerzialisierung des Mandats. Nachzuweisen ist, dass der Mandatsträger nicht aufgrund innerer Überzeugung, sondern zur Erlangung des versprochenen Vorteils handelte. Besteht keine schriftliche Dokumentation der Unrechtsvereinbarung wird der Nachweis nur in wenigen Fällen gelingen. Das Erfordernis einer Unrechtsvereinbarung schließt zudem aus, dass auf Tatbestandsebene Vorteilsgewährungen zur allgemeinen Klimapflege oder nachträgliche Belohnungen erfasst werden können.[1018]

Schließlich verwundert, warum die Handlung *im Auftrag oder auf Weisung* des Bestechenden erfolgen muss. Der Tatbestand setzt bereits mit der Voraussetzung einer Gegenleistung für die Vornahme oder das Unterlassen einer Handlung das

---

1014 Ebenso *Francuski*, Neuregelung der Abgeordnetenbestechung, HRRS 2014, S. 220, 228.

1015 BT-Drs. 18/607, S. 8. Ähnlich auch *Willems*, Neuregelung der Abgeordnetenbestechung, CCZ 2015, S. 29, 31.

1016 So auch *Willems*, Neuregelung der Abgeordnetenbestechung, CCZ 2015, S. 29, 31.

1017 *Francuski*, Neuregelung der Abgeordnetenbestechung, HRRS 2014, S. 220, 228. Zur Beweisproblematik des § 108e a.F. StGB siehe etwa *Schaller*, Strafrechtliche Probleme der Abgeordnetenbestechung, S. 90 ff.

1018 *Francuski*, Neuregelung der Abgeordnetenbestechung, HRRS 2014, S. 220, 226; *Hoven*, Aktuelle rechtspolitische Entwicklungen im Korruptionsstrafrecht, NStZ 2015, 553, 554.

Vorliegen einer Unrechtsvereinbarung zwischen den Tatbeteiligten voraus.[1019] Es stellt sich hinsichtlich des Merkmals *im Auftrag oder auf Weisung* die Frage, ob Unrechtsvereinbarungen existieren können, deren Vollzug nicht die Vornahme einer Handlung des Mandatsträgers im Auftrag oder auf Weisung des Bestechenden bedeutet. Eine eigenständige Bedeutung erhielte das Tatbestandsmerkmal, wenn die Begrifflichkeiten Auftrag und Weisung zivilrechtsakzessorisch auszulegen wären, also zwischen den Beteiligten ein hierarchisches Verhältnis bestehen muss. Allerdings könnte der Vorteilsgewährenden bei einer solchen Auslegung regelmäßig mit der Behauptung, er habe sich frei für die Handlung oder das Unterlassen entschieden, der Strafbarkeit entkommen.[1020] Die Gesetzesbegründung gibt hingegen vor, dass die Begriffe nicht zivilrechtsakzessorisch auszulegen, sondern im Sinne des allgemeinen Sprachgebrauchs zu verstehen sind.[1021] Für die richterliche Auslegung ist die Gesetzesbegründung jedoch nicht verpflichtend. So besteht die Gefahr, dass mit der eingefügten Formulierung *im Auftrag oder auf Weisung* die ohnehin hohen Anforderungen des § 108e Abs. 1 StGB noch erhöht werden.[1022] Der Gesetzgeber nahm das Tatbestandsmerkmal dennoch auf, um den im korrupten Verhalten liegenden Widerspruch zum freien Mandat deutlich zu machen.[1023] Dabei übersah der Gesetzgeber, dass die strafbegründende Handlung nicht im weisungsgebundenen Handeln, sondern in der Verknüpfung zwischen Vorteilsgewährung und dem Mandatsträgerhandeln liegt.[1024] Die Verknüpfung nimmt der Mandatsträger eigenverantwortlich vor und zeichnet sich nicht durch ein Über-Unterordnungsverhältnis aus.[1025] Da ausweislich der Gesetzesbegründung dem Tatbestandsmerkmal keine besondere Funktion zukommen soll, erscheint eine Streichung des Tatbestandsmerkmals geboten.[1026]

1019 *Trips-Herbert*, Neuregelung der Mandatsträgerbestechlichkeit und -bestechung, JR 2015, S. 372, 373; *Francuski*, Neuregelung der Abgeordnetenbestechung, HRRS 2014, S. 220, 226.

1020 *Trips-Herbert*, Neuregelung der Mandatsträgerbestechlichkeit und -bestechung, JR 2015, S. 372, 374; *Hoven*, Aktuelle rechtspolitische Entwicklungen im Korruptionsstrafrecht, NStZ 2015, 553, 554.

1021 BT-Drs. 18/476, S. 8.

1022 Ebenso die Fraktion BÜNDNIS 90/DIE GRÜNEN in der Beschlussempfehlung des Ausschusses für Recht und Verbraucher, BT-Drs. 18/607, S. 7.

1023 BT-Drs. 18/476, S. 8.

1024 Andernfalls wäre anzunehmen, dass jeder Sachverhalt, bei dem der Abgeordnete den Vorschlag der Unrechtsvereinbarung unterbreitet, aus dem Anwendungsbereich des § 108e StGB herausfallen. Die Gesetzgeber half sich jedoch über dieses Problem hinweg, indem er auch das Fordern eines Vorteils annimmt, wenn der Mandatsträger seine „*„Beauftragung“ durch den Vorteilsgeber „einwirbt“.*“, vgl. BT-Drs. 18/476, S. 8.

1025 *Hoven*, Aktuelle rechtspolitische Entwicklungen im Korruptionsstrafrecht, NStZ 2015, 553, 554 f.

1026 Ebenso *Francuski*, Neuregelung der Abgeordnetenbestechung, HRRS 2014, S. 220, 230.

Festzustellen ist, dass das deutsche Strafrecht mit den Mandatsträgern somit deutlich zurückhaltender umgeht, als mit den übrigen Amtsträgern.[1027] Ein Pendant zu den §§ 331, 333 StGB fehlt. Der Gesetzgeber begründet dies mit der unterschiedlichen Stellung von Amtsträgern und Mandatsträgern. Als Beispiel führt er mit Hinweis auf den § 71 BBG an, dass Amtsträgern die Annahme jeglicher Geschenke und Zuwendungen verboten ist, während Mandatsträgern zur Annahme finanzieller Zuwendungen berechtigt sein können (§ 44a Abs. 2 S. 2 AbgG).[1028] Diese Argumentation überzeugt jedoch nicht. Zum einen gilt der § 71 BBG lediglich für Beamte und somit nicht für alle Amtsträger. Zudem hat die Betrachtung des im Rahmen der für die Amtsträger geltenden §§ 331 ff. StGB relevanten Äquivalenzverhältnisses gezeigt, dass auch Amtsträger zur Annahme eines Vorteils berechtigt sein können.[1029] Zum anderen ist die unterschiedliche Behandlung von Amts- und Mandatsträgern nicht durch die Verfassung determiniert. Zwar garantiert der Art. 38 Abs. 1 S. 2 GG dem Abgeordneten das freie Mandat, der Gesetzgeber ist aber – in Grenzen – zur Ausgestaltung berechtigt. Eine unterschiedliche Behandlung im Hinblick auf Korruption ist verfassungsrechtlich nicht zwingend. Mandats- wie Amtsträger sind zur uneigennützigen Führung des Amts verpflichtet. Keine der beiden Gruppen darf sich durch das Amt persönlich bereichern. Der Abgeordnete ist wie der Amtsträger dem Gemeinwohl verpflichtet, hat eine gewisse Distanz zu Privaten zu wahren und den bösen Schein der illegitimen Amtsführung zu vermeiden.[1030] Zur Absicherung der Gemeinwohlbindung wäre daher eine Annäherung der Strafbarkeitsanforderungen für Amts- und Mandatsträger überzeugender. Hier überzeugen im Rechtsvergleich die amerikanischen Tatbestände.[1031] Sie nehmen keinerlei Differenzierung zwischen Amts- und Mandatsträger vor, sondern unterwerfen alle politischen Amtsträger (*public official*) den gleichen strafrechtlichen Vorschriften.

1027 Hinsichtlich des§ 108e a.F. hob der BGHSt in einem Urteil aus dem Jahr 2006 die vor der Überarbeitung noch deutlicher bestehende Ungleichbehandlung zwischen Amts- und Mandatsträgern mahnend heraus: „*In allen anderen Bereichen des öffentlichen und privaten Lebens hat das gewandelte öffentliche Verständnis einer besonderen Sozialschädlichkeit von Korruption zu einer erheblichen Ausweitung der Strafbarkeit von korruptivem Verhalten geführt (insbesondere durch das Korruptionsbekämpfungsgesetz vom 13. August 1997 BGBl I S. 2038). Diese Entwicklung ist bislang an dem Tatbestand der Abgeordnetenbestechung vorbeigegangen (vgl. auch Geerds JR 1996, 309, 312; de With Kriminalistik 1997, 400). Der Straftatbestand des § 108e StGB wird deshalb vielfach als praktisch bedeutungslose „symbolische Gesetzgebung“ angesehen, die mit der Überschrift nur auf den ersten Blick – und namentlich der Öffentlichkeit – vortäuscht, dass Abgeordnete unter dem Gesichtspunkt der Bestechungsdelikte den Amtsträgern wenigstens annähernd gleichgestellt wären.*“, BGHSt 51, 44 (60).

1028 BT-Drs. 18/476, S. 7.

1029 Siehe hierzu soeben auf S. 232.

1030 Siehe zum Vergleich zwischen Amts- und Mandatsträger S. 192 f.

1031 Siehe zum amerikanischen Strafrecht S. 141 ff.

Es ist zu vermuten, dass die hohen Anforderungen an den § 108e Abs. 1 StGB Resultat der Sorge sind, dass bereits der Anfangsverdacht der Bestechlichkeit für den Abgeordneten aufgrund der etwaigen medialen Skandalisierung unter gleichzeitiger Vernachlässigung der Unschuldsvermutung deutlich schwerwiegendere Konsequenzen hat als für übrige Amtsträger.[1032] Insbesondere muss auch die Gefahr des Missbrauchs strafrechtlicher Vorschriften als politisches Kampfmittel bedacht werden.[1033] Zwar konnte anhand der amerikanischen Literatur eine solche Instrumentalisierung des Strafrechts nicht ausgemacht werden, dennoch hat diese Sorge eine berechtigte Grundlage. Das Vorgehen des Gesetzgebers bei der Neufassung des § 108e StGB lässt allerdings befürchten, dass auch die neue Fassung wegen der zu erwartenden Beweisprobleme nur selten zu einer Verurteilung führen wird.[1034] Dem neugefassten § 108e StGB könnte daher ohne weitere Korrekturen ein ähnliches Schattendasein wie der Vorgängervorschrift bevorstehen.

II. Karenzzeiten

Der Wechsel aus dem Staatsdienst in die Privatwirtschaft wird in der Öffentlichkeit kritisch betrachtet. Daher unterliegen Beamte, Regierungsmitglieder sowie parlamentarische Staatssekretäre Anzeigepflichten für nachamtliche Tätigkeiten, die im Folgenden dargestellt werden. Keine Karenzzeiten existieren hingegen für die Mitglieder des Bundestags.[1035]

1. Karenzzeit für Beamte

Nach § 105 Abs. 1 S. 1 BBG[1036] haben Ruhestandsbeamte sowie frühere Beamte mit Versorgungsbezügen eine Erwerbstätigkeit oder sonstige Beschäftigung außerhalb des öffentlichen Dienstes vor ihrer Aufnahme schriftlich anzuzeigen, soweit zwischen der Tätigkeit und dem Beamtendienst der letzten fünf Jahre vor der Beendigung des Beamtenverhältnisses ein Zusammenhang besteht und dienstliche Interessen beeinträchtigt werden können. Beamte mit Versorgungsbezügen sind solche, die mindestens fünf Dienstjahre vor dem Ausscheiden aus dem Beamtendienst aufweisen können, §§ 2 Nr. 1, 4 Abs. 1 S. 1 Nr. 1 BeamtVG. Durch die Vorschrift soll verhindert werden, dass durch *„den Anschein einer voreingenommenen Amtsführung im Hinblick auf spätere Karriereaussichten oder durch die private Verwertung von Amtswissen nach Beendigung des Beamtenverhältnisses das Vertrauen der*

1032 Ähnlich auch die Fraktion CDU/CSU in der Beschlussempfehlung des Ausschusses für Recht und Verbraucher, BT-Drs. 18/607, S. 7. Die Gefahr einer Instrumentalisierung sieht ebenfalls *Mayer*, Abgeordnetenbestechung, S. 100 f.

1033 *Stünker*, Strafbarkeit der Einflussnahme auf Volksvertreter in: FS Meyer, S. 589, 600.

1034 Ebenso *Francuski*, Neuregelung der Abgeordnetenbestechung, HRRS 2014, S. 220, 229 f.

1035 Siehe zu den Karenzzeiten für die amerikanischen Parlamentarier S. 153 ff.

1036 Eine Parallelvorschrift für Beamte der Bundesländer findet sich im § 41 BeamtStG.

Allgemeinheit in die Integrität des öffentlichen Dienstes beeinträchtigt wird."[1037] Kritik erfährt die Vorschrift, da sie nicht für ehemalige Beamte gilt, die ohne Anspruch auf Versorgungsbezüge aus dem Dienst ausscheiden.[1038]

Die Anzeigepflicht gilt gemäß § 105 Abs. 1 S. 2 BBG für Ruhestandsbeamte drei Jahre, im Übrigen fünf Jahre.[1039] Die längere Frist für Beamte, die vor dem Ruhestand ausscheiden, gründet auf der Überlegung, dass bei vor dem Ruhestand ausscheidenden Beamten die Gefahr der Ausnutzung von Amtswissen größer ist.[1040] Nach der Anzeige entscheidet die letzte oberste Behörde, ob durch die geplante Erwerbstätigkeit oder sonstige Beschäftigung eine Beeinträchtigung dienstlicher Interessen zu befürchten ist. Bei einem positiven Befund ist die Anschlusstätigkeit zu untersagen. Es besteht kein Ermessen.[1041] Die Untersagung ist grundsätzlich bis zum Ende des Zeitraums der Anzeigepflicht auszusprechen. Der Zeitraum ist nach § 105 Abs. 2 S. 2 BBG jedoch kürzer zu bemessen, wenn nicht für die gesamte Dauer eine Beeinträchtigung dienstlicher Interessen zu befürchten ist. Auch hierbei handelt es sich um gebundene Entscheidungen der letzten obersten Behörde.[1042]

2. Karenzzeit für Regierungsmitglieder und parlamentarische Staatssekretäre

Seit dem Juli 2015 unterliegt das nachamtliche Beschäftigungsverhältnis von Regierungsmitgliedern und parlamentarischen Staatssekretären nach § 6a Abs. 1 BMinG, § 7 ParlStG[1043] einer Anzeigepflicht gegenüber der Bundesregierung. Ist zu befürchten, dass durch die geplante Tätigkeit öffentliche Interessen beeinträchtigt werden, kann sie gemäß § 6b BMinG bis zu einer Dauer von 18 Monaten untersagt werden, wobei für eine Dauer von mehr als einem Jahr eine schwere Beeinträchtigung der öffentlichen Interessen vorliegen muss.[1044] Nach § 6c Abs. 1 BMinG wird die Bundesregierung bei ihrer Entscheidung durch die Empfehlung eines Gremiums beraten,

---

1037 BT-Drs. 16/7076, S. 124.

1038 *Bamberger*, Nachamtliche Tätigkeitsbeschränkungen für politische Amtsträger, S. 164.; *Korte*, Korruptionsprävention im öffentlichen Bereich, S. 289, 328 f., der allerdings darauf hinweist, dass eine generelle Karenzzeit auch bei fehlenden Versorgungsbezügen ohne zusätzliche Entschädigungsleistungen in starken Konflikt mit der nach Art. 12 Abs. 1 GG geschützten Berufsfreiheit gerät.

1039 Die Einschränkung auf drei Jahre für Ruhestandsbeamte findet sich im § 41 BeamtStG nicht.

1040 BT-Drs. 10/2452, S. 15. Siehe zur verfassungsrechtlichen Kritik an der Differenzierung *Kugele* in: Kugele, BBG, § 105 Rn. 16 m.w.N.

1041 *Kugele* in: Kugele, BBG, § 105 Rn. 18.

1042 *Kugele* in: Kugele, BBG, § 105 Rn. 20.

1043 Der § 7 ParlStG erklärt die Vorschriften des BMinG für anwendbar auf die parlamentarischen Staatssekretäre. Auf eine wiederholende Nennung der Norm wird im Folgenden verzichtet.

1044 *Wewer*, Karenzzeiten für Politiker, VM 2015, S. 325, 329 geht davon aus, dass die Vorschrift kaum zur Anwendung kommen wird, weil von ihr ein präventiver Effekt ausgeht, der ehemalige Minister und parlamentarische Staatssekretäre von

das mit *bedeutenden Persönlichkeiten* besetzt ist. Die Empfehlung des Gremiums hat lediglich beratenden Charakter. Wird die Aufnahme der Tätigkeit untersagt, erhält der Betroffene für die Dauer der Untersagung das in § 14 BMinG geregelte Übergangsgeld.[1045]

Auffällig sind zunächst die Parallelen der §§ 6a ff. BMinG zur Regelung im Verhaltenskodex der Europäischen Kommission[1046]. Beide Regelungen haben einen weiten Anwendungsbereich, sehen die nicht bindende Stellungnahme eines beratenden Gremiums vor und begrenzen die Karenzzeit auf 18 Monate. Eine nicht auf europäischer Ebene vorgesehene Einschränkung nimmt der § 6b Abs. 1 BMinG vor: Die Versagungsmöglichkeit steht der Bundesregierung gemäß § 6b Abs. 1 S. 1 BMinG nur zu, wenn durch die Tätigkeit die Beeinträchtigung öffentlicher Interessen zu befürchten ist. Der § 6b Abs. 1 S. 2 BMinG konkretisiert diese Gefahr. Demnach geht von der Beschäftigung eine Beeinträchtigung aus, wenn der ehemalige Bundesminister oder Staatssekretär in Angelegenheiten oder Gebieten tätig werden soll, in denen er während seiner Amtszeit tätig war (Nr. 1), oder wenn durch die Tätigkeit das Vertrauen in die Integrität der Bundesregierung beeinträchtigt werden kann (Nr. 2).

Diese zwei Versagungsgründe sind wenig konkret. Der entscheidenden Bundesregierung verbleibt nach dem Wortlaut der Norm ein weiter Ermessensspielraum. Inwieweit der Spielraum mit Blick auf die durch die Karenzzeit eingeschränkte Berufsfreiheit (Art. 12 Abs. 1 GG) restriktiv auszulegen ist, hängt davon ab, welchen Zweck das Gesetz verfolgt. Soll durch die Karenzzeit lediglich sichergestellt werden, dass die Anschlussanstellung keine Gratifikation für vorherige Entscheidungen darstellt, ist die Untersagungsmöglichkeit bereits im ersten Schritt auf solche Tätigkeiten zu beschränken, die von Unternehmen angeboten werden, die von vorherigen Entscheidungen des ehemaligen Bundesministers oder parlamentarischen Staatssekretärs betroffen waren.[1047] Es ist dann ein konkreter und nicht nur unerheblicher Zusammenhang zwischen der Anschlussanstellung und der vorangegangenen Regierungstätigkeit zu fordern.[1048] Karenzzeiten können aber auch genutzt werden, um das Erkaufen von Zugang zu politischen Entscheidungsträgern zu unterbinden. Wird auch dieser Zweck verfolgt, ist eine deutlich weitergehende Auslegung der

---

der Anzeige einer Tätigkeit abhalten wird, wenn nicht mit einer Genehmigung zu rechnen ist.

1045 Kritisiert wird am Übergangsgeld, dass nun durch die Karenzzeit die Möglichkeit zur Verlängerung des Übergangsgeldes besteht, s. hierzu den Beitrag der Abgeordneten *Wawzyniak*, Plenarprotokoll 18/115, S. 11180.

1046 Siehe zu den Karenzzeiten der Kommissionsmitglieder der Europäischen Union S. 160.

1047 So *Scheffczyk*, Karenzzeit für Bundesminister und parlamentarische Staatssekretäre, ZRP 2015, S. 133, 134 f.

1048 *Scheffczyk*, Karenzzeit für Bundesminister und parlamentarische Staatssekretäre, ZRP 2015, S. 133, 135.

Tatbestandsmerkmale geboten. In dem Fall könnten etwa zusätzlich alle Tätigkeiten als Interessenvertreter erfasst werden.

Laut der Gesetzesbegründung[1049] soll mit der Karenzzeit zweierlei erreicht werden: Es soll einerseits der Anschein einer voreingenommenen Amtsführung im Hinblick auf spätere Karriereaussichten unterbunden werden. Andererseits soll die private Verwertung von Amtswissen nach Beendigung des Amtsverhältnisses verhindert werden. Der Gesetzeszweck entspricht somit dem des § 105 BBG. Wie genau der zweite Zweck, die Verhinderung der *„privaten Verwertung von Amtswissen nach Beendigung des Amtsverhältnisses"* zu verstehen ist, wird aus der Gesetzesbegründung nicht deutlich. Das erlangte Amtswissen wird nicht näher beschrieben. Zweifellos ist hiermit das Wissen über Vorgänge des politischen Prozesses gemeint. Bundesminister und parlamentarische Staatssekretäre erlangen Detailkenntnisse zu nahezu allen in ihren Ministerien angestoßenen Verfahren. Sie haben außerdem Kenntnisse über die Organisations- und Entscheidungsstruktur der jeweiligen Ministerien. Doch bleibt unklar, ob auch die erworbenen Kontaktnetzwerke erfasst sind. Hierfür spricht zum einen eine Äußerung der SPD-Fraktion in der Beschlussempfehlung des Innenausschusses. Die Fraktion unterstützte den Entwurf, da dieser *„sicherstelle, dass Kenntnisse und Netzwerke* [...] *geschützt würden* [...]."[1050] Zum anderen spricht das übergeordnete Gesetzesziel, das Vertrauen in die Integrität der Bundesregierung zu sichern,[1051] dafür, dass die Karenzzeit auch den Zugangskauf eindämmen soll.[1052] Denn nicht nur Korruption, sondern gerade auch der Kauf von Zugang zum politischen Prozess ist geeignet, das Vertrauen in die Integrität zu erschüttern. Die Seitenwechsel von der Politik in die Wirtschaft erfolgen in aller Regel wegen der Zugangsmöglichkeiten und Expertise des ehemaligen Politikers und nicht als Gratifikation für die vorangegangene Amtsführung.[1053] Wollte das Gesetz

---

1049 BT-Drs. 18/4630, S. 1.

1050 BT-Drs. 18/5419, S. 6. Ein ähnliches Verständnis legt auch der Beitrag *Mahmut Özdemirs* in der Bundestagsdebatte zum Gesetzesentwurf nahe, vgl. Plenarprotokoll des Bundestags 18/100, S. 9578 f.

1051 BT-Drs. 18/4630, S. 1.

1052 *Bamberger*, Nachamtliche Tätigkeitsbeschränkungen für politische Amtsträger, S. 47 ff. sieht ebenfalls neben der Expertise und dem Amtswissen die Beziehungen der ehemaligen Amtsträger in den Politikbetrieb als maßgebliche Motivation der Anschlussarbeitgeber. **Anderer Ansicht** scheint *Wewer*, Karenzzeiten für Politiker, VM 2015, S. 325, 334 zu sein: *„Möglicherweise bekommen ehemalige Politiker eher einen Termin im Ministerium oder im Parlament, um ihr Anliegen vortragen zu können, aber das heißt noch lange nicht, dass dem Anliegen auch entsprochen wird. Wer ein staatliches Amt übernimmt, übernimmt auch eine bestimmte Rolle. Warum sollte ein Minister oder Staatssekretär etwas tun, von dem er selbst nicht überzeugt ist und im schlimmsten Fall das Amt kosten kann? Das Bild von Politik, das die Aktivisten haben, ist insofern ziemlich primitiv."* *Wewer* leugnet somit bereits das Problem, dass Einfluss auf das Parlament durch Finanzmittel erreicht werden kann. Wer dort kein Problem sieht, stellt natürlich auch keinen Regelungsbedarf fest.

1053 *Kubiciel*, Politische Korruption, ZRP 2014, S. 48, 49.

nur letztere Fälle verhindern, wäre sein Anwendungsbereich äußerst beschränkt und bereits durch die Korruptionsdelikte erfasst. Aufgrund der überzeugenderen Argumente wird für den Fortgang der Arbeit angenommen, dass das Gesetz auch den Einkauf von Zugang und Expertenwissen begrenzen will. Die Versagungsgründe sind folgerichtig auch nicht zu restriktiv auszulegen. Selbst wenn kein Bezug zwischen der nachamtlichen Tätigkeit und dem vorherigen Regierungsamt besteht, kann das Ansehen der Bundesregierung leiden, wenn ein ehemaliger Minister nach dem Ausscheiden aus der Regierung als Interessenvertreter für ein (fachfremdes) Unternehmen tätig wird. Dann wäre eine Versagungsmöglichkeit nach § 6b Abs. 1 S. 2 Nr. 2 BMinG gegeben.[1054]

Trotz des hier angenommenen weiten Anwendungsbereichs ist die Länge von regelmäßig maximal 12 Monaten lediglich zur Verhinderung von Korruption geeignet.[1055] Aus der Perspektive des ehemaligen Regierungsmitglieds bzw. parlamentarischen Staatssekretärs verliert die Aussicht auf eine Nachfolgeanstellung an Wert, wenn eine einjährige Zwangspause einzuhalten ist. Der Anreiz zur Beeinflussung vorheriger Amtshandlungen sinkt entsprechend. Noch viel mehr dient die Karenzzeit der Widerlegung des Anscheins eines solchen Sachverhalts. Der Anschein einer voreingenommenen Amtsführung ist besonders stark, wenn die Anschlusstätigkeit direkt auf das Ausscheiden aus dem politischen Amt folgt. Stellt die Bundesregierung fest, dass mit der nachamtlichen Beschäftigung der anrüchige Eindruck gekaufter Entscheidungen einhergeht, kann sie den Eindruck durch Verhängung der Karenzzeit entschärfen.

Es ist jedoch nicht davon auszugehen, dass das besondere Wissen sowie das Netzwerk des ehemaligen Regierungsmitglieds bzw. parlamentarischen Staatssekretärs nach einer Auszeit von einem Jahr für private Unternehmen an Bedeutung verloren haben.[1056] Insbesondere die Kontakte in die Ministerialbürokratie sind deutlich langlebiger.[1057] Grund hierfür ist, dass im Gegensatz zur Diskontinuität im Bundestag das Personal in der Ministerialbürokratie nach einem Regierungswechsel nicht ebenfalls vollständig ausgetauscht wird. So können die erworbenen Kontaktnetzwerke auch einige Jahre nach dem Ausscheiden aus der Politik erhalten

---

1054 Andere Ansicht *Scheffczyk*, Karenzzeit für Bundesminister und parlamentarische Staatssekretäre, ZRP 2015, S. 133, 135, der wegen seiner restriktiveren Auslegung bereits den eigenständigen Anwendungsbereich des § 6b Abs. 1 S. 1 Nr. 2 BMinG bezweifelt.

1055 Entsprechende Kritik üben auch die Stellungnahmen im Gesetzgebungsverfahren von *Transparency International Deutschland*, A-Drs. 18(4)336 B, S. 1f. und *Lobby-Control*, A-Drs. 18(4)336 E, S. 5 f.

1056 *Bamberger*, Nachamtliche Tätigkeitsbeschränkungen für politische Amtsträger, S. 204 f., der auch eine Karenzzeit von zwei Jahren für zu kurz hält, um effektiv die Kommerzialisierung des Amtswissen zu unterbinden.

1057 So auch *Transparency International Deutschland*, A-Drs. 18(4)336 B, S. 1f. und *LobbyControl*, A-Drs. 18(4)336 E, S. 5 f. Ebenso die Kritik zu den Karenzzeiten in den USA, vgl. Fn. 660.

bleiben.[1058] Informationen über laufende Verfahren können ebenfalls die Karenzfrist überdauern. Abhängig vom Gang des Verfahrens kann der ehemalige Minister noch Jahre nach dem Ausscheiden über wichtige Kenntnisse verfügen.

Die Karenzzeit von 12 Monaten eignet sich daher allein um Anschlusstätigkeiten zu legitimieren. Verhindert werden direkte Wechsel von der Regierungsbank in solche Berufe, die im Zusammenhang mit der vorherigen Amtsführung standen. Entgegen dem gesetzgeberischen Ziel wird lediglich die Skandalisierung bestimmter Berufswechsel verhindert statt die Nutzung des im Amt erworbenen Wissens als wirtschaftliches Gut zu untersagen. Zum Erreichen des zweiten Ziels sind deutlich längere Fristen notwendig. Sachliche Gründe für die Dauer der gewählten Frist werden weder in der parlamentarischen Debatte noch in der Gesetzesbegründung geliefert. Es erfolgt lediglich ein Verweis auf die guten Erfahrungen der EU mit einer 18-monatigen Karenzzeit.[1059] Warum die Regelzeit dann aber auf nur 12 Monate festgelegt wurde, wird weder aus der Begründung noch aus der Debatte erkennbar.

III. Ergebnis

Während das Regelungsregime für die Beamten überzeugt, sind die die Mandatsträger betreffenden Regelungen eher schwach ausgestaltet. Der illegitimen Beeinflussung von Beamten wirken die gesetzlichen Regelung effektiv entgegen. Den Interessenvertretern wird es durch das Geschenk- und Nebentätigkeitsverbot sowie die bis zu fünfjährigen Karenzzeiten[1060] erschwert, durch Zuwendungen in der Gunst der Ministerialmitarbeiter zu steigen. Die Gemeinwohlbindung, das Distanzgebot und die Meidung des bösen Scheins werden durch die Vorschriften effektiv gefördert.[1061] In der deutschen Rechtsordnung unterliegt das Näheverhältnis einer ähnlich strikten Regulierung wie in den USA[1062]. Den Abgeordneten des Kongresses (und ranghöheren Mitgliedern der Exekutive) ist allerdings zudem die Annahme bestimmter Tätigkeiten wie etwa Reden oder Veröffentlichungen vollständig untersagt und das Gesamtnebeneinkommen der Höhe nach begrenzt.[1063] Bei den Karenzzeiten fällt darüber hinaus auf, dass der deutsche Ansatz keine vielzähligen Tatbestände

---

1058 So auch *Bamberger*, Nachamtliche Tätigkeitsbeschränkungen für politische Amtsträger, S. 49 f.

1059 Bundesinnenminister *Thomas de Maizière* in der Ersten Beratung zum Gesetzesentwurf, vgl. Plenarprotokoll des Bundestags 18/100, S. 9576.

1060 Allerdings bestehen Zweifel an der wirksamen Durchsetzung der Karenzzeiten für Beamte, siehe die Beispiele bei *Humborg*, Lobbyismus als politische Herausforderung in Deutschland, S. 91, 94.

1061 Ähnlich *Bamberger*, Nachamtliche Tätigkeitsbeschränkungen für politische Amtsträger, S. 161 ff.

1062 Siehe zu den Karenzzeiten in den USA S. 150 ff.

1063 Siehe zu den amerikanischen Vorschriften zu Nebeneinkünften S. 118 ff. Die Abgeordneten des Europaparlaments unterliegen hingegen vergleichbar den Bundestagsabgeordneten lediglich Transparenzpflichten, vgl. hierzu S. 133 ff.

kennt, sondern durch das Instrument der Einzelfallentscheidung der Behörde Raum zur Beurteilung des konkreten Sachverhalts verbleibt.

Die Mandatsträger treffen in jeder Hinsicht weniger strikte Vorgaben. Ihnen sind Nebentätigkeiten grundsätzlich gestattet und auch die Vorschriften zu Geschenken lassen mehr Freiheiten. Karenzzeiten treffen die Mandatsträger nicht. Lediglich die Regierungsmitglieder und parlamentarischen Staatssekretäre, die jeweils regelmäßig ebenfalls Mandatsträger sind, müssen nachamtliche Tätigkeiten anzeigen. Im Untersagungsfall ist die Regelfrist von 12 Monaten deutlich kürzer als die Frist des § 105 BBG. Im Hinblick auf die Gefahren des Lobbyismus überzeugt die unterschiedliche Behandlung nicht. Auch Mandatsträger unterliegen der Gemeinwohlbindung, die es durch Vorschriften abzusichern gilt. Interessenvertretern wird eine Einflussnahme auf die ranghöchsten Exekutivmitglieder und Bundestagsabgeordneten erleichtert. Während ihnen eine Beeinflussung der Beamten durch die restriktiven Regelungen erschwert wird, verbleibt im Verhältnis zur Bundesregierung, den parlamentarischen Staatssekretären und den Bundestagsabgeordneten ein deutlich größerer Freiraum.[1064] Dieser Freiraum schlägt bis in die strafrechtliche Behandlung durch.[1065]

Ganz im Gegensatz dazu verhält sich die Situation in den USA[1066]: Dort werden Beamte und Mandatsträger in vielen Bereichen gleichbehandelt. Geschenkannahmeverbote, Begrenzung der Nebentätigkeiten und Karenzzeiten gelten in den USA für Mitglieder der Exekutive ebenso wie für Legislativmitglieder. Vorgaben zu den maximalen Nebeneinkünften und Karenzzeiten treffen zudem diensthöhere Amtsträger in verschärfterer Form. Zur Begrenzung der Gefahren des Lobbyismus sollte auch in Deutschland eine Angleichung der Vorschriften für Parlamentarier an das Regelungsregime der Beamten überdacht werden.

C. Abbau von Machtungleichgewichten

Einfachgesetzliche Vorschriften zum Ausgleich der zwischen den Interessengruppen bestehenden Machtungleichgewichten existieren nicht. Im Gesetzgebungsprozess macht sich das Machtungleichgewicht aber bei der Einbeziehung der Interessengruppen in den Gesetzgebungsprozess bemerkbar. Starke Interessengruppen werden aufgrund umfangreicher Kontaktnetzwerke eher in diesen Prozess einbezogen und haben somit einen erleichterten Zugang zum Entscheidungsvorgang. Nachfolgend werden daher die Vorschriften, die die Einbeziehung der Privaten in den Prozess der Gesetzgebung regeln, kurz vorgestellt.

Geregelt wird die Beteiligung einerseits für die Ausschusssitzungen in den §§ 54 ff. GOBT. Nach § 70 Abs. 1 S. 1 GOBT kann der Ausschuss Sachverständige,

---

1064 Ähnlich *Trittin*, Starke Lobby, schwache Lobby, S. 17, 26 f.

1065 Kritik insbesondere an der strafrechtlichen Differenzierung (allerdings mit Bezug zum § 108e a.F.) äußert auch *Stünker*, Strafbarkeit der Einflussnahme auf Volksvertreter in: FS Meyer, S. 589, 601.

1066 Vgl. hierzu die Ausführungen auf S. 117 ff.

Interessenvertreter und andere Auskunftspersonen anhören. Der § 70 Abs. 2 S. 1 GOBT verschafft auch der Minderheit im Ausschuss die Möglichkeit, Anhörungen zu verlangen. Stellungnahmen von geladenen Interessenvertretern sind nach § 66 Abs. 2 S. 2 GOBT in wesentlichen Punkten wiederzugeben. Freilich ist das Kriterium der Wesentlichkeit nicht näher definiert. Zudem werden nur unregelmäßig und uneinheitlich entsprechende Berichte erstellt.[1067] Weitere Vorschriften zur Auswahl der Interessenvertreter oder Dokumentation der Kommunikation bestehen nicht. Wegen der Vorverlagerung der faktischen Entscheidungsprozesse auf die Ebene der Ministerialbürokratie werden die Anhörungen im Bundestag teilweise als *„Alibiveranstaltungen“*[1068] kritisiert.

Andererseits regelt der § 47 GGO den Umgang von Ministerien und Verbandsvertretern sowie kommunalen Spitzenverbänden. Nach § 47 Abs. 1 GGO ist ein Entwurf einer Gesetzesvorlage neben den Bundesländern auch betroffenen kommunalen Spitzenverbänden sowie nach § 47 Abs. 3 GGO Zentral- und Gesamtverbänden und betroffenen Fachkreisen zuzuleiten. Nach § 47 Abs. 5 GGO sind die Verbände im Rahmen mündlicher Anhörungen zu beteiligen. Weitergehende Regelungen zu deren Stellungnahmen trifft die Norm nicht, so dass sie weder Transparenz schafft noch schwache Interessen besonders berücksichtigt. Nach § 42 Abs. 1 iVm § 43 Abs. 1 Nr. 2 GGO sind schließlich die wesentlichen Erkenntnisquellen des Gesetzgebungsprozesses in der Begründung zu nennen. Allerdings wird der Inhalt der Begründung nicht näher durch die GGO konkretisiert. Welche Beteiligungen als wesentliche Erkenntnisquellen darzustellen sind, gibt die Norm nicht vor.[1069] Ebenso wenig ergibt sich aus dem *„Handbuch der Rechtsförmlichkeit“*[1070], das vom vom Bundesministerium der Justiz als *„Bibel“* der Gesetzeserstellung herausgegeben wird, eine Anleitung zur Erstellung der Gesetzesbegründung.[1071]

Beide Normen lassen somit keine Rückschlüsse auf die Einflussnahme zu. Die Vorschriften sehen weder ein ausgewogenes noch ein nachvollziehbares Verfahren vor, sondern stellen die Beteiligung stattdessen vollständig ins Ermessen des Ausschusses bzw. der Ministerialbeamten. Es ist zu befürchten, dass bestehende Kontaktnetzwerke sich hierdurch weiter verfestigen und Anhörungsinteressierte ohne entsprechende Kontakte von den Vorgängen ausgeschlossen werden.[1072] In den USA werden hingegen Karenzzeiten zur Verringerung des Machtungleichgewichts eingesetzt.[1073] Auf europäischer Ebene wird ein Online-Konsultationsverfahren zur Beteiligung einer möglichst breiten Öffentlichkeit eingesetzt.[1074] Beide Instrumente

---

1067 *Steinberg*, Parlament und organisierte Interessen, S. 217, 235.
1068 *Steinberg*, Parlament und organisierte Interessen, S. 217, 234 f.
1069 So auch *Transparency International*, A-Drs. 18 – G – 21a, S. 2.
1070 *Bundesministerium der Justiz*, Handbuch der Rechtsförmlichkeit.
1071 *Wedemann*, Die Gestaltung der Gesetzesbegründung, S. 127, 128.
1072 Siehe zum Problem der sich verfestigenden Netzwerkstrukturen auch S. 39.
1073 Siehe zu den amerikanischen Karenzzeiten S. 149 ff.
1074 Zum Online-Konsultationsverfahren siehe S. 110 ff. und insbesondere mit Blick auf das Machtungleichgewicht S. 163 ff.

dienen dem Abbau von Machtungleichgewichten, wobei unterschiedliche Ansätze verfolgt werden. Durch die Ausgestaltung der nachamtlichen Beschäftigungsverbote in den USA wird der Einkauf von Kontaktnetzwerken und dem damit verbundenen Zugang zur und Einfluss auf die Politik jedenfalls erheblich erschwert, so dass finanzstarke Interessengruppen ihren monetären Vorteil nicht so leicht in politischen Einfluss umwandeln können. Eine interbasierte Beteiligungsplattform ermöglicht es hingegen auch schwachen Interessengruppen, ihre Anliegen ohne besondere Kontaktnetzwerke in den politischen Prozess einzubringen.

4. Abschnitt: Ergebnis

Der gesetzliche Rahmen der privaten Einflussnahme auf den Gesetzgebungsprozess des Bundestags ist lückenhaft: Weitestgehend umfassend sind finanzielle Zuwendungen geregelt. Sie unterliegen Veröffentlichungsvorschriften, die dem Interessierten die Möglichkeit verschaffen, sich umfassend über Herkunft und Höhe von Spenden zu informieren. Darüber hinaus existieren trotz der verfassungsrechtlich verbürgten Forderung nach Transparenz keine Instrumente, die die Verbindungen zwischen Interessenvertretern und politischen Entscheidungsträgern beleuchten. Die Verbändeliste ist ineffektiv und greift bereits in ihrem Anwendungsbereich zu kurz. Mangelnde Nachvollziehbarkeit ist ein guter Nährboden für Misstrauen.

Die verfassungspolitischen Erwägungen sekundieren die Forderung nach mehr Transparenz und weisen zudem auf die Notwendigkeit des bürgerseitigen Vertrauens hin. Vertrauen wird durch den Abbau von Intransparenzen gefördert und führt seinerseits zur Akzeptanz staatlicher Entscheidungen. Fehlt es an der Nachvollziehbarkeit politischer Prozesse, besteht die Gefahr einer abnehmenden Akzeptanz umstrittener Entscheidungen innerhalb der Bevölkerung.[1075] Letztendlich gefährdet Lobbyismus somit den Primat der Politik.[1076] Entsprechende Transparenzvorschriften wären nicht nur rechtspolitisch wünschenswert, sondern sind nach hier vertretener Auffassung zur Herstellung der Kontrollmöglichkeit durch den Souverän auch verfassungsrechtlich durch das Demokratieprinzip geboten. Wegen der aufgezeigten Stellung der Ministerialbürokratie sind transparenzfördernde Instrumente nicht nur für die Parlamentsarbeit zu fordern. Auch die Vorarbeiten auf administrativer Ebene müssen für den Souverän nachvollziehbar sein. Entscheidungsfindung im Rahmen eines fairen und offenen Abwägungsprozesses ist eines der Grundprinzipien der Demokratie.[1077] Nur, wenn die Bürger in den korrekten Ablauf staatlicher Verfahren vertrauen, kommt es auch zur faktischen Legitimation des Staates.

1075 *Pünder*, Wahlrecht und Parlamentsrecht als Gelingensbedingungen repräsentativer Demokratie, VVDStRL 72, S. 193, 198; ähnlich auch *Horn*, Verbände in: HStR III, § 41 Rn. 52.

1076 *Kolbe/Hönigsberger/Osterberg*, Marktordnung für Lobbyisten, S, 39.

1077 *Alemann*, Eckert, Lobbyismus als Schattenpolitik, APuZ 15–16/2006, S. 3, 6f., der auch darauf hinweist, dass Korruptionsfälle in Deutschland äußerst selten sind.

Bei der Betrachtung der rechtlichen Ausgestaltung des Verhältnisses zwischen politischen Entscheidungsträgern und Interessenvertretern fällt der unterschiedliche Umgang mit den Beamten einerseits und den Bundestagsabgeordnete und Regierungsmitgliedern andererseits auf.[1078] Die Beamten unterliegen einem Geschenkannahmeverbot, einem grundsätzlichen Nebentätigkeitsverbot sowie einer bis zu fünfjährigen Karenzzeit. Mandatsträger und Regierungsmitglieder treffen ähnliche Regelungen, die jedoch allesamt weniger strikt ausgestaltet sind. Die unterschiedliche Behandlung wird zwar durch das freie Mandat erklärt, ist jedoch in der Diskrepanz nicht zwingend. Mandatsträger unterliegen ebenfalls der Gemeinwohlbindung und dem daraus resultierenden Distanzgebot. Eine Normierung des Näheverhältnisses zwischen Interessenvertretern und politischen Entscheidungsträgern kann beide Gruppen daher in einem ähnlichen Maß treffen.

Eine weitergehende Verrechtlichung zulässigen Verhaltens der politischen Entscheidungsträger könnte sich als rechtspolitisch sinnvoll erweisen. Verfassungsrechtlich lässt sich nicht nur die Verhinderung tatsächlicher Interessenkonflikte, sondern auch das Unterbinden scheinbarer Störungen der Gemeinwohlbindung rechtfertigen. Die öffentliche Wahrnehmung der Gemeinorientierung der Abgeordneten wird aktuell durch ein enges Aneinanderrücken von politischen Entscheidungsträgern und Interessenvertretern gefährdet. Die Einführung der Karenzzeiten für ehemalige Bundesminister und parlamentarische Staatssekretäre stellt einen Schritt in die richtige Richtung dar.

Das zwischen den verschiedenen gesellschaftlichen Interessengruppen bestehende Machtungleichgewicht erfährt hingegen keinerlei Regelung. Verfassungsrechtlich sind solche Regeln auch nicht geboten. Ausreichend ist, wenn der Gesetzgeber die grundsätzliche politische Waffengleichheit herstellt. Aus rechtspolitischer Sicht besteht aber das Bedürfnis Instrumenten zu prüfen, die dem bestehenden Machtungleichgewicht begegnen können. Die Pluralisierung und Heterogenität der Interessen verlangt nach einem sich öffnenden Staat, der sich nicht allein in schon bestehenden Entscheidungsnetzwerken bewegt.[1079] Die einseitige Macht weniger Interessenvertreter kann die Ausgewogenheit des gesetzgeberischen Abwägungsprozesses beschädigen.[1080] Doch scheint die Begrenzung der Macht starker Interessen schwierig. Dies gilt zum einen deshalb, weil es wegen der informellen Strukturen der Interessenvertretung bereits an notwendigen Anknüpfungspunkten fehlt. Lobbyismus lässt sich nicht auf wenige Verfahren, Techniken und Orte reduzieren. Einflussnahme findet auf verschiedensten Wegen und außerhalb staatlich institutionalisierter Verfahren statt. Zum anderen ist die Interessenvertretung grundrechtlich geschützt, so dass sich die Begrenzung insbesondere an den Maßstäben der

Für die USA ebenso *Hasen*, Lobbying, 64 Stan. L. Rev. S. 191, 225 und *Allard*, Lobbying is an honorable profession, 19 Stan. L. & Pol'y Rev. S. 23, 28.

1078 Ähnlich *Trittin*, Starke Lobby, schwache Lobby, S. 17, 26 f.

1079 *Sebaldt/Straßner*, Verbände in der BRD, S. 307.

1080 *Weber*, Interessengruppen, S. 390.

Vereinigungs- und Berufsfreiheit (Art. 9 Abs. 1, Art. 12 Abs. 1 GG) messen lassen muss. Daher erscheint eine Stärkung schwacher Interessen sowie eine weitergehende Formalisierung des Gesetzgebungsverfahrens der erfolgversprechendere Weg zum Ausgleich des Machtungleichgewichts zu sein.

Gegen die Einführung von Instrumenten zur Regulierung der Einflussnahme privater Interessenvertreter wird gelegentlich der damit verbundene zeitliche und finanzielle Aufwand vorgetragen. Es ist davon auszugehen, dass mehr Transparenz, eine verbesserte Einbeziehung schwacher Interessen sowie die Regulierung des zulässigen Verhaltens politischer Entscheidungsträger die Transaktionskosten des Gesetzgebungsverfahren erhöht. Dies ist jedoch der Preis, um in einer sich ausdifferenzierenden, pluralistischen Gesellschaft ein ausgewogenes Gesetzgebungsverfahren abzusichern.[1081]

1081 So auch *Sebaldt/Straßner*, Verbände in der BRD, S. 308.

5. Teil: Darstellung und Analyse möglicher Regelungsinstrumente

Nachfolgend werden verschiedene Regulierungsinstrumente auf ihre Geeignetheit hin untersucht, die Lücken im rechtlichen Rahmen zu schließen. Gegliedert wird die Darstellung erneut entsprechend der analysierten Gefahren. Begonnen wird mit möglichen Maßnahmen zur Steigerung der Transparenz. Anschließend werden Instrumente begutachtet, die darauf abzielen das Näheverhältnis zwischen den politischen Entscheidungsträgern und den Interessenvertretern zu regeln. In einem dritten Schritt sollen Möglichkeiten untersucht werden, das zwischen den Interessengruppen bestehende Machtungleichgewicht zu reduzieren.

Die jeweilige Prüfung wird – soweit eine solche Trennung sinnvoll erscheint – einerseits die rechtspolitische Zweckmäßigkeit der Regulierungsinstrumente und andererseits deren rechtliche Ausgestaltung zum Gegenstand haben. Zweckmäßig sind Instrumente, die geeignet zur Erreichung des vorgegebenen Ziels sind. Untersucht wird, inwieweit das jeweilige Instrument als Reaktion auf die jeweiligen Gefahrenpotenziale taugt. Im anschließenden Prüfungspunkt der rechtlichen Zulässigkeit werden die Instrumente auf ihre verfassungsrechtliche Zulässigkeit hin untersucht und Problemstellen bei einer etwaigen rechtlichen Umsetzung beleuchtet.

1. Abschnitt: Herstellung von Transparenz

Neben Verbesserungsvorschlägen zu den Spendenvorschriften, werden im ersten Abschnitt die Möglichkeiten der Einführung eines Lobbyregisters sowie eines legislativen Fußabdrucks erörtert. Die Instrumente zielen darauf ab, die Einflussnahmeversuche privater Interessenvertreter aus dem Verborgenen ins Licht der Öffentlichkeit zu rücken. Bevor transparenzfördernde Maßnahmen bewertet werden, stellt sich aber zunächst die Frage nach der Wirkungsgrenze solcher Instrument. Transparenz wird eine präventive und eine repressive Wirkung zugeschrieben.[1082] Der präventive Effekt rührt daher, dass die Möglichkeit einer dauernden Kontrolle von außen zu einer inneren Selbstkontrolle führt.[1083] Offenlegungspflichten erhöhen die Gefahr, dass illegitime Praktiken der Öffentlichkeit bekannt werden. Die betroffenen Akteure passen ihr Verhalten dementsprechend an. Die repressive Wirkung liegt in der gesteigerten Nachvollziehbarkeit politischer Vorgänge. Transparenz im Bereich der Einflussnahme lässt erkennen, wenn sich die politischen Entscheidungsträger nicht am Gemeinwohl orientieren.

1082 *Classen*, Interessenvertretung in der Europäischen Union, S. 279.

1083 *Baumann*, Die schöne Transparenz-Norm und das Biest des Politischen, Leviathan 2014, S. 398, 401.

Abgesehen von der präventiven, psychologischen Wirkung kann die Nachvollziehbarkeit politischer Entscheidungs- und Austauschprozesse an sich unrechtmäßige Vorgehensweisen jedoch nicht unterbinden. Die Wirkmacht von Transparenz endet dort, wo durch die Offenlegungs- und Dokumentationspflichten Informationen über den jeweiligen Prozess zur Verfügung gestellt werden.[1084] Die Nützlichkeit der gewonnenen Informationen hängt von ihrer Verarbeitung ab. Informationen müssen in Wissen und Wissen in politische Entscheidungen umgewandelt werden.[1085] Es wird bezweifelt, ob der Bürger zu der notwendigen Verarbeitung willens und in der Lage ist. Die Zweifel werden begründet mit einer Überforderung des Bürgers durch die voranschreitende Komplexität und durch zu viele verfügbare Informationen sowie mit mangelndem Interesse.[1086] Doch richten sich Transparenzvorschriften nicht primär an den einzelnen Bürger. Stattdessen ist davon auszugehen, dass die gewonnenen Informationen vor allem durch die Medien und konkurrierende Interessengruppen genutzt werden. Die in der jeweiligen Branche tätigen Medien- und Interessenvertreter verfügen über das Fachwissen und die personellen Ressourcen, um die durch weiterreichende Transparenzpflichten gelieferten Informationen zu nutzen.[1087] Sie bereiten die Informationen auf, vermitteln Wissen und ermöglichen dem Bürger dadurch politische Entscheidungen.

Um dieser Aufgabe nachkommen zu können, müssen die transparenzfördernden Maßnahmen effektiv ausgestaltet sein. *Fung/Graham/Weil* haben 18 transparenzfördernde Gesetze der USA analysiert und fünf Kriterien herausgearbeitet, die entscheidend für den Erfolg dieser Gesetze sind.[1088] Nach ihrer Analyse kommt es darauf an, dass ein transparenzförderndes Gesetz einen spezifischen politischen Zweck verfolgt, die zur Offenlegung Verpflichteten klar bestimmt, den Umfang der erwarteten Informationen definiert, die Struktur und Veröffentlichungsweise der Informationen festlegt und über einen Durchsetzungsmechanismus verfügt. Die Verfolgung eines politischen Zwecks sowie die Bereithaltung von Durchsetzungsmechanismen sind allerdings Voraussetzungen für eine Vielzahl politischer Regulierungsinstrumente. Der Offenlegungspflichtige bestimmt sich durch das zu regulierende Umfeld. Offenlegungspflichtig sollen (allein) diejenigen Akteure sein, von denen ein Risiko für die Öffentlichkeit ausgeht.[1089] Voraussetzung für ein effektives Transparenzinstrument ist zudem die Spezifizierung der zu veröffentlichenden Informationen. Die Informationen müssen für den Verwender nützlich sein,

1084 *Classen*, Interessenvertretung in der Europäischen Union, S. 279; *Wewer*, Form und Inhalt, S. 87, 96 f.

1085 *Baumann*, Die schöne Transparenz-Norm und das Biest des Politischen, Leviathan 2014, S. 398, 406.

1086 *Baumann*, Die schöne Transparenz-Norm und das Biest des Politischen, Leviathan 2014, S. 398, 404 ff.

1087 *Cohen-Eliya/Hammer*, Nontransparent Lobbying, 2 William and Mary Policy Review, S. 265, 286.

1088 *Fung/Graham/Weil*, Full disclosure, S. 39 ff.

1089 *Fung/Graham/Weil*, Full disclosure, S. 41.

zu seinen Entscheidungsstrukturen passen und verständlich sein.[1090] Struktur und Veröffentlichungsweise versprechen nach der Analyse von *Fung/Graham/Weil* dann eine größtmögliche Chance auf Effektivität, wenn die gelieferten Informationen durch Standardisierung eine hohe Vergleichbarkeit aufweisen.[1091]

A. Regulierung durch ein Lobbyregister

Grundidee des Lobbyregisters ist die Schaffung einer Datenbank über die verschiedenen Akteure, die Einfluss auf staatliche Entscheidungen zu nehmen versuchen. Es hat sich in der jüngeren Vergangenheit als transparenzfördernde Maßnahme erster Wahl erwiesen[1092] und stellt vornehmlich ein Instrument zur Schaffung einer Strukturtransparenz[1093] dar. Ein Lobbyregister kann zudem den Anknüpfungspunkt für weitere Regulierungsinstrumente darstellen und etwa mit einem Verhaltenskodex für Interessenvertreter verknüpft werden. Die im Register enthaltene Definition des Interessenvertreters kann zudem für Karenzzeiten oder die Beschränkung von Nebentätigkeiten der Abgeordneten fruchtbar gemacht werden.

I. Rechtspolitische Zweckmäßigkeit

Rechtspolitisches Ziel eines Lobbyregisters ist eine überblicksartige Darstellung der Akteure im Bereich der Einflussnahme Privater auf staatliche Entscheidungsprozesse. Der Wandel der Branche der Interessenvertretung hin zu einem professionellen Dienstleistungsgewerbe[1094] verlangt nach neuen Rahmenbedingungen. Die Verbändeliste der Anlage 2 der GOBT ist bereits aufgrund ihrer Ausrichtung nicht geeignet, in dem neuen Umfeld ausreichend Transparenz zu gewährleisten.[1095]

Bei wirksamer Ausgestaltung kann ein Lobbyregister das verlorengegangene Vertrauen in die Integrität der politischen Entscheidungsprozesse zurückgewinnen. Wird das Verhältnis zwischen politischen Entscheidungsträgern und Interessenvertretern nachvollziehbar ausgestaltet, verbleibt weniger Raum für Spekulationen über etwaige Seilschaften zwischen den beiden Parteien. Durch ein solches Instrument kann dem Misstrauen in die Responsivität der Repräsentanten begegnet werden. Vertrauen in die Integrität des politischen Systems und der Abbau des Misstrauens gegenüber der Responsivität der politischen Klasse wirken sich positiv auf die Akzeptanz politischer Entscheidungen aus.

1090 *Fung/Graham/Weil*, Full disclosure, S. 55 ff.

1091 *Fung/Graham/Weil*, Full disclosure, S. 43 f.

1092 Neben den besprochenen Registern der USA und der Europäischen Union existieren unter anderem Lobbyregister in Großbritannien, Litauen, den Niederlanden, Polen, Ungarn und Dänemark.

1093 Siehe zur Unterscheidung von Struktur-, Prozess- und Inhaltstransparenz S. 33.

1094 Siehe zum Wandel der Branche S. 17 ff.

1095 Zur ausführlichen Kritik an der Verbändeliste siehe S. 216 f.

Um zu gewährleisten, dass nicht lediglich partiell Transparenz geschaffen wird, ist aus rechtspolitischer Perspektive die Einführung einer Registrierungspflicht für Lobbyisten zu fordern. Das Ziel der nachvollziehbaren Darstellung der Einflussnahme durch Interessenvertreter wird nicht erreicht, wenn nur ein Teil der Branche vom Lobbyregister erfasst wird.[1096] Die Zahlen zum Gemeinsamen Transparenzregister der Europäischen Union legen nahe, dass positive Registrierungsanreize das Fehlen einer Registrierungspflicht nicht vollständig auffangen können. Dies gilt umso mehr als dass ein vergleichbares Kontaktverbot, wie es die EU-Kommission geschaffen hat,[1097] nur schwerlich mit dem in Art. 38 Abs. 1 S. 2 GG verankerten freien Mandat zu vereinbaren scheint.[1098] Zur Gewährleistung eines möglichst umfassenden Überblicks ist daher eine Registrierungspflicht notwendig. Umgekehrt sind wiederum Ausnahmen etwa für Privatpersonen zu schaffen, die lediglich einmalig oder gelegentlich versuchen, auf politische Entscheidungsträger Einfluss zu nehmen. Die einmalige bzw. gelegentliche Einflussnahme durch Privatpersonen befeuert weder das Korruptionsrisiko noch sät sie Zweifel an der Responsivität der Repräsentanten. Ein Ausnahmekatalog muss somit diejenigen aus dem Anwendungsbereich des Lobbyregisters herausnehmen, bei denen das aufgezeigte Gefahrenpotenzial professioneller Interessenvertreter[1099] nicht vorliegt.

Um dem rechtspolitischen Ziel zu genügen, sollten die Offenlegungspflichten über bloße Angaben zu Arbeitgeber, Geschäftssitz und Name des Interessenvertreters hinausgehen. Die lediglich solche Basisdaten verlangende Verbändeliste hat sich in ihrer Informationsqualität als unzureichend herausgestellt.[1100] Ziel eines Lobbyregisters sollte es sein, nachvollziehbar die Strukturen der Branche der Interessenvertretung darzustellen, so dass erkennbar wird welche Person welche Interessen für welchen Auftraggeber in den politischen Entscheidungsprozess einbringt. Fraglich erscheint, ob mit dem Lobbyregister darüber hinaus durch die Offenlegung jeglicher Kontakt zwischen privaten Interessenvertretern und politischen Entscheidungsträgern auch eine Prozesstransparenz geschaffen werden sollte. Dafür spricht das Ziel, einen umfassenden Überblick über die Verbindungen zwischen Interessenvertretern und politischen Entscheidungsträgern zu schaffen. Doch droht bei einer solchen Ausgestaltung eine Überforderung der Nutzer. Wird jedes Treffen bzw. jeder Kontakt dokumentiert, kann daraus eine nur schwer zu bewältigende Flut an Informationen entstehen. Auch wäre damit ein nicht unerheblicher Verwaltungsaufwand verbunden. Stattdessen sollte sich das Register darauf beschränken, einen Überblick über die in dem Bereich tätigen Akteure sowie der Verbindung zwischen den Akteuren zu liefern[1101] und dementsprechend primär auf

1096 So auch *Transparency International*, A-Drs. 18 – G – 21a, S. 3 und *degepol*, A-Drs. 18 – G – 23, S. 6, 8.
1097 Siehe hierzu auf S. 89.
1098 Siehe zu den verfassungsrechtlichen Erwägungen sogleich auf S. 240 f.
1099 Siehe zu den von Interessenvertretern ausgehenden Gefahren S. 53 ff.
1100 Zur Kritik an der Verbändeliste siehe S. 186 f.
1101 Ähnlich *Schmedes*, Mehr Transparenz wagen?, ZParl 2009, S. 543, 548.

das Schaffen einer Strukturtransparenz ausgerichtet werden. Zu fordern sind daher Informationen über die kontaktierten Stellen, nicht aber über jeden einzelnen Kontakt. Allerdings darf die Stelle wiederum nicht so abstrakt gefasst werden, dass die Information jegliche Aussagekraft verliert. Um die tatsächlich Verantwortlichen zu erfassen ist es unerlässlich, dass Drittinteressenvertretern zudem ihre Auftraggeber zu benennen haben. Zur Bewertung der jeweiligen Macht der Interessenvertretungen bieten sich zudem Offenlegungspflichten zu den eingesetzten Finanzmitteln an. Die Summe der aufgebrachten Finanzmittel lässt Rückschlüsse darauf zu, welche Wichtigkeit die jeweilige Interessenvertretung den angegangenen Themen beimisst. Der Blick in die USA hat gezeigt, dass eine tatsächliche Nachvollziehbarkeit allein dann gewährleistet werden kann, wenn den Interessenvertretern solche über die Basisdaten hinausgehende Angaben abverlangt werden.[1102] Nur mit solchem Wissen ausgestattet können Journalisten und weitere Fachkundige sich einen Überblick über die bestehenden Verbindungen zwischen Wirtschaft und Politik verschaffen. Andernfalls bleibt die Wirkung des Registers stark begrenzt.

Aus rechtspolitischer Perspektive ist somit ein Register mit weitem Anwendungsbereich zu fordern, dass jedoch die einmaligen bzw. gelegentlichen Einflussnahmeversuche von Bürgern keinen Registrierungs- und Offenlegungspflichten unterwirft. Eine entsprechende Umsetzung kann die Nachvollziehbarkeit der politischen Entscheidungsprozesse ermöglichen und mittelbar das Vertrauen in die Integrität staatlicher Entscheidungsprozesse stärken. Ebenso wie beim Gemeinsamen Transparenzregister der Europäischen Union sollte das Lobbyregister nach einer zweijährigen Erprobungsphase einer Revision unterzogen werden.

Nebenbei lässt sich mit dem Lobbyregister auch eine Lösung der Hausausweis-Problematik[1103] verknüpfen. Hausausweise für den Bundestag erlangen derzeit nur Verbände auf einem transparenten Weg. Knüpft der Bundestag die Vergabe von Hausausweisen für Interessenvertreter[1104] an die Registrierung an, kann eine transparente Verfahrensgestaltung gewährleistet werden.

II. Rechtliche Ausgestaltung

Erste Voraussetzung für die Einrichtung eines Lobbyregisters auf Bundesebene ist, dass dem Bundestag die entsprechende Kompetenz zu einer solchen Gesetzgebung zusteht.

Soll das Register allein Einflussnahmen auf die Abgeordneten des Bundestages erfassen, kann es, wie die Verbändeliste, in der Geschäftsordnung des Bundestages geregelt werden. Wenn mit dem Lobbyregister aber nicht nur das Binnenrecht des

1102 Siehe zur entsprechenden Kritik aus dem amerikanischen Schrifttum S. 81 f., insbesondere Fn. 338–342.

1103 Vgl. dazu S. 217 f.

1104 Journalisten, die sich nach dem Anwendungsbereich des vorgeschlagenen Registers nicht registrieren können, können weiterhin einen Hausausweis über die Zugangs- und Verhaltensregeln für die Bundestagsliegenschaften erhalten.

Parlaments geregelt werden soll, scheidet eine Regelung durch die Geschäftsordnung des Bundestages aus.[1105] Die Geschäftsordnung entfaltet lediglich Binnenwirkung, so dass keine Bindungswirkung für die Mitglieder anderer Verfassungsorgane entstehen kann. Soll das einheitliche Register also nicht nur den Kontakt zu Mitgliedern des Bundestags umfassen, reicht eine Regelung in der GOBT nicht aus. Auch eine Regelung in der GOBT und der GGO ist nicht zweckmäßig, weil nicht Pflichten für die Staatsbediensteten, sondern ein einheitliches Register geschaffen werden soll. Es bedarf daher eines formellen Gesetzes.

Die Gesetzgebungskompetenz für ein über den Bundestag hinausgehendes Register wird im Schrifttum teilweise als Annexkompetenz zu den Zuständigkeiten des Bundes für die Bundesorgane gesehen.[1106] Es wird allerdings nicht ganz deutlich, an welchen Kompetenztitel des Bundes diese Ansicht anknüpft. Andererseits wird die Kompetenz *aus der Natur der Sache heraus* begründet.[1107] Gesetzeskompetenzen kraft Natur der Sache entstehen dort, wo es sich um eine Angelegenheit des Bundes handelt, die nur sinnvoll vom Bund geregelt werden kann. Eine gesetzliche Regelung des Umgangs von Bundesregierung und Bundestag mit Interessenvertretern ist eine solche Angelegenheit.[1108] Eine Zuständigkeit des Bundes für die Schaffung eines Lobbyregisters steht somit nicht in Frage, auch wenn unterschiedliche Begründungsansätze gewählt werden.

1. Anwendungsbereich

Bei der Bestimmung des Anwendungsbereichs eines Lobbyregisters sind zwei Seiten zu begutachten. Erstens ist zu überlegen, wie der Kreis der erfassten Interessenvertreter zu gestalten ist. Zweitens ist zu bestimmen, gegenüber welchen staatlichen Institutionen die Einflussnahmeversuche vom Lobbyregister erfasst werden sollen.

a. Interessenvertreter

In den Überlegungen zur rechtspolitischen Zweckmäßigkeit wurden bereits die Vorgaben an den Anwendungsbereich formuliert. Der Ansatz sollte in einer ersten Definition möglichst umfassend sein und anschließend über Ausnahmeregelungen diejenigen von der Registrierungs- und Offenlegungspflicht befreien, die nicht das Gefahrenpotenzial professioneller Interessenvertretung in sich tragen. Um von vornherein nur solche Interessenvertreter zu erfassen, die ein Mindestmaß an Professionalisierung aufweisen, erscheint die in den USA gewählte Verwendung

---

1105 *Hoppe*, Transparenz per Gesetz?, ZRP 2009, S. 39, 40; *Sodan*, Lobbyregister als Verfassungsproblem, LKV 2012, S. 193, 197; *Olberding*, Steuerung von Interessenpolitik, S. 121.

1106 *Hoppe*, Transparenz per Gesetz?, ZRP 2009, S. 39, 40.

1107 *Meyer*, Stellungnahme zur öffentlichen Anhörung des Landtags Brandenburg, S. 5; *Olberding*, Steuerung von Interessenpolitik, S. 121.

1108 *Meyer*, Stellungnahme zur öffentlichen Anhörung des Landtags Brandenburg, S. 5; *Olberding*, Steuerung von Interessenpolitik, S. 122.

zeitlicher und finanzieller Schwellenwerte[1109] gut geeignet.[1110] So wird gewährleistet, dass die Bürger auch weiterhin ohne Verwaltungsaufwand ihre Interessen und Befürchtungen gegenüber den politischen Entscheidungsträgern äußern können. Der in den USA genutzte zeitliche Schwellenwert ist jedoch in der dortigen Fachliteratur Kritik ausgesetzt.[1111] Ein zu hoher zeitlicher Schwellenwert nimmt nicht nur den einzelnen Bürger, sondern teilweise auch professionelle Interessenvertreter vom Anwendungsbereich aus. Empfehlenswert erscheint es, den Vorschlägen der amerikanischen Reformkommission[1112] entsprechend einen sehr geringen zeitlichen Schwellenwert (12 Stunden pro Quartal) anzusetzen. So sollte es professionellen Interessenvertretern auch durch Arbeitsteilung unmöglich sein, aus dem Anwendungsbereich herauszufallen. Es überzeugt zudem, gemäß dem amerikanischen Ansatz in 2 U.S. Code § 1603 (a)(2) dem Arbeitgeber des Interessenvertreters die Registrierungspflicht aufzubürden. Der Arbeitgeber kann den damit verbundenen Verwaltungsaufwand besser steuern. Auch für die überwachende Stelle ist es von Vorteil, wenn der Arbeitgeber als Ansprechpartner für alle von ihm beschäftigten Interessenvertreter zur Verfügung steht.

Entsprechend dem Lobbying Disclosure Act sind für ein Lobbyregister des Deutschen Bundestags die Termini *Lobbyist*, *Lobby-Kontakt*, *Lobby-Arbeit* und *Klient* die entscheidenden Begriffe. Lobbyisten sind demnach „*Personen, die angestellt sind oder vergütet werden, um Leistungen zu erbringen, die mehr als einen Lobby-Kontakt beinhalten. Ausgenommen sind Personen, die pro Quartal weniger als 12 Stunden auf Lobby-Arbeit oder unterstützende Aktivitäten verwenden.*“ Die Definition verlangt, dass der Lobbyist angestellt oder anderweitig vergütet wird. Für sich selbst auftretenden Bürger fallen nicht unter diese Definition, so dass auch bei dem geringen zeitlichen Schwellenwert nicht zu befürchten ist, dass dem einzelnen Bürger ein unverhältnismäßiger Verwaltungsaufwand droht. Ein *Klient* ist „*eine natürliche oder juristische Person, die eine andere Person bezahlt oder anderweitig entschädigt, um Lobby-Arbeit für ihn auszuführen*“.

Ein *Lobby-Kontakt* ist nach der Definition des LDA „*jede mündliche oder schriftliche Kommunikation mit einem vom Register erfassten Mitglied der Exekutive oder Legislative für einen Klienten, mit Bezug zu (a) der Formulierung, Modifizierung oder Einbringung von Gesetzen, (b) der Formulierung, Modifizierung oder Einbringung von Rechtsakten der Exekutive, (c) Verwaltungspraktiken oder der Ausführung von politischen Programmen auf Bundesebene sowie (d) der Nominierung oder Bestätigung von Personen, die ein Amt anstreben, das vom Bundestag vergeben wird.*“ Auch

---

1109 Siehe zu den Schwellenwerten des amerikanischen Transparenzregister S. 77.

1110 Für die Verwendung solcher Schwellenwerte plädieren auch die in der 18. Legislaturperiode eingebrachten Gesetzentwürfe, vgl. BÜNDNIS 90/Die Grünen, BT-Drs. 18/3920, S. 1 f. sowie DIE LINKE, BT-Drs. 18/3842, S. 2. Ebenso *LobbyControl*, A-Drs. 18 – G – 22, S. 7 f.

1111 Vgl. bei Fn. 333 f.

1112 *Task force on federal lobbying laws*, Lobbying in the Spotlight, 63 Admin. L. Rev. S. 419, 439 ff.

die Definition des Lobby-Kontakts, die Aktivitäten für einen Klienten verlangt, vermeidet, dass jedes Zugehen auf politische Entscheidungsträger den Registrierungszwang auslöst. Um weitere Tätigkeiten auszunehmen, formuliert der Lobbying Disclosure Act etwa 20 Ausnahmen zum Begriff des *„Lobby-Kontakts"*. Whistleblower, Journalisten oder sich mit staatlichen Stellen im Rechtsstreit Befindende sollen nicht von der Registrierungspflicht erfasst werden. Im Rahmen der deutschen Umsetzung wäre weiter zu untersuchen, ob alle Ausnahmen gleichermaßen zu übernehmen sind.[1113]

Der Begriff *Lobby-Arbeit* umfasst *„Lobby-Kontakte und alle übrigen Tätigkeiten, die „Lobby-Kontakte" vorbereiten. Davon umfasst sind insbesondere vorbereitende und planende Tätigkeiten, Forschung und weitere Tätigkeiten, die dazu dienen, im Falle des Lobby-Kontakts Verwendung zu finden."* *Lobby-Arbeit* ist der entscheidende Anknüpfungspunkt für den zeitlichen Schwellenwert.

Schließlich regte die in den USA eingesetzte Reformkommission an, neben dem Lobby-Kontakt und der Lobby-Arbeit zusätzlich den Tatbestand der Lobby-Unterstützung zu schaffen.[1114] Der Tatbestand soll dazu dienen, unterstützende Tätigkeiten Dritter offenzulegen. Andernfalls ist es durch arbeitsteiliges Zusammenwirken denkbar, die Schwellenwerte zu umgehen. Sind auch unterstützende Tätigkeiten Anknüpfungspunkt für den Anwendungsbereich des Registers, wird eine solche Umgehung erheblich erschwert.

b. Erfasste staatliche Stellen

Ein Lobbyregister sollte vor dem Hintergrund der rechtspolitischen Zielrichtung nicht nur Einflussnahmeversuche auf Abgeordnete des Bundestages, sondern – insbesondere mit Blick auf den Gesetzgebungslobbyismus – auch auf Mitglieder der Bundesregierung sowie auf die Beamten und Bediensteten der Bundesministerien umfassen.[1115] Die Bundesregierung ist Hauptinitiator von Gesetzesentwürfen.[1116] Würde sich ein Lobbyregister lediglich auf das Verhältnis zwischen Interessenvertretern und Bundestagsabgeordneten beziehen, würde jedenfalls die Einflussnahme auf die Gesetzgebung kaum transparenter werden. Konsequenterweise muss aber auch der Kontakt in die Bundesministerien den aus dem Register resultierenden Transparenzpflichten unterliegen. Die Wichtigkeit des ministerialen Unterbaus für den Gesetzgebungsprozess wurde bereits mehrfach hervorgehoben.[1117] An dieser Stelle werden bereits wegweisende Entscheidungen für das Gesetzgebungsvorhaben

---

1113 Zu den Ausnahmen des amerikanischen Transparenzregisters siehe 2 U.S. Code § 1602 (8)(B).

1114 Siehe *Task force on federal lobbying laws*, Lobbying in the Spotlight, 63 Admin. L. Rev. S. 419, 443 f. Siehe zum Umgehungsproblem die Beispiele auf S. 80.

1115 So auch *Schmedes*, Mehr Transparenz wagen?, ZParl 2009, S. 543, 556; *Transparency International*, A-Drs. 18 – G – 21a, S. 1; *degepol*, A-Drs. 18 – G – 23, S. 6.

1116 Vgl. Fn. 118.

1117 Vgl. nur auf S. 21.

getroffen. Bezieht man die Ministerialbürokratie nicht in den Anwendungsbereich des Registers ein, bleibt dessen Wirksamkeit zweifelhaft. Der tatsächliche Gesetzgebungsprozess beginnt nicht erst mit der Einbringung des Gesetzesvorschlages in das förmliche Gesetzgebungsverfahren, sondern mit der Ausarbeitung des Entwurfs.

Gegen eine Erfassung der Bundesregierung wird vorgebracht, dass der Bundestag durch die Schaffung eines auch die Bundesregierung erfassenden Lobbyregisters in den Kernbereich exekutiver Eigenverantwortung eingreife.[1118] Ausgangspunkt dieser Ansicht ist die Überlegung, dass die Organisationsautonomie der Bundesregierung ihr eine freie Gestaltung der Gesetzesvorbereitung zusichert.[1119] Die Organisationsautonomie wirkt der Verrechtlichung des Gesetzgebungsprozesses entgegen und schützt die Flexibilität sowie den politischen Gestaltungsspielraum der Bundesregierung. Ihr Kern liegt im Schutz der regierungsinternen Willensbildung. Zu bedenken ist aber, dass der Schutz der Organisationsautonomie umso weniger wirkt, je mehr durch die Gesetzesvorbereitungen faktische Entscheidungen für den späteren Gesetzgebungsprozess getroffen werden.[1120]

Da der Bereich exekutiver Eigenverantwortung nach der Rechtsprechung des Bundesverfassungsgerichts[1121] nicht mit den Kontrollrechten des Bundestags ausforschbar ist, sei denkbar, „*dass das Parlament diese Barriere der exekutiven Eigenverantwortung auch mit Hilfe eines Gesetzes nicht durchdringen kann, vielmehr dieser Bereich der organisatorischen Eigenverantwortung der Bundesregierung bzw. auch Teilbereiche davon nicht verrechtlicht werden können.*“[1122] Der Ansicht scheint die Annahme zugrunde zu liegen, dass die Organisationsautonomie vollständig im Kernbereich exekutiver Eigenverantwortung liegt. Das Bundesverfassungsgericht hat demgegenüber ausgeführt, dass nur schwerwiegende Eingriffe in die Organisationsautonomie den Kernbereich der exekutiven Eigenverantwortung und damit letztlich das Gewaltenteilungsprinzip verletzen können.[1123] Dementsprechend betrifft gerade

---

1118 *Parlamentarischer Beratungsdienst des Landtags Brandenburg*, Erste Überlegungen zu einem Lobbyistenregister, S. 25 ff.; dem folgend *Sodan*, Lobbyregister als Verfassungsproblem, LKV 2012, S. 193, 198; *ders*, A-Drs. 18 – G – 24, S. 6.

1119 *Reicherzer*, Authentische Gesetzgebung, S. 231 ff., 406 ff., hierauf verweist auch der *Parlamentarischer Beratungsdienst des Landtags Brandenburg*, Erste Überlegungen zu einem Lobbyistenregister, S. 25 ff.

1120 *Reicherzer*, Authentische Gesetzgebung, S. 234 f.

1121 Das Bundesverfassungsgericht hatte in dem Verfahren über die Reichweite der Rechte eines parlamentarischen Untersuchungsausschusses zu urteilen: „*Die Verantwortung der Regierung gegenüber Parlament und Volk setzt notwendigerweise einen „Kernbereich exekutiver Eigenverantwortung“ voraus, der einen auch von parlamentarischen Untersuchungsausschüssen grundsätzlich nicht ausforschbaren Initiativ-, Beratungs- und Handlungsbereich einschließt.*“, BVerfGE 67, 100 (139).

1122 *Parlamentarischer Beratungsdienst des Landtags Brandenburg*, Erste Überlegungen zu einem Lobbyistenregister, S. 26.

1123 „*Wie das Bundesverfassungsgericht schon wiederholt ausgeführt hat (BVerfGE 3, 225 [247]; 7, 183 [188]), liegt deren Sinn* [der Sinn der Gewaltenteilung] *nicht darin, daß die Funktionen der Staatsgewalt scharf getrennt werden, sondern daß die Organe*

nicht jeder Eingriff in die Organisationsautonomie den Kernbereich exekutiver Eigenverantwortung. Darüber hinaus scheinen die Vertreter der vorstehenden Ansicht davon auszugehen, dass ein Lobbyregister auch die Berücksichtigung der einzelnen Einflussnahmeversuche regele, der Bundesregierung Sachverhaltsermittlungspflichten aufgebe, Begründungspflichten statuiere oder Anhörungsverbote für Nichtregistrierte beinhalte.[1124] Bei einer solchen Ausgestaltung ist ein Eingriff in den Kernbereich exekutiver Eigenverantwortung tatsächlich denkbar. Ein Lobbyregister, das lediglich die Interessenvertreter zur Registrierung und Veröffentlichung ihrer Tätigkeitsgebiete sowie kontaktierten Stellen verpflichtet, nimmt so weitreichende Eingriffe jedoch nicht vor und stößt daher nicht an diese Grenze.[1125] Stattdessen erfasst das Register primär den die Bundesregierung erreichenden Input. Es begnügt sich damit, die Einflussnahmeversuche privater Interessenvertreter Transparenzanforderungen zu unterwerfen. Die Verarbeitung der gelieferten Informationen oder der Weg zur Erlangung der Informationen wird durch ein Lobbyregister typischerweise nicht geregelt.

Zu einem anderen Ergebnis könnte man gelangen, wenn mit dem Register dem Vorbild der Europäischen Union folgend ein Anhörungsverbot Nichtregistrierter verbunden wird. Das Parlament würde in diesem Fall über die zulässigen Kontaktpersonen der Bundesregierung bestimmen. Der Bundestag legt in einer solchen Konstellation nicht lediglich eine transparente Verfahrensgestaltung fest, sondern nimmt durch das Lobbyregister Einfluss auf den inhaltlichen Ablauf der Entscheidungsprozesse der Bundesregierung. Die Organisationsautonomie der Bundesregierung würde deutlich stärker eingeschränkt, so dass ein Eingriff in den Kernbereich anzunehmen ist. Es wäre schließlich abzuwägen, ob die Einschränkung nicht aber durch das aus dem Demokratieprinzip abgeleitete Transparenzgebot[1126] sowie das staatliche Interesse an der Integrität des staatlichen Willensbildungsprozesses

---

der Legislative, Exekutive und Justiz sich gegenseitig kontrollieren und begrenzen (...) Selbst eine gewisse Gewichtsverlagerung auf Kosten der Exekutive zugunsten des Parlaments ist in der parlamentarischen Demokratie unbedenklich. Erst wenn zugunsten des Parlaments ein Einbruch in den Kernbereich der Exekutive erfolgt, ist das Gewaltenteilungsprinzip verletzt.“, BVerfGE 9, 268 (279 f.).

1124 Vgl. *Parlamentarischer Beratungsdienst des Landtags Brandenburg*, Erste Überlegungen zu einem Lobbyistenregister, S. 27; *Meyer*, Zur Anhörung des Innenausschusses zum Lobbyregister, S. 5 f.:; *Reicherzer*, Authentische Gesetzgebung, S. 406. Auch *Sodan*, Lobbyregister als Verfassungsproblem, LKV 2012, S. 193, 198 weißt darauf hin, dass ein Eingriff in den Kernbereich exekutiver Eigenverantwortung abhängig von der Ausgestaltung des Registers ist.

1125 So im Ergebnis auch *Olberding*, Steuerung von Interessenpolitik, S. 121. Im Ergebnis nicht ganz eindeutig *Sodan*, Lobbyregister als Verfassungsproblem, LKV 2012, S. 193, 198 und *Parlamentarischer Beratungsdienst des Landtags Brandenburg*, Erste Überlegungen zu einem Lobbyistenregister, S. 27.

1126 Siehe zu den verfassungsrechtlichen Vorgaben für ein Transparenzgebot S. 177 ff.

gerechtfertigt werden kann. Vorliegend sind Anhörungsverbote jedoch nicht angedacht. Unabhängig von der Frage, ob ein solches Verbot vor dem Hintergrund des freien Mandats und des Kernbereichs exekutiver Eigenverantwortung überhaupt umsetzbar wäre, ist eine solche Ausgestaltung auch abzulehnen, weil sie den Handlungsspielraum des Gesetzgebers erheblich einschränken. Der politische Prozess einer pluralistischen Demokratie hat die Meinungsvielfalt zum Ziel. Das Hinausdrängen bestimmter Meinungen aufgrund der Nichtregistrierung ist damit nur schwerlich in Einklang zu bringen. Bundestag und Bundesregierung würden sich mit einer solchen Regelung mögliche Erkenntnisquellen abschneiden. Der gewollte Austausch zwischen Politik und Wirtschaft wäre erschwert. Eine Ausdehnung des Anwendungsbereichs auf die Bundesregierung ist nach hier daher nach hier vertretener Ansicht möglich und wünschenswert.

Nachfolgend sollen die Begriffe „*erfasste Mitglieder der Legislative*" und „*erfasste Mitglieder der Exekutive*" näher bestimmt werden. „*Erfasste Mitglieder der Exekutive*" sind zunächst die Kabinettsmitglieder der Bundesregierung. Darüber hinaus sollten die beamten und parlamentarischen Staatssekretäre der Minister ebenfalls unter die Definition fallen. Als den jeweiligen Ministern in der Hierarchieebene Nachfolgende sind sie mit derart weiten Befugnissen ausgestattet, dass sie ebenfalls Ziel der Einflussnahmeversuche von Interessenvertretern sind. Da Gesetzesentwürfe häufig aber auf Ebene der jeweiligen Fachabteilungen bzw. Referate ausgearbeitet werden, sollten zudem noch die Leiter der Fachabteilungen sowie die Referatsleiter und die Referenten unter die Definition der erfassten Exekutivmitglieder fallen. Nicht erfasst würde demnach wissenschaftliches Hilfspersonal sowie Verwaltungspersonal. Um ausufernde Angaben im Register zu verhindern, sollte im Register jedoch auf die namentliche Nennung des Referenten oder Referatsleiters verzichtet und nur die Angabe des jeweiligen Referats gefordert werden. Aus dieser Angaben lassen sich in Verbindung mit den Themengebieten ausreichende Rückschlüsse zur Tätigkeit der Interessenvertreter ziehen.

„*Erfasste Mitglieder der Legislative*" sind zunächst die Abgeordneten des Bundestags. Die Abgeordneten verfügen zudem über wissenschaftliche Mitarbeiter bzw. persönliche Referenten, die ebenfalls von einem Lobbyregister erfasst werden sollten. Diese Mitarbeiter übernehmen häufig die Detailarbeit für den Abgeordneten, so dass sie ebenfalls potenzielle Ziele der Interessenvertreter darstellen.[1127] Nicht unter die Definition fallen sollten hingegen die Sekretariatsmitarbeiter, da sie primär organisatorisch, nicht aber inhaltlich für den Abgeordneten tätig werden.

1127 Das amerikanische Lobbyregister erfasste zunächst nur die Abgeordneten, nicht deren Mitarbeiter. Da hierin eine beliebte Umgehungsmöglichkeit lag, wurde die Definition ausgeweitet, vgl. dazu S. 77.

2. Registrierungspflicht

Aus den rechtspolitischen Erwägungen wurde bereits deutlich, dass vorliegend eine verpflichtende Registrierung befürwortet wird.[1128] Eine solche Pflicht kollidiert vor allem mit der Berufs-, aber auch mit der Koalitionsfreiheit.

a. Berufsfreiheit

Eine Registrierungspflicht verletzt möglicherweise die in Art. 12 Abs. 1 GG verbürgte Berufsfreiheit der Interessenvertreter. Die Anwendbarkeit der Berufsfreiheit auch auf juristische Personen ist anerkannt,[1129] so dass der persönliche Anwendungsbereich des Art. 12 Abs. 1 GG nicht nur für die Interessenvertreter, sondern auch für die sie beschäftigenden Unternehmen eröffnet ist.

Der sachliche Anwendungsbereich des Art. 12 Abs. 1 GG knüpft an den Begriff des Berufs an. Der Begriff ist zur effektiven Ausgestaltung der Berufsfreiheit nach der Rechtsprechung des Bundesverfassungsgerichts weit auszulegen.[1130] Beruf ist nach der gängigen Definition jede auf Dauer angelegte Tätigkeit zur Schaffung und Erhaltung einer Lebensgrundlage.[1131] Zwar wird die Einflussnahme auf politische Entscheidungsträger von einer Vielzahl verschiedener Akteure betrieben, so dass sich argumentieren ließe, es bestehe keine einheitliches Berufsbild des Interessenvertreters. Jedoch kann bei angestellten In-House-Lobbyisten, Mitarbeitern von Public-Affairs-Agenturen und Mitgliedern in Verbänden ebenso wie bei selbstständigen Public-Relations-Berater oder interessenvertretenden Rechtsanwälten eine gemeinsame Kerntätigkeit ausgemacht werden. Sie alle kommunizieren Interessen für einen Dritten gegenüber politischen Entscheidungsträgern. All diese Tätigkeiten lassen sich unter dem Oberbegriff der professionellen[1132] Interessenvertreter zusammenfassen. Dieses Berufsbild stellt den Anknüpfungspunkt für eine verfassungsrechtliche Prüfung der Zulässigkeit einer Registrierungspflicht im Lichte des Art. 12 Abs. 1 GG dar. Durch die Berufsfreiheit wird Wahl und Ausübung des Berufs geschützt.[1133] Die Pflicht zur Registrierung im Lobbyregister greift in den

1128 Ebenfalls sprechen sich die in der 18. Legislaturperiode eingebrachten Gesetzentwürfe für ein verpflichtendes Register aus, vgl. BÜNDNIS 90/Die Grünen, BT-Drs. 18/3920, S. 1 sowie DIE LINKE, BT-Drs. 18/3842, S. 2. Ebenso *LobbyControl,* A-Drs. 18 – G – 22, S. 6. Anderer Ansicht ist etwa *Pünder,* Wahlrecht und Parlamentsrecht als Gelingensbedingungen repräsentativer Demokratie, VVDStRL 72, S. 193, 237 f.

1129 Siehe nur BVerfGE 50, 290 (363).

1130 *Scholz* in: Maunz/Dürig, GG-Kommentar, Art. 12 GG Rn. 281; *Wieland* in: Dreier, GG-Kommentar, Art. 12 Rn. 49.

1131 Vgl. etwa BVerfGE 7, 377 (397).

1132 Nicht in den Schutzbereich des Art. 12 Abs. 1 GG fällt die Interessenvertretung von Privatpersonen. Sie ist regelmäßig weder auf Dauer angelegt, noch dient sie der Schaffung und Erhaltung der Lebensgrundlage.

1133 *Scholz* in: Maunz/Dürig, GG-Kommentar, Art. 12 GG Rn. 288; *Wieland* in: Dreier, GG-Kommentar, Art. 12 Rn. 62.

Schutzbereich ein, indem sie die Ausübung der Interessenvertretung gegenüber den Abgeordneten des Deutschen Bundestags und gegenüber der Bundesregierung und der Ministerialbürokratie an die Registrierung knüpft. Da die Registrierung an keine Voraussetzungen knüpft und auch die Gesamtzahl der registrierten Interessenvertreter nicht begrenzt, handelt es sich nicht um subjektive oder objektive Zulassungsregeln, sondern lediglich um eine Berufsausübungsregel.

Der Art. 12 Abs. 1 S. 2 GG lässt Eingriffe in die Berufsfreiheit durch Gesetz oder aufgrund eines Gesetzes zu. Eine Registrierungspflicht erfordert wegen des damit verbundenen Eingriffs in Art. 12 Abs. 1 GG somit ein formelles Gesetz, so dass ein verpflichtendes Register auch aus diesem Gesichtspunkt nicht durch die Geschäftsordnung des Bundestages geregelt werden kann.

Des Weiteren muss der Eingriff einen legitimen Zweck verfolgen, geeignet, erforderlich und verhältnismäßig im engeren Sinne sein.[1134] Wegen der geringeren Eingriffsintensität sind bei Berufsausübungsregeln an den zu verfolgenden Zweck geringere Anforderungen zu stellen als bei Berufszulassungsschranken.[1135]

Mit der Registrierungspflicht wird das Ziel verfolgt, die Einflussnahme von Interessenvertretern auf politische Entscheidungsträger in das Licht der Öffentlichkeit zu rücken, umfassend nachvollziehbar zu gestalten und somit mittelbar das Vertrauen in die Integrität der staatlichen Willensbildung zu verbessern. Hierin liegen legitime staatliche Interessen. Ein verpflichtendes Lobbyregister ist zur Erreichung der Ziele auch geeignet, da es eine Strukturtransparenz[1136] schafft, die eine Nachvollziehbarkeit der Einflussnahmeversuche gewährleistet. Die Erforderlichkeit ließe sich mit dem Argument bezweifeln, dass positive Registrierungsanreize ebenso in der Lage sind, zu einer umfassenden Beteiligung aller Interessenvertreter zu führen und mangels Verpflichtung weniger einschneidend sind. Doch sprechen hiergegen die gesammelten Erfahrung auf der Ebene der Europäischen Union. Die positiven Anreize haben bei Weitem nicht zu einer Registrierung aller Interessenvertreter geführt.[1137] Ein gleich geeignetes, weniger einschneidendes Instrument steht somit nicht zur Verfügung.[1138]

Die Verhältnismäßigkeit im engeren Sinne ist gegeben, wenn der mit der Berufsausübungsregel verbundene Eingriff in die Berufsfreiheit der professionellen Interessenvertreter durch das Bedürfnis nach mehr Transparenz und einer Stärkung des Vertrauens in die Integrität der staatlichen Willensbildung aufgewogen wird. Die Registrierungspflicht stellt einen Eingriff geringer Intensität dar, weil

---

1134 *Scholz* in: Maunz/Dürig, GG-Kommentar, Art. 12 GG Rn. 306.

1135 BVerfGE 7, 377 ff. Die in dem Apotheken-Urteil entwickelte Drei-Stufen-Theorie erfährt mittlerweile einige Kritik. Dennoch besteht Einigkeit darüber, dass für Berufsausübungsregeln zweckmäßige Gemeinwohlerwägungen ausreichend sind, vgl. etwa bei *Scholz* in: Maunz/Dürig, GG-Kommentar, Art. 12 GG Rn. 336 ff. und *Wieland* in: Dreier, GG-Kommentar, Art. 12 Rn. 118.

1136 Siehe zur Unterscheidung von Struktur-, Prozess- und Inhaltstransparenz S. 33.

1137 Vgl. Fn. 380.

1138 Ebenso *Olberding*, Steuerung von Interessenpolitik, S. 125.

sie – abgesehen vom Zwang zur Registrierung – nicht in die Berufsführung des Interessenvertreters eingreift. Dem Grundrechtsträger bleibt die Gestaltung seiner Tätigkeit weiterhin vollständig selbst überlassen. Mit der Registrierung verbunden ist lediglich der Nachteil eines erhöhten Verwaltungsaufwands, der letztlich Kosten verursacht. Der entstehende Aufwand ist jedoch als wenig erheblich zu qualifizieren. Er beschränkt sich auf das Ausfüllen des Registrierungsformulars.[1139]

Demgegenüber steht das öffentliche Bedürfnis nach Transparenz der Einflussnahme. Wie bereits zuvor ausgeführt wird dieses Verlangen durch ein aus dem Demokratieprinzip gespeisten Transparenzgebot verfassungsrechtlich verbürgt.[1140] Insbesondere in der repräsentativen Demokratie besteht ein Bedürfnis nach weitergehender Offenlegung der staatlichen Entscheidungsprozesse. Der Souverän muss in der Lage sein, die Handlungen der Repräsentanten nachzuvollziehen. Hierin liegt die Grundlage für legitime Repräsentation und das für die repräsentative Demokratie notwendige Vertrauen in die Integrität der Amtswalter. Zudem wurde bereits darauf hingewiesen, dass Transparenz die wechselseitige Beziehung zwischen Volks- und Staatswillensbildung befruchten kann.

Somit stehen den mit der Registrierungspflicht verbundenen geringen Eingriffen gewichtige Interessen an der Funktionsfähigkeit und Integrität der repräsentativen Demokratie gegenüber. Aus der Perspektive des Art. 12 Abs. 1 GG ist der Eingriff daher auch verhältnismäßig im engeren Sinne.[1141]

b. Koalitionsfreiheit

In der Literatur wird namentlich von *Sodan* vorgebracht, dass eine Registrierungspflicht gegen die in Art. 9 Abs. 3 S. 1 GG verbürgte Koalitionsfreiheit verstößt.[1142] Ausgangspunkt der Überlegung ist, dass nach der Rechtsprechung des BAG die Koalitionsfreiheit das Recht umfasst, „*im gesamten Bereich der Arbeits- und Wirtschaftsbedingungen die organisierten Gruppeninteressen gegenüber dem Staat und den politischen Parteien darzustellen und zu verfolgen.*" Dementsprechend sind von der Koalitionsfreiheit auch Handlungen der Gewerkschaften geschützt, „*die nicht auf Mitgliederwerbung oder auf den Abschluss von Tarifverträgen gerichtet sind, sondern mit denen arbeits- und wirtschaftspolitische Forderungen gegenüber Regierung oder*

1139 Ähnlich *LobbyControl*, A-Drs. 18 – G – 22, S. 20 und *degepol*, A-Drs. 18 – G – 23, S. 13. Letztere geben den Verwaltungsaufwand mit 20 Minuten pro Mandat und Jahr an, sofern ein Lobbyregister nicht die Angabe einzelner Kontakte mit politischen Entscheidungsträgern verlangt.

1140 Zu den verfassungsrechtlichen Anforderungen an Transparenz siehe S. 177 ff.

1141 Ebenso *Meyer*, Stellungnahme zur öffentlichen Anhörung des Landtags Brandenburg, S. 8; *Hahlen*, Stellungnahme zur öffentlichen Anhörung des Landtags Brandenburg, S. 3 f.; *Olberding*, Steuerung von Interessenpolitik, S. 126 f.

1142 *Sodan*, Lobbyregister als Verfassungsproblem, LKV 2012, S. 193, 199 ff.; *ders*, A-Drs. 18 – G – 24, S. 7 ff.

Gesetzgeber vertreten werden sollen."[1143] Das Bundesverfassungsgericht grenzte den Schutzbereich dahingehend ein, dass allgemeinpolitische Aussagen ohne Bezug zu den Arbeits- und Wirtschaftsbedingungen nicht vom Schutzbereich des Art. 9 Abs. 3 GG erfasst sind. Gewerkschaften stellen den verfassungsrechtlich geforderten Bezug her, wenn sie etwa versuchen auf die Gesetzgebung im Bereich des Arbeitsrechts Einfluss zu nehmen.[1144] Aus dieser Ausgangslage wird ein „*Zugangsrecht der Koalitionen zu Abgeordneten und Regierungsmitgliedern*"[1145] hergeleitet. In das Recht werde durch die Registrierungspflicht eingegriffen und der Eingriff könne auch nicht gerechtfertigt werden, weil Art. 9 Abs. 3 GG als vorbehaltlos gewährleistetes Grundrecht nur Rechtfertigungen aufgrund verfassungsimmanenter Schranken zulässt. Im Falle des Lobbyregisters könne der Wunsch nach mehr Transparenz der Einflussnahme Dritter auf die Willensbildung in Parlament und Regierung den mit der Registrierungs- und Offenlegungspflichten verbundenen Eingriff nicht aufwiegen.[1146]

Bereits die Bezeichnung als Zugangsrecht ist irreführend. Der Terminus vermittelt den Eindruck, dass die vom Schutzbereich Erfassten einen Anspruch auf Zugang zu den politischen Entscheidungsträger hätten. Dementsprechend schränkt *Sodan* die Bezeichnung dahingehend ein, dass aus Art. 9 Abs. 3 GG nur insoweit ein Zugangsrecht zu politischen Entscheidungsträgern folgt, „*sofern sich diese auf entsprechende Kontakte einlassen.*"[1147]

Betrachtet man zudem zunächst allein die Pflicht zur Registrierung, muss das Ergebnis eine Zulässigkeit der Pflicht auch unter Beachtung des Art. 9 Abs. 3 GG sein. Wie im Rahmen der Berufsfreiheit besprochen, ist mit der Registrierung lediglich ein Eingriff geringer Intensität verbunden. Sie schränkt die geschützte Betätigung allein dahingehend ein, dass eine Registrierung zur Voraussetzung der Einflussnahme auf politische Entscheidungsträger erhoben wird. Stellt man diesem Eingriff das – nach hier vertretener Ansicht – verfassungsrechtlich verbürgte Transparenzgebot gegenüber und nimmt die aktuelle Vertrauenskrise der repräsentativen Demokratie[1148]

1143 BAGE 113, 230 (234), weiteres Schrifttum hierzu bei *Sodan*, Lobbyregister als Verfassungsproblem, LKV 2012, S. 193 in Fn. 93.

1144 *Sodan*, Lobbyregister als Verfassungsproblem, LKV 2012, S. 193, 200.

1145 *Sodan*, Lobbyregister als Verfassungsproblem, LKV 2012, S. 193, 200.

1146 *Sodan*, Lobbyregister als Verfassungsproblem, LKV 2012, S. 193, 200 f. Es mutet schon etwas merkwürdig an, wenn *Sodan* ausführt, dass das BVerfG die Funktionsfähigkeit der Bundeswehr oder eine funktionstüchtige Rechtspflege als Güter von Verfassungsrang anerkennt, die eine Einschränkung des Art. 9 Abs. 3 GG rechtfertigen könnten, er aber gleichzeitig dem staatlichen Wunsch nach einer transparenten Darstellung der Willensbildungs- und Entscheidungsprozesse diesen Rang abspricht. Auch wenn entgegen der hier vertretenen Ansicht kein explizites Transparenzgebot anerkannt wird, muss dem Demokratieprinzip ein gewisser Transparenzgedanke beigemessen werden.

1147 *Sodan*, Lobbyregister als Verfassungsproblem, LKV 2012, S. 193, 200.

1148 Vgl. Studien bei bei Fn. 914–918.

hinzu, ist der Eingriff gerechtfertigt. Das Bedürfnis der Öffentlichkeit, Informationen über diejenigen zu erhalten, die gezielt versuchen den Prozess der staatlichen Willensbildung zu beeinflussen, überwiegt die mit der Registrierung verbundenen Nachteile.[1149]

3. *Inhaltliche Ausgestaltung*

Nachdem der Anwendungsbereich festgelegt und die grundsätzliche Zulässigkeit einer Registrierungspflicht festgestellt wurde, ist in einem dritten Schritt die zulässige inhaltliche Reichweite eines Lobbyregisters zu diskutieren.[1150]

Mindestangaben betreffen die Kontaktdaten der Interessenvertreter und Angaben zum Arbeitgeber (bzw. zu den beschäftigten Lobbyisten, sofern dem Arbeitgeber die Registrierung obliegt). Entsprechend den Überlegungen zur rechtspolitischen Zweckmäßigkeit sind zur Schaffung einer angemessenen Strukturtransparenz Angaben zum Kunden des Interessenvertreters, zu den eingesetzten Finanzmitteln[1151] und ihrer Herkunft sowie zu den kontaktierten staatlichen Institutionen und zum Gegenstand des Kontakts (Gesetzgebungsvorhaben oder Maßnahmen der Exekutive auf die versucht wird Einfluss zu nehmen) zu verlangen.[1152] Diskutabel ist die Frage, inwieweit die kontaktierte Stelle zu konkretisieren ist. Es scheint nicht angebracht, im Sinne einer Prozesstransparenz die Offenlegung jeder einzelnen Kontaktaufnahme zu fordern. Hiergegen spricht vor allem, dass die Übersichtlichkeit des Registers entschieden leiden könnte. Wäre jedes Treffen und jeder Anruf zu veröffentlichen, könnte es zu der befürchteten Informationsflut kommen. Zudem wäre damit ein recht großer Verwaltungsaufwand verbunden, dessen inhaltlicher Nutzen bezweifelt werden darf.[1153] Hingegen legt die Diskussion in den USA nahe, dass eine alleinige Angabe der kontaktierten Institution nicht ausreichend ist, um eine effektive Nachvollziehbarkeit zu erreichen.[1154] Ein angemessener Ausgleich kann erreicht werden, wenn die Registrierungspflichtigen zwar die kontaktierten Stelle, nicht aber jeden Einzelkontakt offenzulegen haben. Zu nennen wäre nach

---

1149 Im Ergebnis ebenso *Olberding*, Steuerung von Interessenpolitik, S. 127 f.

1150 Zur inhaltlichen Reichweite des amerikanischen Transparenzregisters siehe S. 78 f. und zum Gemeinsamen Transparenzregister der EU S. 87 f.

1151 Angaben hierzu verlangt auch der Gesetzentwurf DIE LINKE, BT-Drs. 18/3842, S. 2 f.; BÜNDNIS 90/Die Grünen, BT-Drs. 18/3920, S. 2. *Meyer*, Zur Anhörung des Innenausschusses zum Lobbyregister, S. 8 sieht die Angabe der Finanzmittel ebenfalls als wichtiges Indiz zur Beurteilung der Bedeutung, dem verfolgte Interessen beigemessen werden.

1152 Ebenso *Schmedes*, Mehr Transparenz wagen?, ZParl 2009, S. 543, 557.

1153 So zur Auflistung aller Kontakte auch *Schmedes*, Mehr Transparenz wagen?, ZParl 2009, S. 543, 556 und *Zeh*, Stellungnahme zur öffentlichen Anhörung des Landtags Brandenburg, S. 6 f.

1154 Siehe zur Kritik am amerikanischen Lobbyregister S. 58.

dieser Vorgabe nicht allein das Ministerium, sondern das jeweilige Referat.[1155] So kann die notwendige Informationstiefe bei gleichzeitiger Vermeidung unübersichtlicher Registereinträge erreicht werden. Gewerkschaften, Vereine und Verbände sollten darüber hinaus Mitgliederzahlen angeben müssen, um ihre gesellschaftspolitische Bedeutung beurteilen zu können. Nur mit einer solchen Informationstiefe kann der das Register Konsultierende tatsächlich nachverfolgen, welche Akteure in welchem Bereich gegenüber welcher staatlichen Stelle versucht haben Einfluss zu nehmen. Auch ohne Angaben zu den Einzelkontakten können die vorstehend geforderten weitreichenden Offenlegungspflichten mit grundrechtlich geschützten Positionen der Offenlegungspflichtigen in Konflikt geraten. Nachfolgend werden diese Konfliktlinien nachgezeichnet.

a. Recht auf informationelle Selbstbestimmung und Geschäftsgeheimnisse

Die Offenlegungspflichten betreffen zunächst das in Art. 2 Abs. 1 iVm. Art. 1 Abs. 1 GG verbürgte Recht auf informationelle Selbstbestimmung, das über Art. 19 Abs. 3 GG auch für juristische Personen gilt. Das Grundrecht garantiert dem Einzelnen, selbst über die Veröffentlichung und Verwendung seiner personenbezogenen Daten zu bestimmen. Es schützt den Einzelnen vor der Erhebung, Speicherung, Verwendung und Weitergabe personenbezogener Daten.[1156] Die durch das vorgeschlagene Register geforderten Angaben weisen auch den erforderlichen Personenbezug auf. Die Pflicht, Angaben zum beabsichtigten Ziel der Einflussnahme, zu den kontaktierten Institutionen und den eingesetzten Finanzmitteln zu machen, greift somit in das Recht auf informationelle Selbstbestimmung ein.

Da der Anwendungsbereich des Lobbyregisters Privatpersonen ausnehmen soll, dürften die betroffenen Daten regelmäßig als Geschäftsgeheimnisse in den Schutzbereich des Art. 12 Abs. 1 S. 1 GG fallen. Geschäftsgeheimnisse sind nach der Rechtsprechung des Bundesverfassungsgerichts *„alle auf ein Unternehmen bezogene Tatsachen, Umstände und Vorgänge* [...], *die nicht offenkundig, sondern nur einem begrenzten Personenkreis zugänglich sind und an deren Nichtverbreitung der Rechtsträger ein berechtigtes Interesse hat.* [...] *Geschäftsgeheimnisse betreffen vornehmlich kaufmännisches Wissen. Zu derartigen Geheimnissen werden etwa Umsätze, Ertragslagen, Geschäftsbücher, Kundenlisten, Bezugsquellen, Konditionen, Marktstrategien* [...] *gezählt, durch welche die wirtschaftlichen Verhältnisse eines Betriebs maßgeblich bestimmt werden können.“*[1157] Besondere Beachtung verdient der letzte Halbsatz: Es kommt darauf an, aus den Daten die wirtschaftlichen Verhältnisse des Grundrechtsträgers bestimmen zu können. Angaben zu Auftraggebern bei

1155 Im Register einzutragen wäre dann etwa „Kontakt mit Referat VII B 3 des Bundesministeriums der Finanzen in Bezug auf den Entwurf des Finanzmarktstabilisierungsgesetzes“.

1156 Siehe nur BVerfGE 65, 1 (43) und BVerfGE 130, 151 (184).

1157 BVerfG, Beschluss vom 22. Januar 2005 – 1 BvR 2087/03.

Drittinteressenvertretern, zu den verfolgten Zielen und den eingesetzten Finanzmitteln betreffen somit die über Art. 12 Abs. 1 GG geschützten Geschäftsgeheimnisse.

Beide Grundrechte stehen unter einem Gesetzesvorbehalt. Der Eingriff muss zudem verhältnismäßig sein. Durch das vorgeschlagene formelle Gesetz wird dem Gesetzesvorbehalt genüge getan.

Der gesetzgeberische Zweck, neben den Kontaktdaten der Registrierten auch die Ziele ihrer Einflussnahme, die zur Verfügung stehenden Mittel und die angegangenen Stellen zu kennen, ist legitim. Nur durch diese Informationen kann das Ziel einer informierten Öffentlichkeit erreicht werden. Die Veröffentlichungspflichten sind hierzu nicht nur geeignet, sie stellen auch das einzige Mittel dar, um diese Informationen zu erlangen. Die Pflichten sind somit auch erforderlich.

Die Veröffentlichungspflichten sind nicht nur als unerheblicher Eingriff in das Recht auf informationelle Selbstbestimmung und in die durch die Berufsfreiheit geschützten Geschäftsgeheimnisse zu bewerten. Sie verlangen vom Offenlegungspflichtigen seine politischen Ziele und die dafür eingesetzten Finanzmittel darzulegen. Aus diesen Daten können in begrenzter Weise Schlussfolgerungen zur politischen Einstellung und zur Vermögenssituation der jeweiligen Person gezogen werden. Insbesondere sehr präzise Angaben zu den anvisierten Ergebnissen sind als erheblicher Eingriff in Art. 12 Abs. 1 GG zu werten. Konkurrenten könnten in der Zusammenschau mit den eingesetzten Finanzmitteln erkennen, welche Strategie der Offenlegungspflichtige verfolgt. Die Pflichten dringen in Richtung des Kerns des Geschäftsgeheimnissschutzes vor. Dem Bedürfnis nach Daten- und Geheimnisschutz steht wiederum das verfassungsrechtliche Transparenzgebot gegenüber. Die Offenlegungspflichten dienen der verbesserten Nachvollziehbarkeit der Einflussnahme und somit der teilweisen Verwirklichung des Transparenzgebots. Das Verhältnismäßigkeitsprinzip verlangt aber einen schonenden Ausgleich der abzuwägenden Güter. Die Strukturen der Einflussnahme werden auch sichtbar, wenn die Ziele nicht bis ins Details und die Finanzmittel nicht auf jeden Euro genau angegeben werden müssen. Daher erscheint es vor dem Hintergrund der grundrechtlich geschützten Positionen angemessen, lediglich abstraktere Angaben zu den jeweiligen Bereichen zu verlangen. So muss es mit Blick auf die Ziele der Einflussnahme zunächst ausreichend sein, wenn lediglich die Themenbereiche der Einflussnahme zu nennen sind. Wird beispielsweise eine spezifische Steuererleichterung angestrebt, sollte es ausreichend sein, wenn der Offenlegungspflichtige angibt, mit Bezug auf welches Gesetz Steuererleichterungen angestrebt werden. Zu weitgehend wäre es, zu verlangen, anzugeben, auf welches Tatbestandsmerkmal eines bestimmten Gesetzes sich der Einflussnahmeversuch bezieht.[1158] Auch sollte sich der Gesetzgeber mit Blick auf die betroffenen Grundrechte damit begnügen die eingesetzten Finanzmittel nur

1158 Sollte sich allerdings nach der vorgeschlagenen Erprobungsphase von 2 Jahren herausstellen, dass im Register nur Allgemeinplätze genannt werden, deren Angabe keinen Wert für den Nutzer des Registers darstellt, könnte eine Präzisierung der zu machenden Angaben notwendig sein.

stufenweise – wie es etwa auch bei den Nebentätigkeiten der Abgeordneten der Fall ist – abzufragen.[1159] Bezüglich des anzugebenden Auftraggebers ist ein austarieren der betroffenen Interessen allerdings nicht möglich. Bei dem Auftraggeber kommt es zur Bewertung des Einflussnahmeversuchs gerade darauf an, die konkrete natürliche oder juristische Person zu kennen. Hier würde eine Reduktion etwa auf die Branche des Auftraggebers das angestrebte Ziel derart verwässern, dass es nicht mehr erreicht wird. Das Wissen um den Auftraggeber ist aber für eine informierte Öffentlichkeit von besonderer Bedeutung. Soll der Willensbildungs- und Entscheidungsprozess nachvollziehbar gestaltet werden, kommt es gerade darauf an, zu wissen, wer Einfluss nimmt. Auch wenn es sich bei den Kundennamen um sensible Daten handelt, überwiegt das öffentliche Interesse an Transparenz und Nachvollziehbarkeit des politischen Prozesses das Geheimhaltungsinteresse der Betroffenen. Der sich im politischen Raum bewegende Interessenvertreter muss damit rechnen, dass die Öffentlichkeit ein Interesse hat zu erfahren, welche Akteure die Entscheidungsfindung beeinflussen.

Unter Beachtung der betroffenen Grundrechte und des Verhältnismäßigkeitsprinzips sollte ein Lobbyregister somit dahingehend ausgestaltet werden, dass der Auftraggeber namentlich zu nennen ist, das Ziel der Einflussnahme zu beschreiben ist und die eingesetzten Finanzmittel stufenweise anzugeben sind.[1160]

b. Koalitionsfreiheit

Die Koalitionsfreiheit des Art. 9 Abs. 3 S. 1 GG wird nicht nur gegen die Registrierungspflicht, sondern auch gegen die Zulässigkeit der Offenlegungspflichten ins Feld geführt.[1161] Verpflichtende Angaben zum Gesamtbudget oder den Finanzierungsquellen stellen nach dieser Ansicht eine mittelbare Beeinträchtigung der Koalitionsfreiheit dar, weil durch den Umstand, dass die andere Tarifpartei Einsicht in die finanzielle Leistungsfähigkeit erhält, die Verhandlungsposition der Tarifpartei geschwächt werde. Daraus könnten Rückschlüsse etwa auf die Streikfähigkeit gezogen werden.[1162]

Im Rahmen einer Güterabwägung steht dem Eingriff in die Koalitionsfreiheit erneut der Wunsch nach mehr Transparenz der Einflussnahme auf den gesetzgeberischen

---

1159 So auch *Zeh*, Stellungnahme zur öffentlichen Anhörung des Landtags Brandenburg, S. 6; *LobbyControl*, A-Drs. 18 – G – 22, S. 9, 19.; *degepol*, A-Drs. 18 – G – 23, S. 12.

1160 Im Ergebnis ähnlich *Parlamentarischer Beratungsdienst des Landtags Brandenburg*, Erste Überlegungen zu einem Lobbyistenregister, S. 18. Andere Ansicht wohl *Hahlen*, Stellungnahme zur öffentlichen Anhörung des Landtags Brandenburg, S. 6, der bei solchen Pflichtangaben die Verhältnismäßigkeit des Eingriffs in Art. 12 GG bezweifelt.

1161 *Sodan*, Lobbyregister als Verfassungsproblem, LKV 2012, S. 193, 200; *ders*, A-Drs. 18 – G – 24, S. 7 ff.

1162 *Sodan*, Lobbyregister als Verfassungsproblem, LKV 2012, S. 193, 200.

Willensbildungs- und Entscheidungsprozess gegenüber. Im Gegensatz zur Registrierungspflicht ist der Angabezwang zu Finanzmitteln als etwas schwerer wiegender Eingriff zu bewerten. Die Ausübung der Koalitionsfreiheit wird durch eine solche Pflicht aber nicht grundsätzlich bedroht. Doch ist nicht von der Hand zu weisen, dass genaue Angaben zum Gesamtbudget oder zu den Finanzierungsquellen eine Schwächung der Verhandlungsposition mit sich bringen können. Unter Beachtung der Verhältnismäßigkeit ist daher auch zum Schutz der Koalitionsfreiheit zu fordern, die Angaben zu den Finanzmitteln auf stufenweise Angaben[1163] zu beschränken. Hierdurch wird dem öffentlichen Interesse an Transparenz im Bereich der Interessenvertretung genüge getan und gleichzeitig die Position der Tarifparteien angemessen berücksichtigt.[1164]

c. Umgang mit der anwaltlichen Schweigepflicht

Ein berufsgruppenspezifisches Problem stellt sich zudem für Rechtsanwälte, die im Namen ihrer Mandanten als Interessenvertreter auf politische Entscheidungsträger Einfluss nehmen. Nach § 43a Abs. 2 S. 1 BRAO sind Rechtsanwälte zur Verschwiegenheit verpflichtet. Die Pflicht bezieht sich gemäß § 43 Abs. 2 S. 2 BRAO auf *„alles, was ihm in Ausübung seines Berufs bekannt geworden ist.“*. Ein Lobbyregister, das vom Rechtsanwalt Angaben über seinen Mandanten, die zu verfolgenden Interessen und die dafür eingesetzten Finanzmittel verlangt, konfligiert mit der Verschwiegenheitspflicht. Teilweise wird daher befürwortet, Rechtsanwälte aus dem Anwendungsbereich eines Lobbyregisters auszunehmen.[1165]

Zunächst lässt sich dagegen anführen, dass es sich bei der anwaltlichen Schweigepflicht lediglich um eine einfachgesetzliche Regelung in der BRAO handelt. Im Grundgesetz wird sie nicht erwähnt. Doch hat das Bundesverfassungsgericht im Jahr 2004 ausdrücklich klargestellt, dass die Verschwiegenheitspflicht als *„unverzichtbare Bedingung der anwaltlichen Berufsausübung* [...] *teil am Schutz des Art. 12 I 1 GG“*[1166] hat. Grund hierfür ist, dass die Tätigkeit des Rechtsanwalts im Interesse der Allgemeinheit an einer rechtsstaatlich geordneten Rechtspflege liegt und schon aus Gründen der Chancen- und Waffengleichheit jedem Rechtsunkundigen ein Anwalt zur Seite stehen können muss, von dem er erwarten kann, dass er die Interessen seines Mandanten frei, unabhängig und uneigennützig vertritt. Hierfür ist das Vertrauensverhältnis zwischen Anwalt und Mandanten notwendige Voraussetzung. Die Verschwiegenheitspflicht und die korrespondierenden

1163 Die stufenweise Offenlegung wäre vergleichbar mit den Offenlegungspflichten für Nebeneinkünfte der Bundestagsabgeordneten. Die Ausarbeitung der Stufen bedarf einer näheren Betrachtung der zur Verfügung stehenden Budgets.

1164 Andere Ansicht *Sodan*, A-Drs. 18 – G – 24, S. 13, der für Eingriffe in die Koalitionsfreiheit *„keine verfassungsrechtliche Rechtfertigung“* erkennen kann.

1165 So *Olberding*, Steuerung von Interessenpolitik, S. 133 f.

1166 BVerfGE 110, 226 (252).

Aussageverweigerungsrechte[1167] schaffen die Grundlage für das Vertrauensverhältnis.[1168] Jede Einschränkung der anwaltlichen Schweigepflicht ist daher an den Schranken des Art. 12 Abs. 1 GG zu messen.

Die vorgeschlagenen Offenlegungspflichten sind jedoch nicht an den Schranken des Art. 12 Abs. 1 GG zu messen, wenn die anwaltliche Schweigepflicht im Kontext der Interessenvertretung überhaupt nicht anwendbar ist. Bereits die Herleitung der Teilhabe am Schutz der Berufsfreiheit zeigt die Stoßrichtung der Verschwiegenheitspflicht: Sie soll das Vertrauensverhältnis im Bereich der Rechtspflege schützen. Denkbar erscheint es daher, dem Rechtsanwalt, der als Interessenvertreter und nicht als Rechtsbeistand tätig wird, eine Berufung auf die anwaltliche Schweigepflicht zu versagen.[1169] So hat etwa das Bundesverwaltungsgericht in jüngerer Vergangenheit entschieden, dass nicht jede Information, die einem Anwalt während einer gewerblichen Tätigkeit bekannt wird, auch von der Schweigepflicht erfasst wird, da der Anwalt auch anderen Tätigkeiten zu Erwerbszwecken nachgehen kann.[1170] Die Angaben zum Auftraggeber, das Ziel des Auftrags und Angaben zu eingesetzten Finanzmitteln sind nach dieser Ansicht keine Informationen, die dem Anwalt in Ausübung seines Berufs (als Rechtsanwalt) bekannt geworden sind. Folgt man der Argumentation, steht die Verschwiegenheitspflicht den Offenlegungspflichten für die reine Interessenvertretung durch Rechtsanwälte nicht im Wege.[1171] Vom Anwendungsbereich ausgenommen werden müssten aber rechtsberatende Tätigkeiten, da nach der vorgeschlagenen Definition etwa auch die Vertretung eines Mandanten im Widerspruchsverfahren gegen einen Verwaltungsakt ein *Lobby-Kontakt* wäre.

Andererseits wird argumentiert, dass eine Trennung zwischen der anwaltlichen Tätigkeit und der Interessenvertretung nicht praktikabel sei.[1172] Der Übergang

---

1167 Sie sind normiert in § 53 Abs. 1 Nr. 3 StPO und § 383 Abs. 1 Nr. 6 ZPO.

1168 Vgl. zum Vorstehenden BVerfGE 110, 226 (252).

1169 So etwa *Hoppe*, Transparenz per Gesetz?, ZRP 2009, S. 39, 40; *Schmedes*, Mehr Transparenz wagen?, ZParl 2009, S. 543, 558; *Meyer*, Zur Anhörung des Innenausschusses zum Lobbyregister, S. 9; *Pünder*, Wahlrecht und Parlamentsrecht als Gelingensbedingungen repräsentativer Demokratie, VVDStRL 72, S. 193, 239.

1170 *„Die Verschwiegenheitspflicht der Rechtsanwälte ist [...] in § 43a Absatz II BRAO niedergelegt. Sie bezieht sich auf alles, was dem Rechtsanwalt in Ausübung seines Berufs bekanntgeworden ist. Dabei genügt es nicht, dass der Informationsträger nur als Rechtsanwalt zugelassen ist. Auch ein Rechtsanwalt kann anderen als gerade anwaltlichen Tätigkeiten zu Erwerbszwecken nachgehen. Geschützt sind vielmehr nur diejenigen Tatsachen, die einem Rechtsanwalt gerade in Ausübung seines Berufs als Anwalt bekannt geworden sind. Auch dann gilt die Verschwiegenheitspflicht nicht für Tatsachen, die offenkundig sind oder ihrer Bedeutung nach keiner Geheimhaltung bedürfen.“*, BVerwG, Urteil vom 13. Dezember 2011 – 8 C 24/10, NJW 2012, 1241, 1242.

1171 Ähnlich *LobbyControl*, A-Drs. 18 – G – 22, S. 7, 18; *Transparency International*, A-Drs. 18 – G – 21a, S. 3.

1172 *Hahlen*, Stellungnahme zur öffentlichen Anhörung des Landtags Brandenburg, S. 7; *Olberding*, Steuerung von Interessenpolitik, S. 133 f.

zwischen der Rechtsberatung und Interessenvertretung sei fließend und eine Grenzziehung nicht möglich. Dem Ansatz ist zuzugeben, dass zweifellos eine Reihe an Sachverhalten existieren, in denen gute Gründe für und gegen eine Einordnung als Rechtsberatung sprechen. Jedoch überzeugt es nicht, wegen möglicher Abgrenzungsprobleme Rechtsanwälte von vornherein aus dem Anwendungsbereich eines Lobbyregisters auszunehmen. Auch rechtspolitisch wäre ein solcher Ansatz verfehlt, weil damit der Umgehung einer etwaigen Registrierungs- und Offenlegungspflicht Tür und Tor geöffnet wäre.

Wird entgegen der vorstehenden Argumentation die Anwendbarkeit der Verschwiegenheitspflicht für alle Tätigkeiten des Rechtsanwalts angenommen, lässt sich der Konflikt zwischen Offenlegungspflichten und Verschwiegenheitspflicht dennoch auflösen. Die anwaltliche Schweigepflicht gilt nicht ausnahmslos. Nach § 59b Abs. 2 Nr. 1 lit. c) BRAO wird die berufliche Verschwiegenheitspflicht in einer Berufsordnung näher geregelt. Die Berufsordnung sieht in § 2 Abs. 2 BORA vor, dass kein Verstoß gegen die anwaltliche Schweigepflicht vorliegt, wenn gesetzliche eine Ausnahme gefordert oder zugelassen ist. Zu schaffen wäre dann eine Ausnahme, die reine Interessenvertretung des Rechtsanwalts betrifft. Eine solche Ausnahme ist wiederum an Art. 12 Abs. 1 GG zu messen. Für eine Zulässigkeit einer solchen Ausnahme spricht, dass das Vertrauensverhältnis zwischen Anwalt und Mandant der Durchsetzung und Absicherung rechtsstaatlicher Prinzipien im Rahmen der Rechtspflege dienen soll. In rechtsstaatlichen Verfahren soll der Mandant der Integrität seines Anwalts vertrauen können. Wie die Herleitung des Bundesverfassungsgerichts zeigt, ist die grundrechtliche Dimension der Verschwiegenheitspflicht allein hierin begründet. Sie soll hingegen nicht als Instrument dienen, Transparenzvorschriften zu umgehen, deren Zielrichtung die nachvollziehbare Gestaltung demokratischer Willensbildungs- und Entscheidungsprozesse ist. Die anwaltliche Schweigepflicht würde den Mandanten andernfalls vor Offenlegungspflichten schützen, die ihn selbst träfen, würde er persönlich tätig werden. Der mit einer Ausnahme von der Verschwiegenheitspflicht verbundene Eingriff in die Berufsfreiheit würde daher durch den mit einem Lobbyregister verbundenen Wunsch nach mehr Transparenz gerechtfertigt.[1173]

Es verbleibt allerdings die Abgrenzungsproblematik zwischen den Sphären des Rechtsanwalts und der des Interessenvertreters. Hier zeigen die Beispiele der USA und der Europäischen Union Lösungsansätze auf. Der Supreme Court bürdet mit seiner Schwerpunktrechtsprechung[1174] dem Anwalt die Pflicht auf, zu entscheiden, ob seine Tätigkeit noch als Rechtsberatung oder als Interessenvertretung zu qualifizieren ist. Das Transparenzregister der Europäische Union behilft sich hingegen mit einer expliziten Auflistung[1175] der Tätigkeiten, die es als Rechtspflege

1173 So auch *Schmedes*, Mehr Transparenz wagen?, ZParl 2009, S. 543, 558.

1174 Siehe zum Abstellen des U.S. Supreme Courts auf den Schwerpunkt der Tätigkeit S. 57.

1175 Vgl. Nr. 10 der interinstitutionellen Vereinbarung (Fn. 364) und S. 87.

und somit vom Anwendungsbereich des Register ausgeschlossen betrachtet. Der Ansatz der Europäischen Union erscheint rechtssicherer und damit vorzugswürdiger. Klar definierte Tätigkeiten lassen weniger Zweifel über den Anwendungsbereich eines Lobbyregisters als die Formel vom Schwerpunkt der Tätigkeit. Der Anwalt hat bereits bei der Mandatsannahme darüber zu entscheiden, ob es sich um eine rechtsberatende oder interessenvertretende Tätigkeit handelt. Er hat im Falle der Interessenvertretung auch den Mandanten über die Nichtanwendbarkeit der Verschwiegenheitspflicht zu informieren.[1176] Im Zweifel sollte der Gesetzgeber den Anwendungsbereich für Rechtsanwälte zunächst zurückhaltend formulieren, um der Bedeutung des Rechtsanwalts als Organ der Rechtspflege ausreichend Berücksichtigung zu schenken. Sollen die Registrierungs- und Offenlegungspflichten zudem mit einem Ordnungswidrigkeitstatbestand durchgesetzt werden, könnte das Abstellen auf den Schwerpunkt nach amerikanischem Vorbild gegen das Bestimmtheitsgebot des Art. 103 Abs. 2 GG verstoßen.

4. Art und Weise der Veröffentlichung

Um dem Ziel der informierten Öffentlichkeit gerecht zu werden, sollten die Registerangaben in einem frei zugänglichen Online-Portal zur Verfügung gestellt werden. Die Nutzung des Portals sollte ohne weitere Registrierung möglich sein, um der informationswilligen Öffentlichkeit keine Hindernisse in den Weg zu stellen. Für die Eingaben zum Register sollten standardisierte Formulare bereitgestellt werden, deren Nutzung verpflichtend für alle Registeradressaten ist. So kann eine höhere Vergleichbarkeit der Angaben erzielt werden. Standardisierte Eingaben erleichtern die Recherche der Konsultierenden, da insbesondere einheitliche Termini verwendet werden.

Die Analyse des Lobbying Disclosure Act[1177] hat gezeigt, dass zudem eine sinnvoll gestaltete Suchfunktion die Nützlichkeit des Registers erhöht. Die Datenbank sollte dementsprechend eine Volltextsuche zulassen. Außerdem sollte die Datenbank nach den verschiedenen Einträgen sortiert werden können. Schließlich ist eine übersichtliche Darstellung zu gewährleisten. Die Nutzerfreundlichkeit der Datenbank ist essenziell für den Wert des Registers.

5. Überwachung und Sanktionsnormen

Nachdem nun Anwendungsbereich und die inhaltliche Ausgestaltung eines Lobbyregisters diskutiert wurden, stellt sich die Frage, welche Stelle ein solches Register

---

1176 Selbstredend ist es denkbar, dass ein Rechtsanwalt für einen Mandaten einerseits als Rechtsbeistand und andererseits als Interessenvertreter auftritt. In einem solchen Fall hat er zwei eigenständige Mandate anzulegen.

1177 Vgl. zur Kritik an der Datenaufbereitung in den USA S. 83.

überwachen soll und mit welchen Mitteln die Pflichten des Registers durchgesetzt werden können.[1178]

Für die Überwachung und Führung des Registers wird von Teilen der deutschen Literatur vorgeschlagen, mit dem Gesetz über das Lobbyregister einen Interessenvertretungsbeauftragten einzusetzen.[1179] Während Teile der Literatur vorschlagen, dass die Überwachung einem vom Bundestag gewählten Interessenvertretungsbeauftragten übertragen wird,[1180] erachten andere Stimmen ein Organ der freiwilligen Selbstkontrolle, das im Deutschen Presserat oder im Deutschen Rat für Public Relations ein Vorbild finden könnte, für ausreichend.[1181] Der Nachteil eines solchen Organs der freiwilligen Selbstkontrolle liegt allerdings in den fehlenden wirksamen Sanktionsmöglichkeiten. Das schärfste Schwert des Deutschen Presserats ist eine öffentliche Rüge. Doch insbesondere beim Lobbyismus wird die Effektivität einer Selbstkontrolle als sehr gering eingeschätzt,[1182] so dass bei schwachen Sanktionen die erhöhte Gefahr der Nichtbefolgung besteht.[1183]

Um eine effektive Durchsetzung der mit dem Lobbyregister einhergehenden Registrierungs- und Berichtspflichten zu erreichen, muss der Beauftragte daher unabhängig sein und über eine hinreichende kompetenzielle Ausstattung verfügen. Die Unabhängigkeit ist umso wichtiger, wenn der Beauftragte auch für weitere Regulierungsinstrumente, wie etwa der Durchsetzung eines legislativen Fußabdrucks oder eines bindenden Verhaltenskodex' zuständig sein soll. Insbesondere, wenn der Beauftrage nicht allein Pflichten der Lobbyisten, sondern auch solche der Bundestagsabgeordneten, Regierungsmitglieder und Ministerialbeamten überwachen soll, ist es notwendig, dass der Beauftragte weisungsfrei agieren kann. Der Selbstkontrolle durch die Branche der Interessenvertretung ist daher die Einsetzung eines

1178 Ein Überblick zur Durchsetzung des amerikanischen Transparenzregisters findet sich auf S. 79, zur Durchsetzung des Gemeinsamen Transparenzregisters der EU auf S. 88 f.

1179 Dies sieht auch die Gesetzesinitiative der Fraktion DIE LINKE (BT-Drs. 18/3842, II. 1. lit. g)) vor. Die Initiativen der SPD (BT-Drs. 17/6442) und BÜNDNIS 90/Die Grünen (BT-Drs. 18/3920) sehen hingegen vor, dass die Führung und Überwachung dem Präsidenten des Deutschen Bundestags obliegt.

1180 So etwa *Schmedes*, Mehr Transparenz wagen?, ZParl 2009, S. 543, 556 f. Ebenso *LobbyControl*, A-Drs. 18 – G – 22, S. 9 f.; *Transparency International*, A-Drs. 18 – G – 21a, S. 4 f.; *degepol*, A-Drs. 18 – G – 23, S. 13 f.

1181 So *Olberding*, Steuerung von Interessenpolitik, S. 162 f. mit Verweis auf das gemeinsame Papier von *degepol e.V.* und *Transparency International Deutschland e.V.* „Interessenvertretung in Deutschland transparenter und fair regeln" http://www.transparency.de/fileadmin/pdfs/Themen/Politik/Interessenvertretung_transparent_und_fair_final.pdf (zuletzt abgerufen am 1. Februar 2016).

1182 *Krajewski*, Rechtliche Grundlagen eines verbindlichen EU-Lobbyregisters, ZRP 2013, S. 236, 237.

1183 So allgemein für Transparenzgesetze *Fung/Graham/Weil*, Full disclosure, S. 38.

vom Bundestag gewählten Interessenvertretungsbeauftragten vorzuziehen.[1184] Ein solcher, der Dienstaufsicht des Bundesinnenministeriums unterstellter Beauftragter sollte in einem öffentlich-rechtlichen Amtsverhältnis zum Bund stehen. Trotz der durch das Amtsverhältnis entstehenden Dienstaufsicht durch das Innenministerium muss die Weisungsunabhängigkeit gesetzlich festgeschrieben werden. Ebenso wie der Wehrbeauftragte (§ 13 WBeauftrG) oder der Bundesbeauftragte für Datenschutz (§ 22 BDSG) sollte der Interessenvertretungsbeauftragte vom Bundestag gewählt werden, um seine Unabhängigkeit zu stärken.[1185] Zudem ist zur Vermeidung von Interessenkonflikten sicherzustellen, dass der Interessenvertretungsbeauftragte keiner anderen Tätigkeit nachgeht.[1186] Um dem Bundestag eine Kontrolle der Arbeit des Beauftragten zu ermöglichen, sollte eine jährliche Berichtspflicht statuiert werden.

Als mögliche Sanktion für die Verletzung der Registrierungspflicht kommt zunächst das jüngst auf europäischer Ebene geschaffene Kontakt- und Anhörungsverbot Nichtregistrierter[1187] in Betracht. Ein solches Verbot ist jedoch verfassungsrechtlich nicht umsetzbar.[1188] Eine gesetzliche Regelung, die Bundestagsabgeordneten den Kontakt zu Registrierungsverweigerern untersagt, käme in Konflikt mit der Freiheit des Abgeordneten, eigenständig über seine Informationsgewinnung zu entscheiden (Art. 38 Abs. 1 S. 2 GG).[1189] Die inhaltliche Ausgestaltung der Mandatsführung steht im freien Ermessen des Abgeordneten.[1190] Zwar gewährt das freie Mandat keine vollständige Freiheit von Pflichten, aber doch eine Freiheit in der Wahrnehmung der Amtspflichten.[1191] Mit dieser vom Grundgesetz besonders geschützten Freiheit ist es unvereinbar, dem Abgeordneten Einschränkungen vorzugeben, wen er im Rahmen seiner Mandatsführung kontaktiert und empfängt.

Selbst wenn das Kontaktverbot – wie auf europäischer Ebene – auf die Bundesregierung beschränkt wird, wäre das Verbot verfassungsrechtlich unzulässig. Einerseits sind die Mitglieder der Bundesregierung zumeist selbst Mitglieder des

---

1184 So *LobbyControl e.V.* und *Transparency International Deutschland e.V.* im Positionspapier „Regulierung und Transparenz von Einflussnahme und Lobbyismus", S. 2.

1185 Ebenso *Schmedes*, Mehr Transparenz wagen?, ZParl 2009, S. 543, 557.

1186 Selbiges gilt nach § 14 Abs. 3 WBeauftrG auch für den Wehrbeauftragten.

1187 Siehe hierzu S. 66.

1188 Ebenso *Parlamentarischer Beratungsdienst des Landtags Brandenburg*, Erste Überlegungen zu einem Lobbyistenregister, S. 20 f.

1189 *Parlamentarischer Beratungsdienst des Landtags Brandenburg*, Erste Überlegungen zu einem Lobbyistenregister, S. 20 f.; *Zeh*, Stellungnahme zur öffentlichen Anhörung des Landtags Brandenburg, S. 9; *Schliesky*, A-Drs. 18 – G – 20, S. 3, 5. *Meyer*, Zur Anhörung des Innenausschusses zum Lobbyregister, S. 10 sieht hingegen hierin keinen Verstoß gegen das freie Mandat, sondern gegen die Eigenschaft des Abgeordneten als freie Vertreter des ganzen Volks. Bei dem Verweis auf Art. 41 Abs. 1 S. 2 GG muss es sich allerdings um ein Redaktionsversehen handeln.

1190 BVerfGE 118, 227 (325 f.) mit Verweis auf *Klein* in: Maunz/Dürig, GG-Kommentar, Art. 48 GG Rn. 34.

1191 *Klein* in: Maunz/Dürig, GG-Kommentar, Art. 48 GG Rn. 34.

Bundestags und können sich daher ebenso auf das freie Mandat berufen. Eine Trennung der Tätigkeiten als Regierungsmitglied und Bundestagsmitglied ist nicht möglich. Andererseits ist ein Anhörungsverbot mit dem Kernbereich exekutiver Eigenverantwortung der Bundesregierung nicht zu vereinen. Ebenso wie die Abgeordneten entscheidet die Bundesregierung aufgrund ihrer Organisationsautonomie[1192] grundsätzlich darüber, mit wem sie in Kontakt tritt. Ein vom Parlament geschaffenes Anhörungsverbot würde derart weit in diesen Bereich eingreifen, so dass eine Verletzung des Kernbereichs exekutiver Eigenverantwortung anzunehmen ist. Im Übrigen würde sich der Politikbetrieb wichtiger, möglicherweise notwendiger Erkenntnisquellen berauben, wenn ein Kontaktverbot zu Nichtregistrierten statuiert würde.

Als Sanktionsinstrument bietet sich stattdessen die Schaffung eines Ordnungswidrigkeitstatbestands an.[1193] Die vorsätzliche Nichtregistrierung bzw. Falschangaben könnten nach amerikanischem Vorbild mit einem Bußgeld geahndet werden. Zu bedenken ist hierbei vor dem Hintergrund des Bestimmtheitsgebots des Art. 103 Abs. 2 GG die Wichtigkeit einer klaren Definition. Soll ein solcher Tatbestand geschaffen werden, muss für jeden Regelungsadressaten die Registrierungspflicht erkennbar sein.[1194] Weiche Registersanktionen nach dem Vorbild des Gemeinsamen Transparenzregisters[1195] sind aufgrund der fehlenden Anreizstruktur hingegen abzulehnen. Zieht eine Nichtbefolgung lediglich eine Streichung aus dem Register, aber keine weitergehenden Sanktionen wie Bußgelder nach sich, steht wiederum zu befürchten, dass die Befolgung der Offenlegungspflichten leidet. Die Nützlichkeit des Registers hängt jedoch entscheidend von der Qualität der gelieferten Informationen ab.

6. Ergebnis

Ein verpflichtendes Lobbyregister mit weitgehenden Offenlegungspflichten ist geeignet, die Verbindungen zwischen Interessenvertretern und politischen Entscheidungsträgern nachvollziehbar zu gestalten. Die Registrierungspflicht sollte selbstständige Interessenvertreter und die Arbeitgeber angestellter Interessenvertreter treffen. Neben den Kontaktdaten sind Informationen über das Ziel der Einflussnahmeversuche, den kontaktierten Mitarbeitern der staatlichen Stellen und die eingesetzten Finanzmittel zu liefern. Die gewonnenen Daten sind im Internet für jeden zugänglich und sinnvoll durchsuchbar zu veröffentlichen. Die Überwachung des Registers sollte einem vom Bundestag gewählten Interessenvertretungsbeauftragten

1192 Vgl. zur Organisationsautonomie bereits soeben auf S. 259.

1193 Einen solchen sieht auch die Gesetzesinitiative der SPD (BT-Drs. 17/6442, II. 1. lit. e)) vor. Ähnlich *LobbyControl*, A-Drs. 18 – G – 22, S. 10.

1194 So auch *Parlamentarischer Beratungsdienst des Landtags Brandenburg*, Erste Überlegungen zu einem Lobbyistenregister, S. 22 f.

1195 Siehe zur Überwachung des Gemeinsam Transparenzregisters der EU auf S. 88.

übertragen werden. Die Missachtung der Registrierungs- und Offenlegungspflichten zieht ein Bußgeld nach sich.

B. Legislativer Fußabdruck

Der legislative Fußabdruck soll die Einflussnahme auf die Entwicklung einer Gesetzesinitiative dokumentieren. Als Annex zum Gesetzesentwurf werden die Beteiligungen nichtstaatlicher Akteure aufgelistet. Es existiert allerdings kein festes Konzept des legislativen Fußabdrucks. Die Vorschläge reichen dabei von einer lediglich namentlichen Auflistung aller am Gesetzesentwurf beteiligten Externen bis hin zu einer schriftlichen Dokumentation des Inhalts der Beteiligung.

I. Rechtspolitische Zweckmäßigkeit

Aus rechtspolitischer Perspektive sprechen verschiedene Gründe für die Einführung eines legislativen Fußabdrucks. Erstens schafft das Instrument als Ergänzung zu einem etwaigen Lobbyregister detailliertes Wissen über die Wirkkraft der Interessenvertreter. Während ein Lobbyregister entsprechend den obigen Ausführungen primär der Herstellung von Strukturtransparenz dient,[1196] hat der legislative Fußabdruck die Dokumentation ihres konkreten Einflusses im Gesetzgebungsverfahren zum Ziel.[1197] Die *„legislative Fußspur"*[1198] kann durch das Aufdecken konkreter Einflüsse zur Schaffung von Prozess- und Inhaltstransparenz[1199] eingesetzt werden. Um das Ziel zu erreichen, wäre jedoch ein legislativer Fußabdruck, der allein die Beteiligten namentlich aufzählt, nicht ausreichend. Nur, wenn das Instrument auch Auskunft über den Inhalt der Beteiligung erteilt, können Bürger und Medien den Einfluss der Externen nachvollziehen.[1200] Dennoch ist auch der legislative Fußabdruck nur effizient, wenn die gewonnenen Informationen sinnvoll verwertbar sind. Daher sollte sich der Anwendungsbereich des legislativen Fußabdrucks auf *signifikante* Beteiligungen von Externen, die schriftlich oder mündlich erfolgen können, beschränken,[1201] so dass nicht jede einzelne Kontaktaufnahme zwischen Interessenvertretern und politischen Entscheidungsträgern dokumentiert werden muss. Andernfalls würde die verfolgte Prozess- und Inhaltstransparenz einen Verwaltungsaufwand produzieren, der nur schwerlich im Verhältnis zum erwarteten Informationsmehrwert steht.[1202] Zudem ist bei einer ausufernden Inhaltstransparenz

1196 Vgl. dazu S. 254 und S. 266.

1197 Ähnlich auch *Classen*, Interessenvertretung in der Europäischen Union, S. 277; *LobbyControl*, A-Drs. 18 – G – 22, S. 5.

1198 Die Begriffe legislativer Fußabdruck und legislative Fußspur werden vorliegend synonym verwendet.

1199 Siehe zur Unterscheidung von Struktur-, Prozess- und Inhaltstransparenz S. 33.

1200 *Obholzer*, Legislative Footprint, CEPS Policy Brief No. 256, S. 4.

1201 So positioniert sich auch der Antrag der SPD-Fraktion, vgl. BT-Drs. 17/5230, III. 2.

1202 Ebenso *Classen*, Interessenvertretung in der Europäischen Union, S. 277.

zu befürchten, dass die Kommunikation zwischen den privaten Interessenvertretern und politischen Entscheidungsträgern aufgrund der medialen Neigung zur Skandalisierung zu einer Inszenierung verkommt.[1203]

Signifikante Beteiligungen können einerseits schriftliche Eingaben, die konkrete Vorschläge zur Ausgestaltung von Gesetzesvorhaben beinhalten sein. Sie sind vor allem wegen des *semantischen Ankereffekts* zu veröffentlichen.[1204] Ausformulierte Eingaben verführen den Ausarbeitenden, exakt die Formulierung des Interessenvertreters zu übernehmen. Eine solche Praxis birgt die Gefahr, dass Interessenvertreter den Gesetzgebungsprozess unbemerkt zu ihrem Vorteil beeinflussen. Der legislative Fußabdruck ermöglicht es, nachzuvollziehen, wenn Gesetzespassagen nicht aus der Feder des politischen Entscheidungsträgers stammen, sondern aus Formulierungshilfen oder Positionspapieren von Interessenvertretern übernommen wurden. Zwar werden bereits jetzt Stellungnahmen, Tagesordnungen und Protokolle öffentlicher Ausschusssitzungen veröffentlicht. Doch zum einen sind von den Veröffentlichungen die Eingaben auf Ebene der Ministerialbürokratie nicht erfasst. Zum anderen erleichtert die zentrale Veröffentlichung der entscheidungserheblichen Dokumente an einem Ort die Recherche erheblich.[1205] Um eine Umgehung über mündliche Korrespondenz zu verhindern, müssen andererseits informale Gespräche, deren Inhalt sich *signifikant* im Gesetzesentwurf niederschlägt, in einem schriftlichen Protokoll durch den jeweiligen politischen Entscheidungsträger wiedergegeben werden. Sicherlich wäre es nicht praktikabel, wenn Bundestagsabgeordnete im Sinne eines Logbuchs alle Kontaktaufnahmen durch Interessenvertreter zu dokumentieren haben. Dies würde mit einem Verwaltungsaufwand einhergehen, der den Mandatsträger über Gebühr belastet und ihn im schlechtesten Falle davon abhält, den Kontakt zu Interessenvertretern zu suchen. Ein *signifikanter Einfluss* liegt vor, wenn Teile des Gesetzesentwurfs der Idee eines Dritten entspringen. Erfasst sollten hiervon nicht allein wörtliche Übernahmen sein. Beruht etwa die Einführung eines Ausnahmetatbestandes zu einem Gesetzesentwurf auf der Anregung eines Interessenvertreters, liegt ein signifikanter Einfluss vor. Die Schwelle ist immer dann überschritten, wenn der zuständige politische Entscheidungsträger den Gesetzesentwurf auf Grundlage des mündlichen Kontakts abändert oder eine Entwurfspassage ihre Grundlage im zuvor geführten Gespräch hat.

Von einem derart ausgestalteten legislativen Fußabdruck geht insbesondere deshalb ein gewisser Charme aus, weil es nicht auf den Kanal der Einflussnahme,

---

1203 *Schmedes/Kretschmer*, Interessen, Transparenz, Vertrauen – und die Legitimität von Politik, S. 311, 325 f.

1204 Vgl. hierzu schon auf S. 25. Im Zusammenhang mit dem Gesetzgebungsoutsourcing wird der Effekt auch erwähnt bei *Krüper*, Lawfirm – legibus solutus?, JZ 2010, S. 655 und *Risse*, Grenzen des Gesetzgebungsoutsourcing, S. 109, 118.

1205 *Kolbe/Hönigsberger/Osterberg*, Marktordnung für Lobbyisten, S. 63. Ebenso für einen legislativen Fußabdruck in der EU *Classen*, Interessenvertretung in der Europäischen Union, S. 278.

sondern auf die Wirkung derselben ankommt. Umgehungsversuche der damit verbundenen Transparenz werden somit jedenfalls deutlich erschwert.

Neben einer informierteren Öffentlichkeit kann die legislative Fußspur zweitens auch zu informierteren Abgeordneten führen.[1206] Müssen die Bundestagsmitglieder ohne legislativen Fußabdruck sich aufwendig über die Ausschusssitzungen und die Entwurfsreferenten informieren, bietet der legislative Fußabdruck die entsprechenden Informationen komprimiert und einfach aufbereitet. Können Bundestagsabgeordnete aus den Veröffentlichungen des legislativen Fußabdrucks entnehmen, dass Entwurfsformulierungen auf Interessenvertreter zurückgehen, werden sie der Prüfung ebenjener Formulierung besondere Aufmerksamkeit widmen. Sie werden deren Sinn und Auslegungsmöglichkeiten kritischer überprüfen. Es würde Interessenvertretern damit erschwert, unbemerkt unliebsame Formulierungen zu streichen oder vorteilhafte Passagen unterzubringen. Ein besser informiertes Plenum des Bundestags ist rechtspolitisch wünschenswert.

Drittens kann ein legislativer Fußabdruck auch die Legitimation des Wirkens von Interessenvertretern erhöhen. Die Dokumentation der Einflussnahme holt die Arbeit der Interessenvertreter aus den Hinterzimmern der Politik. Die Aufnahme in den Annex zum Gesetzesentwurf käme einer staatlichen Anerkennung gleich. Damit wird die Hoffnung auf eine positivere Wahrnehmung in der Öffentlichkeit verbunden.[1207] Eine fortwährende Dokumentation der Einflussnahme durch Interessenvertretern ist geeignet, dem öffentlichen Bewusstsein die grundsätzliche Notwendigkeit und Nützlichkeit des Austausches zwischen Politik und Praxis aufzuzeigen.

Schließlich wirkt die legislative Fußspur auch präventiv. Muss der politische Entscheidungsträger, der sich von Interessenvertretern beraten lässt, davon ausgehen, dass die Übernahme von Formulierungshilfen der Öffentlichkeit bekannt wird, wird er die Positionspapiere zuvor besonders auf einen etwaigen Vorteil des Eingebenden hin untersuchen und Formulierungen lediglich dann übernehmen, wenn aus seiner Sicht keine Partei besonders bevorteilt wird.[1208]

Gegen die Einführung des legislativen Fußabdrucks spricht aus rechtspolitischer Perspektive allein der damit verbundene Verwaltungsaufwand.[1209] Durch eine Begrenzung auf schriftliche Eingaben und signifikante mündliche Beteiligungen soll der Mehraufwand auf ein verhältnismäßiges Maß reduziert werden. Die Stellungnahmen sind ohnehin vorhanden und müssten lediglich dem geplanten Annex hinzugefügt werden. Zusätzlicher Aufwand entsteht allein durch die Pflicht zur Anfertigung schriftlicher Protokolle über die signifikanten Beteiligungen und durch

---

1206 Ähnlich *Obholzer*, Legislative Footprint, CEPS Policy Brief No. 256, S. 4 f.; *Schröder*, Gesetzgebung und Verbände, S. 190.

1207 *Olberding*, Steuerung von Interessenpolitik, S. 187.

1208 *Obholzer*, Legislative Footprint, CEPS Policy Brief No. 256, S. 4.

1209 *Pünder*, Wahlrecht und Parlamentsrecht als Gelingensbedingungen repräsentativer Demokratie, VVDStRL 72, S. 193, 241; *Kolbe/Hönigsberger/Osterberg*, Marktordnung für Lobbyisten, S. 57.

den zu erstellenden Annex. Dieser Aufwand sollte hinnehmbar sein, wenn mit ihm eine besser informierte Öffentlichkeit und ein aufgeklärteres Parlament einhergeht.

Die Einführung eines derart ausgestalteten legislativen Fußabdrucks ist daher rechtspolitisch begrüßenswert.

II. Rechtliche Ausgestaltung

Teilweise wird vorgeschlagen, die legislative Fußspur in der Gemeinsamen Geschäftsordnung der Ministerien (GGO) zu verankern. Der § 42 Abs. 1 iVm § 43 Abs. 1 Nr. 2 GGO biete hierfür einen sinnvollen Anknüpfungspunkt.[1210] Nach der Norm ist vorgesehen, dass in der Begründung zu Gesetzesentwürfen der Ministerien darzustellen ist, auf welchen wesentlichen Erkenntnisquellen ein Entwurf beruht. Die Norm ließe sich entsprechend den Anforderungen des legislativen Fußabdrucks ausbauen. Um auch die Entwürfe von Bundestagsabgeordneten zu erfassen, müsste die legislative Fußspur auch in der Geschäftsordnung des Bundestags (GOBT) verankert werden. Im Gegensatz zu den das Lobbyregister betreffenden Überlegungen, erscheint es denkbar den legislativen Fußabdruck auch getrennt in den jeweiligen Geschäftsordnungen zu regeln[1211], weil Gegenstand nicht die Einführung eines gemeinsamen Registers ist, sondern die Verankerung von Dokumentationspflichten für die politischen Entscheidungsträger ist. Es ist nicht notwendig, die Pflicht an gleicher Stelle zu verankern. Nach § 76 Abs. 2 GOBT sind Gesetzesvorlagen von Mitgliedern des Bundestags mit einer kurzen Begründung zu versehen. Die Norm ließe sich dahingehend erweitern, dass den Vorlagen zudem ein legislativer Fußabdruck beizufügen ist.

Gesetzesentwürfe des Bundesrats werden weder in der Geschäftsordnung des Bundestags noch in der Geschäftsordnung des Bundesrats geregelt. Damit den Entwürfen ebenfalls ein legislativer Fußabdruck angehängt ist, könnte die GOBT um einen entsprechenden § 76a GOBT erweitert werden.

1. Formell-gesetzlichen Regelung

Es stellt sich jedoch die Frage, ob ein den Bundestag, die Bundesregierung und Ministerialbürokratie erfassender legislativer Fußabdruck, der entsprechend der vorstehenden Ausführungen ausgestaltet ist, einer Regelung in den Geschäftsordnungen überhaupt zugänglich ist. Wegen der mit einer solchen Regelung verbundenen Beeinträchtigung der Statusrechte der Abgeordneten sowie etwaiger Grundrechtseingriffe in Rechte der Abgeordneten oder der Interessenvertreter, könnte stattdessen wegen des grundgesetzlichen Gesetzesvorbehalts eine formell-gesetzliche Regelung notwendig sein. Beeinträchtigt sein könnte das Initiativrecht

1210 Positionspapier von LobbyControl e.V. und Transparency International Deutschland e.V. „Regulierung und Transparenz von Einflussnahme und Lobbyismus", S. 6.

1211 Zur Problematik beim Lobbyregister siehe zuvor auf S. 255.

des Abgeordneten, das informationelle Selbstbestimmungsrecht des Abgeordneten und des Interessenvertreters sowie die Berufsfreiheit des Interessenvertreters.

a. Beeinträchtigung der Statusrechte der Abgeordneten

Zu den Statusrechten des Abgeordneten (Art. 38 Abs. 1 S. 2 GG) zählt unter anderem das Initiativrecht des Abgeordneten.[1212] Im Falle der Einführung einer legislativen Fußspur wäre das Initiativrecht des Abgeordneten dergestalt beeinträchtigt, dass er einen Gesetzesentwurf bzw. einen Änderungsantrag zu einem Gesetzesentwurf nur unter Preisgabe wesentlicher Einflüsse Externer in den Bundestag einbringen kann. Die grundsätzliche Möglichkeit, dem Abgeordneten für seine Mandatsführung Transparenz- und Offenlegungspflichten durch die Geschäftsordnung des Bundestags vorzuschreiben, ist jedoch anerkannt.[1213] Begründet wird die darin liegende Ausnahme vom Gesetzesvorbehalt mit dem Argument, dass Regelungssetzer und -adressat identisch sind.[1214] Das dem Gesetzesvorbehalt innewohnende Postulat der Selbstentscheidung durch den Gesetzgeber wird somit auch bei einer Regelung durch die GOBT gewahrt.

b. Beeinträchtigung der Grundrechte der Abgeordneten

Wird im legislativen Fußabdruck zudem ein Eingriff in die Grundrechte des Abgeordneten, vor allem in das informationelle Selbstbestimmungsrecht, gesehen, wäre dennoch eine formell-gesetzliche Regelung notwendig. Die Bundesverfassungsgericht nimmt in seiner Rechtsprechung zu Beschränkungen des Abgeordneten jedoch an, dass Transparenzpflichten den Abgeordneten zwar auch in seinem privaten Bereich betreffen, aber grundsätzlich dem Abgeordneten wegen seiner Stellung als Parlamentarier und nicht als Privatperson auferlegt werden.[1215] Daher seien lediglich die Statusrechte des Abgeordneten, jedoch nicht seine Grundrechte betroffen.

Als das Bundesverfassungsgericht im Jahr 2007 über die Verfassungsgemäßheit der Anzeige- und Offenlegungspflichten der § 44b Nr. 2 AbgG, § 1 Abs. 2 Anlage 1 zur GOBT zu entscheiden hatte, hielt es eine Rüge der Verletzung der Rechte aus Art. 12 Abs. 1 GG und Art. 2 Abs. 1 iVm Art. 1 Abs. 1 GG für unzulässig.[1216] Das Gericht begründete die Unzulässigkeit damit, dass Streitigkeiten über die Statusrechte des

---

1212 *Butzer* in: Epping/Hillgruber, GG-Kommentar, Art. 38 GG Rn. 115.

1213 BVerfGE 118, 227 (359) allerdings mit Bezug auf die im Abgeordnetengesetz statuierten Offenlegungspflichten für Nebeneinkünfte, die aber nach der Entscheidung des Gerichts „*dem Geschäftsordnungsrecht zumindest nahe stehen.*“ Ebenso *Schreiber* in: Berliner Kommentar zum GG, Art. 38 GG Rn. 178; *Morlok* in: Dreier, GG-Kommentar, Art. 38 GG Rn. 151; *Leipholz/Rinck*, GG-Kommentar, Art. 40 Rn. 13; *Haug*, Bindungsprobleme und Rechtsnatur parlamentarische Geschäftsordnungen, S. 107 f.

1214 *Morlok* in: Dreier, GG-Kommentar, Art. 38 GG Rn. 151; BVerfGE 118, 227 (359 f.).

1215 BVerfGE 118, 227 (359).

1216 BVerfGE 118, 277 (319 f.).

Abgeordneten ausschließlich im Wege des Organstreitverfahrens zu führen seien.[1217] Im Organstreitverfahren kann jedoch nur die Verletzung der verfassungsmäßigen Rechte des Organs gerügt werden,[1218] nicht hingegen eine Grundrechtsverletzung des Abgeordneten. Das Bundesverfassungsgericht lässt die Beeinträchtigung der betroffenen Grundrechte dennoch nicht außer Acht, sondern berücksichtigt sie im Rahmen der Abgeordnetenrechte. Wirkt eine Regelung der Statusrechte der Mandatsträger in ihren persönlichen Lebensbereich, genügt nicht allein die Rechtfertigung durch andere Güter von Verfassungsrang. Stattdessen muss die Rechtfertigung der Beschränkung des freien Mandats auch der persönlichen Beeinträchtigung gerecht werden.[1219]

In der Literatur wird argumentiert, dass Mandatsträger in Ausübung ihrer Funktion Teil des Staates sind und sich daher nicht auf Grundrechte berufen können.[1220] Ausgangspunkt der Nichtanwendbarkeit der Grundrechte ist der Gedanke, dass der Mandatsträger als Teil des Staates die abwehrrechtliche Dimension der Grundrechte nicht geltend machen kann. Jedoch geht mit der Amtsübernahme der dahinterstehende Grundrechtsträger nicht vollständig verloren, sondern existiert neben dem Mandatsträger. Im Falle beschränkender staatlicher Maßnahmen ist daher zwischen den beiden Statusbereichen abzugrenzen.[1221]

Die Abgrenzung zwischen der Privatperson und dem Abgeordneten ist insbesondere aufgrund des freien Mandats schwierig. Jeder Abgeordnete entscheidet selbstständig darüber, wie er das eigene Amt ausübt. Es wäre daher verkürzt, die Abgeordnetensphäre allein auf die Sitzungen im Plenum, in Ausschüssen oder auf die Fraktionsarbeit zu beschränken.[1222] Ein entsprechend den vorstehenden Überlegungen gestalteter legislativer Fußabdruck würde jedoch allein die Sphäre des Abgeordneten, nicht aber die der dahinterstehenden Privatperson betreffen. Der Parlamentarier wird lediglich zur Offenbarung beruflicher Kontakte verpflichtet.[1223]

1217 Ständige Rechtsprechung, siehe nur BVerfGE 43, 142 (148 f.); 64, 301 (312); 99, 19 (29); 118, 277 (320).

1218 Vgl. § 64 Abs. 1 BVerfGG.

1219 BVerfGE 118, 277 (354 f.). Im Anschluss stellt das Verfassungsgericht prägnant fest: „*Gegenläufige Belange sind gegeneinander abzuwägen und in einen angemessenen Ausgleich zu bringen.*", BVerfGE 118, 277 (355).. Siehe hierzu auch vertiefend *Käßner*, Nebentätigkeiten und Nebeneinkünfte, S. 155 f.

1220 *Stern*, Staatsrecht, Band I, S. 1077.

1221 *Käßner*, Nebentätigkeiten und Nebeneinkünfte, S. 159 ff.

1222 *Haug*, Bindungsprobleme und Rechtsnatur parlamentarische Geschäftsordnungen, S. 98; *Käßner*, Nebentätigkeiten und Nebeneinkünfte, S. 161.

1223 Es lässt sich theoretisch auch der Fall bilden, dass ein Abgeordneter sich etwa mit einem Freund, der zudem als Interessenvertreter ist, im Rahmen eines privaten Gesprächs über den Gegenstand eines Gesetzesentwurfs austauscht. Der Einfluss des Gesprächs auf die parlamentarische Arbeit ist dennoch nicht dem Statusbereich der Privatperson des Abgeordneten zuzurechnen, sondern betrifft ihn in der Sphäre des Abgeordneten.

Persönliche Daten der Privatperson würden durch einen legislativen Fußabdruck nicht erhoben. Die Pflicht der Abgeordneten zur Veröffentlichung der erhaltenen Stellungnahmen und Anfertigung schriftlicher Protokolle ist daher einer Regelung durch die GOBT zugänglich.

c. Beeinträchtigung der Grundrechte der Interessenvertreter

Neben den Statusrechten der Abgeordneten könnte die legislative Fußspur aber auch in Grundrechte der Interessenvertreter eingreifen. Die namentliche Veröffentlichung derjenigen Interessenvertreter, die schriftliche Stellungnahmen abgegeben haben, sowie die Veröffentlichung der Stellungnahmen selbst, sind als Eingriff in das Recht auf informationelle Selbstbestimmung (Art. 2 Abs. 1 GG iVm Art. 1 Abs. 1 GG) zu werten.[1224] Bereits die namentliche Nennung stellt die Verwertung eines personenbezogenen Datums dar. Bei der Veröffentlichung einer schriftlichen Stellungnahme handelt es sich ebenfalls um eine Angabe über eine bestimmte Person und somit um ein personenbezogenes Datum.

Die geplante Publikation der Stellungnahmen könnte zudem einen Eingriff in die Geschäftsgeheimnisse des Interessenvertreters[1225] darstellen. Formulierungsvorschläge oder Marktanalysen lassen Rückschlüsse auf die Strategien der Privaten ziehen. Die Unterlagen und die damit verbundene Marktstrategien sind Umstände, die nicht offenkundig und Außenstehenden nicht bekannt sind. Auch liegt ein Nichtverbreitungsinteresse des Rechtsträgers vor, weil die jeweiligen Papiere Informationen enthalten, deren Beschaffung Kosten verursacht und der Betroffene diese Informationen Mitbewerbern nicht kostenlos zur Verfügung stellen möchte. Beispielhaft zu nennen sind etwa Informationen über das zu regulierende Marktumfeld, die der Betroffene nur durch aufwendige Recherchen erlangt hat. Die Stellungnahmen sind daher grundsätzlich als Geschäftsgeheimnisse zu qualifizieren. Ihre Publikation stellt einen Eingriff in Art. 12 Abs. 1 GG dar. Festzustellen ist somit, dass der legislative Fußabdruck nicht nur die Statusrechte der Abgeordneten betrifft, sondern auch in Grundrechte des Interessenvertreters eingreift.

d. Anforderungen des Gesetzesvorbehalts

Somit stellt sich die Frage, ob die Eingriffe in das informationelle Selbstbestimmungsrecht und die Geschäftsgeheimnisse durch die GOBT und die GGO auch die Anforderungen an den einfachen Gesetzesvorbehalt der betroffenen Grundrechte erfüllen. Der Gesetzesvorbehalt verlangt, dass ein Eingriff in die Grundrechte durch oder aufgrund eines Gesetzes erfolgt. Außer Frage steht, dass die Geschäftsordnungen selbst den Anforderungen an ein formelles Gesetz nicht genügen.[1226] Um

---

1224 Ebenso *Olberding*, Steuerung von Interessenpolitik, S. 185.

1225 Vgl. zum grundrechtlichen Schutz der Geschäftsgeheimnisse bereits die Ausführungen im Rahmen des Lobbyregisters zuvor auf S. 267.

1226 So für die GOBT: *Lang* in: Berliner Kommentar zum GG, Art. 40 GG Rn. 26, der zugleich auch insgesamt die Möglichkeiten von Grundrechtseingriffen durch die

dem Gesetzesvorbehalt zu genügen, müsste für den Eingriff daher eine gesetzliche Grundlage bestehen. Die zum Grundrechtseingriff ermächtigende Norm kann bei einem Grundrechtseingriff durch die GOBT allein in Art. 40 Abs. 1 S. 2 GG gesehen werden.[1227]

Für diejenigen Grundrechtseingriffe des legislativen Fußabdrucks, die den durch die Gemeinsame Geschäftsordnung der Ministerien geregelten Bereich betreffen, greift eine solche Argumentation jedoch nicht, weil es an einer Art. 40 Abs. 1 S. 2 GG entsprechenden Norm fehlt. Der Art. 65 S. 3 GG ermächtigt die Bundesregierung lediglich zum Erlass ihrer Geschäftsordnung (GOBReg), nicht aber zum Erlass der GGO. Auf der GGO beruhende Grundrechtseingriffe verstießen somit gegen den Gesetzesvorbehalt.

e. Ausnahme zum Gesetzesvorbehalt

Während eine gesetzliche Grundlage für die GOBT jedenfalls vertretbar erscheint, wäre verfassungsrechtlich eine Regelung in der GGO nur durch eine Ausnahme vom Gesetzvorbehalt begründbar. Teilweise wird für das Verhältnis des Bürgers zum Parlament hinsichtlich der GOBT eine Ausnahme vom Gesetzesvorbehalt angenommen. Argumentiert wird, dass das die Geschäftsordnung erlassende Parlament auch im Gesetzgebungsverfahren eine überragend wichtige Rolle einnehme, so dass die Wahl der Form unerheblich sei. Zudem sei auch die Geschäftsordnung eine vom Parlament legitimierte Rechtsquelle, die den Anforderungen des Rechtsstaatsprinzips an die Rechtssicherheit genüge. Es wäre daher eine reine Förmelei, vom Bundestag für dessen parlamentarischen Funktions- und Machtbereich ein formelles Gesetz zu fordern.[1228]

Hinsichtlich der Eingriffe in Grundrecht durch den legislativen Fußabdruck, die den Regelungsbereich der GGO betreffen, verfängt die Argumentation jedoch schon deshalb nicht, weil Normgeber der GGO nicht der Bundestag, sondern die Bundesregierung ist. Entgegenzuhalten ist der vorstehenden Argumentation zudem das erleichterte Normsetzungsverfahren. Im Gegensatz zum Gesetzgebungsverfahren sind am Erlass der GOBT keine weiteren Organe beteiligt. Das mag unbedenklich sein, wenn Adressaten der Regelung allein die eigenen Parlamentsmitglieder

GOBT verneint. Ebenfalls den Rang des formellen Gesetzes ablehnend: *Morlok* in: Dreier, GG-Kommentar, Art. 40 GG Rn. 18.

1227 So ist wohl *Haug*, Bindungsprobleme und Rechtsnatur parlamentarische Geschäftsordnungen, S. 111 zu verstehen: *„Außerdem handelt es sich bei der Geschäftsordnung um eine vom Parlament nach einem festgesetzten Verfahren erlassene und durch die Verfassungsdelegation ausdrücklich legitimierte Rechtsquelle."* Ebenso argumentiert *Klein* in: Maunz/Dürig, GG-Kommentar, Art. 40 GG Rn. 53 für die Verhaltensregeln: *„Der Erlass der Verhaltensregeln bedarf daher bei genauerem Hinsehen einer formell-gesetzlichen Grundlage nicht, Art. 40 Abs. 1 Satz 2 bildet eine ausreichende Rechtsgrundlage."*

1228 *Haug*, Bindungsprobleme und Rechtsnatur parlamentarische Geschäftsordnungen, S. 111 f.

sind. Es würde jedoch zu weit gehen, dem Bundestag zuzugestehen, mit seinem Binnenrecht die Rechtsbeziehungen zu Dritten in einem Verfahren zu regeln, das auf die Mitwirkung sämtlicher anderer Verfassungsorgane vollständig verzichtet. Für Regelungen der Geschäftsordnung, die Außenwirkung zum Bürger entfalten, muss es daher beim Gesetzesvorbehalt und somit der Notwendigkeit einer formell-gesetzlichen Regelung bleiben.

f. Zulässigkeit einer formell-gesetzlichen Regelung

Während aus Gründen des Grundrechtsschutzes somit eine formell-gesetzliche Regelung notwendig ist, besteht innerhalb der Literatur jedoch Streit über die Frage, ob der Bundestag überhaupt berechtigt ist, verfahrensrechtliche Fragen durch ein förmliches Gesetz zu regeln. Hiergegen wird vorgebracht, dass durch die Mitwirkungsmöglichkeit anderer Verfassungsorgane die Geschäftsordnungsautonomie des Bundestags relativiert werde.[1229] Außerdem binde ein formelles Gesetz auch spätere Bundestage, so dass der Diskontinuitätsgrundsatz beeinträchtigt würde.[1230] Das Bundesverfassungsgericht hat hingegen angenommen, dass die Wahl des formellen Gesetzes auch in diesem Bereich zulässig ist, wenn die in Rede stehende Regelung nicht der Zustimmung des Bundesrats bedarf, der Kern der Geschäftsordnungsautonomie nicht berührt ist und gewichtige Gründe für ein Gesetz sprechen.[1231]

Unter Beachtung des hier vertretenen Ergebnisses zur Unzulässigkeit der Regelung durch die GOBT muss dem Gesetzgeber die Wahl des formellen Gesetzes für einen legislativen Fußabdruck zugestanden werden. Ein den legislativen Fußabdruck regelndes Gesetz bedarf nicht der Zustimmung des Bundesrats, da es weder die Verfassung ändert (Art. 79 Abs. 2 GG) noch sich auf die Finanzen der Länder auswirkt (Art. 104a Abs. 4 GG; Art. 105 Abs. 3 GG) oder in die Organisations- oder Verwaltungshoheit der Länder eingreift (Art. 84 Abs. 1 GG). Die Anforderungen an den sachlich gewichtigen Grund hat das Bundesverfassungsgericht nicht näher definiert, dürften aber erfüllt sein, wenn der Regelungsgegenstand aufgrund der damit verbundenen Grundrechtsbeeinträchtigung einer Regelung durch die GOBT nicht zugänglich ist. Schließlich wird durch den legislativen Fußabdruck auch nicht der Kern der Geschäftsordnungsautonomie berührt, weil das Instrument lediglich Offenlegungspflichten im Gesetzgebungsverfahren statuiert, jedoch keine Vorgaben hinsichtlich des Geschäftsgangs, der Arbeitsweise oder der Abstimmungsmodalitäten mit sich bringt.

1229 Siehe instruktiv zum Streitstand *Morlok* in: Dreier, GG-Kommentar, Art. 40 GG Rn. 15 f.; *Klein* in: Maunz/Dürig, GG-Kommentar, Art. 40 GG Rn. 76 ff. und *Lang* in: Berliner Kommentar zum GG, Art. 40 GG Rn. 24 f.

1230 *Morlok* in: Dreier, GG-Kommentar, Art. 40 GG Rn. 15.

1231 BVerfGE 70, 324 6. Leitsatz und (361).

2. Verfassungsrechtliche Grenzen

Auf verfassungsrechtlicher Ebene stellen sich ähnlich gelagerte Fragen wie bei der Einführung eines Lobbyregisters. Wiederum ist zu prüfen, ob der mit dem legislativen Fußabdruck verbundene Eingriff in die Statusrechte der Abgeordneten und die Grundrechte der Interessenvertreter verhältnismäßig ist. Der Wunsch nach einer transparenten Darstellung der konkreten Einflussnahme auf Gesetzesentwürfe ist ein legitimes Ziel, zu dessen Erreichung die Einführung des legislativen Fußabdrucks geeignet ist. Gleichgeeignete Instrumente, die weniger grundrechtsbeschränkend sind, sind nicht ersichtlich, so dass der Eingriff auch erforderlich ist.

Während auf Seiten der Interessenvertreter die beeinträchtigten Grundrechte stehen, steht auf Seiten des Staats das Interesse an einer nachvollziehbaren Darstellung der Willensbildungs- und Entscheidungsprozesse. Nach hier vertretener Auffassung ist diesem Interesse wegen des Transparenzgebots Verfassungsrang beizumessen.[1232]

Im Rahmen der Ermittlung der Eingriffsintensität in das informationelle Selbstbestimmungsrecht ist einerseits zu bedenken, dass sich der Grundrechtsträger freiwillig in den politischen Raum begibt. Der Eingriff in das Grundrecht findet nur statt, weil der Grundrechtsberechtigte den Versuch der Einflussnahme auf politische Entscheidungsträger unternimmt. Er muss sich daher des besonderen öffentlichen Interesses an seiner Verhaltensweise bewusst sein. Andererseits beschränkt sich der hier vorgeschlagene legislative Fußabdruck auf schriftliche Stellungnahmen und signifikante Beteiligungen. Zwar betrifft der Anwendungsbereich des legislativen Fußabdrucks einen Kernbereich ihrer Tätigkeit. Die Ausarbeitung der eigenen Position und Strategie zählt zu den wichtigsten Aufgaben der Interessenvertreter. Durch die Veröffentlichung würden die Argumentationen etwa auch ihren Konkurrenten zur Verfügung stehen. Jedoch würden durch einen den vorstehenden Ausführungen entsprechenden legislativen Fußabdruck nicht per se alle Einflussnahmeversuche publik. Erfasst wären nur solche, die entweder schriftlich ausgearbeitet wurden, und an deren Veröffentlichung wegen des *semantischen Ankereffekts* und der Tendenz zur unbewussten Übernahme ein Interessen besteht, oder Eingang in den Gesetzesentwurf gefunden haben. Das grundgesetzliche Gebot zur transparenten Gestaltung der Willensbildungs- und Entscheidungsprozesse ist wiederum geeignet, den Eingriff zu rechtfertigen. Die Beeinflussung von politischen Entscheidungsträgern, betrifft den Kernbereich des Gebots.

Auch der Eingriff in die Abgeordnetenrechte wird durch die verfolgten Ziele gerechtfertigt. Denn die Rechte der Abgeordneten sind nicht schrankenlos gewährleistet. Vielmehr können sie insbesondere zur Absicherung der Integrität und Vertrauenswürdigkeit des Bundestags eingeschränkt werden.[1233] Stoßrichtung des Art. 38 Abs. 1 S. 2 GG ist es, auch die Unabhängigkeit des Abgeordneten von

1232 Vgl. zur ähnlich gelagerten Diskussion im Rahmen des Lobbyregisters auf S. 268.
1233 *Klein* in: Maunz/Dürig, GG-Kommentar, Art. 38 GG Rn. 218 ff.; *Butzer* in: Epping/Hillgruber, GG-Kommentar, Art. 38 GG Rn. 121 ff.; BVerfGE 99, 19 (32).

Interessengruppen zu sichern.[1234] Ein legislativer Fußabdruck würde beiden Zwecken dienen. Führt das Instrument zum bewussteren Umgang mit Einflussnahmeversuchen privater Interessenvertreter wird hierdurch mittelbar die Unabhängigkeit der Parlamentarier gefördert. Durch die transparentere Verfahrensgestaltung des Gesetzgebungsprozesses wird zudem das Vertrauen in die Integrität des Bundestags gestärkt.

3. *Überwachung und Sanktionsnormen*

Die Überwachung der legislativen Fußspur sollte ebenfalls dem Interessenvertretungsbeauftragten[1235] übertragen werden. Zur Durchsetzung muss er wiederum mit entsprechenden Auskunfts- und Kontrollrechten ausgestattet werden. So muss es ihm im Verdachtsfall möglich sein, die jeweiligen politischen Entscheidungsträger, die den Gesetzesentwurf ausgearbeitet haben, zu befragen. Andernfalls droht das Instrument zum zahnlosen Papiertiger zu verkommen. Um auch im politischen Prozess Bedeutung zu erlangen, muss der geschaffene legislative Fußabdruck in das Gesetzgebungsverfahren eingebunden werden. Während der legislative Fußabdruck selbst wegen der Grundrechtsrelevanz einer gesetzlichen Grundlage bedarf, kann dessen Durchsetzung und die Sanktion einer Nichtbeachtung in den Geschäftsordnungen geregelt werden. Zur Förderung der parlamentarischen Debatte wäre es sinnvoll, in der GOBT klarzustellen, dass in der ersten Lesung eines Gesetzes (§ 79 GOBT) zu den von der Aussprache erfassten Grundsätze des Vorhabens auch der legislative Fußabdruck zählt.[1236] Die erste Lesung bietet sich insbesondere deshalb an, weil in der zweiten Lesung eine allgemeine Aussprache nur auf Empfehlung des Ältestenrats oder auf Antrag einer Gruppe von Parlamentariern in Fraktionsstärke (§ 81 GOBT) erfolgt.

Als mögliche Sanktion kommt gegenüber Beamten ein Disziplinarverfahren nach dem Bundesdisziplinargesetz (BDG) in Betracht. Wird die Dokumentationspflicht in der GGO verankert, handelt es sich dabei um eine Dienstpflicht. Deren Verletzung stellt nach § 77 Bundesbeamtengesetz (BBG) ein Dienstvergehen dar. Nach § 2 Abs. 1 Nr. 1 BDG kann dann ein Disziplinarverfahren eingeleitet werden, das gemäß § 5 BDG einen schriftlichen Tadel, eine Geldbuße, die Kürzung der Dienstbezüge, die Zurückstufung und im äußersten Falle die Entfernung aus dem Beamtenverhältnis zur Folge haben kann. Zuständig ist der jeweilige Dienstvorgesetzte, vgl. 17 Abs. 1 BDG.

1234 *„Vor allem aber zielt die Verfassungsnorm des Art. 38 Abs. 1 Satz 2 GG, indem sie den Abgeordneten zum Vertreter des ganzen Volkes bestimmt und ihn in dieser Eigenschaft für weisungsfrei und nur seinem Gewissen unterworfen erklärt, auch auf Unabhängigkeit von Interessengruppen.“*, BVerfGE 118, 277 (330).

1235 Vgl. hierzu zuvor im Rahmen des Lobbyregisters auf S. 274.

1236 Positionspapier von *LobbyControl e.V.* und *Transparency International Deutschland e.V.* „Regulierung und Transparenz von Einflussnahme und Lobbyismus“, S. 6 f.; *Transparency International*, A-Drs. 18 – G – 21a, S. 5.

Als Verfahren zur Durchsetzung der Dokumentationspflicht gegenüber den Abgeordneten bietet sich eine Änderung des § 76 GOBT an.[1237] Nach § 76 Abs. 2 GOBT sind Gesetzesentwürfe mit einer Begründung zu versehen. Die Norm könnte um eine Pflicht zur Erstellung eines legislativen Fußabdrucks erweitert werden. Die Durchsetzung der Pflicht kann durch eine Anbindung an das Verfahren nach § 8 der Anlage 1 zur GOBT abgesichert werden. Das dortige Verfahren regelt die Durchsetzung der Veröffentlichungspflichten zu Nebeneinkünften. Es sieht als Sanktionen eine Ermahnung, die Veröffentlichung der Pflichtverletzung und die Verhängung eines Ordnungsgelds vor. Für den Fall der Nichterstellung des legislativen Fußabdrucks sollten selbige Sanktionen vorgesehen werden.

4. Ergebnis

Mit dem legislative Fußabdruck können – im Gegensatz zum Lobbyregister – nicht nur nachvollziehbare Strukturen institutionalisierter Einflussnahme geschaffen, sondern darüber hinaus die dahinterliegenden Prozesse und Entscheidungen transparent gestaltet werden. Um den Anwendungsbereich nicht ausufern zu lassen, den entstehenden Verwaltungsaufwand zu begrenzen und die verfassungsrechtliche Zulässigkeit zu sichern, sollten vom legislativen Fußabdruck lediglich die im Gesetzesentwurf berücksichtigten schriftlichen Eingaben und solche mündlichen Kontakte, die einen *signifikanten* Einfluss auf den Entwurf hatten, erfasst werden. Aufgrund der Beeinträchtigung der Statusrechte der Abgeordneten sowie der Grundrechte der Interessenvertreter ist eine formell-gesetzliche Regelung zwingend. Die Durchsetzung sollte dem Interessenvertretungsbeauftragten übertragen werden.

C. Spenden

Für Parteispenden werden zwei Ansätze zur verbesserten Transparenz der Einflussnahme erwogen. Einerseits wird gefordert die für die Veröffentlichung relevanten Schwellenwerte in § 25 Abs. 3 PartG und § 4 Abs. 3 Anlage 1 zur GOBT abzusenken. Andererseits könnte das Parteiensponsoring in das Veröffentlichungsregime des § 25 PartG einbezogen werden.

I. Absenkung der Obergrenzen für Parteispenden

Den politischen Parteien steht in Deutschland grundsätzlich kein Recht zu, ihre Einnahmequellen anonym zu halten. Vielmehr verpflichtet der Art. 21 Abs. 1 S. 4 GG die Parteien über Herkunft und Verwendung ihrer Mittel zu informieren. Der Verfassungsartikel differenziert nicht nach der Höhe der Einnahmequelle, so dass grundsätzlich nicht die Transparenzpflicht, sondern die Einführung einer

---

1237 Wie zuvor ausgeführt, ist eine alleinige Regelung in der GOBT aufgrund der Grundrechtseingriffe nicht möglich. Gegen eine zusätzliche Verankerung in der GOBT ist jedoch nichts einzuwenden.

Publizitätsgrenze rechtfertigungsbedürftig ist. Nach Art. 21 Abs. 3 GG ist dem Gesetzgeber die nähere Ausgestaltung der Rechenschaftspflicht übertragen. Ihm steht bei der Grenzfestlegung ein Ermessensspielraum zu.[1238] Vor dem Hintergrund der grundgesetzlichen Richtungsvorgabe besteht Einigkeit darüber, dass die Veröffentlichung der Namen der Spender zwar in das Recht des Spenders, anonym zu bleiben – das aus dem Recht zur informationellen Selbstbestimmung (Art. 2 Abs. 1 iVm Art. 1 Abs. 1 GG), der Meinungsfreiheit oder dem Wahlgeheimnis abgeleitet werden kann – eingreift, der Eingriff aber durch das verfassungsrechtliche Transparenzgebot des Art. 21 Abs. 1 S. 4 GG gerechtfertigt ist.[1239] Die Norm ist unmittelbar geltendes Recht.[1240] Der Norm liegt der Gedanke zugrunde, dass die politische Willensbildung innerhalb einer Partei erheblich von Personen beeinflusst werden kann, die nennenswerte finanzielle Mittel bereitstellen.[1241] Die Pflicht zur öffentlichen Rechenschaftslegung dient der Sicherung der inneren Ordnung der Parteien gegen undemokratische Einflüsse.[1242]

Nach Ansicht des Bundesverfassungsgerichts kann die Publizitätsgrenze dadurch gerechtfertigt werden, dass geringe Spenden kaum bis gar keinen politischen Einfluss auf die jeweilige Partei vermitteln. Eine Publizitätsgrenze von DM 40.000 hat das Bundesverfassungsgericht jedoch der Höhe nach für unvereinbar mit dem Art. 21 Abs. 1 S. 4 GG erklärt.[1243] Hingegen hat das Gericht die EUR 10.000-Grenze für zulässig erachtet. Angesichts des Finanzbedarfs auch kleinerer Parteien sei davon auszugehen, dass eine Spende von weniger als EUR 10.000 pro Kalenderjahr nicht geeignet sei, nennenswerten Einfluss auf Parteien zu erlangen.[1244] Die Argumentation mag für die Bundesebene der großen, etablierten Parteien ihre Berechtigung haben. Doch hat der Gesetzgeber bei der Ausgestaltung des Art. 21 Abs. 1 S. 4 GG alle Parteien und auch die unteren Organisationsebenen im Blick zu behalten.[1245] Teilweise wird in der Literatur daher die Publizitätsgrenze für verfassungswidrig

---

1238 BVerfGE 85, 264 (321).

1239 Siehe etwa *Kunig* in: von Münch/Kunig, GG-Kommentar, Art. 21 GG Rn. 65; *Morlok* in: Dreier, GG-Kommentar, Art. 21 GG Rn. 114; *Helmes*, Spenden an politische Parteien und an Abgeordnete, S. 123; *Streinz* in: v. Mangoldt/Klein/Starck, Kommentar zum Grundgesetz, Art. 21 GG Rn. 206.

1240 BVerfGE 111, 54 (85); *Morlok* in: Dreier, GG-Kommentar, Art. 21 GG Rn. 112; *Helmes*, Spenden an politische Parteien und an Abgeordnete, S. 123 f.

1241 BVerfGE 24, 300 (356). Zur Bedeutung des Transparenzgebots für Parteien führt das Bundesverfassungsgericht in ständiger Rechtsprechung aus: *„Der Wähler soll sich über die Kräfte unterrichten können, die die Politik der Parteien bestimmen, und er soll die Möglichkeit haben, die Übereinstimmung zwischen den politischen Programmen und dem Verhalten derer zu prüfen, die mit Hilfe finanzieller Mittel auf die Parteien Einfluß zu nehmen suchen.“*, vgl. etwa BVerfGE 20, 56 (106); 85, 264 (319); 111, 54 (83).

1242 BVerfGE 85, 264 (319).

1243 BVerfGE 85, 264 (318 f.; 323).

1244 BVerfGE 24, 300 (356). Zum Zeitpunkt des Urteils lag die Grenze bei DM 20.000.

1245 So das BVerfG selbst, s. BVerfGE 85, 264 (321 f.).

hoch erachtet.[1246] Wie sich aus § 23 Abs. 2 S. 4 PartG ergibt, geht der Gesetzgeber selbst davon aus, dass Parteien existieren, die in einem Kalenderjahr über weniger als EUR 5.000 verfügen.[1247] Für solche Parteien stellt auch eine Spende von beispielsweise EUR 6.000 einen nennenswerten Betrag dar. Auch auf den kommunalen Organisationsebenen stellt ein Spendenbetrag im mittleren vierstellen Bereich bereits eine erhebliche Summe dar, bei der nicht zweifelsfrei davon ausgegangen werden kann, dass damit kein Einfluss auf die Entscheidungsträger verbunden ist. Nach hier vertretener Ansicht hat der Gesetzgeber mit der Konkretisierung des Art. 21 Abs. 1 S. 4 GG durch den § 25 Abs. 3 S. 2 PartG seinen Ermessensspielraum überschritten. Eine derart hoch angesetzte Publizitätsgrenze verletzt das verfassungsrechtliche Transparenzgebot des Art. 21 Abs. 1 S. 4 GG. Die Norm ist verfassungswidrig.

Rechtspolitisch lässt sich für das Absenken der Grenze zudem anführen, dass bei einem niedrigeren Schwellenwert der Anreiz zur Stückelung von Spenden und zur Aufteilung der Beträge auf verschiedene Personen sinkt.[1248] Zur Verhinderung von Umgehungsversuchen, sollte die Schwelle des § 25 Abs. 3 S. 1 PartG auf EUR 3.300 herabgesetzt und damit an die Höchstsumme der nach § 10b Abs. 2 S. 1 EStG und § 34g S. 2 EStG steuerlich abzugsfähigen Parteispende angeglichen werden. Mit einer solchen Schwelle bleiben Bagatellspenden weiterhin außen vor, so dass der Verwaltungsaufwand auf ein zumutbares Maß beschränkt bleibt. Der Betrag spiegelt die Summe wieder, die nach Ansicht des Gesetzgebers der durchschnittliche Einkommensbezieher für Spenden ausgeben kann.[1249] Übersteigt ein darüber hinausgehender Spendenbetrag die durchschnittliche Leistungsfähigkeit der Spender, so kann nicht mehr für alle Parteien und Organisationsebenen davon ausgegangen werden, dass mit der Spende kein wesentlicher Einfluss verbunden ist.

II. Absenkung der Obergrenzen für Abgeordnetenspenden

Ebenso wie in § 25 Abs. 3 S. 1 PartG sollte auch der Schwellenwert für die Pflicht zur namentlichen Nennung der Spenden an Abgeordneten abgesenkt werden. Der für

---

1246 *Helmes*, Spenden an politische Parteien und an Abgeordnete, S. 131 f.; *Ipsen* in: Sachs, GG-Kommentar, Art. 21 GG Rn. 110. Andere Ansicht *Kunig* in: von Münch/ Kunig, GG-Kommentar, Art. 21 GG Rn. 66; *Morlok* in: Dreier, GG-Kommentar, Art. 21 GG Rn. 115.

1247 *Helmes*, Spenden an politische Parteien und an Abgeordnete, S. 131.

1248 Der bekannteste Fall betrifft die Gauselmann AG. Dem Unternehmen wird unterstellt, dass sie sich die Publizitätsgrenze dergestalt zu Nutze machte, dass die Spenden auf den Unternehmenschef, Führungskräfte und Mitarbeiter aufgeteilt wurden. Das Unternehmen spendete so seit dem Jahr 1990 insgesamt über EUR 1.000.000 an die Parteien CDU, SPD, FDP und BÜDNIS 90/DIE GRÜNEN ohne ein einziges Mal im Rechenschaftsbericht erwähnt zu werden. Siehe hierzu den Bericht der Süddeutschen Zeitung vom 4. Mai 2011, online abrufbar unter http://www.sueddeutsche.de/politik/abgeordnete-erhielten-schecks-dubiose-parteispenden-aus-gluecksspielkonzern-1.1061744 (zuletzt abgerufen am 8. Januar 2016).

1249 BT-Drs. 12/5774, S. 12.

Parteien geltende Schwellenwert wurde unverändert auf die Abgeordnetenspende übertragen. So wird eine Umgehung der Transparenzpflichten für Parteispenden über Spenden an Abgeordnete zwar verhindert. Doch verfügt der einzelne Abgeordnete regelmäßig über ein deutlich geringeres Budget als die Parteien.[1250] Somit besteht für den Abgeordneten bereits bei niedrigeren Spendensummen die Gefahr einer unzulässigen Beeinflussung. Zweck der Offenlegungspflichten für Spenden an Abgeordnete sollte nicht nur die Umgehung des § 25 Abs. 3 PartG sein, sondern auch die Absicherung der in Art. 38 Abs. 1 S. 2 GG niedergelegten Unabhängigkeit des Mandatsträgers.[1251] Eine Beeinträchtigung der Unabhängigkeit des Abgeordneten ist aber bereits bei geringeren Spendensummen nicht ausgeschlossen.[1252] Durch den Einfluss auf einen Abgeordneten kann der Spender mittelbar wiederum auch Einfluss auf dessen Partei erlangen. Daher sollte der Schwellenwert in § 4 Abs. 3 Anlage 1 zur GOBT ebenfalls herabgesetzt werden. Zur Verhinderung von Umgehungsmöglichkeiten empfiehlt sich ein Gleichlauf mit der zuvor vorgeschlagenen Absenkung des Schwellenwerts in § 25 Abs. 3 S. 2 PartG. Mit einem Schwellenwert von EUR 3.300 werden auch im Bereich der Abgeordnetenspenden solche Summen erfasst, bei denen eine stärke Einflussnahme möglich erscheint.

Zudem sollte auch die Verletzung dieser Transparenzpflicht mit schärferen Sanktionen als lediglich einer Ermahnung bedroht werden. Bereits mehrfach wurde betont, dass die Effektivität von Veröffentlichungspflichten maßgeblich von ihrer Durchsetzung abhängig ist. Daher wäre es angemessen, die Sanktionsmöglichkeiten des § 31c PartG auf die Pflicht zur Veröffentlichung der Abgeordnetenspende zu übertragen.[1253]

III. Veröffentlichungspflicht für Parteiensponsoring

Nicht von den Veröffentlichungspflichten für Parteispenden erfasst ist das Parteiensponsoring, da das Sponsoring einen Leistungsaustausch zum Inhalt hat.[1254] Die Leistung des Sponsors erfolgt im Gegenzug zum Recht des Leistenden, sich oder seine Produkte auf der Veranstaltung gegenüber der Öffentlichkeit darzustellen. Die Zahlungen oder geldwerten Leistungen sind grundsätzlich im Rechenschaftsbericht als *Einnahmen aus Veranstaltungen, Vertrieb von Druckschriften und Veröffentlichungen und sonstiger mit Einnahmen verbundener Tätigkeiten* gemäß § 24 Abs. 4 Nr. 7 PartG zu verzeichnen. Neben dem eigennützigen Ziel der Werbung bzw. Öffentlichkeitsarbeit verfolgt das Sponsoring regelmäßig auch das fremdnützige Ziel

1250 *Landfried*, Parteifinanzen und politische Macht, S. 305 f.
1251 So auch das Bundesverfassungsgericht, BVerfGE 85, 264 (325).
1252 *Arnim*, Der gekaufte Abgeordnete – Nebeneinkünfte und Korruptionsproblematik, NVwZ 2006, S. 249, 252.
1253 Im Ergebnis ebenso *Helmes*, Spenden an politische Parteien und an Abgeordnete, S. 341 ff.
1254 So auch *Klein*, A-Drs. 17(4)57 B, S. 5.

der Förderung der unterstützten Partei.[1255] Das Parteisponsoring nimmt daher eine Zwitterstellung zwischen regulären Einnahmen aus gegenseitigen Verträgen und Spenden ein.[1256] Allerdings sind die Einnahmen nach § 24 Abs. 4 Nr. 7 PartG nach der derzeitigen Handhabung des Parteiengesetzes weder namentlich noch der Höhe nach aufzuschlüsseln. Gegen die Notwendigkeit von Offenlegungspflichten für das Sponsoring wird teilweise angeführt, dass bei Spenden der Spender regelmäßig nicht öffentlich in Erscheinung tritt, während die Wahrnehmung durch die Öffentlichkeit eines der Ziele des Sponsors ist.[1257] Der Einflussnahmeversuch durch den Sponsor erfolgt öffentlich, nicht anonym. Allerdings lässt sich dem entgegenhalten, dass mit dem Auftreten als Sponsor nur eine punktuelle Öffentlichkeit hergestellt wird, die der Publizitätspflicht des Art. 21 Abs. 1 S. 4 GG nicht genügt.[1258] Wegen der Nähe des Sponsorings zur Spende und des grundgesetzlich in Art. 21 Abs. 1 S. 4 GG verankerten Transparenzgebots ist die fehlende Veröffentlichungspflicht hinsichtlich des Sponsors und der Höhe des Sponsorings somit verfassungsrechtlich bedenklich.

Besonders problematisch werden Sponsoringleistungen, wenn zwischen der Leistung des Sponsors und dem Wert der Leistung der Partei ein grobes Missverhältnis besteht.[1259] Es liegt in der Natur des Sponsorings, dass dem Vertragspartner des Sponsors regelmäßig kaum Kosten entstehen. Seine Leistung liegt allein in der Bereitstellung der Werbefläche. In der Vergangenheit wurde einigen Parteitagen ein Messecharakter attestiert.[1260] Teilweise wird daher erwogen, im Falle eines Missverhältnisses, das Sponsoring in eine Gegenleistungs- und eine Spendenkomponente aufzuteilen. Der über dem Marktwert liegende Betrag des Sponsorings wird von einigen Autoren als verdeckte Spende angesehen. Die Gegenleistung soll als Einnahme aus Veranstaltungen (§ 24 Abs. 4 Nr. 7 PartG), der überschießende Teil als Spende (§ 24 Abs. 4 Nr. 3, 4 PartG) im Rechenschaftsbericht aufgenommen werden.[1261]

1255 So auch *Helmes*, Spenden an politische Parteien und an Abgeordnete, S. 87. Kein Parteisponsoring liegt hingegen vor, wenn das Sponsoring erkennbar in Erwartung oder als Gegenleistung eines bestimmten wirtschaftlichen oder politischen Vorteils gewährt wird. Solche Geschäfte sind nach § 25 Abs. 2 S. 7 PartG verboten und nach § 134 BGB nichtig. Hierunter fallen beispielsweise Vereinbarungen nach denen die Partei dem Sponsor ein Gespräch mit parteiangehörigen Abgeordneten oder Regierungsmitgliedern schuldet, vgl. hierzu *Heinig*, Sponsoring von Parteiveranstaltungen, JZ 2010, S. 485, 492 f.; *Klein*, A-Drs. 17(4)57 B, S. 3.

1256 *Betzinger*, Parteisponsoring, DVBl 2010, S. 1204, 1206.

1257 *Ipsen*, Parteiensponsoring als Spende, S. 93, 97; *Heinig*, A-Drs. 17(4)57 A, S. 5.

1258 So auch *Morlok*, A-Drs. 17(4)57 C, S. 11; *Volkmann*, A-Drs. 17(4)57 E, S. 7.

1259 *Betzinger*, Parteisponsoring, DVBl 2010, S. 1204, 1210.

1260 Siehe etwa den Bericht von *LobbyControl*, Parteitags-Lobbyismus aus Insider-Sicht aus dem Jahr 2010: https://www.lobbycontrol.de/2010/02/parteitags-lobbyismus-aus-insider-sicht (zuletzt abgerufen am 14. Januar 2016).

1261 *Hey*, Parteiensponsoring aus steuerrechtlicher Sicht, S. 107, 112 f.; *Heinig*, Sponsoring von Parteiveranstaltungen, JZ 2010, S. 485, 490 f.; *Helmes*, Spenden an politische Parteien und an Abgeordnete, S. 91; *Koß*, A-Drs. 18(4)462 C, S. 5.

Unabhängig von der Vertragsnatur qualifiziert die Literatur bereits derzeit im Falle grober Missverhältnisse zwischen Leistung und Gegenleistung den überschießenden Teil als Spende.[1262] Diese Handhabung ist für das Sponsoring jedoch nicht praxistauglich: Ein weitergehendes Aufspalten führt zu Abgrenzungsproblemen, da außerhalb von auffälligen Missverhältnissen zwischen der Leistung des Sponsors und der Partei eine Bewertung der Gleichwertigkeit von Leistung und Gegenleistung nur schwer umsetzbar erscheint. Dabei ist die doppelfunktionale Struktur des Sponsorings zu beachten. Es zielt auf Marketingeffekte ab und ist zugleich Mittel der politischen Einflussnahme. Es muss bedacht werden, dass der Sponsor, ebenso wie etwa derjenige, der Werbung im Druckerzeugnis einer Partei schaltet, für eine Gegenleistung zahlt. Die Aufteilung in zwei Einnahmekategorien würde einen einheitlichen Lebensvorgang künstlich in zwei Leistungskomponenten zerlegen.[1263] Für die Aufteilung des Betrags in Einnahmen aus Veranstaltungen und Spenden müsste zudem der genaue Wert der Leistung der Partei ermittelt werden. Hierzu wären vergleichbare Sponsoringleistungen und Parteiveranstaltungen gegenüberzustellen. Es erscheint fraglich, ob im Markt des Sponsorings überhaupt solch neutrale Daten ermittelt werden können.

Wegen des damit verbundenen Einflusses auf die Partei sollten im Falle größerer Sponsoringleistungen daher unabhängig vom Verhältnis von Leistung und Gegenleistung Offenlegungspflichten unterliegen.[1264] Eine Gesetzesänderung ist auf den ersten Blick nicht zwingend notwendig. Das Parteiengesetz ließe sich bereits in seiner jetzigen Form so ausgelegen, dass ausreichend Transparenz geschaffen wird. Nach § 27 Abs. 2 S. 2 PartG sind Einnahmen über EUR 10.000 unabhängig von der Art einzeln auszuweisen und unter Angabe des Leistenden zu erläutern.[1265] Der Wortlaut der Norm würde eine Subsumtion von Einnahmen über EUR 10.000 aller Einkommensarten zulassen.[1266] Bisher wird der § 27 Abs. 2 S. 2 PartG allerdings allein auf Einnahmen im Sinne des § 24 Abs. 2 Nr. 9 PartG (sonstige Einnahmen) angewendet.[1267] Mit einem erweiterten Verständnis des Anwendungsbereichs des § 27 Abs. 2 S. 2 PartG – erstreckt zumindest auch auf Einnahmen nach § 24 Abs. 4

1262 Vgl. zu *„teilentgeltlichen Spenden"* *Helmes*, Spenden an politische Parteien und an Abgeordnete, S. 80 ff.; *Klein*, A-Drs. 17(4)57 B, S. 6.

1263 *Betzinger*, Parteisponsoring, DVBl 2010, S. 1204, 1210.

1264 So auch *Koß*, A-Drs. 18(4)462 C, S. 5, mit Verweis darauf, dass insbesondere deshalb ein Transparenzbedürfnis besteht, weil bei einem Auseinanderfallen von Leistung und Gegenleistung der überschießende Teil auch steuerrechtlich nicht als Spende zu behandeln ist und somit für Unternehmen die steuerrechtliche Absetzbarkeit als Betriebsausgaben (§ 4 Abs. 4 EStG) entfällt. Zur steuerrechtlichen Behandlung von Parteisponsoring siehe auch *Hey*, Parteiensponsoring aus steuerrechtlicher Sicht, S. 107, 112 f.

1265 Ebenso *Helmes*, Spenden an politische Parteien und an Abgeordnete, S. 91.

1266 *Helmes*, Spenden an politische Parteien und an Abgeordnete, S. 91.

1267 *Lampe* in: Erbs/Kohlhaas, Strafrechtliche Nebengesetze, § 27 PartG Rn. 5; *Volkmann*, A-Drs. 17(4)57 E, S. 8.

Nr. 7 PartG – würde im Bereich des Sponsorings ein dem Transparenzgebot des Art. 21 Abs. 1 S. 4 GG genügendes Maß an Nachvollziehbarkeit geschaffen. Sofern entsprechend der obigen Argumentation die Veröffentlichungspflicht für Parteispenden auf EUR 3.300 herabgesetzt wird[1268], würde mit einer Transparenzpflicht für Sponsoring erst ab EUR 10.000 gleichzeitig der unterschiedlichen Funktionsrichtung von Spende und Sponsoring Rechnung getragen.[1269] Allerdings würden die erweiterten Offenlegungspflichten dann jedenfalls für alle Einnahmen aus Veranstaltungen, Vertrieb von Druckschriften und Veröffentlichungen und sonstiger mit Einnahmen verbundener Tätigkeiten gelten. Ein besonderes Transparenzinteresse ist aber nicht für all diese Einnahmen zu erkennen. Um der Besonderheit des Sponsorings gerecht zu werden, sollte stattdessen für das Sponsoring im § 24 Abs. 4 PartG eine neue Nr. 12 geschaffen werden, für den die Anwendbarkeit des § 27 Abs. 2 S. 2 PartG explizit festgestellt wird. Parteisponsoring wäre hierfür zu definieren als Leistungsaustausch von „*Geld oder geldwerten Vorteilen durch Dritte (Sponsoren) an die Partei zur Förderung der satzungsmäßigen Aufgaben, mit dem Ziel der Werbung und der Öffentlichkeitsarbeit für den Sponsor.*“[1270]

IV. Überwachung durch den Interessenvertretungsbeauftragten

Wird mit dem Lobbyregister die Institution des Interessenvertretungsbeauftragten[1271] geschaffen, sollte diesem auch die Kontrolle der Rechenschaftsberichte der Parteien sowie der Veröffentlichungspflichten von Spenden obliegen. Ähnlich der Federal Election Commission würde somit eine unabhängige Institution mit der Überwachung beauftragt, der keine zu große Nähe zum Politikbetrieb vorgeworfen werden kann. Im Gegensatz zum Bundestagspräsidenten steht der Interessenvertretungsbeauftragte außerhalb des Politikbetriebs und würde sich nicht dem Vorwurf der Parteilichkeit ausgesetzt sehen.[1272] Die Kontrolle des sensiblen Bereichs der Spenden durch eine unabhängige Institution ist daher geeignet, das Vertrauen in die Integrität des politischen Prozesses zu erhöhen.

1268 Siehe hierzu S. 288 f.

1269 Ähnlich *Heinig*, A-Drs. 17(4)57 A, S. 6 f., der wegen der Öffentlichkeit des Sponsorings eine namentliche Nennung des Sponsors erst ab EUR 20.000 (bei keiner gleichzeitigen Absenkung des Schwellenwerts für Parteispenden) für geboten erachtet.

1270 Die Definition entstammt *Volkmann*, A-Drs. 17(4)57 E, S. 4 f., der seinerseits Anlehnung an ein Schreiben des Bundesministeriums der Finanzen vom 18.02.1998 (BStBl I S. 212) nimmt, indem eine grundsätzliche Sponsoringdefinition verfasst wurde.

1271 Siehe zur Schaffung eines Interessenvertretungsbeauftragten zuvor auf S. 239.

1272 Ähnlich kritisch zur Rolle des Bundestagspräsidenten als Überwachungsinstanz *Kühn*, Verhaltensregeln für Bundestagsabgeordnete, S. 319 f.

2. Abschnitt: Instrumente zur Regelung des Näheverhältnisses

Der § 71 BBG untersagt allen Beamten grundsätzlich die Annahme von Zuwendungen. Auch die Aufnahme von Nebentätigkeiten steht nach § 99Abs. 1 BBG (mit Ausnahme der in § 100 Abs. 1 BBG aufgeführten Tätigkeiten) unter einem Erlaubnisvorbehalt. Die in dem Näheverhältnis auftretenden Problematiken der Geschenke, Reiseeinladungen und Nebentätigkeiten werden durch die Verbote wirksam unterbunden.[1273] Für die Beamten kommt der sehr weitgehende Straftatbestand der Vorteilsannahme (§ 331 StGB) hinzu, der nicht nur rechtswidrige Diensthandlungen, die für einen Vorteil vorgenommen werden, bestraft, sondern bereits die Vereinbarung einer Vorteilsgewährung für eine rechtmäßige Dienstausübung unter Strafe stellt. Seitens der Beamten besteht somit bereits ein enges Korsett im Umgang mit Interessenvertretern, das keiner Reform bedarf.

Im Gegensatz dazu unterliegen die Bundestagsabgeordneten und Regierungsmitglieder keinen vergleichbaren Regelungen. Zwar ist die Ausgestaltung des Näheverhältnisses zwischen Mandatsträgern und Interessenvertretern in den letzten Jahren mit der Einführung von Karenzzeiten und strengeren Offenlegungspflichten für Nebeneinkünfte vorangeschritten. Bis zur deutlich fernliegenderen Grenze des § 108e Abs. 1 StGB sind die Abgeordneten aber frei in der Annahme von Zuwendungen und Vorteilen aller Art. Verboten ist ihnen lediglich die Annahme solcher Zuwendungen, die sie für ihre Mandatsführung erhalten.[1274] Offenlegungspflichten über Nebeneinkünfte (Anlage 1 zur GOBT) und Spenden (§§ 24 ff. PartG für Parteispenden sowie § 4 der Anlage 1 zur GOBT für Spenden an einzelne Abgeordnete) schaffen einen Transparenzrahmen für Einflussnahmeversuche durch finanzielle Zuwendungen. Die Höhe und Art der Nebeneinkünfte unterliegen im Gegensatz zu den Beamten jedoch keiner Beschränkung.

Den Interessenvertretern macht das Gesetz keine Vorgaben. Abgesehen von den Straftatbeständen müssen sie im Umgang mit politischen Entscheidungsträgern keine Vorgaben achten. Zur weiteren Ausdifferenzierung des Verhältnisses zwischen Interessenvertretern und Bundestagsabgeordneten soll nachfolgend die Einführung von Verhaltenskodizes, die Verschärfung des § 108e StGB und ein Verbot von Nebentätigkeiten sowie eine Begrenzung von Zuwendungen und Einladungen geprüft werden.

1273 Siehe zur Darstellung der das Näheverhältnis regelnden Vorschriften näher S. 225 ff.

1274 Siehe hierzu § 44a Abs. 2 AbgG und die entsprechenden Ausführungen auf S. 196 ff. Neben dem Verbot der Interessentenzahlungen sind die Abgeordneten auch verpflichtet, Gastgeschenke, deren Wert EUR 200 überschreitet, auszuhändigen.

A. Verhaltensregeln für Interessenvertreter

Es mutet etwas seltsam an, dass die Beeinflussten immer strengeren Regeln unterworfen werden, während das Handeln der Beeinflusser unreglementiert bleibt.[1275] Ein Verhaltenskodex für Interessenvertreter könnte das Lobbyregister und den legislativen Fußabdruck sinnvoll ergänzen. Im Verhaltenskodex werden Grundsätze einer *best practice* der Interessenvertretung festgelegt. Als inhaltliches Vorbild könnte der in Anhang III des Gemeinsamen Transparenzregisters der EU-Kommission und des Europäischen Parlaments enthaltene Kodex[1276] dienen.

I. Rechtspolitische Zweckmäßigkeit

Verhaltensgrundsätze können die zulässigen Methoden der Interessenvertretung näher bestimmen. Aus den vielfältigen Möglichkeiten der Einflussnahme werden solche herausgefiltert, die zwar keine strafrechtlichen Grenzen überschreiten, dennoch unangemessen für das Verhältnis zwischen privaten Interessenvertretern und politischen Entscheidungsträgern sind. Um einen einheitlichen Anwendungsbereich zu sichern, sollte der Verhaltenskodex entsprechend dem der Europäischen Union Teil des Lobbyregisters sein. Die Registrierung im Lobbyregister sollte für die Interessenvertreter mit der Zustimmung zum Code of Conduct verbunden werden. Rechtspolitisch können durch einen Verhaltenskodex drei Ziele erreicht werden:

Zuerst dient ein Verhaltenskodex der Absicherung, dass Einflussnahmeversuche aus ethisch-moralischer Perspektive angemessen verlaufen. Insbesondere weil in der Öffentlichkeit Interessenvertretung negativ besetzt ist und dem Gebaren der Interessenvertreter tief misstraut wird, ist die Einführung von Verhaltensstandards sinnvoll. Ein Code of Conduct stellt eine Möglichkeit dar, die öffentliche Legitimation der Interessenvertretung zu erhöhen. Der unreglementierte Graubereich, der Raum für negative Unterstellungen bietet, wird verringert. Klare Vorschriften zum Rahmen der zulässigen Methoden können die öffentliche Wahrnehmung des Lobbyismus verbessern.

Durch die im Verhaltenskodex niedergelegten Grundsätze kann zweitens das zwischen den Akteuren bestehende Informationsgefälle[1277] teilweise abgebaut werden. Wird der Interessenvertreter durch den Verhaltenskodex verpflichtet, sich und seinen Auftraggeber bzw. Arbeitgeber namentlich gegenüber dem politischen Entscheidungsträger vorzustellen, wird die Einordnung der erhaltenen Informationen erleichtert, da der politische Entscheidungsträger leichter Rückschlüsse auf die dahinterliegende Motivationslage ziehen kann. Rechtspolitische wäre es wünschenswert, den Interessenvertretern die Möglichkeit zu nehmen, sich Fehlvorstellungen

---

1275 So auch *Humborg*, Lobbyismus als politische Herausforderung in Deutschland, S. 91, 96.

1276 Vgl. zum Verhaltenskodex des Gemeinsamen Transparenzregisters der EU S. 88.

1277 Siehe zum Informationsgefälle zwischen Interessenvertretern und politischen Entscheidungsträgern S. 55.

der politischen Entscheidungsträger zu Nutze zu machen. Zudem können durch solche Vorschriften Mindeststandards für von Interessenvertretern gelieferte Informationen aufgestellt werden. Aus staatlicher Perspektive lässt sich durch solche Vorschriften der informative Nutzen der Interessenvertretung erhöhen.

Drittens können durch einen Verhaltenskodex die in den Verhaltensvorschriften der Amts- und Mandatsträger niedergelegten Pflichten über Zuwendungen, Nebentätigkeiten und Karenzzeiten zusätzlich abgesichert werden. Interessenvertreter werden in den gängigen Verhaltenskodizes verpflichtet, sich über die geltenden Bestimmungen zu informieren und diese zu achten.[1278]

II. Rechtliche Ausgestaltung

Wird ein Lobbyregister per Gesetz eingeführt, so sollte das Gesetz den ebenfalls zu schaffenden Interessenvertretungsbeauftragten dazu ermächtigen, per Rechtsverordnung Verhaltensregeln zu erlassen. Gemäß Art. 80 Abs. 1 S. 1 GG kann grundsätzlich nur die Bundesregierung, ein Bundesminister oder die Landesregierungen per Gesetz ermächtigt werden, Rechtsverordnungen zu erlassen. Nach Art. 80 Abs. 1 S. 4 GG kann die ermächtigte Stelle jedoch die Befugnis per Rechtsverordnung weiterübertragen, sofern eine solche Subdelegation durch ein Gesetz vorgesehen ist.[1279] Der Art. 80 Abs. 1 S. 4 GG schränkt den Kreis der zulässigen Adressaten einer Subdelegation grundsätzlich nicht ein.[1280] Um den Interessenvertretungsbeauftragten die Möglichkeit zum Erlass von Verhaltensregeln einzuräumen, müsste somit das Gesetz über das Lobbyregister etwa die Bundesregierung zum Erlass der Verhaltensregeln ermächtigen und die Möglichkeit der Subdelegation im Sinne des Art. 80 Abs. 1 S. 4 GG vorsehen. Die Bundesregierung könnte dann ihrerseits durch eine Rechtsverordnung die Normsetzungskompetenz auf den Interessenvertretungsbeauftragten übertragen.

Die Verlagerung auf die Ebene der delegierten Rechtssetzung bietet den Vorteil einer flexibleren Anpassung der Verhaltensregeln.[1281] Die Durchsetzung des Verhaltenskodex' sollte dementsprechend ebenfalls dem Beauftragten übertragen werden. Als Sanktionsmechanismus erscheint ein ähnlich ausgestaltetes Verfahren wie das

---

1278 Ebenso *Humborg*, Transparente Interessenvertretung, FJ SB, S. 82, 88.

1279 *Remmert* in: Maunz/Dürig, GG-Kommentar, Art. 80 GG Rn. 82 ff.

1280 *Ossenbühl*, Rechtsverordnung, in: HStR V, § 103 Rn. 36; ähnlich *Brenner* in: Mangoldt/Klein/Starck, Art. 80 GG Rn. 61 und *Remmert* in: Maunz/Dürig, GG-Kommentar, Art. 80 GG Rn. 83 nach dem *„prinzipiell jede Stelle der öffentlichen Verwaltung"* als Adressat in Betracht kommt. Zwar ist der Regelfall die Subdelegation auf die einer den obersten Bundesbehörden nachgeordnete Behörde, Einschränkungen werden jedoch nur hinsichtlich der Subdelegation auf Private (siehe hierzu *Remmert* in: Maunz/Dürig, GG-Kommentar, Art. 80 GG Rn. 84) und bei einer die föderative Kompetenzverteilung missachtenden Subdelegation vorgenommen.

1281 *Olberding*, Steuerung von Interessenpolitik, S. 158.

des gemeinsamen Transparenzregisters der EU[1282] geeignet. Die Eskalationsstufen des Verfahrens (Frist zur Stellungnahme, Frist zur Abhilfe, Sanktionen) sind angemessen.[1283] Da im Gegensatz zur Ebene der Europäischen Union vorliegend ein verpflichtendes Register vorgeschlagen wird, sind die möglichen Sanktionen anzupassen. Wegen der Registrierungspflicht kommt ein auch nur temporärer Ausschluss aus dem Register einem Berufsverbot gleich. Dieses scharfe Schwert sollte lediglich im Ausnahmefall bei schwerstwiegender und wiederholter Verletzung des Verhaltenskodex' möglich sein. Stattdessen sollte die Regelsanktion lediglich in der öffentlichen Nennung des Fehlverhaltens bestehen. Durch die Prangerfunktion einer öffentlichen Nennung wird die Arbeit des Betroffenen öffentlich herabgewürdigt. Der damit einhergehende drohende Reputationsverlust sollte ausreichen, Interessenvertreter grundsätzlich zur Einhaltung der aufgestellten Grundsätze zu bewegen.

1. Inhalt der Verhaltensvorschriften

Entsprechend der rechtspolitischen Ziele sollte ein mit dem Lobbyregister verknüpfter Code of Conduct drei Bereiche regeln: Erstens muss ein Verhaltenskodex Standards für professionelle Interessenvertretung setzen. Die Standards sollten zunächst die gelieferten Informationen betreffen. Die vom Anwendungsbereich Erfassten verpflichten sich, dass bereitgestellte Informationen wahr, vollständig und nicht irreführend sind.[1284] Zu den Standards guter Interessenvertretung sollte zudem die Auflage gehören, dass die gelieferten Informationen nicht auf unlautere Weise erlangt wurden.[1285] Außerdem sollte es Interessenvertretern durch den Kodex untersagt werden, im Rahmen ihrer Arbeit von staatlicher Seite erlangte Dokumente ohne explizites Einverständnis weiterzugeben.[1286]

Zweitens muss durch die Verhaltensvorschriften der Umgang mit politischen Entscheidungsträgern geregelt werden. Die Verhaltensregeln, die den Kontakt mit politischen Entscheidungsträgern zum Gegenstand haben, müssen insbesondere Offenlegungspflichten der eigenen Auftraggeber und der verfolgten Interessen beinhalten. Zum einen muss der Interessenvertreter verpflichtet werden, sich und seinen Auftraggeber namentlich vorzustellen.[1287] Zum anderen sollte ein Täuschungsverbot hinsichtlich der vertretenen Interessen und Ziele statuiert werden.[1288] Mit solchen

1282 Vgl. zum Verfahren im Rahmen des Gemeinsamen Transparenzregisters der EU S. 89.

1283 Siehe hierzu auch noch unten auf S. 342 ff.

1284 So auch *Transparency International,* A-Drs. 18 – G – 21a, S. 4 und *degepol,* A-Drs. 18 – G – 23, S. 1.

1285 Vgl. hierzu das gemeinsame Transparenzregister der EU (Fn. 364), Anhang III, lit. b).

1286 Das Gemeinsames Transparenzregister der EU, Anhang III, lit e) verbietet hingegen nur den Verkauf solcher Dokumente.

1287 Gemeinsames Transparenzregister der EU, Anhang III, lit. a).

1288 Gemeinsames Transparenzregister der EU, Anhang III, lit. a); *Transparency International,* A-Drs. 18 – G – 21a, S. 4.

Regeln unterbindet der Verhaltenskodex, dass sich die Interessenvertreter das Unwissen ihres Ansprechpartners um den Grund der Einflussnahme zunutze machen.

Letztlich sollten die Verhaltensregeln die Interessenvertreter verpflichten, sich Kenntnis über die für die politischen Entscheidungsträger maßgeblichen Vorschriften über Zuwendungen, Nebentätigkeiten und Anschlusstätigkeiten zu verschaffen und die von den Regeln Erfassten nicht zur Verletzung dieser Vorschriften zu verleiten.[1289]

2. *Verfassungsrechtliche Erwägungen*

Ein verpflichtender Code of Conduct stellt eine in Art. 12 Abs. 1 GG eingreifende Berufsausübungsregeln dar. Solche Eingriffe können regelmäßig durch zweckmäßige Gemeinwohlerwägungen gerechtfertigt werden,[1290] sofern der Eingriff keine besondere Intensität aufweist. Die Verpflichtung Recht und Gesetz zu achten und Staatsbedienstete nicht zum Rechtsbruch zu verleiten, schränkt die Interessenvertreter in ihren Handlungsoptionen ein. Ihnen wird durch das Regelwerk teilweise vorgegeben, wie sie das Geschäft der Interessenvertretung zu betreiben haben. Die größte Einschränkung liegt in der Pflicht zur namentlichen Vorstellung und Offenlegung der vertretenen Interessen und Ziele. Den Interessenvertretern wird hierdurch die Möglichkeit genommen, verdeckt ihre Interessen zu vertreten. Diese Methode der Einflussnahme wird durch einen den zuvor dargestellten Anforderungen entsprechenden Verhaltenskodex aus dem Kreis der zulässigen Verhaltensweise genommen. Ebenso werden den Interessenvertretern Methoden untersagt, die eine verzerrte oder gar falsche Darstellung des Sachverhalts zum Gegenstand haben. Abgesehen von diesen Einschränkungen sind die Interessenvertreter jedoch weiterhin frei in der Gestaltung ihrer Arbeitsabläufe. Der vorgeschlagene Code of Conduct sieht insbesondere keine Vorgaben hinsichtlich der Arbeitsorganisation vor. Eine besondere Eingriffsintensität ist mit einem den zuvor dargestellten Grundsätzen entsprechenden Verhaltenskodex somit nicht verbunden. Zur Rechtfertigung genügen daher vernünftige Gemeinwohlerwägungen.

Ein Verhaltenskodex dient der Sicherung ethischer Mindeststandards. Dem Verhältnis zu politischen Entscheidungsträgern unangemessene Gebaren der Interessenvertreter werden untersagt. Die Verhinderung unangemessener Vorgehensweisen im Kontakt mit politischen Entscheidungsträgern stellt bereits eine vernünftige Gemeinwohlerwägung dar. Durch das Untersagen solcher Vorgehensweisen kann die öffentliche Wahrnehmung der Branche Interessenvertreter verbessert werden. Daher wird durch die Einführung der Mindeststandards das öffentliche Misstrauen gegenüber der Verbindung zwischen Interessenvertretern und politischen Entscheidungsträgern verringert. Übergeordnet ist ein Verhaltenskodex somit auch ein Mittel zur Steigerung des Vertrauens in die Integrität des

1289 Gemeinsames Transparenzregister der EU, Anhang III, lit. f), g) und h); *Transparency International,* A-Drs. 18 – G – 21a, S. 4.

1290 Siehe zur 3-Stufen-Lehre im Rahmen des Art. 12 Abs. 1 GG schon auf S. 263.

politischen Prozesses. Außerdem kann ein Verhaltenskodex Fehlvorstellungen auf Seiten der politischen Entscheidungsträger verhindern. Das Instrument dient daher schließlich ebenfalls der Verbesserung der Qualität der staatlichen Informationsbeschaffung. Die drei Ziele stellen zulässige Gemeinwohlerwägungen dar, die den mit der Berufsausübungsregel verbundenen Eingriffe in Art. 12 Abs. 1 GG rechtfertigen.

Zur Erreichung der Ziele ist ein Verhaltenskodex auch geeignet.

Das Instrument ist darüber hinaus auch erforderlich. Insbesondere ist ein freiwilliger Verhaltenskodex wegen fehlender Bindungswirkung und Durchsetzungsmöglichkeiten nicht gleichgeeignet.

Mit der vorgeschlagenen gesetzlichen Verankerung in einem das Lobbyregister regelnden Gesetz würde zudem der Gesetzesvorbehalt gewahrt. Ein Verhaltenskodex ist somit verfassungsrechtlich zulässig.

B. Verhaltensregeln für Mandatsträger

Neben den Verhaltensregeln für Interessenvertretern ist auch ein Code of Conduct für die Abgeordneten denkbar. Verhaltensvorschriften sind geeignet den zwischen Mandatsträgern und Interessenvertretern bestehenden Graubereich der Einflussnahme zu verringern und somit die Abgrenzung zwischen verbotenen und erlaubten Methoden der Einflussnahme weiter zu präzisieren. Geregelt werden sollten hierdurch einerseits die Themen Zuwendungen und Reisen. Die deutschen Vorgaben gegenüber den Mandatsträgern sind im Vergleich zu den amerikanischen Regelungen zurückhaltend. Einen Vorschlag für einen Verhaltenskodex der Bundestagsmitglieder hat der Abgeordnete *Marco Bülow* (SPD)[1291] erarbeitet. Mittlerweile haben sich über 40 Bundestagsabgeordnete freiwillig zur Einhaltung des Kodex' verpflichtet.[1292] Der Entwurf sieht unter anderem vor, dass Abgeordnete keine Geschenke oder Essenseinladungen von Unternehmen oder Interessenvertretern annehmen, die einen Wert von EUR 100 übersteigen. Zudem schlägt *Bülow* vor, Einladungen zu Events oder Reisen ab einem Wert von über EUR 50 abzulehnen. Eine Ausnahme soll gelten, wenn aus Sicht des Mandatsträgers die Wahrnehmung der Einladung aufgrund des fachspezifischen Bezugs zu seinem Tätigkeitsgebiet geboten erscheint. Der Eingeladene soll in diesem Fall den Namen des Einladenden, Name und Tag der Veranstaltung sowie den geschätzten Wert der Veranstaltung offenlegen.

Andererseits können durch einen Verhaltenskodex auch die zulässigen Nebentätigkeiten begrenzt werden. In der juristischen Literatur wurde bereits mehrfach erörtert, dass ein umfassendes Verbot sämtlicher Nebentätigkeiten zwar durch eine Grundgesetzänderung verfassungsrechtlich umsetzbar, aber rechtspolitisch nicht

1291 *Marco Bülow*, Verhaltenskodex für Abgeordnete des Deutschen Bundestags, abrufbar unter http://www.marco-buelow.de/uploads/media/Verhaltenskodex_fuer_Abgeordnete_02.pdf (zuletzt abgerufen am 12. Dezember 2015).

1292 Die Liste der Unterzeichner findet sich unter http://www.marco-buelow.de/uploads/media/Bisherige_Unterzeichnerinnen_und_Unterzeichner_des_Verhaltenskodex_18._WP_01.pdf (zuletzt abgerufen am 12. Dezember 2015).

wünschenswert ist.[1293] Denkbar erscheint jedoch ein Nebentätigkeitsverbot für den Beruf des Interessenvertreters.[1294] Ein Verbot der Interessenvertretung sieht *Bülows* Verhaltenskodex ebenfalls vor. Der Vorschlag *Bülows* geht aber noch darüber hinaus und will die zulässigen Nebentätigkeiten zahlenmäßig auf drei zu begrenzen.

I. Rechtspolitische Zweckmäßigkeit

Aus rechtspolitischer Perspektive ist die verhaltensregulatorische Differenzierung zwischen Amts- und Mandatsträgern durchaus in Frage zu stellen. In den verfassungsrechtlichen Grundlagen wurde herausgearbeitet, dass Amts- und Mandatsträger gleichermaßen dem Gemeinwohl verpflichtet sind.[1295] Zwar ist der Abgeordnete ungebundener in der Ausgestaltung seiner Beziehung zu Interessenvertretern, da er das freie Mandat (Art. 38 Abs. 1 S. 2 GG) für sich in Anspruch nehmen kann und für ihn das Distanzgebot nur eingeschränkt gilt. Die inhaltliche Ausrichtung seiner Tätigkeit ist dem Mandatsträger überlassen, während der weisungsgebundene Amtsträger die Vorgaben seines Vorgesetzten zu achten hat. Amtsträger haben bei ihren Diensthandlungen zudem ausschließlich das Gesetz anzuwenden haben, während Mandatsträger bei der Erarbeitung abstrakt-genereller Normen durchaus unterschiedliche Interessen vertreten. Im Gesetzgebungsprozess erarbeiten allerdings auch die Amtsträger der Ministerialbürokratie abstrakt-generelle Normen, wenn auch unter Zielvorgabe der politischen Ebene. Des Weiteren ist es dem Mandatsträger ebenso wie den Amtsträgern untersagt, die Verfolgung von Partikularinteressen an die Stelle der Gemeinwohlverfolgung zu setzen.[1296] Insbesondere steht es dem Abgeordneten nicht zu, Partikularinteressen im Hinblick auf persönliche Vorteile zu vertreten. Die Verfolgung privater Interessen ist vom freien Mandat nicht umfasst.[1297]

Sehr grundsätzlich unterscheiden sich Amts- und Mandatsträger allerdings in ihren beruflichen Zukunftsperspektiven. Während der Abgeordnete nur für eine Wahlperiode gewählt wird, darf der Beamte nach vollständiger Aufnahme in den Beamtendienst mit einer Vollalimentation rechnen.[1298] Dem Abgeordneten muss somit die Ausrichtung seiner beruflichen Zukunft auf die Zeit nach der Parlamentstätigkeit zugestanden werden. Hierin liegt neben dem freien Mandat das schlagende

1293 Vgl. hierzu *Käßner*, Nebentätigkeiten und Nebeneinkünfte, S. 210 ff.; *Piechaczek*, Lobbyismus im Deutschen Bundestag, S. 217 ff.; *Olberding*, Steuerung von Interessenpolitik, S. 165 ff.

1294 Dies schlägt ebenfalls *Arnim*, Nebeneinkünfte von Bundestagsabgeordneten, DÖV 2007, S. 897, 906 vor.

1295 Siehe zur Gemeinwohlbindung der Abgeordneten S. 164 f.

1296 Siehe zum Distanzgebot S. 189.

1297 So auch *Stünker*, Strafbarkeit der Einflussnahme auf Volksvertreter in: FS Meyer, S. 589, 605.

1298 So etwa das Bundesverfassungsgericht, BVerfGE 76, 256 (341 f.).

Argument, warum rechtspolitisch ein vollständiges Nebentätigkeitsverbot für Abgeordnete verfehlt erscheint.

Das freie Mandat sowie die ungewisse Zukunftsperspektive des Mandatsträgers rechtfertigen es im Ausgangspunkt, Beamte und Abgeordnete nicht vollständig gleich zu behandeln. Nachfolgend ist zu untersuchen, ob aus rechtspolitischer Sicht dennoch gute Gründe für eine Verschärfung der Verhaltensregeln der Abgeordneten sprechen.

1. *Einschränkung zulässiger Nebentätigkeiten*

Gegen die Einführung einer Beschränkung zulässiger Nebentätigkeiten wird erstens vorgetragen, dass keine sinnvolle Möglichkeit der Abgrenzung zwischen zulässigen und zu untersagenden Nebentätigkeiten bestehe.[1299] Es ließe sich nicht darlegen, welchen Berufen ein derartiges Störerpotenzial innewohnt, dass Inkompatibilitäten angemessen sind.[1300] Wird entsprechend den obigen Ausführungen ein Lobbyregister eingeführt, kann es zur Lösung der Abgrenzungsproblematik genutzt werden.[1301] Inkompatibilitäten zielen darauf ab, die Gemeinwohlbindung der Mandatsträger zu sichern. Die Gemeinwohlbindung wird vor allem durch solche Nebentätigkeiten in Frage gestellt, die die Vertretung von Partikularinteressen zum Gegenstand haben.[1302] Berufe, deren zentraler Gegenstand die Vertretung von Sonderinteressen ist, wären im Lobbyregister zu erfassen. Die Definition des Lobbyregisters würde somit eine präzise Abgrenzung ermöglichen. Sicherlich blieben auch dann noch Nebentätigkeiten erlaubt, die eine enge Verbindung zu einzelnen Interessen aufweisen, aber nicht den finanziellen oder zeitlichen Schwellenwert der vorgeschlagenen Lobbyisten-Definition überschreiten. Den Tätigkeiten, bei denen die Vertretung des Partikularinteresses nur einen geringen Teil der inhaltlichen Arbeit ausmacht, wohnt jedoch auch ein geringeres Gefährdungspotenzial für die Gemeinwohlbindung der Abgeordneten inne.

1299 *Olberding*, Steuerung von Interessenpolitik, S. 174 f.; *Piechaczek*, Lobbyismus im Deutschen Bundestag, S. 222; *Käßner*, Nebentätigkeiten und Nebeneinkünfte, S. 217 ff.; *Klein*, Status des Abgeordneten in: HStR III, § 51 Rn. 29.

1300 *Olberding*, Steuerung von Interessenpolitik, S. 174 f.; *Piechaczek*, Lobbyismus im Deutschen Bundestag, S. 222.

1301 So auch *Pünder*, Wahlrecht und Parlamentsrecht als Gelingensbedingungen repräsentativer Demokratie, VVDStRL 72, S. 193, 244 f.

1302 Bereits 1975 verlangte das Bundesverfassungsgericht, dass über Verhaltensregelungen Vorkehrungen dagegen getroffen werden, *„daß Abgeordnete Bezüge aus einem Angestelltenverhältnis, aus einem sog Beratervertrag oder ähnlichem, ohne die danach geschuldeten Dienste zu leisten, nur deshalb erhalten, weil von ihnen im Hinblick auf ihr Mandat erwartet wird, sie würden im Parlament die Interessen des zahlenden Arbeitgebers, Unternehmers oder der zahlenden Großorganisation vertreten und nach Möglichkeit durchzusetzen versuchen.“*, BVerfGE 30, 296 (319 f.).

Zweitens wird vorgebracht, dass durch ein Nebentätigkeitsverbot die Repräsentationsfunktion des Bundestags unangemessen beschnitten würde.[1303] Auch diesem Einwand könnte durch die Verknüpfung mit dem Lobbyregister begegnet werden. Wird ausschließlich die Interessenvertretung als Nebentätigkeit untersagt, bleibt etwa auch eine Verbandstätigkeit weiterhin möglich. Auch könnten die Abgeordneten neben ihrer Mandatstätigkeit weiterhin als Selbstständige oder im Aufsichtsrat von Unternehmen tätig sein. Untersagt würde eine solche Tätigkeit nur, wenn der Kernbereich der Tätigkeit in der Durchsetzung von Interessen liegt und dabei die finanziellen und zeitlichen Schwellenwerte überschritten würden. Wird die Inkompatibilitätsvorschrift auf solche Tätigkeiten beschränkt, ist davon auszugehen, dass auch weiterhin ausreichend viele Praktiker bereit sein werden, ihr Wissen in den Prozess der Gemeinwohlfindung einbringen. Die Verschränkung zwischen Politik und Praxis würde zwar eingeschränkt, jedoch bei Weitem nicht aufgehoben.

Als drittes Argument gegen die Einführung von Inkompatibilitäten wird die berufliche Wiedereingliederung nach der Mandatsausübung angeführt.[1304] Wenn der Abgeordnete seinen Beruf neben der Mandatstätigkeit nicht weiter ausüben dürfe, würden während dieser Zeit die erforderlichen Fähigkeiten und Kenntnisse nicht aktualisiert.[1305] Zudem bestehe die Gefahr, dass der Abgeordnete, der seinen Beruf zugunsten der Tätigkeit im Bundestag aufgeben muss, in eine größere Abhängigkeit von Partei und Fraktion oder Dritten gerät.[1306] Vor allem das in Aussicht Stellen einer Anschlusstätigkeit würde durch ein Nebentätigkeitsverbot ungleich attraktiver. Jedoch verliert auch dieser Argumentationsstrang sein Gewicht, wenn das Verbot auf die Tätigkeit des Interessenvertreters beschränkt wird. Eine der wichtigsten beruflichen Fähigkeiten eines Interessenvertreters ist sein Netzwerk. Das Netzwerk baut ein Abgeordneter aber während seiner Tätigkeit im Bundestag und nicht durch die das Bundestagsmandat begleitenden Nebentätigkeiten aus. Der Mandatsträger ist somit im Anschluss an die Bundestagstätigkeit nicht schlechter, sondern besser qualifiziert. Die Rückkehr in die außerparlamentarische Berufswelt wird für die vom Nebentätigkeitsverbot erfassten Abgeordneten, die anschließend eine Anstellung als Interessenvertreter anstreben, somit keineswegs erschwert.

Festzustellen ist, dass die rechtspolitischen Argumente gegen Inkompatibilitäten nicht greifen, wenn sich das Verbot auf die Tätigkeit als Interessenvertreter beschränkt. Für ein solches Verbot spricht, dass die Abgeordneten Vertreter des ganzen Volkes sein sollen, vgl. Art. 38 Abs. 1 S. 2 GG. Inkompatibilitätsvorschriften sind geeignet, die gebotene Unabhängigkeit von Sonderinteressen sowie das

---

1303 *Piechaczek*, Lobbyismus im Deutschen Bundestag, S. 221; *Käßner*, Nebentätigkeiten und Nebeneinkünfte, S. 229; *Olberding*, Steuerung von Interessenpolitik, S. 175 f.

1304 *Olberding*, Steuerung von Interessenpolitik, S. 173 f.; *Piechaczek*, Lobbyismus im Deutschen Bundestag, S. 224; *Käßner*, Nebentätigkeiten und Nebeneinkünfte, S. 227 ff.

1305 *Käßner*, Nebentätigkeiten und Nebeneinkünfte, S. 228.

1306 *Piechaczek*, Lobbyismus im Deutschen Bundestag, S. 224; *Käßner*, Nebentätigkeiten und Nebeneinkünfte, S. 228.

auch für den Abgeordneten geltende Distanzgebot zu stärken. Zwar ist auch bei anderen Nebentätigkeiten zu befürchten, dass ihre Ausübung den Abgeordneten Partikularinteressen näher bringt. Die Einbringung von Sonderinteressen in den staatlichen Willensbildungs- und Entscheidungsprozess ist jedoch gewollt. Das vom Pluralismus geprägte Grundgesetz ist auf den Input der verschiedenen gesellschaftlichen Interessen angewiesen.[1307] Störend für die Gemeinwohlfindung ist es hingegen, wenn die Hauptaufgabe der Nebentätigkeit in der Durchsetzung der vertretenen Partikularinteressen liegt.[1308] Ohnehin ist es dem Abgeordneten nach § 44a Abs. 2 S. 2 AbgG untersagt, Zuwendungen zu erhalten um die Interessen des Leistenden im Deutschen Bundestag durchzusetzen. Ein Nebentätigkeitsverbot für die Interessenvertretung wäre daher konsequent, angemessen und rechtspolitisch sinnvoll. Es unterbindet die grundsätzlich gewollte Verknüpfung zwischen Wirtschaft und Staat allein dort, wo das Aufeinanderprallen von Gemeinwohlbindung und Partikularinteressenverpflichtung nicht nur droht, sondern der Interessenkonflikt offensichtlich ist.

Eine Beschränkung auf eine Maximalzahl von Nebentätigkeiten ist hingegen nicht per se geeignet das freie Mandat der Abgeordneten zu schützen. Die bloße Zahl der nebenbei nachgegangenen beruflichen Betätigungen trifft keine Aussage darüber, inwieweit ein Interessenkonflikt droht. Auch scheint es schwer, abzugrenzen, welche Tätigkeitsart eine eigenständige Nebentätigkeit ist. Insbesondere bei selbstständig und freiberuflich tätigen Mandatsträgern drohen hier Abgrenzungsprobleme. Zwar ist eine Vielzahl von Nebentätigkeiten ein Indiz dafür, dass der Abgeordnete nicht mehr ausreichend Zeit für die Mandatsausübung hat. Doch regelt bereits der § 44a Abs. 1 S. 1 AbgG, dass alle Nebentätigkeiten unter der Voraussetzung stehen, dass die Abgeordnetentätigkeit weiterhin den Mittelpunkt der beruflichen Beschäftigung der Abgeordneten darstellt.

2. Geschenk- und Reisebegrenzung

Aus rechtspolitischer Sicht lassen sich gute Argumente für die wertmäßige Begrenzung von zulässigen Geschenken und Reiseeinladungen gegenüber Abgeordneten finden. Erstens ist die Einführung einer klaren Abgrenzung zwischen erlaubten und verbotenen Praktiken wegen des Tatbestands der Abgeordnetenbestechung (§ 108e StGB) wünschenswert. Die Norm nimmt solche Zuwendungen aus der Definition des *unangebrachten Vorteils* heraus, deren Annahme im Einklang mit den parlamentarischen Gepflogenheiten steht.[1309] Eine klare Regelung über den zulässigen Wert von Geschenken und Reisen böte die Chance, die parlamentarischen Gepflogenheiten zu normieren und somit Klarheit über ihren Inhalt zu schaffen.

1307 *Piechaczek*, Lobbyismus im Deutschen Bundestag, S. 221.
1308 *Richter*, Lobbyismus und Abgeordnetenbestechung, S. 159 f.
1309 Siehe zum Tatbestandsmerkmal des unangebrachten Vorteils im Rahmen des § 108e StGB auf S. 234.

Das Parlament gäbe seinen Abgeordneten dadurch rechtssichere Entscheidungsvorgaben an die Hand.

Zweitens kann durch solche Vorgaben dem öffentlichen Hang zur Skandalisierung begegnet werden. Ist explizit normiert, bis zu welcher Grenze Einladungen und Geschenke zulässig sind, dürfen die Beteiligten davon ausgehen, dass Zuwendungen unterhalb der Grenze öffentlich akzeptiert werden. Ebenso ist der mediale Aufschrei absehbar, wenn die gesetzten Schwellenwerte überschritten werden. Verhaltensvorschriften sind daher geeignet, die öffentliche Legitimation des Verhältnisses zwischen politischen Entscheidungsträgern und Interessenvertretung zu verbessern.

Schließlich ist aus rechtspolitischer Perspektive auch nicht erkennbar, worin der Unterschied zwischen den verbotenen Einkünften aus Nebentätigkeiten ohne angemessene Gegenleistung (§ 44a Abs. 2 S. 3 AbgG) und sonstigen Zuwendungen oder Einladungen liegen soll. Laut der Begründung zum § 44a Abs. 2 S. 3 AbgG sind solche Zahlungen unzulässig, weil zu vermuten ist, dass damit ein mit dem freien Mandat unvereinbarer Interesseneinfluss einhergeht.[1310] Ein ebensolcher Einfluss ist anzunehmen, wenn an die Stelle des Nebenverdiensts die regelmäßig Übergabe von Geschenken tritt. Dies gilt umso mehr als sozialwissenschaftliche Erkenntnisse nahelegen, dass der Mensch aufgrund seiner reziproken Veranlagung[1311] nicht in der Lage ist, nach dem Erhalt von Aufmerksamkeiten Entscheidungen neutral zu treffen. Ist es dem Bundestagsabgeordneten nicht oder nur schwer möglich, Konflikte zwischen seiner Gemeinwohlbindung und den Einflussnahmeversuchen von Partikularinteressen zugunsten des Ersteren aufzulösen, erscheint es rechtspolitisch geboten, den Konflikt vor seinem Auftreten zu unterbinden. Anzeige- und Offenlegungspflichten sind zur Unterbindung des Interessenkonflikts nicht gleichgeeignet.

Drei Argumente sprechen jedoch gegen die generelle Einführung wertmäßiger Begrenzungen. Erstens zeigt das Beispiel der USA, dass es mit der Einführung von Wertgrenzen nicht getan ist. Das Verbot müsste stattdessen sehr detailliert ausgestaltet werden.[1312] Bei der Begünstigung von politischen Entscheidungsträgern entwickeln die Schenkenden ein erstaunliches Maß an Kreativität, um entsprechende Verhaltensregeln zu umgehen. Nur mit einem umfassenden Regelungswerk und zahlreichen Ausnahmen von einem grundsätzlichen Geschenkverbot ist ein angemessener Ausgleich zwischen der Sicherung der Gemeinwohlbindung und dem Recht auf Privatsphäre des Abgeordneten überhaupt denkbar. Eine derart weitgehende Verrechtlichung der Abgeordnetentätigkeit ist aus rechtspolitischer Perspektive nur zur Abwehr von tatsächlichen Gefahren für die Gemeinwohlbindung der Bundestagsabgeordneten angezeigt.

1310 BT-Drs. 15/5671, S. 4: „*Aber auch ohne Vereinbarung einer Interessenvertretung liegt bei Einkommen ohne Gegenleistung die Vermutung eines Interesseneinflusses nahe, der mit einem freien Mandat unverträglich ist. Gleiches gilt nunmehr aber auch für die Fälle, in denen der Leistung keine angemessene Gegenleistung gegenüber steht.*"

1311 Vgl. hierzu die Studien in Fn. 478.

1312 Siehe zur Situation in den USA S. 97 ff.

Darüber hinaus ist zu bedenken, dass Parlamentarier die höchsten Volksvertreter der Bundesrepublik sind. Es sollte ihnen daher – in einem maßvollen und nachvollziehbaren Rahmen – zugestanden werden, Einladungen nachzukommen sowie Höflichkeitsgeschenke anzunehmen. Als Mitglied der Volksvertretung werden die Abgeordneten regelmäßig zu Veranstaltungen eingeladen. Es wirkt dem Amt unangemessen, wenn der Mandatsträger jedwede etwas ausgefallenere Einladung, insbesondere im Rahmen von Staatsbesuchen, ablehnen muss. Schließlich ist drittens eine übermäßige Selbstbedienungsmentalität innerhalb des Parlaments bisher nicht nachgewiesen, auch wenn teilweise in der Öffentlichkeit ein solches Bild gezeichnet wird.

Eine besondere Gefährdung des Vertrauens in die Integrität des Bundestags tritt auch nicht bei jedweder Einladung von politischen Entscheidungsträgern zu Tage. Problematisch wird das Näheverhältnis jedoch dann, wenn die Bevorteilung der Bundestagsabgeordneten institutionalisierte Züge annimmt. Wird der Abgeordnete wiederkehrend von denselben Personen begünstigt, schürt dies den Verdacht, dass ein unsachgemäßer Einfluss ausgeübt wird. Aus rechtspolitischer Sicht ist es daher angezeigt, jedenfalls in der Beziehung zwischen professionellen Interessenvertretern und politischen Entscheidungsträgern schärfere Geschenk- und Reisevorschriften einzuführen. Lobbyisten legen es besonders darauf an, Abgeordnete zu beeinflussen. Die Beeinflussung gehört zum Kern ihrer Tätigkeit. Die Abgrenzung soll auch hier wiederum anhand des Anwendungsbereichs des Lobbyregisters geschehen. Davon sind Interessenvertreter erfasst, die mindestens 12 Stunden pro Quartal der Lobbyarbeit widmen. Während somit die Annahme von Geschenken und Einladungen eingetragener Lobbyisten einer strikteren Regelung unterliegen soll, bleibt die einmalige Einladung durch einen Unternehmensvertreter, der nur ausnahmsweise den Kontakt zu politischen Entscheidungsträgern sucht, zulässig.

II. Rechtliche Ausgestaltung

1. Einschränkung zulässiger Nebentätigkeiten

Rechtlich umgesetzt werden könnte das Verbot, neben dem Bundestagsmandat als Interessenvertreter tätig zu sein, durch eine Erweiterung des § 44a Abs. 1 AbgG. Die Vorschrift lautet: „*Die Ausübung des Mandats steht im Mittelpunkt der Tätigkeit eines Mitglieds des Bundestages. Unbeschadet dieser Verpflichtung bleiben Tätigkeiten beruflicher oder anderer Art neben dem Mandat grundsätzlich zulässig.*" Zur Umsetzung des Nebentätigkeitsverbots könnte folgender S. 3 angefügt werden: „*Unzulässig ist die Ausübung einer Nebentätigkeit, die vom Anwendungsbereich des* [Norm zur Definition des Interessenvertreters im Gesetz über die Einrichtung eines Lobbyregisters] *erfasst ist.*" Die Überwachung und Durchsetzung sollte dem Interessenvertretungsbeauftragten[1313] übertragen werden. Wird entsprechend den vorstehenden Überlegungen ein solcher Beauftragter geschaffen, sollte die Zuständigkeiten für

1313 Siehe zur Schaffung des Interessenvertretungsbeauftragten S. 239 f.

das Verhältnis zwischen politischen Entscheidungsträgern und Interessenvertretern an dieser Stelle konzentriert werden.

Gegen die verfassungsrechtliche Zulässigkeit wirtschaftlicher Inkompatibilitäten werden in der Literatur mehrere Bedenken vorgetragen.

a. Notwendigkeit einer Grundgesetzänderung

So wird zunächst darauf verwiesen, dass die Einführung solcher Vorschriften nur durch eine Änderung des Grundgesetzes zu erreichen ist.[1314] Der Art. 48 Abs. 2 GG geht von der Vereinbarkeit von Mandatsausübung und beruflicher Tätigkeit aus. Die Norm entstammt einer Zeit in der das Abgeordnetenamt selbstverständlich als Ehrenamt neben dem Beruf ausgeübt wurde.[1315] Auch der Art. 137 Abs. 1 GG, der die Möglichkeit der Wählbarkeitseinschränkung für Beamte, Angestellte des öffentlichen Diensts, Berufssoldaten, freiwillige Soldaten auf Zeit und Richter im Bund, in den Ländern und in den Gemeinden vorsieht, spricht systematisch gegen eine darüber hinausgehende Möglichkeit, Nebentätigkeiten zu untersagen. Zudem wird die Unvereinbarkeit von Beruf und Amtsausübung für den Bundespräsidenten (Art. 55 Abs. 2 GG) sowie für die Bundeskanzlerin und die Bundesminister (Art. 66 GG) ausdrücklich im Grundgesetz statuiert. Das Fehlen einer vergleichbaren Vorschrift für die Bundestagsabgeordneten spricht systematisch ebenfalls gegen die Zulässigkeit eines Nebentätigkeitsverbots. Vor einer einfachgesetzlichen Regelung bedürfte es daher einer Grundgesetzänderung.[1316] Begründen lässt sich die Notwendigkeit zur Änderung des Grundgesetzes mit dem Schutz der in Art. 38 Abs. 1 S. 2 GG verankerten Gemeinwohlbindung der Abgeordneten[1317] und dem veränderten Berufsbild des Abgeordneten. Das Amt wird mittlerweile nicht als Nebentätigkeit, sondern als Hauptberuf ausgeübt. Ein Verbot der als Nebentätigkeit ausgeübten Interessenvertretung schützt die Unvoreingenommenheit und Unabhängigkeit der Mandatsträger.

b. Bestimmtheitsgebot

Auf verfassungsrechtlicher Ebene wird zunächst das Bestimmtheitsgebot gegen die Möglichkeit von Inkompatibilitätsvorschriften in Stellung gebracht. Nach diesem aus dem Rechtsstaatsprinzip abgeleiteten Grundsatz muss die verbotenen Tätigkeiten hinreichend erkennbar sein. Mögliche Formen der Interessenvertretung seien jedoch derart vielfältig, dass eine dem Bestimmheitsgebot genügende Abgrenzung

---

1314 *Olberding*, Steuerung von Interessenpolitik, S. 172; *Piechaczek*, Lobbyismus im Deutschen Bundestag, S. 220; *Käßner*, Nebentätigkeiten und Nebeneinkünfte, S. 226.

1315 *Arnim*, Der gekaufte Abgeordnete – Nebeneinkünfte und Korruptionsproblematik, NVwZ 2006, S. 249.

1316 Ebenso *Pünder*, Wahlrecht und Parlamentsrecht als Gelingensbedingungen repräsentativer Demokratie, VVDStRL 72, S. 193, 244 (Fn. 209).

1317 *Piechaczek*, Lobbyismus im Deutschen Bundestag, S. 220.

nicht geleistet werden könne.[1318] Dieser Einwand kann durch ein Anknüpfen an die Definition des Lobbyregisters entkräftet werden. Wird mit dem Lobbyregister eine gesetzliche Definition des Berufs des professionellen Interessenvertreters geschaffen, besteht keine Unsicherheiten über den Anwendungsbereich des Nebentätigkeitsverbots.

c. Formalisierte Gleichheit der Abgeordneten

Zudem wird auf die formalisierte Gleichheit der Abgeordneten verwiesen.[1319] Ein Nebentätigkeitsverbot für nur eine ausgewählte Berufsgruppe muss durch sachliche Kriterien zu rechtfertigen sein. Die Beschränkung des Nebentätigkeitsverbots auf Interessenvertreter findet ihre sachliche Rechtfertigung darin, dass allein bei dieser Berufsgruppe der Tätigkeitskern in der Durchsetzung von Partikularinteressen liegt und daher ein besonders hohes Gefährdungspotenzial für die verfassungsrechtliche Gemeinwohlbindung einhergeht. Im Gegensatz zu sonstigen Nebentätigkeiten ist der Interessenkonflikt zwischen dem Partikularinteresse und dem Gemeinwohl offensichtlich. Auf Grundlage dieser Argumentation wird teilweise ein Nebentätigkeitsverbot für Verbandsfunktionäre vorgeschlagen.[1320] Eine Beschränkung auf Verbandsvertreter könnte aber gegen die formalisierte Gleichheit der Abgeordneten verstoßen. Die sich wandelnde Branche der Interessenvertretung hat neben den klassischen Verbandsvertretern aber auch professionelle Drittinteressenvertreter hervorgebracht. Denkbar erscheint es daher, dass zukünftig nicht nur Verbandsvertreter, sondern auch etwa Public Relations-Agenten im Bundestag sitzen.[1321] Dann wäre es aber möglich, dass sich finanzstarke Gruppen Einfluss erkaufen, der außer

---

1318 *Käßner*, Nebentätigkeiten und Nebeneinkünfte, S. 217 ff.; *Olberding*, Steuerung von Interessenpolitik, S. 171; *Badura*, Die Stellung des Abgeordneten in: Schneider/Zeh, § 36 Rn. 90.

1319 *Käßner*, Nebentätigkeiten und Nebeneinkünfte, S. 218.

1320 *Käßner*, Nebentätigkeiten und Nebeneinkünfte, S. 219.

1321 Auf der Berliner Landesebene hat sich ein solcher Fall bereits zugetragen: Der CDU-Politiker Michael Freiberg, Mitglied des Berliner Abgeordnetenhauses und gleichzeitig Inhaber der Unternehmensberatung Freiberg Consulting, bot sich auf seiner Homepage explizit als Lobbyist an. Er warb damit *„Türöffner zu politischen Entscheidungsträgern"* zu sein und bot sich Besuchern seiner Homepage an, sich für sie *„als Lobbyisten zu betätigen"*. Die Homepage freiberg-consulting.de wurde nach Presseberichten überarbeitet. Jedoch berichteten die Online-Redaktion des Berliner Kurier am 28. Oktober 2012 http://www.berliner-kurier.de/kiez-stadt/lobbyismus-verdacht-bei-freiberg-lesen-sie-mal--was-er-mit-seinem-abgeordneten-mandat-so-macht,7169128,20727936.html sowie die Organisation *LobbyControl*, Michael Freiberg: ein Abgeordneter als Lobbyist, abrufbar unter http://www.lobbycontrol.de/blog/index.php/2012/11/michael-freiberg-ein-abgeordneter-als-lobbyist (zuletzt abgerufen jeweils am 30. Oktober 2015) gut belegt mit Screenshots vom ehemaligen Homepageinhalt über den Fall.

Verhältnis zu ihrem gesamtgesellschaftlichem Gewicht steht.[1322] Drittinteressenvertreter sind für den politischen Prozess noch gefährlicher als Verbandsvertreter: Während die Verbandsvertreter offen die vertretenen Interessen kommunizieren, bieten sich professionelle Drittinteressenvertreter als Sprachrohr derjenigen an, die Willens und in der Lage sind, die aufgerufenen Stundensätze zu bezahlen. Dieselbe Argumentation verfängt bei einem Vergleich mit den Unternehmenslobbyisten. Verbandsfunktionäre sind somit nicht die einzigen Interessenvertreter im Parlament. Daher wird zurecht der Vorschlag der *Verbandsinkompatibilität* als Verstoß gegen die formalisierte Gleichheit der Abgeordneten angesehen.[1323] Auch diesem Einwand kann aber mit einem Anknüpfen an das Lobbyregister begegnet werden. Erfasst wäre von dem Nebentätigkeitsverbot dann alle Tätigkeiten, bei der ein Konflikt zwischen dem Gemeinwohl und den vertretenen Partikularinteressen offensichtlich ist. Die formalisierte Gleichheit der Abgeordneten wäre gewahrt.

d. Freies Mandat

Durch das partielle Verbot von Nebentätigkeiten wird zudem das in Art. 38 Abs. 1 S. 2 GG verbürgte freie Mandat beschnitten.[1324] Das freie Mandat soll die Unabhängigkeit des Abgeordneten auch gegenüber seiner Partei und Fraktion absichern. Inkompatibilitäten haben jedoch zur Folge, dass der Mandatsträger ein erhöhtes Interesse an der Wiederwahl hat. Dadurch sei er anfälliger für Einwirkungen seitens der Partei und Fraktion.[1325] Wird allerdings nur die Interessenvertretung untersagt, kann der Argumentation nicht zugestimmt werden. Einerseits kann der Abgeordnete nach seiner Mandatsniederlegung insbesondere den Beruf des Interessenvertreters ausüben. Die vorherige Tätigkeit macht ihn für potenzielle Arbeitgeber besonders interessant. Andererseits bleibt ihm die Möglichkeit der Nebentätigkeit abgesehen von der Interessenvertretung unbenommen. Er kann somit seine Unabhängigkeit von Fraktion und Partei weiterhin sicherstellen. Zudem wird die Unabhängigkeit des Abgeordneten von Partikularinteressen durch ein partielles Nebentätigkeitsverbot geschützt. Werden das Amt des Abgeordneten sowie die Tätigkeit als Interessenvertreter in einer Person kumuliert, bedarf es einer ganz besonderen Trennungsfähigkeit, um beide Ämter nicht zu vermengen. Die Zielrichtung beider Berufe verläuft entgegengesetzt. Während der Abgeordnete Entscheidungen zum Wohl der Allgemeinheit treffen soll, ist es Aufgabe des Interessenvertreters die Belange des Auftraggebers möglichst umfassend im politischen Willensbildungs- und Entscheidungsprozess zu verwirklichen. Der Absicherung

1322 *Käßner*, Nebentätigkeiten und Nebeneinkünfte, S. 219.

1323 *Olberding*, Steuerung von Interessenpolitik, S. 171.

1324 *Olberding*, Steuerung von Interessenpolitik, S. 169 f.; *Käßner*, Nebentätigkeiten und Nebeneinkünfte, S. 224 ff; *Badura*, Die Stellung des Abgeordneten in: Schneider/Zeh, § 36 Rn. 90; *Heck*, Mandat und Transparenz, S. 127 ff.

1325 *Röper*, Befangenheitsregelung für parallele Berufstätigkeit von Abgeordneten, ZParl 2005, S. 425, 427.

der Gemeinwohlbindung ist es förderlich, solche Interessenkonflikte gar nicht erst aufkommen zu lassen, sondern sie zu verbieten. Neben der Gemeinwohlbindung wird durch ein solches Verbot auch das Distanzgebot[1326] geschützt.

Der mit der Doppeltätigkeit verbundene Interessenkonflikt ist auch geeignet, das öffentliche Vertrauen in die Integrität der Abgeordneten zu beschädigen. Denn bereits die Übernahme einer Nebentätigkeit, deren Ziel die maximale Durchsetzung bestimmter Partikularinteressen ist, ist geeignet den bösen Schein[1327] der fehlenden Responsivität zu setzen. Inkompatibilitätsvorschriften können das dadurch entstehende Misstrauen wieder abbauen.

e. Passives Wahlrecht

Ebenso wird die Gleichheit des passiven Wahlrechts (Art. 38 Abs. 1 S. 1 GG) als Argument gegen die Zulässigkeit von Inkompatibilitäten für Bundestagsabgeordnete angeführt.[1328] Eine Einschränkung des passiven Wahlrechts ist mit Nebentätigkeitsverboten nur dann verbunden, wenn nicht nur der Ausschluss von der Wählbarkeit, sondern auch der faktische Entscheidungszwang, den einen Beruf zur Aufnahme des anderen aufzugeben als Eingriff in das passive Wahlrecht verstanden wird.[1329] Begründet wird die Ansicht damit, dass Inkompatibilitätsvorschriften bereits vor der Aufstellung auf die Bereitschaft zur Kandidatur des potenziellen Wahlbewerbers einwirken. Da aber nicht alle Kandidaten, sondern nur solche, deren Beruf vom Nebentätigkeitsverbot erfasst ist, dem Entscheidungszwang ausgesetzt sind, ist hierdurch die Gleichheit des passiven Wahlrechts betroffen.[1330]

Der Eingriff wird könnte jedoch durch den im Beruf des Interessenvertreters liegenden Interessenkonflikt gerechtfertigt werden. Die Intensität des Eingriffs ist zwar nicht als unerheblich anzusehen. Derjenige, der bereits vor der Wahl als Interessenvertreter tätig ist, könnte durch solche Inkompatibilitätsvorschriften tatsächlich von der Wahlbewerbung abgehalten werden. Doch ist das Interesse des Staats am Schutz der Unabhängigkeit seiner Mandatsträger als besonders hoch einzustufen. Wegen des aufgezeigten Interessenkonflikts zwischen der Tätigkeit als Bundestagsabgeordneter und als Lobbyist wiegt das staatliche Rechtfertigungsargument besonders schwer. Der Zielkonflikt zwischen der Gemeinwohlbindung

---

1326 Vgl. hierzu oben bei S. 192 ff.

1327 Siehe zur verfassungsrechtlichen Behandlung des bösen Scheins S. 162 f.

1328 *Olberding*, Steuerung von Interessenpolitik, S. 171; *Käßner*, Nebentätigkeiten und Nebeneinkünfte, S. 215 ff.; *Tsatsos*, Unvereinbarkeit zwischen Bundestagsmandat und anderen Funktionen, S. 701, 707; *Badura*, Die Stellung des Abgeordneten in: Schneider/Zeh, § 36 Rn. 90. Eine Beeinträchtigung des passiven Wahlrechts durch die Untersagung einer beruflichen Tätigkeit hat auch das BVerfG angenommen, vgl. BVerfGE 118, 277 (347).

1329 So *Käßner*, Nebentätigkeiten und Nebeneinkünfte, S. 215 f.; *Tsatsos*, Unvereinbarkeit zwischen Bundestagsmandat und anderen Funktionen, S. 701, 707.

1330 *Käßner*, Nebentätigkeiten und Nebeneinkünfte, S. 216.

und der maximalen Durchsetzung der vertretenen Partikularinteressen ist offensichtlich. Hinzu tritt die Abgeordnetenentschädigung, die dem Wahlbewerber einen angemessenen Lebensstandard sichert sowie die bereits angestellte Überlegung, dass ein Interessenvertreter auch ohne die Fortführung seiner vorherigen Berufstätigkeit nach dem Ausscheiden aus dem Bundestag bestens für den Wiedereinstieg qualifiziert ist. Die Beeinträchtigung des passiven Wahlrechts wird somit durch das staatliche Interessen an der Unabhängigkeit seiner Mandatsträger gerechtfertigt.

f. Berufsfreiheit

Schließlich könnte auch die Berufsfreiheit (Art. 12 Abs. 1 GG) der Abgeordneten betroffen sein. Wie bereits im Rahmen des legislativen Fußabdrucks angesprochen[1331], kommt es für eine Betroffenheit der Grundrechte des Abgeordneten darauf an, ob die in Rede stehende Regelung ihn als Abgeordneten (und damit nicht als Grundrechtsträger, sondern als Teil des Staats) oder als Privatperson betrifft.

Die Abgrenzung der beiden Sphären fällt hinsichtlich eines Nebentätigkeitsverbots nicht leicht. Ein Nebentätigkeitsverbot wirkt zweifellos in den privaten Bereich des Mandatsträgers hinein. Die Regelung betrifft nicht nur den Abgeordneten in seiner Funktion als Mandatsträger, sondern schreibt auch der dahinterstehenden Personen partiell die Lebensgestaltung vor. Auch rechtlich steht die Nebentätigkeit in keinem Zusammenhang zur Mandatsausübung.[1332] Die Aufnahme der Interessenvertretung wird nicht dem Abgeordneten, sondern der dahinterstehenden Privatperson untersagt. Das Nebentätigkeitsverbot betrifft keine Rechte des Organwalters, die aus dem Abgeordnetenstatus fließen.[1333] Allerdings greift die Abgrenzung allein anhand rechtlicher Zusammenhänge zu kurz. Das Nebentätigkeitsverbot knüpft an die Eigenschaft als Mandatsträger an. Die Grundlage des Nebentätigkeitsverbots für Interessenvertreter liegt im befürchteten Interessenkonflikt. Nur, weil der Betroffene als Abgeordneter überhaupt dem Gemeinwohl verpflichtet ist, entsteht ein Konflikt mit der Nebentätigkeit als Interessenvertreter.[1334] Der private Bereich des Abgeordneten ist somit nur betroffen, weil die Privatperson Mandatsträger ist. Mit dem Nebentätigkeitsverbot wird nicht ein Interessenkonflikt der Privatperson, sondern des Abgeordneten unterbunden. Daher ist in diesem Fall die Sphäre des Amtsträgers betroffen, weshalb sich das auf den Beruf der Interessenvertreter beschränkte Nebentätigkeitsverbot nicht an Art. 12 Abs. 1 GG messen lassen muss.

Das Verbot für die Mandatsträger, neben dem Bundestagsmandat auch als Interessenvertreter tätig zu sein, ist somit rechtspolitisch wünschenswert und verfassungsrechtlich zulässig.

1331 Vgl. hierzu S. 281 f.

1332 So *Schnapp*, Der "gläserne Abgeordnete", NWVBl. 2006, S. 401, 402 zu Offenlegungspflichten.

1333 *Schnapp*, Der "gläserne Abgeordnete", NWVBl. 2006, S. 401, 402.

1334 Ebenso *Käßner*, Nebentätigkeiten und Nebeneinkünfte, S. 160.

2. *Geschenk- und Reisebegrenzung*

a. Inhalt der Verhaltensvorschriften

Bei der Ausgestaltung von Geschenk- und Reisevorschriften ist zu beachten, dass Reisen – etwa zu Kongressen – oder Essenseinladungen seitens der Interessenvertreter regelmäßig einen januskköpfigen Charakter aufweisen und nicht lediglich der Beeinflussung der Mandatsträger dienen, sondern auch den Rahmen für die Abgeordnetentätigkeit darstellen.

Einen Ausweg aus dem Spannungsverhältnis zeigt der Vorschlag *Bülows*[1335] auf. Demnach dürfen Abgeordnete Geschenke oder Essenseinladungen von Interessenvertretern annehmen, die einen Wert von EUR 100 nicht übersteigen. Entgegen *Bülows* Vorschlag sollte aus Vereinfachungsgründen keine niedrigere, sondern dieselbe Wertgrenze von EUR 100 auch für Einladungen zu Events oder Reisen gelten. Der Wert von EUR 100 ist angemessen, weil er weiterhin eine Essenseinladung oder die Verpflegung während einer Veranstaltung ermöglicht. Die Begriffe Reisen, Geschenke und Einladungen haben teilweise inhaltliche Überschneidungen, weshalb vereinfacht von geldwerten Zuwendungen[1336] gesprochen werden sollte. Um weiterhin den Austausch zwischen Interessenvertretern und Abgeordneten zu ermöglichen, sollte im Sinne *Bülows* eine Ausnahme gelten, wenn die Wahrnehmung der Einladung aufgrund des fachspezifischen Bezugs zu seinem Tätigkeitsgebiet geboten erscheint.[1337] Um die Umgehung der Verhaltensvorschriften unter dem Deckmantel der *„gebotenen Wahrnehmung"* zu verhindern, sieht der Vorschlag für den Ausnahmefall eine Offenlegungspflicht hinsichtlich des Namens des Einladenden, Namens und Tags der Veranstaltung sowie des geschätzten Werts der Veranstaltung vor. Solche Transparenzpflichten schaffen nicht nur Nachvollziehbarkeit, sondern haben auch eine präventive Wirkung.[1338] Mit dem Erlass der Vorschriften ist daher ein entsprechenden Register zu schaffen. Ebenso wie die Veröffentlichung von Nebeneinkünften könnte die Veröffentlichung der nachgekommenen Einladungen, die

---

1335 Für den Vorschlag siehe Fn. 1291.

1336 Reine Geldleistungen soll ein Abgeordneter von Lobbyisten nicht annehmen dürfen, sofern es sich nicht um Spenden handelt.

1337 Eine weitere Ausnahme sollte für geldwerte Zuwendungen gelten, die zwar von einem eigetragenen Lobbyisten an einen Interessenvertreter erfolgen, deren Grundlage aber nicht im Amt des Empfängers, sondern in der privat-persönlichen Beziehung der Beteiligten liegt. Zu den Ausnahmen in den USA siehe S. 121 ff.

1338 So zu den Offenlegungspflichten für Nebeneinkünfte die Gesetzesbegründung: *„Die Transparenzregelungen haben auch präventive Wirkung, da ein Abgeordneter die Offenlegung einer Mandatsausübung, die auf Grund übermäßiger Nebentätigkeiten nicht im Mittelpunkt seiner Abgeordnetentätigkeit steht oder einer unzulässigen Einflussnahme auf Grund wirtschaftlicher Abhängigkeiten unterliegt, befürchten muss."*, BT-Drs. 15/5671, S. 4.

den Schwellenwert übersteigen, im Amtlichen Handbuch und auf den Internetseiten des Deutschen Bundestages erfolgen.[1339]

Als normativer Anknüpfungspunkt bieten sich § 44a AbgG und die Anlage 1 zur GOBT an, in der die Verhaltensregeln für die Mitglieder des Deutschen Bundestags festgelegt sind. Der derzeitige Rechtsrahmen differenziert in § 44a AbgG und § 4 der Anlage 1 zur GOBT zwischen Spenden, Nebentätigkeiten ohne angemessene Gegenleistung, Spenden und geldwerten Zuwendungen aus Anlass der Wahrnehmung interparlamentarischer oder internationaler Beziehungen (§ 4 Abs. 5 Nr. 1 Anlage 1 zur GOBT) oder wegen der Teilnahme an Veranstaltungen zur politischen Information, zur Darstellung der Standpunkte des Deutschen Bundestages oder seiner Fraktionen oder als Repräsentant des Deutschen Bundestages (§ 4 Abs. 5 Nr. 2 Anlage 1 zur GOBT) sowie Gastgeschenken, die ein Abgeordneter auf Dienstreisen erhält (§ 4 Abs. 6 Anlage 1 zur GOBT). Nicht erfasst sind nach hier vertretener Auffassung darüber hinausgehende Geschenke und Einladungen.[1340] Aus der Differenzierung ergeben sich Abgrenzungsschwierigkeiten, die ein Unterwandern der Vorschriften ermöglichen. In der amerikanischen Literatur wurde angemerkt, dass ein ausdifferenziertes Geschenkregelwerk starke Interessen begünstigt, da nur sie über die finanziellen und personellen Ressourcen verfügen, weiterhin bestehende Schlupflöcher effektiv zu nutzen.[1341] Um nicht ungewollt starke Interessengruppen durch die Vorschriften zu unterstützen, ist daher eine klare Regelung, die keine Umgehungen zulässt, unabdingbar. Daher sollte die Differenzierung hinsichtlich geldwerter Leistungen, die ein Abgeordneter von einem dem Anwendungsbereich des Lobbyregisters unterfallenden Interessenvertreter erhält, aufgehoben werden. Stattdessen sollte in § 4 Abs. 5 Anlage 1 zur GOBT vor der Nummer 1 festgelegt werden, dass Abgeordnete geldwerte Zuwendungen von Interessenvertretern, die keine Spende[1342] sind, nur bis zu einem Wert von EUR 100[1343] annehmen dürfen.[1344] Eine veröffentlichungspflichtige Ausnahme gilt, wenn die Wahrnehmung der Einladung aufgrund des fachspezifischen Bezugs zu seinem Tätigkeitsgebiet geboten erscheint.

1339 Vgl. § 3 Anlage 1 zur GOBT.

1340 Siehe hierzu S. 227 ff.

1341 Siehe hierzu Fn. 535.

1342 Spenden sollten weiterhin zulässig sein. In Anlehnung an § 4 Abs. 1 Anlage 1 zur GOBT sind sie zu definieren als Geld oder geldwerte Leistung, die dem Abgeordneten für seine politische Tätigkeit zur Verfügung gestellt werden.

1343 Maßgeblich ist der Verkehrswert, nicht der Herstellungspreis.

1344 Die vorgeschlagene Regelung soll somit nur im Verhältnis zu Lobbyisten im Sinne des Anwendungsbereichs des Lobbyregisters gelten. Abgeordnete auf Staatsbesuchen dürften damit immer noch beispielsweise Gastgeschenke annehmen. Hierfür wären weiterhin die Normen des § 4 Abs. 5 Anlage 1 der GOBT anwendbar.

b. Verfassungsrechtliche Erwägungen

Nicht betroffen von Verhaltensregeln sind die Grundrechte der Abgeordneten, da die Vorschriften den Abgeordneten in seiner Sphäre als Mandatsträger, nicht als Privatperson betreffen.[1345] Die Verhaltensvorschriften betreffen ausschließlich dienstliche Kontakte des Abgeordneten. Auch wenn im Einzelfall die Abgrenzung zwischen einem privaten Geschenk und einem Geschenk in der Funktion des Abgeordneten schwierig sein kann, gelten die Vorschriften nicht für die dahinterstehende Privatperson.

Im Gegensatz zur Einführung nachamtlicher Beschäftigungsverbote bedarf es für die Erweiterung der Verhaltensregeln auch keiner Änderung des Grundgesetzes. Der Art. 38 Abs. 3 GG ermächtigt den Gesetzgeber zur Ausgestaltung des Abgeordnetenstatus[1346], wozu auch der Erlass von Verhaltensregeln zählt.[1347] Einschränkbar ist das grundsätzlich schrankenlos gewährleistete freie Mandat nur durch kollidierendes Verfassungsrecht.[1348] Anerkannt ist die Einschränkbarkeit des freien Mandats (Art. 38 Abs. 1 S. 2 GG) durch Transparenzpflichten[1349]. Die vorgeschlagenen Verhaltensregeln gehen jedoch darüber hinaus und betreffen die inhaltliche Ausgestaltung der Tätigkeit des Abgeordneten. Beschränkungen in der Annahme von Einladungen und Geschenken diktieren dem Abgeordneten zwar keine inhaltlichen Positionen, doch aber die Ausgestaltung der Rahmenbedingungen von Treffen mit Interessenvertretern. Als verfassungsimmanente Gründe zur Rechtfertigung der Beschränkung kommt hier zum einen das freie Mandat selbst in Betracht. Denn die freiheitliche Dimension des Art. 38 Abs. 1 S. 2 GG soll den Abgeordneten nicht nur vor unzulässigem Einfluss der Fraktion, sondern auch vor dem Einfluss von Partikularinteressen schützen.[1350] Darüber hinaus dienen die vorgeschlagenen Vorschriften der Verbesserung und Absicherung des Vertrauens in die Integrität des Bundestags. Auch hierin liegt ein verfassungsrechtliches Gut, das zur Einschränkung des freien Mandats taugt.[1351] Die Angemessenheit des Eingriffs wird durch die Möglichkeit hergestellt, trotz des Überschreitens des Schwellenwerts von EUR 100 nachzukommen, wenn aus Sicht des Abgeordneten die Wahrnehmung der Einladung fachspezifisch geboten ist. Die Beschränkung des freien Mandats wird somit dann zurückgenommen, wenn inhaltliche Gründe für ein Nachkommen der Einladung sprechen. Die

---

1345 Siehe hierzu bereits die Erörterungen im Rahmen des *„legislativen Fußabdrucks"*, S. 281 f.

1346 Siehe zum Amt des Abgeordneten aus verfassungsrechtlicher Perspektive S. 192 ff.

1347 *Roll*, Verhaltensregeln in: Schneider/Zeh, § 19 Rn. 21; *Morlok* in: Dreier, GG-Kommentar, Art. 38 GG Rn. 151; *Butzer* in: Epping/Hillgruber, GG-Kommentar, Art. 38 GG Rn. 121 ff.

1348 Siehe hierzu schon S. 195 und insbesondere die Nachweise in Fn. 832.

1349 Zur Zulässigkeit von Transparenzpflichten im Hinblick auf Art. 38 Abs. 1 S. 2 GG siehe Fn. 1213.

1350 Siehe hierzu bereits S. 193 f. und Fn. 822.

1351 Vgl. dazu schon Fn. 835.

vorgeschlagenen Transparenzpflicht hinsichtlich nachgekommener Einladungen, deren Wert EUR 100 überschreiten, sekundiert das grundsätzliche Verbot und schützt ebenfalls das Vertrauen in die Integrität des Bundestags. Die vorgeschlagenen Verhaltensregeln sind somit verfassungsrechtlich zulässig.

c. Überwachung und Sanktionsnormen

Das Register sollte vom Interessenvertretungsbeauftragten[1352] geführt werden. Bestehen Unsicherheiten über die Zulässigkeit der Einladung oder des Geschenks gibt bereits der § 7 Anlage 1 zur GOBT vor, dass im Zweifelsfalle der Abgeordnete zur Nachfrage verpflichtet ist. Verstößt ein Abgeordneter gegen das Verbot, hält bereits § 8 Anlage 1 zur GOBT ein passendes Verfahren bereit, das eine Ermittlung durch den Bundestagspräsidenten, eine Stellungnahme des Abgeordneten sowie Sanktionsmechanismen vorsieht.

C. Feinjustierung des § 108e StGB

Mit der Reform des § 108e StGB wurde der Tatbestand der Abgeordnetenbestechung in begrüßenswerter Weise ausgeweitet.[1353] Dennoch besteht Bedarf zur Nachjustierung. Einerseits erscheint die Definition des ungerechtfertigten Vorteils mitsamt den Ausnahmen diskussionswürdig. Nachzugehen ist vor allem der Frage, ob ein Anknüpfen an die parlamentarischen Gepflogenheiten sinnvoll ist. Andererseits soll das Tatbestandsmerkmal *im Auftrag oder auf Weisung* zur Debatte gestellt werden. Schließlich wird auch eine Lockerung der Anforderungen an die Unrechtsvereinbarung untersucht.

I. Rechtspolitische Zweckmäßigkeit

Nach § 108e Abs. 4 S. 1 StGB liegt kein ungerechtfertigter Vorteil vor, wenn die Annahme des Vorteils im Einklang mit den für die Rechtsstellung des Abgeordneten maßgeblichen Vorschriften steht. Die Gesetzesbegründung hält zudem fest, dass darüber hinaus kein ungerechtfertigter Vorteil vorliegt, wenn die Annahme anerkannten parlamentarischen Gepflogenheiten entspricht.[1354] Rechtspolitisch mindestens unglücklich ist der Umstand, dass es die Ausnahme der parlamentarischen Gepflogenheiten nur in die Begründung, nicht aber ins Gesetz geschafft hat. Für den Gesetzesanwender ist die Vorgabe daher nicht bindend. Wenn der Gesetzgeber aber eine solche tatbestandliche Ausnahme schaffen wollte, ist unverständlich, warum er sie nicht in den Gesetzestext aufgenommen hat.

Allerdings erscheint die Bezugnahme auf die parlamentarischen Gepflogenheiten bereits an sich problematisch. Das Anknüpfen in § 108e Abs. 4 S. 1 StGB an die

---

1352 Siehe hierzu S. 242.
1353 Siehe zur Bewertung des neuen § 108e StGB auf S. 235.
1354 BT-Drs. 18/476, S. 6.

Verhaltensvorschriften für Abgeordnete soll sozialadäquate Vorteilsgewährungen auf Tatbestandsebene vom § 108e StGB ausnehmen. Ausweislich der Gesetzesbegründung bezieht sich der Verweis auf Bundesebene auf die für die Rechtsstellung der Abgeordneten maßgeblichen Vorschriften auf das Abgeordnetengesetz, die in Anlage 1 zur GOBT geregelten Verhaltensvorschriften sowie die dazu vom Bundestagspräsidenten erlassenen Ausführungsbestimmungen.[1355] Hieraus lassen sich klare Vorgaben für die Abgrenzung zwischen erlaubten und verbotenen Verhaltensweisen ableiten. Der Verweis auf die parlamentarischen Gepflogenheiten vermag dies nicht zu leisten. Laut der Begründung ist bei der Auslegung des Tatbestandsmerkmals *ungerechtfertigter Vorteil* auf die parlamentarischen Gepflogenheiten zu rekurrieren, wenn die Verhaltensvorschriften keine Aussagen über die Sozialadäquanz bereithalten.[1356] Die parlamentarischen Gepflogenheiten selbst sind jedoch gerade nicht vollständig normiert und werden durch das Verhalten der Abgeordneten bestimmt. Es drängt sich somit der Eindruck auf, dass erlaubt ist, was gängige Praxis ist. Über die Auslegung des Tatbestands entscheidet zwar letztlich die Judikative. Doch ist es rechtspolitisch fragwürdig die Parlamentspraxis zum Maßstab für die Beurteilung des ungerechtfertigten Vorteils zu erheben.

Betrachtet man den Aufbau der Gesetzesbegründung wird der Anlass für die Bezugnahme auf die parlamentarische Praxis erkennbar. Nachdem der Gesetzgeber in § 108e Abs. 4 StGB den ungerechtfertigten Vorteil nicht definiert, sondern lediglich Negativbeispiele festgeschrieben hat, sucht die Gesetzesbegründung klarzustellen, dass nicht alle nicht von den Verhaltensregeln gedeckten Vorteilsgewährungen ungerechtfertigt im Sinne des § 108e StGB sind. Daher ist bei fehlendem Einklang mit den Verhaltensregeln im nächsten Schritt zu prüfen, ob die Vorteilsgewährung den parlamentarischen Gepflogenheiten entspricht.[1357] In diesen Fällen, so die Gesetzesbegründung weiter, scheide „*schon der Anschein einer unzulässigen Einflussnahme auf die Mandatswahrnehmung des Mitglieds von vornherein aus, so dass der Schutzzweck des Straftatbestands nicht berührt ist.*“[1358] Die Begründung vermag nicht zu überzeugen. Der logische Schluss, dass Verhaltensweisen, die im Einklang mit den parlamentarischen Gepflogenheiten stehen, von vornherein nicht geeignet sein, Einfluss auf die Mandatsausübung zu nehmen, ergibt sich nicht. Auch wenn eine Einladung des Mandatsträgers durch Private zu Sportveranstaltungen grundsätzlich den parlamentarischen Gepflogenheiten entsprechen kann, kann sie dennoch einen Anreiz darstellen, die Mandatswahrnehmung in eine von dem Einladenden gewünschte Richtung zu veranlassen. Werden ein solcher Vorteil und die Mandatsausübung durch die Unrechtsvereinbarung miteinander verknüpft, ist es rechtspolitisch geboten, dass solche Vorteile vom Tatbestand erfasst sind. Auch wenn die Annahme des Vorteils grundsätzlich den parlamentarischen Gepflogenheiten entspricht, so wird sie doch

1355 BT-Drs. 18/476, S. 9.
1356 BT-Drs. 18/476, S. 9.
1357 BT-Drs. 18/476, S. 7, 9.
1358 BT-Drs. 18/476, S. 9.

durch die Verknüpfung mit dem Mandatsträgerhandeln zu Unrecht. Daher sollte der in der Gesetzesbegründung enthaltene Bezug nicht in den Gesetzestext aufgenommen werden. So bleibt für den Richter die Möglichkeit trotz entsprechender Parlamentspraxis die Annahme des Vorteils unter das Tatbestandsmerkmal des *ungerechtfertigten Vorteils* zu subsumieren. Um zu bestimmen, ob ein gewährter Vorteil sozialadäquat ist und daher bereits aus dem Tatbestand des § 108e StGB herausfallen sollte, bedarf es einer wertenden Betrachtung. Zu den §§ 331 ff. StGB hat sich zu dieser Frage eine ausdifferenzierte Kasuistik entwickelt.[1359] Es erscheint angemessener hierauf Bezug zu nehmen statt über die Parlamentspraxis die Sozialadäquanz zu bestimmen.[1360]

Des Weiteren sprechen gute Gründe für eine Streichung des Tatbestandsmerkmals *im Auftrag oder auf Weisung*. Bereits ausweislich der Gesetzesbegründung soll das Merkmal nicht in einem juristischen Sinne, sondern entsprechend dem allgemeinen Sprachgebrauch verstanden werden.[1361] Wenn mit der Formulierung aber nicht das Vorliegen eines rechtsgeschäftlichen Auftrags bzw. einer Weisung gefordert wird, wird nicht erkennbar, welchen Mehrwert das Tatbestandsmerkmal leisten soll. Es besteht vielmehr die Gefahr, dass ein Gericht in Auslegung des Merkmals erhöhte, nicht gewollte Anforderungen an den Tatbestand stellt. Aus rechtspolitischer Sicht ist das Tatbestandsmerkmal überflüssig und sollte aus dem Tatbestand herausgenommen werden. Die jüngste Rechtsprechung des BGH zum § 108e StGB bestätigt diesen Befund. Demnach ist es für die Erfüllung des Tatbestandsmerkmals unerheblich, ob der Handelnde Mandatsträger sich innerlich vorbehält, sein Verhalten nicht durch die Zuwendung beeinflussen zu lassen. Entscheidend sei allein der vom Vorsatz umfasste äußere Erklärungswert des Verhaltens.[1362] Wenn aber bereits die Vorteilsannahme das Handeln im Auftrag oder auf Weisung indiziert,[1363] dann bleibt kein Raum für einen eigenständigen Inhalt des Tatbestandsmerkmals.

Des Weiteren sprechen aus rechtspolitischer Sicht die mit den Anforderungen an die Unrechtsvereinbarung verbundenen Beweisprobleme für eine Lockerung der Anforderungen. Diesen Schritt ist der Gesetzgeber für den Tatbestand der Vorteilsgewährung und -annahme im Jahr 1997 gegangen.[1364] Verlangt wird seitdem

---

1359 Vgl. hierzu nur *Korte* in: MüKo-StGB, § 331 Rn. 109–140.

1360 Die Notwendigkeit der Einführung eines normativen Abgrenzungskriteriums sieht auch *Stünker*, Strafbarkeit der Einflussnahme auf Volksvertreter in: FS Meyer, S. 589, 604 f.

1361 BT-Drs. 18/476, S. 9.

1362 BGH, Urteil vom 17. März 2015 – 2 StR 281/14, NStZ 2015, 451, 453 f.

1363 So muss man wohl den BGH verstehen: *„Der äußere Erklärungswert des festgestellten Verhaltens, nämlich das Eingehen des Angekl. auf den ihm offerierten Beratervertrag, der – wenn auch ungeschrieben – sein zukünftiges Abstimmungsverhalten hinsichtlich eines bestimmten, vom Vorteilsgeber betriebenen Projekts beinhaltete, lässt sich hier nur so interpretieren, dass der Angekl. nach Weisung des Vorteilsgebers abstimmen sollte und etwaige entgegenstehende innere Überzeugungen dessen Interessen unterordnete.“*, BGH, NStZ 2015, 451, 454.

1364 Vgl. zur gelockerten Unrechtsvereinbarung auf S. 232.

nicht mehr der Nachweis einer Verbindung von Vorteil und konkreter Handlung, sondern lediglich zwischen der Dienstausübung und der Vorteilsgewährung. Ausreichend ist der Nachweis, dass der Amtsträger einen Vorteil für sein dienstliches Handeln erhielt. Zuvor zeigten sich in der Strafverfolgung Schwierigkeiten, die Vorteilsgewährung einer bestimmten Diensthandlung zuzuordnen. Erfasst werden seitdem auch Vorteilsgewährungen zur generellen Klimapflege. Die Ausweitung hat insbesondere bei höherrangigen Amtsträgern dazu geführt, dass die Vorteilsannahme in den Anwendungsbereich des § 331 StGB fällt, da unter den Begriff der Dienstausübung ein weites Feld an Handlungen subsumiert werden kann.[1365]

Allerdings ist zu bedenken, dass für Mandatsträger bereits der Anfangsverdacht der Abgeordnetenbestechung mit einem schwerwiegenden Reputationsverlust verbunden ist.[1366] Insbesondere die Bundestagsabgeordneten stehen unter einer medialen Dauerüberwachung. Gepaart mit einer zur Skandalisierung neigenden Medienlandschaft kann der Anfangsverdacht bereits schwere politische Schäden zur Folge haben. Gegen diese Befürchtung lässt sich wiederum einwenden, dass zum Schutz vor voreiligen Ermittlungen bereits mit dem neu eingeführten § 120b GVG eine erstinstanzliche Zuständigkeit der Oberlandesgerichte in Strafsachen begründet wurde.[1367] Dadurch soll sichergestellt werden, *„dass die mit Vorwürfen der Bestechlichkeit und Bestechung von Mandatsträgern befassten Justizorgane über die erforderliche Erfahrung und die für den Umgang mit Korruptionsvorwürfen gegen Mandatsträger erforderliche Sensibilität verfügen."*[1368] Zuständig für die Verfolgung ist nach §§ 141, 142 GVG die bei dem jeweils zuständigen Oberlandesgericht errichtete Staatsanwaltschaft. Durch das Verfahrensrecht wird somit eine Sensibilisierung der Verfolgungsbehörden bewirkt. Sollte in der Anwendungspraxis des neuen § 108e StGB die Verurteilung regelmäßig vor allem an dem Nachweis der Verbindung zwischen konkreter Handlung und Vorteilsgewährung scheitern, sollte auch für die Abgeordnetenbestechung eine Lockerung der Unrechtsvereinbarung erwogen werden.

Insgesamt wäre es aus rechtspolitischer Sicht angezeigt, die hohen Hürden des § 108e StGB teilweise zu verringern. Andernfalls droht der § 108e StGB in seiner neuen Fassung wie die Vorgängernorm zu einer Symbolvorschrift zu verkommen.

II. Verfassungsrechtliche Erwägungen

Nicht nur rechtspolitische Überlegungen sprechen gegen eine Aufnahme der parlamentarischen Gepflogenheiten in den Straftatbestand des § 108e StGB. Das Bestimmtheitsgebot des Art. 103 Abs. 2 GG lässt die Aufnahme nicht zu. Es statuiert die *„Verpflichtung des Gesetzgebers, die Voraussetzungen der Strafbarkeit so konkret*

1365 *Korte* in: MüKo-StGB, § 331 Rn. 99.

1366 So auch die Fraktion der CDU/CSU in der Beschlussempfehlung des Ausschusses für Recht und Verbraucherschutz zum § 108e StGB, BT-Drs. 18/607, S. 7.

1367 *Trips-Herbert*, Neuregelung der Mandatsträgerbestechlichkeit und -bestechung, JR 2015, S. 372, 376.

1368 BT-Drs. 18/607, S. 9.

zu umschreiben, daß Tragweite und Anwendungsbereich der Straftatbestände zu erkennen sind und sich durch Auslegung ermitteln lassen“[1369]. Diesem Gebot würde die Aufnahme des Begriffs der parlamentarischen Gepflogenheiten in den Tatbestand des § 108e StGB nicht gerecht.[1370] Im Gegensatz zu den *„für die Rechtsstellung des Mitglieds maßgeblichen Vorschriften“*, die durch das Abgeordnetengesetz, die Verhaltensregeln der GOBT und die Ausführungsbestimmungen näher bestimmt werden, sind die parlamentarischen Gepflogenheiten nicht kodifiziert. Zwar lässt auch das Bestimmtheitsgebot die Verwendung unbestimmter, auslegungsbedürftiger Rechtsbegriffe zu. Insbesondere bei so komplexen und vielfältigen Regelungsgegenständen wie der Bestechung ist es dem Gesetzgeber nicht möglich, alle Konstellationen zu erfassen. Doch während dem Mandatsträger die Auslegung des Begriffs der parlamentarischen Gepflogenheiten noch möglich sein könnte, ist aus Sicht des Vorteilsgewährenden eine Ermittlung der Reichweite des Straftatbestands nicht zu leisten. Als nicht am politischen Prozess Beteiligter werden ihm die dortigen Bräuche und Üblichkeiten unbekannt sein. Daher wäre es ihm nicht möglich den Anwendungsbereich der Norm durch den Gesetzestext oder durch Auslegung zu bestimmen. Wollte der Gesetzgeber dennoch an der – rechtspolitisch fragwürdigen – Bezugnahme auf die parlamentarischen Gepflogenheiten festhalten, so bedürfte es einer Konkretisierung etwa durch Regelbeispiele. Bagatellgrenzen für Geschenke, Reise- und Bewirtungseinladungen würden es den Regelungsadressaten erleichtern, den Tatbestand zu bestimmen.[1371] Ohne eine solche nähere Bestimmung des Begriffs der parlamentarischen Gepflogenheiten verstieße eine Aufnahme derer in den Tatbestand des § 108e StGB gegen das Bestimmtheitsgebot.

Das ohne eigenständigen Anwendungsbereich bleibende Tatbestandsmerkmal *im Auftrag oder auf Weisung* ist nicht nur rechtspolitisch verfehlt, es verstößt auch gegen das „Verschleifungsverbot“, das das Bundesverfassungsgericht in seiner Rechtsprechung zum § 266 StGB entwickelt hat. Das Verbot besagt, dass einzelne Tatbestandsmerkmale auch innerhalb ihres möglichen Wortsinns nicht so weit ausgelegt werden dürfen, *„dass sie vollständig in anderen Tatbestandsmerkmalen aufgehen, also zwangsläufig mit diesen mitverwirklicht werden.“*[1372] Wenn Auftrag und Weisung aber nicht im Rechtssinne, sondern im Sinne des allgemeinen Sprachgebrauchs zu verstehen sind, dann sind keine Konstellationen vorstellbar, in denen

---

1369 BVerfGE 75, 329 (341) mit Nachweisen zur ständigen Rechtsprechung.

1370 Ähnlich *Mayer*, Abgeordnetenbestechung, S. 101 f. zum Entwurf der SPD-Fraktion BT-Drs. 17/8613: *„Einen allgemein gültigen Maßstab für „parlamentarische Gepflogenheiten“ und übliche Verhaltensweisen zu finden, dürfte in der deutschen Parteienlandschaft und einem regional verschiedenen Föderalstaat kaum möglich sein.“* Etwas anderes mag gelten, wenn die parlamentarischen Gepflogenheiten durch allgemeinverbindliche Verhaltensregeln normiert werden.

1371 So zum SPD-Entwurf BT-Drs. 17/8613, der ebenfalls auf die parlamentarischen Gepflogenheiten Bezug nahm, *Piechaczek*, Lobbyismus im Deutschen Bundestag, S. 236.

1372 BVerfGE 126, 170 (198).

eine Unrechtsvereinbarung vorliegt, der Mandatsträger aber nicht *im Auftrag oder auf Weisung* handelt. Schon die Gesetzesbegründung legt nahe, dass das Tatbestandsmerkmal *im Auftrag oder auf Weisung* in der Unrechtsvereinbarung aufgeht: *„Der ungerechtfertigte Vorteil muss gerade deshalb zugewendet werden, damit das Mitglied sich in einer bestimmten Weise verhält, also „im Auftrag oder auf Weisung" des Vorteilsgebers handelt."*[1373] Auch eine Berufung auf den Umstand, der Mandatsträger habe sich *„nicht weisungsgemäß verhalten wollen"*, reicht nicht aus um der Strafbarkeit zu entkommen.[1374] In diesen Fällen liegt entweder eine Unrechtsvereinbarung vor, die die Verknüpfung von Vorteil und Mandatsträgerhandlung zum Gegenstand hat. Dann handelt der Abgeordnete im Auftrag oder auf Weisung. Oder es fehlt an der Unrechtsvereinbarung und damit auch am Handeln im Auftrag oder auf Weisung. Möglicherweise wollte der Gesetzgeber noch Fälle aus dem Anwendungsbereich herausnehmen, in denen der Mandatsträger bereits ohne die Gegenleistung die geforderte Handlung begehen wollte.[1375] Doch fehlt es in solchen Konstellationen wiederum an der Unrechtsvereinbarung, weil der Mandatsträger die geforderte Handlung gerade wegen seiner inneren Überzeugung und nicht um den Preis der Gegenleistung ausführt.[1376] Das Ergebnis wird umso klarer, da nach der Gesetzesbegründung innere Vorbehalte des Mandatsträgers ohnehin nicht zu berücksichtigen sind.[1377] Das Tatbestandsmerkmal geht somit vollständig im übrigen Tatbestand auf. Es verstößt damit gegen das „Verschleifungsverbot" und ist zu streichen.

D. Einbindung Privater zur Durchsetzung des Regulierungsrahmens

Schließlich wird die Einführung einer zivilgesellschaftlichen Verbandsklage zur Verhinderung unzulässiger Einflussnahme im Gesetzgebungsverfahren vorgeschlagen.[1378] Mit der Einführung eines solchen Instruments könnten Private ermächtigt werden, an der Kontrolle des Näheverhältnisses mitzuwirken. Alternativ erscheint

---

1373 BT-Drs. 18/476, S. 7.

1374 BT-Drs. 18/476, S. 8.

1375 So lässt sich BT-Drs. 18/476, S. 5 interpretieren: *„Der Vorteil muss als Gegenleistung dafür gewährt werden, dass der Mandatsträger im Auftrag oder auf Weisung des Vorteilsgebers handelt. Erforderlich ist für eine Strafbarkeit, dass der Mandatsträger sich durch den Vorteil zu seiner Handlung bestimmen lässt und seine innere Überzeugung den Interessen des Vorteilsgebers unterordnet."*

1376 Etwas zurückhaltender *Becker*, Praxiskommentar zum BGH-Urteil (Az. 2 StR 281/14), NStZ 2015, S. 454, 455.

1377 BT-Drs. 18/476, S. 8.

1378 Die Grundidee des Vorschlags entstammt *LobbyControl* und *Transparency International Deutschland*, „Regulierung und Transparenz von Einflussnahme und Lobbyismus", S. 8. Vertreten wurde die Idee ebenfalls vom damaligen Geschäftsführer von Transparency International Deutschland e.V., *Humborg*, Lobbyismus als politische Herausforderung in Deutschland, S. 91, 98 f.

im Falle des Erlasses eines Regulierungsrahmens die Schaffung eines Beschwerdeverfahrens denkbar.

I. Rechtspolitische Zweckmäßigkeit

Das sich regelmäßig an der Grenze zwischen legitimer Interessenartikulation und illegitimer Beeinflussung bewegende Verhältnis zwischen Interessenvertretern und politischen Entscheidungsträgern[1379] ist für den Staat wegen der hinzutretenden Intransparenz[1380] nur schwer zu kontrollieren. Werden den politischen Entscheidungsträgern stattliche Vortragshonorare gewährt oder wechseln sie zeitnah nach dem Ausscheiden aus dem Staatsdienst in die Wirtschaft, so liegt der Verdacht eines unzulässigen Einflusses von Partikularinteressen zwar nahe. Die politischen Entscheidungsträger unterliegen allerdings insbesondere im Gesetzgebungsverfahren regelmäßig keinen Begründungs- oder Rechtfertigungspflichten, so dass der Nachweis rechtswidrigen Verhaltens nur selten gelingt.[1381]

Um das Kontrolldefizit auszugleichen, wird hinsichtlich der Einflussnahme auf das Gesetzgebungsverfahren die Einführung eines Verbandsklagerechts vorgeschlagen. Angedacht ist ein Rechtsbehelf, der Überprüfungen von Verstößen gegen den Grundsatz der Gleichbehandlung, der Öffentlichkeit und der Ausgewogenheit bei der Vorbereitung bindender politischer Entscheidungen ermöglicht. *Watchdog*-Organisationen wie LobbyControl oder Transparency International Deutschland recherchieren zur illegitimen Beeinflussung und decken immer wieder unabhängig von den staatlichen Aufsichtsbehörden fragwürdige Praktiken auf. Doch selbst wenn diese Praktiken als Rechtsverletzung zu qualifizieren sind, können die Organisationen den Missstand mangels subjektiver Betroffenheit nicht in einem rechtlichen Verfahren geltend machen. Hierüber würde die Möglichkeit einer Verbandsklage hinweghelfen. Im deutschen Rechtssystem hat das Instrument der Verbandsklage in den vergangenen Jahren an Bedeutung gewonnen.[1382] Es kann unter anderem genutzt werden, um staatliche Vollzugsdefizite auszugleichen.[1383]

Zu klären für eine solche Verbandsklage ist die Frage nach der Rechtsfolge. Vergleichbare Verbandsklagen finden sich im § 64 BNatSchG und § 2 UmwRG.[1384] Anerkannte Verbände können im Anwendungsbereich dieser Normen ohne in

1379 Siehe hierzu S. 56 f.

1380 Zur Intransparenz des Lobbyismus siehe S. 53 ff.

1381 Das Kontrolldefizit stellt auch *Piechaczek*, Lobbyismus im Deutschen Bundestag, S. 151 ff. fest.

1382 Beispielhaft genannt werden sollen hier lediglich das Klagerecht von Naturschutzverbänden (§ 64 BNatSchG), von Verbraucherschutzverbänden (§ 3 UKlaG) und von anerkannten Behindertenverbänden (§ 13 BGG bzw. § 63 SGB IX).

1383 *Saam*, Kollektive Rechtsbehelfe, S. 68.

1384 Bei den Verbandsklagen nach den §§ 1 f. UKlaG handelt es sich um privatrechtliche Streitigkeiten. Gerichtet sind sie auf ein Unterlassen des Beklagten, so dass es an einer Vergleichbarkeit zur vorliegenden Konstellation mangelt.

eignen Rechten verletzt zu sein gegen staatliche Entscheidungen klagen. Im Umweltrecht ist Gegenstand der Klage zumeist ein Verwaltungsakt oder eine untergesetzliche Rechtsnorm, beispielsweise ein Bebauungsplan, im Naturschutzrecht Verwaltungsakte oder Beteiligungen im Planfestellungsverfahren bzw. Plangenehmigungsverfahren. Rechtsfolge einer begründeten Klage kann die Pflicht zur Nachholung einer unterlassenen Beteiligung oder die Aufhebung der staatlichen Entscheidung sein. Gegenstand der Verbandsklage im Bereich der Einflussnahme durch Interessenvertreter auf den Gesetzgebungsprozess wäre hingegen regelmäßig ein Parlamentsgesetz. Werden in einem Gesetzgebungsverfahren also entgegen dem Grundsatz der Ausgewogenheit lediglich einseitige Sachargumente gehört, könnte eine entsprechende Klage zur Notwendigkeit eines ergänzenden Verfahrens führen. In schwerwiegenden Fällen wäre die Nichtigkeit des erlassenen Gesetzes festzustellen. Mit der Verbandsklage zivilrechtlichen Organisationen die Überprüfung von Parlamentsgesetzen zu ermöglichen, wäre aber in hohem Maße systemwidrig. Es steht allein dem Bundesverfassungsgericht zu, Parlamentsgesetze zu verwerfen. Die Verfassungsgemäßheit von Gesetzen kann nur durch ein konkretes und ein abstraktes Normenkontrollverfahren (Art. 93 Abs. 1 Nr. 2 GG i.V.m. § 13 Nr. 6, und Art. 100 GG i.V.m. § 13 Nr. 11 BVerfGG) überprüft werden. Die konkrete Normenkontrolle kann lediglich durch ein vorlegendes Gericht, die abstrakte Normenkontrolle durch die Bundesregierung, eine Landesregierung oder den Bundestag angestrebt werden. Das Grundgesetz sieht eine solche Kontrollkompetenz somit allein für staatliche Stellen, nicht aber für natürliche oder juristische Personen des Privatrechts vor. Wollte man vor diesem Hintergrund eine Verbandsklage einführen, deren Rechtsfolge nicht die Nichtigkeit, sondern allein die Feststellung des unzulässigen Einflusses ist, ist der Mehrwert eines solchen Verfahrens anzuzweifeln.

Rechtspolitisch spricht gegen die vorgeschlagene Verbandsklage auch, dass der Klagegenstand sehr weit gefasst ist. Eine Verbandsklage, die im Falle von Verstößen gegen den Grundsatz der Gleichbehandlung, der Öffentlichkeit und der Ausgewogenheit bei der Vorbereitung bindender politischer Entscheidungen offen steht, ist bei einer Vielzahl von Konstellationen anwendbar. Der sehr weit geratene Vorschlag dürfte dem Umstand geschuldet sein, dass in Deutschland hinsichtlich der Einflussnahme auf den Gesetzgebungsprozess derzeit kein effektiver Regulierungsrahmen existiert. Fehlt es an Rechtsvorschriften, die das Verhältnis zwischen Interessenvertretern und politischen Entscheidungsträgern sowie die Einbeziehung Privater in den Gesetzgebungsprozess wirkungsvoll regeln, fehlt es an rechtlichen Anknüpfungspunkten, zur Bewertung der Rechtswidrigkeit der staatlichen Entscheidung.

Wird jedoch ein solcher rechtlicher Rahmen geschaffen, erscheint ein Beschwerdeverfahren, wie es das Gemeinsame Transparenzregister der Europäischen Kommission vorsieht,[1385] besser geeignet das Wissen privater Organisationen zur Rechtsdurchsetzung fruchtbar zu machen. Mit dem Beschwerdeverfahren stünde

1385 Siehe zum Beschwerdeverfahren des Gemeinsamen Transparenzregisters der EU S. 66.

den Antragsberechtigten die Möglichkeit zu, den Interessenvertretungsbeauftragten[1386] auf etwaige Rechtsverletzungen aufmerksam zu machen und ihn zum Handeln aufzufordern. Im Kontext der hier vorgeschlagenen Regulierungsnormen wird daher nachfolgend der Gang eines Beschwerdeverfahrens statt einer Verbandsklage skizziert.

II. *Rechtliche Ausgestaltung*

Für ein Beschwerdeverfahren ist zunächst zu erörtern, wem es offen stehen soll. Angelehnt am Vorbild des Beschwerdeverfahrens des gemeinsamen Transparenzregisters der EU könnte jedermann[1387] die Möglichkeit zum Antrag eingeräumt werden. Im Sinne einer Verbandsklage könnte das Antragsrecht hingegen auch auf solche Verbände beschränkt werden, die sich satzungsgemäß der Thematik verschrieben haben. Die Öffnung der Klagebefugnis für jedermann bietet sich immer dann an, wenn die in Rede stehende Rechtsverletzung mit einem Schaden der übrigen Privaten und einem daraus resultierenden Schadensersatzanspruch einhergeht. In diesem Fall besteht ein besonders großes Eigeninteresse an der Rechtsdurchsetzung. Im Kontext der privaten Einflussnahme auf die Gesetzgebung fehlt es hingegen an einer solchen Rechtsverletzung. Die Nichtregistrierung im Lobbyregister, die Verletzung von Offenlegungspflichten durch nichtveröffentlichte Spenden oder die Verletzung eines Verhaltenskodizes für Interessenvertreter führen regelmäßig zwar zu einem Vorteil desjenigen, der die Norm verletzt, nicht aber zu einem Schaden bzw. lediglich zu einem Bagatellschaden der übrigen Interessenvertreter. Dennoch haben die übrigen Akteure ein Interesse daran, dass kein unzulässiger Einfluss ausgeübt wird, da andernfalls ihre Chancen der Interessendurchsetzung zu sinken drohen. Wird mit dem Verfahren zudem keine suspendierende Wirkung der angegriffenen Entscheidung verbunden, ist auch kein Missbrauch dahingehend zu befürchten, dass Antragsberechtigte aus taktischen Gesichtspunkten wie etwa zur Verzögerung einer unliebsamen Entscheidung den Weg des Beschwerdeverfahrens beschreiten. Befürwortet wird vorliegend daher ein Beschwerderecht für jedermann.

Inhaltlich sollte sich das Beschwerdeverfahren auf alle vom Interessenvertretungsbeauftragten zu überwachenden Bereiche richten. Erfasst würden damit das Lobbyregister, der legislative Fußabdruck, die Regularien zur Parteienfinanzierung sowie die Verhaltensregeln für Interessenvertreter und die Entscheidung über nachamtliche Beschäftigungsverbote[1388]. Somit stünde der gesamten Branche, und insbesondere den *Watchdog*-Organisationen, mit dem Beschwerdeverfahren beim Interessenvertretungsbeauftragten eine staatliche und zugleich unabhängige Instanz offen, bei der sie Zweifel über die Legitimität einzelner Praktiken offiziell anmelden könnten.

1386 Siehe S. 239.

1387 Vgl. hierzu Nr. II Ziff. 1 des Anhang IV der Interinstitutionellen Vereinbarung (Fn. 364).

1388 Siehe dazu gleich noch auf S. 335 ff.

Für den formalen Ablauf des Beschwerdeverfahrens kann der Anhang IV des Gemeinsamen Transparenzregisters als Vorbild dienen. Das Beschwerdeverfahren gliedert sich in 5 Phasen. Die erste Phase, die Einreichung der Beschwerde, stellt Mindestanforderungen an den Inhalt der Beschwerde. Nach dem Eingang der Beschwerde prüft die zuständige Stelle (der Interessenvertretungsbeauftragte) kursorisch deren Erfolgsaussichten (Phase 2) und informiert den Beschwerten, sofern ein Rechtsverstoß möglich erscheint. In der dritten Phase erhält der Beschwerdegegner eine Frist zur Stellungnahme. Anschließend erfolgt in Phase vier ein Lösungsversuch mit dem Beschwerdegegner. Bleibt dieser fruchtlos, wird in der 5. Phase eine Sanktion verhängt.

Letztlich ist noch zu erörtern, ob den Beschwerdeführern ein Rechtsmittel zur Verfügung stehen soll, falls der Interessenvertretungsbeauftragte die Beschwerde als unbegründet erachtet. Beteiligt an einem solchen Verfahren wären Hoheitsträger in ihrer dienstlichen Eigenschaft und die streitentscheidenden Normen sind solche des öffentlichen Rechts. Es handelt es sich daher um öffentlich-rechtliche Streitigkeiten nichtverfassungsrechtlicher Art. Eine auf die Feststellung der Rechtswidrigkeit seiner Untätigkeit gerichtete Klage wäre daher vor einem Verwaltungsgericht zu erheben. Wird der Interessenvertretungsbeauftragte am Bundestag angesiedelt, bietet sich eine Zuständigkeit des VG Berlin an. Allerdings spricht die unabhängige Stellung des Interessenvertretungsbeauftragten gegen die Möglichkeit eines weiteren Rechtsmittels. Es steht nicht zu befürchten, dass der Beauftragte aus Verbundenheit zum politischen Establishment die Verfolgung von Beschwerden unterlässt. Vielmehr würde die Unabhängigkeit des Interessenvertretungsbeauftragten gestärkt, wenn seine Entscheidung nicht gerichtlich angegangen werden kann. Sollten sich Zweifel an seiner Unabhängigkeit mehren, ließe sich eine solche gerichtliche Überprüfung noch nachträglich einführen.

3. Abschnitt: Ansätze zum Ausgleich von Machtungleichgewichten

Im zweiten Teil wurde das Machtungleichgewicht zwischen den verschiedenen Interessengruppen ausführlich dargelegt.[1389] Drei Faktoren wurden als Ursachen für Machtasymmetrien identifiziert: Die strukturell-organisatorischen Unterschiede, die divergierende Finanzkraft und die bereits bestehenden Netzwerkstrukturen. Nachfolgend sollen Instrumente untersucht werden, die an den verschiedenen Faktoren ansetzen, um Machtungleichgewichten entgegenzuwirken. Begonnen wird mit einem Vorschlag zur Ausweitung der Karenzzeiten. Es schließen sich Überlegungen zur Einschränkung der Spendenmöglichkeit und zur Neuregelung der Einbindung Privater in den Gesetzgebungsprozess an. Den Abschluss bilden Überlegungen zur finanziellen Förderung schwacher Interessen.

1389 Siehe zum Problem des Machtungleichgewichts S. 57 ff.

A. Karenzzeiten

Karenzzeiten können einerseits als Instrument zur Bekämpfung illegitimer Einflussnahme dienen. Das ist der Fall, wenn ihr Einsatz darauf abzielt, den Verkauf politischer Entscheidungen zum Preis späterer Anschlussanstellungen zu unterbinden. Damit einher geht die erhöhte Legitimation solcher Anschlussanstellungen, die nicht mehr vom Anwendungsbereich der Karenzzeiten erfasst sind.[1390] Ohne Karenzzeiten steht der direkte Wechsel von der Politik in die Wirtschaft unter Generalverdacht. Verbindliche Vorgaben untersagen nicht nur unangemessene nachamtliche Beschäftigungen, sie stellen auch Voraussetzungen auf, unter denen solche Tätigkeiten als legitim angesehen werden.

Andererseits können Karenzzeiten auch Machtungleichgewichte zwischen den Interessengruppen begrenzen. Vertiefte Kenntnisse über interne Ministeriumsorganisationen, Kontaktnetzwerke, die weit in den politischen Prozess hineinreichen sowie Informationen über den Stand aktueller Gesetzgebungsverfahren sind aus Sicht der Interessenvertreter (und ihrer Auftraggeber) begehrte Assets. Finanzstarke Interessengruppen ködern ehemalige Politiker mit hochdotierten Posten, um von dem erlangten Amtswissen zu profitieren. Die Interessengruppen erhoffen sich durch die Anschlussanstellung erleichterten Zugang zu politischen Entscheidungsträgern und Wissen über den politischen Prozess, das sie für ihre Interessendurchsetzung nutzbar machen können. Finanzschwachen Interessengruppen steht dieses Mittel nicht zur Verfügung.[1391]

Die in Deutschland mit der Änderung des Gesetzes über die Rechtsverhältnisse der Mitglieder der Bundesregierung (BMinG) und des Gesetzes über die Rechtsverhältnisse der Parlamentarischen Staatssekretäre (ParlStG) im Juli 2015 eingeführten Karenzzeiten dienen – entgegen der Gesetzesbegründung[1392] – allein dem ersten Zweck. Die Sperrfrist ist mit der Regelzeit von einem Jahr zu kurz bemessen, um den Einkauf von Zugang zu und Einfluss auf den politischen Prozess zu unterbinden. Nachfolgend wird geprüft, ob zum Erreichen des zweiten Ziels allein eine Verlängerung der Karenzzeit ausreicht oder eine an das amerikanische Karenzzeitsystem angelehnte Ausgestaltung besser geeignet ist. In einem weiteren Schritt wird eine

---

1390 Bestehen keine Regelungen zu der Thematik, können die ehemaligen Amtsträger nicht immer verlässlich abschätzen, wie ihr Verhalten in der Öffentlichkeit gewertet wird. Die Beurteilungsmaßstäbe der Öffentlichkeit werden häufig erst während des Entstehens eines Skandals definiert, *Malessa*, Beruf – Politik – Transparenz, S. 115.

1391 Ebenso *Bamberger*, Nachamtliche Tätigkeitsbeschränkungen für politische Amtsträger, S. 68 f.: *„Der Verdacht, dass die Möglichkeit, uneingeschränkt ehemalige Amtsträger einzustellen, dazu beiträgt, die Symmetrie der Interessenvertretung durch Strategien wie die „Drehtür“ weitergehend zu stören, hat sich nach Sichtung der Lobbyforschung verfestigt.“*

1392 BT-Drs. 18/4630, S. 1.

Verlagerung der Entscheidungsbefugnis erwogen. Zudem wird die Möglichkeit einer Karenzzeit für die Abgeordneten des Bundestags untersucht.

I. Rechtspolitische Zweckmäßigkeit

1. Karenzzeiten für Regierungsmitglieder

Soll durch Karenzzeiten ernsthaft „*die private Verwertung von Amtswissen nach Beendigung des Amtsverhältnisses*“[1393] unterbunden werden, um „*das Vertrauen der Allgemeinheit in die Integrität der Bundesregierung*“[1394] zu schützen, ist eine pauschale Karenzzeit mit einer Regelfrist von einem Jahr zu kurz bemessen.[1395] Nur eine mehrjährige Karenzzeit kann der vorstehenden Zielsetzung gerecht werden und den Einsatz des Amtswissens nach dem Ausscheiden aus dem Staatsdienst wirkungsvoll unterbinden. Die Trias des Amtswissens wurde bereits benannt[1396]: Relevant sind das Wissen über die Organisation und Entscheidungsstruktur, Kenntnisse zum Stand aktueller Verfahren sowie ein umfangreiches Kontaktnetzwerk.

Alle drei Bestandteile sind sehr viel langlebiger als die Regelfrist von 12 Monaten.[1397] Verfahren in den Ministerien werden zwar weiter vorangetrieben, jedoch verbleibt dem ehemaligen Minister grundsätzlich ein Sonderwissen zu den Regelungsgegenständen und Entscheidungsabläufen. Lediglich bei neu angestoßenen Verfahren verfügt der ehemalige Minister oder Staatssekretär über keine eigenen Kenntnisse. Bundesminister und Staatssekretäre waren zudem vor ihrem Amtsantritt regelmäßig viele Jahre in der Politik aktiv. Sie verfügen daher über ein weitverzweigtes Netzwerk. Die personelle Kontinuität in den Ministerien garantiert, dass ein ehemaliger Bundesminister oder Staatssekretär auch noch Jahre nach dem Verlassen seines Amts über Kontakte in die Ministerien verfügt. Gleiches gilt für das Verständnis des politischen Prozesses. Innerhalb eines Sabbatjahres verlieren die ehemaligen Amtsträger diese Alleinstellungsmerkmale nicht. Auch anschließend ermöglicht ihnen ihr Netzwerk Zugang zu den Entscheidungsträgern zu erhalten. Sie bleiben somit auch bei einer einjährigen Karenzzeit ein attraktives Ziel für Akteure, die Zugang zum politischen Prozess begehren.

Auf die Gefahren der Verwendung von Amtswissen sowie Zugang und Einfluss kann mit einer Regelfrist von drei Jahren angemessen reagiert werden.[1398] Zwar ist auch nach drei Jahren davon auszugehen, dass ehemalige Minister oder Staatssekretäre noch über Kontakte verfügen, die ihnen Zugang zu den aktuellen

---

1393 BT-Drs. 18/4630, S. 1.

1394 BT-Drs. 18/4630, S. 1.

1395 Vgl. zur Kritik S. 243 und zur entsprechenden Kritik an den Karenzzeiten der USA S. 158.

1396 Siehe hierzu auf S. 242.

1397 Vgl. auch Fn. 1056.

1398 So die Stellungnahme im Gesetzgebungsverfahren von *Transparency International Deutschland e.V.*, A-Drs. 18(4)336 B, S. 1 f. und *LobbyControl*, A-Drs. 18(4)336 E, S. 5 f.).

Entscheidungsträgern ermöglichen. Doch verlieren die erworbenen Kontaktnetzwerke aufgrund personeller Wechsel in den Ministerien mit voranschreitender Zeit an Wert. Die persönlichen Bindungen in die Exekutive hinein nimmt ab. Viele Verfahren aus der Amtszeit dürften zudem nach einer dreijährigen Sperrfrist abgeschlossen oder so weit vorangeschritten sein, dass das Sonderwissen des ehemaligen Amtsträgers keinen außergewöhnlichen Vorteil mehr in sich birgt. Im Gegensatz zu einer einjährigen Karenzzeit ist ein Zeitraum von drei Jahren somit deutlich besser geeignet, die private Verwendung von Amtswissen zu unterbinden.

So ausgestaltete Karenzzeiten wirken dem Ausbau des Machtungleichgewichts zwischen den verschiedenen Partikularinteressen entgegen. Finanzstarken Interessengruppen ist es im Falle einer solchen Regelung trotz ihrer finanziellen Mittel nicht mehr möglich, Zugang zum und Einfluss auf den politischen Prozess durch die Anstellung ehemalige Mitglieder der Exekutive zu erkaufen. Längere (und entsprechend angewandte) Karenzzeit nehmen schlicht das Angebot solcher Dienstleistungen vom Markt.

2. *Karenzzeiten für Bundestagsabgeordnete*

Grundsätzlich ist der unmittelbare Wechsel von einfachen Bundestagsabgeordneten aus dem politischen Amt in die Wirtschaft ebenfalls geeignet, das Vertrauen der Bürger in die Integrität des Bundestags zu beschädigen.[1399] Auch Bundestagsabgeordnete verfügen über Insiderwissen. Sie kennen die Organisations- und Entscheidungsstruktur des Bundestags und seiner Ausschüsse und haben Wissen zum Stand aktueller Gesetzesentwürfe sowie ein nicht unerhebliches Kontaktnetzwerk. Aufgrund des besonderen Wissens der Parlamentarier unterliegen in den USA alle Mitglieder des Kongresses einer zwei- bzw. einjährigen Karenzzeit.[1400]

Allerdings taugt der Vergleich mit den amerikanischen Parlamentsmitgliedern nur bedingt, um rechtspolitisch die Notwendigkeit einer allgemeinen Karenzzeit für die Bundestagsabgeordneten herzuleiten. Die einzelnen Abgeordneten haben in den USA unter anderem wegen der schwachen Stellung der Parteien einen deutlich stärken Einfluss auf den Willensbildungsprozess im Parlament. Außerdem steht nur ihnen ein Initiativrecht im amerikanischen Gesetzgebungsverfahren zu, nicht aber der Exekutive.[1401] Ihnen ist daher im Vergleich zu ihren deutschen Amtskollegen ein noch weitreichenderes Amtswissen zu unterstellen. Der einzelne Abgeordnete in Deutschland verfügt hingegen über eine deutlich weniger exponierte Stellung.

1399 Ähnlich auch *Pünder*, Wahlrecht und Parlamentsrecht als Gelingensbedingungen repräsentativer Demokratie, VVDStRL 72, S. 193, 245, der den Seitenwechsel „*als besonders augenfälliges Symbol eines überbordenden Lobbyismus*“ beschreibt.

1400 Nach 18 U.S. Code § 207(e)(1)(A) unterliegen Senatoren einer zweijährigen Karenzzeit, während das nachamtliche Beschäftigungsverbot für Mitglieder und gewählte Beamte des House of Representatives nach 18 U.S. Code § 207(e)(1)(B)(i) nur ein Jahr gilt, siehe hierzu S. 128 ff.

1401 Siehe zur Stellung der Abgeordneten in den USA S. 70.

Auch im Vergleich zu den Kabinettsmitgliedern und parlamentarischen Staatssekretären ist das Insiderwissen des durchschnittlichen Bundestagsabgeordneten als deutlich geringer anzusehen. Zwar verfügen auch die Bundestagsabgeordneten über ein Netzwerk, das regelmäßig über die Verbindungen eines Außenstehenden hinausgeht. Während jedoch die Bundesminister einem Ministerium vorstehen und sie daher ebenso wie ihre parlamentarischen Staatssekretäre über eine enge Verbindung in die jeweiligen Ministerien verfügen, fehlt dem durchschnittlichen Abgeordneten diese Verschränkung mit der Exekutive beziehungsweise dem administrativen Unterbau. Sicherlich sind ehemalige Abgeordnete aus Sicht etwa größerer Wirtschaftsunternehmen dennoch attraktive Mitarbeiter. Rechtspolitisch erscheint es jedoch unangemessen, allen Bundestagsabgeordneten ein den ehemaligen Regierungsmitgliedern vergleichbares Amtswissen zu unterstellen. Insgesamt ist eine generelle Karenzzeit für alle Bundestagsabgeordneten daher rechtspolitisch verfehlt.

Untauglich ist auch eine Differenzierung anhand besonderer Ämter der Abgeordneten. So wird teilweise vorgeschlagen, ehemalige Ausschussvorsitzende, Fraktionsvorsitzende und Fraktionsgeschäftsführer sowie deren jeweilige Stellvertreter einer strengeren Regelung zu unterwerfen.[1402] Zur rechtspolitischen Rechtfertigung der Differenzierung müsste jedoch dargelegt werden, warum von Abgeordneten, die vorher ein solches Amt bekleideten, eine besondere Gefahr ausgeht. Denkbar wäre die Argumentation, dass diese Abgeordneten über ein besonders weitreichendes Kontaktnetzwerk verfügen und daher für Interessengruppen von besonderer Bedeutung sind. Dem lässt sich jedoch entgegenhalten, dass ebenfalls unterstellt werden kann, dass etwa die Sprecher der jeweiligen Arbeitsgruppen in den Fraktionen über Wissen und Kontakte verfügen, die für Branchenmitglieder von speziellem Interesse sind. Gleiches gilt auch für Ausschussmitglieder, die Fachleute auf ihrem Gebiet sind und lediglich nicht den Vorsitz inne hatten. Nach hier vertretener Auffassung lässt sich eine solche Differenzierung nicht sinnvoll vornehmen.

Angezeigt erscheint jedoch eine Karenzzeit, die Bundestagsabgeordneten nach dem Ausscheiden aus dem Bundestag eine Tätigkeit als Lobbyist untersagt.[1403] Insbesondere der Wechsel aus dem Bundestag in die Branche der Interessenvertretung ist geeignet, Zweifel an der Unabhängigkeit der Amtsführung zu schüren und das Vertrauen in die Institution Bundestag zu beschädigen. Gerade dann, wenn der aufs Gemeinwohl verpflichtete Abgeordnete anschließend zum Partikularinteressenvertreter wird, liegt der Verdacht der interessengeleiteten Amtsführung nahe. Wie das Beispiel der USA zeigt, darf sich eine Karenzzeit, die nachamtliche Interessenvertretung untersagt, jedoch nicht nur auf die direkte Interessenvertretung beziehen, sondern muss auch unterstützende und beratende Tätigkeiten untersagen,

1402 *Kolbe/Hönigsberger/Osterberg*, Marktordnung für Lobbyisten, S. 50, die nur diese Gruppe einer Karenzzeit unterwerfen wollen.

1403 So auch Ähnlich auch *Pünder*, Wahlrecht und Parlamentsrecht als Gelingensbedingungen repräsentativer Demokratie, VVDStRL 72, S. 193, 245 f.

da andernfalls eine Umgehung der Vorschriften zu erwarten ist.[1404] Zur Verhinderung einer solchen Umgehung sollte die Karenzzeit an die vorgeschlagenen Definitionen zum Lobbyregister für Lobby-Arbeit, Lobby-Kontakt und insbesondere Lobby-Unterstützung[1405] anknüpfen.

Eine entsprechende Karenzzeit sollte mindestens zwei Jahre betragen. Kürze Karenzzeiten sind – wie soeben im Rahmen der Karenzzeiten für Regierungsmitglieder ausgeführt – nicht geeignet, die Kommerzialisierung des im Amt erlangten Wissens wirksam zu unterbinden. Ein abgestuftes System, nach dem ehemaligen Regierungsmitgliedern jede Tätigkeit, durch die öffentliche Interessen beeinflusst werden, für drei Jahre, ehemaligen Abgeordneten jedoch nur die Tätigkeit als Lobbyist für einen Zeitraum von zwei Jahren untersagt wird, berücksichtigt angemessen die unterschiedliche Stellung der beiden Gruppen.

II. Rechtliche Ausgestaltung

1. Karenzzeiten für Regierungsmitglieder

Rechtlich wäre eine Verlängerung durch eine Änderung des § 6b BMinG zu erreichen. Einerseits sollte der § 6b Abs. 2 S. 1 BMinG dahingehend geändert werden, dass die Regelfrist drei Jahre beträgt. Der § 6b Abs. 2 S. 2 BMinG sollte andererseits – entsprechend dem § 105 Abs. 2 S. 2 BBG – vorsehen, dass der Untersagungszeitraum kürzer zu bemessen ist, wenn die Beeinträchtigung der öffentlichen Interessen nur für einen kürzen Zeitraum zu besorgen ist. Um das Übergangsgeld entsprechend zu verlängern, müsste der § 6d BMinG nicht geändert werden, weil er bereits in der aktuellen Fassung das Übergangsgeld *„für die Dauer der Untersagung gewährt“*. Zu untersuchen ist nachfolgend, ob die Norm entsprechend der aktuellen Fassung der Bundesregierung eine Ermessensentscheidung einräumen oder wie in den USA die Karenzzeit direkt anordnen sollte. In einem zweiten Schritt wird zu prüfen sein, ob eine Karenzzeit von drei Jahren mit dem Grundrecht der Berufsfreiheit vereinbar ist. Den Abschluss bilden Überlegungen zur Übertragung der Entscheidungskompetenz auf den Interessenvertretungsbeauftragten.

a. Ermessensspielraum

Das amerikanische Modell[1406] sieht keinen Ermessensspielraum vor. Es ordnet die Karenzzeit als direkte Rechtsfolge an, wenn der Tatbestand erfüllt ist. Der Tatbestand setzt am besonderen Amtswissen an. Einerseits statuieren die Normen Karenzzeiten für spezifische Sachverhalte durch die der ehemalige Amtsträger Insiderwissen erlangt hat. Andererseits setzt es an der Dienstebene an und untersagt ehemaligen ranghöheren Mitarbeitern (*senior personnel*) die Kontaktaufnahme gegenüber der vorherigen Anstellungsbehörde. Ehemaligen Mitgliedern der

1404 Vergleiche zur Kritik an den Regelungen in den USA S. 159, insbesondere Fn. 665.
1405 Siehe zu den Definitionen S. 257 f.
1406 Siehe zur Ausgestaltung der Karenzzeiten in den USA S. 125 ff.

exekutiven Leitungsebene (*very senior personnel*) ist darüber hinaus im Rahmen der Anschlusstätigkeit die Kontaktaufnahme zu ranghohen Exekutivmitgliedern untersagt. Das Modell geht davon aus, dass mit dem Anstieg des Dienstgrads auch der nachamtliche Einfluss und Zugang steigt und reagiert darauf entsprechend. Positiv ist an dem Modell, dass es direkt an den aus dem Seitenwechsel resultierenden Gefahren des besonderen Wissens und des gesteigerten Einflusses ansetzt. Die Auswertung der Literatur hat jedoch auch die Schwächen des Systems hervorgebracht. So wird die Nutzung des Netzwerks nur dadurch unterbunden, dass dem ehemaligen Amtsträger die persönliche Kontaktaufnahme untersagt ist. Es bleibt ihm jedoch erlaubt, beratend und unterstützend im Hintergrund tätig zu sein.[1407] Zwar wird die direkte Einflussnahme durch ehemalige Amtsträger unterbunden. Sie betätigen sich jedoch stattdessen als Strippenzieher im Hintergrund.

Die Stärke des deutschen Modells liegt in der Einzelfallbetrachtung. Für den Betroffenen leidet zwar die Vorhersehbarkeit, weil für ihn bis zur Entscheidung nicht abschließend zu beurteilen ist, ob die Anschlusstätigkeit untersagt wird. Vorteilhaft ist hingegen, dass die jeweiligen Umstände der Anschlusstätigkeit in der Einzelentscheidung Berücksichtigung finden können. So kann ein größeres Maß an Einzelfallgerechtigkeit erreicht werden. Mit dem Instrument der Teiluntersagung besteht zudem die Möglichkeit einer passgenauen Untersagung. Untersagt werden nur solche Teile der Tätigkeit, die eine Beeinträchtigung der öffentlichen Interessen befürchten lassen. Die vorgeschlagene Ausgestaltung sieht außerdem vor, die Untersagung auf den Zeitraum zu beschränken, in dem eine Beeinträchtigung der öffentlichen Interessen droht.

Umgekehrt kann in der fehlenden Einzelfallbetrachtung des amerikanischen Modells auch eine Stärke ausgemacht werden. Durch den gesetzlichen Automatismus kommt es zu einer Gleichbehandlung aller Betroffenen. Die Karenzzeit knüpft allein an die Hierarchieebene an und gilt für alle staatlichen Angestellten dieser Dienstebene gleichermaßen. Eine Verschonung Einzelner aufgrund persönlicher Verbundenheit ist ausgeschlossen.

Mit Blick auf die Branche der Interessenvertretung überwiegt dennoch die negative Komponente der fehlenden Anpassungsfähigkeit. Die bereits angesprochene Vielfalt und Kreativität der Interessenvertretungsbranche verlangt nach adaptiven Instrumenten. Aufgrund der damit einhergehenden Flexibilität sind Karenzzeiten mit Einzelfallbetrachtungen vorzugswürdig. Nachfolgend wird daher eine Karenzzeitregelung für einen Zeitraum von drei Jahren mit Entscheidungsbefugnis im Einzelfall untersucht.

1407 Siehe hierzu S. 158. Das Problem sieht ebenfalls *Bamberger*, Nachamtliche Tätigkeitsbeschränkungen für politische Amtsträger, S. 250 f., 313 f. für den Fall, dass mit den Karenzzeiten lediglich Lobbytätigkeiten untersagt werden sollen.

b. Verfassungsrechtliche Grenzen

Die verfassungsrechtliche Umsetzbarkeit verlängerter Karenzzeiten, betrifft allein die Frage, ob der damit verbundene Eingriff in die Berufsfreiheit (Art. 12 GG) der erfassten Bundesminister und Staatssekretäre gerechtfertigt werden kann. Für die Anforderungen an die Rechtfertigung ist zunächst die Schwere des Eingriffs zu bestimmen. Im Rahmen der Berufsfreiheit ist zu prüfen, ob es sich bei Karenzzeiten generell um eine Berufsausübungs- oder Berufszulassungsschranke handelt. Für eine die Berufswahl beschränkende Zulassungsschranke könnte sprechen, dass nicht allein die Art und Weise der beabsichtigten Tätigkeit untersagt wird. Kommt die Bundesregierung zu einer negativen Entscheidung, wird bereits die Aufnahme der Erwerbstätigkeit oder Beschäftigung verboten. Auf den ersten Blick könnte es sich daher um eine Berufszulassungsschranke handeln.

Allerdings setzt das Vorliegen einer Beschränkung der Berufswahl voraus, dass nicht lediglich bestimmte Teilaspekte, sondern ein eigenständiger Beruf betroffen ist. Zwar ist der Berufsbegriff des Art. 12 Abs. 1 GG weit auszulegen und erfasst jede sinnvolle erlaube Tätigkeit.[1408] Doch schützt die Freiheit der Berufswahl lediglich eigenständige Berufe.[1409] Durch die vorgeschlagene Karenzzeit wird für die Regelungsadressaten keine Tätigkeit per se verboten. Es kommt stets auf den Inhalt der Tätigkeit an, so dass in der Regel ähnliche Erwerbstätigkeiten oder Beschäftigungen in Branchen ohne Konfliktpotenzial möglich bleiben. Eingeschränkt werden nur Teilaspekte, die die Interessenvertretung betreffen. Die Norm untersagt nicht generell die Aufnahme eines bestimmten Berufs, sondern allein von Tätigkeiten, die im Zusammenhang mit der vorherigen Amtsführung stehen. Um eine Begrenzung der Berufswahl handelt es sich erst, wenn die Aufnahme eines eigenständigen Berufsbilds untersagt wird.[1410] Eine andere Bewertung würde sich dann ergeben, wenn der Gesetzgeber mit dem § 6b BMinG generell jede Tätigkeit als professionelle Interessenvertreter[1411] untersagt hätte. In diesem Fall wäre ein eigenständiges Berufsbild betroffen. Der Gesetzgeber hat sich stattdessen entschieden, den ehemaligen Amtsträgern grundsätzlich nachamtliche Tätigkeiten auch als Interessenvertreter zuzugestehen und sich im Einzelfall eine Untersagung vorzubehalten. Es handelt sich somit um eine Berufsausübungsschranke und damit nach der Stufentheorie des Bundesverfassungsgerichts um einen Eingriff, der grundsätzlich durch sachliche Erwägungen gerechtfertigt werden kann.[1412]

1408 BVerfGE 7, 377 (397).

1409 BVerfGE 75, 246 (274).

1410 BVerfGE 75, 246 (274). So das Bundesverwaltungsgericht in ständiger Rechtsprechung zur vergleichbaren Regelung im § 20a SG, BVerwGE 84, 194 (198 ff.); 91, 57 (60).

1411 Siehe hierzu S. 262.

1412 Im Ergebnis ebenso *Schwarz*, A-Drs. 18(4)336 C, S. 3 und *Bätge*, A-Drs. 18(4)336 A, S. 6 f.; andere Ansicht *Scheffczyk*, Karenzzeit für Bundesminister und parlamentarische Staatssekretäre, ZRP 2015, S. 133, 134. Ebenso wie hier zu der entsprechenden Norm im Beamtenrecht *Günther*, Tätigkeitsverbote, DÖD 1989, S. 284, 289.

Teilweise wird wegen der Weite der Karenzzeiten vertreten, dass es sich um eine Beschränkung der Berufsfreiheit handelt, die in ihrer Schwere einer jedenfalls temporären Berufswahlbeschränkung gleichkommt.[1413] Zur Begründung wird angeführt, dass – im Gegensatz zu § 105 BBG – alle nachamtlichen Erwerbstätigkeiten und Beschäftigungen der Anzeigepflicht unterfallen. Es handele sich daher nicht um eine Anzeigepflicht mit Verbotsvorbehalt, sondern um eine Anzeige- und Genehmigungspflicht. Ohne eine ausdrückliche Zustimmung der Bundesregierung sei die Aufnahme der Tätigkeit unzulässig. Erlaubnisvorbehalte stellen subjektive Zulassungsschranken dar.[1414] Die Ansicht verkennt jedoch, dass die §§ 6a f. BMinG nicht die Unwirksamkeit eines ohne die Zustimmung der Bundesregierung geschlossenen Vertrags anordnet. Trifft die Bundesregierung keine Entscheidung, so bleibt es bei der Wirksamkeit des Vertrags. Hinzu kommt, dass der § 6d BMinG die Fortzahlung des Übergangsgelds an die Dauer der Untersagung knüpft. Würde es sich um einen umfassenden Verbotsvorbehalt handeln, so wäre das Übergangsgeld bis zur Erlaubniserteilung zu gewähren.

Welcher Kategorie der mit der Karenzzeit verbundene Eingriff zuzuordnen ist, kann jedoch dahinstehen, wenn der verfolgte Zweck auch die Anforderungen an Berufszulassungsschranken erfüllt. Nach der Stufentheorie des Bundesverfassungsgerichts erfordern objektive Berufszulassungsschranken die Gefährdung eines überragend wichtigen Gemeinschaftsguts.[1415] Wechseln ehemalige Regierungsmitglieder unmittelbar nach dem Ausscheiden aus dem Amt in die Privatwirtschaft, besteht die Gefahr des Anscheins einer nicht am Gemeinwohl orientierten Amtsführung.[1416] Dadurch wird das Vertrauen in die Integrität der Amtsführung beeinträchtigt. Bereits der Art. 66 GG, der eine Nebentätigkeit von Bundesminister und Bundeskanzler verbietet, zeigt, dass die Unabhängigkeit der Amtsführung aus Sicht des Grundgesetzes einen besonders hohen Stellenwert genießt. Außerdem sollen die Karenzzeiten das vom Amtsträger erworbene Wissen schützen. Karenzzeiten dienen daher der Abwehr materieller und immaterieller Schäden der Exekutive. Sie verfolgen somit den Schutz der Funktionsfähigkeit der Exekutive.[1417] Dem Vertrauen in die Institutionen der Demokratie misst das Grundgesetz ebenfalls einen besonders hohen Stellenwert bei. Es ist die Basis der parlamentarischen Demokratie. Karenzzeiten schützen daher

---

Bamberger, Nachamtliche Tätigkeitsbeschränkungen für politische Amtsträger, S. 225 ff., 287 ff. nimmt für einen vergleichbaren Normvorschlag ebenfalls an, dass es sich um eine Berufsausübungsregelung handelt. Er weißt allerdings darauf hin, dass die Eingriffsintensität trotz der formalen Einordnung als Berufsausübungsregel darüber hinausgeht.

1413 *Scheffczyk*, Karenzzeit für Bundesminister und parlamentarische Staatssekretäre, ZRP 2015, S. 133, 134.

1414 *Scholz* in: Maunz/Dürig, GG-Kommentar, Art. 12 GG Rn. 360 f.

1415 BVerfGE 7, 377 (408).

1416 *Bamberger*, Nachamtliche Tätigkeitsbeschränkungen für politische Amtsträger, S. 74.

1417 Ebenso *Günther*, Tätigkeitsverbote, DÖD 1989, S. 284, 289.

ein überragend wichtiges Gemeinschaftsgut. Selbst wenn man mit der vorgenannten Ansicht eine über die Berufsausübungsregeln hinausgehende Schwere des Eingriffs in Art. 12 GG annimmt, wird ein ausreichend wichtiger Grund verfolgt.[1418]

Die Anzeigepflicht und temporäre Untersagungsmöglichkeit sind grundsätzlich geeignet, die Ziele des Gesetzgebers zu erreichen. Das Wissen der ehemaligen Amtsträger wird – in Konstellationen in denen eine Beeinträchtigung der öffentlichen Interessen droht – dem Zugriff der Privatwirtschaft entzogen.

Zur Erreichung des angestrebten Ziels steht auch kein milderes Mittel bereit. Denkbar wäre insbesondere eine Selbstverpflichtung der Betroffenen, keine nachamtlichen Tätigkeiten anzunehmen, die entweder das Vertrauen in die Integrität der Bundesregierung beeinträchtigen oder im vorherigen Tätigkeitsbereich liegen. Selbstverpflichtungen weisen jedoch keinen vergleichbar objektiven Standard auf.[1419]

Schließlich muss der mit den Karenzzeiten verfolgte Zweck auch angemessen zu der Beeinträchtigung der Berufsfreiheit sein. Zunächst ist festzustellen, dass eine dreijährige Karenzzeit als Eingriff von erheblichem Gewicht zu qualifizieren ist.[1420] Jedoch spricht für die Angemessenheit, dass keine nachamtliche Tätigkeit pauschal verboten wird. Die Anzeigepflicht mit Verbotsvorbehalt, kombiniert mit dem Mittel der Teiluntersagung, soll „*eine möglichst grundrechtsschonende Ausgestaltung*"[1421] ermöglichen. In der Einzelfallentscheidung kann die Bundesregierung passgenau nur den Teil der beabsichtigten Tätigkeit untersagen, der geeignet ist das öffentliche Interesse zu beeinträchtigen. Ebenso schafft die zeitliche Begrenzung einen angemessenen Ausgleich. Durch die Formulierung des § 6b BMinG, der eine Untersagung „*ganz oder teilweise*" nur zulässt „*soweit zu besorgen ist, dass...*" bringt die Norm deutlich zum Ausdruck, dass das Grundrecht der Berufsfreiheit nur in dem Maße beschränkt werden kann wie es für die Sicherung der öffentlichen Interessen notwendig ist.[1422] Zu bedenken ist zudem, dass den erfassten Bundesministern und Staatssekretären nach dem Ausscheiden aus dem Amt in der Regel vielzählige Berufsangebote vorliegen.[1423]

Sollte es dem ehemaligen Amtsträger dennoch nicht möglich sein, eine Erwerbstätigkeit oder Beschäftigung zu finden, die keine Beeinträchtigung der öffentlichen Interessen besorgen lässt, schafft das verlängerte Übergangsgeld einen finanziellen

1418 So auch *Grzeszick*, A-Drs. 18(4)336 D, S. 5; *Grzeszick/Limanowski*, Nachamtliche Berufsverbote für Politiker, DÖV 2016, S. 313, 315.

1419 *Grzeszick*, A-Drs. 18(4)336 D, S. 5; *Bätge*, A-Drs. 18(4)336 A, S. 7 f.; *Grzeszick/Limanowski*, Nachamtliche Berufsverbote für Politiker, DÖV 2016, S. 313, 315.

1420 So auch *Scheffczyk*, Karenzzeit für Bundesminister und parlamentarische Staatssekretäre, ZRP 2015, S. 133, 134.

1421 BT-Drs. 18/4630, S. 11.

1422 Ebenso *Grzeszick/Limanowski*, Nachamtliche Berufsverbote für Politiker, DÖV 2016, S. 313, 316.

1423 So auch *Bamberger*, Nachamtliche Tätigkeitsbeschränkungen für politische Amtsträger, S. 289 f.

Ausgleich.[1424] Der ehemalige Amtsträger muss nicht den Wegfall seiner Lebensgrundlage befürchten.

Für die Angemessenheit der Regelung spricht auch ihre volle rechtliche Überprüfbarkeit. Nach § 50 Abs. 1 Nr. 5 VwGO kann der Betroffene die Entscheidung direkt vom Bundesverwaltungsgericht überprüfen lassen. Dem Betroffenen steht somit eine Rechtsschutzmöglichkeit zu, die ihn vor unangemessenen Entscheidungen der Bundesregierung bewahrt.

Nicht für die Angemessenheit heranziehen lassen sich die aus dem besonderen öffentlich-rechtlichen Treue- und Dienstverhältnis herrührenden Pflichten (Art. 33 Abs. 5 GG), da diese – jedenfalls für aus dem Dienst entlassene ehemalige Amtsträger – nur während des Amtsverhältnisses wirken.[1425] Für die Angemessenheit spricht aber, dass der Staat ein besonderes Interesse daran hat, Verhaltensweisen seiner ehemaligen Amtsträger zu unterbinden, die das Vertrauen in die Integrität des öffentlichen Dienstes im Nachhinein beschädigen könnten. Der Staat ist in der repräsentativen Demokratie auf die Zustimmung seiner Bürger angewiesen. Die Skandalisierung der Wechsel in der Vergangenheit zeigen, dass Wechsel in die Privatwirtschaft das Ansehen des Staats beschädigen können. Im nachamtlichen Verhältnis kann der Staat den ehemals Bediensteten jedoch grundsätzlich keine Weisungen mehr erteilen. Nur durch Karenzzeitregelungen kann der Staat die mit dem Wechsel aus der Exekutive in die Privatwirtschaft verbundenen Schäden verhindern.

Umgekehrt bewirkt die Regelung eine gesteigerte Legitimation solcher Tätigkeiten, die nicht untersagt werden. Die Entscheidung der Bundesregierung, die regelmäßig mit dem Votum des unabhängigen Gremiums übereinstimmen wird, bringt die Vereinbarkeit der Anschlussanstellung mit den öffentlichen Interessen zum Ausdruck. Dem Ausscheidenden wird durch die Entscheidung ein Argument an die Hand gegeben, sich gegen öffentliche Kritik zur Wehr zu setzen.

Die vorgeschlagenen Beschränkungsmöglichkeiten der Karenzzeit und der besondere Stellenwert der Funktionsfähigkeit der Exekutive und des Vertrauens der Öffentlichkeit in die Integrität der Amtsführung rechtfertigen somit den Eingriff in die Berufsfreiheit der ehemaligen Minister und Staatssekretäre.[1426]

1424 *Grzeszick/Limanowski*, Nachamtliche Berufsverbote für Politiker, DÖV 2016, S. 313, 316.

1425 *Bamberger*, Nachamtliche Tätigkeitsbeschränkungen für politische Amtsträger, S. 119 ff. Nach *Bamberger* gelten die Treuepflichten für Ruhestandsbeamte fort, während bei entlassenen Beamten mit der Entlassung die durch das Amtsverhältnis begründeten Treuepflichten enden. Ebenso nimmt *Bamberger* keine fortwirkenden Treuepflichten für ehemalige Regierungsmitglieder an, da auch ihr Amt ein Amt auf Zeit ist, *Bamberger*, Nachamtliche Tätigkeitsbeschränkungen für politische Amtsträger, S. 124 f.

1426 Andere Ansicht *Wewer*, Karenzzeiten für Politiker, VM 2015, S. 325, 334 nach dem eine Karenzzeit von drei Jahren „*weder notwendig noch überzeugend*" erscheint.

c. Entscheidungsbefugte Stelle

Wird mit dem Lobbyregister ein Interessenvertretungsbeauftragter geschaffen, bietet es sich an, diesem die Entscheidung über die Beeinträchtigung der öffentlichen Interessen zu übertragen. Die Bundesregierung wird sich in zweifelhaften Fällen, in denen sie sich gegen die Untersagung ausspricht, wiederkehrend dem Vorwurf der fehlenden Unabhängigkeit ausgesetzt sehen.[1427] Als Teil des Politikbetriebs weißt sie eine verfängliche Nähe zu den ehemaligen Kabinettsmitgliedern und Staatssekretären auf. Das Gremium, das gemäß § 6b Abs. 3 BMinG die Bundesregierung bei ihrer Entscheidung über die Untersagung der Anschlusstätigkeit berät, ist schon deshalb nicht geeignet, die Zweifel an der Unabhängigkeit zu beseitigen, weil deren Empfehlung weder bindend noch zu veröffentlichen ist.[1428] Sollen die Regelungen zur Karenzzeit – wie vorstehend vertreten – Raum für Einzelfallgerechtigkeit bieten, sollte die Entscheidung über den Einzelfall dem Interessenvertretungsbeauftragten überantwortet werden.

2. *Karenzzeiten für Bundestagsabgeordnete*

Für eine Karenzzeit, die Bundestagsabgeordneten zwei Jahre die Aufnahme einer Tätigkeit als Interessenvertreter untersagt, ist zum einen deren normativer Anknüpfungspunkt und zum anderen die verfassungsrechtliche Zulässigkeit zu klären. Da für die Bundestagsabgeordneten nur ein Verbot der Tätigkeit als Interessenvertreter vorgesehen ist, sollte das in § 6b Abs. 1 BMinG enthaltene Regel-Ausnahme-Verhältnis umgekehrt werden. Während nach der Norm die Anschlusstätigkeit untersagt wird, wenn die Beeinträchtigung öffentlicher Interessen zu besorgen ist, sollte die Karenzzeit für Bundestagsabgeordnete vorsehen, dass eine Anschlusstätigkeit, die in den Bereich des Lobbyregisters fällt, grundsätzlich untersagt ist, aber auf Antrag des Bundestagsabgeordneten durch den Interessenvertretungsbeauftragten genehmigt werden kann. Grund hierfür ist, dass bei der Anschlusstätigkeit als Interessenvertreter wegen der damit verbundenen negativen Imagewirkung und der Kommerzialisierung des Amtswissens für den Bundestag grundsätzlich davon auszugehen ist, dass die Beeinträchtigung öffentlicher Interessen zu befürchten ist.

1427 Ähnlich *Bamberger*, Nachamtliche Tätigkeitsbeschränkungen für politische Amtsträger, S. 208 f., der eine Stelle im Bundestag zur Kontrolle für angemessen erachtet, da der Bundestag ohnehin einige Kontrollrechte gegenüber der Bundesregierung wahrnimmt.

1428 Andere Ansicht *Scheffczyk*, Karenzzeit für Bundesminister und parlamentarische Staatssekretäre, ZRP 2015, S. 133, 135, der der Empfehlung ein hohes politisches Gewicht beimisst. Mangels einer Veröffentlichungspflicht ist diese These jedoch zweifelhaft.

a. Normative Grundlage

Eine den obigen Ausführungen entsprechende Karenzzeit bedarf wegen des damit verbundenen Eingriffs in die Berufsfreiheit der ehemaligen Abgeordneten einer gesetzlichen Grundlage. Nicht ausreichend wäre daher eine Regelung in den in Anlage 1 zur GOBT niedergeschriebenen Verhaltensregeln für Abgeordnete. Stattdessen sollte die nachamtliche Karenzzeit durch Schaffung eines § 44e AbgG im zehnten Abschnitt des Abgeordnetengesetzes, der die Unabhängigkeit der Abgeordneten zum Gegenstand hat, geregelt werden.

b. Verfassungsrechtliche Zulässigkeit

Die Karenzzeit müsste zunächst hinreichend bestimmt sein. Wie bereits im Rahmen der Nebentätigkeitsverbote ausgeführt,[1429] kann dem Einwand der Unbestimmtheit mit einem Anknüpfen an die Definition im Lobbyregister begegnet werden, sofern ein solches zuvor eingeführt wird.[1430]

Als betroffenes Grundrecht der Interessenvertreter kommt hier allein die Berufsfreiheit des Art. 12 GG in Betracht. Das freie Mandat des Art. 38 Abs. 1 S. 2 GG ist hingegen nicht betroffen, da es nur während der Amtszeit Wirkung entfaltet. Wiederum kann dahinstehen, ob es sich um eine Berufsausübungsschranke oder eine subjektive oder objektive Berufszulassungsschranke handelt. Ein temporäres Verbot, nach dem Ausscheiden aus dem Mandat als Interessenvertreter tätig zu werden, schützt insbesondere das Vertrauen in die Integrität des Bundestags. Hierin liegt ein überragend wichtiges Gemeinschaftsgut, das geeignet ist auch objektive Berufszulassungsschranken zu rechtfertigen.[1431] Hinsichtlich der Eingriffsintensität ist des Weiteren zu beachten, dass nicht generell eine Anschlusstätigkeit, die geeignet ist öffentliche Interessen zu beeinträchtigen, sondern allein die Tätigkeit als Interessenvertreter untersagt wird. Das vorgeschlagene Verbot ist zum Schutz des Vertrauens der Öffentlichkeit in die Integrität des Bundestags auch geeignet. Ein milderes Mittel ist nicht ersichtlich, wie zuvor dargelegt, sind vor allem Selbstverpflichtungen nicht gleichgeeignet.

Der Eingriff in die Berufsfreiheit der ehemaligen Abgeordneten ist auch angemessen. Wird eine entsprechende Karenzzeit zum Schutz des Vertrauens der Bevölkerung in die Integrität des Bundestags und zum Schutz des Amtswissens der ausscheidenden Mandatsträger eingeführt, stehen auf staatlicher Seite Interessen von erheblichem Gewicht. Hingegen wiegt der Eingriff durch die Beschränkung der Karenzzeit auf solche Tätigkeiten, die vom Lobbyregister erfasst wären, nicht so schwer, wie eine generelle Karenzzeit. Zudem kommt durch die Beschränkung

1429 Siehe hierzu S. 307.

1430 Wird kein Lobbyregister eingeführt, müsste entweder der Begriff des Interessenvertreters im Rahmen der Karenzzeit bestimmt werden oder die Karenzzeit anders, wie etwa in §§ 6a BMinG ff., ausgestaltet werden.

1431 Siehe zur entsprechenden Argumentation im Rahmen der Karenzzeiten für ehemalige Regierungsmitglieder soeben auf S. 331 ff.

zum Ausdruck, dass das Amtswissen durchschnittlicher Abgeordneter hinter dem ehemaliger Regierungsmitglieder zurückbleibt. Die vorgeschlagene Möglichkeit der Befreiung vom Verbot berücksichtigt zudem, dass nicht jede in den Anwendungsbereich des Lobbyregisters fallende Tätigkeit öffentliche Interessen beeinträchtigt und dem Ansehen des Bundestags schadet. Aus diesem Grund erscheint es zur Herstellung der Angemessenheit auch nicht notwendig, den Bundestagsabgeordneten ein erweitertes Übergangsgeld zu zahlen. Einerseits steht den ehemaligen Abgeordneten ohnehin nach § 18 Abs. 1 AbgG ein Anspruch auf Übergangsgeld zu und andererseits können sie eine Vielzahl anderer Berufe zur Sicherung ihres Lebensunterhalts ergreifen.

B. Spenden

Des Weiteren könnte die Begrenzung zulässiger Spenden zum Ausgleich des Machtungleichgewichts beitragen.[1432] Nur finanzstarken Interessengruppen sind Großspenden möglich. Daher wird einerseits eine generelle Obergrenze für Spenden an Parteien und Abgeordnete vorgeschlagen.[1433] Andererseits wird der verzerrende Effekt Spenden juristischer Personen kritisiert. Dementsprechend wird teilweise erwogen, Spenden juristischer Personen vollständig zu verbieten. Obergrenzen und Annahmeverbote stehen im Spannungsverhältnis zur Freiheit der Parteien, Spenden anzunehmen und zum Recht des Einzelnen zu spenden. Die Finanzierungsfreiheit ist Teil der in Art. 21 Abs. 1 S. 2 GG gesicherten Parteienfreiheit und soll die Staatsfreiheit der Parteien sichern.[1434] Ebenso wird aus Art. 21 Abs. 1 GG das Recht zur Spende abgeleitet.[1435] Nach Art. 21 Abs. 3 GG wird die Ausgestaltung durch Bundesgesetze geregelt. Die Norm ist Gesetzgebungsauftrag, jedoch kein Gesetzesvorbehalt. Für Einschränkungen der Rechte aus Art. 21 Abs. 1 GG bietet

1432 Entsprechende Änderungen des PartG waren Gegenstand einer öffentlichen Anhörung des Innenausschusses des Deutschen Bundestags am 7. Juni 2010. Die Diskussion reicht mittlerweile zwei Jahrzehnte zurück, weshalb die Diskussion um Obergrenzen und Spendenverbote nach Ansicht des Sachverständigen *Klein* ein „*alter Hut*“ sei, vgl. *Klein*, A-Drs. 17(4)57 B, S. 8.

1433 Zuletzt hat die Fraktion BÜNDNIS 90/DIE GRÜNEN die Einführung einer Obergrenze für Parteispenden von EUR 100.000 gefordert, vgl. BT-Drs. 17/547.

1434 BVerfGE 20, 56 (102).

1435 Umstritten ist allerdings die genaue Herleitung. Während eine Ansicht Art. 21 Abs. 1 GG als Individualgrundrecht ansieht (Vgl. hierzu *Ipsen* in: Sachs, GG-Kommentar, Art. 21 GG Rn. 29 m.w.N.), versteht die Gegenansicht Art. 21 Abs. 1 GG als objektiv-rechtliche Institutionsgewährleistung der Parteien, die mit subjektivrechtlichen Elementen angereichert ist (So *Morlok* in: Dreier, GG-Kommentar, Art. 21 GG Rn. 49). Einigkeit besteht aber, dass Träger der subjektiven Rechte nicht nur die Parteien, sondern auch einzelne Individuen sind. Anders hingegen in den USA, wo das Recht zu spenden aus der Meinungsfreiheit abgeleitet wird, vgl. S. 98.

sie keine Grundlage.[1436] Es bedarf somit kollidierender Verfassungsgüter zur Rechtfertigung etwaiger Eingriffe.

Rechtspolitisch spricht für solche Maßnahmen, dass sie geeignet sind, das Vertrauen in die Integrität der politischen Institutionen zu steigern. Insbesondere Großspenden erwecken den Anschein der Käuflichkeit politischer Entscheidungen. Sie können die bürgerseitige Akzeptanz beschädigen, das politische System diskreditieren und fördern letztlich Politikverdrossenheit.[1437] Allerdings lassen die Erfahrungen der USA an der rechtspolitischen Zweckmäßigkeit solcher Obergrenzen zweifeln. Die Begrenzung der Direktspenden hat die privaten Interessenvertreter zu kreativen Umgehungsmöglichkeiten animiert.[1438] Es steht zu befürchten, dass eine Spendenbegrenzung auch in Deutschland alternative Finanzierungsformen befeuern würden. Erste amerikanesque Tendenzen zeigen sich bereits im Parteiensponsoring. Freilich ist die Gefahr von Umgehungen kein grundsätzliches Argument gegen eine Regelung. Doch wäre Folge einer Umgehung in diesem Fall nicht nur die Ineffektivität des Spendenverbots, sondern könnte im schlechtesten Fall die Transparenz im Bereich der Parteienfinanzierung negativ beeinträchtigen.

I. Verbot von Großspenden

Eine Spendenobergrenze soll den Einfluss Einzelner auf die politischen Parteien begrenzen. Die Vorschläge für die Maximalsumme bewegen sich im Rahmen von EUR 50.000[1439] bis EUR 100.000[1440]. Wegen der grundsätzlichen Spendenannahmefreiheit und dem damit korrespondierenden Recht zur Spende stellt sich die Frage nach der verfassungsrechtlichen Zulässigkeit einer Spendenobergrenze. Als Rechtfertigungsgründe für die Einführung einer Spendenobergrenze können drei Aspekte angeführt werden:

Erstens soll durch Obergrenzen der *böse Schein* der Käuflichkeit politischer Entscheidungen unterbunden werden. Als Gut von Verfassungsrang[1441] ist die Meidung des bösen Scheins tauglicher Rechtfertigungsgrund für die Beschränkung der Spendenannahmefreiheit und Spendenfreiheit. Großspenden stehen im besonderen

---

1436 *Morlok* in: Dreier, GG-Kommentar, Art. 21 GG Rn. 158.

1437 So *Volkmann*, A-Drs. 17(4)57 E, S. 2.

1438 Vgl. zu den Auswüchsen in den USA auf S. 147. Die Gefahr sieht auch *Landfried*, Parteifinanzen und politische Macht, S. 301 f.

1439 Gemeinsamer Vorschlag der Organisationen *Campact*, *Mehr Demokratie*, *LobbyControl* und *Transparency International Deutschland*, Aktion: Mehr Transparenz beim Partei-Sponsoring, abrufbar unter https://www.lobbycontrol.de/2010/03/aktion-mehr-transparenz-beim-partei-sponsoring (zuletzt abgerufen am 15. Dezember 2015).

1440 Antrag der Bundestagsfraktion BÜNDNIS 90/DIE GRÜNEN, BT-Drs. 17/547.

1441 Siehe hierzu oben S. 162.

Verdacht die politische Willensbildung unangemessen zu beeinflussen.[1442] Argumentiert wird, dass die ungleich verteilte wirtschaftliche Macht über Großspenden in politischen Einfluss transformiert werde.[1443] Allerdings wird der Gefahr der Käuflichkeit bereits doppelt entgegengewirkt. Einerseits verbietet der § 25 Abs. 2 Nr. 7 PartG die Verknüpfung von Spende und wirtschaftlichem bzw. politischem Vorteil. Durch die in Art. 21 Abs. 1 S. 4 GG niedergelegten und im PartG umgesetzten Transparenzpflichten wird andererseits ebenfalls dem Anschein der Käuflichkeit begegnet. Die Transparenzpflichten, insbesondere die Veröffentlichungspflicht für Großspenden (§ 25 Abs. 3 S. 2 PartG), werden auch als Argument herangezogen, dass Spendenobergrenzen nicht erforderlich seien. Die hergestellte Transparenz sei ebenso geeignet, den Anschein der Käuflichkeit zu unterbinden. Sie wiege aber weniger schwer als eine Spendenobergrenze, weshalb Obergrenzen nicht verhältnismäßig seien.[1444] Doch zeigt ein Blick in die Praxis, dass das Argument eher theoretischer Natur ist. Trotz der bestehenden Regelungen sind Großspenden wiederkehrend dem Verdacht ausgesetzt, im Zusammenhang mit politischen Gefälligkeiten zu stehen.[1445] Transparenz und das Verknüpfungsverbot räumen mithin den Verdacht der Käuflichkeit nicht aus. Ein Verbot von Großspenden würde hingegen bereits das Auftreten des vermeintlichen Interessenkonflikts unterbinden.

Zweitens wird als Rechtfertigungsgrund die demokratische Gleichheit der Bürger angeführt.[1446] Während einerseits durch Spendenobergrenzen die politische Betätigungsfreiheit der Bürger beschränkt wird, werden andererseits auch bestehende Machtungleichgewichte abgebaut. Hohe Spendensummen sind nur äußerst wohlhabenden Bürgern möglich. Nach Ansicht des Gesetzgebers hat ein Bürger mit durchschnittlichem Einkommen EUR 3.300 für Spenden zur Verfügung.[1447] Eine Spende von EUR 100.000 übersteigt diesen Betrag um das 30-fache. Eine Spendenobergrenze würde daher die Waffengleichheit der Bürger stärken. Allerdings

1442 *Bundespräsidialamt*, Bericht der Kommission unabhängiger Sachverständiger zu Fragen der Parteienfinanzierung, S. 67.

1443 So etwa *Arnim*, Parteienfinanzierung: Zwischen Notwendigkeit und Missbrauch, NVwZ 2003, S. 1076, 1077; *Morlok*, A-Drs. 18(4)462 A, S. 8.

1444 So etwa *Helmes*, Spenden an politische Parteien und an Abgeordnete, S. 196 f.

1445 So auch *Koß*, A-Drs. 18(4)462 C, S. 6. Vgl. zudem das Beispiel in Fn. 960. Den Anschein der Käuflichkeit erweckten auch die etwa EUR 1.100.000, die die FDP 2008 und 2009 von der Substantia AG erhielt. Das spendende Unternehmen stand im Mehrheitsbesitz des Miteigentümers der Hotelkette Mövenpick. Kurz nach der Wahl setzte sich die FDP für die Senkung des Mehrwertsteuersatzes auf Hotelübernachtungen ein. Mehr hierzu unter http://www.spiegel.de/politik/deutschland/hoteliers-und-parteien-grosse-geschenke-erhalten-die-freundschaft-a-672409.html (zuletzt abgerufen am 15. Dezember 2015).

1446 *Morlok*, A-Drs. 17(4)57 C, S. 9 f.; *Helmes*, Spenden an politische Parteien und an Abgeordnete, S. 197.

1447 So die Gesetzesbegründung zur Höchstgrenze steuerlich absetzbarer Spenden, BT-Drs. 12/5774, S. 12.

wurde bereits angemerkt, dass das demokratische Gleichheitsversprechen lediglich gebietet, dass den Bürgern die gleichen Einflussnahmemöglichkeiten zur Verfügung stehen. Das Gebot einer gleichen Wirkungsmacht ist damit nicht verbunden.[1448] Die demokratische Gleichheit taugt daher nur bedingt als Rechtfertigungsgrund.

Drittens wird die Chancengleichheit der Parteien als Rechtfertigungsgrund für die Einführung von Obergrenzen angeführt. Durch Obergrenzen wird die Chancengleichheit derjenigen Parteien verbessert, die lediglich wenige Spenden erhalten.

Kritisch zu bewerten ist jedoch bereits das Ziel, Parteien vor dem Einfluss Einzelner zu bewahren. Das Grundgesetz lässt Arbeiterparteien ebenso zu wie eine Partei, die sich ausschließlich an wohlhabende Bürger richtet. Die Parteien sind nach Art. 21 Abs. 1 S. 4 GG lediglich zur transparenten Darstellung ihrer Finanzen verpflichtet. Die Norm ist Ausdruck des grundgesetzgeberischen Vertrauens in die Urteilsfähigkeit der Wähler. Verflechtungen wirtschaftlicher und politischer Interessen innerhalb einer Partei sind zulässig und vom Wähler zu beurteilen.[1449] Der Gesetzgeber sollte sich diesbezüglich einer *„edukatorischen Bevormundung“*[1450] des Wählers enthalten.

Das soeben angesprochene Argument aus dem Gebot der Chancengleichheit der Parteien kann jedoch auch gegen eine Spendenobergrenze gewendet werden. Nach der ständigen Rechtsprechung des Bundesverfassungsgerichts ist Teil des Gebots die Vorgabe an den Gesetzgeber, die *„vorgefundene Wettbewerbslage“* zwischen den Parteien nicht zu verfälschen.[1451] Der Gesetzgeber hat die Unterschiede zwischen den Parteien zu achten. Der politische Wettbewerb des Mehrparteiensystems ist auf Differenzierungen zwischen den Parteien angelegt. Für die derzeitige Wettbewerbslage ist es unter anderem kennzeichnend, dass einige Parteien für wohlhabende Bürger attraktiver sind. Parteien, die eine solche Wählerschaft nicht ansprechen, würden durch eine Spendenobergrenze bevorzugt. Die Begrenzung zulässiger Spenden würde in den Parteienwettbewerb eingreifen.

1448 Siehe hierzu S. 196 ff. Anderes gilt für die steuerliche Begünstigung von Spenden: Das Bundesverfassungsgericht hat entschieden, dass vor dem Hintergrund der demokratischen Gleichheit die Höchstgrenze der steuerlichen Abzugsfähigkeit für alle Bürger erreichbar sein muss. Andernfalls wird die sich in Spenden manifestierende politische Meinungsäußerung des Besserverdienenden über Gebühr prämiert, vgl. BVerfGE 85, 264 (315 f.).

1449 So das Bundesverfassungsgericht, vgl. BVerfGE 20, 56 (106), 52, 63 (85 ff.), 85, 264 (319 f.); dem sich anschließend *Bundespräsidialamt*, Bericht der Kommission unabhängiger Sachverständiger zu Fragen der Parteienfinanzierung, S. 68.

1450 *Klein*, A-Drs. 17(4)57 B, S. 10, der seinerseits das Zitat aus einem Sondervotum eines Urteils des Bundesverfassungsgerichts zum Nichtraucherschutz (BVerfGE 121, 317 (388) entliehen hat.

1451 Siehe nur BVerfGE 69, 92 (109); 73, 40 (89); 85, 264 (297); 104, 287 (300). Ebenso *Klein*, A-Drs. 17(4)57 B, S. 8 f.; *Bundespräsidialamt*, Bericht der Kommission unabhängiger Sachverständiger zu Fragen der Parteienfinanzierung, S. 68.

Vor dem Hintergrund des Chancengleichheitsgebots kann daher lediglich eine sehr hohe Spendenobergrenze, die wenig Einfluss auf die zwischen den Parteien bestehende Wettbewerbslage hat, verfassungsrechtlich Bestand haben. In den den Jahren 2010 bis 2014 überschritten lediglich 34 Spenden die Summe von EUR 100.000. Eine entsprechende Obergrenze würde die Wettbewerbslage der Parteien mithin nur marginal tangieren. Auch die Meidung des bösen Scheins kann nur ein Verbot sehr hoher Spenden rechtfertigen, da allein Großspenden der Anschein der Käuflichkeit anhaftet. Während somit eine niedrige Spendenobergrenze von etwa EUR 25.000 verfassungsrechtlich kritisch zu beurteilen ist, ist eine Obergrenze von EUR 100.000 zulässig.[1452]

Bei einer solch hohen Obergrenze sinkt zudem die Gefahr von Umgehungsversuchen. Sind Spenden bis EUR 100.000 weiterhin zulässig, entsteht lediglich für einige wenige Spender der Anreiz, den Parteien das Geld auf andere Wege zukommen zu lassen, so dass nur geringe Gefahren für das Transparenzregime bestehen. Dem bösen Schein der Käuflichkeit wirkt eine solche Obergrenze entgegen, so dass die Einführung einer EUR 100.000-Grenze nicht nur verfassungsrechtlich zulässig, sondern auch wünschenswert ist.

II. Spendenverbot für juristische Personen

Das Spendenverbot für juristische Personen fußt einerseits auf dem Gedanken, dass juristischen Personen kein Wahlrecht zusteht und sie auch nicht Mitglied in politischen Parteien werden können.[1453] Andererseits verfügen juristische Personen, insbesondere größere Kapitalgesellschaften, teils über finanzielle Möglichkeiten, die die pekuniäre Lage der meisten Bürger übersteigt.[1454] Ob sich juristische Personen hinsichtlich der Freiheit zur politischen Spende ebenfalls auf Art. 21 Abs. 1 GG berufen können, ist umstritten.[1455] Auf die Frage kommt es jedoch nicht an, wenn ein Verbot solcher Spenden verfassungsrechtlich ohnehin unzulässig ist.

Gegen ein Spendenverbot für juristische Personen spricht wiederum die Chancengleichheit der politischen Parteien. Wirtschaftsnahe Parteien richten sich teilweise gezielt an Unternehmen. Ebenso wie einige Parteien insgesamt in ihrer Finanzierung stärker von Spenden abhängig sind, basiert die finanzielle Ausstattung wirtschaftsnaher Parteien vermehrt auf Spenden juristischer Personen. Die Ressourcen dieser Parteien würden durch ein Spendenverbot für juristische Personen empfindlich beeinträchtigt. Mit einem Spendenverbot für juristische Personen

---

1452 *Heinig*, A-Drs. 17(4)57 A, S. 4 sieht eine Obergrenze von EUR 150.000–200.000 als gerechtfertigt an.

1453 *Landfried*, Parteifinanzen und politische Macht, S. 301.

1454 Das zweite Argument gebrauchte der amerikanische Supreme Court zur Rechtfertigung des Spendenverbots für juristische Personen in *Austin v. Michigan Chamber of Commerce* (*antidistortion rational*), vgl. hierzu S. 100.

1455 Näher hierzu *Helmes*, Spenden an politische Parteien und an Abgeordnete, S. 43 f. m.w.N.

würde der Gesetzgeber wiederum die vorgefundene Wettbewerbslage der Parteien verfälschen. Im Gegensatz zu einem Verbot von Großspenden, dass grundsätzlich die Wählerschaft aller Parteien betrifft, wären von einem Spendenverbot juristischer Personen besonders wirtschaftsnahe Parteien betroffen. Der Eingriff in die vorgefundene Wettbewerbslage wäre somit deutlich stärker. Ein solches generelles Verbot wäre daher verfassungswidrig.[1456] Zulässig wäre allein, Großspenden natürlicher sowie juristischer Personen gleichermaßen zu verbieten.

C. Förmliche Einbindung der gesamten Öffentlichkeit in das Gesetzgebungsverfahren

Ein weiteres Instrument zum Abbau von Machtungleichgewichten könnte die formalisierte Einbindung der Öffentlichkeit in das Gesetzgebungsverfahren bieten. Öffentliche Anhörungen nehmen bereits derzeit einen immer größeren Stellenwert ein.[1457] Parlamentsinterne Anhörungen können jedoch immer nur einen Ausschnitt der Öffentlichkeit einbinden. Die Europäische Union liefert mit den Online-Konsultationen über die Plattform *Your Voice in Europe* ein Beispiel[1458] für die praktische Umsetzbarkeit der Einbindung der gesamten Öffentlichkeit in den Gesetzgebungsprozess. Erwogen wird nachfolgend kein direktdemokratisches Instrument wie der

---

1456 So auch *Grzeszick*, A-Drs. 18(4)336 D, S. 20; *Heinig*, A-Drs. 17(4)57 A, S. 2 f.; *Klein*, A-Drs. 17(4)57 B, S. 8 f.; *Morlok*, A-Drs. 17(4)57 C, S. 9; *Helmes*, Spenden an politische Parteien und an Abgeordnete, S. 200 f.; etwas zurückhaltender *Bundespräsidialamt*, Bericht der Kommission unabhängiger Sachverständiger zu Fragen der Parteienfinanzierung, S. 65 f.

1457 Während in der 12. Wahlperiode lediglich 19 % aller Gesetzesentwürfe in einer öffentlichen Anhörung behandelt wurden, nahm die Zahl kontinuierlich zu. In der 17. Wahlperiode waren bereits 37,5 % der Gesetzesentwürfe Gegenstand einer öffentlichen Anhörung, vgl. Datenhandbuch zur Geschichte des Deutschen Bundestags seit 1990, Kapitel 8.7, S. 3 (abrufbar unter https://www.bundestag.de/datenhandbuch, zuletzt abgerufen am 6. Januar 2016).

1458 Siehe hierzu S. 110 ff. und S. 163 ff. Ein ähnliches Beispiel ist das Schweizer Vernehmlassungsverfahren. Das Vernehmlassungsverfahren ist bereits in Art. 147 der Bundesverfassung der Schweizerischen Eidgenossenschaft vorgesehen und im Vernehmlassungsgesetz sowie der Vernehmlassungsverordnung normiert. Bundesvorhaben mit erheblicher politischer, finanzieller, wirtschaftlicher, ökologischer, sozialer oder kultureller Tragweite werden durch Stellungnahmen Privater auf ihre sachliche Richtigkeit, Vollzugstauglichkeit und Akzeptanz hin geprüft. Die Veröffentlichung der Entwürfe erfolgt ebenso wie in der Europäischen Union über das Internet (www.admin.ch/ch/d/gg/pc/pendent.html). Die Stellungnahmen sind per Mail an die zuständige Stelle zu schicken und werden nach Fristablauf veröffentlicht. Zum Vernehmlassungsverfahren siehe bereits *Sägesser*, Vernehmlassungsverfahren im Schweizerischen Bundesstaat, ZG 2004, S. 364 ff. und *Pünder*, Wahlrecht und Parlamentsrecht als Gelingensbedingungen repräsentativer Demokratie, VVDStRL 72, S. 193, 250 und dort insbesondere Fn. 236.

Bürgerentscheid, sondern eine rein informatorische Anhörung, die den Beteiligten Gelegenheit gibt, ihren Standpunkt zum jeweiligen Regelungsgegenstand vorzutragen. Während die Durchführung des Verfahrens für den Staat grundsätzlich obligatorisch sein soll, ist die Teilnahme seitens der Interessenvertreter und Betroffenen fakultativ.

I. Rechtspolitische Zweckmäßigkeit

Ein Verfahren, das allen Betroffenen die Möglichkeit zur Stellungnahme gibt, erscheint einerseits geeignet, verfestigte Netzwerkstrukturen aufzubrechen. Ist den staatlichen Entscheidungsträgern die Auswahl der Anzuhörenden und Einzuladenden vollständig freigestellt, besteht die Gefahr, dass sich über Jahre hinweg feste Arbeitsbeziehungen etablieren, die weitere Betroffene faktisch ausschließen. Eine Formalisierung des Zugangs zu staatlichen Akteuren kann zu einer Öffnung der bestehenden Netzwerke beitragen.[1459] Andererseits kann die Einführung einer Möglichkeit zur Stellungnahme die Responsivität der Repräsentanten und die Akzeptanz der Normen durch die Repräsentierten[1460] verbessern. Mehr Stellungnahmen bieten den staatlichen Entscheidungsträgern eine breitere Informationsgrundlage und fördern somit die Erörterung der gesellschaftlichen Bedürfnisse und Positionen.[1461] Ein entsprechendes Online-Konsultationsverfahren, in dem die Stellungnahmen auch auf der Website zu veröffentlichen sind, ist daher geeignet, die Wechselwirkung zwischen Volks- und Staatswillensbildung zu verbessern.[1462] Die zusätzliche Einflussnahmemöglichkeiten bietet allen Bürgern die Chance, ihren Standpunkt vorzutragen. Auch wenn später entgegen der vorgetragenen Argumente entschieden wird, ist ein beteiligungsintensives Verfahren zur Steigerung der Akzeptanz geeignet.[1463] Schließlich weisen Konsultationsverfahren gegenüber informellen Verwaltungshandlungen eine erhöhte Transparenz auf. Ein onlinebasiertes Konsultationsverfahren ist somit nicht nur zum Abbau des Machtungleichgewichts, sondern auch zur Herstellung einer besseren Nachvollziehbarkeit geeignet.[1464]

1459 So auch *Winter*, Asymmetrien der verbandlichen Interessenvermittlung, S. 217, 227 f.

1460 Siehe zu Responsivität und Akzeptanz *Pünder*, Wahlrecht und Parlamentsrecht als Gelingensbedingungen repräsentativer Demokratie, VVDStRL 72, S. 193, 197 ff. und oben auf S. 208 ff.

1461 Ob dadurch tatsächlich die Responsivität erhöht wird, hängt von den staatlichen Entscheidungsträgern ab. Sie müssen bereit sein, die artikulierten Wünsche und Vorstellungen der Bürger in ihre Abwägungsentscheidung aufzunehmen.

1462 Im Terminus der Integrationslehre *Smends* handelt es sich um eine funktionale Integration, vgl. hierzu Fn. 733.

1463 Ähnlich *Linck*, Unmittelbare Bürgerbeteiligung am parlamentarischen Gesetzgebungsprozess, ZG 2004, S. 137, 147; *Pünder*, Wahlrecht und Parlamentsrecht als Gelingensbedingungen repräsentativer Demokratie, VVDStRL 72, S. 193, 212.

1464 Ähnlich *Pünder*, Wahlrecht und Parlamentsrecht als Gelingensbedingungen repräsentativer Demokratie, VVDStRL 72, S. 193, 241, der zur Konkretisierung des

Aus rechtspolitischer Perspektive ist zu erörtern, welcher Personenkreis in welchem Stadium des Gesetzgebungsprozesses auf welche Art und Weise angehört werden soll.

Denkbar ist die Implementierung des Konsultationsverfahrens zum einen in den Prozess der Entwurfsausarbeitung im vorparlamentarischen Bereich und zum anderen in die Behandlung der Entwürfe durch den Bundestag. Der Zeitpunkt der Konsultation entscheidet darüber, wer durch die Anhörung informiert wird und in welchem Entwurfsstadium die Interessenvertreter Einfluss nehmen können. Bei einer Einbindung der Öffentlichkeit auf Ebene der Ministerialbürokratie erhalten die für die Ausarbeitung zuständigen Mitarbeiter eine breitere Informationsgrundlage während eine Anhörung auf parlamentarischer Ebene primär die Bundestagsabgeordneten, insbesondere die Mitglieder der jeweiligen Fachausschüsse, informiert. Für eine Ansiedlung der Öffentlichkeitseinbindung in der Ministerialbürokratie spricht zunächst deren herausgehobene Stellung im Gesetzgebungsverfahren.[1465] Im Gesetzgebungslobbyismus tätige Interessenvertreter sehen den Einflussnahmeversuche auf ministerieller Ebene als wichtigsten Ansatzpunkt an.[1466] In dieser Phase werden die von einem Gesetzgebungsverfahren betroffenen Interessen erörtert und in einen Ausgleich gebracht. Während im späteren Verlauf auf eine Abänderung bereits gefasster Formulierungen hingewirkt werden muss, ist die Einflussnahme während der Ausarbeitung erfolgsversprechender. Eine Einbindung der Öffentlichkeit auf nachgelagerter Ebene würde hingegen das Machtungleichgewicht in einem deutlich geringeren Maße abbauen. Interessenvertreter mit Kontakten und Zugang zur Ministerialbürokratie büßten nur bedingt ihren Vorteil hinsichtlich exklusiver Informationen und Einflussnahmechancen ein. Eine frühzeitige Einbindung erleichtert hingegen schwachen Interessegruppen auch das Monitoring. Durch die Anhörungen im Stadium der Entwurfserarbeitung wird die Öffentlichkeit bereits vor dem formalen Beginn des Gesetzgebungsverfahrens über dessen Existenz informiert.

Aufgrund des dreigeteilten Initiativrechts wären von einem Konsultationsverfahren auf Ebene der Ministerialbürokratie jedoch solche Gesetzesentwürfe nicht erfasst, die aus der Mitte des Bundestags oder aus dem Bundesrat stammen. Jedoch ist, wie auch die Existenz des § 47 GGO belegt, es nicht zwingend, dass eine Einbindung der Öffentlichkeit sich auf alle Ausarbeitungen von Gesetzesentwürfen beziehen muss. Zudem werden die meisten erfolgreichen Gesetzesinitiativen in den Ministerien ausgearbeitet.[1467] Um dem Konsultationsverfahren eine möglichst

verfassungsrechtlichen Transparenzgebots eine Veröffentlichung aller Stellungnahmen auf der Website des Bundestags vorschlägt.

1465 Siehe hierzu S. 21 sowie *Mengel*, Die Funktion der parlamentarischen Anhörung im Gesetzgebungsprozess, DÖV 1983, S. 226, 228, 233; *Schröder*, Gesetzgebung und Verbände, S. 186 und *Becker*, Kooperative und konsensuale Strukturen in der Normsetzung, S. 115.

1466 Vgl. Fn. 136.

1467 Vgl. Fn. 118. Zum Stellenwert der Ministerialbürokratie im Gesetzgebungsverfahren insgesamt siehe S. 21, 44 f.

große Wirkung beizumessen, sollte es somit hinsichtlich der in den Ministerien erarbeiteten Vorlagen bereits in der GGO verankert werden. Andernfalls besteht eine gesteigerte Gefahr, dass die Einbindung der Öffentlichkeit zu einem politischen Schaukampf verkommt, der den Teilnehmenden die Möglichkeit einer Einflussnahme weitestgehend nur suggeriert. Je weiter das Gesetzgebungsverfahren vorangeschritten ist, desto weniger bereit sind die politischen Entscheidungsträger, abweichenden Stellungnahmen Gehör zu geben. Für eine möglichst frühzeitige Einbindung spricht schließlich auch, dass so einer die tatsächlichen Umstände nicht widerspiegelnde Regelung vorgebeugt wird. Die Gefahr eines späteren Korrekturbedarfs wird gemindert.

Um dennoch eine Einbindung der Öffentlichkeit für Gesetzesentwürfe, die aus den Fraktionen, von den Abgeordneten oder aus dem Bundesrat stammen, zu ermöglichen, sollte für diese Entwürfe ein Konsultationsverfahren in der GOBT im Rahmen der Überweisung an die Fachausschüsse festgeschrieben werden.[1468] Die GOBT muss allerdings dann auch vorsehen, dass im Falle eines Konsultationsverfahrens nach der GGO das Verfahren nach der GOBT entfällt.[1469]

Das Konsultationsverfahren kann entweder allen oder einem nur ausgewählten Personenkreis offenstehen. Eine Beschränkung der möglichen Teilnehmer kann den mit der Auswertung verbundenen Aufwand begrenzen. Steht die Beteiligung der gesamten Öffentlichkeit offen, kann es insbesondere bei gesellschaftspolitisch brisanten Themen zu einer Vielzahl an Rückmeldungen kommen. Damit einher geht ein gesteigerter Verwaltungsaufwand, der das Gesetzgebungsverfahren verzögern kann. Dementsprechend macht ein solches Konsultationsverfahren den Einsatz zusätzlicher personeller und sachlicher Ressourcen notwendig. Grundsätzlich sollte der gesteigerte Aufwand allerdings aufgrund der damit einhergehenden Chancen zur verbesserten Responsivität der Repräsentanten und Akzeptanz seitens der Bürger in Kauf genommen werden.[1470] Jedoch existieren zweifellos auch zahlreiche Regelungsgegenstände, die sich aufgrund ihrer Komplexität nicht für eine Konsultation der breiten Öffentlichkeit eignen. Um dennoch die Qualität der Stellungnahmen zu sichern, bietet es sich in solchen Fällen an, den Adressatenkreis auf die jeweiligen

1468 Den Landesverwaltungen könnte auch über das jeweilige Landesrecht eine Beteiligung der Öffentlichkeit vorgeschrieben werden. Hingegen ist es nur schwer vorstellbar, den administrativen Unterbauten der Abgeordneten, Fraktionen und Parteien gesetzlich ein solches Vorgehen vorzuschreiben.

1469 Da hinsichtlich der Konsultationen auf Bundestagsebene wegen des späten Stadiums der Beteiligung nicht unerhebliche Zweifel an dessen Effektivität bestehen, sollte ein solches Verfahren unbedingt nach einer zweijährigen Erprobungsphase kritisch evaluiert werden. Wird den Beteiligten die Möglichkeit der Einflussnahme weitestgehend nur suggeriert, ist ein solches Beteiligungsverfahren nicht nur ineffektiv, sondern es besteht die Gefahr, dass wiederum das Vertrauen in die Responsivität sowie die Akzeptanz staatlicher Normen beschädigt werden.

1470 Ähnlich *Linck*, Unmittelbare Bürgerbeteiligung am parlamentarischen Gesetzgebungsprozess, ZG 2004, S. 137, 147 f.

Betroffenen zu beschränken. Ebenso wie in den Leitlinien der Europäischen Union sollte eine entsprechende Regelung vorsehen, dass grundsätzlich ein weiter Adressatenkreis in das Konsultationsverfahren einzubeziehen ist.[1471]

Soll einer breiten Öffentlichkeit die Möglichkeit zur Stellungnahme gegeben werden, ist allein ein internetbasiertes Verfahren praktikabel. Auf einer vergleichbaren Plattform wie *Your Voice in Europe* könnten die Ministerien die jeweiligen Regelungsgegenstände erläutern und anschließend zur Teilnahme am Konsultationsverfahren einladen.[1472] Die Ausgestaltung der Konsultation sollte ins Ermessen des jeweiligen Ministeriums gestellt werden. Ebenso wird auf europäischer Ebene verfahren. Den Generaldirektionen steht die Gestaltung des Konsultationsverfahrens zu, während die Europäische Kommission lediglich Mindeststandards vorgibt.[1473]

Die Reaktionen innerhalb der Europäischen Union auf den Umgang der Generaldirektionen mit den eingegangenen Stellungnahmen[1474] legen nahe, dass einem Feedback besondere Bedeutung beigemessen wird. Wird nicht erkennbar, ob und wie die politischen Entscheidungsträger auf die Statements eingegangen sind, entsteht hieraus eine unbefriedigende Situation für die Teilnehmer. Rechtspolitisch ist daher eine normative Verpflichtung zur Auseinandersetzung mit den Eingaben angezeigt.[1475]

II. Rechtliche Ausgestaltung

Für die rechtliche Ausgestaltung des Konsultationsverfahrens ist zunächst dessen verfassungsrechtliche Zulässigkeit zu erörtern. Anschließend wird der normative Anknüpfungspunkt sowie die inhaltliche Ausgestaltung des Verfahrens untersucht.

1. Verfassungsrechtliche Zulässigkeit

Einerseits könnte die Verpflichtung der Ministerialbürokratie, die Öffentlichkeit grundsätzlich in das Gesetzgebungsverfahren einzubinden, mit dem Kernbereich der exekutiven Eigenverantwortung in Konflikt geraten. Steht eine Anhörung lediglich einem begrenzten Personenkreis offen, könnte hierin andererseits eine

---

1471 Vgl. hierzu Fn. 464.

1472 Ebenso wie auf Europäischer Ebene sollten die Ministerien verpflichtet werden, auf ihrer eignen Internetpräsenz auf die jeweiligen Konsultationen hinzuweisen. Hierdurch wird eine gesteigerte Information der Öffentlichkeit über die Existenz der Konsultationen erreicht. Auf der Veröffentlichungsseite sollte eine Begleittext den Entwurf erklären, denn andernfalls ist zu befürchten, dass den meisten Bürgern die notwendige Vorbildung fehlt, um die Entwürfe zu verstehen, so auch *Fliedner*, Rechtsetzung in Deutschland, S. 116.

1473 Vgl. für die Mindeststandards *Europäische Kommission*, Commission Staff Working Document – Better Regulation Guidlines, SWD(2015) 110.

1474 Vgl. hierzu S. 113.

1475 So auch *Linck*, Unmittelbare Bürgerbeteiligung am parlamentarischen Gesetzgebungsprozess, ZG 2004, S. 137, 146.

verfassungsrechtlich rechtfertigungsbedürftige Ungleichbehandlung der an der Anhörung Interessierten gesehen werden. Ein Eingriff in weitere Grundrechte der Interessenvertreter und Betroffenen, etwa in die (negative) Meinungsfreiheit (Art. 5 Abs. 1 S. 1 Var. 1 GG), kommt hingegen nicht in Betracht, da die Teilnahme am Konsultationsverfahren freiwillig ist.

a. Eingriff in den Kernbereich exekutiver Eigenverantwortung

Die Frage nach einem Konflikt mit dem Kernbereich exekutiver Eigenverantwortung stellt sich allerdings nur dann, wenn entgegen dem Vorstehenden die Verpflichtung zur Konsultation nicht in der GGO, sondern in einem Parlamentsgesetz festgelegt werden soll. Eine in der GGO niedergelegte Anhörungspflicht löst den Konflikt deshalb nicht aus, weil Normgeber der GGO die Bundesregierung selbst ist.

Bereits bei der Erörterung der verfassungsrechtlichen Zulässigkeit eines Lobbyregisters wurde darauf hingewiesen, dass das Stadium der Gesetzesvorbereitung grundsätzlich in der Organisationsautonomie der Bundesregierung liegt.[1476] Die Organisationsautonomie kann allerdings begrenzt werden. Ein nicht zu rechtfertigender Eingriff liegt erst vor, wenn die Organisationsautonomie nicht nur berührt, sondern derart essentiell beschnitten wird, dass in den Kernbereich der exekutiven Eigenverantwortung eingegriffen wird.[1477]

Das vorliegend angedachte Beteiligungsgebot geht über die Offenlegungspflichten eines Lobbyregisters hinaus. Während ein solches Register lediglich die Dokumentation eines ansonsten im Ermessen der Bundesregierung stehenden Verfahrens verlangt, würde eine Beteiligungspflicht der Bundesregierung bei der Ausarbeitung von Gesetzesentwürfen inhaltliche Vorgaben machen und somit ihre Organisationsautonomie beschneiden. Zwar bleibt die Bundesregierung auch bei einer gesetzlichen Verpflichtung zur Anhörung der Öffentlichkeit in der inhaltlichen Ausgestaltung des Gesetzesentwurfs frei. Ihr wird jedoch ein essentieller Verfahrensschritt aufgegeben. Tritt die zuvor als rechtspolitisch sinnvoll qualifizierte normative Verpflichtung zur Auseinandersetzung mit den Stellungnahmen hinzu, ist die Grenze der möglichen Vorgaben an die Bundesregierung überschritten. Verfahrens- und Begründungsvorschriften beschränken die Organisationsautonomie nicht nur unwesentlich.[1478] Es ist Aufgabe der Bundesregierung, nicht des Parlaments, den Erarbeitungsgang eines Regierungsentwurfs zu regeln.[1479] Die verpflichtende Beteiligung der Öffentlichkeit kann somit allein in der Geschäftsordnung, jedoch nicht in einem Parlamentsgesetz geregelt werden.

1476 Siehe S. 225.

1477 BVerfGE 9, 268 (279 f.).

1478 Andere Ansicht *Schröder*, Gesetzgebung und Verbände, S. 64 f., insbesondere mit Verweis darauf, dass das Initiativrecht der Bundesregierung nicht Teil deren zentralen, von der Verfassung zugewiesenen Aufgaben ist.

1479 Im Ergebnis ebenso *Reicherzer*, Authentische Gesetzgebung, S. 407 f.

Für das nachgelagerte Verfahren auf Ebene des Bundestags stellt sich die Frage nicht, da sowohl ein entsprechendes Gesetz als auch die GOBT vom Bundestag erlassen werden.[1480]

b. Selektive Auswahl der Anzuhörenden

Vor dem Hintergrund der dargestellten Abgrenzung zwischen Staats- oder Volkswillensbildung[1481] stellt sich die Frage, wie ein entsprechendes Konsultationsverfahren bei selektiver Auswahl der Anzuhörenden einzuordnen ist. Die Konsultation ermöglicht es dem Staat, auf externen Sachverstand Privater zurückzugreifen. Umgekehrt ist es den Beratenden möglich, auf den staatlichen Willensbildungsprozess Einfluss zu nehmen. Allein der Versuch der Einflussnahme auf politische Entscheidungen hebt die Teilnahme an der Konsultation jedoch noch nicht aus der Ebene der Volkswillensbildung hinaus. Im Rahmen der Volkswillensbildung, die in der beschriebenen Wechselwirkung zur Staatswillensbildung steht, versuchen sich die Bürger ebenfalls an einer Beeinflussung der staatlichen Entscheidungsträger. Sie artikulieren ihre Interessen, um innerhalb des staatlichen Entscheidungsprozesses Gehör zu finden. Die Besonderheit, die die Interessenartikulation innerhalb eines solchen Konsultationsverfahrens mit selektiver Auswahl zum Teil der Staatswillensbildung werden lässt, liegt in den damit verbundenen Verfahrensprivilegien. Den Teilnehmern wird ein zusätzlicher Einflusskanal zur Verfügung gestellt, der den übrigen Bürgern nicht offen steht. Mangels einer eigenen Entscheidungsbefugnis kann zwar nicht von einer Mitentscheidung – und damit von Ausübung von Staatsgewalt[1482] – gesprochen werden, doch ist der institutionalisierten, durch Rechtsnormen geschaffenen, Einflussnahme eine besondere Qualität beizumessen. Eine solche Einflussmöglichkeit ist kategorisch von der übrigen Volkswillensbildung zu unterscheiden.[1483] Die staatlichen Entscheidungsträger treten in einen unmittelbaren

---

1480 Allenfalls stellt sich die Frage, ob eine solche Regelung per Parlamentsgesetz überhaupt zulässig wäre. Die Frage wurde hinsichtlich des legislativen Fußabdrucks bereits aufgeworfen, vgl. S. 285. Die Zulässigkeit einer Regelung durch Parlamentsgesetz ist eher zweifelhaft, da es an einem wichtigen Grund fehlt. Ein Anhörungsverfahren kann auch durch die GOBT geregelt werden.

1481 Siehe hierzu S. 147.

1482 So auch das Bundesverfassungsgericht: „*Die Tätigkeit von Beiräten oder sonstigen Expertengremien, die mit beratenden Aufgaben befaßt sind, ohne Mitbestimmungsbefugnisse zu haben, muß daher insoweit nicht auf das Volk zurückgeführt werden. In diesem Bereich können Vertreter gesellschaftlicher Interessen an der Wahrnehmung von Verwaltungsaufgaben teilnehmen. Verdichtet sich indes die unverbindliche, bloß beratende Teilhabe an der Verwaltung zur Mitentscheidung (vgl. dazu Schmitt Glaeser, Partizipation an Verwaltungsentscheidungen, VVDStRL 31, 175 [183 f.]), so wird staatliche Herrschaft ausgeübt, die stets demokratisch, d.h. vom Staatsvolk, legitimiert sein muß.*“, BVerfGE 83, 74.

1483 So *Becker*, Kooperative und konsensuale Strukturen in der Normsetzung, S. 164 ff. abstrakt zu Anhörungsverfahren.

Kommunikationsprozess mit den Anzuhörenden und bitten sie explizit um eine Stellungnahme. Die Interessenvertreter nehmen teil an der staatlichen Diskussion und erhalten ein beschränkt zugängliches Privileg, durch das sie Teil der innerstaatlichen Willensbildung werden. Die Konsultierten bewegen sich somit im Vorfeld der gesetzgeberischen Entscheidung. Daher ist ein Konsultationsverfahren, das lediglich einem ausgewählten Personenkreis offen steht, als Teil der Staatswillensbildung zu betrachten.[1484]

Auch wenn kein Gebot zum Abbau von Machtungleichgewichten besteht, so liegt doch nahe, dass die selektive Auswahl einiger weniger Privater das Gebot der Gleichheit politischer Mitwirkungsrechte beeinträchtigt. Durch den staatlichen Zulassungsakt erhalten die Angehörten im Gesetzentwurfsverfahren nicht nur die Möglichkeit über die Ebene der Volkswillensbildung Einfluss zu nehmen, sondern wirken durch die Beratung an der Willensbildung des Staates mit.[1485] Im Gegensatz zu den Nichtangehörten steht ihnen ein weiterer Kanal zur Einflussnahme offen. Die Gruppe der Beteiligungswilligen wird ungleich behandelt, so dass bereits im Ausgangspunkt nicht allen Staatsbürgern gleiche Möglichkeiten der Mitwirkung gewährt.

Zu klären ist, an welchem Maßstab eine solche Ungleichbehandlung zu messen ist. Neben dem allgemeinen Gleichheitssatz des Art. 3 Abs. 1 GG existieren im Grundgesetz noch einige spezielle Gleichheitssätze, die zumeist strengere Anforderungen an die Gleichbehandlung stellen. Nicht in Betracht kommt die Anwendung des in Art. 38 Abs. 1 GG niedergelegten streng formalen Gleichheitssatzes[1486], da dieser lediglich die Allgemeinheit und Gleichheit von Wahlen, nicht aber der Willensbildungen zum Gegenstand hat. Die selektive Zulassung kann auch nicht an der auf den öffentlichen Dienst bezogenen Gleichheitsforderung des Art. 33 Abs. 2 GG gemessen werden. Diese Norm scheidet als Maßstab schon deshalb aus,

---

1484 Im Ergebnis ebenso *Becker*, Kooperative und konsensuale Strukturen in der Normsetzung, S. 168: „*Daher ist sowohl für die wissenschaftliche, auf die Vermittlung von Tatsachen zielende Beratung des Gesetzgebers durch Sachverständige wie für die interessengeleitete Beratung durch Interessenvertreter festzuhalten, daß diese Form staatsexterner Einflußnahme auf die Gesetzgebung dann nicht mehr dem Volks-, sondern dem Staatswillensbildungsprozeß zuzuordnen ist, wenn sie über das jedermann ohne weiteres eröffnete Maß an Teilnahme an dem Prozeß der öffentlichen Meinungsbildung hinausgehen.*“

1485 Vgl. hierzu S. 348.

1486 *Jestaedt*, Demokratieprinzip und Kondominialverwaltung, S. 401 f., der darstellt, dass in diesem Rahmen nur „*Verfassungsrechtsgüter wie etwa die Funktionsfähigkeit der Regierung oder jene des Parlaments*“ taugliche Differenzierungskriterien sind, vgl. S. 402; *Böckenförde*, Demokratie als Verfassungsprinzip in: HStR II, § 24 Rn. 42; ebenso das BVerfG in ständiger Rechtsprechung jedenfalls in Bezug auf den Wahlakt: BVerfGE 51, 222 (234); 78, 350 (357 f.); 82, 322 (337); 85, 264 (315); 129, 300 (317).

weil das Anhörungsverfahren nicht die Übertragung eines öffentlichen Amtes zum Gegenstand hat.[1487]

So bleibt als Maßstab allein Art. 3 Abs. 1 GG. Nach dem allgemeinen Gleichheitssatz hat der Staat gleiche Sachverhalte gleich zu bewerten. In ständiger Rechtsprechung formuliert das Bundesverfassungsgericht: *„Demgemäß ist dieses Grundrecht vor allem dann verletzt, wenn eine Gruppe von Normadressaten im Vergleich zu anderen Normadressaten anders behandelt wird, obwohl zwischen beiden Gruppen keine Unterschiede von solcher Art und solchem Gewicht bestehen, daß sie die ungleiche Behandlung rechtfertigen könnten.“*[1488] An der Formulierung *„anders behandelt“* wird bereits deutlich, dass es nicht darauf ankommt, ob es sich um eine Besser- oder Schlechterstellung handelt. Schon historisch betrachtet soll der allgemeine Gleichheitssatz auch vor der unverdienten Vergabe von Privilegien schützen.[1489] Wenn der Gesetzgeber im Konsultationsverfahren nicht alle von der geplanten Regelung Betroffenen anhört, nimmt er hierdurch eine grundsätzlich rechtfertigungsbedürftige Ungleichbehandlung vor.

Der Art. 3 Abs. 1 GG gebietet nach der jüngeren Rechtsprechung des Bundesverfassungsgerichts *„je nach Regelungsgegenstand und Differenzierungsmerkmalen unterschiedliche Grenzen für den Gesetzgeber, die stufenlos von gelockerten, auf das Willkürverbot beschränkten Bindungen bis hin zu strengen Verhältnismäßigkeitsanforderungen reichen können.“*[1490] Entscheidend für den Prüfungsmaßstab ist vor allem der Anknüpfungspunkt der Ungleichbehandlung.[1491] Der anzulegende Maßstab ist umso höher, *„je mehr sich die personenbezogenen Merkmale den in Art. 3 Abs. 3 GG genannten annähern und je größer deshalb die Gefahr ist, daß eine an sie anknüpfende Ungleichbehandlung zur Diskriminierung einer Minderheit führt.“*[1492] Die Auswahl im Konsultationsverfahren knüpft nicht an persönliche Merkmale an. Die Ministerialbeamten führen Konsultationen durch, um die nötigen Hintergrundinformationen zum Verfassen des Gesetzesentwurfs zu gewinnen. Die zu erwartenden Informationen stehen keinem der in Art. 3 Abs. 3 GG genannten personenbezogenen Merkmalen nahe. Das verwendete Unterscheidungsmerkmal *fachliche Kompetenz* ist nicht vergleichbar mit einer Differenzierung nach Rasse, Sprache, Herkunft oder Glaube.

1487 *Becker*, Kooperative und konsensuale Strukturen in der Normsetzung, S. 172 f.

1488 So etwa BVerfGE 55, 72 (88); 75, 348 (357).

1489 *Sachs*, Zur dogmatischen Struktur der Gleichheitsrechte als Abwehrrechte, DÖV 1984, S. 411, 416. Dem zustimmend *Kischel* in: Epping/Hillgruber, GG-Kommentar, Art. 3 GG Rn. 20, der zu recht darauf hinweist, dass es häufig nur eine Frage der Formulierungskunst ist, die Begünstigung einer Partei in einen Nachteil für die andere zu verkehren.

1490 BVerfGE 129, 49 (68) und 1. Leitsatz; 117, 1 (30).

1491 *Heun* in: Dreier, GG-Kommentar, Art. 20 GG Rn. 31; *Boysen* in: Münch/Kunig, GG-Kommentar, Art. 3 GG Rn. 105; *Kischel* in: Epping/Hillgruber, GG-Kommentar, Art. 3 GG Rn. 31.

1492 BVerfGE 88, 87 (96). Ständige Rechtsprechung, vgl. etwa BVerfGE 97, 169 (181); 101, 310 (319).

Durch die staatlichen Entscheidungsträger wird daher kein besonders diskriminierendes Differenzierungskriterium angelegt. Vielmehr erfolgt eine Unterscheidung anhand der sachlichen Informiertheit und Positionierung des Anzuhörenden, unabhängig von seiner Person.

Weiterhin ist die mit der Anhörung verbundene Wirkungsmacht begrenzt. Die beratende Tätigkeit im Anhörungsverfahren vermittelt keine rechtsverbindliche Gestaltungsmacht. Den Konsultierten wird lediglich die Möglichkeit zur Stellungnahme gegeben. Sie erhalten keine weiteren Möglichkeiten, Einfluss auf den Gesetzgebungsprozess zu nehmen. Die Teilnahme geht zwar über die Ebene der Volkswillensbildung hinaus, determiniert die Staatswillensbildung jedoch nicht. Die Mitwirkung im Konsultationsverfahren kann daher nicht mit der Ausübung von Staatsgewalt gleichgesetzt werden. Wegen der fehlenden Entscheidungsgewalt der Konsultierten ist die Auswirkung der Ungleichbehandlung als nicht besonders stark zu werten. Da zudem keine der in Art. 3 Abs. 3 GG genannten personenbezogenen Merkmale zur Differenzierung verwendet werden, ist die Gefahr einer Diskriminierung als eher gering einzuschätzen. Die Ungleichbehandlung muss deswegen auch nicht den Anforderungen des strengen Verhältnismäßigkeitsmaßstabs entsprechen. Maßstab ist das Willkürverbot, so dass es sachlicher Gründe bedarf.

Als Rechtfertigungsgrund für die selektive Auswahl kommt die Funktionsfähigkeit des Parlaments bzw. der Ministerialbürokratie[1493] in Betracht. Wären die staatlichen Stellen aus Gleichbehandlungsgesichtspunkten gezwungen, innerhalb jeder Konsultation allen erdenklich Betroffenen die Möglichkeit zum Vortrag zu gewähren, würden Gesetzgebungsverfahren deutlich verlangsamt oder möglicherweise vollständig zum Erliegen gebracht.[1494] Die Einbindung aller von einem Gesetzesvorhaben Betroffenen in das Verfahren ist für den Gesetzgeber jedenfalls mit einem erhöhten personellen und sachlichem Aufwand verbunden.

Der Regelungsgegenstand „Konsultationsverfahren" ist somit nicht besonders sensibel und das Differenzierungskriterium knüpft an kein personenbezogenes Merkmal an. Es ist daher ausreichend, wenn als Begründung der Ungleichbehandlung der Wille zur pluralistischen Zusammensetzung der Anzuhörenden, deren besonderes Wissen, ihre gesellschaftliche Relevanz oder Art und Maß der Betroffenheit angeführt werden. Ob mit den vom Gesetzgeber angelegten Maßstäben das gerechteste Kriterium gewählt wurde, ist nicht anhand von Art. 3 Abs. 1 GG zu prüfen. Auch hier steht dem Gesetzgeber ein relativ weiter Einschätzungsspielraum zu.[1495] Zu prüfen ist nicht, *„ob der Gesetzgeber die gerechteste und zweckmäßigste Regelung getroffen hat, sondern lediglich ob er die äußersten Grenzen der Gestaltungsfreiheit*

1493 Das Bundesverfassungsgericht erkennt in ständiger Rechtsprechung jedenfalls die Funktionsfähigkeit des Parlaments als Rechtfertigungsgrund von Verfassungsrang an, siehe nur BVerfGE 1, 208 (247 f.); 51, 222 (236); 82, 322 (338); 129, 300 (321 f.).

1494 So auch *Brenner*, Interessenverbände und öffentliche Anhörungen, ZG 1993, S. 35, 49 f.; *Becker*, Kooperative und konsensuale Strukturen in der Normsetzung, S. 174.

1495 *Boysen* in: Münch/Kunig, GG-Kommentar, Art. 3 GG Rn. 102; *Starck* in: Mangoldt/Klein/Starck, Art. 3 GG Rn. 44.

gewahrt hat."[1496] Die Auswahl durch die Ministerialbeamten bzw. Ausschussmitglieder ist nicht willkürlich und bewegt sich somit in den Grenzen des Art. 3 Abs. 1 GG. Die selektive Auswahl der Konsultierten ist verfassungsgemäß. Eine Pflicht des Staates zur Gleichbehandlung aller Betroffenen und zum Abbau des durch die selektive Auswahl entstehenden Machtungleichgewichts besteht nicht.

2. *Normativer Anknüpfungspunkt*

Rechtlicher Anknüpfungspunkt für das Konsultationsverfahren auf der Ebene der Ministerialbürokratie könnten die §§ 47, 48 Abs. 3 GGO sein. Nach § 47 Abs. 1 GGO ist der Entwurf einer Gesetzesvorlage unter anderem den kommunalen Spitzenverbänden zuzuleiten. Nach § 47 Abs. 5 GGO sind im Rahmen mündlicher Anhörungen kommunale Spitzenverbände zu beteiligen. Nach § 48 Abs. 3 GGO kann das federführende Bundesministerium im Einvernehmen mit dem Bundeskanzleramt und den übrigen beteiligten Bundesministerien einen Gesetzesentwurf ins Internet stellen. Eine den oben genannten Zielen entsprechende Norm sollte den Ministerien nicht lediglich die Möglichkeit einräumen, sondern sie verpflichten, den Entwurf frühzeitig auf der zu schaffenden Internetplattform einzustellen. Während die Norm die staatlichen Entscheidungsträger zur Durchführung der Konsultation verpflichten soll, sollte gleichzeitig klargestellt werden, dass aus der Verfahrensvorschrift kein subjektives Recht auf Anhörung entsteht. Eine solche Regelung entspräche dem Charakter der GGO als Binnenrecht ohne Außenwirkung. Zudem ergäbe sich bei der Schaffung eines subjektiven Anhörungsrechts die Frage nach der Nichtigkeit des Gesetzes aufgrund einer unterbliebenen Beteiligung. Eine solche drastische Konsequenz ist für ein rein informatives Anhörungsverfahren unangemessen.

Wegen der negativen Erfahrungen auf Ebene der Europäischen Union hinsichtlich des Feedbacks nach Ablauf der Konsultation,[1497] sollte das durchführende Ministerium in der GGO zur Erstellung eines aussagekräftigen Abschlussberichts verpflichtet werden. Normativer Anknüpfungspunkt ist wiederum der die Beteiligung regelnde § 47 GGO. Um auch eine Auseinandersetzung des Parlaments mit den Stellungnahmen zu gewährleisten, empfiehlt es sich, den Abschlussbericht – ebenso wie den legislativen Fußabdruck – zum Gegenstand der ersten Lesung eines Gesetzes (§ 79 GOBT) zu machen.[1498]

Für das nachgelagerte Konsultationsverfahren zur Beteiligung der Öffentlichkeit an Entwürfen, die von Fraktionen, Abgeordneten oder aus dem Bundesrat stammen, ist § 77 GOBT der richtige Anknüpfungspunkt. Die Norm hat die Behandlung von Vorlagen im Bundestag zum Gegenstand. Gesetzesentwürfe sind nach § 75 Abs. 1 lit. a) Vorlagen im Sinne der GOBT. Die Norm sollte in einem neu zu schaffenden

---

1496 BVerfGE 66, 84 (95). So auch BVerfGE 71, 255 (271); 84, 348 (359). Die Prüfung anhand der äußersten Grenzen entspricht dem Verständnis der Verfassung als Rahmenordnung, vgl. S. 170 ff.

1497 Vgl. zur Kritik am fehlenden Feedback auf Ebene der EU S. 88.

1498 Vgl. dazu S. 287.

dritten Absatz vorsehen, dass Vorlagen gemäß §75 Abs. 1 lit. a), bei denen nicht bereits ein Konsultationsverfahren nach der GGO durchgeführt wurde, zur Öffentlichkeitsbeteiligung auf dem Online-Portal des Bundestags zugänglich zu machen sind. Die Verwertung der Ergebnisse der Konsultation sowie die Erstellung eines entsprechenden Abschlussberichts sollte dem federführenden Fachausschuss übertragen werden. Eine entsprechende Regelung ließe sich in § 80 GOBT, der die Überweisung an die Ausschüsse zum Gegenstand hat, festschreiben.

3. *Inhaltliche Ausgestaltung*

Um einen gleichmäßigen Standard der Konsultationen der verschiedenen Ministerien und Ausschüsse zu erreichen, sollte die Bundesregierung ebenso wie die der Europäischen Union Mindeststandards für die Erstellung von Konsultationen erarbeiten.[1499] In den Standards sind insbesondere Vorgaben zur Gestaltung der Konsultation und zum Umgang mit den eingereichten Stellungnahmen aufzunehmen. Das dreiphasige Modell[1500] der Europäischen Kommission, das den Ablauf der Konsultation regelt, ist auf einen entsprechenden Prozess in der Bundesrepublik übertragbar. Ebenso wie auf europäischer Ebene sollten der deutschen Ministerialbürokratie und den Fachausschüssen unterschiedliche Konsultationsformate zur Verfügung stehen. Nicht jedes Thema eignet sich für spezifische Fragebögen. Ein offenes Format ist etwa dann vorzugswürdig, wenn die Auswirkungen beabsichtigter Regelungen noch nicht abzusehen sind. Hingegen sind (semi-)standardisierte Fragebögen hilfreicher, wenn mit der Konsultation lediglich Informationen zu eingegrenzten Fragestellungen bezweckt werden. Auch ist eine Mindestlaufzeit der Konsultationen festzulegen. Die 12 Wochen-Frist der Europäischen Kommission stellt einen angemessenen Ausgleich zwischen einer ausreichenden Reaktionsfrist für die Teilnehmer und dem staatlichen Bedürfnis zum Vorantreiben des Gesetzgebungsprozesses dar.

Schließlich muss auch dem Umstand Rechnung getragen werden, dass einige Gesetzesentwürfe einer besonderen Dringlichkeit unterliegen. Es muss den Ministerien und Ausschüssen möglich sein, in begründeten Ausnahmefällen auf eine entsprechende Konsultation zu verzichten. Die das Konsultationsverfahren regelnde Norm sollte daher die Möglichkeit vorsehen, im Falle besonderer Eilbedürftigkeit auf das Konsultationsverfahren zu verzichten. Zur Nachvollziehbarkeit und wegen des damit verbundenen Legitimationsdrucks sollte die GGO bzw. die GOBT vorsehen, dass die Eilbedürftigkeit im Gesetzesentwurf zu erläutern ist.

1499 Siehe zu den Mindeststandards S. 111; eine ähnliche Forderung stellt allgemein für die Beteiligung Privater an der Gesetzgebung *Meßerschmidt*, Private Gesetzgebungshelfer, S. 387, 398 f.

1500 Vgl. Fn. 463.

D. Finanzielle Förderung schwacher Interessen

Letztlich kann das Machtungleichgewicht auch durch eine finanzielle Förderung schwacher Interessengruppen partiell abgesenkt werden.[1501] Vor allem nichtwirtschaftliche Interessengruppen stellt die Allokation der benötigten Finanzmittel vor eine nicht unerhebliche Herausforderung.[1502] Der Staat könnte durch die Bereitstellung von finanziellen Ressourcen den Aufbau neuer Interessengruppen unterstützen. Neben der Bereitstellung finanzieller Mittel zur Gründung neuer Interessengruppen, könnte auch die Erstellung von fachlichen Expertisen gefördert werden. Zweifellos sollte eine solche Förderung nicht blind in allen Bereichen erfolgen. Vielmehr müsste der Staat Bereiche identifizieren, in denen die Unterstützung schwacher Interessengruppen angezeigt ist. Aus staatlicher Sicht ist eine Förderung speziell in Branchen sinnvoll, in denen „verbandsherzogtümliche" Strukturen[1503] auszumachen sind.

Durch eine solche finanzielle Unterstützung ließe sich einerseits die politische Partizipation verbessern. Vertretern schwacher Interessen, deren Zusammenschluss an der Aufbringung finanzieller Ressourcen scheitert, wird durch die Förderung die Teilnahme am politischen Prozess ermöglicht. Verbunden wird mit der finanziellen Förderung auch die Hoffnung, die derzeit vorherrschenden elitären Strukturen der politischen Teilhabe zu durchbrechen. Werden durch die Bereitstellung von Finanzmitteln erst einmal Interessengruppen gegründet, fällt eine Organisation der Interessen leichter. Hinter den geschaffenen Strukturen können sich Betroffene versammeln und ihr Anliegen in den politischen Willensbildungsprozess einbringen.

Aus staatlicher Sicht wäre eine voranschreitende Ausdifferenzierung sinnvoll, um eine breitere Informationsgrundlage zu schaffen. Ein Mehr an Interessengruppen verspricht ein pluraleres Meinungsbild. Somit kann die finanzielle Förderung schwacher Interessen den Staat in der Gesetzesvorbereitung unterstützen. Die entstehenden Interessengruppen verbreitern das Meinungsspektrum, so dass der Staat auf eine breitere Tatsachenbasis zurückgreifen kann.[1504] In Branchen, in denen die Interessenvertretung bisher einseitig dominiert ist, droht die Gefahr einer verzerrten Tatsachenermittlung. Die neuzugründenden Vereinigungen kann der Staat nutzen, um bestehende Informationsasymmetrien auszugleichen.

Kritisiert wird die Idee einer finanziellen Förderung mit dem Argument, dass die finanzierten Interessengruppen in ein Abhängigkeitsverhältnis zum Staat geraten, das sich auf ihre Positionierung auswirken könnte.[1505] Doch lässt sich hiergegen anführen, dass einigen Gruppen die politische Teilhabe erst durch die staatliche

---

1501 *Winter/Willems*, Die politische Repräsentation schwacher Interessen, S. 9, 40.

1502 Siehe hierzu schon Fn. 226.

1503 Siehe hierzu S. 38.

1504 *Eising/Kohler-Koch*, Interessenpolitik im europäischen Mehrebenensystem, S. 9, 24.

1505 *Eising/Kohler-Koch*, Interessenpolitik im europäischen Mehrebenensystem, S. 9, 24.

Förderung ermöglicht wird. Für solche Interessengruppen besteht also nicht die Wahl zwischen freier und abhängiger politischer Teilhabe, sondern lediglich zwischen einer Teilnahme am Willensbildungsprozess, die durch den Staat finanziert ist und keiner politischen Teilhabe.[1506]

Die Bereitstellung von Finanzmitteln für schwache Interessen stellt eine Subvention dar, die aus verfassungsrechtlicher Perspektive zwei Problemkreise berührt. Ausgangspunkt der Grundrechtsrelevanz von Subventionen ist die (zumindest teilweise) Einbeziehung der Wettbewerbsfreiheit in den Schutzbereich des Art. 12 Abs. 1 GG.[1507] Einerseits kann bereits der Empfänger von Subventionen in seinen Grundrechten verletzt sein, wenn die Vergabe der staatlichen Leistung mit Bedingungen verknüpft ist. Der von der Subvention ausgehende Anreiz zur Verhaltenssteuerung kann einem imperativen Eingriff gleichkommen.[1508] Stellt der Staat hingegen – wie soeben vorgeschlagen – lediglich Finanzmittel und Sachleistungen sowie Expertise zur Gründung von Interessenvereinigungen bereit, ohne diese mit Auflagen zu verbinden, wird der Handlungsspielraum des Empfängers jedoch ausschließlich erweitert, so dass hierin keine Grundrechtsbeeinträchtigung zu erkennen ist.[1509]

Andererseits stellt die finanzielle Förderung eines begrenzten Personenkreises zugleich auch eine finanzielle Benachteiligung der Nichtbegünstigten dar. Aufgrund des Gesetzesvorbehalts wird daher teilweise in der Literatur eine gesetzliche Grundlage für die Gewährung der Subventionen verlangt.[1510] Die Rechtsprechung und einige Autoren lassen hingegen einen Titel im Haushaltsgesetz ausreichen, sofern mit der Subvention keine gewichtigen Beeinträchtigungen der Nichtbegünstigten einhergehen.[1511]

Eine ähnliche Differenzierung wird hinsichtlich der drittschützenden Dimension der Wettbewerbsgleichheit vorgenommen. Nicht jede Nichtbegünstigung stellt

1506 Ähnlich *Winter*, Soziale Marginalität und kollektives Handeln, S. 39, 53.

1507 So etwa *Achatz*, Grundrechtliche Freiheit im Wettbewerb, S. 33 ff.; *Manssen* in: v. Mangoldt/Klein/Starck, Kommentar zum Grundgesetz, Art. 12 Rn. 100; *Jarass* in: Jarass/Pieroth, GG-Kommentar, Art. 12 Rn. 20 ff. Nach Auffassung anderer Autoren ist die Wettbewerbsfreiheit Teil der allgemeinen Handlungsfreiheit, vgl. etwa *Di Fabio* in: Maunz/Dürig, GG-Kommentar, Art. 2 GG Rn. 116; *Murswiek* in: Sachs, GG-Kommentar, Art. 2 GG Rn. 54.

1508 *Manssen* in: v. Mangoldt/Klein/Starck, Kommentar zum Grundgesetz, Art. 12 Rn. 95 ff.; *Achatz*, Grundrechtliche Freiheit im Wettbewerb, S. 95.

1509 So auch *Achatz*, Grundrechtliche Freiheit im Wettbewerb, S. 95.

1510 So etwa *Ruffert* in: Epping/Hillgruber, GG-Kommentar, Art. 12 GG Rn. 83; *Manssen* in: v. Mangoldt/Klein/Starck, Kommentar zum Grundgesetz, Art. 12 Rn. 111.; *Achatz*, Grundrechtliche Freiheit im Wettbewerb, S. 95.

1511 Ständige Rechtsprechung des Bundesverwaltungsgerichts, siehe etwa BVerwGE 6, 282 (287 f.); 41, 291 (304); 58, 45 (48). Das Bundesverfassungsgericht hat sich zu der Frage bisher nicht positioniert, BVerfGE 73, 1 (39). Der bundesverwaltungsgerichtlichen Rechtsprechung folgend: *Ipsen*, Verwaltung durch Subvention, VVDStRL 25, S. 257, 291; ebenso *Henke*, Wirtschaftssubventionen, S. 53 ff.

einen grundrechtsrelevanten Eingriff dar. Nur eine *„spürbare Verschlechterung der Wettbewerbssituation“*[1512] vermag einen Eingriff in die Wettbewerbsfreiheit zu begründen.

Die Förderung der Gründung von oppositionellen Interessengruppen vornehmlich in Branchen, in denen verbandsherzogtümliche Strukturen auszumachen sind, ist aus der Perspektive des Subventionsrecht allerdings wenig relevant. Zum einen kann bereits bezweifelt werden, ob der Staat mit einer solchen finanziellen Unterstützung überhaupt in einen wirtschaftlichen Wettbewerb zwischen den Interessengruppen eingreift. Zwar stehen die Interessenvertreter im Kampf um das Gehör politischer Entscheidungsträger. Wird in Branchen mit verbandsherzogtümliche Strukturen lediglich die (noch nicht bestehende) oppositionelle Interessengruppe gefördert, buhlt diese jedoch nicht um dieselben Kunden wie die bereits bestehenden Interessenvertretungen.[1513] Wird dennoch ein solcher Wettbewerb unterstellt, führt eine Gründungsförderung zum anderen lediglich zu einer geringen Beeinträchtigung. Unterstützt der Staat bei der Gründung, reduziert er allein die verhältnismäßig hohen Transaktionskosten, die die Einrichtung einer Interessenvertretung mit sich bringt. Geht die staatliche Unterstützung darüber nicht hinaus, bleibt die Intensität des Eingriffs gering. Daher geht mit der finanziellen Förderung schwacher Interessen kein Eingriff in das Grundrecht aus Art. 12 Abs. 1 GG der Nichtgeförderten einher.

Dennoch muss sich die Gewährung staatlicher Finanzmittel jedenfalls am Gleichheitssatz des Art. 3 Abs. 1 GG messen lassen.[1514] Da die vorgeschlagene Förderung jedoch nicht an diskriminierende Merkmale im Sinne des Art. 3 Abs. 3 GG anknüpft, reichen zur Rechtfertigung der Ungleichbehandlung vernünftige Gemeinwohlerwägungen aus.[1515] Die Ziele der Unterstützung schwacher Interessen, die in der Befähigung zur politischen Teilhabe und der Ausdifferenzierung des gesellschaftlichen Meinungsspektrums liegen, sind geeignet die Anforderungen an den Rechtfertigungsgrund zu erfüllen. Eine finanzielle Förderung schwacher Interessen ist daher verfassungsrechtlich zulässig.

1512 *Manssen* in: v. Mangoldt/Klein/Starck, Kommentar zum Grundgesetz, Art. 12 Rn. 100. *Jarass* in: Jarass/Pieroth, GG-Kommentar, Art. 12 Rn. 22 verlangt eine *„gewichtige*[r] *Lenkungsintensität“*; ähnlich das Bundesverwaltungsgericht, das einen Eingriff nur annimmt, wenn die *„Wettbewerbssituation merklich beeinträchtigt“* ist, BVerwG, Beschluss vom 27.01.1988 – 7 B 1/88, NJW 1988, 1277, 1278.

1513 Eine andere Bewertung wäre angezeigt, wenn der Staat einen Teil der professionellen (Dritt-)Interessenvertreter unterstützen würde. Diese stehen im Wettbewerb miteinander und bieten Dienstleistungen auf einem gemeinsamen Markt an. Verbandsherzogtümer zeichnen sich jedoch gerade dadurch aus, dass für ein Lager der Interessen noch keine oder keine nennenswerten Interessenvertreter existieren.

1514 Nach *Ipsen*, Verwaltung durch Subvention, VVDStRL 25, S. 257, 303 gilt im Subventionsrecht ein *„Grundrechtsschutz auf hoheitlichen Respekt der wettbewerblichen Ausgangslage“*, der auch über Art. 3 Abs. 1 GG erreicht wird.

1515 Siehe zu den Anforderungen des Gleichheitssatzes bereits S. 350 f.

4. Abschnitt: Ergebnis

Die vorstehende Analyse der rechtspolitischen Zweckmäßigkeit und rechtlichen Umsetzbarkeit etwaiger Steuerungsinstrumente der Einflussnahme privater Interessenvertreter auf den Gesetzgebungsprozess hat einige mögliche Regelungsvarianten aufgezeigt.

Um den Lobbyismus überhaupt kanalisieren zu können, bedarf es zunächst der Schaffung einer ausreichenden Strukturtransparenz. Das Offenlegen der Verbindungen zwischen Interessenvertretern und politischen Entscheidungsträgern ist notwendigerweise der erste Schritt zu einer Regulierung der Einflussnahme privater Interessenvertreter. Die Verbändeliste der Anlage 2 zur GOBT vermag eine solche Nachvollziehbarkeit nicht herzustellen, weshalb es der Schaffung eines neuen Transparenzregisters bedarf. Die amerikanischen und europäischen Erfahrungen mit einem Lobbyregister haben die Wichtigkeit der präzisen Definition des Anwendungsbereichs anschaulich dargestellt. Um eine umfassende Strukturtransparenz zu gewährleisten, ist eine Registrierungspflicht notwendig, da andernfalls – wie der Versuch auf europäischer Ebene zeigt – die Gefahr besteht, dass sich lediglich ein Teil der Branche den Transparenzanforderungen unterwirft. Inhaltlich stellt ein solches Register allein dann aussagekräftige Informationen bereit, wenn die geforderten Angaben auch die finanzielle Ausstattung, den Auftraggeber und die anvisierten Ziele der Interessenvertretung umfassen. Zur Führung des Transparenzregister ist ein mit der nötigen Unabhängigkeit und den ausreichenden Kompetenzen ausgestatteter Interessenvertretungsbeauftragter zu schaffen. Die Einführung eines solchen Registers, das nicht nur die Kontakte zwischen den Parlamentariern und Interessenvertretern erfasst, sondern auch die Ministerialbürokratie in ihrem Anwendungsbereich einschließt, ist nach hier vertretener Auffassung nicht nur rechtspolitisch wünschenswert, sondern vor dem Hintergrund eines aus dem Demokratieprinzip abgeleiteten Transparenzgebots auch verfassungsrechtlich geboten.

Soll neben der durch das Transparenzregister zu schaffenden Strukturtransparenz auch eine Prozess- bzw. Inhaltstransparenz geschaffen werden, bietet sich zudem die Einführung des legislativen Fußabdrucks an. Während das Transparenzregister überblicksartig die bestehenden Verbindungen zwischen Interessenvertretern und politischen Entscheidungsträgern abbildet, kann mit dem legislativen Fußabdruck der Versuch unternommen werden, den konkreten Einfluss privater Interessenvertreter auf das jeweilige Gesetz nachzuzeichnen. Sicherlich würde auch mit dem legislativen Fußabdruck nicht jeder Einfluss transparent, doch dürfte bereits die Existenz des Instruments die politischen Entscheidungsträger hinsichtlich der wörtlichen Übernahme von Formulierungsvorschlägen zur Zurückhaltung mahnen.

Das Absenken des Schwellenwerts für die Veröffentlichungspflicht von Partei- und Abgeordnetenspenden sowie die Subsumtion des Parteisponsorings unter die Einzelausweisungspflicht des § 27 Abs. 2 S. 2 PartG würden das Transparenzregime abrunden.

Das Näheverhältnis zwischen den politischen Entscheidungsträgern und Interessenvertretern sollte zunächst mit einem Verhaltenskodex für die Interessenvertreter rechtlich auf ein sicheres Fundament gestellt werden. Durch einen Verhaltenskodex lassen sich moralisch-ethisch zweifelhafte Praktiken unterbinden, die durch Informationsasymmetrien entstehenden Nachteile begrenzen und die Qualität der gelieferten Informationen erhöhen.

Mitgliedern des Bundestags sollte die Nebentätigkeit als Interessenvertreter untersagt werden. Die konträr verlaufenden Zielrichtungen beider Tätigkeiten lassen Zweifel an der Gemeinwohlorientierung der Mandatsträger aufkommen, die insgesamt dem Ansehen des Staats schaden. Nicht als sinnvoll erachtet wird vorliegend die Einführung vollständiger Geschenkannahmeverbote für Bundestagsabgeordnete. Um darüber hinausgehend Korruption zu unterbinden, ist hingegen eine erneute Ausweitung des jüngst geänderten § 108e StGB zu erwägen. Trotz der begrüßenswerten Wendung weg vom alleinigen Stimmenkauf hin zur Bestrafung jeglicher Geschäfte über Vorteile gegen Mandatsführung, ist zu befürchten, dass die Norm aufgrund der hohen Anforderungen weiterhin kaum zu Verurteilungen führen wird.

Letztlich lässt sich über ein beim Interessenvertretungsbeauftragen angesiedelten Beschwerdeverfahren auch das Wissen der Branchenmitglieder zur Durchsetzung der Transparenz- und Verhaltensvorschriften einbinden.

Die zwischen den Interessengruppen bestehenden Machtungleichgewichte lassen sich durch den Einsatz unterschiedlicher Instrumente absenken. Eine Anpassung der finanziellen Stärke durch eine Begrenzung der jährlich zulässigen Parteispenden ist allerdings wegen des grundgesetzlichen Verbots, in die vorgefundene Wettbewerbslage der Parteien einzugreifen, nur bedingt zulässig. Ein Verbot von Spenden für juristische Personen scheidet aus diesem Grund nach vorliegend vertretener Ansicht vollständig aus. Hingegen kann durch eine finanzielle Förderung schwacher Interessen dem Abbau von Machtungleichgewichten Vorschub geleistet werden.

Eine förmliche Einbindung der Öffentlichkeit in den Gesetzgebungsprozess durch ein Online-Konsultationsverfahren könnte das strukturell-organisatorische Defizit schwacher Interessen ausgleichen. Zudem ist ein solches Instrument geeignet, allen Bürgern eine verbesserte Möglichkeit zur politischen Teilhabe zu eröffnen. Werden darüber hinaus die eingehenden Stellungnahmen veröffentlicht, kann durch ein solches Verfahren auch zusätzlich Transparenz geschaffen werden.

Grundsätzlich stehen somit Möglichkeiten zur Regulierung des Lobbyismus bereit. Allerdings ist eine konsequente Umsetzung erforderlich. Insbesondere das amerikanische Beispiel zeigt, dass Interessenvertreter die notwendige Kreativität mitbringen, um halbherzige Regelungen zu umgehen. Für eine effektive Lobbyismusregulierung ist die Einführung nur eines der vorstehenden Instrumente daher auch nicht ausreichend. Allein eine Kombination von transparenzfördernden, das Näheverhältnis regulierenden und das Machtungleichgewicht abbauenden Instrumenten ist in der Lage, das Spielfeld der Interessenvertretung auszugleichen und nachvollziehbar zu gestalten.

6. Teil: Zusammenfassung in Thesen

Grundlagen

1. Lobbyismus nutzt der Demokratie, indem er staatlichen Stellen kostengünstig Informationen liefert, den Bürgern eine Partizipationsform zur Einflussnahme auf den staatlichen Willensbildungsprozess zur Verfügung stellt und zur Weiterentwicklung der Loyalitätsbeziehung zwischen Bürger und Staat beiträgt. Lobbyismus verbessert somit den staatlichen Prozess der Informationsgewinnung und kann durch seine partizipative sowie integrative Funktion zum Gelingen der repräsentativen Demokratie beitragen.[1516]
2. Unregulierter Lobbyismus bewegt sich in intransparenten Entscheidungsstrukturen, führt zu unangemessenen Austauschverhältnissen zwischen politischen Entscheidungsträgern und Interessenvertretern und lässt das zwischen den verschiedenen Interessengruppen bestehende Machtungleichgewicht seine Wirkung entfalten. Dadurch wird das Vertrauen in die Integrität staatlicher Entscheidungsträger und letztlich die Akzeptanz staatlicher Entscheidungen beschädigt.[1517]
3. Der Wandel in der Branche der Interessenvertretung weg von großen Interessengruppen und Massenorganisationen hin zu maßgeschneiderten Dienstleistungen für Partikularinteressen verringert den informativen und integrativen Nutzen des Lobbyismus.[1518]

Lobbyismusregulierung in den USA und der EU

4. Aufgrund der Unterschiede in der politischen Kultur können die Erfahrungen aus den USA und der EU nur bedingt auf eine Lobbyismusregulierung in Deutschland übertragen werden. Insbesondere die unterschiedliche Verbandskultur und die anders strukturierte Finanzierung von Wahlkämpfen verbieten einen direkten Übertrag.[1519]
5. Das mit dem Lobbying Disclosure Act in den USA geschaffene Register schafft Transparenz. Die Definition erfasst Lobbyismus wirkungsvoll, aber noch nicht umfassend. Umgehungen sind derzeit durch Arbeitsteilung und Graswurzelkampagnen möglich. Die Informationstiefe schafft einen ersten Überblick,

1516 Siehe zu den positiven Effekten des Lobbyismus S. 46 ff.; zu den Gelingensbedingungen der repräsentativen Demokratie siehe S. 208 ff.

1517 Siehe zu den vom Lobbyismus ausgehenden Gefahren S. 53 ff.

1518 Zum Wandel der Branche der Interessenvertretung siehe S. 36 ff.

1519 Siehe näher zu den Unterschieden in der politischen Kultur S. 67 ff. (USA) und S. 74 f. (EU).

jedoch keine umfassende Nachvollziehbarkeit der Einflussnahmeversuche. Die Aufbereitung der Informationen ist schwach.[1520]

6. Das Gemeinsame Transparenzregister der EU erfasst derzeit mangels Registrierungspflicht nur einen Ausschnitt der Lobbyismusbranche. Auch inhaltlich sind die Anforderungen an die Offenlegungspflichten nicht konkret genug, so dass sich die Registrierten oft mit allgemeinen Angaben ohne weitere Aussagekraft begnügen können. Die fehlende Einbeziehung des Europäischen Rats in den Anwendungsbereich des Registers eröffnet Interessenvertretern weitere Umgehungsmöglichkeiten.[1521]
7. Die Entwicklung der Rechtsprechung des U.S. Supreme Courts zur Wahlkampffinanzierung in den USA verdeutlicht, wie abhängig die Frage nach der zulässigen Reichweite einer Lobbyismusregulierung vom dahinter liegenden Demokratieverständnis ist. Lange Zeit erachtete der Supreme Court etwa auch ungleichen Zugang zu und Einfluss auf Politiker sowie den Ausgleich von Machtungleichgewichten als verfassungsrechtlich zulässige Rechtfertigungsgründe zur Einschränkung der Meinungsfreiheit. Nach der gewandelten Auffassung bedroht allein handfeste Korruption (*quid pro quo*) die Demokratie derart, dass dadurch Begrenzungen des First Amendment gerechtfertigt werden können.[1522]
8. Die Weiterentwicklung der amerikanischen Verhaltensregeln zu Nebentätigkeiten, Geschenken und Reiseeinladungen hat zu einer wirksamen Abgrenzung zwischen Erlaubtem und Verbotenem geführt. Der in Deutschland bestehende Graubereich im Verhältnis von Interessenvertretern und staatlichen Entscheidungsträgern ist in den USA nahezu vollständig beseitigt. Der Preis für die vollständige Regulierung ist allerdings eine umfassende Verrechtlichung der Beziehung von politischen Entscheidungsträgern zu privaten Interessengruppen.[1523]
9. Die europäischen Vorschriften zu Nebentätigkeiten, Geschenken und Reiseeinladungen sind sehr viel weniger konkret als ihre amerikanischen Pendants. Lediglich die Europäische Kommission hat sich vergleichbar strenge Vorschriften gegeben.[1524]
10. Das Online-Konsultationsverfahren der EU stellt eine praktikable Möglichkeit zur Einbindung der Öffentlichkeit in den Gesetzgebungsprozess dar. Ohne ein Feedback seitens der Europäischen Union hinsichtlich der Berücksichtigung der Eingaben, besteht allerdings die Gefahr, dass der Prozess die Möglichkeit einer wirksamen Partizipation nur vorspielt und letztlich zur „Politikverdrossenheit" beiträgt.[1525]

1520 Für das amerikanische Transparenzregister siehe S. 76 ff.
1521 Siehe zum Gemeinsamen Transparenzregister der EU S. 85 ff.
1522 Zur Entwicklung der Rechtsprechung des Supreme Courts hinsichtlich der Wahlkampffinanzierung siehe S. 98 ff.
1523 Siehe zu den amerikanischen Verhaltensregeln S. 117 ff.
1524 Zu den europäischen Verhaltensvorschriften siehe S. 132 ff.
1525 Zum Online-Konsultationsverfahren der EU siehe S. 110 ff. und S. 163 ff.

Rechtlicher Rahmen der Interessenvertretung in Deutschland

11. Das Grundgesetz als Rahmenordnung gibt dem Gesetzgeber nur ein Mindestmaß an Lobbyismusregulierung vor; darüber hinausgehende Ansätze sind verfassungsrechtlich nicht geboten, aber ebensowenig von vornherein unzulässig.[1526]
12. Verfassungsrechtlicher Anknüpfungspunkt für die Forderung nach mehr Transparenz hinsichtlich der Einflussnahme privater Interessenvertreter auf den Gesetzgebungsprozess ist neben Art. 42 Abs. 1 S. 1 GG auch das in Art. 20 Abs. 1, 2 GG niedergelegte Demokratieprinzip, das einerseits ein Mindestmaß an Strukturtransparenz[1527] gebietet und nach hier vertretener Auffassung andererseits verlangt, die Transparenz auch auf die Ebene der Ministerialbürokratie zu erstrecken.[1528]
13. Das öffentliche Amt verpflichtet den Inhaber auf das Gemeinwohl, gebietet Distanz zu Partikularinteressen, verbietet die Verfolgung persönlicher Interessen und fordert zur Sicherung der öffentlichen Zustimmung bereits die Meidung des bösen Scheins rechtswidrigen Verhaltens.[1529]
14. Das Grundgesetz enthält keine Verpflichtung des Gesetzgebers, Machtungleichgewichte zwischen den Interessengruppen abzubauen.[1530]
15. Die derzeitige Lobbyismusregulierung schafft abseits finanzieller Zuwendungen keine nennenswerte Transparenz. Insbesondere ist die Verbändeliste nach ihrem Anwendungsbereich weder quantitativ noch qualitativ geeignet, eine ausreichende Strukturtransparenz herbeizuführen.[1531]
16. Hinsichtlich des Näheverhältnisses zwischen politischen Entscheidungsträgern und Interessenvertretern beinhaltet der Regulierungsrahmen gute Ansätze; die deutliche Differenzierung zwischen Mandatsträgern und Beamten ist jedoch nicht überzeugend.[1532] Darüber hinaus sind die Karenzzeiten für ehemalige Mitglieder der Bundesregierung zu kurz, um effektiv die Kommerzialisierung des erlangten Amtswissens effektiv zu verhindern.[1533]
17. Das Machtungleichgewicht zwischen den verschiedenen Interessengruppen wird durch den Regulierungsrahmen nicht angegangen.[1534]

1526 Siehe für das Grundgesetz als Rahmenordnung S. 170 ff.
1527 Zur Differenzierung von Struktur-, Prozess- und Inhaltstransparenz siehe S. 33.
1528 Zu den verfassungsrechtlichen Anforderungen an Transparenz siehe S. 177 ff.
1529 Siehe zu den verfassungsrechtlichen Anforderungen an das öffentliche Amt S. 186 ff.
1530 Siehe zu den verfassungsrechtlichen Erörterungen hinsichtlich des Machtungleichgewichts S. 195 ff.
1531 Zur Kritik an der Verbändeliste siehe S. 216 ff.
1532 Zur entsprechenden Kritik an der derzeitigen Rechtslage siehe S. 244 f.
1533 Siehe zur Kritik an den Karenzzeiten S. 240 ff.
1534 Siehe dazu S. 245 f.

Mögliche Regulierungsinstrumente

18. Angemessene Strukturtransparenz kann durch ein Lobbyregister geschaffen werden. Voraussetzung für ein effektives Lobbyregister ist eine wirksame Definition der Tätigkeit von Interessenvertretern. Der amerikanische Lobbying Disclosure Act bietet eine gute Vorlage. Bei einer Umsetzung eines solchen Registers ins deutsche Recht sollte aber insbesondere im Vergleich zum amerikanischen Register eine Korrektur des Anwendungsbereichs vorgenommen werden, so dass nicht nur die direkte Lobbyarbeit, sondern auch unterstützende Tätigkeiten erfasst sind. Das Beispiel der USA[1535] zeigt, dass andernfalls Umgehungsversuche zu erwarten sind. Eine wirksame Definition des Lobbyismus ist darüber hinaus hilfreich als Anknüpfungspunkt für weitere Regulierungsinstrumente.[1536] Verantwortlich für das Lobbyregister sollte ein vom Bundestag zu wählender, unabhängiger Interessenvertretungsbeauftragter sein.
19. Prozess- und Inhaltstransparenz können durch die Einführung eines „*legislativen Fußabdrucks*" erreicht werden. Der Anwendungsbereich der Dokumentationspflichten ist allerdings auf signifikante Einflussnahmen zu begrenzen, um den damit einhergehenden Verwaltungsaufwand nicht ausufern zu lassen.[1537]
20. Eine Ausweitung der Geschenk- und Reisevorschriften der Bundestagsabgeordneten ist nur durch sehr detaillierte Regelungen zu erreichen. Der Ausbau dieser Vorschriften würde – wenn er ernstgemeint geschieht – zu einer weitgehenden Verrechtlichung der Abgeordnetentätigkeit führen, die in Konflikt mit dem freien Mandat des Art. 38 Abs. 1 S. 2 GG gerät. Angemessen erscheint es daher, die erweiterten Verhaltensvorschriften nicht generell für die Tätigkeit der Bundestagsabgeordneten anzuwenden, sondern auf ihr Verhältnis zu Interessenvertretern zu beschränken.[1538]
21. Zum Schutz des Vertrauens in die Integrität des Bundestags sollte Abgeordneten während ihrer Mandatsausübung und für die sich anschließenden zwei Jahre das Tätigwerden als Interessenvertreter untersagt werden.[1539]
22. Das Vertrauen in die Integrität staatlicher Entscheidungen sollte zudem durch ein Verbot von Großspenden geschützt werden. Verfassungsrechtlich ist ein solches Verbot zulässig.[1540]
23. Ein Spendenverbot für juristische Personen ist aufgrund der verfassungsrechtlich abgesicherten Chancengleichheit der Parteien mit dem Grundgesetz nicht vereinbar.[1541]

1535 Zu den Problemen des amerikanischen Lobbyregisters siehe S. 79 ff.
1536 Zum Vorschlag für ein Lobbyregister in Deutschland siehe S. 253 ff.
1537 Siehe zum legislativen Fußabdruck S. 277 ff.
1538 Siehe zum Vorschlag der Ausweitung der Verhaltensregeln S. 304 ff.
1539 Zum Nebentätigkeitsverbot siehe S. 302 ff. und S. 307 ff., zu den Karenzzeiten S. 327ff. und S. 335 ff.
1540 Siehe für den Vorschlag eines Verbots von Großspenden S. 338 ff.
1541 Zum Spendenverbot für juristische Personen siehe S. 341 f.

24. Dem Machtungleichgewicht zwischen den Interessen kann zum einen durch eine finanzielle Förderung schwacher Interessen und zum anderen durch eine internetbasierte Einbindung der gesamten Öffentlichkeit in das Gesetzgebungsverfahren entgegengewirkt werden. Um den unterschiedlichen Regelungsgegenständen gerecht zu werden, sollte die konkrete Ausgestaltung des Beteiligungsverfahrens ins Ermessen des jeweiligen Ministeriums bzw. federführenden Ausschusses gestellt werden. Als subventionsähnliche Zuwendung kann die finanzielle Förderung schwacher Interessen verfassungsrechtlichen Bedenken unterliegen, die jedoch nicht bestehen, wenn die Förderung allein im Bereich bestehender „Verbandsherzogtümer", in denen nur eine Gruppe der betroffenen Interessen über eine Interessenvertretung verfügt, erfolgt und lediglich der noch nicht vorhandenen oppositionellen Interessengruppe zugutekommt.[1542]
25. Die Einflussnahmeversuche privater Interessenvertreter auf den Gesetzgebungsprozess sind derart vielfältig und vielschichtig, dass eine Regulierung nur dann erfolgreich sein kann, wenn der Gesetzgeber nicht lediglich mit der Einführung einzelner Instrumenten dem Druck der Öffentlichkeit[1543] nachgibt. Um den unterschiedlichen Gefahren (Intransparenz, Näheverhältnis und Machtungleichgewicht) wirksam entgegenzutreten, bedarf es eines ganzheitlichen Ansatzes, der die Probleme auf den unterschiedlichen Ebenen angeht und somit die Beziehung zwischen politischen Entscheidungsträgern und Interessenvertretern transparent und vorhersehbar gestaltet. Entscheidend für eine wirksame Regulierung ist zunächst die Definition des Lobbyismus.

1542 Zur finanziellen Förderung schwacher Interessen siehe S. 354 ff.
1543 So geschehen etwa bei den Karenzzeiten sowie die Veröffentlichungspflichten für Nebeneinkünfte.

Literaturverzeichnis

Aaken, Anne van, Regulierung durch Transparenz, Verhaltensregeln für Parlamentarier und ihre Folgen, in: Der Staat, Band 49, 2010, S. 369–401.

Abowitz, Kathleen Knight; Harnish, Jason, Contemporary Discourses of Citizenship, in: Review of Educational Research, Volume 76, S. 653–690.

Alcántara, Sophia; Bach, Nicolas; Kuhn, Rainer; Ullrich, Peter, Demokratietheorie und Partizipationspraxis, 1. Auflage, Wiesbaden 2016.

Alemann, Ulrich von; Eckert, Florian, Lobbyismus als Schattenpolitik, in: Aus Politik und Zeitgeschichte, Heft 15–16/2006, S. 3–10.

Alemann, Ulrich von, Organisierte Interessen in der Bundesrepublik, 2. Auflage, Opladen 1989.

Alexy, Robert, Theorie der Grundrechte, 1. Auflage, Baden-Baden 1985.

Alexy, Robert, Recht, Vernunft, Diskurs – Studien zur Rechtsphilosophie, 1. Auflage, Frankfurt am Main 1995.

Allard, Nicholas W., Lobbying is an honorable profession: The right to petition and the competion to be right, in: Stanford Law & Policy Review, Volume 19, S. 23–68.

Almond, Gabriel; Verba, Sidney, The civic Culture, 2. Auflage, Princeton 1965.

ALTER-EU, Block the revolving door: why we need to stop EU-officials becoming lobbyists, November 2011, abrufbar unter: http://www.alter-eu.org/sites/default/files/AlterEU_revolving_doors_report.pdf (zuletzt abgerufen am 18. Dezember 2015).

Aristoteles, Politik – Erstes, zweites und drittes Buch – mit erklärenden Zusätzen ins Deutsche Übertragen von Jacob Bernays, 1. Auflage, Berlin 1872.

Arnaud, Julien, Die Mitwirkung privater Interessengruppen an der europäischen Gesetzgebung, 1. Auflage, Aachen 2009.

Arnim, Hans Herbert von, Gemeinwohl und Gruppeninteressen, 1. Auflage, Frankfurt 1977.

Arnim, Hans Herbert von, Staatslehre der Bundesrepublik Deutschland, 1. Auflage, München 1984.

Arnim, Hans Herbert von, Wer kümmert sich um das Gemeinwohl? – Auflösung der politischen Verantwortung im Parteienstaat, in: Zeitschrift für Rechtspolitik, 2002, S. 223–231.

Arnim, Hans Herbert von, Parteienfinanzierung: Zwischen Notwendigkeit und Missbrauch – Alte Probleme und neue Entwicklungen, in: Neue Zeitschrift für Verwaltungsrecht, 2003, S. 1076–1080.

Arnim, Hans Herbert von, Nach-amtliche Karenzzeiten für Politiker? Ein Kommentar zum Fall Gerhard Schröder, in: Zeitschrift für Rechtspolitik, 2006, S. 44–47.

Arnim, Hans Herbert von, Der gekaufte Abgeordnete – Nebeneinkünfte und Korruptionsproblematik, in: Neue Zeitschrift für Verwaltungsrecht, 2006, S. 249–254.

Arnim, Hans Herbert von, Politische Parteien im Wandel – Ihre Entwicklung zu wettbewerbsbeschränkenden Staatsparteien – und was daraus folgt, 1. Auflage, Berlin 2011.

Arnim, Hans Herbert von, Nebeneinkünfte von Bundestagsabgeordneten – Die Rechtslage nach dem Urteil des Bundesverfassungsgerichts vom 4. Juli 2007, in: Die öffentliche Verwaltung, 2007, S. 897–907.

Austermann, Philipp, Das Abgeordnetenbild des Bundesverfassungsgerichts, Zeitschrift für Parlamentsfragen, 2012, S. 719–726.

Badura, Peter, Staat, Recht und Verfassung in der Integrationslehre – Zum Tode von Rudolf Smend, in: Der Staat, Band 32, 1977, S. 305–325.

Badura, Peter, Staatsrecht – Systematische Erläuterung des Grundgesetzes für die Bundesrepublik Deutschland, 4. Auflage, München 2010.

Badura, Peter, Die Stellung des Abgeordneten in: Schneider, Hans-Peter; Zeh, Wolfgang (Hrsg.), Parlamentsrecht und Parlamentspraxis, S. 489–521, 1. Auflage, Berlin 1989.

Bakken, Tim, Constitutional rights and political power of corporations after Citizens United, in: Cardozo Public Law, Policy & Ethics Journal, Volume 12, S. 119–147.

Bamberger, Matthias, Nachamtliche Tätigkeitsbeschränkungen für politische Amtsträger, 1. Auflage, Berlin 2014.

Bartelt, Laura C., Citizens United and political advertisements: Corporations' lucky loophole to the unregulated internet, in: The Journal of Corporation Law, Volume 37, S. 415–433.

Bassett, Elizabeth, Reform through exposure, in: Emory Law Journal, Volume 57, S. 1049–1086.

Battis, Ulrich, Bundesbeamtengesetz, 4. Auflage, München 2009.

Bauer, Robert F.; Gordon, Rebecca H., Congressional Ethics: Gifts, Travel, Income, and Post-Employment Restrictions, in: Loomis, Burdett A. (Hrsg.), Guide to Interest Groups and Lobbying in the United States, S. 477–511, 1. Auflage, Washington 2012.

Baumann, Max-Otto, Die schöne Transparenz-Norm und das Biest der Öffentlichkeit: Paradoxe Folgen einer neuen Ideologie der Öffentlichkeit, in: Leviathan, Heft 3/2014, 398–419.

Baumgartner, Frank R.; Berry, Jeffery M.; Hojnacki, Marie, Lobbying and policy change – Who wins, who loses, and why, 1. Auflage, Chicago 2009.

Becker, Christian, Praxiskommentar zum BGH-Urteil (Az. 2 StR 281/14), in: Neue Zeitschrift für Strafrecht, 2015, S. 454–455.

Becker, Florian, Kooperative und konsensuale Strukturen in der Normsetzung, 1. Auflage, Tübingen 2005.

Bentley, Arthur Fisher, The Process of Goverment, 1. Auflage, Chicago 1908.

Bertelsmann Stiftung, Politische Partizipation in Deutschland, Bonn 2004.

Bertelsmann Stiftung, Vertrauen in Deutschland – Eine qualitative Wertestudie der Bertelsmann Stiftung „Perspektive 2020 – Deutschland nach der Krise", Zusammenfassung der Ergebnisse, Gütersloh 2009.

Betzinger, Michael, Parteisponsoring, in: Deutsches Verwaltungsblatt, 2010, S. 1204–1212.

Beyme, Klaus von, Interessengruppen in der Demokratie, 4. Auflage, München 1974.

Beyme, Klaus von, Das politische System der BRD, 11. Auflage, Wiesbaden 2010.

Bhagwat, Ashutosh, Purpose scrutiny in constitutional analysis, in: California Law Review, Volume 85, S. 297–369.

Böckenförde, Ernst-Wolfgang, Die Methoden der Verfassungsinterpretation – Bestandsaufnahme und Kritik, in: Neue Juristische Wochenschrift, 1976, S. 2089–2099.

Böckenförde, Ernst-Wolfgang, Staat, Verfassung, Demokratie – Studien zur Verfassungstheorie und zum Verfassungsrecht, 1. Auflage, Frankfurt am Main 1991.

Böckenförde, Ernst-Wolfgang, Demokratie als Verfassungsprinzip, in: Isensee, Josef; Kirchhof, Paul (Hrsg.), Handbuch des Staatsrechts, Band II, S. 429–496, 3. Auflage, Heidelberg 2005.

Böckenförde, Ernst-Wolfgang, Demokratische Willensbildung und Repräsentation, in: Isensee, Josef; Kirchhof, Paul (Hrsg.), Handbuch des Staatsrechts, Band III, S. 31–54, 3. Auflage, Heidelberg 2005.

Böhret, Carl, Institutionalisierte Einflußwege der Verbände in der Weimarer Republik, in: Varain, Heinz Josef (Hrsg.), Interessenverbände in Deutschland, S. 216–227, 1. Auflage, Köln 1973.

Bogdandy, Armin von, Demokratisch, demokratischer, am demokratischsten?, in: Bohnert, Joachim; Gramm, Christof; Kindhäuser, Urs; Lege, Joachim; Rinken, Alfred; Robbers, Gerhard (Hrsg.), Verfassung – Philosophie – Kirche – Festschrift für Alexander Hollerbach zum 70. Geburtstag, S. 363–384, 1. Auflage, Berlin 2001.

Bopp, James Jr.; Rue, Joseph E. La; Kosel, Elizabeth M., The game changer: Citizens United's impact on campaign finance law in general and corporate political speech in particular, in: First Amendment Law Review, Volume 9, S. 251–362.

Boysen, Sigrid, Art. 20 GG, in: Münch, Ingo von (Begr.); Kunig, Philip (Hrsg.), Grundgesetzkommentar, 6. Auflage, München 2012.

Braml, Josef, Mittler zwischen Zivilgesellschaft und Politik: Themennetzwerker, in: Informationen zur politischen Bildung, Heft 4/2013, S. 44–53.

Brenner, Michael, Interessenverbände und öffentliche Anhörungen in: Zeitschrift für Gesetzgebung, 1993, S. 35–51.

Brenner, Michael, Art. 80 GG, in: Mangoldt, Hermann v. (Begr.); Klein, Friedrich; Starck, Christian (Hrsg.), Kommentar zum Grundgesetz, 6. Auflage, München 2010.

Brenner, Michael, Das innere Gesetzgebungsverfahren im Lichte der Hartz IV-Entscheidung des Bundesverfassungsgerichts, in: Zeitschrift für Gesetzgebung, 2011, S. 394–404.

Briffault, Richard, The anxiety of influence: The evolving regulation of lobbying, in: Election Law Journal, Volume 13, S. 160–193.

Brocker, Lars, Art. 42 GG, in: Epping, Volker; Hillgruber, Christian (Hrsg.), Grundgesetz-Kommentar, 2. Auflage, München 2013.

Bröhmer, Jürgen, Transparenz als Verfassungsprinzip, 1. Auflage, Tübingen 2004.

Brugger, Winfried, Liberalismus, Pluralismus, Kommunitarismus, 1. Auflage, Baden-Baden 1999.

Bryde, Brun-Otto, Die bundesrepublikanische Volksdemokratie als Irrweg der Demokratietheorie, in: Staatswissenschaften und Staatspraxis, 1994, S. 305–330.

Buchstein, Hubertus; Göhler, Gerhard, Ernst Fraenkel, in: Bleek, Wilhelm; Lietzmann, Hans J. (Hrsg.), Klassiker der Politikwissenschaft – Von Aristoteles bis David Easton, S. 151–164, 1. Auflage, München 2005.

Bumke, Christian, Der Grundrechtsvorbehalt, 1. Auflage, Baden-Baden 1998.

Bumke, Christian, Die Pflicht zur konsistenten Gesetzgebung, in: Der Staat, Band 49, 2010, S. 77–105.

Bundesministerium der Justiz, Handbuch der Rechtsförmlichkeit: Empfehlungen des Bundesministeriums der Justiz zur einheitlichen rechtsförmlichen Gestaltung von Gesetzen und Rechtsverordnungen nach § 38 Abs. 3 GGO II, 2. Auflage, Köln, 1999.

Bundespräsidialamt, Bericht der Kommission unabhängiger Sachverständiger zu Fragen der Parteienfinanzierung, 1. Auflage, Baden-Baden 2001.

Butzer, Hermann, Art. 38 in: Epping, Volker; Hillgruber, Christian (Hrsg.), Grundgesetz-Kommentar, 2. Auflage, München 2013.

Cain, Bruce E.; Drutman, Lee, Congressional staff and the revolving door: The impact of regulatory change, in: Election Law Journal, Volume 13, S. 27–43.

Caria, Riccardo de, The constitutional right to lobby on two sides of the Atlantic: Between freedom and democracy, in: Cambridge Journal of International and Comparative Law, Volume 2, S. 452–478.

Chari, Raj; Hogan, John; Murphy, Gary, Regulating lobbying: a global comparison, 1. Auflage, Manchester 2012.

Christian, James B.; Hilton, John, Criminal Prosecution of Lobbyists for bribery and offering gratuities to Legislators, in: Loomis, Burdett A. (Hrsg.), Guide to Interest Groups and Lobbying in the United States, S. 555–570, 1. Auflage, Washington 2012.

Clark, Kathleen; Nolan, Beth, Congressional Ethics: Gifts, Travel, Income, and Post-Employment Restrictions, in: Loomis, Burdett A. (Hrsg.), Guide to Interest Groups and Lobbying in the United States, S. 513–523, 1. Auflage, Washington 2012.

Classen, Alexander, Interessenvertretung in der Europäischen Union, 1. Auflage, Wiesbaden 2014.

Clement, Ute; Nowak, Jörg; Ruß, Sabine; Scherrer, Christoph, Public Governance und schwache Interessen, in: Clement, Ute; Nowak, Jörg; Ruß, Sabine; Scherrer, Christoph (Hrsg.), Public Governance und schwache Interessen, S. 7–25, 1. Auflage, Wiesbaden 2010.

Cohen-Eliya, Moshe; Hammer, Yoav, Nontransparent lobbying as a democratic failure, in: William & Mary Policy Review, Volume 2, S. 265–287.

Cornils, Matthias, Rationalitätsanforderungen an die parlamentarische Rechtssetzung im demokratischen Rechtsstaat, in: Deutsches Verwaltungsblatt, 2011, S. 1053–1060.

Dagtoglou, Prodromos, Der Private in der Verwaltung als Fachmann und Interessenvertreter, 1. Auflage, Heidelberg 1964.

Dahl, Robert Alan, Who governs? Democracy and Power in an American City, 2. Auflage, New Haven 2005.

Dahl, Robert Alan, Polyarchy. Participation and opposition, 1. Auflage, New Haven 1971.

Davis, Angela Lynne, Genuine reform or just another meager attempt to regulate lobbyists: A critique of the honest leadership and open government act of 2007, in: Kansas Journal of Law & Public Policy, Volume 18, S. 340–371.

Decker, Oliver; Weißmann, Marliese; Kiess, Johannes; Brähler, Elmar, Die Mitte in der Krise, Rechtsextreme Einstellungen in Deutschland, 1. Auflage, Berlin 2010.

Dederer, Hans-Georg, Korporative Staatsgewalt: Integration privat organisierter Interessen in die Ausübung von Staatsfunktionen; zugleich eine Rekonstruktion der Legitimationsdogmatik, 1. Auflage, Tübingen 2004.

Depenheuer, Otto, Das öffentliche Amt, in: Isensee, Josef; Kirchhof, Paul (Hrsg.), Handbuch des Staatsrechts, Band III, S. 87–130, 3. Auflage, Heidelberg 2005.

Dialer, Doris; Richter, Margarethe, „Cash-for-Amendments"-Skandal: Europaabgeordnete unter Generalverdacht, in: Dialer, Doris; Richter, Margarethe (Hrsg.), Lobbying in der Europäischen Union – Zwischen Professionalisierung und Regulierung, S. 235–255, 1. Auflage, Wiesbaden 2014.

Di Fabio, Udo, Art. 2 GG in: Maunz, Theodor; Dürig, Günter (Begr.), Grundgesetzkommentar, 76. Ergänzungslieferung, München 2015.

Dölling, Dieter, Grundlagen der Korruptionsprävention, in: Dölling, Dieter (Hrsg.), Handbuch der Korruptionsprävention, S. 1–40, 1. Auflage, München 2007.

Dreier, Horst, Art. 20 GG, in: Dreier, Horst (Hrsg.), Grundgesetzkommentar, 2. Auflage, Tübingen 2006.

Dworkin, Ronald, Bürgerrechte ernstgenommen, 1. Auflage, Frankfurt am Main 1984.

Dwyer, Logn; Golden, Kaitlyn; Lehman, Samuel, Public Corruption, in: American Criminal Law Journal, Volume 51, S. 1549–1599.

Eckert, Christoph, Transparenz im Gesetzgebungsprozess, 1. Auflage, Hamburg 2004.

Eisler, Jacob, The unspoken institutional battle over anticorruption: Citizens United, Honest Services, and the legislative-judicial divide, in: First Amendment Law Review, Volume 9, S. 364–447.

Elias, Marc E., Berkon, Jonathan S.: After McCutcheon, in: Harvard Law Review Forum, Volume 127, S. 373–379.

Eliason, Randall D., Surgery with a meat axe: Using honest services fraud to prosecute federal corruption, in: Journal of Criminal Law and Criminology, Volume 99, S. 929–985.

Englich, Birte; Mussweiler, Thomas, Sentencing under uncertainty: Anchoring effects in the courtroom, in: Journal of applied psychology, Volume 31, S. 1535–1551.

Eschenburg, Theodor, Herrschaft der Verbände?, 2. Auflage, Stuttgart 1956.

Eskridge, William N. Jr., Federal Lobbying Regulation: History Through 1954, in: Loomis, Burdett A. (Hrsg.), Guide to Interest Groups and Lobbying in the United States, S. 5–21, 1. Auflage, Washington 2012.

European Parliament, Directorate-General for Research, Lobbying in the European Union, 1. Auflage, Luxemburg 2003.

Faber, Markus, Privatisierung streng geheim! Öffentlichkeitsdefizite bei kommunalen Privatisierungen im Spannungsfeld zu den Anforderungen des Demokratieprinzips, in: Neue Zeitschrift für Verwaltungsrecht, 2003, S. 1317–1322.

Fassbender, Bardo, Wissen als Grundlage staatlichen Handelns, in: Isensee, Josef; Kirchhof, Paul (Hrsg.), Handbuch des Staatsrechts, Band IV, S. 243–312, 3. Auflage, Heidelberg 2006.

Fisahn, Andreas, Demokratie und Öffentlichkeitsbeteiligung, 1. Auflage, Tübingen 2012.

Fischer, Thomas, Strafgesetzbuch: StGB und Nebengesetze, 60. Auflage, München 2013.

Fliedner, Ortlieb, Rechtssetzung in Deutschland – Gesetzgebung in der Demokratie, 1. Auflage, Baden-Baden 2013.

Fraenkel, Ernst, Möglichkeiten und Grenzen politischer Mitarbeit, in: Brünneck, Alexander von (Hrsg.), Ernst Fraenkel – Deutschland und die westlichen Demokratien, S. 283–296, 9. Auflage, Baden-Baden 2011.

Fraenkel, Ernst, Gesammelte Schriften – Band 5: Demokratie und Pluralismus, 1. Auflage, Baden-Baden 2007.

Francuski, Ramona, Die Neuregelung der Abgeordnetenbestechung (§ 108e StGB), in: Onlinezeitschrift für höchstrichterliche Rechtsprechung zum Strafrecht, 2014, S. 220–230.

Friends of the Earth Europe, Corporate Europe Observatory, LobbyControl und Spinwatch, New code – Old conduct?, Juli 2013, abrufbar unter http://www.foeeurope.org/sites/default/files/press_releases/new_code_old_conduct_report_july_2013.pdf (zuletzt abgerufen am 18. Dezember 2015).

Fuchs, Demokratie und Beteiligung in der modernen Gesellschaft, in: Niedermayer, Oskar; Westle, Bettina (Hrsg.), Demokratie und Partizipation – Festschrift für Max Kaase, S. 250–280, 1. Auflage, Wiesbaden 2000.

Fung, Archon; Graham, Mary; Weil, David, Full disclosure – The Perils and Promise of Transparency, 1. Auflage, Cambridge 2007.

Gabriel, Oscar, Bürgerbeteiligung in Deutschland, in: Pohl, Kerstin; Massing, Peter (Hrsg.), Mehr Partizipation – mehr Demokratie?, S. 27–45, 1. Auflage, Schwalbach 2014.

Garrett, Elizabeth; Levin, Ronald M.; Ruger, Theodore, Constitutional issues raised by the Lobbying disclosure act, in: Loomis, Burdett A. (Hrsg.), Guide to Interest Groups and Lobbying in the United States, S. 197–222, 1. Auflage, Washington 2012.

Geißel, Brigitte, Politische (Un-)Gleichheit und die Versprechen der Demokratie, in: Aus Politik und Zeitgeschichte, Heft 38–39/2012, S. 32–37.

Gellner, Winand; Kleiber, Martin, Das Regierungssystem der USA, 2. Auflage, Baden-Baden 2012.

Gerig, Martin, Der rechtliche Rahmen für Lobbyisten, in: Zeitschrift für Rechtspolitik, 2014, S. 247–250.

Gerig, Martin; Ritz, Christian, Pläne für ein verbindliches Lobbyregister – Kommt Zeit, kommt Rat, in: Europäische Zeitschrift für Wirtschaftsrecht, 2014, S. 853–858.

Greenwood, Justin, Interest representation in the European Union, 3. Auflage, Houndsmills 2011.

Griffith, Brian, Lobbying Reform: House-cleaning or window dressing, in: University of Cincinnati Law Review, Volume 75, S. 863–885.

Groschen, Rolf, Die Republik, in: Isensee, Josef; Kirchhof, Paul (Hrsg.), Handbuch des Staatsrechts, Band II, S. 369–428, 3. Auflage, Heidelberg 2004.

Grzeszick, Bernd, Rechte und Ansprüche – Eine Rekonstruktion des Staatshaftungsrechts aus den subjektiven öffentlichen Rechten, 1. Auflage, Tübingen 2002.

Grzeszick, Bernd, Art. 20 GG, in: Maunz, Theodor; Dürig, Günter (Begr.), Grundgesetzkommentar, 76. Ergänzungslieferung, München 2015.

Grzeszick, Bernd; Limanowski, Michael, Nachamtliche Berufsverbote für Politiker, in: Die öffentliche Verwaltung, 2016, S. 313–322.

Günther, Frieder, Denken vom Staat her – Die bundesdeutsche Staatsrechtslehre zwischen Dezision und Integration 1949–1970, 1. Auflage, München 2004.

Günther, Hellmuth, Tätigkeitsverbote auch für Nicht-Versorgungsberechtigte? Nachdenken de lege ferenda, in: Der öffentliche Dienst, 1989, S. 284–291.

Haacke, Eva, Wirtschaftsverbände als klassische Lobbyisten – auf neuen Pfaden, in: Leif, Thomas; Speth, Rudolf (Hrsg.), Die fünfte Gewalt – Lobbyismus in Deutschland, S. 164–187, 1. Auflage, Wiesbaden 2006.

Habermas, Jürgen, Die Einbeziehung des Anderen, 1. Auflage, Frankfurt am Main 1996.

Hadjar, Andreas; Becker, Rolf, Unkonventionelle politische Partizipation, Kölner Zeitschrift für Soziologie und Sozialpsychologie 2007, S. 410–439.

Hahlen, Johann, Stellungnahme in der öffentlichen Anhörung des Hauptausschusses des Landtages Brandenburg, P-HA 5/25–2, Anlage 2, Potsdam, 2011.

Hain, Karl-Eberhard, Die Grundsätze des Grundgesetzes, 1. Auflage, Baden-Baden 1999.

Hartmann, Martin; Offe, Claus, Politische Theorie und politische Philosophie, 1. Auflage, München 2011.

Hasen, Richard L., Lobbying, rent-seeking, and the constitution, in: Stanford Law Review, Volume 64, S. 191–253.

Haug, Volker, Bindungsprobleme und Rechtsnatur parlamentarische Geschäftsordnungen, 1. Auflage, Berlin 1994.

Heberstreit, Ray; Korte, Karl-Rudolf, Partizipation und politisches Entscheiden – Politische Beteiligung im Kontext aktueller Entscheidungszumutungen in der Politik, in: Harles, Lothar; Lange, Dirk (Hrsg.), Zeitalter der Partizipation, 1. Auflage, Schwalbach 2015.

Heerwig, Jennifer A.; Shaw, Katherine, Darkly through a glass: The rhetoric and reality of campaign finance disclosure, in: The Georgetown Law Journal, Volume 102, S. 1443–1500.

Heinig, Hans Michael, Sponsoring von Parteiveranstaltungen, in: JuristenZeitung, 2010, S. 485–495.

Heintzen, Markus, Externe Beratung in der Gesetzgebung, in: Kluth, Winfried; Krings, Günter (Hrsg.), Gesetzgebung – Rechtsetzung durch Parlamente und Verwaltungen sowie ihre gerichtliche Kontrolle, S. 229–245, 1. Auflage, Heidelberg 2014.

Heinz, Vanessa, Der Schleier des Nichtwissens im Gesetzgebungsverfahren, 1. Auflage, Baden-Baden 2009.

Helmes, Sebastian, Spenden an politische Parteien und an Abgeordnete des Deutschen Bundestages, 1. Auflage, Berlin 2014.

Henke, Wilhelm, Das Recht der Wirtschaftssubventionen als öffentliches Vertragsrecht, 1. Auflage, Tübingen 1979.

Hennis, Wilhelm, Regieren im modernen Staat, 1. Auflage, Tübingen 1999.

Hesse, Konrad, Grundzüge des Verfassungsrechts der Bundesrepublik Deutschland, 20. Auflage, Heidelberg 1999.

Heun, Werner, Art. 20 GG, in: Dreier, Horst (Hrsg.), Grundgesetzkommentar, 2. Auflage, Tübingen 2004.

Hey, Johanna, Parteiensponsoring aus steuerrechtlicher Sicht, in: Morlok, Martin; Alemann, Ulrich von; Streit, Thilo (Hrsg.), Sponsoring – ein neuer Königsweg der Parteienfinanzierung?, S. 107–117, 1. Auflage, Baden-Baden 2006.

Hilp, Ulrich, Den bösen Schein vermeiden – Zu Ethos und Recht des Amtes in Staat und Kirche, 1. Auflage, Berlin 2004.

Hitschold, Hans-Joachim; Reiners, Markus, Der Staat – Grundlagen der politischen Bildung, 14. Auflage, Stuttgart 2013.

Hobbes, Thomas, Leviathan, Übersetzung von Walter Euchner, 1. Auflage, Darmstadt 1966.

Hoffmann, Gerhard, Das verfassungsrechtliche Gebot der Rationalität im Gesetzgebungsverfahren, in: Zeitschrift für Gesetzgebung, 1990, S. 97–116.

Höfling, Wolfram, Amtsgedanke und Bürgervertrauen, in: Zeitschrift für Rechtspolitik, 1988, S. 396–400.

Hohmann-Dennhardt, Christine, Hausverbot für Lobbyisten?, in: Forschungsjournal Soziale Bewegung, Heft 1/2009, S. 23–31.

Hölscheidt, Sven; Menzenbach, Steffi, Das Gesetz ist das Ziel: Zum Zusammenhang zwischen gutem Verfahren und gutem Gesetz, in: Die Öffentliche Verwaltung, 2008, S. 139–145.

Holznagel, Bernd, Erosion demokratischer Öffentlichkeit, in: Veröffentlichungen der Vereinigung deutscher Staatsrechtslehrer 68, 2008, S. 381–408.

Hoppe, Tilman, Transparenz per Gesetz? – Zu einem künftigen Lobby-Register, in: Zeitschrift für Rechtspolitik, 2009, S. 39–41.

Horn, Hans-Detlef, Verbände, in: Isensee, Josef; Kirchhof, Paul (Hrsg.), Handbuch des Staatsrechts, Band III, S. 357–386, 3. Auflage, Heidelberg 2005.

Hoven, Elisa, Aktuelle rechtspolitische Entwicklungen im Korruptionsstrafrecht – Bemerkungen zu den neuen Strafvorschriften über Mandatsträgerbestechung und Bestechung im geschäftlichen Verkehr, Neue Zeitschrift für Strafrecht, S. 553–560.

Hrbek, Rudolf, Lobbying, in: Bergmann, Jan (Hrsg.), Grundgesetzkommentar, 4. Auflage, Baden-Baden 2012.

Hubatsch, Walther, Die Stein-Hardenbergschen Reformen, 1. Auflage, Darmstadt 1977.

Huber, Michael, Art. 11 EUV, in: Streinz, Rudolf (Hrsg.), EUV/AEUV, 2. Auflage, München 2012.

Hueber, Alfons, Vereinsrecht im Deutschland des 19. Jahrhunderts, in: Dann, Otto (Hrsg.), Vereinswesen und bürgerliche Gesellschaft in Deutschland, S. 115–132, 1. Auflage, München 1984.

Hübner, Emil; Münch, Ursula, Boombranche kommerzielles Lobbying?, 7. Auflage, München 2013.

Hüller, Thorsten, Demokratie und Sozialregulierung in Europa, 1. Auflage, Frankfurt am Main 2010.

Humborg, Christian, Transparente Interessenvertretung, in: Forschungsjournal Soziale Bewegung, Heft 1/2009, S. 82–90.

Humborg, Christian, Lobbyismus als politische Herausforderung in Deutschland, in: Kloepfer, Michael (Hrsg.), Interessengeleitete Gesetzgebung – Lobbyismus in Deutschland, S. 91–101, 1. Auflage, Baden-Baden 2015.

Huster, Stefan; Rux, Johannes, Art. 20 GG, in: Epping, Volker; Hillgruber, Christian (Hrsg.), Grundgesetz-Kommentar, 2. Auflage, München 2013.

Ipsen, Hans Peter, Verwaltung durch Subvention, in: Veröffentlichungen der Vereinigung deutscher Staatsrechtslehrer 25, 1967, S. 257–307.

Ipsen, Jörn, Abgeordnetenspende – Eine Lücke im Parteiengesetz?, in: Neue Zeitschrift für Verwaltungsrecht, 2003, S. 14–17.

Ipsen, Jörn, Parteiensponsoring als Spende, in: Morlok, Martin; Alemann, Ulrich von; Streit, Thilo (Hrsg.), Sponsoring – ein neuer Königsweg der Parteienfinanzierung?, S. 93–99, 1. Auflage, Baden-Baden 2006.

Ipsen, Jörn, Art. 21 GG, in: Sachs, Michael (Hrsg.), Grundgesetzkommentar, 7. Auflage, München 2014.

Isensee, Josef, Das Amt als Medium des Gemeinwohls, in: Folke Schuppert, Gunnar; Neidhardt, Friedhelm (Hrsg.), Gemeinwohl – auf der Suche nach Substanz, S. 241–270, 1. Auflage, Berlin 2002.

Isensee, Josef, Das antiquierte Amt – Erinnerung an eine Voraussetzung der Freiheit, in: Knies, Wolfgang (Hrsg.), Staat – Amt – Verantwortung, Festschrift für Friedrich Karl Fromme, S. 41–78, 1. Auflage, Stuttgart 2002.

Isensee, Josef, Gemeinwohl im Verfassungsstaat, in: Isensee, Josef; Kirchhof, Paul (Hrsg.), Handbuch des Staatsrechts, Band IV, S. 3–79, 3. Auflage, Heidelberg 2006.

Ismayr, Wolfgang, Der deutsche Bundestag, 3. Auflage, Wiesbaden 2012.

Issacharoff, Samuel; Karlan, Pamela S., The hydraulics of campaign finance reform, in: Texas Law Review, Volume 77, S. 1705–1738.

Janda, Timm, Open Government – Transparenz, Partizipation und Kollaboration als Staatsleitbild, in: Schliesky, Ut; Schulz, Sömke E. (Hrsg.), Transparenz Partizipation, Kollaboartion – Web 2.0 für die öffentliche Verwaltung, S. 11–39, 1. Auflage, Kiel 2012.

Janssen, Albert, Die verfassungsrechtliche Bedeutung des Volkswillens für die Legitimation der Staatsgewalt, in: Die Öffentliche Verwaltung, 2010, S. 949–960.

Jarass, Hans D., Art. 12 GG, in: Jarass, Hans D.; Pieroth, Bodo (Hrsg.), Grundgesetz für die Bundesrepublik Deutschland – Kommentar, 13. Auflage, München 2014.

Jellinek, Georg, Allgemeine Staatslehre, 3. Auflage, Berlin 1914.

Jestaedt, Matthias, Demokratieprinzip und Kondominialverwaltung, 1. Auflage, Berlin 1993.

Johnson, Vincent R., Regulating Lobbyists: Law, Ethics and Public Policy, in: Cornell Journal of Law and Public Policy, Volume 16, S. 1–56.

Johnstone, Anthony, Recalibrating Campaign Finance Law, in: Yale Law and Policy Review, Volume 32, S. 218–237.

Joos, Klemens, Lobbying im neuen Europa, 1. Auflage, Weinheim 2011.

Käßner, Anne, Nebentätigkeiten und Nebeneinkünfte der Mitglieder des Deutschen Bundestages, 1. Auflage, Berlin 2010.

Kelsen, Hans, Der Staat als Integration, Neudruckausgabe in einem Band, Aalen 1971.

Kelso, William Alton, American democratic theory: Pluralism and its critics, 1. Auflage, Westport 1978.

Kersten, Jens, Art. 76 GG, in: Maunz, Theodor; Dürig, Günter (Begr.), Grundgesetzkommentar, 76. Ergänzungslieferung, München 2015.

Kimmel, Daaron, Public corruption concerns and counter-majoritarian democracy definition in Citizens United v. Federal Election Commission, in: Chicago-Kent Law Review, Volume 87, S. 265–297.

Kirov, Jani, Die soziale Logik des Rechts, 1. Auflage, Göttingen 2005.

Kischel, Uwe, Art. 3 GG, in: Epping, Volker; Hillgruber, Christian (Hrsg.), Grundgesetz-Kommentar, 2. Auflage, München 2013.

Kischel, Uwe, Rationalität und Begründung, in: Kube, Hanno; Mellinghoff, Rudolf; Morgenthaler, Gerd; Palm, Ulrich; Puhl, Thomas; Seiler, Christian (Hrsg.), Leitgedanken des Rechts: Paul Kirchhof zum 70. Geburtstag, S. 371–384, 1. Auflage, Heidelberg 2013.

Kissel, Otto Rudolf, Arbeitskampfrecht, 1. Auflage, München 2002.

Kißler, Leo, Parlamentsöffentlichkeit: Transparenz und Artikulation, in: Schneider, Hans-Peter; Zeh, Wolfgang (Hrsg.), Parlamentsrecht und Parlamentspraxis, S. 993–1020, 1. Auflage, Berlin 1989.

Kißler, Leo, Parlament und Gesellschaft, in: Graf von Westphalen, Raban (Hrsg.), Parlamentslehre – Das parlamentarische Regierungssystem im technischen Zeitalter, S. 311–427, 2. Auflage, München 1996.

Klein, Hans Hugo, Art. 21, GG Art. 24 GG, Art. 38 GG, Art. 40 GG und Art. 48 GG, in: Maunz, Theodor; Dürig, Günter (Begr.), Grundgesetzkommentar, 76. Ergänzungslieferung, München 2015.

Klein, Hans Hugo, Gesetzgebungsverfahren, in: Heun, Werner; Starck, Christian (Hrsg.), Das Gesetz – Fünftes Deutsch-Taiwanesisches Kolloquium, S. 81–91, 1. Auflage, Baden-Baden 2012.

Klein, Hans Hugo: Status des Abgeordneten, in: Isensee, Josef; Kirchhof, Paul (Hrsg.), Handbuch des Staatsrechts, Band III, S. 741–767, 3. Auflage, Heidelberg 2005.

Kleindiek, Ralf, Machen Volksgesetzgebung und Transparenz unsere Demokratie besser?, in: Bräuerle, Michael, Dann, Philipp, Wallrabenstein, Astrid (Hrsg.), Demokratie-Perspektiven, S. 175–198, 1. Auflage, Tübingen 2013.

Kleinfeld, Ralf, Die historische Entwicklung der Interessenverbände in Deutschland, in: von Winter, Thomas; Willems, Ulrich (Hrsg.), Interessenverbände in Deutschland, S. 51–83, 1. Auflage, Wiesbaden 2007.

Kleinfeld, Ralf; Willems, Ulrich; Zimmer, Annette, Lobbyismus und Verbändeforschung: Eine Einleitung, in: Kleinfeld, Ralf; Zimmer, Annette; Willems, Ulrich (Hrsg.), Lobbying – Strukturen. Akteure. Strategien, S. 7–35, 1. Auflage, Wiesbaden 2007.

Kloepfer, Michael, Politische Willensbildung in der Gesellschaft, in: Isensee, Josef; Kirchhof, Paul (Hrsg.), Handbuch des Staatsrechts, Band III, S. 389–424, 3. Auflage, Heidelberg 2005.

Kloepfer, Michael, Gesetzgebungsoutsourcing – Die Erstellung von Gesetzentwürfen durch Rechtsanwälte, in: Neue Juristische Wochenschrift, 2011, S. 131–134.

Kloepfer, Michael, Verfassungsrecht I – Grundlagen, Staatsorganisationsrecht, Bezüge zum Völker- und Europarecht, 1. Auflage, München 2011.

Kloepfer, Michael, Interessengeleitete Gesetzgebung – Lobbyismus in der Demokratie, 1. Auflage, Baden-Baden 2015.

Kluth, Winfried, Die Begründung von Gesetzen, in: Kluth, Winfried; Krings, Günter (Hrsg.) Gesetzgebung – Rechtssetzung durch Parlament und Verwaltung sowie ihre gerichtliche Kontrolle, S. 333–356, 1. Auflage, Heidelberg 2014.

Kohler-Koch, Beate; Quittkatt, Christine, Die Öffnung der europäischen Politik für die Zivilgesellschaft – das Konsultationsregime der Europäischen Union, in: Kohler-Koch, Beate; Quittkatt, Christine (Hrsg.), Die Entzauberung partizipativer Demokratie, S. 74–97, 1. Auflage, Frankfurt am Main 2011.

Kolbe, Andres; Hönigsberger, Herbert; Osterberg, Sven, Marktordnung für Lobbyisten – Wie Politik den Lobbyeinfluss regulieren kann, 1. Auflage, Frankfurt/Main 2011.

König, Johann-Günther, Die Lobbyisten, 1. Auflage, Düsseldorf 2007.

Köppl, Peter, Lobbying als strategisches Interessenmanagement, in: Gutschelhofer, Alfred; Scheff, Josef (Hrsg.), Lobby Management. Chancen und Risiken vernetzter Machtstrukturen im Wirtschaftsgefüge, S. 1–35, 1. Auflage, Wien 1998.

Korioth, Stefan, Integration und Bundesstaat – Ein Beitrag zur Staats- und Verfassungslehre Rudolf Smends, 1. Auflage, Berlin 1990.

Korte, Matthias, Korruptionsprävention im öffentlichen Bereich, in: Dölling, Dieter (Hrsg.), Handbuch der Korruptionsprävention, S. 289–350, 1. Auflage, München 2007.

Korte, Matthias, § 331 StGB, in: Joecks, Wolfgang; Miebach, Klaus (Hrsg.), Münchener Kommentar zum Strafgesetzbuch, 2. Auflage, München 2014.

Krajewski, Markus, Rechtliche Grundlagen eines verbindlichen EU-Lobbyregisters, in: Zeitschrift für Rechtspolitik, 2013, S. 236–240.

Kreiner, Maria, Normative und empirische Demokratietheorie, in: Meints, Waltraud; Daxner, Michael; Kraiker, Gerhard (Hrsg.) Raum der Freiheit: Reflexionen über Idee und Wirklichkeit - Festschrift für Antonia Grunenberg, S. 419–432, 1. Auflage, Bielefeld 2009.

Krick, Eva, Je strenger, desto besser? Lobbyismusregulierung in den USA und der EU, in: von Winter, Thomas; von Blumenthal, Julia (Hrsg.), Interessengruppen und Parlamente, S. 235–274, 1. Auflage, Wiesbaden 2014.

Krishnakumar, Anita S., Towards a madisonian, interest-group-based, approach to lobbying regulation, in: Alabama Law Review, Volume 58, S. 513–573.

Krüdewagen, Ute, Die Selbstdarstellung des Staates – Eine Untersuchung der Selbstdarstellung der Bundesrepublik Deutschland und der Vereinigten Staaten von Amerika, 1. Auflage, München 2002.

Krüger, Herbert, Allgemeine Staatslehren, 1. Auflage, Stuttgart 1966.

Krüper, Julian, Lawfirm – legibus solutus?, in: Juristen Zeitung, 2010, S. 655–662.

Kubiciel, Michael, Politische Korruption: Diskussion in einer Ethikkommission?, in: Zeitschrift für Rechtspolitik, 2014, S. 48–50.

Kugele, Dieter, § 105 BBG, in: Kugele, Dieter (Hrsg.), Kommentar zum Bundesbeamtengesetz, 1. Auflage, Münster 2011.

Kühlung, Jürgen, Erosion demokratischer Öffentlichkeit, in: Deutsches Verwaltungsblatt, 2008, S. 1098–1106.

Kühn, Matthias K., Verhaltensregeln für Bundestagsabgeordnete, 1. Auflage, Berlin 2011.

Kunig, Philip, Art. 21 GG, in: Kunig, Philip (Hrsg.); von Münch, Ingo (Begr.), Grundgesetz-Kommentar, 6. Auflage, München 2012.

Lahner, Johannes, Boombranche kommerzielles Lobbying?, 1. Auflage, Hamburg 2013.

Lamparello, Adam, Citizens Disunited: McCutcheon v. Federal Election Commission, in: Indiana Law Review Supplement, Volume 90, S. 43–51.

Lampe, Joachim, § 25, § 27 PartG, in: Ambs, Friedrich; Häberle, Peter (Hrsg.); Erbs, Georg (Begr.), Strafrechtliche Nebengesetze, 345. Ergänzungslieferung, München 2015.

Landfried, Christine, Parteifinanzen und politische Macht, 2. Auflage, Baden-Baden 1994.

Lang, Heinrich, Art. 40 GG, in: Friauf, Heinrich; Höfling, Wolfram (Hrsg.), Berliner Kommentar zum Grundgesetz, 44. Ergänzungslieferung, Berlin 2014.

Laski, Harold, Studies in the Problem of Sovereignty, 1. Auflage, New Haven 1917.

Leatherberry, Wilbur C., Rethinking regulation of independent expenditures by PACs, in: Case Western Reserve Law Review, Volume 35, S. 13–50.

Lederer, Beatrice, Open Data – Informationsöffentlichkeit unter dem Grundgesetz, 1. Auflage, 2015, Berlin.

Lehmbruch, Gerhard, Wandlung der Interessenpolitik im liberalen Korporatismus, in: Alemann, Ulrich von; Heinze, Rolf G. (Hrsg.), Verbände und Staat – Vom Pluralismus zum Korporatismus, S. 50–71, 1. Auflage, Opladen 1979.

Leif, Thomas; Speth, Rudolf, Die fünfte Gewalt – Anatomie des Lobbyismus in Deutschland, in: Leif, Thomas; Speth, Rudolf (Hrsg.), Die fünfte Gewalt – Lobbyismus in Deutschland, S. 10–37, 1. Auflage, Wiesbaden 2006.

Leif, Thomas, Lobbyismus als Vertrauensvernichtung und Imageverletzung des Parlaments, in: Forschungsjournal Soziale Bewegung, Heft 01/2009, S. 13–22.

Leif, Thomas, Von der Symbiose zur Systemkrise in: Aus Politik und Zeitgeschichte, Heft 19/2010, S. 3–9.

Leipholz, Gerhard; Rinck, Hans-Justus (Begr.); Hesselberger, Dieter (Hrsg.), Grundgesetz für die Bundesrepublik Deutschland, 67. Ergänzungslieferung, Köln 2015.

Lemhöfer, Bernt, § 71 BBG, in: Plog, Ernst; Wiedow, Alexander (Begr.), Kommentar zum Bundesbeamtengesetz, 345. Ergänzungslieferung, Köln 2014.

Lerche, Peter, Die Verfassung als Quelle von Optimierungsgeboten?, in: Burmeister, Joachim (Hrsg.), Verfassungsstaatlichkeit – Festschrift für Klaus Stern zum 65. Geburtstag, S. 197–209, 1. Auflage, München 1997.

Lhotta, Roland, Rudolf Smends Integrationslehre und die institutionelle Rückgewinnung des Politischen im modernen Staat des permanenten Übergangs, in: Lhotta, Roland (Hrsg.), Die Integration des modernen Staates, S. 37–68, 1. Auflage, Baden-Baden 2005.

Lianes, Manuel; Kahler, Tobias, Die Rolle der Public-Affairs-Agenturen in Berlin, in: Leif, Thomas; Speth, Rudolf (Hrsg.), Die fünfte Gewalt – Lobbyismus in Deutschland, S. 290–301, 1. Auflage, Wiesbaden 2006.

Linck, Joachim; Unmittelbare Bürgerbeteiligung am parlamentarischen Gesetzgebungsprozess, in: Zeitschrift für Gesetzgebung, 2004, S. 137–148.

Linck, Joachim, Verfestigung des Leitbilds vom Berufsabgeordneten durch das BVerfG, in: Neue Juristische Wochenschrift, 2008, S. 24–28.

Llanque, Marcus, Die politische Theorie der Integration: Rudolf Smend, in: Brodocz, André; Schaals, Gary S., Politische Theorien der Gegenwart, Band 1, S. 317–343, 1. Auflage, Opladen 2002.

LobbyControl, Kurzstudie: Ein Jahr Verhaltenskodex im europäischen Parlament, Februar 2013, abrufbar unter http://www.lobbycontrol.de/wp-content/uploads/130220-Studie-Verhaltenskodex.pdf (zuletzt abgerufen am 18. Dezember 2015).

LobbyControl; Transparency International Deutschland, Regulierung und Transparenz von Einflussnahme und Lobbyismus, abrufbar unter: https://www.transparency.de/fileadmin/pdfs/Themen/Politik/Papier_Transparency_Lobbycontrol_Regulie rung_Lobbyismus_13-03-21.pdf (zuletzt abgerufen am 1. Februar 2016).

Locke, John, Zwei Abhandlungen über die Regierung, Deutsche Übertragung von Hans Jörn Hoffmann, 1. Auflage, Frankfurt am Main 1967.

Lösche, Peter, Demokratie braucht Lobbying, in: Leif, Thomas; Speth, Rudolf (Hrsg.), Die fünfte Gewalt – Lobbyismus in Deutschland, S. 53–68, 1. Auflage, Wiesbaden 2006.

Lösche, Peter, Verbände und Lobbyismus in Deutschland, 1. Auflage, Stuttgart 2007.

Lösche, Peter, Verbände, Gewerkschaften und das System der Arbeitsbeziehungen, in: Lösche, Peter (Hrsg.), Länderbericht USA, S. 274–314, 5. Auflage, Bonn 2008.

Lücke, Jörg, Die Allgemeine Gesetzgebungsordnung, in: Zeitschrift für Gesetzgebung, 2001, S. 1–49.

Luhmann, Niklas, Funktionen und Folgen formaler Organisation, 3. Auflage, Berlin 1976.

Luneburg, William V., Anonymity and its dubious relevance to the constitutionality of lobbying disclosure legislation, in: Stanford law & policy review, Volume 19, S. 69–104.

Luneburg, William V., The evolution of federal lobbying regulation: Where we are now and where we should be going, in: McGeorge Law Review, Volume 41, S. 85–130.

Luneburg, William V.; Spitzer; A. L., The Lobbying Disclosure Act of 1995: Scope of Cover Age, in: Loomis, Burdett A. (Hrsg.), Guide to Interest Groups and Lobbying in the United States, S. 43–104, 1. Auflage, Washington 2012.

Magiera, Siegfried, Art. 38 GG und Art. 42 GG, in: Sachs, Michael (Begr.), Grundgesetzkommentar, 6. Auflage, München 2011.

Malessa, Stephan, Beruf – Politik – Transparenz, Nebentätigkeiten-Regeln für Bundestagsabgeordnete im internationalen Vergleich, 1. Auflage, Wiesbaden 2012.

Malmendier, Ulrike; Schmidt, Klaus, You owe me, in: National Bereu of Ergonomik Research, 2012, S. 1–47.

Manssen, Gerrit, Art. 12 GG, in: Mangoldt, Hermann v. (Begr.); Klein, Friedrich; Starck, Christian (Hrsg.), Kommentar zum Grundgesetz, 6. Auflage, München 2010.

Marxens, Christian, Open Stakeholder Consultations at the European Level – Voice of the Citizens?, in: European Law Journal, 2012, S. 257–280.

Mayer, Abgeordnetenbestechung (§ 108e a.F. StGB) – eine Vorschrift auf dem Prüfstand, 1. Auflage, Heidelberg 2014.

Mehde, Veith, Neues Steuerungsmodell und Demokratieprinzip, 1. Auflage, Berlin 2000.

Mengel, Hans-Joachim, Grundvoraussetzungen demokratischer Gesetzgebung – Zur Notwendigkeit einer Prozeßordnung des inneren Gesetzgebungsverfahrens, in: Zeitschrift für Rechtspolitik, 1984, S. 153–161.

Merkle, Hans, Lobbying. Das Praxishandbuch für Unternehmen, 1. Auflage, Darmstadt 2003.

Merten, Detlef, Optimale Methodik der Gesetzgebung als Sorgfalts- oder Verfassungspflicht, in: Hill, Hermann (Hrsg.), Zustand und Perspektiven der Gesetzgebung, S. 81–98, 1. Auflage, Berlin 1988.

Merten, Detlef, Über Staatsziele, in: Die Öffentliche Verwaltung, 1993, S. 368–377.

Meßerschmidt, Klaus, Gesetzgebungsermessen, 1. Auflage, Berlin 2000.

Meßerschmidt, Klaus, Private Gesetzgebungshelfer – Gesetzgebungsoutsourcing als privatisiertes Regulierungsmanagement in der Kanzleiendemokratie, in: Der Staat 51, 2012, S. 388–415.

Meßerschmidt, Klaus, Special interest legislation als Thema von Gesetzgebungslehre und Verfassungsrecht, in: Franzius, Claudio; Lejeune, Stefanie; Lewinski, Kai von; Meßerschmidt, Klaus; Michael, Gerhard; Rossi, Matthias; Schilling, Theodor; Wysk, Peter (Hrsg.), Beharren. Bewegen. Festschrift für Michael Kloepfer zum 70. Geburtstag, S. 811–850, 1. Auflage, Berlin 2013.

Meyer, Hans, Erste Überlegungen des Landtags Brandenburg zu einem Lobbyistenregister, Drs. P-HA 5/25 – 2, Potsdam, 2011.

Meyer, Hans, Stellungnahme in der öffentlichen Anhörung des Hauptausschusses des Landtages Brandenburg, P-HA 5/25 – 2, Anlage 1, Potsdam, 2011.

Meyer, Thomas, Was ist Demokratie, 1. Auflage, Wiesbaden 2009.

Mielke, Gerd, Forschungsdefizite: Die wissenschaftliche Landkarte des Lobbyismus in: Netzwerk Recherche-Werkstatt, Nr. 12, S. 28–37.

Moessing, Lisa, Lobbying uncovered? Lobbying Registration in the European Union and the United States, 1. Auflage, Stuttgart 2014.

Morlok, Martin, Demokratie und Wahlen, in: Badura, Peter; Dreier, Horst (Hrsg.), Festschrift 50 Jahre Bundesverfassungsgericht, 2. Band, Klärung und Fortbildung von Verfassungsrecht, S. 559–608, 1. Auflage, Tübingen 2001.

Morlok, Martin; Schindler, Alexandra, Smend als Klassiker: Rudolf Smends Beitrag zu einer modernen Verfassungstheorie, in: Lhotta, Roland (Hrsg.), Die Integration des modernen Staates, S. 13–35, 1. Auflage, Baden-Baden 2005.

Morlok, Martin, Art. 21 GG, Art. 38 GG, Art. 40 GG und Art. 48 GG, in: Dreier, Horst (Hrsg.), Grundgesetzkommentar, 2. Auflage, Tübingen 2006.

Murswiek, Dietrich, Art. 2 GG, in: Sachs, Michael (Hrsg.), Grundgesetzkommentar, 7. Auflage, München 2014.

Narr, Wolf-Dieter, Pluralistische Gesellschaft, 1. Auflage, Hannover 1969.

Nettesheim, Martin, Art. 11 EUV, in: Grabitz, Eberhard; Hilf, Meinhard; Nettesheim, Martin (Hrsg.), Das Recht der Europäischen Union, 54. Ergänzungslieferung, München 2014.

Niederhafner Stefan; Speth, Rudolf, Die Ministerialbürokratie in Deutschland – Vom Kellner zum Koch?, in: Forschungsjournal Soziale Bewegung, Heft 3/2004, S. 23–35.

Oberreuter, Heinrich, Republikanische Demokratie – Der Verfassungsstaat im Wandel, 1. Auflage, Baden-Baden 2012.

Obholzer, Lukas, A Call to Members of the European Parliament: Take transparency seriously and enact the 'legislative footprint', CEPS Policy Brief No. 256, Brüssel, 2011.

Olberding, Benedikt, Rechtliche Möglichkeiten der Steuerung von Interessenpolitik, 1. Auflage, Osnabrück 2013.

Oldfield, Adrian, Citizenship: An unnatural practice, Political Quarterly 1990, S. 177–187.

Oldopp, Birgit, Das politische System der USA, 1. Auflage, Wiesbaden 2005.

Ossenbühl, Fritz, Verfahren der Gesetzgebung, in: Isensee, Josef; Kirchhof, Paul (Hrsg.), Handbuch des Staatsrechts, Band V, S. 223–259, 3. Auflage, Heidelberg 2007.

Ossenbühl, Fritz, Rechtsverordnung, in: Isensee, Josef; Kirchhof, Paul (Hrsg.), Handbuch des Staatsrechts, Band V, S. 261–303, 3. Auflage, Heidelberg 2007.

Ottmann, Henning, Liberale, republikanische, deliberative Demokratie, in: Synthesis Philosophica, 2006, S. 315–325.

Otto, Petra, Die Entwicklung der Verfassungslehre in der Weimarer Republik, 1. Auflage, Frankfurt am Main 2002.

Parlamentarischer Beratungsdienst des Landtags Brandenburg, Erste Überlegungen zu einem Lobbyistenregister, Potsdam, 2011.

Patzelt, Werner J., Einführung in die Politikwissenschaft, 6. Auflage, Passau 2007.

Pestalozza, Christian, Gesetzgebung im Rechtsstaat, in: Neue Juristische Wochenschrift, 1981, S. 2081–2087.

Piechaczek, Oliver, Lobbyismus im Deutschen Bundestag – Lobbytätigkeiten von Bundestagsabgeordneten (Built-in-Lobbyismus) im Lichte des Verfassungs- und Abgeordnetenrechtes, 1. Auflage, Tübingen 2014.

Pünder, Hermann, Wahlrecht und Parlamentsrecht als Gelingensbedingungen repräsentativer Demokratie, in: Veröffentlichungen der Vereinigung deutscher Staatsrechtslehrer 72, 2012, S. 193–267.

Pünder, Hermann, „Open Government leads to Better Government" – Überlegungen zur angemessenen Gestaltung von Verwaltungsverfahren, in: Natur und Recht, 2005, S. 71–79.

Quaritsch, Helmut, Probleme der Selbstdarstellung des Staates, 1. Auflage, Tübingen 1977.

Quittkat, Christine, Neue Medien im Dienste der Demokratie? Der zivilgesellschaftliche Gewinn von Online-Konsultationen, in: Kohler-Koch, Beate; Quittkatt, Christine (Hrsg.), Die Entzauberung partizipativer Demokratie, S. 125–166, 1. Auflage, Frankfurt am Main 2011.

Read, Marion McLane, Between a rock and a hard place: Looking beyond statutes and the first amendment to adress ethical concerns in federal lobbying, in: Georgetown Journal of legal ethics, Volume 24, S. 783–799.

Redeker, Konrad, Wege zur besseren Gesetzgebung, in: Zeitschrift für Rechtspolitik, 2004, S. 160–163.

Redelfs, Manfred, Mehr Transparenz gegen die Macht der Lobbyisten, in: Leif, Thomas; Speth, Rudolf (Hrsg.), Die fünfte Gewalt – Lobbyismus in Deutschland, S. 333–350, 1. Auflage, Wiesbaden 2006.

Regan, Dennis T., Effects of a favor and liking on compliance, in: Journal of social experimental social psychology, Volume 7, S. 627–639.

Reicherzer, Max, Authentische Gesetzgebung – Gesetzesvorbereitende Vereinbarungen mit Umsetzungsgesetz auf dem Prüfstand des Grundgesetzes, 1. Auflage, Berlin 2006.

Reimann, Mathias; Zimmermann, Reinhard, The Oxford Handbook of Comparative Law, 1. Auflage, Oxford 2008.

Reimer, Franz, Verfassungsprinzipien – Ein Normtyp im Grundgesetz, 1. Auflage, Berlin 2001.

Relman, John P., Making campaign finance law enforceable: Closing the independent expenditure loophole, in: University of Michigan Journal of Law Reform, Volume 15, S. 363–397.

Remmert, Barbara, Art. 80 GG in: Maunz, Theodor; Dürig, Günter (Begr.), Grundgesetzkommentar, 76. Ergänzungslieferung, München 2015.

Reutter, Werner, Deutschland – Verbände zwischen Pluralismus, Korporatismus und Lobbyismus, in: Reutter, Werner (Hrsg.), Verbände und Interessengruppen in den Ländern der Europäischen Union, S. 129–164, 2. Auflage, Wiesbaden 2012.

Richter, Carolin, Lobbyismus und Abgeordnetenbestechung – Legitimität und Grenze der Einflussnahme von Lobbyisten auf Abgeordnete, 1. Auflage, Aachen 1997.

Risse, Horst, Verfassungsrechtliche und politische Grenzen des Gesetzgebungsoutsourcing, in: Kloepfer, Michael (Hrsg.), Gesetzgebungsoutsourcing – Gesetzgebung durch Rechtsanwälte?, S. 109–129, 1. Auflage, Baden-Baden 2011.

Ritzi, Claudia; Schaal, Gary S., Politische Führung in der „Postdemokratie", in: Aus Politik und Zeitgeschichte, Heft 2–3/2010, S. 9–15.

Röper, Erich, Befangenheitsregelung für parallele Berufstätigkeit von Abgeordneten, in: Zeitschrift für Parlamentsfragen, Heft 2/2005, S. 425–431.

Roll, Hans-Achim, Verhaltensregeln, in: Schneider, Hans-Peter; Zeh, Wolfgang (Hrsg.), Parlamentsrecht und Parlamentspraxis, S. 607–617, 1. Auflage, Berlin 1989.

Ross, Thomas, Ethics Law and the Lawyer/Lobbyist, in: Loomis, Burdett A. (Hrsg.), Guide to Interest Groups and Lobbying in the United States, S. 689–715, 1. Auflage, Washington 2012.

Rousseau, Jean-Jacques, Vom Gesellschaftsvertrag, in: Rousseau, Jean-Jacques, Politische Schriften Band 1, Übersetzung von Ludwig Schmidts, S. 59–208, 1. Auflage, Paderborn 1977.

Rossi, Matthias, Erscheinungsformen nichtstaatlicher Einflüsse auf die staatliche Gesetzgebung, in: Kloepfer, Michael (Hrsg.), Gesetzgebungsoutsourcing – Gesetzgebung durch Rechtsanwälte?, S. 25–78, 1. Auflage, Baden-Baden 2011.

Roßnagel, Alexander; von Wangenheim, Georg, Schwache Interessen in der Selbstregulierung im Umweltrecht, in: Clement, Ute; Nowak, Jörg; Ruß, Sabine; Scherrer, Christoph (Hrsg.), Public Governance und schwache Interessen, S. 127–139, 1. Auflage, Wiesbaden 2010.

Rudzio, Wolfgang, Politisches System der BRD, 8. Auflage, Wiesbaden 2011.

Ruffert, Matthias, Art. 12 GG, in: Epping, Volker; Hillgruber, Christian (Hrsg.), Grundgesetz-Kommentar, 2. Auflage, München 2013.

Rupp, Hans Heinrich, Die Unterscheidung von Staat und Gesellschaft, in: Isensee, Josef; Kirchhof, Paul (Hrsg.), Handbuch des Staatsrechts, Band II, S. 879–928, 3. Auflage, Heidelberg 2005.

Saage, Richard, Demokratietheorien, 1. Auflage, Wiesbaden 2005.

Saam, Daniel, Kollektive Rechtsbehelfe zur Durchsetzung von Schadensersatzansprüchen im europäischen Wettbewerbs- und Verbraucherrecht, 1. Auflage, Baden-Baden 2011.

Sachs, Michael: Zur dogmatischen Struktur der Gleichheitsrechte als Abwehrrechte, in: Die Öffentliche Verwaltung, 1984, S. 411–419.

Sachs, Michael, Art. 20 GG, in: Sachs, Michael (Hrsg.), Grundgesetzkommentar, 6. Auflage, München 2011.

Sägesser, Thomas, Das Vernehmlassungsverfahren im Schweizerischen Bundesstaat, in: Zeitschrift für Gesetzgebung 2004, S. 364–372.

Saliger, Frank; Sinner, Stefan, Korruption und Betrug durch Parteispenden, in: Neue Juristische Wochenschrift, 2005, S. 1073–1078.

Sample, James, The Last Rites of Public Campaign Financing, in: Nebraska Law Review, Volume 92, S. 349–403.

Schaller, Heiner, Strafrechtliche Probleme der Abgeordnetenbestechung, 1. Auflage, Tübingen 2002.

Schattenschneider, Elmar E., The semisovereign People. A Realists' view of democracy in America, 1. Auflage, Hinsdale 1975.

Scheffczyk, Fabian, Karenzzeit für Bundesminister und parlamentarische Staatssekretäre, in: Zeitschrift für Rechtspolitik, 2015, S. 133–136.

Schendelen, Rinus van, Brüssel: Die Champions League des Lobbying, in: Leif, Thomas; Speth, Rudolf (Hrsg.), Die fünfte Gewalt – Lobbyismus in Deutschland, S. 132–163, 1. Auflage, Wiesbaden 2006.

Schlaich, Klaus, Verfassungsgerichtsbarkeit im Gefüge der Staatsfunktionen, in: Veröffentlichungen der Vereinigung deutscher Staatsrechtslehrer 39, 1981, S. 98–146.

Schliesky, Utz, Souveränität und Legitimität von Herrschaftsgewalt, 1. Auflage, Tübingen 2004.

Schliesky, Utz, Parlamentsfunktionen, in: Morlok, Martin; Schliesky, Utz; Wiefelspütz, Dieter (Hrsg.), Parlamentsrecht – Praxishandbuch, § 5, 1. Auflage, Baden-Baden 2016.

Schmedes, Hans-Jörg, Mehr Transparenz wagen? Zur Diskussion um ein gesetzliches Lobbyregister beim Deutschen Bundestag, in: Zeitschrift für Parlamentsfragen, Heft 3/2009, S. 543–560.

Schmedes, Hans-Jörg; Heiko, Kretschmer, Interessen, Transparenz, Vertrauen – und die Legitimität von Politik, in: von Winter, Thomas; von Blumenthal, Julia (Hrsg.), Interessengruppen und Parlamente, S. 311–333, 1. Auflage, Wiesbaden 2014.

Schmedes, Hans-Jörg; Ruhose, Fedor, Vertrauen, Teilhabe und Transparenz – Werte und Legitimität von Politik, in: Krell, Christian; Mörschel, Tobias (Hrsg.), Werte und Politik, S. 169–191, 1. Auflage, Wiesbaden 2015.

Schmidt, Manfred G., Das politische System Deutschlands – Institutionen, Willensbildung und Politikfelder, 1. Auflage, Bonn 2007.

Schmidt, Manfred G., Demokratietheorien – Eine Einführung, 5. Auflage, Wiesbaden 2010.

Schmitt Glaeser, Walter, Politische Willensbildung in der Gesellschaft, in: Isensee, Josef; Kirchhof, Paul (Hrsg.), Handbuch des Staatsrechts, Band III, S. 229–262, 3. Auflage, Heidelberg 2005.

Schmitter, Philippe C., Interessenverbände und Regierbarkeit, in: Alemann, Ulrich von; Heinze, Rolf G. (Hrsg.), Verbände und Staat – Vom Pluralismus zum Korporatismus, S. 92–114, 1. Auflage, Opladen 1979.

Schnapp, Friedrich E., Darf es von Rechts wegen den „gläsernen Abgeordneten" geben?, in: Nordrhein-Westfälische Verwaltungsblätter, 2006, S. 401–405.

Schnapp, Friedrich, Art. 20 GG, in: Münch, Ingo von (Begr.); Kunig, Philip (Hrsg.), Grundgesetzkommentar, 6. Auflage, München 2012.

Schnapp, Kai-Uwe, Graue Eminenzen oder loyale Diener? Regierungsbürokratien in politischen Gestaltungsprozessen, in: Forschungsjournal Soziale Bewegung, Heft 3/2004, S. 36–42.

Schneider, Hans, Gesetzgebung – Ein Lehr- und Handbuch, 3. Auflage, Heidelberg 2002.

Schoch, Friedrich, Entformalisierung staatlichen Handelns, in: Isensee, Josef; Kirchhof, Paul (Hrsg.), Handbuch des Staatsrechts, Band III, S. 131–227, 3. Auflage, Heidelberg 2005.

Schoeneman, Brian W., The Scarlet L: Have recent developments in lobbying regulation gone too far?, in: Catholic University Law Review, Volume 60, S. 505–532.

Scholz, Rupert, Art. 12 GG, in: Maunz, Theodor; Dürig, Günter (Begr.), Grundgesetzkommentar, 76. Ergänzungslieferung, München 2015.

Schreiber, Wolfgang, Art. 38 GG, in: Friauf, Heinrich; Höfling, Wolfram (Hrsg.), Berliner Kommentar zum Grundgesetz, 44. Ergänzungslieferung, Berlin 2014.

Schröder, Heinrich Josef, Gesetzgebung und Verbände, 1. Auflage, Berlin 1976.

Schröder, Meinhard, Grundlagen und Anwendungsbereich des Parlamentsrechts, 1. Auflage, Baden-Baden 1979.

Schubert, Klaus; Klein, Martina, Das Politiklexikon, 1. Auflage, Bonn 2011.

Schultz, David, Revisiting Buckley v. Valeo: Eviscreating the line between contributions and independent expenditures, in: Journal of Law & Politics, Volume 15, S. 33–107.

Schulze-Fielitz, Helmuth, Herrschaft der Verbände?, 1. Auflage, Berlin 1988.

Schulze-Fielitz, Helmuth, Rationalität als rechtsstaatliches Prinzip, in: Kirchhof, Paul; Lehner, Moris; Raupach, Arndt; Rodi, Michael (Hrsg.), Staaten und Steuern – Festschrift für Klaus Vogel zum 70. Geburtstag, S. 311–330, 1. Auflage, Heidelberg 2000.

Schumacher, Hajo, „Die ewig netten Herren" – Berlin ist die Hauptstadt eines wild wachsenden Lobbyismus in: Leif, Thomas; Speth, Rudolf (Hrsg.), Die fünfte Gewalt – Lobbyismus in Deutschland, S. 78–87, 1. Auflage, Wiesbaden 2006.

Schuster, Christian H.; Üster, Deniz, Lobbying in der Praxis: Strategien und Instrumente für Verbände, 1. Auflage, Nürnberg 2015.

Schwaabe, Christian, Politische Theorie 2 – Von Rousseau bis Rawls, 1. Auflage, Paderborn 2007.

Schwerdtfeger, Gunter, Optimale Methodik der Gesetzgebung als Verfassungspflicht, in: Stödter, Rolf; Thieme, Werner (Hrsg.), Hamburg, Deutschland, Europa, Festschrift für Hans Peter Ipsen zum 70. Geburtstag, S. 173–188, 1. Auflage, Tübingen 1977.

Sebaldt, Martin; Straßner, Alexander, Verbände in der Bundesrepublik Deutschland, 1. Auflage, Wiesbaden 2004.

Sebaldt, Martin, Strukturen des Lobbying: Deutschland und die USA im Vergleich, in: Kleinfeld, Ralf; Zimmer, Annette; Willems, Ulrich (Hrsg.), Lobbying – Strukturen. Akteure. Strategien, S. 92–123, 1. Auflage, Wiesbaden 2007.

Sendler, Horst, Abhängigkeiten der unabhängigen Abgeordneten, in: Neue Juristische Wochenschrift, 1985, S. 1425–1433.

Smeddinck, Ulrich, Integrierte Gesetzesproduktion – Der Beitrag der Rechtswissenschaft zur Gesetzgebung in interdisziplinärer Perspektive, 1. Auflage, Berlin 2006.

Smend, Rudolf, Verfassung und Verfassungsrecht, 1. Auflage, München 1928.

Smend, Rudolf, Integration, in: Kunst, Hermann; Grundmann, Siegfried (Begr.); Kunst, Hermann; Herzog, Roman, Schneemelcher, Wilhelm (Hrsg.), Evangelisches Staatslexikon, Spalte 1024–1027, 2. Auflage, Stuttgart 1966.

Smith, Adam, An inquiry into the nature and cause of the Wealth of Nations, 1. Auflage, New York 1937.

Smith, Stephan, Konfliktlösung im demokratischen Bundesstaat, 1. Auflage, Berlin 2011.

Sobota, Katharina, Das Prinzip Rechtsstaat, 1. Auflage, Tübingen 1997.

Sodan, Helge, Lobbyregister als Verfassungsproblem, in: Landes- und Kommunalverwaltung, 2012, S. 193–202.

Sommermann, Karl-Peter, Art. 20 GG, in: Mangoldt, Hermann v. (Begr.); Klein, Friedrich; Starck, Christian (Hrsg.), Kommentar zum Grundgesetz, 6. Auflage, München 2010.

Sontheimer, Kurt, Pluralismus, in: Fraenkel, Ernst; Bracher, Karl Dietrich (Hrsg.), Staat und Politik, S. 254–27, 3. Auflage, Frankfurt am Main 1966.

Speth, Rudolf, Die Ministerialbürokratie: Erste Adresse der Lobbyisten, in: Leif, Thomas; Speth, Rudolf (Hrsg.), Die fünfte Gewalt – Lobbyismus in Deutschland, S. 99–110, 1. Auflage, Wiesbaden 2006.

Speth, Rudolf, Wege und Entwicklungen der Interessenpolitik, in: Leif, Thomas; Speth, Rudolf (Hrsg.), Die fünfte Gewalt – Lobbyismus in Deutschland, S. 38–52, 1. Auflage, Wiesbaden 2006.

Speth, Rudolf, Das Bezugssystem Politik – Lobby – Öffentlichkeit, in: Aus Politik und Zeitgeschichte, Heft 19/2010, S. 9–15.

Stahl, Michael, Gesellschaft und Staat bei den Griechen: Archaische Zeit, 1. Auflage, Paderborn 2003.

Starck, Christian, Praxis der Verfassungsauslegung, Band II, 1. Auflage, Baden-Baden 2006.

Starck, Christian, Art. 3 GG, in: Mangoldt, Hermann von (Begr.); Klein, Friedrich; Starck, Christian (Hrsg.), Grundgesetzkommentar, 6. Auflage, München 2010.

Steffani, Winfried, Pluralistische Demokratie – Studien zur Theorie und Praxis, 1. Auflage, Opladen 1980.

Steffani, Winfried, Vom Pluralismus zum Neopluralismus, in: Oberreuter, Heinrich (Hrsg.), Pluralismus – Grundlegung und Diskussion, S. 37–108, 1. Auflage, Opladen 1980.

Stein, Alex, Corrupt intensions: bribery, unlawful gratuity, and honest-services fraud, in: Law and Contemporary Problems, Volume 75, S. 61–81.

Stein, Ulrich, Rudolphi, Hans-Joachim, § 108e StGB und § 331 StGB, in: Rudolphi, Hans-Joachim; Horn, Eckhard (Begr.), Systematischer Kommentar zum Strafgesetzbuch, 130. Ergänzungslieferung, Köln 2012.

Steinberg, Rudolf, Parlament und organisierte Interessen, in: Schneider, Hans-Peter; Zeh, Wolfgang (Hrsg.), Parlamentsrecht und Parlamentspraxis in der Bundesrepublik Deutschland, S. 217–260, 1. Auflage, Berlin 1989.

Stern, Jürgen, Verbände als Instrument politischer Unternehmer: Robert H Salisbury, in: Sebaldt, Martin; Strassner, Alexander (Hrsg.), Klassiker der Verbändeforschung, S. 110–129, 1. Auflage, Wiesbaden 2006.

Stern, Klaus, Das Staatsrecht der Bundesrepublik Deutschland, Band I, Grundbegriffe und Grundlagen des Staatsrechts, Strukturprinzipien der Verfassung, 2. Auflage, München 1984.

Straßner, Alexander, Funktionen von Verbänden in der modernen Gesellschaft, in: Aus Politik und Zeitgeschichte, Heft 15–16/2006, S. 10–17.

Streeck, Wolfgang, Einleitung des Herausgebers. Staat und Verbände: Neue Fragen. Neue Antworten?, in: Staat und Verbände, Sonderheft 25 der Politischen Vierteljahresschrift, S. 7–34, 1. Auflage, Opladen 1994.

Streinz, Rudolf, Art. 21 GG, in: Mangoldt, Hermann v. (Begr.); Klein, Friedrich; Starck, Christian (Hrsg.), Kommentar zum Grundgesetz, 6. Auflage, München 2010.

Stünker, Joachim, Strafbarkeit der Einflussnahme auf Volksvertreter in: Derra, Hans-Jörg (Hrsg.), Freiheit, Sicherheit und Recht – Festschrift für Jürgen Meyer zum 70. Geburtstag, S. 589–605, 1. Auflage, Baden-Baden 2006.

Stüwe, Klaus, USA, 1. Auflage, Schwalbach 2013.

Susman, Thomas M., Private ethics, public conduct: An essay on ethical lobbying, campaign contributions, reciprocity, and the public good, in: Stanford Law & Policy Review, Volume 19, S. 10–22.

Susman, Thomas M., Where to look, What to ask? Frames of reference for ethical lobbying, in: McGeorge Law Review, Volume 41, S. 161–182.

Susman, Thomas M., The Byrd Amendment, in: Loomis, Burdett A. (Hrsg.), Guide to Interest Groups and Lobbying in the United States, S. 349–360, 1. Auflage, Washington 2012.

Task force on federal lobbying laws, Lobbying law in the spotlight: Challenges and proposed improvements, in: Administrative Law Reviewer, Volume 63, S. 419–465.

Thierse, Wolfgang, Wege zur besseren Gesetzgebung – sachverständige Beratung, Begründung, Folgeabschätzung und Wirkungskontrolle, in: Neue Zeitschrift für Verwaltungsrecht, 2005, S. 153–157.

Transparency International, Global Corruption Barometer 2013, abrufbar unter: http://www.transparency.de/2013-07-09-GCB-2013.2322.0.html (zuletzt abgerufen am 15. Oktober 2015).

Trips-Herbert, Roman, Die Neuregelung der Mandatsträgerbestechlichkeit und -bestechung, in: Juristische Rundschau, 2015, S. 372–376.

Trittin, Jürgen, Starke Lobby, schwache Lobby: Organisierte Interesse und schwache Demokratie, in: Kloepfer, Michael (Hrsg.), Interessengeleitete Gesetzgebung – Lobbyismus in Deutschland, S. 17–28, 1. Auflage, Baden-Baden 2015.

Trüg, Gerson, Vorteilsgewährung durch Übersendung von WM-Gutscheinen – Schützt Sponsoring vor Strafe?, in: Neue juristische Wochenschrift 2009, S. 196–198.

Tsatsos, Dimitris Th., Unvereinbarkeit zwischen Bundestagsmandat und anderen Funktionen, in: Schneider, Hans-Peter; Zeh, Wolfgang (Hrsg.), Parlamentsrecht und Parlamentspraxis in der Bundesrepublik Deutschland, S. 701–726, 1. Auflage, Berlin 1989.

Unruh, Peter, Der Verfassungsbegriff des Grundgesetzes, 1. Auflage, Tübingen 2002.

Vaughn, Robert G., Post-Employment Restrictions and the Regulation of Lobbying by Former Employee, in: Loomis, Burdett A. (Hrsg.), Guide to Interest Groups and Lobbying in the United States, S. 525–554, 1. Auflage, Washington 2012.

Versteyl, Ludwig-Anselm, Art. 42 GG, in: Münch, Ingo von (Begr.); Kunig, Philip (Hrsg.), Grundgesetzkommentar, 6. Auflage, München 2012.

Vogel, Barbara, Allgemeine Gewerbefreiheit – Die Reformpolitik des preußischen Staatskanzlers Hardenberg, 1. Auflage, Göttingen 1983.

Volkmann, Uwe, Art. 20 GG, in: Friauf, Karl Heinrich; Höfling, Wolfram (Hrsg.), Berliner Kommentar zum Grundgesetz, 39. Ergänzungslieferung, Berlin 2013.

Voßkuhle, Andreas, Sachverständige Beratung des Staates, in: Isensee, Josef; Kirchhof, Paul (Hrsg.), Handbuch des Staatsrechts, Band III, S. 425–475, 3. Auflage, Heidelberg 2005.

Wahl, Rainer, Der Vorrang der Verfassung, in: Der Staat, Band 20, 1981, S. 485–516.

Waldhoff, Christian, Das missverstandene Mandat: Verfassungsrechtliche Maßstäbe zur Normierung der erweiterten Offenlegungspflichten der Abgeordneten des Deutschen Bundestags, in: Zeitschrift für Parlamentsfragen, 2006, S. 251–266.

Waldhoff, Christian, „Der Gesetzgeber schuldet nichts als das Gesetz", in: Depenheuer, Otto; Heintzen, Markus; Jestadt. Matthias; Axer, Peter (Hrsg.), Staat im Wort – Festschrift für Josef Isensee, S. 325–343, 1. Auflage, Heidelberg 2007.

Waldhoff, Christian, Manipulation von Wahlterminen durch Zusammenlegung von Wahlen?, in: Juristen Zeitung, 2009, S. 144–148.

Weber, Jürgen, Die Interessengruppen im politischen System der Bundesrepublik Deutschland, 2. Auflage, München 1981.

Wedemann, Frauke, Die Gestaltung der Gesetzesbegründung, in: Fleischer, Holger (Hrsg.), Mysterium „Gesetzesmaterialien" – Bedeutung und Gestaltung der Gesetzesbegründung in Vergangenheit, Gegenwart und Zukunft, S. 127–135, 1. Auflage, Tübingen 2013.

Wegener, Bernhard W., Der geheime Staat – Arkantradition und Informationsfreiheitsrecht, 1. Auflage, Göttingen 2006.

Wehrmann, Iris, Lobbying in Deutschland – Begriff und Trends, in: Kleinfeld, Ralf; Zimmer, Annette; Willems, Ulrich (Hrsg.), Lobbying – Strukturen. Akteure. Strategien, S. 36–64, 1. Auflage, Wiesbaden 2007.

Wellung, Sarah N., Reviving the federal crime of gratuities, in: Arizona Law Review, Volume 55, S. 417–464.

Wells, Christina E., Beyond campaign finance: The First Amendment Implications of Nixon v. Shrink Missouri Government PAC, in: Missouri Law Review, Volume 66, S. 141–168.

Wewer, Göttrik, Form und Inhalt, oder Transparenz und Politik, in: *Pohl, Kerstin; Massing, Peter* (Hrsg.), Mehr Partizipation – mehr Demokratie?, S. 87–104, 1. Auflage, Schwalbach 2014.

Wewer, Göttrik, Karenzzeiten für Politiker: Berufsfreiheit, Tätigkeitsverbote und Sperrfristen, in: Verwaltung und Management, 2015, S. 325–336.

Wieland, Joachim, Art. 12 GG, in: Dreier, Horst (Hrsg.), Grundgesetzkommentar, 2. Auflage, Tübingen 2004.

Willems, Heiko, Die Neuregelung der Abgeordnetenbestechung und ihre Auswirkung auf die Praxis, in: Corporate Compliance Zeitschrift, 2015, S. 29–34.

Willems, Ulrich; Winter, Thomas von, Interessenverbände als intermediäre Organisationen, in: von Winter, Thomas; Willems, Ulrich (Hrsg.), Interessenverbände in Deutschland, S. 13–50, 1. Auflage, Wiesbaden 2007.

Winkler, Katrin; Makswitat, Eric, Digitale Demokratie als neue Machtform des Bürgers?, in: Kleger, Heinz (Hrsg.), Bürgerbeteiligung zwischen Regierungskunst und Basisaktivierung, S. 31–41, 1. Auflage, Norderstedt 2015.

Winkler, Roman; Kozeluh, Ulrike, Zivilgesellschaft Online: Anspruch und Umsetzung deliberativer Beteiligung am Beispiel der EU Diskussionsplattform „Your Voice in Europe", in: Knodt, Michèle; Finke, Barbara (Hrsg.), Europäische Zivilgesellschaft, S. 171–196, 1. Auflage, Wiesbaden 2005.

Winkler, Roman; Kozeluh, Ulrike; Brandstetter, Günther, Deliberation im Europäischen Kontext: Online Debatten und Online Konsultationen auf der EU Plattform *Your Voice in Europe*, in: Langenbacher, Wolfgang R.; Latzer, Michael (Hrsg.), Europäische Öffentlichkeit und medialer Wandel, S. 378–401, 1. Auflage, Wiesbaden 2006.

Winter, Thomas von; Willems, Ulrich, Die politische Repräsentation schwacher Interessen: Anmerkungen zum Stand und zu den Perspektiven der Forschung, in: Winter, Thomas von; Willems, Ulrich (Hrsg.), Politische Partizipation schwacher Interessen, S. 9–36, 1. Auflage, Opladen 2000.

Winter, Thomas von, Soziale Marginalität und kollektives Handeln, in: Willems, Ulrich; Winter, Thomas von (Hrsg.), Politische Repräsentation schwacher Interessen, S. 39–60, 1. Auflage, Opladen 2000.

Winter, Thomas von, Asymmetrien der verbandlichen Interessenvermittlung, in: Kleinfeld, Ralf; Willems, Ulrich; Zimmer, Annette (Hrsg.), Lobbying – Akteure. Strukturen. Strategien, S. 217–239, 1. Auflage, Wiesbaden 2007.

Wissenschaftliche Dienste, Abteilung 2 Politische Institutionen, politische Willensbildung, Geldwerte Zuwendungen an Abgeordnete, Berlin 29. Juli 2014.

Wissenschaftliche Dienste, Abteilung 3 Wissenschaft und Außenbeziehungen, Sachstand: legislativer Fußabdruck, Berlin 23. März 2011.

Zaring, David, Against beeing against the revolving door, in: University of Illinois Law Review, 2013, S. 507–549.

Zeh, Wolfgang, Stellungnahme in der öffentlichen Anhörung des Hauptausschusses des Landtages Brandenburg, P-HA 5/25 – 2, Anlage 2, Potsdam, 2011.

www.ingramcontent.com/pod-product-compliance
Ingram Content Group UK Ltd.
Pitfield, Milton Keynes, MK11 3LW, UK
UKHW021925290926
8980IPUK00016B/1467

9 783631 761489